中国法学教科书·原理与应用系列

Contract Law

合同法学

HETONG FA XUE

主　编　李永军
副主编　朱庆育
撰稿人　（以撰写章节先后为序）
　　　　李永军　朱庆育　甄增水
　　　　于　飞　田士永

高等教育出版社·北京
HIGHER EDUCATION PRESS　BEIJING

内容提要

本书以《中华人民共和国合同法》为主要阐述对象,章节内容亦大致按照《合同法》体例编排,并适当兼顾学术体系。

全书分总、分论两编。总论九章,包括合同制度概述、合同的订立、合同的效力、合同的解释、合同的履行、合同权利义务的移转、合同的保全、违约责任及合同的终止等内容;分论六章,依次论述了旨在移转标的物所有权的合同、旨在移转标的物使用权的合同、旨在完成工作成果的合同、旨在提供服务的合同、旨在提供智力成果的合同以及其他合同。每章前设"本章导学",后设"引导案例"、"练习案例"、"测试题"与"延伸阅读"。

本书编写理念是:以我国现行实证法律规范为轴,向上探求法律规范背后的基本原理,向下展示法律规范的具体适用。撰写时,各章作者在尽可能简明扼要地阐述基本法学原理的同时,更在正文与章后辅以大量教学与实际案例,以便培养读者将法律规范应用于实际生活的法律思维,并重视与司法考试的对接。

本书适于法学本科程度的读者,亦可供法学研究者参考之用。

图书在版编目(CIP)数据

合同法学/李永军主编.—北京:高等教育出版社,
2011.2
ISBN 978 - 7 - 04 - 031267 - 6

Ⅰ.①合… Ⅱ.①李… Ⅲ.①合同法-法的理论-中国-高等学校-教材 Ⅳ.①D923.61

中国版本图书馆 CIP 数据核字(2010)第 251433 号

出版发行	高等教育出版社	购书热线	010 - 58581118
社 址	北京市西城区德外大街 4 号	咨询电话	400 - 810 - 0598
邮政编码	100120	网 址	http://www.hep.edu.cn
			http://www.hep.com.cn
		网上订购	http://www.landraco.com
经 销	蓝色畅想图书发行有限公司		http://www.landraco.com.cn
印 刷	河北新华第一印刷有限责任公司	畅想教育	http://www.widedu.com
开 本	787×960 1/16	版 次	2011 年 2 月第 1 版
印 张	27.75	印 次	2011 年 2 月第 1 次印刷
字 数	520 000	定 价	40.60 元

本书如有缺页、倒页、脱页等质量问题,请到所购图书销售部门联系调换。
版权所有 侵权必究
物料号 31267 - 00

作者简介及编写分工(以撰写章节先后为序)

  李永军 男,1964年生。民商法博士、博士后,现为中国政法大学民法研究所教授,博士生导师,中国政法大学民商经济法学院副院长,中国法学会民法研究会常务理事。无党派,现任北京市政协常委;1995年获得国家博士后优秀研究奖、1995年获得国家教委对优秀回国留学生科研启动资助;1995年获得政法大学曾宪梓教学奖;1998年获得霍英东科研基金资助;1997年到1998年连续被评为政法大学优秀教师;2000年6月被政法大学评为曾宪梓教学奖一等奖;2001年被列入北京"百人工程"培养人选、2002年被政法大学本科生评为"最受学生欢迎的教师";2002年被政法大学评为"杰出青年教师"并获得"杰出青年教师基金"奖励;2005年获得教育部"新世纪优秀人才支持计划"资助并获得20万元资助经费;2006年获得司法部教学与科研成果奖二等奖;2007年获得佟柔民商法发展基金首届青年优秀研究成果奖一等奖;2008年获得钱端升科研成果二等奖。2009年获得教育部宝钢优秀教师奖。主要研究方向:民法总论、物权法、合同法、破产法等。主要代表著作:《合同法》、《民法总论》、《破产法律制度》、《破产重整制度研究》、《票据理论与实务》、《破产法》、《契约效力的根源及其正当化说明理论》、《我国合同法是否需要独立的预期违约制度》、《私法中的人文主义及其衰落》、《论商法的传统与理性基础》、《从契约自由的基础看其在现代合同法上的地位》、《非财产性损害的契约性救济及其正当性说明》、《物权与债权的二元划分对民法内在与外在体系的影响》、《破产法的程序结构与利益平衡机制》等。

  撰写本书第1章、第8~9章。

  朱庆育 法学博士,中国政法大学民商经济法学院教授,兼任中国法学会民法研究会理事。曾出版个人专著《意思表示解释理论——精神科学视域中的私法推理理论》,在《读书》、《中外法学》、《比较法研究》、《政法论坛》、《法学研究》、《法哲学与法社会学论丛》、《北大法律评论》等刊物发表文章二十余篇。

  撰写本书第2~7章。

  甄增水 法学博士,华北电力大学副教授,硕士生导师。在《私法研究》等杂志上发表论文多篇,参编多部教材,个人负责部分总计达20万字以上。

  撰写本书第10章。

  于 飞 法学博士,中国政法大学副教授。代表性著作:《公序良俗原则研究——以基本原则的具体化为中心》;《基本权利与民事权利的区分及宪法对民法的影响》。

撰写本书第 11~12 章、第 14 章。

田士永　法学博士,中国政法大学副教授,曾出版《物权行为理论研究》等作品。

撰写本书第 13 章、第 15 章。

目 录

第一编 总 论

第一章 合同制度概述 3
- 第一节 合同的概念与边缘界定 3
- 第二节 契约制度在私法体系中的地位与作用 11
- 第三节 契约的基本分类 17

第二章 合同的订立 26
- 第一节 概说 26
- 第二节 要约 27
- 第三节 承诺 31
- 第四节 合同的成立 33
- 第五节 合同的生效 37

第三章 合同的效力 45
- 第一节 合同债权的效力 45
- 第二节 合同效力瑕疵及其事由 47
- 第三节 行为能力与合同效力 53
- 第四节 意思保留与合同效力 57
- 第五节 单方错误与合同效力 59
- 第六节 表意自由与合同效力 64
- 第七节 行为主管与合同效力 70
- 第八节 强制秩序与合同效力 73

第四章 合同的解释 83
- 第一节 概说 83
- 第二节 阐释性解释 85
- 第三节 补充性解释 89

第五章 合同的履行 94
- 第一节 给付义务 94
- 第二节 合同履行主体 99
- 第三节 给付的时空属性 102
- 第四节 给付内容 105
- 第五节 双务合同的履行抗辩权 113

第六章　合同权利义务的移转 … 120
　第一节　概说 … 120
　第二节　债权让与 … 122
　第三节　债务承担 … 126

第七章　合同的保全 … 133
　第一节　债的相对性与合同保全 … 133
　第二节　债权人代位权 … 134
　第三节　债权人撤销权 … 138

第八章　违约责任 … 146
　第一节　违约的一般概述 … 146
　第二节　违约责任 … 158

第九章　合同的终止 … 176
　第一节　合同因解除而终止 … 176
　第二节　合同因其他原因而终止 … 187

第二编　分　　论

第十章　旨在转移标的物所有权的合同 … 201
　第一节　买卖合同 … 201
　第二节　赠与合同 … 235
　第三节　借款合同 … 245
　第四节　供用电、水、气、热力的合同 … 251

第十一章　旨在转移标的物使用权的合同 … 258
　第一节　租赁合同 … 258
　第二节　融资租赁合同 … 289
　第三节　借用合同 … 299

第十二章　旨在完成工作成果的合同 … 308
　第一节　承揽合同 … 308
　第二节　建设工程合同 … 326

第十三章　旨在提供服务的合同 … 344
　第一节　运输合同 … 344
　第二节　保管合同 … 355
　第三节　仓储合同 … 360
　第四节　委托合同 … 366
　第五节　行纪合同 … 374
　第六节　居间合同 … 380

第十四章　旨在提供智力成果的合同 … 391
　第一节　技术合同 … 391
　第二节　商标使用许可和转让合同 … 410

第十五章　其他合同 ………………………………………………………… 420
　第一节　概说 …………………………………………………………………… 420
　第二节　保证合同 ……………………………………………………………… 420

第一编 总 论

第一章 合同制度概述

【本章导学】

本章是学习合同法的关键和起点,应重点掌握以下几个问题:(1)合同的概念,掌握大陆法系与英美法系关于合同的区别;(2)合同与法律行为的关系,从体系上把握合同的坐标;(3)如何在实践中认定合同,有些虽然名称不冠以"合同"字样,但可能是合同;有些虽然冠名为"合同",但不一定是合同。认定是否为合同,要看其内容而非形式。

第一节 合同的概念与边缘界定

一、合同的概念

(一)大陆法系国家关于合同的一般概念

在大陆法系,民法的许多原则均源于罗马法,契约①也不例外。根据罗马法,契约是指"得到法律承认的债的协议"②在罗马法上,不仅私法上有契约的概念,公法上也有这个概念。《学说汇纂》就把协议(CONVENTIO)分为国际协议、公法协议和私法协议三种。在私法上,不仅债法中有契约的概念,而且物权、亲属和继承法上也有契约的概念,例如,物权的设定和移转、婚姻关系的成立、分析遗产的协议等,凡能发生私法效力的一切当事人的协议,就是契约……公元前2世纪以后,债的协议受市民法的保护,成为契约;不受市民法保护的,称为"简约"(PACTUM)③。《法国民法典》规定契约的定义,即是从罗马法承袭而来,依照该法典第1101条的规定,契约,为一人或数人对另一人或另数人承担给付某物、作为或不作为义务的合意。由于《法国民法典》在世界民法史上的特殊地位,这一定义逐渐成为大陆法系民事立法关于契约的最传统的经典性定义,对许多国家的民事立法和民法理论产生了深刻的影响。这一定义中包括了两个要素:其一为双方的合意;其二为发生债权债务关系的依据或原因。德国学者汉斯·哈腾保尔指出:人们很早就已经知道,一个合同的成立至少需要两个协商一致的意思和法律目的必须同一的行为,这种观念从"合同"一词的意义就可以看

---

① 本书将"契约"与"合同"作为同义语使用,若无特别说明,契约即为合同。
② [意]彼德罗·彭梵得:《罗马法教科书》,黄风译,中国政法大学出版社1992年版,第307页。
③ 周枏:《罗马法原论》,商务印书馆1994年版,第654页。

出来。"合同"一词如果作为动词,其意思就是相互之间在某种事情上协商一致,合同的内容就是两个以上当事人的"意思表示一致",即"合意"。"合意"一词在古代日耳曼法、古罗马法和教会法中都曾经有广泛的使用。"全体人所要做的事情,必须有全体人的同意",这句话是一条著名的教会规则……。只有全体当事人的意思一致,即合意才能缔结合同,之后才能产生新的法律关系。这一规则是教会法和中世纪时代各国法律普遍承认的①。

在此,《法国民法典》在对契约下定义时,使用了"合意"这一术语,而《德国民法典》将契约归入法律行为的范畴之中,视为法律行为的一种,放在总则第三章第三节中。德国法学家茨威格特指出,德国民法典的立法者一再认为,把合同法规定为一个独立的部分是不必要的,在民法典的总则编,合同只是表现为"法律行为"的一种类型;而在民法典的第二编中,合同仅仅被当作"债的关系"的个别形式②。分析造成这种差别的原因,不难看出,由于《德国民法典》设立了"总则",为了使总则与各部分有机地联系起来,创造性地抽象出"法律行为"这一概念,故德国民法典的这种安排也属当然。而《法国民法典》没有设立总则,也没有"法律行为"这一概念。但这并不说明二者有着实质性的差别,法国学理认为,历史上法律行为的理论是德国学者在合同理论的基础上所创立的。对于与德国人具有同样严格的逻辑思维习惯以及崇尚理性的传统的法国学者来说,法律行为的理论对其产生的极大的诱惑力,是极其自然的事情。因此,长期以来,有关法律行为的许多概念,如意思表示及其瑕疵、行为能力、代理、期限与条件、无效等被许多法国学者所使用。这些概念不仅被运用于合同,而且被运用于遗嘱等③。由于意思表示是法律行为的基本要素,故法律行为的基本分类就是单方法律行为与双方法律行为,而契约为双方法律行为。

正因为合同是双方法律行为,故若将契约定义为"民事主体之间以设立、变更或消灭债权债务为目的的双方法律行为"④更为合适。因为"法律行为"是一个上位阶概念,包括单方法律行为与双方法律行为,而"合意"则突出了契约之双方法律行为的旨意而作为法律行为的下位阶概念。故将其归于"法律行为"的范畴中,则更合逻辑。

我国《合同法》第2条规定:"合同是平等主体的自然人、法人、其他组织之间设立、变更、终止民事权利义务的协议。婚姻、收养、监护等有关身份关系的协

---

① [德]汉斯·哈腾保尔:《法律行为的概念——产生以及发展》,孙宪忠译,载《民商法前沿》2002年(1、2辑),第142页。
② [德]康拉德·茨威格特、海因·可茨:《合同法中的自由与限制》,孙宪忠译,载于梁慧星主编:《民商法论丛》第9卷,法律出版社1998年版,第349页。
③ 尹田:《法国现代合同法》,法律出版社1995年版,第1页。
④ 张俊浩主编:《民法学原理》,中国政法大学出版社1991年版,第577页。

议,适用其他法律的规定。"从这一规定看,虽然我国《合同法》上的合同概念也包含了经典合同的基本要素,即"合意+财产性权利义务",但却没有将合同定义到"法律行为"上去,而是将合同定义到"协议"中,是一个很大的缺陷。

(二) 英美法系中关于契约的一般概念

就英美法系国家来说,流行较早的是威廉·布莱克斯顿(WILLIAM BLACK-STONE)在其1756年出版的《英国法律释义》中对合同所作的定义:合同是"按照充分的对价去做或者不去做某一特殊事情的协议",该定义中包括了两个最基本的要素:对价与协议。① 但是,英国学者阿蒂亚(P. S. ATIYAH)则认为,《美国合同法重述》中的关于合同的定义是最确切的:"所谓契约,是这样一个或者以系列许诺,法律对于契约的不履行给予救济或者在一定意义上承认契约的履行为义务。"②但是,阿蒂亚也同时指出了这一概念中的不足:"《美国合同法重述》中的缺点是,它忽略了合同中达成协议的因素。在这一定义中没有指明,典型的合同是双方的事情,一方所作的许诺或表示要做的事是对另一方的许诺或要做的事的报答。因此,如这个定义中所述的那样,说一个合同只是一个许诺,这就忽视了在许诺变成合同之前,一般要有某种行为或许诺作为对另一方许诺的报答这样一个事实。即使说一个合同可能包括一系列的许诺,也并没有说明,这些许诺通常是对他方许诺的报答。"③安森(ANSON)给合同下的定义是:一种法律上能够强制执行的协议,依据它,一方之一人或数人有权要求他方之一人或数人为行为或不行为④。柯宾认为,对通行用法的研究可以表明,"合同"一语一向被用于指代有着多种组合方式的三种不同事物:(1)当事人各方表示同意的一系列有效行为,或者这些行为的某一部分;(2)当事人制作的有形文件,其本身构成一种发生效力的事实,并且构成他们实施了其他表意行为的最后证据;(3)由当事人的有效行为所产生的法律关系,他们总是包含着一方的权利与他方的义务的关系。每个人可以随意从中选择,只有在满足我们的需要和方便的范围内,一种用法才优于另一种用法而被采用⑤。但是,概念虽然不可能是唯一的,但应当是被普遍认同的,否则,人们便没有对话的基础。美国法院在贾斯蒂斯诉兰格

---

① 岳彩申:《合同法比较研究》,西南财经大学出版社1995年版,第16页。
② 阿蒂亚:《合同法概论》(中译本),法律出版社1982年版,第27页。但笔者没有采用译者的中文翻译,原译文为"一个合同是这样一种或一系列许诺,违背它,法律将给予救济;履行它,法律将通过某些方式确认是一种义务。"笔者所用的中文翻译文字为《新社会契约论》季卫东先生为中译本所作的代译序中的中文,笔者认为它更忠实于原文和法理——见《新社会契约论》,麦克尼尔著,雷喜宁等译,中国政法大学出版社1994年版,第2页(代译序)。
③ 阿蒂亚:《合同法概论》(中译本),法律出版社1982年版,第28页。
④ 转引自[美]A·L·柯宾:《柯宾论合同》,王卫国等译,中国大百科全书出版社1998年版,第8页。
⑤ [美]A·L·柯宾:《柯宾论合同》,王卫国等译,中国大百科全书出版社1998年版,第8页。

案中对合同所下的定义普遍被人们所接受。在该案中,法院认为:"合同是两个或两个以上有缔结合同能力的人以有效的对价自愿达成的交易或协议去执行或者不执行某个合法的行为。"①这一概念可以说是在英美法系国家较有权威并被人们所普遍接受的概念。

在介绍英美法系国家关于合同的定义时,有必要对即时的现金买卖是否属于合同问题作一简单的讨论。商店或商场上即时的现金买卖,在我国民法理论中,习惯地将之称为"即时清结的合同",但在英美法系国家,其是否属于合同的范畴,则是一个问题,并且,在英国法和美国法上有极大的不同。按照美国法,即时现金买卖不属于契约的范畴,其理由是:(1)合同由允诺(promise)构成,而即时现金买卖则无须任何允诺;(2)合同产生对人权,而即时买卖属于对物权②。美国学者柯宾也认为,就一次清结的不动产或动产交易来说,其中并不存在当事人作出的在法律上能够强制执行和能够被违反的允诺。这种一次清结的交易,尽管并不包含各方当事人的任何能够强制执行的允诺,仍产生出许多法律关系。但是,这些关系是财产所有关系而不是合同关系③。但在英国则将其视为合同的一种,例如,阿蒂亚认为:在合同法中的允诺并不需要以立约人未来的行为为出发点这一点就足够了。换句话说,允诺某种事实的客观存在,即是为将来要做某某事的允诺,同样也是为这一事实的客观存在的允诺。因此,甚至一种立即和完全达成了的交易,也就是说,双方均已履行了的交易,如商店中的现金销售,也是一种合同。要说这种交易包括一种或一系列允诺,好像有点牵强附会,但当我们想到,一种允诺,即某种事态的客观存在,如所卖货物的质量是好的,就是一种合同性的允诺时,就好理解了④。美国学者麦克尼尔的关系契约理论即将契约说成是当事人对将来关系的安排而将即时买卖排除在契约的大门之外⑤。但在大陆法系各国,将即时交易包括在契约的范畴之中,在立法、司法及学说上均不成问题。

(三) 契约与合同的语源考察

在日常生活中,人们对"契约"和"合同"这两个概念并不陌生,而且经常交互使用。但二者的内含是否一致?有的学者对二者的区别作过尝试,认为:为谋不同利益而合意者应为契约,如买卖,买者为物而卖者为钱;为某共同利益而合意者,则应为合同,如合伙合同,合伙人的利益是一致的。⑥ 现代合同的理念来

---

① 转引自岳彩申:《合同法比较研究》,西南财经大学出版社1995年版,第17页。
② 梁慧星:《民法学说判例与立法研究》,中国政法大学出版社1993年版,第238页。
③ [美]A·L·柯宾:《柯宾论合同》,王卫国等译,中国大百科全书出版社1998年版,第11页。
④ 阿蒂亚:《合同法概论》(中译本),法律出版社1982年版,第28页。
⑤ 麦克尼尔:《新社会契约论》,雷喜宁等译,中国政法大学出版社1994年版,第4页。
⑥ 张俊浩主编:《民法学原理》,中国政法大学出版社1991年版,第576页。

源于欧陆，拉丁文为 contractus，英文为 contract，法文为 contrat，他们的前缀均为"contra"，即为"相反"之义，其突出的是双方权利义务以相反的内容对接的说明价值，似与汉语中的"契约"相近；而德文以"Vertrag"来表示这一含义，其前缀"ver"却是"合在一起"的意思，突出是双方的权利义务对接而合的说明价值，似与汉语中的"合同"一词的含义相同。故欧陆国家中契约和合同并无实质意义上的区别。若深进文化传统究之，以"CONTRA"说明契约，体现了罗马法以个人本位对契约的定位，而以"VER"说明契约，则体现了日耳曼法以团体本位对合同的定位。它们之间的差异，表现了不同文化圈中理念上的差异①。正因如此，我国学理和立法对契约和合同不为区别而为同一的使用。本书也不为区别而以同义使用，也可能交互使用，因为有时用契约可能更合习俗，如"契约自由"要比"合同自由"在语感上更顺畅；有时用"合同"也能和用"契约"达到相同的效果。

（四）契约概念的边缘界定

我们必须明白，如果仅从概念去理解合同，对于实践而言，往往是不够的。因为概念不等于实际的存在，而且，对于任何一个概念来说，其中心地带是非常清楚明了的，但往往在其与他事物的连接地带就变得模糊不清。对于合同来说，合同与非合同的区分边缘就经常在实践中产生困惑。具体说来，在实践中我们常常当作合同来对待的东西，往往不是合同法上的合同，不应当受到合同法的调整。所以，有必要对合同边缘作出适当的界定。让我们来看以下几个典型的例子：

例一：甲盛情邀请乙共进晚餐，乙愉快地答应。二人之间是否成立合同？如果乙没有依约赴宴，甲是否可以要求乙承担违约责任？

例二：甲是一位小孩的母亲，与邻居约定由邻居来无偿暂时照看其小孩。甲与邻居之间是否成立合同？

例三：A、B、C、D、E 五人组成一个买彩票小组。他们约定：每人每周付给 E 10 元钱，然后 E 用 50 元钱总金额购买彩票，并填写事先商定好的顺序的数字。有一次，E 没有如约填写彩票，而是填写了自己确定的彩票。但是，事先商定好应填写的数字却中了一个 1 万元的奖。A、B、C、D 要求 E 赔偿其应得的份额。那么，A、B、C、D、E 之间是否成立合同？E 的行为是否为违约而应当赔偿？

合同与非合同的主要区别是双方当事人是否以共同的意思（合意）追求某种具有民法意义的后果（权利义务），也就是我们前面已经详细论述过的"合意 + 权利义务"公式。在判断一行为是否为合同时，应当同时采用两个标准。但是，在不容易判断时，应当以"合意"为主，还是以实际存在权利义务为主？在具体的规范性标准上，德国的学理与判例有两种不同的观点：即主观标准与客观

---

① 张俊浩主编：《民法学原理》，中国政法大学出版社 1991 年版，第 575 页。

标准。

主观标准认为,区分一种行为是法律行为(合同)拟或非法律行为(非合同)应当以当事人的意思为标准。一种行为,只有在给付者具有法律受约束的意思时,才具有法律行为(合同)的性质。这种意思表现为:给付者有意使他的行为获得法律行为(合同)上的效力,而且受领者也是在这个意义上受领这种给付的。如果不存在这种意思,则不得从法律行为(合同)的角度来评价这种行为。而客观标准则认为,在通常情况下,当事人一般不会对法律约束作出实际的思考,只有出现了麻烦,特别是一方当事人不自愿履行义务或者一方当事人受到了损害时,法律约束问题才具有重要意义。但是,当事人一般是不会想到今后会出现麻烦。如果想到,就不会有这种行为了(例如,替他人暂时无偿照看小孩)。因此,通常情况下是无法认定当事人具有一项明示的或者默示的受法律约束的意思。所以,认定当事人具有受法律约束的意思,是一种欠缺实际基础的拟制。所以,应当采取客观标准来认定,即应当"考虑双方当事人的利益状态,依据诚实信用原则及交易习惯"来判断是否存在法律义务[①]。德国学理在主观与客观标准上多有争议,但学理与判例在具体问题上呈现出灵活性。

对上面例一中,学者认为,如果有人邀请另一人共进晚餐,显然并不想给对方一项可以诉请的履行请求权,而被邀请者显然也没有当成一项请求权来接受。即使被邀请者享有这样一者请求权,也没有什么意义。因为邀请他人用餐旨在社交和娱乐,而社交和娱乐是无法通过法律来请求的。……邀请者与被邀请者均没有要受法律约束的意思[②]。这里显然是主观标准。

在例二与例三中,则采取客观标准。对例二的判决中,法院认为 E 没有赔偿义务,理由是:由一个人来承担某种可能危及其生存的责任,与买彩票共同体的性质不符。如果事先对这一问题进行考虑,并作过明确的讨论,大概就不会有人愿意承担这样一种风险。学者解释说:在不能认定当事人具有真正的意思的情况下,应当根据客观标准来判断是否存在受法律约束的义务。客观标准主要涉及两个方面:一个方面是风险,另一个方面是能否苛求有关当事人对这种风险承担责任。在买彩票案件中,一起参加买彩票的人不能期望此次会中奖,而受托人 E 则可能承担一项危及其生存的义务,而且他也没有因此而获得任何回报。从这个角度来看问题,同样会使人得出无偿行为不产生法律约束力的结论。这一

---

① 参见[德]迪特尔·梅迪库斯:《德国民法总论》,邵建东译,法律出版社 2000 年版,第 150、152、153~154 页。

② 参见[德]迪特尔·梅迪库斯:《德国民法总论》,邵建东译,法律出版社 2000 年版,第 150、152、150 页。

理由同样适用于无偿替他人照看小孩的情形①。

在以上行为中,都不是合同,但是均有财产上的支出或者损失,例如,请人赴宴要支出费用,赴宴也要支出出租费、替人暂时无偿照顾小孩可能会造成孩子的伤害而支出医疗费用等,之间纠纷如何处理？德国学者认为,应当以侵权行为来对待,但在通常情况下对侵权人应当减轻责任,对于轻微过失造成的损害应当免除赔偿责任②。我们赞同这种观点。

另外,需要指出的是,在实践中,认定是否为契约(或者合同)并非是以名称为标准的。也就是说,人们在实践中对契约的语词表达并不一致:有的叫"契约",有的叫"合同",有的叫"合同书",有的叫"协议",有的叫"协议书",还有的叫其他五花八门的称呼。但这些对于司法实践对是否为合同的认定并不起实质和决定的作用,真正起作用的是它的内容。也就是说,认定是否为合同的唯一标准是内容而非名称,只要内容中的权利义务明确,就可以认定为合同。河南省某法院曾经判决过这样一个案件:某甲为一小学的教师,退休后对学校一直非常关心,他为学校从香港引进了一笔资金,学校非常高兴。某乙时为该校的校长,当即答应返聘某甲,让他来监督该款的使用及与香港方面沟通,并答应给某甲每月1 200元报酬。某甲因与某乙为师生关系(某甲是某乙的老师)不好意思说要签订一个合同,于是提出要写一个"说明",由双方签字学校盖章。在该"说明"中,将双方的权利义务写得非常明确。等到香港方面将捐款汇入学校账户后,学校及校长某乙不再履行承诺,没有返聘某甲,也没有支付报酬。某甲找学校多次交涉无果后,将学校诉至法院,要求履行承诺。学校抗辩说,双方签字盖章的仅是一个"说明",而不是"合同",对双方没有约束力。但法院判决认为,虽然是"说明书",但权利义务明确,应当认定为合同。学校方应履行"说明"中的承诺。因此,有时双方签订的名称为"意向书"、"备忘录"等,只要内容中的权利义务明确,也不妨碍认定为合同。最高人民法院《关于适用〈中华人民共和国合同法〉若干问题的解释》(二)第1条第1款就规定:"当事人对合同是否成立存在争议,人民法院能够确定当事人名称或者姓名、标的和数量的,一般应当认定合同成立。但法律另有规定或者当事人另有约定的除外。"这一司法解释不仅是对我国司法实践和理论的总结,也符合合同的本旨。

二、准契约

应该说,准契约起源于罗马法。被商品经济所熏陶并极具理性的罗马人早就认识到,在契约责任和侵权责任之间,有一个处于中间的能引起民事权利义务

---

① 参见[德]迪特尔·梅迪库斯:《德国民法总论》,邵建东译,法律出版社2000年版,第150、152、154~155页。

② 参见[德]迪特尔·梅迪库斯:《德国民法总论》,邵建东译,法律出版社2000年版,第150、152、150、157~158页。

关系的"无人地带",罗马人将其称为"准契约"。罗马人意识到,契约应以当事人的合意为要件,如果一方的行为并未得到他方的同意,当然不构成契约,但若其事不违法,不属"私犯"的范畴,例如救护他人而使自己受伤、误偿不存在的债务等,当事人虽未缔结契约,但衡诸公平原则和公序良俗,其行为所发生的效果应与缔结契约相同,《法学纲要》称此类行为为"准契约",使之使用契约的有关规定。在罗马法上,准契约包括不当得利、无因管理和其他准契约,如监护、保佐、意外共有、继承和赠与、共同海损。这一概念同为英美法系和大陆法系所继受,但在内容上却不一致。

（一）大陆法系的准契约概念

大陆法系上的准契约概念以法国民法典为代表。法国民法典承袭罗马法,将除契约和侵权行为以外的产生债的原因,称为准契约,并与侵权行为一起被称为"非因契约所生之债"。《法国民法典》第1371条规定："准契约,为个人纯属自愿的行为而对第三人发生的义务。"仅从这一条的规定来看,似乎准契约仅指无因管理,但从第四编第一章①的规定看,显然也包括不当得利。

（二）英美法上的准契约概念

在英美法系,准契约是衡平法上的概念,来自拉丁文的(quautum meruit),译成英文即是"as much as he deserves",意即"所得不应多于应得",因此,准契约与不当得利是对同一法律原理的不同表述②。由此可见,英美法上的准合同与大陆法系的准合同有明显的不同,它是指有关不当得利的有关规则,而大陆法系上的准合同是指无因管理和不当得利,而英美法没有相当于无因管理的制度③。从理论上说,准契约和契约的界限是泾渭分明的,准契约的当事人之间不存在明示的合意,也不存在事实上的默示的合意,它们之间的合意是法律上的虚构,其存在的理由是允许获利者在不付报酬的情况下保留获得的利益不合衡平原则,故不为法律所允许。也正是因为缺少合意,故难以将其归于契约的范畴中去。英国历史法学家梅因在《古代法》中对于英国人将准契约等同于默约(契约的一种)的错误进行了指正,指出默约是真正的契约,而准契约则完全不是契约,只是罗马人用以进行分类的名词④。柯宾也指出,准合同之债是为了正义的缘故而由法律所生的债,其发生无需任何同意的意思表示甚至有时可以有悖于不同意

---

① 《法国民法典》第1376～1381条。
② 王军编著:《美国合同法判例选评》,中国政法大学出版社1995年版,第7页。
③ 沈达明编著:《英美合同法引论》,对外贸易教育出版社1993年版,第159页。但董安生等人编译的《英国商法》中则将英国的准合同定义为"依照法律所确定的不当得利、无因管理等原则在相对人之间产生的一定的债权债务关系,由此所生的合同",依此定义,则大陆法系上的准合同和英美法系上的准合同无差异——见董安生等编译《英国商法》,法律出版社1991年版,第8页。
④ 梅因:《古代法》,商务印书馆1996年版,第193页。

的明确表示。既然如此,不使用"合同"一词也许会更确切。合同是经过同意的表示形成的,准合同则差不多是另外一回事。合同当事人的法律关系取决于对他们的同意的解释,而在准合同中,当事人的关系并不取决于这样的解释。应当承认甚至断言,在通过事实的推断去发现允诺的过程及在未经任何这种推断而构成准合同时,对衡平和道德的考虑起了很大作用。……为什么诸如此类的案件要归入合同一类并且冠以"准"字或"法律上的默示"这样的限定性修饰语?他们这样归类的主要原因是,无论是在罗马法还是在英国普通法上,找不到其他适当的描述性归类方法,而且人们希望采用那些使合同得以强制执行的补救性诉讼形式。……但是,这种划分在逻辑上是正确的、必要的和有用的,而在实践中,就像法律分类中的其他大多数界限一样,合同与准合同之间的界限也是摇摆不定和模糊不清的①,往往存在许多争议。

由此看出,准契约的概念在英美法系仍然有其意义,但已经有变化的趋势,英国学者阿蒂亚(P.S.ATIYAH)指出:根据传统的观点,准合同属于完全不同的法律类别,其很少或者根本不同于真正的合同。……近年来,法律工作者已经开始将准合同的旧普通法规则与包括相似基础的许多衡平法原则合并,产生了一个全新的法律,称为"偿还法"②。"偿还法"类似于大陆法系的不当得利制度。而在大陆法系,自德国民法典颁布以来,已经很少使用,而更多的是直接使用不当得利或无因管理的规定。在我国大陆,"准合同"这一概念从来未被使用过,有关契约法的教科书上也很少提及,在债法制度中,我们直接称为"不当得利"与"无因管理",故"准合同"这一概念对我国大陆大学中学习契约法的学生来说,甚至是陌生的。

第二节 契约制度在私法体系中的地位与作用

一、契约制度在私法体系中的地位

契约制度在私法体系中的地位,在大陆法系与英美法系有较大的差别。在大陆法系,因其有法典化的传统,故有关调整契约关系的法律规则多规定在民法典的"债编"中,作为债发生的原因之一,学理上多称为"契约之债"而没有单独的契约法。法国学者莱尼·达维指出:"在现代国际贸易中至为重要的部门法为契约法,但不论在法国或其他民法法系国家都找不到特别论述这一主题的书籍。原因是在民法法系国家契约法被看成是范围更大的分类,即称为债法的一部

---

① [美]A·L·柯宾:《柯宾论合同》,王卫国等译,中国大百科全书出版社1998年版,第36~38页。

② [英]P·S·阿蒂亚:《合同法导论》,赵旭东等译,法律出版社2002年版,第44页。

分……契约被认为是权利义务（债）可能的来源之一,范围涉及这种法律义务的所有方面:不仅涉及它是如何产生的,而且涉及它是如何履行的。一个人怎样才能免于履行义务,违背义务的后果如何。在民法法系国家中最基本的概念就是这种债的概念。"①的确,在大陆法系国家,契约与债始终是联系在一起的,不产生民事权利义务的合意或协议是不能称之为契约的。对此,梅因在考察罗马法契约的早期史时就已经指出了这一点:"一个'合约'是个人间相互同意的极端产物,它显然还不能成为一个'契约'。它最后是否能成为一个'契约',要看法律是否把一个'债'附加上去。一个'契约'是一个'合约'（或协议）加上一个'债'。在这个'合约'还没有附带着'债'的时候,它成为'空虚'的合约。"②契约与债的这种关系自罗马法学家至今的大陆法系的民法学者均是认同的,这一点也可从大陆法系的民法典及大学教育的教科书上得到确实的认证。

在英美法系,因其没有如大陆法系的法典化体系,故其具有自己独立的合同法就极其自然。所以,在英美法系国家关于合同法的书籍有很多。

在我国,情况比较特殊。其实,在我国自近代开始是有法典历史的,但是,我国大陆至今仍然没有民法典,所以,我国立法中有单独的合同法就不足为怪。随着将来我国民法典的颁布,合同法也就不再作为单独的法律而是并入民法典作为债的发生原因。但是,必须指出的是,我国《合同法》中关于合同的定义却脱离了与《民法通则》的联系,脱离了"法律行为"的基本框架。因为,虽然我国目前尚没有犹如大陆法系国家体系化的民法典,但是,我国《民法通则》已经使用了"法律行为"这一概念,而法律行为包括合同、婚姻和遗嘱,合同是最重要的法律行为,因为法律行为最典型的特征只有在合同中才能被体现出来。但遗憾的是,我国《合同法》没有将合同定义到"法律行为"的范畴中去,而是定义到"协议"的范畴中,这样就人为地割裂了合同与法律行为的联系,使人们在研读合同法时,难以与法律行为联系起来,不利于学习与司法实践。所以,我国《合同法》中的合同定义应该为:"合同是平等主体的自然人、法人、其他组织之间设立、变更、终止民事权利义务的协议。"

二、契约制度在私法领域中的作用

(一)契约是产生私法上权利义务的最重要的依据

如果把私法从实质上进行划分,可分为静态的主体、静态的权利（义务）以及使权利（义务）与主体相结合的法律事实。法律事实可分为法律行为和非法律行为,而法律行为是主体主动的、积极的对权利（义务）的承担;非法律行为是

---

① ［法］莱尼·达维:《法国法和英国法》,中国政法大学法制史教研室译,1984 年 8 月（校内用书）,第 97 页。

② ［英］梅因:《古代法》,商务印书馆 1996 年版,第 182 页。

主体对权利(义务)的消极的、被动的承受。而法律行为中最主要的是双方法律行为,也即契约。在专制制度下,契约被允许使用的范围是极其有限的,故梅因在论述其所处的时代与专制时代的不同时,指出:"我们决不会毫不经心地不理会到:在无数的事例中,旧的法律是在人出生时就不可改变地确定了一个人的社会地位,现代法律则允许他用协议的方法来为自己创设社会地位。"①的确,梅因所处的时代,正是资产阶级发展和上升的时期,整个资本主义社会正处在一个从"身份到契约"的发展过程中,年轻的资本主义在封建制度下萌芽时,就深感专制的窒息和压迫对其经济发展带来的影响,故极力主张将社会分为政治国家和市民社会,将法律领域分为公法和私法,以限制国家权力对私人生活的干预。在私法领域中,允许当事人根据契约自由的原则设定自己的权利义务,因此,契约就成了私法上权利义务的最重要依据(虽然不是唯一的依据)。

在英美法系国家,虽然不存在大陆法系上的明确的债的概念,但合同是私法上权利义务赖以产生的根据这一点,是不容置疑的。也就是说,大陆法系与英美法系的契约在与权利义务的关系上,结果是相同的,只是在过程上有较大的区别。特别是在英美法系固有的约因理论已失去其昔日在古典契约法上的地位的情况下,二者的差异已变得越来越小。《美国统一商法典》第1-102条的总定义中第(11)项给合同下了一个这样的定义:"合同是指由双方依本法和其他有约束力的法律达成的合意而引起的全部法律上的债务。"从而,明确了合同为双方合意而引起的债权债务关系。并且,在第2-609条之后的评释中,起草人进一步指出合同的本质特征在于确定相对人的相互依赖关系。这样,简单地说,合同就是因合意而产生的债的关系②。

(二)保护交易进而促进实现私法上的目标

英国历史法学家梅因在比较进步社会与以前历代社会的不同时,认为契约法领域的扩大和强行法领域的缩小是一个重要的标志。他说:"关于我们所处的时代,能一见而立即同意接受的一般命题是这样一种说法,即我们近日社会和以前历代社会之间所存在的主要不同之点,乃在于契约在社会中所占的范围的大小。"③阿蒂亚认为,在市民社会中,起码是由于下述两个原因,对合同法的需要变得越来越迫切了。首先是劳动的分工,这是现代社会非常重要的基本特征。它产生了一种不断的和日益增多的要求,要求将财产从社会的一部分人手中转移到另一部分人手中,以及社会的一部分成员为另一部分成员服务。这些财产的流转和服务的提供赖以实施的法律手段,就是广义上的契约法。社会之所以

---

① [英]梅因:《古代法》,商务印书馆1996年版,第172页。
② 傅静坤:《论美国契约理论的历史发展》,载于《外国法译评》1995年第1期,第80页。
③ 梅因:《古代法》,商务印书馆1996年版,第172页。

非常需要一种适当的合同法的第二个原因,是信贷制度的发达。复杂的信贷经济的出现,意味着在财产流转和提供服务的过程中,人们比以前在更大的范围内依赖于许诺与协议……所有这一切,就他们的价值而言,都取决于这个事实:说到底,合同法将使他们能够行使他们的权利①。柯宾指出,法律和政府的根本目的是实现人类的幸福和美满,这一目的是由人类需求在实际可能的最高程度上得以满足的过程中产生的。众所周知,在存在彼此冲突的人类利益和愿望的情况下,这一目的可以通过建立在合理范围内一致行动的司法和行政系统而得以最大限度地实现。……在法律体系中有一个被称为合同法的部门,其为之努力的,乃是实现由允诺的作成而产生的合理期待②。罗斯科·庞德有一句名言:"在商业时代里,财富多半是由许诺组成的"。我国《合同法》第1条开宗明义地指出了合同法制定的目的:"为了保护合同当事人的合法权益,维护社会主义经济秩序,促进社会主义现代化建设。"

在大陆法系国家,物权和债权有着严格的区分。所有权是目的和基础,而债权(契约)是所有权人之间沟通的桥梁。"所有权绝对"固然必要,但社会的分工及各所有权人为满足自己的需要而相互让渡财产的需要也不可或缺,而契约是满足这一需要的最合适的手段。关于这一点,黑格尔指出:"契约关系起着中介作用,使在绝对区分中的独立所有人达到意志的同一。它的含义是:一方根据其本身和他方的共同意志,终止为所有人……它作为中介,使意志一方面放弃一个单一的所有权,他方面接受另一个所有权。"③也正因为如此,所有权绝对和契约自由同为资产阶级民法的两大基本原则。当然,这种交换应有两个最基本的前提:其一是国家对私人财产所有权的承认和保护;其二是完备的市场。所有权是交换的起点和基础,而交换中最活跃的是私人财产所有权。如果不承认私人财产所有权,那么,交换的范围和频率就会大大地降低,契约在社会中的作用也就微不足道;如果没有完备的市场,而是靠计划去调节个人的需求,则契约就无存在的必要。我国从建国到今天的发展历史足可以从正反两个方面来对此作出令人信服的说明。

在英美法系国家,没有物权和债权的概念和区分,合同法是独立的法律部门,故与大陆法系国家不同的是,在英美国家中对合同法的著作比比皆是,并且有许多我们所熟悉的合同法专家。契约法是调整交易的最重要的法律,所以,英美法系的合同法理论在某种程度上与交易理论是作为同义语而使用的。罗伯特·考特指出:"在合同法里,典型的事件为交易,而其基本的要素是报价、接受

---

① [英]阿蒂亚:《合同法概论》,法律出版社1982年版,第3页。
② [美]A·L·柯宾:《柯宾论合同》,王卫国等译,中国大百科全书出版社1998年版,第5页。
③ [德]黑格尔:《法哲学原理》,商务印书馆1995年版,第81页。

和对价。将这些要素提高到法律原则的水平上,交易原则便断言这些要素是一个承诺得强制履行的充分条件。"①麦克尔·D·贝勒斯将交易关系区分为"正值的"、"零值的"和"负值的"三种②。在这种划分的基础上,给契约法下了一个这样的定义:"契约法可被视为关涉相互期待的正值交易关系的法律。而契约法的主要功能则在于调整这些在私人之间转让财产或劳务的交易关系,并于事有不济的场合下给予救济。"③也就是说,契约法的基本目标在于保护合理的正当的交易,进而达到私人的目的。对此,罗伯特·考特指出:"合同的本质目标是使人们能实现其私人目的。为了实现我们的目的,我们的行动必然有结果。合同法赋予我们的行动以合法的后果。承诺的强制履行由于使人们相互信赖并由此协调他们的行动,从而有助于人们达到其私人的目标。社会的一个内容就是公民拥有达成自愿协议以实现其私人目标的权力。合同法为单个公民提供了一个达成彼此自愿关系条款的制度。"④

正是因为人们为实现自己的私人目的而订立契约,立约人便有了自己的期待,而期待是因信赖而产生的,故由正常的信赖而产生的合理的期待应当受到法律的保护。

(三)最大限度地增加经济价值和资源的有效利用

法国学者托尼·威尔(tony weir)指出:"侵权之债的规则主要起保护财富的作用,合同之债的规则的作用则应具有创造财富的功能。"⑤只有通过交易的方式,才能实现资源的优化配置,实现资源的最有效的利用。英国学者阿蒂亚(P. S. ATIYAH)指出:自由交易在很大程度上决定了如何根据不同可能的用途来分配社会资源。在一个自由的社会中,并不是国家或者政府来决定应当产生多少汽车、应向娱乐业投入多少资金、是否应在一个新的地点创办超市或者街角店等,而是通过市场来决定,通过自由交易为媒介来运作,也就是合同⑥。按照美国经济分析法学派的观点,有效率地使用资源必须借助于交易的方式。只有通过自愿交换的方式,各种资源的流向必然趋于最有价值的利用。波斯那认为,

---

① [美]罗伯特·考特,托马斯·尤伦:《法和经济学》,上海人民出版社1994年版,第312页。
② 在正值的交易关系中,交易完成后存在的价值较前增多,即价值增加。一个正值的交易关系的一般概念包括如下3种具体情形:一方当事人或许受到损失,但对方之所得大于该方之所失;一方维持现状而另一方获有利益;双方当事人均受益。在零值的交易关系中,交易过后,存在的价值数量同先前相同。在负值的交易惯中,交易过后存在的价值少于先前,其情形为:或者一方价值不变,另一方减少;或者双方的价值均减少。当然,人们对价值本身或许有不同的看待——见麦克尔·D·贝勒斯著《法律的原则——一个规范的分析》,中国大百科全书出版社1996年版,第169页。
③ 见[美]迈克尔·D·贝勒斯:《法律的原则——一个规范的分析》,中国大百科全书出版社1996年版,第172页。
④ [美]罗伯特·考特,托马斯·尤伦:《法和经济学》,上海人民出版社1994年版,第313页。
⑤ 转引自王利明:《合同法的目标与鼓励交易》,载《法学研究》1996年第18卷第3期,第94页。
⑥ [英]P·S·阿蒂亚:《合同法导论》,赵旭东等译,法律出版社2002年版,第4页。

法律，尤其是私法是为尽可能地增加经济价值而设计的，法律强制的主旨或标准在于为促进将来价值最大化的行为创造动因①。依照经济分析的观点，契约的自由附随于增加财富的目的，当事人的自由就自由本身的目的而言并不重要，它之所以重要，乃是因为其价值以及确立契约条款方面的自由选择权是很重要的，因为它可以确保当事人期待从契约中获得利益，并因而使其价值提高②。经济分析学派的这种观点在契约履行问题上的必然结论是：当契约不能增加财富时，即为零值交易或负值交易时，当事人有违约的自由。如果一方当事人发现在支付了违约金后，他仍可在另一笔交易中有利可图，即会取得更大的利益时，则当事人有违约的自由。同样，如果一个人在订立了合同时对期待利益有错误，并且履行契约会给其带来的损失会超过其应支付的违约费用时，他可在支付违约费用后而违约。从这种分析来看，这是微观经济学的必然结论。的确，从微观的角度出发，即仅仅从交易双方的利益来看，这种违约的理由有足够的说服力。但若从社会的宏观角度看，则未必是令人信服的。也正因为如此，无论是英美法系国家，还是大陆法系国家，在对违约问题上的救济上，并不仅仅以经济利益作为唯一的考虑，实际履行作为非常的救济手段在两大法系都是被承认的。但经济分析学派对违约自由的理由的分析，对理解当事人的违约动机方面，有极大的帮助。

（四）契约可以使私法主体依照自己的意志对私人事物作出合理的安排

我们常讨论计划经济与市场经济的区别，实际上，市场经济也是"计划经济"，市场经济中的任何一个参与者都不会盲目产而是按计划产生，只不过其计划就是私人订立的合同（订单）。所以，在某种意义上说，合同本身就是计划，它使私法主体能够主动与积极地对自己的事物作出合理的安排和计划。在这一点上，关系契约论者关于"合同是对未来事物的安排"的观点，具有较强的说服力。而这种通过合同对个人事物的未来安排，就是对他人履行义务的合理期待，故合同双方当事人的相互合理的期待是合同法保护的根本所在。美国学者迈克尔·D·贝勒斯（Michael D. Bayles）指出：契约法的根本目的在于保护并促进合理创设的期待。这一观点强调：一方当事人应对合理信赖其言行的对方当事人负责，如果一方当事人知道或者可得而知其行为将使他方产生合理的期待，则他方就须负责实现这些期待而不是使其落空③。所以，"契约必须履行"是实现私人"计

---

① 转引自迈克尔·D·贝勒斯：《法律的原则——一个规范的分析》，中国大百科全书出版社1996年版，第174页。

② 迈克尔·D·贝勒斯：《法律的原则——一个规范的分析》，中国大百科全书出版社1996年版，第174页。

③ 迈克尔·D·贝勒斯：《法律的原则——一个规范的分析》，中国大百科全书出版社1996年版，第176页。

划经济"的重要途径,是对私人对未来事物安排的保护,进而是使市场经济有序运行的保障。同时,当一方违约时,法律保护对方对合理的"期待利益"的请求也就有了合理的根据,因为这种利益本身就是在其期待之中的。

第三节 契约的基本分类

无论是大陆法系国家还是英美法系国家均存在按不同标准对契约所进行的分类,但是,大陆法系国家的契约分类既有学理上的分类,也有法典上的分类,如要式契约与非要式契约、即时清结的契约与非即时清结的契约等为学理上的分类;有名契约与无名契约、单务契约与双务契约、有偿契约与无偿契约等为法典上的分类;而英美国家对契约的分类多为学理上的分类,这种分类对其司法实践并无多大影响,所以,我们在此仅仅就大陆法系学理对合同的分类作简要的阐述。

一、双务契约与单务契约

这是依照当事人双方是否互负相关义务为标准而作的分类。单务契约是指一方当事人负担义务而他方当事人不负担义务的契约,如《法国民法典》第1103条规定:"如果一人或数人对于另一人或数人承担义务而后者不承担义务时,此种契约为单务契约。"双务契约是当事人双方相互相关义务的契约,如《法国民法典》第1102条规定:"如缔约人双方相互负担义务时,此种契约为双务契约。"在现代社会中,双务契约是最常见、最重要、最活跃的契约,而单务契约则逊色得多。德国学者海因·克茨指出:在对方既没有给予也没有允诺给予任何东西作为回报的情况下,为什么某人就必须允诺付款、转让土地、提供咨询或者提供代理呢?所有法律制度,特别是普通法,是很怀疑只约束一方的协议的[1]。的确,在市民社会中,提供无偿的付出毕竟是例外和非经常的,而典型的契约关系应是有偿和互利的,所以,英国学者阿蒂亚说:在过去单务合同的地位是很低的,它一般被限制去处理一些特别的案例,比如为了获得信息或者失物的找回而提供报酬,根本不适合传统合同法理论[2]。

将契约分为双务契约和单务契约的意义主要是:

1. 在契约的履行方面,除当事人或法律有特别规定,双务契约以同时履行为原则,即双务契约的当事人享有同时履行抗辩权,在一方未履行或未提供履行的担保时,对方有权拒绝自己的给付;在单务契约则不存在这一问题。

2. 在风险负担方面,在特定物,单务契约的风险由所有人负担,但对方有过

---

[1] [德]海因·克茨(H. KOETZ):《欧洲合同法》,周忠海等译,法律出版社2001年版,第4页。
[2] [英]P·S·阿蒂亚:《合同法导论》,赵旭东等译,法律出版社2002年版,第43页。

失的除外;双务契约中的风险负担则有三种情况:

(1) 在发生不可抗力而使双方不能同时履行时,任何一方均不得要求对方履行,债务人即免除义务;如一方已经履行的,对方应当予以返还,否则,就构成不当得利;

(2) 由于可归责于债务人的原因而致使不能同时履行时,债务人无权要求对方履行,对方有权要求解除契约并请求赔偿损失;

(3) 由于可归责于债权人的原因而使契约不能履行时,债务人有权要求对方履行并赔偿因此遭受的损失。

3. 在双务契约,当契约的债权人因可归责于对方的事由而致使不能履行时,有权解除契约;在单务契约的债权人则为撤回,而不发生解除契约的问题①。

二、物权契约和债权契约

这主要是以德国民法典为代表的德法法系国家对契约的分类,是依据是否直接发生物权的变动为标准所作的分类。凡直接发生物权变动的契约为物权契约,如物的交付;不依发生物的变动为直接目的而仅发生债上请求权的契约为债权契约。这种划分在大陆法系国家并不具有普遍的意义,在以法国法为代表的法系便不具有意义,因为法国民法典认为,物权的变动是债权的必然结果。本书研究的对象仅以债权契约为限。

三、诺成契约和要物契约

这是以契约的成立于当事人的意思表示外是否尚需要交付标的物为标准所作的划分。诺成契约是指当事人意思表示一致契约即告成立的契约,无需再为其他手续或为实物的交付;要物契约是指除当事人意思表示一致外,尚需交付标的物的契约。诺成契约与要物契约的分类是一种古老的分类,从梅因在对早期契约史的考察中可知,诺成契约是在罗马后期作为最后一种契约成立的方式而产生的,但是一种主要的形式,并对后世影响较大的契约,罗马人将其归于"万民法"中。②

在传统民法中,买卖契约、租赁契约、雇佣契约、承揽契约、委托契约等属于诺成契约;借用契约、借贷契约、保管契约等属于要物契约。③

区分要物契约和诺成契约的意义在于:一是二者成立的要件不同,在诺成契约当事人一经合意契约即告成立,要物契约除此之外,尚要交付标的物;二是二者成立的时间不同,诺成契约成立的时间即是合意达成的时间;而要物契约成立的时间为物的交付时间。

---

① 周枏:《罗马法原论》,商务印书馆 1994 年版,第 659 页。
② 梅因:《古代法》(中译本),商务印书馆 1996 年版,第 188 页。
③ 王家福主编:《中国民法学·民法债权》,法律出版社 1991 年版,第 274 页。

四、有名契约与无名契约

这是以契约类型是否在契约法(民法典)中有规定并赋予一定的名称为标准而作的分类。有名契约又称典型契约,是指法律对这类契约的类型设有规定并赋予一定的名称;而无名契约又称非典型契约,是指法律未对其类型特别加以规定也未赋予其特定名称,而是由当事人自由创设的契约。无名契约并非没有自己的名称,而是法律对这类契约未明确规定。

有名契约与无名契约的分类起源于罗马法。在罗马法上,有名契约的成立要件、内容、效力、当事人的权利义务,法律均有具体的规定。区分有名契约和无名契约的意义在于:对于有名契约直接适用法律为各该契约所作的规定,无名契约则适用类似性质的有名契约及一般契约的规则。[1] 现代各国民法典均继承罗马法体例,对日常生活中常见的契约类型设有专门的规定,于此之外,根据契约自由原则,允许当事人自由创设契约的类型。例如,我国《合同法》在分则中规定了买卖合同、赠与合同、租赁合同、融资租赁合同、承揽合同、运输合同、技术合同、保管合同、委托合同、建设工程合同等有名合同。对这种于契约法中又对个别类型的契约设有专门规定的现象,英美法系学者称之为关于"具体合同的法",因英美法将合同的具体内容视为事实问题[2],故在英美国家不存在这种现象及分类。

五、有偿契约与无偿契约

这是以当事人之间有无对价的给付为标准而作的分类。有偿契约是指当事人双方为取得利益而须支付对价的契约,如《法国民法典》第 1106 条规定:"当事人双方相互承担给付某物或作某事的义务时,此种契约为有偿契约。"无偿契约则是当事人从对方取得利益而无需支付对价的契约,《法国民法典》将之称为"恩惠契约",如该法典第 1105 条规定:"当事人一方无代价给付他方利益时,此种契约为恩惠契约。"在实践中,多为有偿契约,而无偿契约极少,康德认为:无偿契约主要有三种:(无偿)保管、借用和捐赠[3]。

在罗马法上,有偿契约又分为实定契约与射幸契约两种。实定契约是指在契约订立时,双方的权利义务即确定地由双方分别负担的契约;而射幸契约是指双方的权利义务决定于一偶然事件,如赌博、买彩票等。《法国民法典》对之有明确的规定,该法典第 1104 条第 2 款规定:"对于当事人各方根据不确定的事件而在取得利益或遭受损失方面存在偶然性时,此种契约为射幸契约。"对于有偿契约进行再分类的意义在于:只有对于实定契约,当事人方有可能以遭受损害为

---

[1] 周枏:《罗马法原论》,商务印书馆 1994 年版,第 660 页。
[2] 沈达明:《英美合同法引论》,对外贸易教育出版社 1993 年版,第 19 页。
[3] [德]康德:《法的形而上学原理——权利的科学》,沈叔平译,商务印书馆,1997 年版,第 106 页。

由而提出撤销契约的请求,而射幸契约不存在双方给付是否等价的问题,故"合同的偶然性即排除了合同导致一方损害的可能性"①。

区分有偿契约与无偿契约的意义在于:

1. 对有偿契约的调整如法律无特别规定时,适用买卖契约的规定;无偿契约则不然,其债务人不负标的物的权利瑕疵担保和品质瑕疵担保责任(特殊情况例外)。

2. 当事人所负的过失责任的程度不同:在无偿契约中,给付只对一方有利,对债务人自身无利益,所以他只负故意和重大过失责任;在有偿契约中,给付对债务人和债权人均有利益,债务人对此应负抽象的轻过失责任。

3. 限制行为能力人未经其法定代理人的同意一般不能订立有偿契约,但可订立无负担的无偿契约,接受他人给付的利益②。

六、要式契约与不要式契约

这是以契约的成立是否要求履行一定的形式和手续。法律要求必须具备一定的形式和手续的契约为要式契约;法律不要求必须具备一定的形式和手续的契约为不要式契约。柯宾指出:要式合同是指这样一种合同:其法律效果依赖于它的作成形式或者表示方式,而不依赖于交换中给付的充分对价,也不依赖于信赖它的受要约人的任何地位变化。此外,不要式合同是指其法律效果不依赖于其作成形式或者表示方式,大多数这类合同的法律效力都依赖于为换取允诺而付给的充分对价③。柯宾显然是从英美合同法理论来分析的,但其"法律效果是否依赖于其作成形式或者表示方式"的标准,与大陆法系是一致的。在契约法的发展初期,对契约成立的形式有较严格的要求,以要式契约为原则④。在现代各国,虽然以契约自由为基本原则,故以不要式契约为原则而以要式契约为例外,但为保护交易的安全,对特殊财产,如不动产契约仍规定为要式契约。我国《合同法》规定的要式契约有:不动产买卖合同、非自然人之间的借款合同、租赁合同、建设工程合同。

对契约进行这种分类的意义在于区别不同类型契约的效力:在这个问题上,各国的规定各有不同,有的国家的民法典规定契约不具备法律规定的形式不生效力;有的则规定不具备法定形式契约不成立。根据我国《合同法》第36条的规定,法律、行政法规规定采用书面形式的合同,当事人未采用书面形式但已经履行主要义务,对方接受的,该合同有效。由此可见,我国合同法并不采取不具备法定形式的合同不成立或不生效的原则,而是采取较为灵活的原则。

---

① 尹田:《法国现代合同法》,法律出版社1995年版,第9页。
② 周枏:《罗马法原论》,商务印书馆1994年版,第661页。
③ [美]A·L·柯宾:《柯宾论合同》,王卫国等译,中国大百科全书出版社1998年版,第13页。
④ 参见梅因:《古代法》,商务印书馆1996年版,第184~185页。

七、即时清结的契约和不即时清结的契约

这是以给付是否具有连续性为标准所作的分类。即时清结的契约又称一次性给付的契约,如果契约规定的当事人的给付应一次性完成的,即为即时清结的契约,例如,特定物的买卖;如果契约规定的当事人应为的给付在一定期间内分数次完成的,则为连续给付的契约,如租赁契约、雇佣契约、定期供应契约等。

这种分类的意义在于:契约因无效或撤销而引起的法律后果不同,就一次性给付的契约而言,其无效或撤销具有溯及力,即当事人已为的给付应当返还;但在连续性给付契约,其无效或撤销不具有溯及力,例如,雇佣契约无效或撤销后,雇主不可能要求已提供劳务的雇员返还已领的工资,同样,雇员也不可能要求雇主返还其已付出的劳动。也就是说,非即时清结的契约在无效或撤销后只能向将来发生效力[1]。

八、民事契约、商事契约和行政契约

由于大陆法系的许多国家历来有民商分离的传统,于民法典之外又制定了商法典,故将契约分为民事契约和商事契约是极其自然的事。根据民法典成立的契约为民事契约,主要适用于民事主体之间;根据商法典成立的契约为商事契约,主要适用于商人之间。除此之外,法国还有其独特的行政契约。这种分类被英美法系学者称为大陆法系契约的"三大基本分类"[2]。由于法国行政契约的独特性,在此略作介绍。

1. 行政契约的概念

行政契约是行政主体以其特殊身份与行政主体或私法主体所订立的契约。行政主体具有双重性:它既可以是私法主体,又可为行政主体。当其以私法主体订立契约时,与一般的私法主体的法律地位并无不同,其应受私法的调整;当其以行政主体而与私法主体或行政主体订立契约时,其契约为行政契约,不受私法的调整,而受公法的调整,这就是行政契约。在法国,由于现代公务的扩张,行政主体除了行使公共权力外,还担负了社会保障、经济管理、科学、教育、文化等多方面的任务,行政主体仅靠单方面的意思表示而决定相对人法律地位的行为方式已不能适应现代公务多样化的需求,另外,公共行政民主意识的加强,行政主体也不得不重视相对人的权利。法国行政契约的出现,即反映了这两方面的需求。

2. 对行政契约的识别标准

行政契约与私法契约不同,当事人在这两种契约中的法律地位也不一样。但如何判断一个契约是行政契约呢?

---

[1] 尹田:《法国现代和合同法》,法律出版社1995年版,第11页。
[2] 参见沈达明:《英美合同法引论》,对外贸易教育出版社1993年版,第16页。

从契约的主体看,立约人中必须有一方为行政主体,因为行政契约从本质上说是一种行政行为,私人一般不具有行政行为能力,故私人间签订的契约不是行政契约。因而,两个行政主体之间订立的契约为行政契约,当属无疑。但是,行政契约的大部分是与私人签订的,仅仅根据主体标准很难辨别这些契约的性质。于是,法国行政法院指出:这些合同要成为行政合同,必须具备以下两个条件之一:签订契约的目的是为了执行公务;签订契约所采用的规则超越私法之外。

对于第一个条件较易理解,但对于第二个条件就比较模糊。的确,何为超越私法以外的规则,很难有统一的定义。英美法系等国家中公法与私法的界限是不明确的,其契约法实行一元裁决制,故在契约法中区分公法与私法的规则也没有必要。但由于大陆法系对公法和私法的划分有其传统的因素,区分公法与私法规则也就有了不同的意义。在法国对有关契约中私法以外的规则的理解一般是根据最高行政法院1955年2月15日判决中提出的观点:合同中规定当事人的某些权利或义务在性质上与当事人根据民商法自由约定的权利和义务不同。这种不同也反映在其履行上,在行政契约的履行上,行政主体有自己的特别权利,主要是要求对方当事人履行的义务的权利、对契约履行的监督权和指挥权、单方变更契约的权利、对相对方不履行契约的制裁权(不通过法院而径行制裁)。

对方当事人在接受行政主体特权的同时,也享有一定的私法上没有的权利:对统治者行为要求补偿的权利(行政主体应赔偿对方当事人因统治者行为而遭受的全部实际损失)、不可预见情况的补偿权。

总之,法国法律将行政契约作为一种独立的制度从一般私法契约中区分出来,这不仅是法国二元制法律背景的缘故,更重要的是当代公务的需要。行政契约是行政主体为了执行公务,即满足公共利益的需要而签订的。行政主体并不依赖采取契约的手段而放弃履行公务所必需的特殊权利。行政契约将行政主体执行公务的使命与相对人对个人利益的追求平衡而为和谐的统一,既避免行政主体单方面行为的简单僵硬,又防止私法契约的那种完全自由。①

在我国合同法起草过程中,关于要不要行政合同的问题有过激烈的争论。行政法学教授应松年先生在1997年6月9日的《法制日报》第一版发表了题为"行政合同不容忽视"的文章,建议在合同法中对行政合同作出规定,并提出了判断行政合同的三个标准:(1)合同当事人中居于主导地位的当事人,必须是代表公共利益的行政机关;(2)合同的目的在于实现行政管理和公共利益的目标;(3)在合同权利义务的配置上,行政机关保留了某些特别权利,如监督甚至指挥合同的实际履行,单方面变更合同的内容,认定对方违法并予以制裁。作者根据

---

① 舒适:《法国行政合同制度》,载于《外国法学研究》,1993复刊第1期,第37~41页。

这三项标准,认为中国现实中的粮食、棉花、烟草定购合同,国有土地使用权出让合同,国营企业承包经营合同,国有企业租赁合同,国家定货合同,公共工程承包合同,按照指令性计划签订的合同,以及某些科研合同等,均属于行政合同。梁慧星先生认为:如果说有行政合同的话,只能存在于行政权力作用的领域,属于行政法律关系。行政合同的当事人都必须是行政机关或者被授予行政权力的团体,合同行为必须是属于行政权力的行使行为。如果本质上属于市场交易的行为,即使一方当事人是行政机关(如政府采购合同),即使法律规定实行强制签约,也仍属于民事合同,而与所谓的行政合同有本质的区别。至于上述文章提到的第三项标准,显而易见是混淆了市场交易行为与国家对市场交易管理行为。国家通过行政机关对某些市场交易行为进行适度的干预,并不改变这些市场交易行为的性质,当然也不能使这些市场交易关系变成所谓行政合同关系①。梁慧星先生的意见得到了多数民商法学者的赞同,也正是基于这一原因,我国现行的合同法没有规定行政合同。

【引导案例】

　　案情

　　甲乙二人为非婚姻同居的男女,双方约定在同居期间,女方应当服用避孕药。但是,女方在没有向男方发出警告的情况下停止了服用,导致女方怀孕并生下一个孩子。女方向德国联邦最高法院起诉,要求男方负担这个孩子的抚养费,男方则要求女方承担违约赔偿责任。此案焦点是双方的协议是否成立合同?

　　裁判

　　德国联邦最高法院判决男方负担这个孩子的抚养费。

　　评析

　　德国联邦最高法院认为,男方没有合同上的请求权。因为非婚姻关系的伙伴,一般不愿意将其自由的伙伴关系置于法律规则的管辖之下。即使当事人例外的有受法律约束的意思,他们之间也不成立有效的合同(法律行为)。因为,此项意思涉及最为隐秘的个人自由领域,而这个领域是不容通过合同予以约束的②。后一个理由是重要的,即人的基本权利和自由不得通过合同而约定。

【练习案例】

　　案情

---

　　① 梁慧星:《中国统一合同法的起草》,载梁慧星主编:《民商法论丛》第9卷,法律出版社1998年版,第30页。

　　② 参见[德]迪特尔·梅迪库斯:《德国民法总论》,邵建东译,法律出版社2000年版,第150、152、157页。

王某在逛公园时将丢失手机,因手机里存有大量的客户电话,故非常着急。于是,便在报纸上登载"悬赏广告",承诺:若有拾到手机并送还者,将给予3 000元酬谢。金某是一个不满10周岁的学生,每天早上上学必须穿过该公园,在其拾到手机后本想交给学校,但看到报纸后,就按照报纸上的电话与王某联系,并按照王某说的地址将手机交还。但王某反悔,认为金某不满10周岁,不具备行为能力,双方不成立合同,其没有报酬请求权。

问题

王某的主张能否成立?

要点提示

(1)合同与法律行为是有区别的;(2)"悬赏广告"虽然不是合同,但王某仍然应该信守承诺;(3)最高人民法院《关于〈合同法〉的司法解释(二)》对此有明确规定。

【测试题】①

1. 王平(男)与李侬结婚,在结婚登记前,李侬为防止王平出轨,于是,与王平签署了一份合同。合同约定:王平不得单独与任何女人接触,否则,李侬可以解除婚姻,并有权要求王平赔偿50万元青春损失费。下列答案正确的是( )

    A. 该协议约定的权利义务是合同法上的权利义务,男方违反属于违约

    B. 该协议符合意思自治的原则故应有效

    C. 该协议不是我国合同法上的合同

    D. 该合同属于婚姻的附属合同

2. 潘强与张歌订立房屋买卖合同,合同约定:潘强将位于北京海淀区八里庄小区的一套房屋卖给张歌,价值人民币350万元。双方签订合同后,约定5天后一起去交易大厅办理过户登记。在合同签订后的第3天,潘强遇到自己的中学同学李伟,就与李伟谈起卖房的事情。李伟听后,说我有一朋友记彭也在找房,价格比张歌出的高,你干脆卖他得了。于是,在李伟的介绍下,潘强很快与记彭达成买卖房屋协议,并很快办理了房屋过户登记。则下列答案中正确的是:( )

    A. 潘强与张歌订立的买卖合同有效

    B. 潘强与张歌订立的买卖合同因未办理登记而无效

    C. 记彭与潘强签订的买卖合同有效,且记彭可以取得房屋所有权

    D. 张歌不能取得房屋所有权,但可以要求潘强承担违约责任

---

① 参考答案:1. C 2. ACD

【延伸阅读】

1. [英]阿狄亚:《合同法导论》,赵旭东等译,法律出版社2002年版。
2. [德]迪特尔·梅迪库斯:《德国民法总论》,邵建东译,法律出版社2000年版。
3. [美]A·L·科宾:《科宾论合同》,王卫国等译,中国大百科全书出版社1998年版。
4. 尹田:《法国现代合同法》,法律出版社1995年版。
5. 李永军:《民法总论》,法律出版社2009年版。

第二章 合同的订立

【本章导学】

唯在合同订立之后,才能进一步谈论合同法各项制度的适用,因此,本章是展开合同法学习的先行步骤。学习本章,需要着重理解并掌握以下问题:第一,要约与承诺的概念、效力及其各自判别标准;第二,合同成立之判断;第三,合同的特殊成立方式;第四,合同的附条件与附期限。其中,缔约过程中,如何判断何种意思表示构成要约,何种构成承诺,是本章难点。

第一节 概 说

一、合意与不合意

合同属双方法律行为,是双方当事人意思表示一致的结果,合同订立则是谋求当事人合意的过程。问题在于:如何判断是否存在合同所需要的合意?如果当事人就某些事项未达成一致,或就合同是否成立存在争议,应如何认定?

合意与否,须以合同内容为断,即,当事人就哪些合同内容达成一致,即可认为合同订立?依《合同法》第12条第1款之规定,合同的必要条款通常包括当事人的名称或者姓名和住所,合同标的,数量,质量,价款或者报酬,履行期限、地点和方式,违约责任,解决争议的方法等内容。当然,这不意味着,只有所有这些条款都具备,合同才能成立。首先,纠纷解决条款无关乎合同成立,因为它无碍于合同目的之实现;其次,由《合同法》第61、62条可知,即便当事人就质量、价款(报酬)、履行地点、履行期限、履行方式等事项未约定或约定不明确,亦不影响合同之成立生效。在此基础上,最高人民法院《关于适用〈合同法〉若干问题的解释(二)》第1条第1款第1句规定,"当事人对合同是否成立存在争议,人民法院能够确定当事人名称或者姓名、标的和数量的,一般应当认定合同成立。"

二、合同的订立过程

现实生活中,合同订立的过程可能简单到不发一言即可完成,如超市购物,亦可能复杂到需要经过旷日持久的谈判,如购买波音客机,但无论何种合同,在民法的视野中,如《合同法》第13条所规定的,其订立过程都可拆解为要约与承诺两个阶段,差别只在于,复杂的合同订立过程,往往经过多次要约与反要约的反复。

合同之订立,在传统要约承诺程式之外,尚有若干变种,如意思实现、交错

(交叉)要约等,不过,它们其实也在要约承诺原理的解释框架之下。此外,曾经影响深远的事实合同理论,如今渐成明日黄花,甚至,作为该理论的创立与完善者之一的拉伦茨(Karl Larenz),亦明确表示放弃,①为此,本书不予专门讨论。

第二节　要　　约

一、要约的概念

合同订立的第一阶段是要约。所谓要约,依《合同法》第 14 条规定,是希望和他人订立合同的意思表示。但"希望"之表达过于笼统含糊,根据《合同法》相关规定,结合学理,构成要约的意思表示需要具备以下要件:

（一）需受领的单方意思表示

意思表示有需受领与无需受领之别,后者如抛弃、遗嘱,要约旨在与对方订立合同,因此需要对方的受领。这意味着,要约必须针对受领人作出,并且依通常情形,要约人能够期待该表示能够达到受领人。② 因此,仅仅是订约意思为他人获知,尚不足以构成要约。如,甲聊天时告知乙,他想从丙处购买钢材若干,碰巧被丙听见,此时,丙作出的承诺表示没有意义,因为甲的意思未向丙作出,不构成要约。

要约之发出,往往是针对特定人,但也不尽然,如悬赏广告③、自动售货机之设立④等。

（二）内容具体确定

仅仅是表达希望订立合同的意愿,即使该意思针对相对人作出,亦不足以构

---

① Karl Larenz/Manfred Wolf, Allgemeiner Teil des Bürgerlichen Rechts,9. Aufl, Verlag C. H. Beck,2004, §30 Rn. 21ff. 中译本参王晓晔等译:《德国民法通论(下册)》,法律出版社 2003 年版,第 745~746 页。
② Hans Brox/ Wolf‒Dietrich Walker, Allgemeiner Teil des BGB,32. Aufl., Carl Heymanns Verlag,2008, Rn. 143.
③ 悬赏广告的法律性质有争议,德国法以之为单方行为(《德国民法典》第 657 条),我国司法判例与立法则倾向于在合同的脉络下理解,视其为要约。司法判例如天津"李珉诉朱晋华、李绍华悬赏广告酬金纠纷案"(载《最高人民法院公报》1995 年第 2 期)、辽宁"鲁瑞庚诉东港市公安局悬赏广告纠纷案"(载《最高人民法院公报》2003 年第 1 期)等,相关立法则见诸《物权法》第 112 条第 2 款,另外,最高人民法院《关于适用〈合同法〉若干问题的解释(二)》第 3 条以及"民事案件案由规定"(2008)均在合同的框架下处理悬赏广告问题。
④ 自动售货机之设立,依德国通说,属于向不特定多数人发出的要约。Hans Brox/Wolf‒Dietrich Walker, Allgemeiner Teil des BGB,32. Aufl., Carl Heymanns Verlag,2008, Rn. 167；Karl Larenz/Manfred Wolf, Allgemeiner Teil des Bürgerlichen Rechts,9. Aufl, Verlag C. H. Beck,2004, §29 Rn. 23；Bernd Rüthers/Astrid Stadler, Allgemeiner Teil des BGB,16. Aufl., Verlag C. H. Beck,2009, §19 Rn. 7. 梅迪库斯则认为属于要约邀请。Dieter Medicus, Allgemeiner Teil des BGB,9. Aufl., C. F. Müller Verlag,2006, Rn. 362. 我国学者多持要约说。王泽鉴:《债法原理》,北京大学出版社 2009 年版,第 123 页；陈自强:《民法讲义Ⅰ契约之成立与生效》,法律出版社 2002 年版,第 60 页；韩世远:《合同法总论》(第 2 版),法律出版社 2008 年版,第 69 页。

成要约,依《合同法》第14条第1项之规定,要约的意思表示必须"内容具体确定"。对于"具体确定"的判断标准,一般认为,是指内容确切到受领人只需简单地表示同意即可订立合同的程度。① 《合同法》虽未明确作此规定,但从第30条中,亦可约略推知。

(三)具有法律拘束意思

在交易过程中,为便利起见,合同的基本条款可能在双方接触之初即已形成,但即便内容已经"具体确定",仍未必成立要约,还必须具备的条件是,表意人必须具有受法律拘束之意思(Rechtsbindungswille),此即《合同法》第14条第2项所谓"表明经受要约人承诺,要约人即受该意思表示约束"。欠缺拘束力者,称要约邀请(invitatio ad offerendum),因为它实际上是邀请对方向自己发出要约。依《合同法》第15条规定,寄送的价目表、拍卖公告、招标公告、招股说明书、商业广告等均为要约邀请。

上列情形中,拍卖公告与招标公告均是邀请对方向自己出价,属于典型的要约邀请;招股说明书是股票发行之前就相关情况所作的告知,旨在为股票认购行为提供必要的信息,亦仅具邀请之意。当然,许多情况下,当事人自己往往未必有明确的法律拘束意思,此时,何种情形构成要约或要约邀请,更多的是规范评价的产物,当中所考虑的因素,主要是法律风险的分配。例如,之所以将价目表寄送、发布商业广告等行为归诸要约邀请之列,是要将是否订约的决定权留给行为人,否则他们可能或者因为供应不足而陷入给付障碍,或者因为发布广告时的思虑不周而蒙受损害。同样,展示窗上陈列的标价商品亦应作要约邀请对待,因为如果是要约,在店主雇佣数名店员的情况下,展示窗上的商品就会有遭到数卖的风险。② 有争议的是,超市与自助商店中陈列的商品,属于要约抑或要约邀请?德国有学者认为,为了让店主有机会考虑诸如存货状态、顾客的信用评价等具体情形,应由其最终决定缔约与否,因此,商品之陈列只是要约邀请,顾客在付款台出示商品方为要约;③反对者则认为,除非店主明确为自己保留了此等机会(如标明"限量供应之特价商品"),否则,商品之陈列,应视为要约,向款台出示则为承诺。④ 台湾采后说,⑤大陆学者亦从之。⑥

某些情况下,相对人需要得到特别保护,为此,《合同法》第15条第2款特设

---

① Karl Larenz/Manfred Wolf, Allgemeiner Teil des Bürgerlichen Rechts, 9. Aufl, Verlag C. H. Beck, 2004, §29Rn. 16.
② Dieter Medicus, Allgemeiner Teil des BGB, 9. Aufl., C. F. Müller Verlag, 2006, Rn. 360.
③ Bernd Rüthers/Astrid Stadler, Allgemeiner Teil des BGB, 16. Aufl., Verlag C. H. Beck, 2009, §19Rn. 5.
④ Dieter Medicus, Allgemeiner Teil des BGB, 9. Aufl., C. F. Müller Verlag, 2006, Rn. 363.
⑤ 王泽鉴:《债法原理》,北京大学出版社2009年版,第123页。
⑥ 崔建远:《合同法总论(上卷)》,中国人民大学出版社2008年版,第103页;韩世远:《合同法总论(第2版)》,法律出版社2008年版,第69页。

例外,将内容符合要约规定的商业广告,视为要约。这一例外的典型体现是最高人民法院《关于审理[商品房买卖]合同纠纷案件适用法律若干问题的解释》第3条:"商品房的销[售广告和宣传资]料为要约邀请,但是出卖人就商品房开发规划范围内的房屋及[相关设施所作的]说明和允诺具体确定,并对商品房买卖合同的订立以及房屋价格的确定有重大影响的,应当视为要约。该说明和允诺即使未载入商品房买卖合同,亦应当视为合同内容,当事人违反的,应当承担违约责任。"司法解释作此规定,显然是为了让房屋买受人得到更好的法律保护。①

二、要约的效力

(一) 要约的生效时间

意思表示的生效时间有所谓表示主义、了解主义、发信主义与到达主义之别,②《合同法》第16条第1款采到达主义。关于到达之判断,我国法律未作规定,德国做法是依受领人在场或不在场而有不同。其中,向不在场人发出的意思表示,以具有知悉可能性为标准,即,到达受领人领域、对方能够知悉并且在通常情形下能够被期待知悉为标准;③对在场人发出的,若为书面表示,以书面文件之交付为准,口头表示,则以对方实际听悉为准(Vernehmungstheorie)。④

在某些情况下,对于不在场人发出的要约可能提前生效。知悉可能性为抽象标准,如信件于下班时间到达,抽象的知悉可能性即为次日上班之时。然而,若受领人下班之后仍滞留于办公室,并且阅读了该信件,到达时间即为实际阅读信件之时,原因在于,意思表示以知悉为目的,既然受领人已实际知悉,就没有必要再遵照拟制的抽象标准。

另外,《合同法》第16条第2款专就数据电文要约的到达作了规定:"采用数据电文形式订立合同,收件人指定特定系统接收数据电文的,该数据电文进入该特定系统的时间,视为到达时间;未指定特定系统的,该数据电文进入收件人的任何系统的首次时间,视为到达时间。"

(二) 要约的拘束力

要约的拘束力分形式拘束力与实质拘束力。所谓形式拘束力,是指要约一旦生效,即不能被撤回,原则上亦不能被撤销。⑤《合同法》未一般性地承认要约的这一效力,第18条前句规定:"要约可以撤销"。此任意撤销权之规定,与英

---

① 参见韩延斌:"《关于审理商品房买卖合同纠纷案件适用法律若干问题的解释》的理解与适用",载《法律适用》2003年第6期,第3页。
② 陈自强:《民法讲义I契约之成立与生效》,法律出版社2002年版,第50页。
③ Hans Brox/Wolf-Dietrich Walker, Allgemeiner Teil des BGB, 32. Aufl., Carl Heymanns Verlag, 2008, Rn. 149.
④ Hans Brox/Wolf-Dietrich Walker, Allgemeiner Teil des BGB, 32. Aufl., Carl Heymanns Verlag, 2008, Rn. 155f.
⑤ 王泽鉴:《债法原理》,北京大学出版社2009年版,第128页。

美法的立场一致。①

对于受要约人而言,唯在要约生效之后,始得作出有效的承诺令合同成立,此称要约的实质拘束力,亦称要约的承诺能力。② 对此,《合同法》虽未明定,但要约既然是需受领的意思表示,其实质拘束力当属题中之意。

三、要约的撤回与撤销

（一）撤回

要约须在到达对方时生效,因此,要约发出后到达前,它对于表意人尚无拘束力,当得撤回,前提是,撤回的意思表示须在前一意思表示之前到达相对人。另外,若二者同时到达,对于相对人而言,存在两项自相矛盾的意思表示,自然不能产生任何效力,亦能够产生撤回的效果。为此,《合同法》第 17 条规定:"撤回要约的通知应当在要约到达受要约人之前或者与要约同时到达受要约人。"

如前所述,实际知悉可将到达时间提前,但若撤回通知先到,意思表示后到,相对人不得以先知悉意思表示内容为由,主张撤回通知晚于意思表示到达,因为,对于表意人而言,它只需要能够合理地期待对方不晚于意思表示而能够获知撤回通知即可,至于相对人实际上何时知晓何种意思表示,完全处于相对人的控制范围之内,不应由表意人承担风险,并且,此时相对人已无信赖利益可言。③否则将诱发道德危险行为。

（二）撤销

一般而言,要约生效之后,表意人即须受其拘束,不得无因撤销。不过,要约仅仅是意欲与对方订立合同,在对方作出承诺之前,双方的法律关系并不为之改变。此时,允许撤销要约,能够最大限度地体现私法自治。《合同法》第 18 条规定:"要约可以撤销。撤销要约的通知应当在受要约人发出承诺通知之前到达受要约人。"当然,撤销并非全无限制,依第 19 条规定,在两种情况下,要约人不得撤销:其一,要约人确定了承诺期限或者以其他形式明示要约不可撤销;其二,受要约人有理由认为要约是不可撤销的,并已经为履行合同作了准备工作。

（三）撤回与撤销两概念的用法

我国通说认为,撤回指向未生效之要约,撤销则谓收回已生效要约而言。④此等见解虽有其道理,却似乎失之过于简单化。梅仲协先生曾经指出:"按民法上所谓撤销,应有法定之撤销原因,方得为之。若法律行为,已经成立,依当事人

---

① 参见[美]E·艾伦·范斯沃思:《美国合同法》,葛云松、丁春艳译,中国政法大学出版社 2004 年版,第 156 页。
② 王泽鉴:《债法原理》,北京大学出版社 2009 年版,第 128 页。
③ Hans Brox/Wolf-Dietrich Walker, Allgemeiner Teil des BGB, 32. Aufl., Carl Heymanns Verlag, 2008, Rn. 154.
④ 韩世远:《合同法总论(第 2 版)》,法律出版社 2008 年版,第 77 页。

之自由意思,使其效力消失者,则不得谓之撤销。"① "按法律行为有疵累,利害关系人,依法律之规定,可使其效力,归于消灭者,是为撤销。法律行为之本身,并无疵累,唯因特种事实之发生,法律准许利害关系人,收回其所作成之法律行为者,是为撤回。"②据此,已生效之意思表示,亦存在撤回问题。《合同法》未恪守两概念之区别。

四、要约的失效

要约生效之后,即对要约人具有形式拘束力,若该拘束力一直维持,合同却未能订立,对要约人甚为不利,为此,《合同法》第 20 条规定了导致要约失效的四种情形:第一,拒绝要约的通知到达要约人;第二,要约人依法撤销要约;第三,承诺期限届满,受要约人未作出承诺;第四,受要约人对要约的内容作出实质性变更。

第三节 承 诺

一、承诺的概念

承诺是受要约人同意要约的意思表示(《合同法》第 21 条)。构成承诺,需要具备以下条件:

(一) 意思表示向要约人作出

承诺原则上是需要受领的意思表示,须针对要约人或要约人的法定代理人作出,《合同法》第 22 条所谓"以通知的方式作出",宜应作此理解。

不过,并非任何承诺都必须由要约人受领。第 22 条后段但书规定:"根据交易习惯或者要约表明可以通过行为作出承诺的除外",此无需"通知"之承诺,学理称"意思实现"(Willensbetätigung),③源于德国学者对《德国民法典》第 151 条的解释,是指通过履行行为、先占行为或使用行为而订立合同的情形,拉伦茨认为,它不是意思表示,因为"没有向他人表示产生法律后果的意思"。④ 所谓交易习惯,最高人民法院《关于适用〈合同法〉若干问题的解释(二)》第 7 条要求具备两项要件:第一,在交易行为当地或者某一领域、某一行业通常采用并为交易对方订立合同时所知道或者应当知道的做法;第二,当事人双方经常使用的习惯做法。构成此类交易习惯者如订酒店房间、餐馆桌位等。

(二) 对要约表示同意

---

① 梅仲协:《民法要义》,中国政法大学出版社 1998 年版,第 290 页(注释 1)。
② 梅仲协:《民法要义》,中国政法大学出版社 1998 年版,第 364 页(注释 1)。
③ 张俊浩主编:《民法学原理》(修订第三版),下册,中国政法大学出版社 2000 年版,第 746 页。
④ [德]卡尔·拉伦茨:《德国民法通论》(下册),王晓晔等译,法律出版社 2003 年版,第 739 页以下。

承诺是对要约表示同意，因此，承诺内容应当与要约内容一致(《合同法》第30条第1句)。如果对要约作出实质性变更，即不再是承诺，而构成一个新要约(反要约)。所谓"实质性变更"，依《合同法》第30条第3句之界定，是指"有关合同标的、数量、质量、价款或者报酬、履行期限、履行地点和方式、违约责任和解决争议方法等的变更"。

在某些情况下，严守承诺与要约的一致性，未必符合当事人意志，因为某些合同条款之更改可能对要约人无足轻重，为了使得合同订立更具灵活性，《合同法》第31条规定："承诺对要约的内容作出非实质性变更的，除要约人及时表示反对或者要约表明承诺不得对要约的内容作出任何变更以外，该承诺有效，合同的内容以承诺的内容为准。"

（三）适时到达

承诺须适时到达要约人，否则，除非要约人表示承诺有效，不构成适格承诺，而作新要约处理(《合同法》第28条)。

1. 承诺期限

若是要约指定了承诺期限，承诺须在此期限之内到达要约人(《合同法》第23条第1款)，未确定承诺期限者，则分对话与非对话而有不同：要约以对话方式作出者，除非当事人另有约定，否则应即时作出承诺；以非对话方式作出者，承诺应在合理期限内到达。合理期限，依合同类型之不同，循交易惯例为断。

承诺期限之确定，除了期间长短外，还需要有起算点。依《合同法》第24条之规定，起算点分以下三种情形确定：第一，要约以信件或者电报作出的，承诺期限自信件载明的日期或者电报交发之日开始计算；第二，信件未载明日期的，自投寄该信件的邮戳日期开始计算；第三，要约以电话、传真等快速通讯方式作出的，承诺期限自要约到达受要约人时开始计算。

2. 到达障碍

承诺迟到者，原则上视为新要约，已如前述，但现实情况比较复杂。有时候依通常情形判断，承诺表示能够于预定时间之前到达相对人，却基于某种非可归责于承诺人的原因未能顺利到达，如邮递过程中发生不可抗力，此时，发生到达迟滞(Zugangsverzögerung)。一般情况下，承诺人必须对他所选择的表示方式承担风险，因此，迟到的承诺对于要约人不能构成到达，但这只是风险分配，承诺人既无过失，自不能适用过失归责，鉴于承诺之实际到达时间难以为承诺人获知，要约人想要摆脱承诺的拘束力，就须告知承诺人迟到情况，否则，承诺人有理由相信未迟到(《合同法》第29条)。如此，要约人有了选择空间，承诺人亦有了回旋余地，堪称理想。

二、承诺的效力

（一）承诺的生效时间

有如要约,承诺之生效,亦奉到达主义(《合同法》第 26 条第 1 款第 1 句)。各种情形下到达的判断,从要约,此处不赘。不同的是,并非所有承诺都需要受领,对于意思实现式的承诺,根据交易习惯或者要约的要求作出承诺的行为时生效(《合同法》第 26 条第 1 款第 2 句)。

(二) 承诺的拘束力

承诺一经生效,当事人双方达成合意,合同即成立(《合同法》第 25 条)。

三、承诺的撤回

承诺须在生效之后才能产生拘束力,发出之后,承诺人仍有将其撤回之可能。《合同法》第 27 条规定:"承诺可以撤回。撤回承诺的通知应当在承诺通知到达要约人之前或者与承诺通知同时到达要约人。"

第四节 合同的成立

一、合同成立之认定

称合同订立,偏重的是当事人双方达成合意的过程,就合意达成之结果而言,通常名为合同成立。虽然可以笼统认为,承诺生效,合同即成立,但在具体判断上,不同形式的合同,有不同的标准。《合同法》第 10 条第 1 款将合同形式划分为书面形式、口头形式和其他形式三类。

(一) 口头合同

口头合同之成立,《合同法》未作特别规定,适用第 25 条,单纯以口头承诺生效为判断时点。

(二) 书面合同

书面形式是指合同书、信件和数据电文(包括电报、电传、传真、电子数据交换和电子邮件)等可以有形地表现所载内容的形式(《合同法》第 11 条)。当事人若以合同书订立合同,《合同法》第 32 条规定,自双方当事人签字或者盖章时合同成立,同时,依最高人民法院《关于适用〈合同法〉若干问题的解释(二)》第 5 条之规定,摁手印与签字盖章具有同等效力;若采用信件、数据电文等形式,当事人要求签订合同确认书时,确认书签订之时合同成立(《合同法》第 33 条),其反面解释,无此要求者,则在承诺到达要约人时合同成立。

实践中,当事人为了表示诚意或节约时间,有时一方面谋求订立书面合同,另一方面又在签订合同书或确认书之前,已开始履行合同主要义务,于此情形,如果对方表示接受,则在接受时,合同成立,而不必拘泥于书面形式之作成(《合同法》第 36、37 条)。此时,嗣后形成的书面合同形式,主要起到证据的作用。

(三) 其他形式合同

何谓"其他形式",《合同法》未作界定,最高人民法院《关于适用〈合同法〉

若干问题的解释(二)》第 2 条对此漏洞略作弥补:"当事人未以书面形式或者口头形式订立合同,但从双方从事的民事行为能够推定双方有订立合同意愿的,人民法院可以认定是以《合同法》第十条第一款中的'其他形式'订立的合同。但法律另有规定的除外。"

值得一提的是,对于该条,最高人民法院认为,这是曾经盛行于德国的事实合同理论的产物。① 管见以为,这一认识既误解了事实合同理论本身,且误认了事实合同理论的当代命运。首先,事实合同理论之提出,是用以挑战传统的合同订立方式以及法律行为(合同)必包含意思表示的观念,其核心主张是,某些合同之订立无需经过"要约—承诺"之过程,借助单纯的事实行为即为已足,此等事实合同,与当事人的意思表示无关。② 显然,它不是关于合同形式的理论。其次,事实合同理论虽盛行一时,但由于存在对行为能力欠缺人保护不力等缺陷,如今在德国已日渐式微,即使是对该理论作出重大贡献的拉伦茨教授,亦在其生前亲自修订的最后一版民法总论教科书中明确表示放弃。③ 既然如此,似乎没有必要拾人牙慧,旧话重提。

二、合同成立的特殊情形

(一)交叉要约

所谓交叉(交错)要约(kreuzende Offerten),是指双方互为内容相同的要约。④ 交叉要约能否订立合同,学者意见不一。肯定说认为,各自向对方发出内容一致的要约,即表明双方均有订立合同意思,无须再为承诺即可成立合同;否定说则认为,应为当事人保留对要约承诺或拒绝之余地,因此交叉要约本身尚不足以成立合同。不过,现实中合同之订立,一般都需要经过反复商谈,交叉要约基本上只具有教学意义。⑤ 我国通说认为,交叉要约具有"心有灵犀一点通"之特性,互达对方之时,合同成立。⑥

(二)拍卖合同

所谓拍卖,依《拍卖法》第 3 条之定义,是指以公开竞价的形式,将特定物品

---

① 参见曹守晔:"《关于适用〈合同法〉若干问题的解释(二)》的理解与适用",载《人民司法》2009 年第 13 期,第 41~42 页。

② Hierzu s. Günter Haupt, Über faktische Vertragsverhältnisse, Verlag von Theodor Weicher in Leipzig, 1941, S. 1ff. 中文作品则可参王泽鉴:"事实上之契约关系",载氏著:《民法学说与判例研究(第一册)》,北京大学出版社 2009 年版,第 83~97 页。

③ [德]卡尔·拉伦茨:《德国民法通论》(下册),王晓晔等译,法律出版社 2003 年版,第 746 页。

④ 张俊浩主编:《民法学原理》(修订第三版),下册,中国政法大学出版社 2000 年版,第 740 页。

⑤ Werner Flume, Allgemeiner Teil des Bürgerlichen Rechts II, Das Rechtsgeschäft, 4. Aufl., Springer-Verlag, 1992, S. 650f.

⑥ 张俊浩主编:《民法学原理》(修订第三版),下册,中国政法大学出版社 2000 年版,第 740 页(姚新华)。亦参崔建远:《合同法总论》(上卷),中国人民大学出版社 2008 年版,第 160 页;韩世远:《合同法总论》(第 2 版),法律出版社 2008 年版,第 91 页。

或者财产权利转让给最高应价者的买卖方式,它涉及拍卖人、委托人、竞买人与买受人各方主体。拍卖合同以拍卖成交的方式成立,《拍卖法》第 51 条规定:"竞买人的最高应价经拍卖师落槌或者以其他公开表示买定的方式确认后,拍卖成交。"需要注意的是,第 52 条之买受人和拍卖人签署的确认书不是拍卖合同成立的标志,因为拍卖合同双方当事人是委托人和买受人,拍卖人只是职业中介。

（三）招投标合同

招投标合同之订立,需要经过招标、投标、开标、评标与中标诸阶段。《招标投标法》第 45 条规定,中标人确定后,招标人应当向中标人发出中标通知书,中标通知书对招标人和中标人具有法律效力。第 46 条规定,招标人和中标人应当自中标通知书发出之日起 30 日内,按照招标文件和中标人的投标文件订立书面合同。招标人和中标人不得再行订立背离合同实质性内容的其他协议。自性质而言,中标通知书当属预约,双方当事人据此具有订立本约之义务,依《招标投标法》第 46 条所订立的书面合同,才是本约,因为,中标通知书发出之后,双方当事人的义务只是订立书面合同,而不是履行合同义务,对此,《招标投标法》第 59 条的规定可资佐证:"招标人与中标人不按照招标文件和中标人的投标文件订立合同的,或者招标人、中标人订立背离合同实质性内容的协议的,责令改正;可以处中标项目金额千分之五以上千分之十以下的罚款。"

三、合同成立地点

合同成立地点有助于确定相关交易习惯与诉讼管辖。① 原则上,承诺生效的地点为合同成立的地点(《合同法》第 34 条第 1 款)。合同形式不同,具体成立地点亦有别:

第一,当事人无特别约定时,采用数据电文形式订立合同的,收件人的主营业地为合同成立的地点,没有主营业地的,其经常居住地为合同成立的地点(《合同法》第 34 条第 2 款)。

第二,当事人采用合同书形式订立合同的,双方当事人签字或者盖章的地点为合同成立的地点(《合同法》第 35 条)。另依最高人民法院《关于适用〈合同法〉若干问题的规定(二)》第 4 条,合同约定的签订地与实际签字或者盖章地点不符的,约定的签订地为合同签订地;合同没有约定签订地,双方当事人签字或者盖章不在同一地点的,最后签字或者盖章的地点为合同签订地。

四、缔约过失责任

原则上,合同订立之前,任何一方均不负有订立合同之义务,可随时中断缔约过程,即便因此付出成本,亦属正常的交易风险,各负其责。然而,进入缔约程

---

① 张俊浩主编:《民法学原理》(修订第三版),下册,中国政法大学出版社 2000 年版,第 748～749 页。

序的双方,彼此关联程度毕竟高于一般人,此时,当事人需要承担比对一般人更重的照管义务(Sorgfaltspflichten),若有违反,理当承担责任。① 合同成立之前的义务被称为先合同义务,如《合同法》第43条所规定的保密义务。

缔约过程中的损害,由于合同未曾订立或归于无效,不能依合同得到赔偿,如果必须诉诸侵权,在过失举证等方面又有困难,因而需要有特别的法律制度予以调整,此即缔约过失责任制度。

缔约过失理论(culpa in contrahendo, Verschulden bei Vertragsverhandlungen)是德国法学名家耶林(Rudolph von Jhering)的贡献,它确立了缔约过程中的信赖责任(Vertrauenshaftung),填补侵权责任与合同责任之间的空白地带。②《德国民法典》原本未在一般意义上将其法定化,只是在第307条(给付自始不能)、309条(违法合同)等旨在赔偿消极利益(信赖利益)的具体条文中有所反映,③ 2002年1月1日起施行的债法现代化法正式接纳了缔约过失理论,第311条第2款规定了三种违反照顾义务的缔约过失责任适用情形:进入缔约阶段,可能影响对方权利、法益或利益的合同准备阶段,以及法律行为式的接触。

缔约过失责任与一般侵权责任的区别之一在于,后者由受害人承担加害人过错的举证责任,而根据《德国民法典》第280条第1款,前者由义务违反之人负责证明自己无过失。

我国《合同法》第42条亦规定了缔约过失责任:"当事人在订立合同过程中有下列情形之一,给对方造成损失的,应当承担损害偿责任:(一)假借订立合同,恶意进行磋商;(二)故意隐瞒与订立合同有关的重要事实或者提供虚假情况;(三)有其他违背诚实信用原则的行为。"依"合同法解释(二)"第8条,缔约过失责任不仅存在于合同成立之前,虽已成立,却因为一方当事人违反义务拒不办理申请批准或登记手续,而导致合同不能生效的情形,亦属于《合同法》第42条第3项所称"其他违背诚实信用原则的行为"。

---

① *Dieter Medicus/Stephan Lorenz*, Schuldrecht I: Allgemeiner Teil, 18. Aufl., Verlag C. H. Beck München, 2008, Rn. 103.

② *Rudolph von Jhering*, Culpa in contrahendo oder Schadensersatz be nichtigen oder nicht zur Perfection gelangten Verträgen, in: JherJb 4, 1861, S. 1ff.

③ 德国有学者认为,《德国民法典》第122条(基于错误而撤销的信赖利益赔偿)和第179条(无权代理的信赖利益赔偿)亦为缔约过失理论的体现。*Dieter Medicus/Stephan Lorenz*, Schuldrecht I: Allgemeiner Teil, 18. Aufl., Verlag C. H. Beck München, 2008, Rn. 103. 但拉伦茨指出,第122条只是单纯的信赖责任或称表象责任,不以过失为要件,其间法律思想,与缔约过失责任有所不同。*Karl Larenz*, Lehrbuch des Schuldrechts I: Allgemeiner Teil, 14. Aufl., C. H. Beck'sche Verlagsbuchhandlung München, 1987, S. 107f.

第五节 合同的生效

一、成立与生效的一般关系

（一）成立与生效之区分

依传统理论，法律行为区分为成立要件与生效要件，其中，成立要件是指"为法律行为成立所必要之事实。"①"已成立之法律行为，为使其发生完全效力之必要的事实，"则属于法律行为之有效要件。② 至于各项事实如何具体归列，则仁智互见。黄茂荣教授从意思表示构成的角度，大致作如下划分：与法效意思之形成或表示行为之有无有关者，为成立要件，若有欠缺，应论为合同不成立；法效意思表示后，关乎合同效力之发生的积极或消极事由则为生效要件。③

对于成立要件与生效要件之区分，亦有学者持不同意见，典型者如，王伯琦先生早在半个世纪以前即曾表示："无效为不生法律上之效力，不成立亦无非不生法律上之效力，学说上纵可将无效及不成立加以区分，就法律上之效果而言，无以异也。从而不论在法律之规定上或学说之著述上，一旦言及其效果时，只有无效之一种，再无所谓不成立。"④近年检讨甚力的陈自强教授则指出，成立与生效要件之区分并无实益，乃是法律概念过度抽象的产物，就其来源而论，应该是辗转日本继受德国概念法学的结果，然而，即便是作为此等知识策源地的德国，如今亦基本不再讨论成立与生效的区分，唯有我们仍在抱残守缺，以至与当代德国法律行为理论渐行渐远。⑤

（二）《合同法》的规定

依黄茂荣教授之见，在区分成立与生效两阶段的前提下，虽然合同之成立与生效往往同时发生，但具体的合同可能有法定或意定生效要件，成立和生效因此发生分离，为了防止过度干预私人合同自由，法律不宜一般性地规定合同在成立时生效。⑥《合同法》似乎正好是反行其道。第 44 条第 1 款先是原则性地规定："依法成立的合同，自成立时生效。"然后在同条第 2 款以及第 45、46 条规定了法定生效要件（批准、登记手续）与意定生效要件（附条件、期限）两种例外。

批准登记手续针对某些特别合同，此处单论意定生效条件，包括条件与

---

① 史尚宽：《民法总论》，中国政法大学出版社 2000 年版，第 324 页。
② 史尚宽：《民法总论》，中国政法大学出版社 2000 年版，第 325 页。
③ 黄茂荣：《债法总论》（第 1 册），中国政法大学出版社 2003 年版，第 94 页。
④ 王伯琦："法律行为之无效与不成立"，载其著：《近代法律思潮与中国固有文化》，清华大学出版社 2005 年版，第 355 页。
⑤ 陈自强：《民法讲义 I 契约之成立与生效》，法律出版社 2002 年版，第 347 页以下。
⑥ 黄茂荣：《债法总论》（第 1 册），中国政法大学出版社 2003 年版，第 108 页。

期限。

二、条件

(一) 条件的构成

1. 意定条件

作为法律行为附款的条件只包括当事人依法律行为设定的条件（意定条件），而不包括所谓的"法定条件"（Rechtsbedingung），法定条件是法律规范直接为法律行为设定的必须具备的有效条件。

需要注意的是，并非所有意定、被冠以"条件"之名的都是此处所称条件，如果不将效力系于将来不确定事件，则不属之，如"交货条件"（Lieferbedingungen）、"付款条件"（Zahlungsbedingungen）、"一般交易条件"（Allgemeine Geschäftsbedingungen）等。

2. 将来不确定事件

（1）不确定事件

将法律行为效力系于必定成就之条件者，称必成条件（notwendige Bedingung）。它缺乏"不确定"之要求，故不构成此处所谓条件，而属于期限。① 例如，"若明天太阳从东方升起"。

（2）将来事件

德国通说认为，如果"条件"设定于当前甚至已过去的事件之上，则不存在条件，即便该客观确定事件于法律行为参与者而言主观不确定（主观不知，subjektiv ungewiß），亦然。②

(二) 条件的类型

1. 生效条件与解除条件

《合同法》第 45 条第 2、3 句分别规定了两种条件："附生效条件的合同，自条件成就时生效。附解除条件的合同，自条件成就时失效。"

生效条件亦称延缓条件、停止条件（Aufschiebende Bedingung, Suspensivbedingung），将法律行为的生效系于将来不确定事件之成就，例如，"如果明天下雨，我就买你的伞。"解除条件（auflösende Bedingung, Resolutivbedingung）则将法律行为的效力维持系于将来不确定事件的不成就，例如，"如果下月我的朋友从美国回来，我们的租赁合同就终止"。

2. 积极条件与消极条件

以某事件的发生为条件，为积极条件，例如"如果明天下雨"；以某事件的不

---

① Hans Brox/Wolf-Dietrich Walker, Allgemeiner Teil des BGB, 32. Aufl., Carl Heymanns Verlag, 2008, Rn. 481.

② Hans Brox/Wolf-Dietrich Walker, Allgemeiner Teil des BGB, 32. Aufl., Carl Heymanns Verlag, 2008, Rn. 481; Rüthers/Stadler, Allgemeiner Teil des BGB, 16. Aufl., Verlag C. H. Beck, 2009, § 20 Rn. 9.

发生为条件,则为消极条件,例如"如果明天不下雨"。

3. 随意条件、偶成条件和混合条件

随意条件(Potestativbedingung),事件之成就与否完全取决于当事人一方意思。如《合同法》第 134 条的所有权保留买卖,所有权转让取决于买受人是否支付了所有价款。偶成条件(kasuelle Bedingung),条件之成就与否无关乎当事人意思,取决于其他事实(如自然事实、第三人意思),例如"如果地价不上涨"。混合条件(gemischte Bedingung),条件成就与否取决于当事人意志与其他事实。例如"如果你通过了考试"。

(三) 条件的效力

条件的效力可从未决期间、条件成就与不成就三方面观察。

1. 未决期间的效力

延缓条件未决期间:延缓条件产生期待权,法律行为形式拘束力。解除条件未决期间:解除条件法律行为已生效。

2. 条件成就的效力

若为延缓条件,法律行为生效,期待权变为现实权利;若为解除条件,法律行为效力终结。

上述法律状态自条件成就之时起改变(效力向后,Wirkung ex nunc),不具有溯及力。

3. 条件不成就的效力

若为延缓条件,法律行为确定不生效,期待权消灭;若为解除条件,法律行为效力维持。

(四) 条件成就与不成就的拟制

《合同法》第 45 条第 2 款:"当事人为自己的利益不正当地阻止条件成就的,视为条件已成就;不正当地促成条件成就的,视为条件不成就。"

三、期限

(一) 期限的构成

1. 意定期限

此与条件同。

2. 将来确定事件

此与条件之根本区别。

条件与期限的判断有时未必容易。例如,A 对 B 许诺,待 B 的父亲去世后,每月向其支付 400 元。B 的父亲肯定会去世,但 B 能否活过其父则不确定,所以是条件。但如果 A 对 B 的许诺是:待 B 的父亲去世后,A 向 B 或其继承人每月支付 400 元,则为期限。①

(二) 期限的类型

1. 始期与终期

始期(Anfangstermin)亦称生效期限,将法律行为之生效系于将来确定事件之成就;终期(Endstermin)是终止期限的简称,将法律行为效力之终止系于将来确定事件之成就。这两种期限为《民通意见》第 76 条与《合同法》第 46 条所规定。

2. 确定期限与不确定期限

某一事件将来确定会发生,却无明确具体的发生时间,称不确定期限,如"下次下雨时"。反之,则为确定期限,如"今年 10 月 1 日"。

(三) 期限到来

习惯上,始期到来称届至,终期到来称届满。

(四) 期限的法律适用

原则上,附期限合同准用附条件合同之规定。对此,可参考《德国民法典》第 163 条,实施法律行为时,为其效力确定始期或终期者,于前一情形,准用第 158、160、161 条关于延缓条件之规定,于后一情形,适用前述条款关于解除条件之规定。

【引导案例】

案情

2006 年,被告钜富公司就其从事商品房开发的钜富小区作出了宣传资料及其鸟瞰图,在该宣传资料及鸟瞰图中,其规划范围内的第 4 幢第 2 层 04 号房屋东侧为水平晒台,无装饰墙体。原告徐丽与被告于 2006 年 7 月 31 日签订了商品房买卖合同,合同约定原告购买被告开发的钜富小区第 4 幢第 2 层 04 号房屋,后原告按约定向被告支付了全部购房款。在与原告签订合同时及合同签订后,被告一直未向原告说明在其开发的第 4 幢第 2 层 04 号房屋东侧要修建装饰墙体。2007 年 4 月,交付房屋时,原告发现被告在所交付的属原告购买的房屋东侧修建了长约 7.74 米、高约 0.7 米、宽约 0.5 米的装饰墙一面,这与宣传资料及其鸟瞰图不符,也严重影响了原告的采光及通风,为此,双方发生争议,原告诉至法院。

裁判

法院依《合同法》第 14、15、32、44 条第 1 款,第 60、107、110 条及最高人民法

---

① Hans Brox/Wolf‐Dietrich Walker, Allgemeiner Teil des BGB, 32. Aufl., Carl Heymanns Verlag, 2008, Rn. 482.

院《关于审理商品房买卖合同纠纷案件适用法律若干问题的解释》第 3 条之规定,判决被告拆除装饰墙。

评析

本案争点为所做宣传资料与鸟瞰图的法律性质。法院认为,钜富公司在钜富小区商品房开发预售中所作宣传资料及鸟瞰图,就原、被告签订合同标的的位置及外观所做的说明和允诺具体确定,明确表明其作为商品房开发的第 4 幢第 2 层 04 号房屋东侧为水平晒台,无装饰墙体,且该宣传资料及鸟瞰图对商品房买卖合同的订立以及房屋价格的确定有重大影响,故该宣传资料及鸟瞰图应视为要约,它们虽未载入商品房买卖合同,但亦应视为合同内容。现被告既未告知原告,亦并未征得原告的同意,在原告购买的商品房东侧修建了装饰墙,影响了原告的采光和通风,也违反了原、被告之间的合同约定。原告诉请,应予支持。

【练习案例】

案情

2002 年 5 月 13 日,被告宁波市工艺品进出口公司(简称工艺品公司)业务员叶国斌发传真给原告浙江黄岩第三罐头食品厂(简称罐头厂)法定代表人金大坚,称:我司计划向贵司订购枇杷罐头 S 级 5 个货柜,M 级 3 个货柜,1 个 L 级货柜。请按此计划安排生产,并注重质量!叶国斌。

原告诉称,为交付被告 5 月 13 日传真的订货任务,多方收购原料,精心安排生产,及时完成了 9 个不同等级货柜的枇杷罐头,并多次通知被告提取,并按约支付货款,但均遭被告拒绝。由于枇杷系季节性比较强的水果产品,被告的违约行为已经给原告造成严重的经济损失,要求法院判令被告支付价款并偿付违约金。

被告辩称,该传真件属于要约邀请。而在该传真件中明确写明"我司计划向贵司订购……"仅仅是一种购货意向,处于订约的准备阶段,并且要约在内容上只标明了标的和数量,没有提及价金,而在买卖合同中价格条款则是一项必要条款,故不构成要约。并且,原告虽然组织生产了 9 个货柜的枇杷罐头,但在两个月后才通知我方。因此,双方没有构成货款买卖合同关系,不存在违约问题,要求法院依法驳回原告的诉讼请求。

问题

1. 本案传真件属于要约抑或要约邀请?
2. 本案合同是否已经订立?

要点提示

本案涉及两个争点:第一,传真是否属于要约。判断一项意思表示构成要约或要约邀请,应依据《合同法》第 14 条和 15 条。第二,假使传真属于要约,是否意味着本案诉争合同得以订立？合同之订立,需要针对要约作出承诺的意思表示,判断本案是否存在有效的承诺,所依据的法条是《合同法》第21~26条。

【测试题】①

一、单项选择题

1. 某酒店客房内备有零食、酒水供房客选用,价格明显高于市场同类商品。房客关某缺乏住店经验,又未留意标价单,误认为系酒店免费提供而饮用了一瓶洋酒。结账时酒店欲按标价收费,关某拒付。下列哪一选项是正确的？（2007年司法考试题）

   A. 关某应按标价付款
   B. 关某应按市价付款
   C. 关某不应付款
   D. 关某应按标价的一半付款

2. 甲公司通过电视发布广告,称其有100辆某型号汽车,每辆价格15万元,广告有效期10天。乙公司于该则广告发布后第5天自带汇票去甲公司买车,但此时车已全部售完,无车可供。下列哪一选项是正确的？（2007年司法考试题）

   A. 甲构成违约
   B. 甲应承担缔约过失责任
   C. 甲应承担侵权责任
   D. 甲不应承担民事责任

3. 甲欠丙800元到期无力偿还,乙替甲还款,并对甲说:"这800元就算给你了。"甲称将来一定奉还。事后甲还了乙500元。后二人交恶,乙要求甲偿还余款300元,甲则以乙已送自己800元为由要求乙退回500元。下列哪种说法是正确的？（2006年司法考试题）

   A. 甲应再还300元
   B. 乙应退回500元
   C. 乙不必退回甲500元,甲也不必再还乙300元
   D. 乙应退还甲500元及银行存款同期利息

4. 甲公司于6月5日以传真方式向乙公司求购一台机床,要求"立即回复"。乙公司当日回复"收到传真"。6月10日,甲公司电话催问,乙公司表示同意按甲公司报价出售,要其于6月15日来人签订合同书。6月15日,甲公司前往签约,乙公司要求加价,未获同意,乙公司遂拒绝签约。对此,下列哪一种说法是正确的？（2005年司法考试题）

---

① 参考答案:一、1. A 2. A 3. A 4. D 5. C 6. B 二、1. BCD 2. AC 3. ACD 4. BCD 5. ABCD

A. 买卖合同于6月5日成立
B. 买卖合同于6月10日成立
C. 买卖合同于6月15日成立
D. 甲公司有权要求乙公司承担缔约过失责任

5. 甲公司得知乙公司正在与丙公司谈判。甲公司本来并不需要这个合同，但为排挤乙公司，就向丙公司提出了更好的条件。乙公司退出后，甲公司也借故中止谈判，给丙公司造成了损失。甲公司的行为如何定性？（2003年司法考试题）

A. 欺诈
B. 以合法形式掩盖非法目的
C. 恶意磋商
D. 正常的商业竞争

6. 甲欲购买乙的汽车。经协商，甲同意3天后签订正式的买卖合同，并先交1 000元给乙，乙出具的收条上写明为"收到甲订金1 000元。"3天后，甲了解到乙故意隐瞒了该车证照不齐的情况，故拒绝签订合同。下列哪一个说法是正确的？（2003年司法考试题）

A. 甲有权要求乙返还2 000元并赔偿在买车过程中受到的损失
B. 甲有权要求乙返还1 000元并赔偿在买车过程中受到的损失
C. 甲只能要求乙赔偿在磋商买车过程中受到的损失
D. 甲有权要求乙承担违约责任

二、多项选择题

1. 甲企业与乙企业就彩电购销协议进行洽谈，其间乙市场开发计划被甲得知，甲遂推迟与乙签约，开始有针对性地吸引乙的潜在客户，导致乙的市场份额锐减。下列说法中哪些是正确的？（2000年律师资格考试题）

A. 甲的行为属于正常的商业竞争行为
B. 甲的行为违反了先合同义务
C. 甲方的行为侵犯了乙的商业秘密
D. 甲应承担缔约过失责任

2. 甲公司向乙公司发出要约，欲向其出售一批货物。要约发出后，甲公司因进货渠道发生困难而欲撤回要约。甲公司撤回要约的通知应当：（2000年律师资格考试题）

A. 在要约到达乙公司之前到达乙公司
B. 在乙公司发出承诺之前到达乙公司
C. 与要约同时到达乙公司
D. 在乙公司发出承诺的同时到达乙公司

3. 甲公司主张乙公司违约,乙公司则主张合同未成立,其理由是自己向甲公司发出的要约已经撤销。在甲公司可以提出的以下理由中,哪些可以被法院认定为乙公司撤销要约不能成立的根据?(2000 年律师资格考试题)

  A. 乙公司在要约中确定了承诺期限

  B. 尽管乙公司在要约中未定承诺期限,但甲公司接到要约后即为履行合同作了准备工作

  C. 乙公司在要约中明确表示等待甲公司的答复

  D. 甲公司发出承诺以后才收到乙公司撤销要约的通知

4. 根据我国合同法的有关规定,下列哪些情形的要约不得撤销?(1999 年律师资格考试题)

  A. 要约已经到达受要约人

  B. 要约人确定了承诺期限

  C. 要约人明示要约不可撤销

  D. 受要约人有理由认为要约是不可撤销的,并已经为履行合同作了准备工作

5. 受要约人变更下列哪些选项的内容,被视为对要约的实质性变更,该受要约人的承诺通知为新要约?(1999 年律师资格考试题)

  A. 合同标的、数量、质量

  B. 合同价款或者报酬

  C. 合同履行期限、履行地点和方式

  D. 违约责任和解决争议方法

【延伸阅读】

1. 王泽鉴:《债法原理》,北京大学出版社 2009 年版,第 2 章第 4 节。

2. [德]迪特尔·梅迪库斯:《德国民法总论》,邵建东译,法律出版社 2000 年版,第 26、29 章。

3. [德]卡尔·拉伦茨:《德国民法通论》(下册),王晓晔等译,谢怀栻校,法律出版社 2003 年版,第 27、28 章。

4. 张俊浩主编:《民法学原理》(修订第三版)下册,中国政法大学出版社 2000 年版,第 36 章。

5. 崔建远:《合同法总论》,中国人民大学出版社 2008 年版,第 3 章。

6. 韩世远:《合同法总论》(第二版),法律出版社 2008 年版,第 3 章。

7. 陈自强:《民法讲义 契约之成立与生效》,法律出版社 2002 年版,第 2 章。

第三章 合同的效力

【本章导学】

本章所要讨论的问题是,合同订立之后,发生何种效力?又存在何种影响其效力的因素?学习本章,需要重点掌握:第一,合同债权的效力;第二,合同效力瑕疵的类型;第三,导致合同出现效力瑕疵的事由。

本章难点在于,如何对各种效力瑕疵事由进行体系化整理,以便在面对一项合同时,能够有序可循、全面无遗漏地考察所有可能影响其效力的因素?为此,本章分列三个步骤顺次考察:自身因素、他人因素和秩序因素。这一处理,与既往教科书有所不同,请读者留意。

第一节 合同债权的效力

成立且生效的合同在当事人之间产生权利义务。这一现象的另外一种说法是,合同对于当事人具有法律效力。笼统地说,该法律效力是产生了债权债务。此处所要回答的问题是:债权与债务意味着什么?它们对于当事人的法律地位有何影响?本节拟从权利(债权)角度,观察合同对于双方当事人所产生的效力,至于合同债务的效力,则让诸第五章"合同的履行"。

一、完全债权的效力

观察合同债权的效力,须以完全债权为立足点,如此方可周全无疏漏。所谓"完全债权",与"不完全债权"相对称,是指具备债权所应有的全部效力的债权。

(一)履行请求权

债权的核心意义是"有权要求债务人按照合同的约定或者依照法律的规定履行义务"(《民法通则》第84条第2款),因此,最为重要的债权效力当为履行请求权。也正是在此意义上,称债权为"请求权"。

不过,合同债权的核心虽然是履行请求权,却不以此为限。合同关系还可能产生其他权利,如代位权(《合同法》第73条)、撤销权(《合同法》第74条)、解除权(《合同法》第93、94条)、抵销权(《合同法》第99条)等形成权,抗辩权(尤其是双务合同抗辩权,《合同法》第66~68条)等,甚至在某些情况下还能产生相当于物权的效力("买卖不破租赁",《合同法》第229条)。[①] 只不过,这些形

---

① 参见邱聪智:《新订民法债编通则》(上),中国人民大学出版社2003年版,第5页。

成权或抗辩权皆以履行请求权的存在为前提,或者说,它们是为了履行请求权的完整而存在的。由上述诸多权利构成的"权利束"可称为"广义的债权"。

(二)诉请履行力

给付请求权为债权人向债务人主张权利提供了正当化理由。但是,债权人不能直接凭借自己的行为实现权利,它必须依靠债务人的履行行为。债务人可能不履行其债务。在一般性地排除私力救济的现代社会,为了实现债权,债权人必须有权诉诸法院,请求公权力介入,要求判令履行。债权的这一效力即是诉请履行力。诉请履行力主要表现为一种联结实体与程序的效力,它是引入作为"债务的影子"的责任的桥梁,给付请求权为其基础。由此亦可理解,为何会有"请求权是连结民法与民事诉讼法的纽带"[1]的说法。

需要注意的是,诉请履行力虽然具有程序意义,但它与纯粹的程序权利——诉权仍有不同,前者须以具备实体法上的给付请求权为前提,如果给付请求权被阻却,那么,诉请履行力亦不能实现。后者则仅仅是当事人提起民事诉讼程序之权利,只要符合程序要件,当事人就能够享有诉权。

(三)强制执行力

在取得执行名义(给付之诉的判决或支付令等)后,债务人若仍不履行债务,债权人即有权以执行名义为据请求公权力采取强制执行措施。此时,债务已转化为"责任"。

表现为责任的强制执行有对人执行主义和对物执行主义之别。对人执行主义是指执行行为可针对债务人的人身,即,在债务人不履行债务时,可将其监禁、卖身为奴甚至杀死偿债。对物执行主义则意味着,执行行为只能针对债务人的财产。当代各国皆奉行对物执行主义。不仅如此,在人道主义的考虑下,即便是对物执行,亦非无所限制,私人生活必需用品、必需费用不得被强制执行(《民事诉讼法》第219、220条)。不过,现代法律仍保留了某些对人执行主义的痕迹,如《民法通则》第134条中的"赔礼道歉"。

(四)受领保持力

自他人处获得利益,需要有正当理由,否则可能构成不当得利,有义务返还。债权可构成获得利益的正当理由,他人不得主张返还或剥夺。上述三项效力皆旨在为请求对方履行的正当性提供基础,受领保持力则为债权人保有因对方履行而获得利益的正当性提供基础。

(五)可自力救助性

诉请履行力是请求公权力救济的效力。现代社会为了维护社会秩序的平和,原则上禁止私力救济(私人强制)。但在不能及时诉诸公力救济的情形下,

---

[1] 张俊浩主编:《民法学原理》(上册),中国政法大学出版社2000年版,第73页。

债权人可实施自助行为。不过,自助行为一般只能暂时保全债权,不能直接实现债权。①

(六) 可处分性

债权虽然依附于特定债的关系,但它既然成为一项权利,就存在为权利人处分的可能。债权人可让与、免除债权,还可在债权上设定担保。此之谓"债权对于债之关系的独立性"。② 这尤其表现在流通性极强的债权当中,如票据债权。

二、不完全债权的效力

不是所有债权都能够具备上述全部效力,欠缺某些效力的债权,被称为"不完全债权"。

(一) 给付请求权欠缺

不法原因之债(赌债等)、道德义务所生之债(如生日礼物)等,无给付请求权。既无给付请求权,当然亦无从主张诉请履行力以及强制执行力,自力救助性亦因其不可能诉诸公权力救济而被排除。相应地,因其不成立法律上有效的债,可处分性亦不被讨论。不过,给付之后,债权人可主张受领保持力,不构成不当得利。

(二) 给付请求权削弱

罹于时效之债。诉讼时效之完成,并不消除实体债权,其效力仅仅是使得对方取得了抗辩权(最高人民法院《关于审理民事案件适用诉讼时效制度若干问题的规定》第1条)。因此,给付请求权虽仍存在,但效力被削弱,若对方援引抗辩权,给付请求权即被阻止;可诉请履行性亦被相应削弱;可处分性不受影响。

(三) 诉请履行力欠缺

婚约不得诉请履行。

(四) 强制执行力欠缺

以特定行为为给付内容的合同债权不得强制执行,如培训、画像、唱歌等约定。

(五) 可处分性之排除

扣押、查封、保全等强制措施;破产人对于破产财产不得处分;约定不得处分者。

第二节 合同效力瑕疵及其事由

一、合同效力瑕疵概观

---

① Dieter Medicus, Allgemeiner Teil des BGB, 9. Aufl., C. F. Müller Verlag, 2006, Rn. 168.
② 黄茂荣:《债法总论》(第1册),中国政法大学出版社2003年版,第47页以下。

不同的法律障碍可能会导致合同效力出现不同的瑕疵。效力瑕疵从强到弱的排列是：无效（Nichtigkeit），未决的无效（schwebende Unwirksamkeit，效力待定，效力未定），可撤销（Anfechtbarkeit）。

（一）无效

两个德文词均可表达"无效"之含义：一为 nichtig(Nichtigkeit)，英文对译词是 void(voidness)，汉语一般译为"无效"或"绝对无效"；二为 unwirksam(Unwirksamkeit)，英文对译词是"inoperative"、"invalid"、"ineffective"或"of no effect"，汉语则通常译为"无效"或"不生效力"。两词用法各有不同。

关于"nichtig(Nichtigkeit)"，在《德国民法典》中，"无效法律行为在法律的眼中被视为绝对不存在，它在任何意义上都是自始无效(void ab initio)的。任何利害关系人均有权主张行为无效。"①

至于"unwirksam(Unwirksamkeit)"，它在《德国民法典》中没有固定的含义。依齐特尔曼（Ernst Zitelmann）的界定，"不生效(unwirksam)是指法律行为尚未生效或根本不生效。既可能是当事人不想令其即时生效或在某种情境下不想令其生效（不想即时生效：附条件与附期限的法律行为在条件成就及期限届至之前；不想生效：附条件法律行为之条件不成就），亦可能是不能令其即时生效或根本不能生效（不能即时生效：客观生效要件[Wirksamkeitsvoraussetzung]尚未满足；根本不能生效：即'无效'[nichtig]）。尚未生效与根本不生效之区别在于，前者是暂时不生效（未决的不生效，效力待定），后者是终局不生效。"②

在二者关系上，梅迪库斯指出，无效（Nichtigkeit）是不生效力（Unwirksamkeit）的最强程度。③

（二）有效却可撤销

可撤销的德语表述是 anfechtbar（名词 Anfechtbarkeit），英文对译词则为 voidable。其基本用法是："可撤销法律行为有效成立，并且在有权撤销之人表示撤销之前，它继续有效。可撤销法律行为被撤销后，被视为自始无效（void ab initio）并适用关于无效法律行为之规则。"④

二、效力瑕疵事由概览

（一）无效事由

---

① "The German Civil Code", translated and annotated by *Chunghui Wang*, Stevens and sons, Limited, 1907, p. 600; Dieter Medicus, Allgemeiner Teil des BGB, 9. Aufl., C. F. Müller Verlag, 2006, Rn. 487.

② *Ernst Zitelmann*, Das Recht des Bürgerlichen Gesetzbuchs: Allgemeiner Teil, Verlag von Duncker & Humblot, 1900, S. 101f.

③ *Dieter Medicus*, Allgemeiner Teil des BGB, 9. Aufl., C. F. Müller Verlag, 2006, Rn. 487.

④ "The German Civil Code", translated and annotated by *Chunghui Wang*, Stevens and sons, Limited, 1907, p. 600.

导致合同无效的事由皆涉及强制规范。此类强制规范或者针对判断能力欠缺之人的强制保护（第四节"行为能力与合同效力"），因判断能力欠缺之人无法为自己作出理性判断，无从贯彻自治理念；或者事关公共秩序（第九节"强制秩序与合同效力"），因公共秩序在私人的自治领域之外，不得以私人行为改变。另外，若行为人有意订立与其真意相违的合同，此时，虽既不存在需要强制保护之无判断能力人，该行为亦未直接与公共秩序对抗，但行为人因主动将自己置于法律秩序之外，而不值得法律保护，所以，此类行为亦可能被认定为无效（第五节"意思保留与合同效力"）。

（二）效力待定事由

某些行为超出当事人的自治领域，若加以实施，本不应发生行为人所追求之法律效力，当属无效，此类行为如超出当事人理性判断能力范围的行为（限制行为能力人所实施的法律行为），未经授权处理他人法律事务之行为（无权处分、无权代理等）。但将其作无效处理，又可能失之僵硬，于当事人及公共秩序未必有利。上列两类行为，前者涉及行为人的保护，后者涉及第三人的保护。

首先，关于超出判断能力范围之行为。它虽亦涉及行为能力有所欠缺之人的强制保护，但已不同于完全无判断能力者。当限制行为能力人要求进入法律交往领域时，法律不再一概否认，而交由负责照管其利益的法定代理人判断，此时，限制行为能力人得在法定代理人的同意下参与法律交往。既然如此，未获事先同意（允许，Einwilligung）之行为，其效力就不妨系于法定代理人之事后追认（Genemigung），若法定代理人予以追认，原本无效的行为将被补正而变得有效。这样，通过法定代理人的照管，限制行为能力人的利益可得到维护，其必要的法律交往领域亦能得到维护，较之一概认定无效显然更为有利（第四节"行为能力与合同效力"）。

其次，关于未经授权处理他人法律事务之行为。基于自治理念，除非得到相应授权，否则每个人都只能处理自己的法律事务，因此，未经授权而处理他人事务之行为必须为法律所禁止。但该类行为所直接违背者，非强制性的公共秩序，而只是同为私人的第三人利益。行为人不妨经授权而处理他人事务，于此情形，第三人其实是借助同意而成为法律关系的参与者，自得补正行为人处理他人事务之弊。处理他人事务之不当既然得由事先同意（授权）补正，自无一概禁止事后追认之理，因此，于未经授权情形，合同效力交由事务被处理之人（第三人）判断，当无不可。申言之，第三人自会基于自身利益的考虑，而决定是否认可未经授权行为之效果。这种处理方式，显然较一概由法律认定无效之方式为优（第八节"行为主管与合同效力"）。

上述两类合同效力的特点均在于，本属无效，但得通过补正行为而变得有效，故称未决的无效或效力待定、效力未定。

（三）可撤销事由

与未决的无效相反，有一类合同本属有效，但一方当事人得令其变得无效，此类效力状态被称为"可撤销"（Anfechtbarkeit）。

导致合同效力可撤销的事由一般涉及撤销权人的意志自由之维护问题。当事人意志自由未能得到体现，可能是因为自身疏误（如单方错误），亦可能是因为受到他方不当行为（如恶意欺诈、非法胁迫）的影响。在前者，行为人之享有撤销权，旨在给行为人提供改正错误之机会（第六节"单方错误与合同效力"）；在后者，则是为了矫正其受到侵犯的意志自由（第七节"表意自由与合同效力"）。

附：合同效力瑕疵判断流程表：

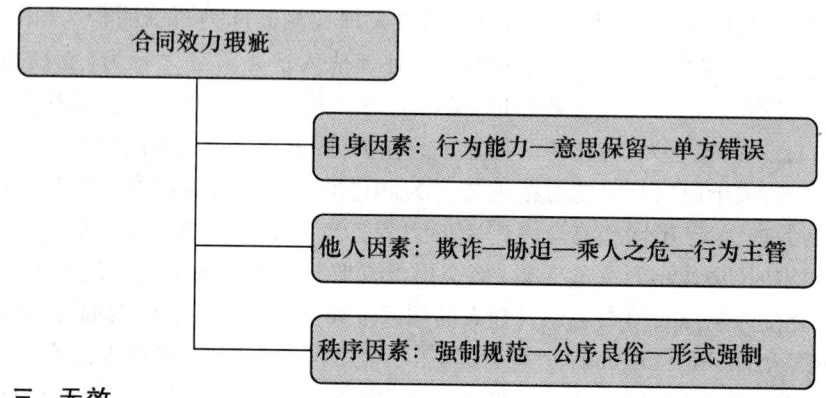

三、无效

（一）法律效果

合同无效，一般是超出自治的范畴，任何人皆无自治余地。

原则上，合同无效是自始、当然、确定、全部、绝对无效。其中，自始无效是指法律行为成立之初即为无效，而不是无效事由被发现之时始为无效（《合同法》第56条第1句）；当然无效是指无需任何人主张，当然不发生效力；确定无效是自成立之时起，合同即不发生效力，无变为有效之可能；全部无效是指一旦出现无效事由，合同即整体无效；绝对无效是指合同对任何人而言均为无效。①

合同无效，不意味着不发生任何效力，仅仅是指不能根据当事人的意志发生效力。《合同法》第58条规定，合同无效，因该合同取得的财产，应当予以返还；不能返还或者没有必要返还的，应当折价补偿；有过错的一方应当赔偿对方因此所受到的损失，双方都有过错的，应当各自承担相应的责任。

（二）部分无效

《合同法》第56条第2句规定："合同部分无效，不影响其他部分效力的，其

---

① 可参王泽鉴：《民法总则》，北京大学出版社2009年版，第380、384页。

他部分仍然有效。"例如,第53条所列举的两项免责条款——造成对方人身伤害的和因故意或重大过失造成对方财产损失的——无效,却不会影响合同整体效力。

四、效力待定

（一）法律效果

效力待定,需要具备其他有效条件使之确定。条件具备,即为有效;条件不能具备,则无效。效力未定之时,当事人不得要求履行。

（二）预先效力

在效力确定之前,各方当事人受其意思表示拘束,并作必要的履行准备。

五、可撤销

（一）法律效果

合同生效,但可被撤销。

（二）撤销权

1. 撤销权人

《民法通则》未明确规定,《合同法》第54条第2款以受损害方为欺诈、胁迫、乘人之危的撤销权人。该项规定不太准确。受欺诈、胁迫或危难被乘之人在多数情况下确实是受损害方,却未必总是如此,例如,甲谎称某花瓶为乾隆年间所制,乙信以为真,花高价买下,后经鉴定,乃是万历年间制品,价值连城,乙虽受欺诈,但受损害人却是实施欺诈之人,此时,若依《合同法》,欺诈人反倒有权撤销,显然有失公正。早在罗马法时期,就有了"任何人不得因其不法行为而获利"（Nullus commodum capere potest ex sua injuria propria）之法谚,不可不察。

对撤销权人更为准确的界定,应该是意思表示有瑕疵之人（如错误人）或表意自由受到侵害之人（如被欺诈人、被胁迫人、危难被乘之人）。

2. 撤销相对人

撤销相对人（Anfechtungsgegner）是指撤销表示所针对之人,亦即合同相对人。

3. 撤销行为

撤销行为是须受领的单方法律行为（形成行为）。根据《合同法》第54条之规定,撤销权须依诉行使。

4. 撤销期间

由《合同法》第55条第1项可知,撤销期间为1年,属于除斥期间。

关于期间的起算时点,《民通意见》第73条第2款规定:"可变更或者可撤销的民事行为,自行为成立时起超过一年当事人才请求变更或者撤销的,人民法院不予保护。"以"行为成立"之纯客观标准计算撤销期间,对撤销权人不利,因为撤销权人未必能够在一年之内获知撤销事由,有鉴于此,《合同法》第55条第

1项改采主观标准:"自知道或者应当知道撤销事由之日"起算。但该标准仍有问题,因为不同的撤销事由会影响权利行使,如果合同因胁迫而订立,即使受胁迫人知道该撤销事由,只要胁迫因素未消除,撤销权亦基本上没有行使的可能。

于此,德国法的规定可资借鉴,它根据不同的撤销原因设定不同的撤销期间及其起算点。依《德国民法典》第121条第1款,因错误而撤销者,必须在知悉撤销原因之后不迟延地(unverzüglich)表示撤销,所谓"不迟延",即不存在可归责之迟滞(ohne schuldhaftes Zögern)。另依第121条第2款,在意思表示发出之后经过10年,撤销权消灭。对于恶意欺诈与非法胁迫之撤销期间,第124条规定为1年,恶意欺诈者自权利人知悉欺诈之时起算,非法胁迫者则自强制状态消除之时起算。另外,第124条规定的期间还可准用消灭时效的因不可抗力而停止(第206条)、因无完全行为能力而不完成(第210条)以及因继承事件而不完成(第211条)之规定。最长期间则与因错误而撤销者相同。

5. 撤销效力

依《合同法》第56条1句之规定,被撤销的合同与自始无效的合同同等对待。

6. 撤销权的消灭

《合同法》第55条:"有下列情形之一的,撤销权消灭:(一)具有撤销权的当事人自知道或者应当知道撤销事由之日起一年内没有行使撤销权;(二)具有撤销权的当事人知道撤销事由后明确表示或者以自己的行为放弃撤销权。"

(三)"变更权"

完整地说,我国法上的可撤销合同应该称可撤销、可变更的合同。当事人在取得撤销权的同时,取得了变更权。

依学者解释,变更可分析为"撤销"+"另行形成意思表示"。① 如果意思表示瑕疵发生在单方行为中,表示人可在撤销该行为之后另行作出意思表示,无变更之必要。而合同作为意思合致的法律行为,其内容本应得到双方当事人共同认可,此时赋予瑕疵意思表示人以形成权性质的变更权,无异于承认单方意志能够进入合同内容、拘束相对人。这是一种矫枉过正的做法。私法救济不必令受救济方获得额外利益,更不能与私法自治的精神相抵牾。但是,《合同法》第54条的立场较《民法通则》犹有过之,除后者确立的基本立场得到维持外,更增加第3款:"当事人请求变更的,人民法院或者仲裁机构不得撤销。"表面上看,该款规定旨在通过排除法院与仲裁机构的裁量权,来表达尊重当事人选择自由的态度,但这种"尊重"所产生的效果,其实是使得矫枉过正的色彩更加夺目,因为,第3款规定使得当事人的变更权行使有了无可置疑的正当性,不仅对方当事

---

① 张俊浩主编:《民法学原理(修订第三版)》,上册,中国政法大学出版社2000年版,第285页。

人无抵御手段,甚至指望司法机构依职权调整的最后一线希望亦被切断。

第三节 行为能力与合同效力

一、判断能力对合同效力的影响

依私法自治理念,合同效力系于行为人自由意志,而自由意志之拥有,又以独立的判断能力为标志,超出其判断能力领域,即谈不上意志自由。所以,判断能力之欠缺将影响合同的效力。

判断能力之欠缺可能是持续性的,这将导致行为能力欠缺,需要亲权、监护等能够产生法定代理人的制度提供补救。行为能力越是欠缺,合同效力便越是会出现法律障碍,从而表现为效力瑕疵。根据行为能力欠缺的程度,合同效力瑕疵可能表现为完全无效或未决的无效两种状态。

判断能力之欠缺也可能是暂时的,此时,它不会在一般的意义上导致行为能力缺失,只影响相应合同的效力。此为《民通意见》第67条所规定,(第1款)间歇性精神病人的民事行为,确能证明是在发病期间实施的,应当认定无效。(第2款)行为人在神志不清的状态下所实施的民事行为,应当认定无效。

二、无行为能力与合同效力

(一)法律效果

无行为能力人在法律上不具备任何判断能力,因而不能实施任何法律行为。《民法通则》第58条规定:"下列民事行为无效:(一)无民事行为能力人实施的。……"同时,无行为能力无需具有可识别性。对无行为能力人的保护优于交易的保护,故不论交易对方善意或恶意,不生"信赖利益"的保护问题,合同一概无效。①

(二)无行为能力人订立合同的方式

由于无行为能力人不能实施任何法律行为,因此,他必须通过法定代理人订立合同。此为《民法通则》第12条第2款所规定。

不过,关于无行为能力人是否有可能单独订立合同的问题,我国通说似持肯定态度。② 该立场与《民通意见》第6条大体一致:"无民事行为能力人……接受奖励、赠与、报酬,他人不得以行为人无民事行为能力……为由,主张以上行为无效。"据此,无行为能力人具有纯获利益行为的受领能力,能够独立订立纯获利益的合同。梁慧星教授甚至认为,《合同法》第47条("限制民事行为能力人订立

---

① Hans Brox/Wolf - Dietrich Walker, Allgemeiner Teil des BGB, 32. Aufl., Carl Heymanns Verlag, 2008, Rn. 260; Dieter Medicus, Allgemeiner Teil des BGB, 9. Aufl., C. F. Müller Verlag, 2006, Rn. 552.

② 张俊浩主编:《民法学原理》(上册),中国政法大学出版社2000年版,第113~114页;梁慧星:《民法总论》(第3版),法律出版社2007年版,第104页。

的合同,经法定代理人追认后,该合同有效,但纯获利益的合同或者与其年龄、智力、精神健康状况相适应而订立的合同,不必经法定代理人追认。")应类推适用于无行为能力人。① 这显然是进一步扩大了无行为能力人的行为空间,若此说成立,限制行为能力与无行为能力之区分,意义恐怕也就不大了。②

  德国通说与我不同,它不仅对无行为能力人独立实施法律行为的可能性持全然否定态度,还认为,即便经法定代理人允许,无行为能力人所实施的法律行为亦属绝对无效,换言之,无行为能力人只能通过法定代理人参与法律交往。③ 学界通说立场与《德国民法典》一致,该法典第 105 条第 1 款明确规定:"无行为能力人的意思表示无效。"不过,《德国民法典》第 107 条的措辞似存在其他解释可能:"未成年人之非纯获法律利益的意思表示,须征得法定代理人的允许。"如果此处所称"未成年人"(Minder jährige)包括无行为能力之"未成年人",则意味着,对于纯获法律利益的意思表示,无行为能力人亦得独立为之。自《德国民法典》规范脉络而观,上述解释只是字义上有其可能,在规范意义上已被排除:首先,第 107 条之"未成年人"表述来自于第 106 条,已满七周岁之未成年人,行为能力依第 107 条至第 113 条之规定受限制。显然,其所规范者,为"已满七周岁"之人;第二,未满七周岁之人的规范基础,见诸第 104 条与第 105 条,这意味着,这两条规范对第 106 条以下所称"未成年人"具意义限缩作用。可见,《德国民法典》第 106 条以下所称"未成年人",实指"限制行为能力人",而不包括无行为能力的"未成年人"。④

  当然,对此通说,德国非无反对意见,著名法学家卡纳里斯(Claus - Wilhelm Canaris)即撰文指出,《德国民法典》第 105 条违反基本法第 2 条第 1 款之规定,构成过度禁止(Übermaβverbot),理应无效;无行为能力人则应类推适用第 107 条以下有关限制行为能力人之规定。⑤ 拉伦茨·沃尔夫则认为,在某些情况下,类推适用看起来确实更有利于无行为能力人,原本无效的法律行为可因追认而

---

 ① 梁慧星:《民法总论》(第 3 版),法律出版社 2007 年版,第 104 页。
 ② 我国如同德国将行为能力分为无、限制与完全三级,日本则只分成年人与未成年人两级,因此,在日本民法中,所有未成年人(非完全行为能力人)均作一体对待。详参[日]山本敬三:《民法讲义Ⅰ总则》,解亘译,北京大学出版社 2004 年版,第 58 页以下。
 ③ *Karl Larenz/Manfred Wolf*, Allgemeiner Teil des Bürgerlichen Rechts, 9. Aufl, Verlag C. H. Beck, 2004,§ 25 Rn. 13;*Dieter Medicus*, Allgemeiner Teil des BGB, 9. Aufl., C. F. Müller Verlag, 2006, Rn. 551;*Hans Brox/Wolf - Dietrich Walker*, Allgemeiner Teil des BGB, 32. Aufl., Carl Heymanns Verlag, 2008, Rn. 267f.
 ④ *Rolf Wank*, Die Auslegung von Gesetzen, 3. Aufl., Carl Heymanns Verlag, 2005, S. 38;*Rüthers/Stadler*, Allgemeiner Teil des BGB, 16. Aufl., Verlag C. H. Beck, 2009,§ 23 Rn. 6.
 ⑤ *Claus - Wilhelm Canaris*, Verstöße gegen das verfassungsrechtliche Übermaβverbot im Recht der Geschäftsfähigkeit und im Schadensersatzrecht, JZ 42 (1987), S. 993ff.

有效,但这不够充分,因为经追认的法律行为亦不妨由当事人重新实施。更重要的是,想要用自然的行动能力(natürliche Handlungsfähigkeit)来取代年龄界限,其所付出的代价将是法律的安全。就此而言,立法者的衡量并未逾越界限,第105条亦未违宪。①

另值注意者,德国学界讨论(我国亦然)均以年龄未达无行为能力人为预设对象。对于成年无行为能力者,一直奉行与年龄未达无行为能力者相同的规则,直到《德国民法典》于2002年8月1日起生效的第105a条,始令成年的无行为能力人拥有了已实际履行的日常生活行为的缔约能力。这是受英美法影响的结果,目的是,让此类行为不至于成为第812条不当得利返还的事由。

是否需要让无行为能力人进入法律交往领域,需要考虑的问题如:(1)法律对无行为能力人提供特别保护的规范意旨何在?(2)无行为能力是否具备表示能力或受领能力?(3)在"纯获利益"行为中,由谁判断某种行为对于无行为能力人而言是"纯获利益"的?无行为能力人是否具有此项判断能力?(4)无行为能力人的保护制度与交易保护制度之间是何种关系?(5)如果10周岁的规定过度限制了自然人必要的法律交往,革新的方向是降低年龄界限,还是以既有规定为前提创设新规则?(6)年龄未达的无行为能力者与精神瑕疵无行为能力者是否应一体对待?等等。

三、限制行为能力与合同效力

(一)可自由缔结的合同

依《合同法》第47条第1款之规定,限制行为能力人可自由缔结纯获利益的合同或者与其年龄、智力、精神健康状况相适应的合同,而不必征得法定代理人同意。

1. 纯获法律利益的合同

《合同法》第47条称"纯获利益",但限制行为能力制度旨在保护判断能力有欠缺之人,为了让限制行为能力人不至于因为判断失误而蒙受不利益,此处所称"利益"非指须经成本收益核算之经济利益,应解释为"法律利益"。法律利益与经济利益,依德国通说,其区别在于,"是否仅仅存在法律利益,全然依照法律效果、而非行为之经济结果而断。这即是说,法律不会将其判断标准建立于不确定的经济利益之上。"②

2. 判断能力之内的合同

除纯获利益的合同外,限制行为能力人还可以自由缔结"与其年龄、智力、精

---

① Karl Larenz/Manfred Wolf, Allgemeiner Teil des Bürgerlichen Rechts, 9. Aufl, Verlag C. H. Beck, 2004,§ 25 Rn. 14.

② Hans Brox/Wolf – Dietrich Walker, Allgemeiner Teil des BGB, 32. Aufl., Carl Heymanns Verlag, 2008, Rn. 272.

神健康状况相适应的合同"。何种合同在其判断能力之内,须就个案分别裁量。

3. 中性行为

中性行为(neutrale Geschäfte)是指法律效果对他人而不对限制行为能力人自己发生的行为。① 中性行为虽未使限制行为能力人获法律利益,但亦未给他带来不利益,无特别保护之必要,德国通说认为,可就《德国民法典》第107条作目的性扩张(teleologische Extension),将其纳入。② 例如,限制行为能力人不妨充当意定代理人。这一规范逻辑,亦适于我国合同法。

(二) 受管制的行为领域

1. 一般规则

除前述所列行为之外,限制行为能力人所为的其他法律行为都必须征得法定代理人同意或由法定代理人代理实施。事先的同意,称允许(Einwilligung),事后的同意,称追认(Genehmigung)。

2. 允许

若法定代理人在订立合同之前表示同意(允许),则合同效力不会有瑕疵。法定代理人得对每项具体合同单独作出允许,此之谓个别允许。但一概的个别允许,不仅于法定代理人太过繁复,亦不利于限制行为能力人的法律交往。为救其穷,法定代理人得在一定领域内对限制行为能力人的合同授予一般允许(Generaleinwilligung, generelle Einwilligung),即限制性一般允许(beschränkter Generalkonsens)。③ 不过,一般允许不应该扩大至法定代理人对于所有类型的合同皆授予无限制的允许,因为这与法律保护限制行为能力人的意旨相违背,它相当于通过该一般允许行为令其成为完全行为能力人。④

3. 追认

依《民法通则》第58条第1款第2项之规定,限制行为能力人依法不能独立实施且未获允许的行为无效,但《合同法》第47条规定为效力待定。新法优于旧法,适用《合同法》之规定。

需要注意的是,不能据此断言,《合同法》第47条取代了《民法通则》第58条第1款第2项,因为后者的规范对象还包括单方行为。产生新旧法冲突的,只是合同行为。

---

① *Hans Brox/Wolf – Dietrich Walker*, Allgemeiner Teil des BGB, 32. Aufl., Carl Heymanns Verlag, 2008, Rn. 277.

② *Rüthers/Stadler*, Allgemeiner Teil des BGB, 16. Aufl., Verlag C. H. Beck, 2009, §23 Rn. 18.

③ *Hans Brox/Wolf – Dietrich Walker*, Allgemeiner Teil des BGB, 32. Aufl., Carl Heymanns Verlag, 2008, Rn. 279;*Rüthers/Stadler*, Allgemeiner Teil des BGB, 16. Aufl., Verlag C. H. Beck, 2009, §23 Rn. 23.

④ *Hans Brox/Wolf – Dietrich Walker*, Allgemeiner Teil des BGB, 32. Aufl., Carl Heymanns Verlag, 2008, Rn. 279.

(1) 追认人

依《合同法》第47条之规定,追认人为法定代理人。另外,如果在效力待定期间限制行为能力人已取得完全行为能力,即不再需要法定代理人,此时,我国法律虽未作规定,但自事理而言,此时的追认人应为已成为完全行为能力人的合同当事人自己。

(2) 追认意思表示

属于有相对人的意思表示。最高人民法院《关于〈合同法〉若干问题的解释(二)》第11条:"根据《合同法》第四十七条、第四十八条的规定,追认的意思表示自到达相对人时生效,合同自订立时起生效。"

4. 相对人的催告权与撤回权

未获得允许的合同行为,效力处于待定状态,于法律关系的稳定不利。为此,相对人有权为追认催告或撤回意思表示。

(1) 催告

《合同法》第47条第2款第1句:"相对人可以催告法定代理人在一个月内予以追认。法定代理人未作表示的,视为拒绝追认。"其目的在于,催促法定代理人作出追认与否的决定,以便于尽早将悬而不决的法律关系予以确定。

一般情况下,追认可向限制行为能力人作出,亦可向合同相对人作出。但若合同相对人作出催告,为了能够让其确切知悉法律关系之命运,法定代理人就只能向相对人作出追认与否的意思表示,因为这才是符合法律目的的确定法律关系的恰当途径。《德国民法典》第108条第2款即持这一立场:"若他方当事人催告法定代理人就追认作出表示,该表示仅得向其作出;催告之前向未成年人作出的追认或拒绝追认之表示归于无效。追认只能在受领催告之后两周内作出;未作表示者,视为拒绝追认。"由于催告之前向限制行为能力人作出的追认或拒绝追认表示,将因为催告而变得无效,故催告实际上产生了一项附带效果,即,让法定代理人有了重新选择的机会。

(2) 撤销

为了让合同相对人不至于过分被动,在法定代理人作出追认与否的表示前,他应当有权将其意思表示收回。《合同法》第47条第2款第2句:"合同被追认之前,善意相对人有撤销的权利。"

第四节 意思保留与合同效力

一、意思保留概说

行为人可能具有健全的判断能力,但合同的效力问题仍可能存在疑义,因为,当事人也许会基于某些考虑,作出有所保留的意思表示,此时,表面的意思表示所指向的法律效果,其实不为表意人所追求。合同自由所保障的是,行为人能够实现他所追求的法律效果,因此,带有意思保留的合同如何发生效力,就会成为一个难题。

意思保留的情况大致可分为两类。第一类称虚假行为。此类行为的特点是,合同中既存在虚假的意思表示,亦存在真实的意思表示,只不过虚假的意思表示浮现于表面(表面行为)而为外人所知,真实的意思表示则被隐藏起来。虚假行为一般需要双方当事人合作而成,故又称"通谋虚伪表示"。由于一个虚假行为披有两项意思表示(表面行为与隐藏行为)的外衣,法律所要处理的关键问题就是,两项"合同"的法律效力如何?第二类情形是单独虚伪表示,即,虚假的意思表示由表意人单方作出,相对人无论是否知情,皆未参与虚假意思表示的作出。对于单独虚伪表示,需要回答的问题是,表示于外但虚假的意思产生何种效力?该效力是否会受到相对人知情与否的影响?真实却未表示于外的意思又有何种效力?

二、通谋虚伪表示

表意人与相对人共同订立与真实意思不一的合同,是通谋虚伪表示。

(一)效力规则

通谋虚伪表示为《德国民法典》第117条所规定:"(第1款)向对方作出之意思表示,若双方同意只是虚假作出,无效。(第2款)虚伪行为背后隐藏他项法律行为者,对于该隐藏行为适用相应的规定。"

表面行为(虚伪行为,Scheingeschäft, simuliertes Geschäft)无效,是因为:此项"意思表示"所指向的法律效果并不是双方当事人所要追求者,若为有效,显然悖于合同自由;表面行为由双方通谋有意作出,非一方意志自由受到侵害而需要矫正或意思表示存在单方错误的问题,故不可能是可撤销的效力形态;与第三人意志无关,因此效力不必待定。

隐藏行为(dissimuliertes Geschäft)未必无效。隐藏行为虽不为外人所知,却是当事人真正的意思表示,其效力依法律一般规则确定。

(二)规范分析

我国法律所规定的情形,与通谋虚伪表示最接近的是《民法通则》58条第1款第4项:恶意串通,损害国家、集体或者第三人利益的民事行为无效。《合同法》52条第2项则几乎原文照录。这一规范的典型适用场合如,甲乙为了逃税,将15万元的交易心照不宣地对外显示为5万元。

不过,《合同法》与《民法通则》貌似清晰的规定其实存在不少可检讨之处:第一,未将表面行为与隐藏行为区分规范,只是笼统地认定为"无效"。实际上,即使在前述为了逃税而损害国家利益的情形,需要判令无效的,也只是表面的5万元交易,不必一同认定隐藏的15万元交易亦无效,否则,反而不利于维护国家利益。第二,"恶意串通"与"损害国家、集体或者第三人利益"是两类独立的影响法律行为效力因素,不宜一体规范。前者事关表意人的意思保留问题,在表意人意志控制范围之内;后者则与强制秩序有关,已超出表意人自治领域。① 第三,"恶意串通"(通谋虚伪)不见得会"损害国家、集体或者第三人利益"。如故意把买卖的价格写高,用意仅仅在于维持某种虚荣心,为免人情干扰,将赠与作成买卖,等等。如果必须同时具备上述两项要件,法律行为方属无效,显然留下了法律漏洞——未"损害国家、集体或第三人利益"的通谋虚伪行为没有可资适用的法律规范。

三、单独虚伪表示

单独虚伪表示未为我国法律所规定,基于体系完整性的考虑,此处略作介绍。单独虚伪表示在德国法上分为内心保留和戏谑表示两种。

(一) 内心保留

内心保留(geheimer Vorhalten, Mentalreservation),是一方有意作出与自己真意不符的意思表示之行为。《德国民法典》第116条:"表意人将其不欲之表示作内心保留者,意思表示不因此而无效。若意思表示向他方作出,并且该他方知悉保留,则意思表示无效。"

(二) 戏谑表示

戏谑表示(Scherzerklärung)是表意人非严肃地发出意思表示,并且他期待该非严肃性不会被误解。《德国民法典》118条:"无真意之意思表示,若其基于缺乏真意不致被误认之期待而作出,无效。"

第五节 单方错误与合同效力

一、概说

(一) 术语界定

意思表示未能表达行为人真意,除有意为之(意思保留)外,还可能是行为人无心之失,此即为民法所谓错误(Irrtum)。"错误"本为日常用语,凡属不正确之事,皆可宽泛地称为"错误"。我国法律中,因受欺诈而作出的意思表示亦被使用"错误"一词来描述,《民通意见》第68条:"一方当事人故意告知对方虚假情况,或者故意隐瞒真实情况,诱使对方当事人作出错误意思表示的,可以认定为欺诈行为。"本节所称"错误",乃民法的专门术语,它是影响合同效力的一个独立因素。与宽泛意义上的错误相较,此处"错误"非受他人不当影响(如受欺诈)所致,而专指存在于表意人自身原因的错误,故又称"单方错误"。称"单方

---

① 类似批评,亦见张俊浩主编:《民法学原理》(上册),中国政法大学出版社2000年版,第278页。

错误"的另外一个考虑是,订立合同时,双方当事人均可能出现错误(如双方当事人均将白金项链当做银项链订立买卖合同),此时涉及的是行为基础丧失或破坏(Wegfall bzw. Störung der Geschäftsgrundlage)的问题,此处不论。①

我国与德国法错误制度相近的,是"重大误解"制度。依《民法通则》第59条与《合同法》第54条之规定,重大误解乃是合同撤销或变更的法定事由。至于重大误解之判断,《民通意见》第71条规定:"行为人因为对行为的性质、对方当事人、标的物的品种、质量、规格和数量等的错误认识,使行为的后果与自己的意思相悖,并造成较大损失的,可以认定为重大误解。"立法以"重大误解"为表述语词,似欠妥当。因为,"错误系表意人方面,于意思表示成立之际之误,误解系受领人方面于了解意思表示时之误。"②或者说,"误解"只是"被动型错误"③,不能涵盖所有因错误而导致合同效力出现瑕疵的情形。基于这一考虑,本节使用"错误"概念。

(二) 错误与私法自治

每个人必须对他自己的行为负责,这正是私法自治的题中之意。就此而言,只要行为人具有独立的法律判断能力,并且,法律行为是当事人自由实施的,他就必须承受由此带来的后果。正因为如此,内心保留虽不是表意人的真确意思表示,其指向的法律后果亦须由表意人承受,这可以理解为享受自由所需付出的代价。

不过,私法自治同时要求,只有在健全、无瑕疵的状态下所形成的自我决定才值得完全尊重,合同约定的法律效果方能无障碍实现。意思表示之效果不为表意人所欲,不见得是他有意为之,如果法律坚持,即便合同存在错误,行为人亦须按照所确立的法律关系承受后果,当中无任何回旋余地,这无异于宣称,任何人出现错误都是无法弥补的。结果是,通过消极的方式,法律对民众提出了永不犯错的无限理性要求。而如果认为,只要意思表示不是健全、无瑕疵的,就不值得尊重,从而不能产生法律上的效力,这又难免越俎代庖替当事人作出判断。因此,当意思表示出现错误时,法律秩序就必须在完全有效或完全无效两个极端之间有所调适。④

《民法通则》与《合同法》均将基于重大误解而作出的意思表示效力设定为

---

① 详参 Karl Larenz/Manfred Wolf, Allgemeiner Teil des Bürgerlichen Rechts, 9. Aufl., Verlag C. H. Beck, 2004, § 38; Rüthers/Stadler, Allgemeiner Teil des BGB, 16. Aufl., Verlag C. H. Beck, 2009, § 25 Rn. 95ff.

② 史尚宽:《民法总论》,中国政法大学出版社2000年版,第395页。

③ 张俊浩主编:《民法学原理》(上册),中国政法大学出版社2000年版,第292页(张俊浩)。

④ 陈自强:"意思表示错误之基本问题",载《政大法律评论》第52期(1994年12月),第314~315页。

可撤销,把合同效力交由当事人自己决定(可撤销),能够较为充分地尊重其意志自由。

二、合同解释与错误

错误导致合同具有可撤销性。不过,在认定是否存在错误之前,必须先进行解释,此之谓"解释先于撤销"(Auslegung geht der Anfechtung vor)。①

(一)探求真意

若相对人知道或通过可期待的谨慎即可知悉表意人的真意,则表意人虽作出与其真意不一的表示,但此时不存在错误,无需通过撤销令行为无效,法律行为直接根据表意人真意产生。

(二)规范解释

通过可期待的谨慎而知悉表意人真意,是借助规范解释(normative Auslegung)来确定意思表示的客观意义。这一解释奉行一般受领人标准(Empfängerhorizont)。

(三)撤销权之排除

即使通过解释确定存在错误,错误人亦可能无撤销权。此种情形如:(1)表意人所发出的错误表示较之真意更为有利。如,甲欲以1 000元出售某物,却误写为1 200元,乙承诺。(2)表意人发出对其不利的错误表示,受领人知悉表意人真意后,表示愿以其真意为内容订立合同,表意人不得撤销,否则将构成矛盾行为。(3)若通过规范解释仍无法消除双方意思表示之多义性,则合同因无合意而未订立,无需撤销。

三、错误的形态

除《民通意见》第71条的笼统界定外,我国法律别无其他关于错误具体形态的明确划分,为了便于法律适用,此处参考德国相关制度与理论作一梳理。②

(一)意思表达错误

表示行为无意识地与法效意思相背离,称意思表达错误(Irrtum bei der Willensäuβerung),包括表示错误(Erklärungsirrtum)与内容错误(Inhaltsirrtum)。表示错误与内容错误在法律效果上没有差别,都是得由表意人撤销意思表示,它们相当于《民通意见》第71条之对"行为性质"的错误认识。

1. 表示错误

表示错误是表示人作出了内容非其所欲的意思表示(《德国民法典》第119条第1款第2种情形),即,表意人表示了并非想要表示的内容,他说错了、写错

---

① Hans Brox/Wolf - Dietrich Walker, Allgemeiner Teil des BGB, 32. Aufl., Carl Heymanns Verlag, 2008, Rn. 408ff.

② 这一部分关于德国法的内容,未特别注明者,主要参考 Hans Brox/Wolf - Dietrich Walker, Allgemeiner Teil des BGB, 32. Aufl., Carl Heymanns Verlag, 2008, Rn. 411ff.

了、取错了。如甲欲以 700 元的价格将画卖与乙,却错写成 600 元。

2. 内容错误

内容错误是表意人在作出意思表示时就其内容发生了错误(《德国民法典》第 119 条第 1 款第 1 种情形)。表意人发出的是他想表示的意思,只不过在表示的法律意义方面发生了错误,他对于表示的真实意义作了他种意义之误解。例如,甲向乙通过寄送价目表而发出了一项要约邀请,乙依价目表向甲发出一块手表的购买要约,价目表显示的价格是 560 元,甲表示愿"依价目表价格将手表出售"与乙,双方意思表示一致,依 560 元的价格成立买卖合同,但甲随即发现他所发出的承诺表示存在内容错误:他所理解的表示意义是以 650 元价格出售,这不是其表示的真实意义。甲未写错承诺表示,他知道他要表示什么,但不知道他在表示什么。甲有权因为内容错误而撤销。

内容错误与表示错误的区别是:在表示错误,表意人使用了他不想使用的表示符号(Erklärungszeichen),比如写错了;在内容错误,表意人所使用的表示符号则是其所想要的,只不过他搞错了这一符号的意义与含义(Sinn und Bedeutung)。

(二) 意思形成错误

1. 动机错误的规范意义

表意人在形成意思表示时,错误地理解了于法效意思具有重要意义的情形,称意思形成错误(Irrtum bei der Willensbildung),又称动机错误(Motivirrtum)。原则上此种错误不被重视。但《德国民法典》第 119 条第 2 款:"交易上视作重要的人或物的性质错误,亦视为意思表示的内容错误。"这种性质错误(Eigenschaftsirrtum)乃特殊的动机错误,它不是意思与表示出现矛盾,而是在表意人的意思形成中出现了错误,却与内容错误适用相同的法律规则。《民通意见》第 71 条对于重大误解的界定,亦包括这种错误。

2. 性质错误的构成

(1) 人的性质

《民通意见》第 71 条规定的人的性质错误,只包括"对方当事人"。德国法则不仅包括对方当事人,亦包括第三人,只不过该第三人必须与法律行为有关(如与房屋承租人共同居住的、有犯罪前科的儿子)。人的性质则举凡年龄、性别、宗教信仰、政治立场、犯罪前科、职业能力、信用状况等,只要与行为内容有直接关联,就属于有重要意义的性质。

(2) 物的性质

关于物的性质错误,《民通意见》第 71 条列举的情形限于"标的物的品种、质量、规格和数量"。德国法上的含义更为广泛。其所谓"物",不只是物权法上的"有体"标的,它包括任何法律行为标的。而物的性质则指所有价值形成因素(wertbildende Faktoren),因而,不仅特征性的自然属性是物的性质,标的之上的事实与法律关系,以及基于属性、使用期限与价值而形成的相关影响亦在其列。如,一幅土地的性质包括位置、地界、土地属性、可耕作性等。

标的的价值或价格非其性质,因为他们自身不是价值形成因素,而取决于市场状况。但如果表意人就价值形成因素发生错误,从而错误认识了其真正价值,则撤销权可能因为性质错误而得到考虑。如,甲以为所要出售的戒指是镀金的,因而对其价值发生错误认识,并以 90 元发出出卖要约,但该戒指实际是纯金的。甲得依错误撤销要约。

四、错误与误传

《民通意见》第 77 条规定:"意思表示由第三人义务转达,而第三人由于过失转达错误或者没有转达,使他人造成损失的,一般可由意思表示人负赔偿责任。但法律另有规定或者双方另有约定的除外。"表示传达人的错误由表示人承受,故表示人可撤销,只是需要为此负赔偿责任。

五、错误人的损害赔偿

错误人通过撤销而获得改正错误的机会,却不意味着,相对人必须承受当中的不利后果。合理的法律安排应当是:一方面错误人有权撤销错误的意思表示,另一方面,他必须赔偿因此给相对人造成的损失。为此,《民法通则》第 61 条后句规定:"有过错的一方应当赔偿对方因此所受的损失,双方都有过错的,应当各自承担相应的责任。"不过,这一规定存在以下可检讨之处:

第一,明确规定以过错为要件。以过错为损害赔偿要件,其结果是,倘若错误人对于错误的发生无过失,则法律行为被撤销的损失必须由相对人承担。这种对错误人的宽容显然大于相对人的制度安排不能说是合理的,毕竟,错误行为是由错误人、而非相对人作出的。其实,错误人的损害赔偿与其说是因过错归责所致,毋宁说,它是错误人为摆脱其意思表示而必须付出的代价。正因如此,德国法在确定错误人的损害赔偿时,不以错误人的过错为必要。[①]

第二,未规定错误人的免责条件,只是以过错归责为前提,要求各方就自己过错承担责任。该表述不仅空洞,更重要的是,如果过错归责不具有正当性,该"过失相抵"的立场自然同其命运。而且,它无法解决双方皆无过错时的责任承担问题。自事理而言,如果相对人明知或因过失而不知错误的存在,那么,存在恶意的相对人即已无信赖损失可言,错误人自无需赔偿。

第三,赔偿范围被笼统地界定为"对方因此所受的损失"。具体范围如何,需要解释。法律行为上的损害赔偿,或者是积极利益(履行利益)的赔偿,或者是消极利益(信赖利益)的赔偿。既然合同被撤销,赔偿履行利益已无可能,所谓"对方因此所受的损失",就理应指向信赖利益的损失。所谓积极利益损害,

---

① *Dieter Medicus*, Allgemeiner Teil des BGB, 9. Aufl., C. F. Müller Verlag, 2006, Rn. 783.

是指当法律行为有效时,当事人所处的地位;信赖利益损害则是指,如果当事人不信赖法律行为之有效,他所能获取的法律地位(包括为此付出的交通费等订约成本以及因此而丧失的其他订约机会等)。信赖利益之赔偿,不应高于履行利益,因为当事人不能主张比合同有效且得到履行时更优越的法律地位。①

六、权利竞合

(一) 撤销权竞合

受恶意欺诈人的错误为动机错误,受欺诈法而非错误法规整。但如果基于欺诈而形成的错误属于交易上认为重要的人或物之性质错误,即可能存在撤销权竞合之问题。此处竞合相当于请求权竞合,当事人得择一行使。德国法上,基于欺诈的撤销权于撤销权人更为有利,因为它存在更长的撤销期限,并且无须依第 122 条之规定承担损害赔偿责任。但另一方面,当第 123 条情形下的撤销相对人表示异议时,撤销权人必须证明相对人曾对其恶意欺诈。若未能成功证明,则可依第 119 条(错误)而撤销。②

(二) 损害赔偿请求权竞合

因我国实证法要求错误人在有过失时才承担损害赔偿责任,其构成要件即可能与侵权行为(《侵权责任法》第 6 条第 1 款)之构成要件重合,而发生请求权竞合问题。

第六节 表意自由与合同效力

一、自由的意志表达与合同效力

如果行为人没有任何行为能力的欠缺,属于完全行为能力人,那么,他的意志在法律上就是自由的,在私法自治的原则下,他能够并且必须承受其行为的法律后果。每个人为自己的行为负责,正是私法自治的基本含义。

不过,在许多情况下,即便完全行为能力人具备独立的法律判断能力,也不意味着,其意思表示为自由意志的产物。在行为人意志的形成与表达过程中,他可能受到来自于他人的不当干扰。行为人可能受到欺诈而基于欺骗性事实作出法律决定,可能受到胁迫而违心作出法律决定,也可能因危难被他人所乘而忍痛作出法律决定。所有这些情况,显然均非行为人独立判断的结果,自当不能被归诸"自由意志"名下。

在受到欺诈或胁迫时,《民法通则》第 58 条第 1 款第 3 项与《合同法》第 54

---

① *Rüthers/Stadler*, Allgemeiner Teil des BGB, 16. Aufl. , Verlag C. H. Beck, 2009, § 25 Rn. 66f.
② Hans Brox/Wolf-Dietrich Walker, Allgemeiner Teil des BGB, 32. Aufl. , Carl Heymanns Verlag, 2008, Rn. 461; *Rüthers/Stadler*, Allgemeiner Teil des BGB, 16. Aufl. , Verlag C. H. Beck, 2009, § 25 Rn. 93.

条第 2 款皆称"违背真实意思",似乎意味着,此类行为之出现效力瑕疵,是因"意思表示不真实"所致。管见以为,法律之所以对此类情形提供救济,意思表示是否"真实"并非决定性因素,否则,在判断该类行为效力时,就必须审查意思表示是否"真实",如果真实,即便存在欺诈胁迫因素,亦不能撤销。就此问题,德国法学家吕特斯和斯塔德勒(Rüthers/Stadler)指出:"(因欺诈或胁迫而作出的意思表示)在某种意义上说,称之为意思瑕疵(Willensmangel)是不准确的,因为严格而论,表示中并无错误存在,毋宁说,是表示人的意志决定自由在作出表示之前受到了侵害。"①因此,"受欺诈或胁迫之影响而作出的意思表示,其可撤销性旨在保护意志自由。"②

既然是自由意志的形成与表达受到不当干预,法律就需要为之提供矫正手段。法律只能阻止意志不自由的情况出现,却无法替当事人作出具体的意志选择,因此,法律提供的救济无法帮助当事人形成或改变具体的法律关系内容,而只能就已经形成的法律关系进行效力控制。在法律效果的设定上,存在两种选择:一是由实证法径行认定无效(《民法通则》第 58 条),二是将是否有效的决定权交由当事人行使(《德国民法典》第 123 条)。第一种选择较为简单、直接,却有立法者替当事人作判断之嫌,此时,即便自由意志受干扰之人欲接受法律关系的内容,亦不可得。其结果是,本应为当事人自由意志提供保障的制度,却越俎代庖地充当了私人意志的作出者。因此,与私法自治理念更为吻合的选择是,将是否有效的决定权(撤销权)交由意志自由受不当干扰之人行使。这正是《合同法》第 54 条第 2 款的意义所在。

二、受恶意欺诈的合同

(一)构成要件

所谓欺诈,《民通意见》第 68 条的界定是:"一方当事人故意告知对方虚假情况,或者故意隐瞒真实情况,诱使对方当事人作出错误意思表示的,可以认定为欺诈行为。"包括以下构成要件:

1. 欺诈行为

欺诈行为是"旨在引起、强化或维持他方不正确看法之行为"。③ 该行为既可表现为积极作为,亦可表现为消极不作为。前者如"告知虚假情况",后者如"隐瞒真实情况"。

2. 因果关系

因果关系是指,欺诈行为是引起意思表示之原因,即"欺诈引发了受欺诈人

---

① *Rüthers/Stadler*, Allgemeiner Teil des BGB, 16. Aufl., Verlag C. H. Beck, 2009, §25 Rn. 1.
② *Rüthers/Stadler*, Allgemeiner Teil des BGB, 16. Aufl., Verlag C. H. Beck, 2009, §25 Rn. 73.
③ *Hans Brox/Wolf-Dietrich Walker*, Allgemeiner Teil des BGB, 32. Aufl., Carl Heymanns Verlag, 2008, Rn. 450; *Rüthers/Stadler*, Allgemeiner Teil des BGB, 16. Aufl., Verlag C. H. Beck, 2009, §25 Rn. 75.

的错误,这一错误又构成意思表示作出之原因。"①

(1) 受欺诈人因此陷入错误

受欺诈人若未陷入错误,或虽陷入错误,却非因受欺诈所致,均无因果关系存在。②

另外,动机错误本不为法律所重视,但如果该动机错误之形成乃受他人欺诈所致,则足以成为意志形成自由受侵犯之表征,需要由法律提供救济。因此,受欺诈人所陷入的动机错误虽经常指向交易上重要的人或物之性质,但即便是单纯的动机错误,亦符合此项要件。《民通意见》的表述是"诱使对方当事人作出错误意思表示",似乎表示,"错误"必须存在于"意思表示"之中,不妥。

(2) 受欺诈人因错误而作出意思表示

判断其间因果关联之关键在于,"若无该错误,受欺诈人根本不会或不会在这一时间发出意思表示,或者,意思表示会以其他内容发出。只要由欺诈行为引起的错误参与了意思表示之决定,即为已足。"③

3. 恶意

欺诈人之恶意(Arglist)仅以故意(Vorsatz)为必要,该项故意必须涉及欺诈行为、引起错误以及意思表示各项构成要件。欺诈人必须知道并且希望,他方在欺诈之下将作出特定意思表示,而该意思表示若无欺诈即不可能作出或不可能如此作出。④ 由于欺诈制度旨在保护法律行为的决定自由,所以,欺诈人之恶意不必包括损害意图(Schädigungsabsicht)。⑤

(二) 法律效果

依《民法通则》第58条,因欺诈而实施的法律行为无效,《合同法》则分两种情形规定:如果欺诈同时损害国家利益,无效(第52条第1款);其他则为可撤销(第54条第2款)。新法优于旧法。

(三) 权利竞合

1. 撤销权竞合

基于欺诈的撤销权与基于错误的撤销权竞合。见第六节"单方错误与合同效力"之六"权利竞合"。

2. 撤销权与瑕疵担保请求权竞合

---

① *Hans Brox/Wolf-Dietrich Walker*, Allgemeiner Teil des BGB, 32. Aufl., Carl Heymanns Verlag, 2008, Rn. 452.

② 张俊浩主编:《民法学原理》(上册),中国政法大学出版社2000年版,第288页。

③ *Hans Brox/Wolf-Dietrich Walker*, Allgemeiner Teil des BGB, 32. Aufl., Carl Heymanns Verlag, 2008, Rn. 452.

④ *Hans Brox/Wolf-Dietrich Walker*, Allgemeiner Teil des BGB, 32. Aufl., Carl Heymanns Verlag, 2008, Rn. 454.

⑤ *Rüthers/Stadler*, Allgemeiner Teil des BGB, 16. Aufl., Verlag C. H. Beck, 2009, § 25 Rn. 79.

出售存在瑕疵之物,同时可充分恶意欺诈之构成要件,故权利人可在买卖法上的瑕疵担保请求权与欺诈法上的撤销权之间择一行使。此处竞合为选择竞合,若权利人选择撤销合同,则不得再主张瑕疵担保,因此时已无有效合同之存在。①

三、受非法胁迫的合同

在受非法胁迫(widerrechtliche Drohung)的合同中,没有错误之存在,它与受欺诈行为归于一类,是因为二者均事关意志决定自由。

(一) 构成要件

对于胁迫,《民通意见》第 69 条规定:"以给公民及其亲友的生命健康、荣誉、名誉、财产等造成损害或者以给法人的荣誉、名誉、财产等造成损害为要挟,迫使对方作出违背真实的意思表示的,可以认定为胁迫行为。"

1. 胁迫

胁迫是指,预告某种胁迫人能够影响其实现的将来危害之行为。② 对此可作以下理解:

(1) 危害

任何不利皆可构成危害,没有特别的严重性要求。危害之预告应引起被胁迫人对将来危害之恐惧,因此非法胁迫须以心理强制(psychische Zwangslage, vis compulsiva)为前提,若为身体上无法抗拒之强制(physischer unwiderstehlicher Zwang, vis absoluta),则因行为意思之欠缺而不存在意思表示(如被强按着在文件上签字)。③ 另外,胁迫虽非认真提出,被胁迫人却因此严肃对待着,亦对意志构成影响。④

(2) 危害之实现

构成胁迫,还必须是依被胁迫人之见,将来的危害系于胁迫人意志。⑤ 至于该危害究竟是否能够实现,则非所问,因此,即便是预告某种迷信惩罚,亦无不可。⑥

---

① Hans Brox/Wolf-Dietrich Walker, Allgemeiner Teil des BGB, 32. Aufl., Carl Heymanns Verlag, 2008, Rn. 462.; Rüthers/Stadler, Allgemeiner Teil des BGB, 16. Aufl., Verlag C. H. Beck, 2009, § 25 Rn. 93.

② Hans Brox/Wolf-Dietrich Walker, Allgemeiner Teil des BGB, 32. Aufl., Carl Heymanns Verlag, 2008, Rn. 464.

③ Hans Brox/Wolf-Dietrich Walker, Allgemeiner Teil des BGB, 32. Aufl., Carl Heymanns Verlag, 2008, Rn. 464; Rüthers/Stadler, Allgemeiner Teil des BGB, 16. Aufl., Verlag C. H. Beck, 2009, § 17 Rn. 7, § 25 Rn. 84.

④ Hans Brox/Wolf-Dietrich Walker, Allgemeiner Teil des BGB, 32. Aufl., Carl Heymanns Verlag, 2008, Rn. 464.

⑤ Hans Brox/Wolf-Dietrich Walker, Allgemeiner Teil des BGB, 32. Aufl., Carl Heymanns Verlag, 2008, Rn. 465.

⑥ 张俊浩主编:《民法学原理》(上册),中国政法大学出版社 2000 年版,第 288 页。

2. 因果关系

胁迫必须是导致被胁迫人的恐惧,以及基于恐惧而作出意思表示之原因。因果关系之判断,不是以理智的旁观者为标准,而是取决于被胁迫人的心理状态。[①]

3. 不法性

此不法性可存在于用以胁迫的危害,所追求的结果,或者用以胁迫的危害与所追求的结果之间的关系之上。

(1) 手段不法

以不法手段(Widerrechtlichkeit des Mittels)实施胁迫,迫使对方发出意思表示,即具有不法性。

(2) 目的不法

若所追求的结果不法(Widerrechtlichkeit des Zwecks),则要求意思表示发出之行为亦为不法。

(3) 手段与目的之间的关系不法

即使手段与目的皆合法,以该手段来实现该目的亦可能是不法的(Widerrechtlichkeit der Mittel-Zweck-Relation)。例如,以告发先前的犯罪行为相要挟,要求对方承担此次侵权行为之损害赔偿责任。

(二) 法律效果

同欺诈。但《农村土地承包法》第57条规定:"任何组织和个人强迫承包方进行土地承包经营权流转的,该流转无效。"其所谓"强迫",似应指胁迫而言。

四、危难被乘的合同

与欺诈、胁迫并列,影响合同效力的另外一个因素是乘人之危。《民通意见》第70条的界定是:"一方当事人乘对方处于危难之机,为牟取不正当利益,迫使对方作出不真实的意思表示,严重损害对方利益的,可以认定为乘人之危。"

(一) 法律效果

有如欺诈、胁迫,因为危难被乘而订立的合同,《民法通则》第58条以之无效,《合同法》第54条第2款则为可撤销。在此同样依新法优于旧法原则作出取舍。

(二) 暴利行为、危难被乘与显失公平

除危难被乘的合同之外,《民法通则》第59条第1款第2项与《合同法》第54条第1款第2项还规定了显失公平的合同,由此构成了我国立法的一个特色。

[①] *Hans Brox/Wolf - Dietrich Walker*, Allgemeiner Teil des BGB, 32. Aufl., Carl Heymanns Verlag, 2008, Rn. 466.

1. 三种立法例

《德国民法典》第138条2款规定:"特别是一方恶意利用他方之困境、无经验、缺乏判断能力或明显的意志薄弱,使其对自己或第三人为一项给付允诺提供或实际给予财产利益,而该财产利益与给付显然不相称者,法律行为无效。"该条所规范的法律行为被称为"暴利行为"(wucherische Rechtsgeschäfte)。

"台湾民法典"第74条第1款亦规定了"暴利行为","法律行为,系乘他人之急迫、轻率或无经验,使其为财产上之给付或为给付之约定,依当时情形显失公平者,法院得因利害关系人之申请,撤销其法律行为或减轻其给付。"

我国则将"危难被乘"行为与"显失公平"行为分别规定。关于"显失公平"的解释,见诸《民通意见》第72条:"一方当事人利用优势或者利用对方没有经验,致使双方的权利与义务明显违反公平、等价有偿原则的,可以认定为显失公平。"

2. 比较

(1) 立法体例

《德国民法典》第138条第1款是关于法律行为违反善良风俗的规定,暴利行为则被当作违反善良风俗的"一个特别(重要的)适用事例"。[1] 台湾称"暴利行为",但不视其为违反善良风俗的事例(违反善良风俗的行为规定在第72条:"法律行为,有背于公共秩序或善良风俗者,无效。")。[2] 我国则不称"暴利行为",而将相应内容拆分为"乘人之危"行为与"显失公平"行为分别规定。

(2) 构成要件

德国区分客观要件与主观要件。客观要件是指给付与对待给付显然不相称。至于如何判断存在这种不相称关系,则无统一规定,必须考虑每项法律行为之所有具体情形(如风险分配、交易的投机色彩、一般市场行情、市场通常做法)。主观要件是指暴利者恶意利用另一方的困境、无经验、缺乏判断能力或明显的意志薄弱。其中,"恶意利用"(Ausbeuten)是指"有意利用法律行为对方当事人的困难情境来牟求过度收益";"困境"是指"因暂时的急迫窘境(多为经济窘境)而对于物或金钱给付存在迫切需求";"无经验"是指"生活或交易经验之缺乏";"缺乏判断能力"是指"行为人(多为理解力薄弱之人)明显缺乏基于理智考虑而实施法律行为或正确评判双方对待给付与法律行为经济后果之能力";

---

[1] Dieter Medicus, Allgemeiner Teil des BGB, 9. Aufl., C. F. Müller Verlag, 2006, Rn. 707; Hans Brox/Wolf-Dietrich Walker, Allgemeiner Teil des BGB, 32. Aufl., Carl Heymanns Verlag, 2008, Rn. 344.

[2] 王泽鉴:《民法总则》,北京大学出版社2009年版,第239~240页。但史尚宽从德国法解释。史尚宽:《民法总论》,中国政法大学出版社2000年版,第343页。

"明显的意志薄弱"是指"微弱的抵御能力"。①

我国台湾民法称"依当时情形显失公平"。有如德国,涉及主观要件与客观要件问题。②

我国关于"乘人之危"的规定强调获取利益之"不正当"以及对对方利益的"严重损害"(制裁色彩较为浓重),"显失公平"则称"明显违反公平、等价有偿原则"。但乘人之危与显失公平的要件其实难以清楚区分,张俊浩教授即指出:一方面,唯乘人之危导致显失公平结果时,法律方应干预,因此,乘人之危势以显失公平为要件,表现为"严重损害对方利益";另一方面,结果本身不能反映公平与否,只有在获取利益时使用了不正当手段,才能做出相应评判,因而,显失公平的合同,并不单纯是结果判断,行为考量亦不可缺少。③

(3)法律效果

德国法上的暴利行为无效。并且,依第138条第2款之文义("使允诺提供或实际给予"),不仅负担行为,受盘剥者的处分行为亦无效。若暴利行为亦充分第823条第2款之要件,则还会产生损害赔偿请求权。④

台湾得撤销或减轻(此"减轻"因涉及法律关系内容的变更,与我国"变更权"有某些相似之处)。

依《民法通则》,乘人之危之法律行为无效,依《合同法》,乘人之危订立合同可撤销或变更,新法优于旧法;而显失公平则二法皆以之为可撤销或变更。

第七节 行为主管与合同效力

一、概说

(一)自治原则与行为主管

所谓自治,意谓每个人只能处理自己的事务,设定的义务由自己承担,所处分者乃自己的权利。原则上,未经他人允许,任何人无权为他人设定义务、替他人处分权利,否则,于该他人而言,起作用的就不再是自治、而是"他治"原则,受到"他治"之人对发生于己身的法律关系失去了意志控制力。此类行为必然会产生效力瑕疵。

---

① *Hans Brox/Wolf‑Dietrich Walker*, Allgemeiner Teil des BGB, 32. Aufl., Carl Heymanns Verlag, 2008, Rn. 344f.
② 王泽鉴:《民法总则》,北京大学出版社2009年版,第240页。
③ 张俊浩主编:《民法学原理·上册》,修订第3版,中国政法大学出版社2000年版,第290~291页(张俊浩)。
④ *Hans Brox/Wolf‑Dietrich Walker*, Allgemeiner Teil des BGB, 32. Aufl., Carl Heymanns Verlag, 2008, Rn. 346.

"他治"行为的效力之所以存有瑕疵,是因为受到"他治"之人的意志自由被剥夺了。所以,效力瑕疵必须由受"他治"之人的意志治愈。合同的效力取决于第三人的意志(同意),该效力形态称为效力待定或效力未定。《合同法》上规定的因处置他人事务而效力待定的合同包括无权处分(第51条)、无权代理(第48条)与债务承担(第84条)。

亲为行为例外。《民通意见》第78条:"凡依法或者依双方的约定必须由本人亲自实施的民事行为,本人未亲自实施的,应当认定行为无效。"如结婚。

(二) 第三人的同意

1. 类型

德国民法上,事先同意(vorherige Zustimmung)称为"允许"(Einwilligung)(《德国民法典》第183条第1句),事后同意(nachträgliche Zustimmung)称为"追认"(Genehmigung)(《德国民法典》第184条第1款),皆为基本行为的补助行为。我国法律虽未作明确区分,但就法条(如《合同法》第47、48、51条)语词用法而言,与德国相似。

唯有未获允许的合同,或者说,唯有须待追认的合同,效力才会出现瑕疵(待定)。

2. 同意的一般规则

(1) 需受领的单方意思表示

同意是需受领的意思表示,必须向受领人发出。此亦可从最高人民法院《关于〈合同法〉若干问题的解释(二)》第11条得知。

合同双方当事人均得作为同意的受领人。

(2) 形式自由

同意虽为基本行为的补助行为,同意权人通过同意亦成为法律关系的参与者,但其同意的意思表示却不必采取为基本行为所要求的特定形式,因为同意尚不足以成为需同意行为的组成部分。

(3) 同意的效力

同意使得合同确定有效。若是事先同意(允许),如无其他效力障碍事由,合同成立即生效;若未获事先同意,合同处于未决的无效(效力待定)状态,此时事后同意(追认)可消除效力瑕疵,令其有效。最高人民法院《关于〈合同法〉若干问题的解释(二)》第11条:"根据《合同法》第四十七条、第四十八条的规定,追认的意思表示自到达相对人时生效,合同自订立时起生效。"

3. 相对人的催告与撤回

同限制行为能力人订立的须追认合同。

二、无权处分

无权处分为《合同法》第51条所规定:"无处分权的人处分他人财产,经权利人追认或者无处分权的人订立合同后取得处分权的,该合同有效。"

(一) 负担行为与处分行为之区分

"该合同有效",指的是什么合同? 就此问题,学界见解不一。梁慧星教授认为,合同法对负担行为与处分行为一体把握,将处分行为纳入债权行为当中,视标的物的所有权变动为买卖合同直接发生的效力,因此,第 51 条所称合同,指的是买卖合同。① 对此观点,本章作者不敢苟同。其间关键在于,如何理解买卖合同的效力,以及是否有独立的物权行为(处分行为)之存在。

《合同法》第 130 条规定,"买卖合同是出卖人转移标的物的所有权于买受人,买受人支付价款的合同。"就文义而论,所有权之移转,似乎是买卖合同的结果,不必另有让与所有权之合意,或者说,所有权让与合意已纳入买卖合同当中。然而,我国法律向以通俗化为追求,后果之一是,法律用语的精确性被放弃了,文义解释的可靠性亦因此受到影响。要理解买卖合同的效力,仅仅是第 130 条不足为据,需要进一步求诸相关权利义务的规定。依第 135 条之规定,买卖合同对于出卖人的效力是:"出卖人应当履行向买受人交付标的物或者交付提取标的物的单证,并转移标的物所有权的义务。"可见,出卖人因为买卖合同,只负有交付标的物(标的物单证)与移转所有权的义务,换言之,当事人通过买卖合同所形成的合意,只是负担义务,而不是所有权之直接让与。此与《德国民法典》第 433 条第 1 款第 1 句如出一辙。

当然,如果出卖人履行移转所有权义务之行为只是事实行为,亦不必有物权合意。但是,单纯以事实行为让与权利,难免匪夷所思,而权利移转过程中的私法自治,亦由此消失不见。于是,何以债法义务之负担须依当事人意志为断,物上权利之让与却与之无关,实在令人百思不得其解。退一步说,即便认为,所有权让与合意包含于买卖合同当中,似乎亦无济于事。在物债二分、物的概念限于有体标的的格局内,它反倒会制造一系列的解释难题:买卖合同之成立,需要具备何种合意? 如果合意中仅在关于所有权让与部分存有瑕疵,是否会影响买卖合同的效力? 如何影响? 如果双方当事人订立买卖合同时,根本未就所有权让与达成合意、甚至明确表示嗣后另行达成所有权让与合意,是否会影响买卖合同的效力? 如何影响? 既然买卖合同中包含义务负担和所有权让与两项合意,何不干脆将二者拆分,而非要捆绑销售? 负担义务与处分权利两个去向相反的乘客,又如何能够登上同一趟列车? 等等。

另外,若是否认物权行为之存在,《合同法》第 134 条将不可理解,因为在所有权保留中,买受人义务之履行是所有权移转的延缓条件,而事实行为不存在附条件之可能。这意味着,唯有承认独立的物权合意,方可无障碍地解释所有权保

---

① 梁慧星:《民法总论》(第 3 版),法律出版社 2007 年版,第 202~203 页。

留买卖。①

管见以为,买卖合同仅仅产生负担效力,即,出卖人负有移转所有权之义务,据以发生所有权移转之效果的,则是所有权让与合意,该让与合意属于处分行为。在负担行为与处分行为二分格局下,处分权仅仅是处分行为的有效要件,对于作为负担行为的买卖合同而言,无论出卖人是否有处分权,均不产生影响。

(二) 处分权补正的溯及力

《合同法》第 51 条未区分追认与处分权补正的溯及力问题。处分权补正之溯及力问题关涉处分权补正前处分行为的效力。德国法可供参考。《德国民法典》第 185 条:"(1 款)非权利人对于标的所为处分,若征得权利人之允许,有效。(第 2 款)若权利人予以追认,或者处分人取得处分标的,或者权利人继承处分人遗产,且其为遗产债务承担无限责任,则处分转为有效。后两种情形下,标的之上存在数项互相冲突之处分行为者,惟在先处分有效。"第 2 款第 1 句后两种情形称为转化(Konvaleszenz)或补正(Heilung),不具有溯及力。②

三、无权代理

根据《合同法》第 48 条第 1 款之规定,无权代理行为须经被代理人追认,始对其发生效力,否则,由无权代理人自负其责。无权代理包括没有代理权、超越代理权或者代理权终止三种情形。

四、债务承担

《合同法》第 84 条:"债务人将合同的义务全部或者部分转移给第三人的,应当经债权人同意。"这意味着,债务承担合同的效力,取决于债权人的同意与否。有关债务承担问题,更详细的论述,可参见本书第六章第三节。

第八节 强制秩序与合同效力

一、合同自由与强制秩序

合同可能涉及特定第三人,此时可通过"效力待定"制度来矫正受到侵犯的第三人意志自由,合同当然还可能涉及不特定的他人,抽象的不特定人即构成公共秩序。想要维持共同体,就必须存在一定程度的强制秩序,该秩序不得为任何个别意志所改变,处于合同自由领域之外。所以,如果合同与强制秩序相抵触,行为效力将出现瑕疵。

维护强制秩序的,主要是强制规范与公序良俗之一般条款,另外,关于某些合同的形式,亦有强制性要求。

---

① *Wolf/Wellenhofer*, Sachenrecht, 24. Aufl., Verlag C. H. Beck München, 2008, § 7 Rn. 42.
② *Rüthers/Stadler*, Allgemeiner Teil des BGB, 16. Aufl., Verlag C. H. Beck, 2009, § 28 Rn. 15.

二、违反强制规范的行为

(一) 法律规范的不同类型

根据《民法通则》第58条第1款第5项,违反法律的法律行为无效。这一规定过于宽泛,因为法律有任意法(nachgiebiges Recht, ius dispositivum)与强制法(zwingendes Recht, ius cogens)之分,如果"违反"的是任意法,不会影响法律行为的效力,并且,"法律"一词,在汉语语境中具有多重含义,在最广泛的意义上,所有规范性文件都可能被笼统地称为"法律"。为此,《合同法》第52条第5项作出限缩,只有违反法律、行政法规的强制性规定的合同,才被认定为无效。最高人民法院《关于〈合同法〉若干问题的解释(一)》第4条进一步明确:"合同法实施以后,人民法院确认合同无效,应当以全国人大及其常委会制定的法律和国务院制定的行政法规为依据,不得以地方性法规、行政规章为依据。"

然而,《合同法》的规定仍失之宽泛,因为不是所有违反强制性规定的合同都会带来无效的后果。例如,《公司法》第149条禁止董事或高级管理人员违反规定与公司订立合同,但若有违反,依该条第2款之规定,合同并不因之无效,而是由公司行使归入权。此类规范,非效力规定,而是取缔规定,以禁止行为为目的。①德国法上,此类规范称规制禁令(Ordnungsvorschriften)或相对禁令(relative Verbote),是指只针对合同的外部环境如时间、地点、种类、方式等进行规制,而不直接针对合同本身。违反相对禁令者,对其作相应惩罚即为已足,不必宣告合同无效。②属于此类禁令者如有关营业时间的管制规定,如《娱乐场所管理条例》第28条:"每日凌晨2时至上午8时,娱乐场所不得营业。"最高人民法院《关于〈合同法〉若干问题的解释(二)》第14条对此有所反映:"《合同法》第五十二条第(五)项规定'强制性规定',是指效力性强制性规定。"

(二) 法律规避行为

法律规避行为(Umgehungsgeschäfte)是指,"通过禁止性规范未规制的方式,来寻求禁止性法律所反对的效果之实现。"③《合同法》第52条第3项所谓"以合法形式掩盖非法目的",即属此类,合同无效。

(三) 法人超越经营范围的合同

《民法通则》第42条规定:"企业法人应当在核准登记的经营范围内从事经

---

① 史尚宽:《民法总论》,中国政法大学出版2000年版,第330页。
② *Hans Brox/Wolf-Dietrich Walker*, Allgemeiner Teil des BGB, 32. Aufl., Carl Heymanns Verlag, 2008, Rn. 323; *Rüthers/Stadler*, Allgemeiner Teil des BGB, 16. Aufl., Verlag C. H. Beck, 2009, § 26 Rn. 4.
③ *Hans Brox/Wolf-Dietrich Walker*, Allgemeiner Teil des BGB, 32. Aufl., Carl Heymanns Verlag, 2008, Rn. 328; *Rüthers/Stadler*, Allgemeiner Teil des BGB, 16. Aufl., Verlag C. H. Beck, 2009, § 26 Rn. 15.

营。"在讨论时，我国学者常将经营范围直接对应于域外私法的法人目的。① "经营范围"与"法人目的"皆意在划定法人的法律交往领域，在此意义上，将其二者进行对应基本没有问题。

不过，法人目的本应由设立人自由设定，《民法通则》所称"经营范围"则因其必须被"核准"，而带有了浓重的管制色彩，这当然与其时奉行的计划经济体制相呼应。待得1993年制订《公司法》时，经济体制已转变为社会主义市场经济，法律关于经营范围的态度亦随之而改。该法第11条规定："公司的经营范围由公司章程规定，并依法登记。公司的经营范围中属于法律、行政法规限制的项目，应当依法经过批准"；"公司应当在登记的经营范围内从事经营活动。公司依照法定程序修改公司章程并经公司登记机关变更登记，可以变更其经营范围。"据此，除特许经营者外，经营范围原则上由公司通过章程自主确定，并有权自主变更，不再如《民法通则》般以核准制为原则，择业自由由此得到极大提升。2005年修订公司法时，"公司应当在登记的经营范围内从事经营活动"之规定被删除，其他有关经营范围之规定则未作实质性修改。

随着对经营范围的法律管制立场的变迁，超越经营范围而订立的合同，效力亦相应发生变化。《民法通则》第42条要求企业法人在经营范围内活动，又根据第49条，"超出登记机关核准登记的经营范围"者，被称为"非法经营"，它将为法定代表人带来行政处分、罚款，乃至刑事处罚等责任。立法者对于经营范围之极端重视，由此可见一斑。不过，《民法通则》虽然不惜违反体系地为"非法经营"者设定了行政或刑事责任，却对于超出经营范围之法律行为的私法效力未置一词。该法律漏洞本为法官缓和法律的僵硬性留下了空间，实际情形却是，多年来，法院对于涉及超越经营范围的案件，几无例外地判定为无效。

早在1984年，最高法院就曾颁布"关于贯彻执行《经济合同法》若干问题的意见"，其中，"审查合同的内容是否超越批准的经营范围"被当作"审查合同内容是否合法"的一个步骤，若是超越，则导致经济合同无效。《民法通则》施行后，最高人民法院又于1987年颁布《关于在审理经济合同纠纷案件中具体适用〈经济合同法〉若干问题的解答》，就"超越经营范围或者违反经营方式签订的经济合同是否有效"之问题作出了详细的正面回答："工商企业、个体工商户及其他经济组织应当在工商行政管理部门依法核准登记或者主管机关批准的经营范围内从事正当的经营活动。超越经营范围或者违反经营方式所签订的合同，应认定为无效合同。例如，非法经营重要生产资料和紧俏耐用消费品的；零售商经营批发业务的；代销商搞经销的；只准在特定地区内销售的进口商品，未经批准

---

① 张俊浩主编：《民法学原理》（上册），中国政法大学出版社2000年版，第191页；梁慧星：《民法总论》（第3版），法律出版社2007年版，第126页。

私自流入其他地区的,等等,均应按无效合同处理。全部为超营项目的,全部无效;部分为超营项目的,超营部分无效。"

直到1993年最高人民法院"全国经济审判工作座谈会纪要"的发布,上述僵硬局面才得以缓和。该"纪要"要求:"合同约定仅一般违反行政管理性规定的,例如一般地超范围经营、违反经营方式等,而不是违反专营、专卖及法律禁止性规定,合同标的物也不属于限制流通的物品的,可按照违反有关行政管理规定进行处理,而不因此确认合同无效。"与此同时,如前文所述,1993年颁行的《公司法》中,其"经营范围"亦获得了不同于《民法通则》的含义。更具意义的是,1999年,《合同法》颁布并施行,其中,第50条确立了法定代表人越权行为对善意相对人有效的规则;同年颁行的《关于适用〈合同法〉若干问题的解释(一)》第10条则进一步明确舍弃了此前被奉行多年的"超越经营范围一概无效"之规则:"当事人超越经营范围订立合同,人民法院不因此认定合同无效。但违反国家限制经营、特许经营以及法律、行政法规禁止经营规定的除外。"为了避免冲突,最高人民法院旋即于2000年将1984年与1987年颁布的上列司法解释明文废止。[①] 从此,"超越经营范围一概无效"之规则在我国寿终正寝。

三、违背公序良俗的行为

（一）概说

公共秩序不可能完全由具体的强制性规范维持,在此之外,还需要借助一般条款,如《法国民法典》第6条("任何人不得以特别约定违反有关公共秩序与善良风俗之法律。")与《德国民法典》第138条1款("违背善良风俗的法律行为无效。"),是所谓公序良俗。我国法律没有明确的公序良俗条款,但《民法通则》第7条"民事活动应当尊重社会公德,不得损害社会公共利益"与《合同法》第52条关于社会公共利益之规定,意旨相近。公序良俗之一般条款的意义在于,为法官提供价值判断的依据,授予法官造法之权,以便补足制定法之不足。[②]

（二）违背公序良俗行为的构成

1. 判断标准

公序良俗是个不确定的法律概念,《德国民法典》"立法理由书"的界定是:"一切合理的礼仪观念与正义思想"(Anstandsgefühl aller billig und gerecht Denkenden)。判断时,需要结合具体的主客观情境作综合考量。有些合同客观内容悖俗,如杀人的委任合同、有偿的性交易等;有些合同内容中立,但动机悖俗,如为杀人而购买武器、为开妓院而租房,此时,若对方不知其动机,则合同不因悖俗

[①] 参见,法释[2000]20号,"最高人民法院予以废止的1999年底以前发布的有关司法解释目录(第三批)"(2000年6月16日最高人民法院审判委员会第1119次会议通过)。

[②] Rüthers/Stadler, Allgemeiner Teil des BGB, 16. Aufl., Verlag C. H. Beck, 2009, §26 Rn. 28ff.

而无效。①

2. 案例类型

德国司法判例形成了若干案例类型:滥用权力或垄断地位;捆绑合同;危害债权与信用欺诈;法律行为工具化、尤其是隐私商业化利用(如卖淫、性交易等);妨害婚姻与家庭秩序;诱使违约(如以刺激出卖人违约为目的的二次买卖);贿赂约定;公共职位、学位或贵族称号买卖;准暴利行为等。②

我国有过公序良俗的司法判例,法院以违反社会公德为由,以《民法通则》第7条为据,判决将遗产遗赠与情人的遗嘱无效。③

四、形式强制

(一) 形式的功能与形态

合同自由包括形式自由,但形式强制规范仍会出现。要式行为,除了使法律关系清晰而避免争议发生外,还具有证明功能(Beweisfunktion)——表征法律关系之存在及其具体内容,警告功能(Warnfunktion)——提醒当事人小心从事,以及控制功能(Kontrollfunktion)——维护公共利益等。④

《合同法》明确规定的法定要式主要是书面形式(第10条第2款)。所谓书面形式,依第11条界定,是指合同书、信件和数据电文(包括电报、电传、传真、电子数据交换和电子邮件)等可以有形地表现所载内容的形式。它的要求是,将意思表示作成书面文件,并由表意人签名、盖章或摁手印。

(二) 法律效果

关于违反形式强制规范的合同效力,我国法律未作一般性明确规定,司法判例则一般以之为无效。⑤

《德国民法典》第125条明确规定:"欠缺法定形式的法律行为,无效。意定形式之欠缺,有疑问时,亦导致法律行为无效。"通说认为,该条属于应为性规定(Soll-Vorschrift),当事人不能排除适用,否则,它将变成对当事人仅具建议意义的不完全法律(leges imperfectae)。⑥ 纵然如此,德国法亦设有例外,承认某些形式瑕疵可以得到补正,如不动产让与合同(第311b条第1款)、赠与允诺(第518

---

① Rüthers/Stadler, Allgemeiner Teil des BGB, 16. Aufl., Verlag C. H. Beck, 2009, §26 Rn. 31ff.
② Rüthers/Stadler, Allgemeiner Teil des BGB, 16. Aufl., Verlag C. H. Beck, 2009, §26 Rn. 35ff.
③ 详参最高人民法院中国应用法学研究所编:《人民法院案例选》,2002年第2辑(总第40辑),人民法院出版社2002年版,第77~87页。
④ Hans Brox/Wolf-Dietrich Walker, Allgemeiner Teil des BGB, 32. Aufl., Carl Heymanns Verlag, 2008, Rn. 299; Rüthers/Stadler, Allgemeiner Teil des BGB, 16. Aufl., Verlag C. H. Beck, 2009, §24 Rn. 2ff.
⑤ 胡康生主编:《中华人民共和国合同法释义》(第2版),法律出版社2009年版,第18页。
⑥ Werner Flume, Allgemeiner Teil des Bürgerlichen Rechts II, Das Rechtsgeschäft, 4. Aufl., Springer-Verlag, 1992, S. 276; Karl Larenz/Manfred Wolf, Allgemeiner Teil des Bürgerlichen Rechts, 9. Aufl, Verlag C. H. Beck, 2004, §27 Rn. 67.

条第 2 款)与保证合同(第 766 条第 3 句)。之所以如此,是因为在这些情形下,法定形式的警告与证明功能被履行行为所排除。①

【引导案例】

案情

原告马海涛原系北京通州宋庄镇辛店村农民。被告李玉兰系河北省邯郸市城市居民。2002 年 7 月 1 日,原告与被告签订《买卖房协议书》,将诉争房屋及院落以 45 000 元的价格卖于被告。合同签订后,被告支付给原告房款 45 000 元,原告将房屋及《集体土地建设用地使用证》交付被告。被告入住后对原有房屋进行装修,并于 2003 年 10 月经辛店村民委员会批准新建西厢房三间。

2006 年 12 月,马海涛诉至原审法院称:因李玉兰不属于通州区宋庄镇辛店村农民,无权使用辛店村宅基地,故起诉请求确认马海涛与李玉兰所签房屋买卖协议无效,李玉兰返还房屋,马海涛、吴淑敏同意按有关部门评估的房屋现值退还李玉兰购房价款。

裁判

一审法院认为:违反法律、行政法规强制性规定的合同无效。李玉兰系居民,依法不得买卖农村集体经济组织成员的住房。马海涛要求认定买卖合同无效的诉讼请求,应予支持。合同无效后,因该合同取得的财产,应当予以返还。依《中华人民共和国合同法》第 52 条第 5 项、第 58 条之规定,判决被告李玉兰将位于北京市通州区辛店村的北房三间、西厢房六间及院落腾退给原告马海涛,原告马海涛则给付被告李玉兰补偿款 93 808 元。

被告李玉兰不服一审判决,提起上诉。二审法院经过审理,驳回上诉,维持原判。

评析

本案涉及农村房屋所有权与宅基地使用权转让的效力问题。两审法院的裁判理由都指出,宅基地使用权是农村集体经济组织成员享有的权利,与享有者特定的身份相联系,非本集体经济组织成员无权取得或变相取得。马海涛与李玉兰所签之《买卖房协议书》的买卖标的物不仅是房屋,还包含相应的宅基地使用权,根据"房地一体"原则,宅基地使用权转让行为无效,导致房屋买卖合同亦无效。由此可以看到,我国农村不动产的法律与政策现实是,当中几乎不存在合同自由,管制极其严格。

---

① *Hans Brox/Wolf - Dietrich Walker*, Allgemeiner Teil des BGB, 32. Aufl. , Carl Heymanns Verlag, 2008, Rn. 310.

【练习案例】

案情

2004年3月9日,原告家园公司与被告森得瑞公司签订了一份《加盟特许经营合同》,原告获得CENTURY 21系统的使用许可。合同第7.3.4条竞业禁止条款约定:"未经甲方(森得瑞公司)事先书面同意,乙方(家园公司)以及任何一个乙方关系人或关联企业(定义见本合同释义)在本合同有效期间内和期满或终止后两年内不得直接或间接地以高级主管、董事、股东及其他任何身份或名义投资、经营或管理任何位于'核准地点'周围75公里范围内(如超出本特许区域地理范围,以本特许区域的范围为准)的其他房地产中介机构或相关企业(但不包括另一个CENTURY 21加盟店)或拥有或持有该中介机构百分之十以上的股权。"第7.4.8条商业秘密条款约定:"乙方承诺,由甲方根据本合同透露给乙方的有关CENTURY 21系统、CENTURY 21特许权和CENTURY 21材料以及甲方服务和产品的经营和业务知识,其中包括但不限于在会议、研讨会、培训课程、会谈或地区营业规范手册或其他材料和/或单店营业规范手册中随时透露的信息和资料,是甲方独家的保密的商业秘密。乙方同意其将在本合同有效期内和之后对所有这些资料保守绝对秘密,并同意不在甲方没有特别授权和批准的任何其他业务中或以其他方式使用这些资料。"第14.13条约定:"乙方同意在本合同期满或提前终止后的2年内,不在核准地点或任何CENTURY 21世纪加盟店所在地点周围75公里内设立房地产中介机构或办公室,经营本合同中所定义的特许业务。"2005年5月16日,家园公司和森得瑞公司就解除《加盟特许经营合同》的相关事宜达成协议,签订了《解除合同协议书》,其中第5条约定《加盟特许经营合同》解除后,家园公司还必须遵守《加盟特许经营合同》中有关竞业禁止和保守商业秘密条款所确定的义务。

原告家园公司诉至法院称:原告与被告森得瑞公司的《解除合同协议书》第5条是利用其优势地位而签订的,并且违反了《商业特许经营办法》第5条第3款关于"特许人以特许经营方式从事商业活动不得导致市场垄断、妨碍公平竞争"的规定,违背了等价有偿原则,显失公平,请求法院依法判令撤销该条款。

问题

从构成要件的角度,分析讼争条款是否属于我国法律规定中的显失公平。

要点提示

显失公平之判断,需要以法定构成要件为据。"民通意见"第72条提供了判断依据。《合同法》第43条、第6条亦有助于判断本案竞业禁止条款与保密条款的性质。

【测试题】①

一、单项选择题

1. 小刘从小就显示出很高的文学天赋,九岁时写了小说《隐形翅膀》,并将该小说的网络传播权转让给某网站。小刘的父母反对该转让行为。下列哪一种说法是正确的?(2009 年司法考试题)

   A. 小刘父母享有该小说的著作权,因为小刘是无民事行为能力人

   B. 小刘及其父母均不享有著作权,因为该小说未发表

   C. 小刘对该小说享有著作权,但网络传播权转让合同无效

   D. 小刘对该小说享有著作权,网络传播权转让合同有效

2. 甲打算卖房,问乙是否愿买,乙一向迷信,就跟甲说:"如果明天早上 7 点你家屋顶上来了喜鹊,我就出 10 万块钱买你的房子。"甲同意。乙回家后非常后悔。第二天早上 7 点差几分时,恰有一群喜鹊停在甲家的屋顶上,乙正要将喜鹊赶走,甲不知情的儿子拿起弹弓把喜鹊打跑了,至 7 点再无喜鹊飞来。关于甲乙之间的房屋买卖合同,下列哪一选项是正确的?(2008 年司法考试题)

   A. 合同尚未成立

   B. 合同无效

   C. 乙有权拒绝履行该合同

   D. 乙应当履行该合同

3. 甲被乙打成重伤,支付医药费 5 万元。甲与乙达成如下协议:"乙向甲赔偿医药费 5 万元,甲不得告发乙"。甲获得 5 万元赔偿后,向公安机关报案,后乙被判刑。下列哪一选项是正确的?(2007 年司法考试题)

   A. 甲、乙之间的协议有效

   B. 因甲乘人之危,乙有权撤销该协议

   C. 甲、乙之间的协议无效

   D. 乙无权要求甲返还该 5 万元赔偿费

4. 教授甲举办学术讲座时,在礼堂外的张贴栏中公告其一部新著的书名及价格,告知有意购买者在门口的签字簿上签名。学生乙未留意该公告,以为签字簿是为签到而设,遂在上面签名。对乙的行为应如何认定?(2005 年司法考试题)

   A. 乙的行为可推定为购买甲新著的意思表示

   B. 乙的行为构成重大误解,在此基础上成立的买卖合同可撤销

   C. 甲的行为属于要约,乙的行为属于附条件承诺,二者之间成立买卖合同,

---

① 参考答案:一、1. C 2. B 3. D 4. B 5. A 6. A 二、1. ACD 2. ABC 3. BC 4. BCD 5. ABC

但需乙最后确认

　　D. 乙的行为并非意思表示,在甲乙之间并未成立买卖合同

　5. 依我国法律,当事人对下列哪一合同可以请求人民法院或仲裁机构变更或撤销?(2003年司法考试题)

　　A. 因重大误解订立的合同

　　B. 包含因重大过失造成对方财产损失的免责条款的合同

　　C. 因欺诈而订立且损害国家利益的合同

　　D. 无权代理订立的合同

　6. 装修公司甲在完成一项工程后,将剩余的木地板、厨卫用具等卖给了物业管理公司乙。但甲营业执照上的核准经营范围并无销售木地板、厨卫用具等业务。甲乙的买卖行为法律效力如何?(2002年司法考试题)

　　A. 属于有效法律行为

　　B. 属于无效民事行为

　　C. 属于可撤销民事行为

　　D. 属于效力待定民事行为

二、多项选择题

　1. 乙公司以国产牛肉为样品,伪称某国进口牛肉,与甲公司签订了买卖合同,后甲公司得知这一事实。此时恰逢某国流行疯牛病,某国进口牛肉滞销,国产牛肉价格上涨。下列哪些说法是正确的?(2009年司法考试题)

　　A. 甲公司有权自知道样品为国产牛肉之日起一年内主张撤销该合同

　　B. 乙公司有权自合同订立之日起一年内主张撤销该合同

　　C. 甲公司有权决定履行该合同,乙公司无权拒绝履行

　　D. 在甲公司决定撤销该合同前,乙公司有权按约定向甲公司要求支付货款

　2. 甲委托乙前往丙厂采购男装,乙觉得丙生产的女装市场看好,便自作主张以甲的名义向丙订购。丙未问乙的代理权限,便与之订立了买卖合同。对此,下列哪些说法是正确的?(2005年司法考试题)

　　A. 甲有追认权

　　B. 丙有催告权

　　C. 丙有撤销权

　　D. 构成表见代理

　3. 甲与乙签订了一份租赁合同,合同约定,如果甲父死亡,则甲将房屋租给乙居住。这一合同的性质应如何认定?(2000年律师资格考试题)

　　A. 既未成立,也未生效

　　B. 已成立,但未生效

　　C. 是附条件的合同

D. 是附期限的合同

4. 根据我国合同法的规定,下列哪些合同是无效合同?(1999年律师资格考试题)

A. 一方以欺诈、胁迫的手段订立的合同

B. 恶意串通,损害国家、集体或者第三人的利益而订立的合同

C. 以合法形式掩盖非法目的的合同

D. 损害社会公共利益的合同

5. 甲公司向乙公司订购奶粉一批,乙公司在订立合同时,将国产奶粉谎称为进口奶粉。甲公司事后得知实情,适逢国产奶粉畅销。甲公司有意履行合同,乙公司则希望将这批货物以更高价格售与他人。此时,当事人的下列行为,对合同效力将产生什么影响?(1999年律师资格考试题)

A. 甲公司向乙公司催告交货,则合同成为确定地有效

B. 甲公司向乙公司预付货款,则合同成为确定地有效

C. 甲公司向乙公司送交确认合同有效的通知,则合同成为确定地有效

D. 乙公司以合同订立存在欺诈情事为由主张撤销,则合同失去约束力

【延伸阅读】

1. 张俊浩主编:《民法学原理》(上册),中国政法大学出版社2000年版,第8章第7节、第8章之一。

2. 崔建远:《合同法总论》(上卷),中国人民大学出版社2008年版,第5章。

3. 韩世远:《合同法总论》,法律出版社2008年版,第4章。

4. 王泽鉴:《民法总则》,北京大学出版社2009年版,第7、9章。

5. 陈自强:《民法讲义 I 契约之成立与生效》,法律出版社2002年版,第3~4章、第6章。

6. [德]迪特尔·梅迪库斯:《德国民法总论》,邵建东译,法律出版社2000年版,第34~52章。

7. [德]卡尔·拉伦茨:《德国民法通论》(下册),王晓晔等译,谢怀栻校,法律出版社2003年版,第20章、第22~25章。

8. 张谷:"略论合同行为的效力——兼评《合同法》第三章",载《中外法学》2000年第2期。

第四章　合同的解释

【本章导学】
　　合同解释是法律人的基本工作之一,是理解合同意义的必经步骤。通过本章学习,需要掌握的知识点主要是:第一,阐释性解释与补充性解释的含义;第二,合同解释的目标;第三,合同解释的规则(因素)。

第一节　概　　说

一、合同解释的意义

　　在德国法的概念逻辑中,合同作为双方法律行为,往往借助意思表示(法律行为)解释而得到讨论,本章从其脉络。
　　所谓合同解释,是理解合同法律含义的过程,可分为阐释性解释(erläuternde Auslegung)与补充性解释(ergänzende Auslegung)两类。① 其中,阐释性解释又称单纯解释(einfache Auslegung),旨在探寻隐藏于表示行为之后的表意人的效果意思。补充解释的意义则在于填补法律行为的漏洞。②

二、合同(意思表示)解释与法律解释

　　在梅迪库斯(Dieter Medicus)看来,"解释"乃是法律人最重要的任务,解释标的可分为两类,一是法律,二是意思表示。③ 二者虽同样关乎正确理解含义的问题,但亦有重大区别:首先,法律解释针对抽象之人,故不得根据不同个案而作出不同理解;意思表示解释针对特定人,必须顾及每个人的独特理解、受领能力与语言用法。其次,目的解释(teleologische Auslegung)于法律解释而言是最重要的解释标准(Auslegungskriterium),但在双方法律行为(合同)中,目的解释之运用则须倍加小心,因为双方当事人的目的往往并不一致。再次,法律处于广泛的法律制度体系之中,必须与其他法律规范协调,体系解释(systematische Auslegung)至关重要;意思表示则往往不处在如此广泛的关系之中,除非在整个合同的各条款之间,否则体系性问题意义有限。最后,法律涉及范围很广,一旦无效,常对法律之和平构成重大妨害,合同则只涉及双方当事人,为此,某些适用于法

---

　　① Rüthers/Stadler, Allgemeiner Teil des BGB, 16. Aufl., Verlag C. H. Beck, 2009, §18 Rn.1ff.
　　② Hans Brox/Wolf-Dietrich Walker, Allgemeiner Teil des BGB, 32. Aufl., Carl Heymanns Verlag, 2008, Rn. 125, 138.
　　③ Dieter Medicus, Allgemeiner Teil des BGB, 9. Aufl., C. F. Müller Verlag, 2006, Rn. 307.

律的解释规则于合同解释意义甚微,最重要的如合宪性解释原则(Grundsatz der verfassungskonformen Gesetzesauslegung)。①

三、合同解释的普遍性

(一) 两种学说

1. 凡合同均需解释

德国法学家吕特斯和斯塔德勒(Rüthers/Stadler)认为,"任何意思表示与法律行为均需解释,此亦适于被认为是'单义'的意思表示。之所以能够确认表示之单义,实际上亦是解释过程的结果。"②王泽鉴教授亦持相似见解:"任何契约均需解释,'所谓契约条款文义明确,无待解释',乃解释的结果。"③

2. 疑义导致解释

亦有许多学者认为,意思表示(合同)之所以需要解释,是因为当中出现了理解歧义,换言之,若无疑义,则无须解释。在梅仲协先生看来,"所谓运用解释,以探求真意云者,必其意思表示,发生歧义,非经解释无从确定,始得为之。倘意思表示之旨趣,已甚明瞭,了无疑义时,即无运用解释之必要。"④李永军教授亦主张,"合同解释的对象仅限于争议条款。"理由有三:第一,双方当事人对意思表示有相同理解时,意思表示即无疑义地按照该理解发生相应的法律效果。此时,意思表示无需解释。第二,"如果允许法官对合同的非争议条款进行解释,就容易造成公法对私法的过分干预,为法官滥用司法权力打开方便之门,甚至是法官替当事人订立合同,而这是与私法精神相违背的。"第三,合同解释为事实问题而非法律问题,"如果双方当事人对合同条款无争议,就应认为事实清楚。"⑤

(二) 简评

依本章作者所言,凡意思表示均需解释,具有普遍性。⑥ 不过,这更多的是理论之争,对于合同解释的具体展开而言,意义有限。

四、合同解释的性质

(一) 两种主张

1. 事实问题说

杨仁寿先生认为:"解释意思表示,原则上系属事实问题,属事实审法院之职权,事实审法院解释意思表示,纵有不当,亦不发生适用法规错误之问题"。⑦ 前

---

① *Dieter Medicus*, Allgemeiner Teil des BGB, 9. Aufl., C. F. Müller Verlag, 2006, Rn. 307ff.
② *Rüthers/Stadler*, Allgemeiner Teil des BGB, 16. Aufl., Verlag C. H. Beck, 2009, §18 Rn. 20.
③ 王泽鉴:《债法原理》,北京大学出版社2009年版,第165页。
④ 梅仲协:《民法要义》,中国政法大学出版社1998年版,第103页。
⑤ 李永军:《合同法原理》,中国人民公安大学出版社1999年版,第414~415页。
⑥ 详参朱庆育:《意思表示解释理论——精神科学视域中的私法推理理论》,中国政法大学出版社2004年版,第3章"意思表示解释的普遍性"。
⑦ 杨仁寿:《法学方法论》,中国政法大学出版社1999年版,第185页。

引李永军教授亦持事实问题说。

2. 法律问题说

并非所有学者皆持事实问题说。史尚宽先生指出:"意思表示之解释,系决定表示行为应有之意义,非事实之确定,乃系将其事实以解释之法则,以为判断,从而为法律问题。……法律行为之解释与法律之解释,同其性质,故违反采证法则之解释,得为第三审上诉之理由。"① 王泽鉴亦认为,"契约的解释乃法律上的判断,应由法院依职权为之,不受当事人陈述的拘束,亦不发生举证责任问题。"②

(二) 简评

区分事实问题与法律问题,对于纠纷解决的意义,主要体现在是否发生举证责任以及是否能够援为上诉理由两方面。从举证角度观察,法律问题说比事实问题说更具合理性。不过,上诉理由问题对于我国现行诉讼制度意义不大,因为在二审终审的格局下,无论事实问题,还是法律问题,均无例外地构成二审法院的审查对象(《民事诉讼法》第 151 条),只是审查之后的处理方式不同:若是属于法律问题(适用法律错误),直接改判;若是事实问题(认定事实错误或不清),则裁定发回重审或查清事实后改判(《民事诉讼法》第 153 条)。

五、合同的解释者

关于合同的解释者,学者意见几无分歧,都认为,虽然任何人都不妨对合同作出解释,但能够作为裁判事实依据的,是法官(纠纷的裁决者)作出的解释,所以,合同的解释者是负责解决纠纷的法官。③

第二节 阐释性解释

一、合同解释的目标

(一) 概说

依《合同法》第 125 条第 1 款之规定,合同条款解释的目的在于"确定该条款的真实意思",然而,"真实意思"究应何指,却法无明文,可以肯定的是,它不是存在于当事人内心的任意性真意,而是表达于外具有拘束力的真意。④

关于意思表示(合同)解释目标,向来存在相互争斗的两种理论:意思主义

---

① 史尚宽:《民法总论》,中国政法大学出版社 2000 年版,第 470 页。
② 王泽鉴:《债法原理》,北京大学出版社 2009 年版,第 170 页。
③ 本章作者看法虽有不同,但其间分歧主要是理论之争,于法律实践意义不大,故略而不论。有兴趣者,可参朱庆育:《意思表示解释理论——精神科学视域中的私法推理理论》,中国政法大学出版社 2004 年版,第 5 章"意思表示解释:通过游戏而实现"第 2 节"游戏结构中的意思表示解释者"。
④ Schapp/Schur, Einführung in das Bürgerliche Recht, 4. Aufl., Verlag Vahlen, 2007, Rn. 344.

(主观说)与表示主义(客观说)。对其各自具体主张,克茨(Hein Kötz)有过精炼准确的概括:"其一,根据当事人意思自治的原则,法律义务的产生是由当事人的自由意志决定和判定的,应优先考虑当事人的意思。……其二,优先考虑外部标志,即意思表示的外部事实,因为社会和商业交往中要求保护信赖,而信赖体现在人们实际说出口的话上,不体现在他们所意指的含义上。"①

布罗克斯(Hans Brox)以两种解释方法(Auslegungsmethode)对应两种解释目标:"在法律行为解释中,需要考虑表意人与表示受领人的利益。如果仅仅关注表意人利益,则探寻表意人真意;相反,如果关注受领人利益,则探知意志的规范意义,它不必与表意人的真实意志吻合。与之相应,第一种情形被称为自然解释(natürliche Auslegung),第二种情形被称为规范解释(normative Auslegung)。"②

(二) 意思主义

自然解释与意思主义相呼应,旨在确定表意人真意。③

自然解释只将表意人的效果利益(Erfolgsinteressen)纳入考虑范围,意思表示受领人的利益则不在其列。这一做法,在以下情形具有正当性:除表意人之外别无其他人的利益需要保护,或者,虽然一般而言存在一个他人(意思表示受领人)需要保护,但在具体个案中其利益例外地不需要以及不值得保护。前者如无需受领的意思表示(如遗嘱);后者如受领人明知或基于可期待的谨慎(zumutbare Sorgfalt)即可得而知,意思表示未能恰当表述表意人的内心真意。④

(三) 表示主义

甲欲以 980 元的价格售画于乙,却错写成 890 元,乙收信后,表示承诺。若依意思主义,甲可主张意思表示非其真意而无效,但如此一来,相对人将处于极为被动的境地。为了保护相对人的信赖,德国通说认为,意思主义的自然解释主要适用于无需受领的意思表示,对于合同等需受领的意思表示而言,应采规范解释。⑤ 因此,甲虽然错写了价格,双方合同却以错写的价格订立,因为受领人所理解的要约内容是 890 元,至于甲得援引错误规则撤销,则是另外一个问题,并

---

① [德]海因·克茨:《欧洲合同法·上卷》,周忠海等译,法律出版社 2001 年版,第 155 页。
② *Hans Brox/Wolf-Dietrich Walker*, Allgemeiner Teil des BGB, 32. Aufl., Carl Heymanns Verlag, 2008, Rn. 129.
③ *Hans Brox/Wolf-Dietrich Walker*, Allgemeiner Teil des BGB, 32. Aufl., Carl Heymanns Verlag, 2008, Rn. 130.
④ *Hans Brox/Wolf-Dietrich Walker*, Allgemeiner Teil des BGB, 32. Aufl., Carl Heymanns Verlag, 2008, Rn. 130ff.
⑤ *Dieter Medicus*, Allgemeiner Teil des BGB, 9. Aufl., C. F. Müller Verlag, 2006, Rn. 323; *Hans Brox/Wolf-Dietrich Walker*, Allgemeiner Teil des BGB, 32. Aufl., Carl Heymanns Verlag, 2008, Rn. 135; *Rüthers/Stadler*, Allgemeiner Teil des BGB, 16. Aufl., Verlag C. H. Beck, 2009, §18 Rn. 5f.

且它恰恰是以合同已生效为前提。可见,规范解释所探究的不是表意人真意,而是意思表示的客观意义(die objektive Bedeutung)。① 基于信赖考虑,以相对人所理解的意义为断。我国《合同法》确立的错误(重大误解)规则也是可撤销,由此推知,表示主义的客观意义立场亦得到体现。

二、合同解释因素

(一) 概说

《合同法》第 125 条规定:"当事人对合同条款的理解有争议的,应当按照合同所使用的词句、合同的有关条款、合同的目的、交易习惯以及诚实信用原则,确定该条款的真实意思。"由此确定了文义解释、体系解释、目的解释、交易习惯解释与诚实信用解释诸规则。

(二) 文义因素

合同必须借助语言表述,文义往往成为进入合同意义世界的第一道关口。凡自然语言必有歧义,文义解释即旨在消除之。

需要注意的是,此处所称文义,非自然语言的日常含义,而是其法律意义。例如,双方当事人约定:预先支付"定金"若干,若双方未能履行合同,则应将"定金"返还。虽使用了"定金"之语词,但双方约定之法律效果与《合同法》第 115 条之定金不同,故不能套用定金规则。再如,高露洁 120 克草本牙膏包装盒上标记"买 90 克草本牙膏送 30 克",此处所谓"送",非"赠与"之意,它不过是一种营销手法,强调其价格之廉,因此,商家不得援引《合同法》第 191 条之责任免除与减轻条款。

另外,合同文本可能会同时使用数种语言文字表述,《合同法》第 125 条第 2 款第 1 句规定:"合同文本采用两种以上文字订立并约定具有同等效力的,对各文本使用的词句推定具有相同含义。"

(三) 体系因素

合同条款虽然不像法律文本般处在广泛的体系脉络之中,但同一合同的各条款之间仍有相当程度的脉络关联,可能具备相互印证的作用,尤其是在确定文义时,就目标语词可能难以单独作出判断,此时就需要结合合同其他条款,作出解释。例如,甲乙约定,将甲的自行车"赠与"乙使用,若又同时约定乙在使用完毕后归还,则所谓"赠与",并不是旨在移转所有权的赠与合同,它仅仅表达了"无偿"的含义,双方当事人之间成立的是借用合同关系。

(四) 目的因素

文义是合同解释的出发点,却不意味着解释必以文义之揭示为旨归。合同

---

① Brox/Wolf‐Dietrich Walker, Allgemeiner Teil des BGB, 32. Aufl., Carl Heymanns Verlag, 2008, Rn. 135.

是双方当事人意志的产物,当文义解释的结果与当事人意志不符时,应舍文义而取目的。此即《德国民法典》第133条之规定:"意思表示的解释应探求真意,而不拘泥于语词之字面含义。"《合同法》第125条第2款第2句对此有所体现:"各文本使用的词句不一致的,应当根据合同的目的予以解释。"

误载无害真意(falsa demonstratio non nocet)规则是目的解释的著例。经典案例则是德国帝国法院的鲸肉买卖案:双方当事人都以为合同文本中使用的荷兰语"Haakjöringsköd"是鲸肉的意思,但实际含义是"鲨鱼肉",双方意在买卖鲸肉,因合同履行时交付的是鲨鱼肉而成讼。"Haakjöringsköd"的文义虽然清楚,但帝国法院仍然根据当事人实际目的,确认合同内容是鲸肉买卖。①

(五)交易习惯

合同双方当事人的目的未必相同,相关内容亦未必得到明确约定,加之纠纷发生后,当事人都会倾向于选择有利于自己的解释,此时,交易习惯有助于客观地确认合同意义。例如,甲厂是乙商家的供货商,尽管双方在合同中没有明确约定,但甲厂在历次供货过程中,都向乙商家提供"环境友好"证明,如果甲厂在某次涉诉供货中突然中断提供上述证明,则之前的习惯做法可以被用来作为证明交易习惯的证据。②

关于交易习惯,最高人民法院《关于适用〈合同法〉若干问题的解释(二)》第7条第1款列举了两项情形:第一,在交易行为当地或者某一领域、某一行业通常采用并为交易对方订立合同时所知道或者应当知道的做法;第二,当事人双方经常使用的习惯做法。另外,据该条第2款规定,主张双方存在交易习惯者,须负举证责任。

(六)诚实信用

诚实信用是民法的基本原则,《合同法》将其规定为合同解释的因素,是借助一般条款来作价值判断方面的控制。《德国民法典》第157条亦有类似规定:"契约解释,应依诚实信用并考虑交易习惯为之。"

三、格式条款的解释

当今社会,双方当事人订立合同,越来越多地使用事先预备好的合同文本,由此产生所谓格式条款或称格式合同的法律规制问题。《合同法》第41条为此确立了三项解释规则:

第一,对格式条款的理解发生争议的,应当按照通常理解予以解释。这意味着,即使涉及格式条款的解释,首先也必须先考量《合同法》第125条规定的各

---

① S. *Dieter Medicus*, Allgemeiner Teil des BGB, 9. Aufl., C. F. Müller Verlag, 2006, Rn. 327.
② 沈德咏、奚晓明主编:《最高人民法院关于〈合同法〉解释(二)理解与适用》,人民法院出版社2009年版,第69页。

项因素,在这点上,格式条款的解释与非格式条款的解释并无不同。

第二,对格式条款有两种以上解释的,应当作出不利于提供格式条款一方的解释。之所以如此,与其说是因为制定格式条款之人处于强势地位,不如说是制定条款之人拥有控制语词使用之机会,若依然产生歧义,自须承担不利后果。

第三,格式条款和非格式条款不一致的,应当采用非格式条款。非格式条款是双方当事人个别磋商的结果,较之格式条款,更能充分反映当事人真意。

第三节　补充性解释

一、补充解释的功能

表意人并非在任何情况下都能进行周全考虑,意思表示难免存在缺漏。此时,如果因缺漏部分而判定合同无效,往往不符合当事人的意愿。为了最大限度地维护既有意思表示的有效性,需要对意思表示进行补充,以完成意思表示实现相应法律效果所需要的细节。

补充解释既然是对意思表示的解释,它就不能在表意人之外进行,其所探究者,是当事人"假定的规范意思"(hypothetisch – normativer Wille)。① 陈自强教授指出,此时,相当于赋予合同独立的生命,从而探求在合同目的的达成上,设身处地地推测诚实的当事人会如何公平合理地思考。② 不过,需要补充解释时,一般情况下当事人之间发生了纠纷,此时,各自"假定的意思"难以达成一致,必须由法官来调适。布罗克斯指出:"如果查明了有需要规制的法律行为漏洞,就必须由法官进行填补。他需要确定,如果契约双方当事人考虑到当时未加关注的情况,并且遵从诚实信用准则以及交易惯例,他们会想要什么(《德国民法典》第157条)。当然,具有决定意义的并非契约双方当事人的真实意思,而是他们的推测意思。该推测意思之探知,端视当事人在契约中所涉价值而定,并且追问,当事人基于理性考虑会就对于漏洞的认知达成何种合意。"③

二、任意规范先于补充解释

补充解释潜藏着极大的危险,法官权力可能因此而不受控制,凌驾于私法自治之上,成为当事人法律关系的实际决定者。为了防止法官的独断,需要设有相关措施。此时,任意规范的意义得以充分显示。任意规范对于行为人没有拘束力,行为人可依意志排除适用。但若当事人未就任意规范所定事项作出表示,法

---

① Karl Larenz/Manfred Wolf, Allgemeiner Teil des Bürgerlichen Rechts, 9. Aufl, Verlag C. H. Beck, 2004,§ 28 Rn. 108.

② 陈自强:《民法讲义 II 契约之内容与消灭》,法律出版社 2004 年版,第 69 页。

③ Brox/Wolf – Dietrich Walker, Allgemeiner Teil des BGB, 32. Aufl., Carl Heymanns Verlag, 2008, Rn. 140.

官应首先考虑使用任意规范。对于法官而言,任意规范具有拘束力;对于当事人而言,任意规范具有填补意思表示缺漏之功能,可减轻当事人的思虑负担。①

【引导案例】

案情

2006年6月4日,叶族林与美美名犬公司签订犬只买卖契约,合同约定叶族林购买美美名犬公司巨型贵宾犬一只,价格为100 000元,美美名犬公司保证如果犬只在售出七日内出现犬瘟热、犬细小病毒等传染性疾病,将获得免费治疗,同时如犬只在卖方治疗过程中出现死亡,美美名犬公司将无条件退还全款。合同签订后,叶族林于2006年7月2日对犬只进行观察后提取犬只,并支付价款共计100 000元,该犬只于2006年7月6日发病,叶族林将其送到成都市宠福来动物医院锦江分院(以下简称宠福来锦江分院)进行治疗,医院对该犬进行了检查后诊断为患有犬细小病毒,后该犬只病情加重,美美名犬公司得知情况后主动提出将该贵宾犬送到成都市宠福来动物医院有限责任公司(以下简称宠福来医院)进行治疗,犬只于7月7日转入宠福来医院并进行了CPK、BUN及CRE三项化验,化验结果显示犬只出现肾衰竭症状。7月10日,犬只因治疗无效死亡。叶族林诉至法院,要求退还全款。

裁判

原审法院认为,犬只发病诊断为感染犬细小病毒,后在美美名犬公司将犬只转入宠福来医院进行治疗的过程中死亡,符合合同约定的"如犬在卖方治疗过程中出现死亡,卖方将无条件退全款"的情形,故对叶族林要求美美名犬公司退还全款的请求予以支持。

美美名犬公司不服原判,提起上诉。二审驳回上诉,维持原判。

评析

本案焦点在于对"如果犬只自售出后七日内出现犬瘟热、犬细小病毒,传染性感染,犬窝咳等传染性疾病的,将获得免费治疗。如犬在卖方治疗过程中出现死亡的,卖方将无条件退全款"之约款的解释。

被告提出的上诉理由就是,一审判决错误理解了上述约款的原意,违背《合同法》规定的合同解释原则,因为,根据双方约定,美美名犬公司承担责任的前提是犬只死于传染性疾病,如果没有证据表明,犬细小病毒与犬只死亡结果之间存在因果关系,那么,美美犬公司就无需承担责任,而根据宠福来医院保存的病历档案及治疗医生的证明,犬只在转院至该院治疗前就已患肾衰竭,而致死原因肾衰竭非传染性疾病。

---

① Dieter Medicus, Allgemeiner Teil des BGB, 9. Aufl., C. F. Müller Verlag, 2006, Rn. 340ff.

针对被告的上诉理由,二审法院认为,《合同法》第125条规定:"当事人对合同条款的理解有争议的,应当按照合同所使用的词句、合同的有关条款、合同的目的、交易习惯以及诚实信用原则,确定该条款的真实意思"。作为犬只交易的买方,购买到健康的犬只是其实现合同目的的最基本的条件,双方约定前述条款的目的就是保证交付犬只的健康。如果卖方交付的犬只在交付时已经潜伏某种传染疾病,并在治疗过程中出现死亡,犬只的死亡后果及相关责任应当由提供不健康犬只的卖方承担,无论犬只最终死亡的原因,除非双方对死亡的原因有特别约定。因为有的疾病只是发病的起因,在治疗过程中随病情的发展可能产生其他疾病,最终导致犬只死亡,而买方对此是无法控制的。本案的情况正是如此。根据医学资料显示,犬细小病毒感染的症状呈现肠炎综合征和心肌炎综合征,而急性肾衰竭产生的原因包括:有效血容量不足,常见于胃肠道体液丢失,心功能衰竭,常见于心肌病。本案中,犬只在美美名犬公司交付七日内即出现犬细小病毒感染,在治疗过程中出现腹泻、呕吐等症状,最终出现急性肾衰竭症状。由此可见,犬只出现急性肾衰竭不能排除是由犬细小病毒感染引发的可能性。故在美美名犬公司和叶族林没有对犬只死亡的原因作出特别约定的情况下,将犬只死亡原因作为美美名犬公司退款的条件,显然仅仅是美美名犬公司单方意思,而不是叶族林的真实意思表示,也不符合医学规律。综上,犬只死亡原因不是美美名犬公司应否承担责任的要件。按双方约定,美美名犬公司无条件退全款和免费治疗只需同时具备两个条件:其一,犬只自出售后七日内出现犬细小病毒等传染性疾病。其二,在卖方治疗过程中犬只出现死亡结果。本案具备了该两个条件,美美名犬公司因此应当承担退全款和承担全部医疗费用的责任。

【练习案例】

案情

自2005年起,养殖场、乳业公司双方经口头约定,乳业公司向养殖场购买牛奶。2009年1月21日,乳业公司向养殖场出具欠条:共欠奶款358 047元,所欠奶款于2009年3月31日前付清,如未付超过一天付3 000元利息。2009年4月6日,乳业公司给养殖场出具票面金额为358 047元,收款人为天津市武清区恒盛针织厂的北京农村商业银行转账支票一张。同年4月10日,该支票因密码错误导致退票。所欠奶款乳业公司迄至养殖场诉诸法院之时,仍未支付。除偿还欠款外,养殖场还要求乳业公司以每天3 000元的金额支付延期利息。

乳业公司辩称:2009年1月2日,乳业公司出具欠款证明时,乳业公司的意思是"此奶款如未付超过一天3 000元利息",是共付3 000元的意思。现养殖场按每超过一天以3 000元计息,乳业公司不能接受。

问题

如何解释"如未付超过一天付 3 000 元利息"之约定的含义?

要点提示

合同解释依《合同法》第 125 条所确定的规则进行,于本案而言,诚信解释规则尤其重要。

【测试题】①

一、单项选择题

1. 在一份保险合同履行过程中,当事人就合同所规定的"意外伤害"条款的含义产生了不同理解,投保人认为其所受伤害应属于赔付范围,保险公司则认为投保人所受伤害不属于赔付范围,两种理解各有其理。在此情形下,法官应当如何解释条款的含义?(2000 年律师资格考试题)

A. 按照通常含义进行解释

B. 按照公平原则进行解释

C. 按照法理进行解释

D. 按照对保险公司不利的原则进行解释

2. 甲企业因基建建需要竹签,与乙厂签订了一供货合同,合同约定,乙供应甲竹签 100 捆,每根竹签单价 1 元,未约定总价。乙如约按惯例供应竹签 100 捆,每捆 100 根,甲企业以自己认为每捆竹签为 10 根,现每捆竹签为 100 根为由,主张变更合同,遭乙企业反对,双方发生纠纷。对此纠纷如何处理?(2000 年律师资格考试题)

A. 按重大误解处理

B. 按合同解释处理

C. 或按无效合同处理,或按合同解释处理

D. 按无效合同处理

3. 某公司在其格式劳动合同中规定:"因公司的机器设备给职工造成的人身伤害,由公司承担赔偿责任。"该公司职工王某为完成生产定额,在下班后使用一台机器时被轧断 2 根手指。王某因受伤而造成的财产损失应当由谁承担?(1999 年律师资格考试题)

A. 应当由王某自己承担,该公司不承担赔偿责任

B. 主要由王某自己承担,该公司亦应当承担部分赔偿责任

C. 应当由该公司承担赔偿责任

D. 主要由该公司承担赔偿责任,王某自己亦应当承担部分损失

二、多项选择题

---

① 参考答案:一、1. D 2. B 3. C 二、AB

2003年甲向乙借款3 000元,借据中有"借期一年,明年十月十五前还款"字样,落款时间为"癸未年九月二十日"。后来二人就还款期限问题发生争执,法院查明"癸未年九月二十日"即公元二〇〇三年十月十五日,故认定还款期限为二〇〇四年十月十五日。法院运用了哪几种合同解释规则?(2005年司法考试题)

  A. 文义解释
  B. 整体解释
  C. 目的解释
  D. 习惯解释

【延伸阅读】

1. 张俊浩主编:《民法学原理》(上册),中国政法大学出版社2000年版,第8章第6节。
2. 陈自强:《民法讲义Ⅱ 契约之内容与消灭》,法律出版社2004年版,第2章Ⅰ之三。
3. 王泽鉴:《民法总则》,北京大学出版社2009年版,第6章第8节。
4. 王泽鉴:《债法原理》,北京大学出版社2009年版,第2章第6节。
5. [德]迪特尔·梅迪库斯:《德国民法总论》,邵建东译,法律出版社2000年版,第24~25章。
6. [德]卡尔·拉伦茨:《德国民法通论》(下册),王晓晔等译,谢怀栻校,法律出版社2003年版,第19章。

第五章 合同的履行

【本章导学】

合同的目的需要通过履行而实现,因此,合同的履行是合同法的核心内容之一。本章内容丰富,所涉概念亦多,学习时,需要着重把握以下五个问题:第一,给付义务。债务人所履行的是给付义务,这是一组以主给付义务为核心的义务群,环绕周边的,包括从给付义务、附随义务、先合同义务、后合同义务及不真正义务等。第二,合同的履行主体。合同一般需要由当事人亲自履行,但除非亲为行为,第三人作出履行亦不必禁止,该第三人既包括独立的第三人给付,亦包括涉他合同中的第三人。第三,给付的时空属性。给付必定是在特定的时空环境下发生。给付的时间属性给出了给付期限以及一时之债与持续之债的区分;空间属性则分出了赴偿之债、往取之债与送付之债三种基本类型。第四,给付内容。给付内容包括物、行为与权利。本章讨论的,是以物和行为作为给付内容的情形,其中前者又为重点。物的给付之债包括种类物之债与特定物之债,金钱之债则为特例。第五,双务合同的履行抗辩权。为了更好地维护交易安全,双务合同有其特殊的履行规则,包括同时履行抗辩权与不安抗辩权。

第一节 给付义务

一、概说

债的关系成立后,债权人享有权利,债务人负担义务。该义务是为了实现债权而设定的。因此,与给付请求权相对应,债务的核心效力必然是给付义务。债权是一个"权利束",债务当然也会表现为"义务群",包括主给付义务、从给付义务、附随义务、先合同义务、后合同义务、不真正义务等。无论包括多少义务,合同履行的基本原则是,所有这些义务必须得到"全面履行"。按照《合同法》第60条之规定,所谓全面履行,不仅指得到约定的义务,还包括虽然未曾约定,但依诚实信用原则,根据合同的性质、目的和交易习惯而产生的通知、协助、保密等义务。

德、日、台等民法典均主要在"债的效力"之下规定债务履行问题,常有人认为,这意味着债法更关注"义务"("义务本位")。这恐怕是误解。债权的目的在于实现,而它的实现必须依赖于债务人的履行行为。因此,对履行做出规范,其实也就是在关注债权的实现问题。正是基于对权利的尊崇,我们的关注焦点才需要集中于"义务人必须履行义务"之上。

二、给付义务的概念

(一) 给付、履行与清偿

1. 概念位阶

汉语中,"给付"与"履行"侧重点略有不同:给付暗示着接受给付人(相对人)的存在,履行则只关心义务人的行为,不一定需要相对人。① 就此而言,"履行"概念位阶高于"给付"。任何义务,都应该被"履行",而"给付义务"一般是债法义务的履行。在债法领域,"履行义务(履行行为)"常与"给付义务(给付行为)"互换使用。

2. 语词指称

德语 Leistung 一般对译"给付",Erfüllung 则对译"履行",另外,后者亦常译为"清偿"。民法中,"给付"有名词("履行给付")和动词的双重词性,作为动词,"给付"在债运行的不同阶段和不同层面,具有不同的法律意义。例如,就给付满足债权的过程而言,又被称为"履行";就给付的结果消灭债的关系而言,又被称为"清偿"或"偿付"等。② 郑玉波则指出:"清偿与'履行'及'给付'三语,乃一事之三面,由债之消灭上言之,谓之清偿;由债之效力上言之,谓之履行;由债务人之行为上言之,谓之给付,名词虽殊,其事一也。"③

3. 本章用法

"给付"较之"履行"更能表现债的内容及其相对性等特点,因此,在涉及债务时,尽量使用"给付"。"履行"一词一般在泛称的意义上使用。至于"清偿",它基本上伴随着"债的消灭"而出现。

(二) 给付义务的层次

不同的债对给付义务有不同的要求,判断给付义务是否完成,可在两个层次上进行:给付行为与给付效果。若债的关系只要求债务人为某种行为,那么,债务人完成此项行为即为已足(提供劳务);另一部分债则不仅有给付行为,还必须有适格的给付效果(买卖、赠与、承揽)。给付义务要达到何种层次,除根据债的性质作出判断外,还常可由当事人约定。

给付义务的层次还有第一次给付义务(primäre Leistungspflicht)与第二次给付义务(sekundäre Leistungspflicht)之别。第一次给付义务又称原给付义务,是指合同本身所确定的义务,如买卖合同中交付标的物与移转标的物所有权的义务;第二次给付义务又称次给付义务,是因为第一次给付义务未得到履行而衍生

---

① 据中国社会科学院语言研究所词典编辑室编的《现代汉语词典》(修订本),商务印书馆 2001 年版。解释,"履行"是指"实践(自己答应做的或应该做的事)"。
② 张俊浩主编:《民法学原理》(下册),中国政法大学出版社 2000 年版,第 616 页。
③ 郑玉波:《民法债编总论》,陈荣隆修订,中国政法大学出版社 2004 年版,第 469 页。

的义务,包括违约产生的损害赔偿义务和合同解除后的恢复原状义务两类。①

(三) 部分给付

不可分的给付当然不能部分给付,这是由其性质决定的(如给付一头牛)。具有讨论价值的是:对于可分的给付,义务人是否有权为部分给付?《德国民法典》第266条规定:"债务人无权部分履行给付。"理由在于:法律应当保护债权人免受多次给付而带来的困扰。② 德国通说认为,部分给付是指债务人的一切不完全给付,③它不仅包括数量上的部分给付(quantitative Teilleistung),还包括质量上的部分给付(qualitative Teilleistung),据此,当出卖人给付瑕疵物时,买受人有权依第266条拒绝受领。④

《合同法》第72条第1款的规定与德国有所不同:"债权人可以拒绝债务人部分履行债务,但部分履行不损害债权人利益的除外。"差异在于:第一,《德国民法典》从"债务人"的角度规定,与讨论给付义务角度一致;更重要的是第二,《合同法》设有例外条款,看起来有助于缓和规则的僵硬性,但问题是,由谁来判断"部分履行不损害债权人利益"? 债务人若主张部分给付,他当然会认为不会损害债权人利益;而债权人若要拒绝,则必是以损害其利益为理由。不仅如此,该条第2款进一步规定:"债务人部分履行债务给债权人增加的费用,由债务人负担。"似乎表明,债务人得以负担费用为代价主张部分给付,这样的话,所谓"债权人可以拒绝债务人部分履行债务",恐怕势将形同具文。另外,当双方当事人各执一词时,适格的判断者只能是法官,由此又无谓扩展了法官的裁量空间。可见,《合同法》第72条的规定看似周密,其实是漏洞百出。

实际上,想要缓和债务人无权部分给付规则的僵硬性,不必通过诉诸例外,只要将该规则设置为任意规范即为已足,在双方当事人认为部分给付无妨时,自然会以特约排除任意规范之适用。德国学说即认为,部分给付之禁止可为当事人所排除,同时,在某些情况下,亦可借助"诚实信用"原则起控制作用。如,若债务人无力履行全部给付,为了减轻债务人的损害赔偿责任,而此部分履行无损于债权人,则债权人应予受领。⑤

三、主给付义务与从给付义务

给付义务通常不是单一的,它可能由若干项给付义务构成。由此可区分出

---

① 王泽鉴:《债法原理》,北京大学出版社2009年版,第29~30页。
② *Medicus/Lorenz*, Schuldrecht I: Allgemeiner Teil, 18. Aufl., Verlag C. H. Beck München, 2008, Rn. 157.
③ *Dirk Looschelders*, Schuldrecht: Allgemeiner Teil, 7. Aufl., Carl Heymanns Verlag, 2009, Rn. 258.
④ *Medicus/Lorenz*, Schuldrecht I: Allgemeiner Teil, 18. Aufl., Verlag C. H. Beck München, 2008, Rn. 158.
⑤ *Medicus/Lorenz*, Schuldrecht I: Allgemeiner Teil, 18. Aufl., Verlag C. H. Beck München, 2008, Rn. 160; *Dirk Looschelders*, Schuldrecht: Allgemeiner Teil, 7. Aufl., Carl Heymanns Verlag, 2009, Rn. 258.

主给付义务(Hauptleistungspflicht)和从给付义务(Nebenleistungspflicht)。

（一）主给付义务

主给付义务，是指债之关系上所固有、必备，用以决定债之关系类型的基本义务。给付障碍法主要就主给付义务的履行障碍而展开。就双务合同而言，主给付义务之间构成对待给付义务，双方可能就此形成抗辩权。

（二）从给付义务

从给付义务的作用在于使主给付完满，它不决定债之关系的类型，围绕着主给付义务而展开。不过，从给付义务具有某种程度的独立性，可就其诉请履行。

从给付义务的发生原因主要是：(1)法律规定。如《合同法》第81条："债权人转让权利的，受让人取得与债权有关的从权利，但该从权利专属于债权人自身的除外。"第136条："出卖人应当按照约定或者交易习惯向买受人交付提取标的物单证以外的有关单证和资料。"(2)当事人约定。如营业转让时，约定转让方向受让方提供客户名单；购买电脑时约定对使用电脑进行培训。(3)基于诚实信用原则。如房屋出卖人应交付办理所有权移转登记的文件。

（三）区分意义

主给付义务与从给付义务分别满足债权人的不同需求，换言之，这一划分表现的是债权角度，它服务于以请求权侵害(Anspruchsverletzung)为中心的给付障碍体系。德国债法改革后，给付障碍体系改以义务违反(Pflichtverletzung)为中心，此时，区分主给付义务与从给付义务，对于区分给付障碍的形态已无意义。①

四、附随义务

（一）附随义务的含义

附随义务(Nebenpflicht, Schutzpflicht, Sorgfaltspflicht, weitere Verhaltenspflicht)乃是基于诚实信用而发生的义务，指因债的关系发展而产生的告知、照顾、保护、协助、保管、保密等义务，作用在于保证给付义务的完满性。《合同法》第60条2款："当事人应当遵循诚实信用原则，根据合同的性质、目的和交易习惯履行通知、协助、保密等义务。"告知义务如《合同法》第309条："货物运输到达后，承运人知道收货人的，应当及时通知收货人，收货人应当及时提货。"照顾义务如《合同法》第301条："承运人在运输过程中，应当尽力救助患有急病、分娩、遇险的旅客。"协助义务如《合同法》第335条："技术合作开发合同的当事人应协作配合研究开发工作。"保管义务如《合同法》第222条："承租人应当妥善保管租赁物"。保密义务如技术转让合同中的"保密义务"(《合同法》第347、348、350条)。

（二）附随义务与主给付义务

---

① *Peter Huber*, in: STAUDINGER/Eckpfeiler (2005), S. 119.

附随义务旨在为主给付义务服务。二者区别：（1）主给付义务自始确定，并决定债之关系的类型。附随义务随债之关系的发展，根据具体情况而发生的义务，它在任何债的关系当中都可能发生，也可能不发生（如车行至拐弯处的告知）。（2）主给付义务构成双务合同的对待给付，产生履行抗辩权。附随义务则不得发生履行抗辩。（3）主给付义务的不履行，债权人得解除合同。附随义务的不履行，则不得成为解除合同之事由，只能就其所受损害请求赔偿。

（三）附随义务与从给付义务

附随义务与从给付义务界限模糊。德国通说认为，当以得否独立诉请履行为标准。若能独立诉请履行，则为从给付义务，附随义务则不得诉请履行，只能就不履行所产生的损害请求赔偿。如买卖汽车，交付汽车是主给付义务，交付汽车单证是从给付义务，告知汽车性能则为附随义务。① 另外，附随义务与从给付义务的区别还在于：后者一般在债的成立之时即已确定，前者则随债的发展而产生或变化；违反后者，对主债权的实现有实质影响，违反前者，则一般无此影响。②

五、先合同义务与后合同义务

当事人在订立合同时存在一个事先接触、磋商阶段，此阶段对双方当事人的要求低于合同的结合关系，但又高于一般人与人之间的关系。在这种结合关系中，当事人之间可能产生有别于其他两个阶段的义务，称为先合同义务。违反这一义务者，可能构成缔约上的过失。《合同法》第42条与第43条即属之。先合同义务依据诚实信用原则而设定，属于法定义务，对它的违反亦构成法定之债的发生根据。

合同关系必有终结之日，但合同对当事人法律地位的影响却不见得随着合同关系的终结而消除。为了使得这种影响不至于对当事人造成不利后果，合同终结后，当事人仍然可能负有某种义务。此之谓后合同义务，具体指的是合同之债消灭后，当事人为了维护给付效果或为了协助相对人终了善后事务所负的作为或不作为义务。如保密义务，租赁关系终止后悬挂迁移启示等。后合同义务可能依法律规定而产生，亦可能依约定而产生。某些后合同义务还可诉请履行。

六、不真正义务

前述义务皆对合同相对人负担，不真正义务则是对己义务。一般情况下，任何人有权处分自己的利益，换句话说，任何人对自己无所谓负有义务。但在债的结合关系中，当事人某些不关心自己利益的行为可能会影响到对方利益，此时，对方不应承受由此带来的不利后果，由此产生不真正义务。

---

① 参见王泽鉴：《债法原理》，北京大学出版社2009年版，第31~32页。
② 刘心稳：《债权法总论》，中国政法大学出版社2009年版，第144~145页。

不真正义务亦称负担性义务(Obliegenheiten),最早由赖默尔·施密特从保险法引入民法,该义务的特点在于,法律并不强制当事人履行,如果当事人未履行该义务,亦不必因此承担损害赔偿义务,只是可能失去有利的法律地位或遭受不利法律后果。① 我国法律上规定的不真正义务如损失扩大防止义务(《民法通则》第114条、《合同法》第119条),货物瑕疵检验与通知(《合同法》第158条),保险合同中的损失报告(《保险法》第22条)与危险增加报告(《保险法》第52条)等。

第二节 合同履行主体

一、亲自履行

一般情况下,给付行为应由债务人本人作出,学者有称之为"亲自履行"原则。② 不过,第三人给付亦属可能,债务人可使用履行辅助人(Erfüllungsgehilfe)——为清偿债务而使用之人,此时,履行辅助人的履行行为视为债务人的履行行为,债务人对其行为应与自己过失负同一责任(《德国民法典》第278条)。所以,履行辅助人履行并不是真正意义上的"第三人给付"。另外,如果债务人必须亲自给付(如《瑞士债法典》第68条),则履行辅助人只能履行从给付。

二、独立的第三人给付

通常所谓的第三人给付是独立的第三人给付,即该第三人不构成债务人的履行辅助人,《德国民法典》第267条第1款对此明确表示许可:"债务人不必亲自给付的,亦可由第三人给付。无需债务人表示允许。"德国通说认为,由于第三人并无给付义务,更非债的关系当事人,为了达到给付效果,不致误认,第三人必须指明该项给付乃是为债务人给付。③ "台湾地区民法典"第311条亦有类似规定,其立法理由称:"谨按清偿有于债之性质上,须债务人亲自为之者,有依当事人之约定,须债务人亲自为之者,此时不得使第三人为债务之清偿。此外使第三人为之,既无害于债务人,亦无损于债权人。故设第一项以明示其旨。债权人若无故拒绝第三人之清偿,因此而生迟延之责任,当然由债权人负之。"④此外,为了尊重债务人意志,德、台民法典皆规定,若债务人表示反对,则债权人得拒绝受

---

① [德]卡尔·拉伦茨:《德国民法通论》(上册),王晓晔等译,法律出版社2003年版,第269~271页。
② 韩世远:《合同法总论》(第2版),法律出版社2008年版,第203页。
③ Medicus/Lorenz, Schuldrecht I: Allgemeiner Teil, 18. Aufl., Verlag C. H. Beck München, 2008, Rn. 164.
④ 林纪东等编:《新编六法全书(参照法令判解)》,五南图书出版公司1986年版,第116页。

领。

我国《合同法》未明确规定第三人给付问题,与之相关的是第 65 条。对此,留待下文讨论。

三、涉他合同

第三人给付中的第三人不受合同内容拘束,合同内容亦与之无涉,所谓涉他合同,则是指内容涉及第三人的合同,我国《合同法》上包括两类:由第三人给付之合同(第三人负担合同)与向第三人给付之合同(利他合同、第三人利益合同)。

(一) 由第三人给付之合同

合同的拘束力仅限于当事人,它不得令第三人负担义务,否则即为典型的"私法他治"。因此,"第三人负担契约,即无第三人的参与而对第三人设定请求权的契约,可以理解是不存在的。"①《德国民法典》未规定此类合同。

我国台湾地区仿瑞士例,于第 268 条规定:"契约当事人之一方,约定由第三人对于他方为给付者,于第三人不为给付时,应负损害赔偿责任。"《合同法》则仿台湾例,于第 65 条规定:"当事人约定由第三人向债权人履行债务的,第三人不履行债务或者履行债务不符合约定,债务人应当向债权人承担违约责任。"不同的是,《瑞士债法典》与"台湾地区民法典"皆将其作为"债的效力"予以规定(前者单辟一节"债对第三人的效力",后者则直接规定于"债的效力"一节),它们所指示的是债的关系对于第三人拘束力的特殊问题,《合同法》则未规定于"合同的效力"章,而规定于"合同的履行"章。

即便规定了"由第三人给付之合同",合同仍对第三人无拘束力,债权人不得请求第三人履行,在发生给付障碍时,应由债务人承担损害赔偿责任。纵使债务人与第三人订有合同,由第三人履行,第三人所负的义务仍然不是针对债权人,而是针对债务人,并且,此时其实存在两个合同关系。因此,所谓"由第三人给付的合同"并无独立存在价值。

(二) 向第三人给付之合同

是指合同当事人约定由债务人向第三人给付之合同。罗马法上,基于"任何人不得为他人为约定"(Alteri stinulari nemo notest)之原则,不仅"由第三人给付之合同"不被承认,"向第三人给付之合同"亦被禁止。② 不过,向第三人给付之合同有利于第三人,法律不必禁止,是否接受该有利结果,由第三人自己决定。《德国民法典》第 328 条与"台湾地区民法典"第 269 条均规定了此类合同。《合

---

① Medicus/Lorenz, Schuldrecht I: Allgemeiner Teil, 18. Aufl., Verlag C. H. Beck München, 2008, Rn. 804.

② 参见郑玉波:《民法债编总论》,陈荣隆修订,中国政法大学出版社 2004 年版,第 356 页。

同法》第 64 条亦为利他合同之规定:"当事人约定由债务人向第三人履行债务的,债务人未向第三人履行债务或者履行债务不符合约定,应当向债权人承担违约责任。"

1. 向第三人给付之合同的种类

利他合同包括纯正的利他合同(echter Vertrag zugunsten Dritter)与不纯正的利他合同(unechter Vertrag zugunsten Dritter)两类。依前者,第三人取得对债务人的给付请求权;依后者,则未取得。典型的利他合同是纯正的利他合同,如受益人与投保人不一的保险合同、货物运送合同等。"台湾地区民法典"只规定了纯正的利他合同,《合同法》则未明确。不纯正利他合同如《德国民法典》第329条:"一方当事人在合同中承担向另一方的债权人清偿的义务,但未承担其债务,在发生疑问时,不得认定债权人已直接取得向该第三人要求清偿的权利。"从法律效果来看,不纯正的利他合同即是履行承担。

2. 利他合同的相关法律关系

在利他合同中,债权人称为受约人(要约人),债务人称为约定人(立约人、诺约人、约束人),获得利益人称为第三人。

(1) 补偿关系

补偿关系是债权人与债务人之间的法律关系,它所解决的问题是:债务人何以愿意向第三人给付? 如运送合同中的运费以为补偿。

(2) 对价关系

对价关系是债权人与第三人之间的法律关系,它所解决的问题是:债权人何以想要令债务人向第三人给付? 如运送合同外,债权人与第三人存在买卖合同。该对价关系的效力与利他合同的效力无关。

(3) 执行关系

执行关系是存在于债务人与第三人之间的法律关系。这一法律关系的结合比较松散,在纯正的利他合同中,以给付请求权连接起来。若无给付请求权,则执行关系的产生取决于给付的履行。

3. 利他合同的效力

(1) 给付请求权

在纯正的利他合同,第三人享有对债务人的给付请求权。同时,因为第三人不受其拘束,故第三人可拒绝该权利。

在不纯正的利他合同,债权人对债务人享有以向第三人给付为内容的给付请求权;在纯正的利他合同,若当事人未明确排除,债权人亦享有此项权利。

(2) 损害赔偿请求权

依德国通说,若第三人享有给付请求权,则在发生应归责于债务人的给付障碍时,第三人享有对债务人的损害赔偿请求权,在损害赔偿与解除合同的选择中,选择权由债权人与第三人共同行使;若第三人无给付请求权,则损害赔偿请求权由债权人行使;债权人亦可请求赔偿自己所受损害。① 1994年台湾最高法院第 836 号判例亦持相似见解:"第三人利益契约系约定债务人向第三人为给付之契约,第三人有向债务人直接请求给付之权利,于债务人不履行债务时,对于债务人有债务不履行之损害赔偿请求权。而债权人亦有请求债务人向第三人为给付之权利,于债务人不履行向第三人为给付之义务时,对于债务人自亦有债务不履行之损害赔偿请求权。唯此二者,具有不同之内容,即第三人系请求赔偿未向自己给付所生之损害;而债权人则只得请求赔偿未向第三人为给付致其所受之损害。"②《合同法》第 64 条规定,"应当向债权人承担违约责任",显然是以债权人为损害赔偿请求权人。

(3) 抗辩

第三人的法律地位不应优于债权人,故立约人(债务人)可以合同所产生的一切抗辩对抗第三人。

第三节 给付的时空属性

一、给付的时间属性

拉德布鲁赫(Gustav Radbruch)指出,债权具有动态性,一旦得到履行(清偿),目的达成,即归于消亡。③ 换言之,债权的目的不在于时间存续本身,而以实现为目的,因此,为了实现债权,它需要有一个特定的时间,即履行期(给付期限)。履行期届至,履行义务完成,便意味着债权消灭。另外,债权可能经一次给付而实现,亦可能有持续给付或反复给付,由此又可区分出一时之债与持续之债。

(一) 给付期限

给付期限在时间上可分为两个层次:债权人可以请求给付的时间(到期),债务人可以履行给付的时间(可履行性)。一般情况下,到期和可履行性同时发生。不过,可履行性可以在到期之前发生,如债务人期前履行。④

给付期限界定了债之关系的死亡时点,一般由当事人约定。通过给付令债

---

① *Medicus/Lorenz*, Schuldrecht I: Allgemeiner Teil, 18. Aufl., Verlag C. H. Beck München, 2008, Rn. 815f.

② 参见郑玉波:《民法债编总论》,陈荣隆修订,中国政法大学出版社 2004 年版,第 361 页(注释 62)。

③ Gustav Radbruch, Rechtsphilosophie, 2. Aufl., C. F. Müller Verlag Heidelberg, 2003, S. 136.

④ *Medicus/Lorenz*, Schuldrecht I: Allgemeiner Teil, 18. Aufl., Verlag C. H. Beck München, 2008, Rn. 176.

的关系消灭,是债务人的义务,因此,给付期限到来之后,债务人有义务履行,否则可能构成给付障碍。与此相对,给付期限到来之前,债务人即无义务履行。但《合同法》第 71 条第 1 款的内容是:"债权人可以拒绝债务人提前履行债务,但提前履行不损害债权人利益的除外。"通常情况下,债务人提前履行债务是放弃其期限利益,故债权人通常不会反对提前获得给付,此时要规制的反倒是,债权人要求债务人放弃期限利益作期前履行。这表明,《合同法》的规制出发点颠倒了。《德国民法典》第 271 条 2 款规定:"已规定给付时间的,在发生疑问时,应认为债权人在此时间以前不得要求给付,但债务人可以提前履行给付。"似较具合理性。

除定有给付期限者外,还有一种未定有给付期的债,此时,不存在期前给付的问题,也即是说,债务人可随时提出履行,债权人亦可随时要求履行,只不过都必须给对方必要的准备时间(《合同法》第 62 条)。

另外,给付期限在双务之债中,还具有确定履行抗辩的法律意义。

(二) 一时之债与持续之债

1. 区分标准

债权因债务人的一次给付行为即得到满足的债的关系,称为一时之债,如买卖、互易等。为满足债权,债务人必须持续为给付行为的债的关系,称为持续之债,如租赁之债、保管之债等。

持续性给付又有回归给付与非回归给付之别。前者以需反复为之的个别给付为内容的给付,如工资给付、供应电水气等;后者则指在此之外的持续性给付,如保管人的给付、出租人的给付等。[①] 回归性债务关系的划分是基于下述考虑:此种债的关系中,在基本关系的框架范围内,随着每一次的给付,或者至少在每一个结算期之内,都有一个新的债务关系成立。[②]产生新的债务关系这一点,可能影响到诉讼时效的计算。

另外一个分类是连续给付与分期给付。连续给付合同属于持续之债,其特点是:应交付物品的数量在开始时并不确定,而是随时间(连续地)增加,如向酒店供应啤酒。分期给付合同的特点则在于:总量固定,不过是分期部分给付而已,因此分期给付仍属于一时之债。[③]

2. 区分意义

持续之债有别于一时之债:前者信赖因素更大,并且通常旷日持久,对于债

---

① 张俊浩主编:《民法学原理》(下册),中国政法大学出版社 2000 年版,第 633 页。

② *Medicus/Lorenz*, Schuldrecht I: Allgemeiner Teil, 18. Aufl., Verlag C. H. Beck München, 2008, Rn. 13.

③ *Medicus/Lorenz*, Schuldrecht I: Allgemeiner Teil, 18. Aufl., Verlag C. H. Beck München, 2008, Rn. 12;王泽鉴:《债法原理》,北京大学出版社 2009 年版,第 103~104 页。

的效力影响更大。具体而言:(1)债的效力。因当事人行为能力、意思表示等方面出现瑕疵,在一时之债,未给付者不为给付,已给付者须返还,具有溯及效力;但在持续之债(尤其是雇用、合伙等),应限制无效或撤销的溯及力,效力向将来发生,过去的法律关系不受影响。(2)给付障碍。持续之债一般只能无溯及力地终止债的关系。(3)在意定消灭债的关系时,持续之债亦一般只能终止,不能解除。(4)信赖基础消失构成持续之债终止的事由。

二、给付的空间属性

法律关系本身并不占有空间位置,但法律关系的产生、消灭等却同一定的空间有关。合同义务是给付,给付必须在一定的空间范围内进行。

(一) 给付地

可由当事人约定。《合同法》第61条规定,合同生效后,当事人就履行地点没有约定或者约定不明确的,可以协议补充;不能达成补充协议的,按照合同有关条款或者交易习惯确定。

给付地有给付行为地与给付结果地之别。给付行为地是指债务人应当实施给付行为的地点,给付结果地则是应当发生履行(清偿)结果的地点。根据二者关系,有三种合同履行的类型:

1. 赴偿之债(前往给付之债,Bringschuld)

给付行为地与结果地均在债权人住所地,即,债务人应将给付物持往债权人住所地给付之债。依台湾地区民法典第314条之规定,债的履行以赴偿之债为原则。

2. 往取之债(前往受领之债,Holschuld)

给付行为地与结果地均在债务人住所地,即,债权人必须前往债务人住所地受领给付之债。与台湾民法不同,《德国民法典》以往取之债为原则(第269条1款)。

依《合同法》第62条,履行地点不明确,亦不能根据第61条得到确定,给付货币的,在接受货币一方所在地履行(赴偿之债);交付不动产的,在不动产所在地履行;其他标的,在履行义务一方所在地履行(往取之债)。

3. 送付之债(Schickschuld)

给付行为地在债务人住所地,给付结果地则在债权人住所地或其指定地点,即,债务人须将给付物送至债权人及债务人住所地以外处所给付之债。"民诉法意见"第19条有送付之债的规定:代办托运或按木材、煤炭送货办法送货的,以货物发运地为合同履行地。

4. 给付地与给付费用

《合同法》第62条规定,履行费用的负担不明确的,由履行义务一方负担。

(二) 给付地的法律意义

1. 给付风险的承担

风险特指在双方皆无可归责事由情形下,损失的承担问题。给付风险的承担是指当给付物灭失时,债务人是否需要继续承担给付义务。如果由债务人承担,那么,债务人不能免除给付义务,反之,债权人不能要求债务人再履行给付义务。前提是给付物具有可替代性。特定之债只发生在特定物之上,故给付风险的移转问题只对种类之债有意义。

给付风险,在赴偿之债,自债务人将给付物送至债权人住所地之后发生移转;在往取之债,自债务人完成给付之必要行为之后发生移转;在送付之债,则在债务人完成发送时移转。由此可见,给付风险的承担在空间上以给付行为地作为分界标准。

2. 迟延风险的承担

迟延风险亦以给付行为地作为分界标准,故在送付之债中,若债务人及时发送,则不构成给付迟延。

3. 对待给付风险

给付风险与迟延风险的确定,在存在对待给付的双务之债中,会影响到对待给付风险的承担。如果给付风险由债务人承担,则债权人有权拒绝履行对待给付,至于相反情形,债务人是否有权要求债权人履行对待给付,则取决于特定化效果对债务人的拘束力,对此,可参见本章第四节相关论述。

4. 管辖的确定

合同履行地为确定管辖法院的依据之一。

第四节 给 付 内 容

一、概说

给付行为并不是抽象的,我们必然要追问:给付的是什么?此即给付内容(Inhalt)。"台湾地区民法典"称之为"给付标的",依史尚宽先生之见,它与德国所称"内容"及日本所称"目的","其义一也"。[①]

给付内容包括物、金钱、权利以及特定的作为或不作为等。关于给付"权利",在一般意义上说,给付多以权利移转为内容,或者是物权,或者是债权,或者是其他类型的权利如知识产权等。由于物权附着于特定的物之上,故移转物权的给付通常在"物的给付"与"金钱的给付"名义之下进行讨论;债权的给付其实是债权让与问题;而知识产权的给付则依附于特定种类的债(如技术开发合同、技术转让合同等),在合同法分则中讨论。职是之故,本节只讨论物、金钱与行为

---

① 史尚宽:《债法总论》,中国政法大学出版社 2000 年版,第 231 页。

给付问题。

在实际给付之前,给付义务必须得以确定,换句话说,给付内容必须被特定化。不同的给付内容有不同的特定化规则,并在特定化的基础上产生不同的法律规则。

二、物的给付

除金钱作为一般等价物有其特殊性之外,物有多种分类方式。各种分类的意义主要体现于物权法当中,对于债法上以物为给付内容的给付义务之确定化有重要意义的,主要是种类物与特定物之分类,由此形成种类(物)之债(Gattungsschuld, Stückschuld)与特定(物)之债(Speziesschuld, Genussschuld)。

所谓特定之债,是指以特定物作为给付内容的债。该给付内容自债的关系成立之初就已得到确定,无须另为特定化行为,如某幅名画等。《德国民法典》以特定之债作为规范模型(Regelungsmodell),①原因在于,任何给付都必须被特定化,或者说,一切债都必须转化为特定之债。

(一)种类之债的含义

种类之债,是以一定数量的种类物作为给付物的债。民法典上的种类之债一般与给付内容为物的债相联,不过,给付内容为权利、行为者,亦存在"种类之债",可类推适用。

种类之债与可替代物(vertretbare Sachen)之债不同。种类物常为可替代物,但它们因区分标准不同而略有差异:种类物依当事人主观意志决定,可替代物则取决于一般的交易观念。② 主观意志在个案中优先于交易观念,因此,种类之债的给付物可能是不可替代物(如某位画家的画)。相应地,在可替代物上亦可能成立特定之债,只要在债的成立之初有当事人的特定化行为即可。

一般种类债之外,尚有所谓限制种类之债,是指于一般种类之外,更设特征以限定其范围,而以该范围内之一定数量之给付物为标的者。设定特征的方法依当事人的偏好而定,如某地出产的葡萄酒、某年出厂的汽车等。通说认为,它属于种类之债。③

(二)种类之债的特定化

种类之债成立之初给付物只是被初步界定,在履行之前,当事人还必须在此框架之内进一步特定化,否则无法履行。

1. 特定化的权利人

特定化当然可由双方当事人约定,此时不需要考虑特定化的"权利人"之问

---

① *Medicus/Lorenz*, Schuldrecht I: Allgemeiner Teil, 18. Aufl., Verlag C. H. Beck München, 2008, Rn. 133.
② 史尚宽:《民法总论》,中国政法大学出版社2000年版,第254页。
③ 郑玉波:《民法债编总论》,陈荣隆修订,中国政法大学出版社2004年版,第200页。

题。所谓"特定化的权利人",只在双方未就特定化问题形成合意时,才有讨论意义。于债权而言,凡是在框架之内的种类物,皆可得到满足;于债务人而言,不同的物可能存在不同的履行难度。两相比较,为了防止债权人在无特别需求的情况下增加债务人的履行难度,应由债务人作为特定化的权利人。

2. 特定化的标准

种类之债一般在成立之初就已确定种类、数量,如果不是根据给付物的个性来确定,往往以品质为特定化依据。有关标的物质量的规定,见诸《合同法》第62条:"质量要求不明确的,按照国家标准、行业标准履行;没有国家标准、行业标准的,按照通常标准或者符合合同目的的特定标准履行。"这沿袭了《民法通则》第88条的立场。但此处确定的只是质量合格的标准,而种类之债特定化所要解决的问题毋宁是,在无质量瑕疵之虞的情况下,应如何确定特定的给付物。《德国民法典》第243条与"台湾地区民法典"第200条皆规定:"债务人应给付中等品质的物。"可资借鉴。

3. 特定化行为

何种行为能够产生特定化的效果,依债的不同给付方法而有不同。根据债的给付地不同,有赴偿之债、往取之债与送付之债之别。

赴偿之债。债务人必须将给付物送至债权人住所地,使债权人处于随时可以受领之状态,此赴偿行为为特定化行为。

往取之债。债务人的特定化行为是将待给付的种类物分离。是否分离需要判断手段,对此有两种主张:一是主张告知已经分出给付物,二是催告往取为已足。梅迪库斯认为,催告往取即为已足,因为这意味着债务人已完成履行给付的必要准备,①其说可采。

送付之债。债务人分离出给付物,并按通常方法将其发送给债权人,即构成特定化。

(三) 特定化的法律效果

特定化之后,债的关系仅限于此物。即,特定化的法律效果是,使得种类之债变更为特定之债。此时,给付风险移转至债权人。若给付物灭失,则债务人无需再为给付义务。

特定化效果对于债务人是否有拘束力?即,为了获得对待给付,债务人是否有权另行提出给付之物(债权人是否需要受其拘束)?或者说,债务人是否享有"变更权"?一种主张认为,债务人必须受其拘束,即债务人无权单方面提出另行给付,因为此时债的关系已经消灭,但若债务人提出,债权人拒绝可能违反诚

---

① *Medicus/Lorenz*, Schuldrecht Ⅰ: Allgemeiner Teil, 18. Aufl., Verlag C. H. Beck München, 2008, Rn. 205.

实信用(自相矛盾行为);另一种主张认为,债务人无需受拘束,单方提出替代给付者,债权人不得拒绝,理由是:替代给付对于债权人无损害,而若是债权人拒绝,则于双方当事人与社会经济难免均非有利。第二说为通说,①本书亦从之,因为,给付风险既然已经移转,债务人自无需为此承受不利后果。

(四)给付风险与标的物灭失风险

给付风险与标的物灭失风险不同。具体有如下表现:

1. 法律效果所属领域

给付风险对应的是作为债法义务的给付义务的风险,产生债法上的效果,回答的是"给付义务是否免除"之问题,它以债务人是否完成给付之必要行为为判断标准;标的物灭失风险对应的是物法上所有权灭失风险,产生物权法上的效果,回答的是"谁应当承担所有物灭失之损失"之问题,它以所有权(标的物占有)是否移转作为判断标准(《合同法》第142条)。

2. 给付特定化行为与交付的法律性质

交付是直接移转标的物占有的行为;给付特定化则只是意味着债务人已完成给付之必要行为,尚未移转标的物的占有。

3. 风险移转标志

在赴偿之债中,给付特定化的标志是将给付物送至债权人住所地,债权人可随时受领,待债权人进行受领时,标的物所有权才因交付而移转;在往取之债中,给付特定化的标志是将给付物分离并通知债权人前来受领,债权人前往受领之后所有权才因交付而移转;在送付之债中,债务人将给付物发送即完成给付特定化行为,若无其他约定,债权人受领给付物之后才发生所有权的移转。

4. 具体法律效果

赴偿之债。债务人将标的物送至债权人住所地之前,若标的物灭失,给付风险与标的物灭失风险当然均由债务人承担,债务人仍应继续履行给付义务;债务人将标的物送至债权人住所地之后,债权人受领之前,给付风险移转至债权人,标的物灭失风险尚未移转,此时给付物发生灭失,债务人可免除给付义务,同时他也不能请求债权人支付对价,如果债务人未提出替代给付,债的关系消灭;债权人受领给付物之后,债务人给付义务完成,标的物灭失风险因交付而移转于债权人(标的物所有权人),此时给付物发生灭失,债权人自行承担损失,仍有义务履行对待给付。

往取之债。将标的物分离并通知债权人前来受领之前,债务人承担给付风

---

① *Medicus/Lorenz*, Schuldrecht Ⅰ: Allgemeiner Teil, 18. Aufl., Verlag C. H. Beck München, 2008, Rn. 207;郑玉波:《民法债编总论》,陈荣隆修订,中国政法大学出版社2004年版,第201页;邱聪智:《新订民法债编通则》(上册),中国人民大学出版社2003年版,第199~200页。

险与标的物灭失风险。通知债权人受领之后,债权人前来受领之前,给付风险移转于债权人,标的物灭失风险未移转;债权人前来受领之后,给付义务已完成,标的物灭失风险移转于债权人。

送付之债。将标的物发送之前,债务人承担给付风险与标的物灭失风险;发送之后,债权人受领之前,给付风险移转于债权人,标的物灭失风险未移转;债权人受领之后,债务人履行义务完成,标的物灭失风险移转至债权人。

三、金钱之债

(一) 金钱之债的含义

金钱之债亦称货币之债,是指以一定金额的货币作为给付物的债。

1. 货币的双重属性

(1) 作为物的货币

货币本身是物,它既可以是种类物,也可以是特定物(如具有特别意义的货币,错版货币等)。在物的意义上,货币之债的给付与一般物的给付无太大差别,此时,它的对价不能依票面金额决定,如货币运送之债,给付特定编号之货币,作为特定物的货币的买卖等。

(2) 作为支付手段的货币

就功能言,货币不是用来增加物的类型的,它被制造出来充当一般等价物,是作为支付手段而存在的。此时,货币的价值不以货币所有权、而以货币金额衡量。称"金钱之债",一般是在此意义上展开。除互易、物的赠与等特殊情况外,金钱之债可在几乎所有债的类型中存在。同时,任何债的关系都可转化为金钱之债。我国法定的支付手段是人民币。

2. 金钱之债的种类

(1) 本国货币之债与外国货币之债

由于外汇管制政策,我国金钱之债一般是本国货币之债。

(2) 金额货币之债与特种货币之债

金额货币之债,是以一定金额的通用货币为给付物的债。这是最典型的金钱之债。

特种货币之债又称金种之债,又有相对特种货币之债和绝对特种货币之债之别。相对特种货币之债,是指以特种通用货币之一定金额为给付物的债。此种货币之债,当事人仍注重一定之金额,不过为确保货币之购买力,特附带约明须以特种货币给付而已。若该项货币丧失通用之效力,应给付他种通用货币。绝对特种货币之债,以特种货币之一定数量为给付物的债。债务人须绝对以约定种类之货币为给付,与该种类货币是否有通用之效力无关,和种类之债比较接近。

(二) 金钱之债的给付

1. 赴偿之债

《合同法》第62条规定,履行地点不明确,给付货币的,在接受货币一方所在地履行。显然是赴偿之债。

2. 唯名主义

如果债权人的债权不是以一定金额而是以为某一目的所必要的数额表示,这种购买力缩水并不会损害债权人的利益,此之谓币值债权,如《婚姻法》第37条第2款:"关于子女生活费和教育费的协议或判决,不妨碍子女在必要时向父母任何一方提出超过协议或判决原定数额的合理要求。"然而,绝大多数金钱债权都是以一定金额规定的,问题因而在于,此种金额债权由谁承受货币贬值(升值)的后果?

所谓唯名主义,是指不论货币的币值如何变更,债务人仅以法定支付手段的货币给付原定金额的货币。英国最早于1604年确立,后为各国效仿,如《法国民法典》第1895条:"因借贷金钱而产生的债务,在任何情况下,仅为合同中写明的数额。如在支付之日前货币发生增值或贬值,债务人应当偿还的款项的数目为其所借的数目,并且仅应以支付时流通的货币偿还之。"这意味着,如果货币贬值,贬值损失由债权人承受;如果货币升值,升值利益亦由债权人享受。唯名主义的前提是:币值稳定;政府不对市场价格进行干预,即,货币购买力由竞争形成,此时币值即便不稳定,从概率论角度上看,升值与贬值的几率是相同的,把几率相同的风险与收益均归于债权人一方,不能说是不公平。在此前提之下,唯名主义有利于金钱之债的履行,否则每一金钱之债都必须以购买力衡量,既繁琐,并且在币值波动不大的情况下,购买力计算的成本可能要高于债权人获得等值购买力货币的收益。

然而,为了让币值保持稳定,可能会促使政府管制介入,而如果要抵制政府的价格管制,又没有任何人能够保证币值稳定,甚至政府管制亦可能无法稳定币值;并且,经验表明,随着生产与消费水平的不断提高,货币的购买力基本上是呈下降曲线,增值几率远远小于贬值几率。在发生大幅通货膨胀的情况下,唯名主义将令债权人(或债务人)处于极为不利的地位。为此,各国对此皆有所调整,它是情事变更原则(交易基础理论)的重要推动因素之一。在经历2008年世界范围内的金融危机之后,最高人民法院《关于适用〈合同法〉若干问题的解释(二)》第26条亦增加规定:"合同成立以后客观情况发生了当事人在订立合同时无法预见的、非不可抗力造成的不属于商业风险的重大变化,继续履行合同对于一方当事人明显不公平或者不能实现合同目的,当事人请求人民法院变更或者解除合同的,人民法院应当根据公平原则,并结合案件的实际情况确定是否变更或者解除。"此即所谓的情事变更条款。

3. 支付方式

传统的金钱之债的给付方式为现金支付("给付"在金钱之债常依习惯用"支付"替代),这和一国的信用程度有关。现金支付即直接给付同时兼具种类物与支付手段双重属性的货币。

在信用发达的社会,账面支付比现金支付更为普遍。较为常见的是票据。支付方式改变,亦改变了其中的法律关系,原来的移转货币所有权变为债权让与。

(三)利息之债

在广义上,利息与孳息同义,不仅包括金钱孳息,亦包括物的孳息。不过,不表现为金钱的孳息在给付时,适用物的给付之规则。

1. 利息

(1)利息给付义务

利息有法定利息与约定利息之分。产生法定利息的一般是法定事由,如损害赔偿、迟延利息、诉讼期间所产生的利息等,约定利息则由双方当事人约定。

问题是,在无约定情况下,推定债务人负有利息给付义务抑或相反?对此,须依债的性质而定。一般而言,民事合同,当事人无一般性的法定付息义务,付息义务只能因约定而产生,或者在具备特殊原因的情形,因法律规定而产生;商事合同则一般附有利息。①《合同法》与之相类。第 196 条虽以"支付利息"作为借款合同的定义内容,即借款合同原则上被视为含有利息给付义务,但第 211 条规定:"自然人之间的借款合同对支付利息没有约定或者约定不明确的,视为不支付利息。"自然人之间的借款合同,若不考虑商自然人问题,可大致对应于民事合同。只不过,《合同法》将商事合同当做规范出发点(第 196 条),民事合同反倒成为特别情形(第 211 条),正好颠倒了民法和商法之间的一般关系。

利息是依附于主债权而产生的从债,一旦因主债权到期而产生,即成立独立的利息之债。

(2)利率

利息借助利率计算而来。利率又分法定利率与约定利率。

法定利率由中央银行即中国人民银行决定并公布,《人民币利率管理规定》第 4 条:"中国人民银行制定的各种利率是法定利率。法定利率具有法律效力,其他任何单位和个人均无权变动。"包括涉及金融机构的存贷款利率、贴现与再贴现利率、罚息利率等。

约定利率由当事人约定,其利率额度主要为 1991 年最高人民法院《关于人民法院审理借贷案件的若干意见》第 6 条所规定:"民间借贷的利率可以适当高

---

① *Medicus/Lorenz*, Schuldrecht I: Allgemeiner Teil, 18. Aufl., Verlag C. H. Beck München, 2008, Rn. 190.

于银行的利率,各地人民法院可根据本地区的实际情况具体掌握,但最高不得超过银行同类贷款利率的四倍(包含利率本数)。超出此限度的,超出部分的利息不予保护。"

(3) 巧取利益之禁止

《民通意见》第 125 条 2 句:"在借款时将利息扣除的,应当按实际出借款数计息。"《合同法》第 200 条:"借款的利息不得预先在本金中扣除。利息预先在本金中扣除的,应当按照实际借款数额返还借款并计算利息。"此之谓巧取利益之禁止,禁止理由则在:一是通过预扣利息,出借人将风险转嫁于对方;二是变相提高了利率。

2. 复利

所谓复利,俗称"驴打滚",是指将利息计入本金再生息。对此,《民通意见》第 125 条已作禁止:"公民之间的借贷,出借人将利息计入本金计算复利的,不予保护"。"关于人民法院审理借贷案件的若干意见"第 7 条进一步规定:"出借人不得将利息计入本金谋取高利。审理中发现债权人将利息计入本金计算复利的,其利率超出第 6 条规定的限度时,超出部分的利息不予保护。"禁止复利的理由在于:保护债务人免受几何级增长的高利盘剥。①

复利是否一概被禁止,或者,何种情况下允许复利,我国法律未作一般性规定,学界解释只是,"原则上禁止复利"。② 根据《人民币利率管理规定》,主要有以下情况允许计算复利:第一,活期储蓄(第 11 条第 2 款);第二,短期贷款与中长期贷款不能按期支付的利息(第 20 条第 2 款、第 21 条);第三,贷款逾期或挪用贷款者不能按期支付的利息(第 25 条);第四,再贷款者贷款期内不能按期支付的利息以及再贷款逾期利息(第 28 条)。

四、行为之债

给付的内容可以是物、金钱、权利,当然亦可能是特定行为。以行为为给付内容的,亦称劳务之债。不过,劳务之债一般对应于积极提供劳务,③行为之债则既包括积极的作为,亦包括消极的不作为:前者如提供劳务、运输、保管、仓储、委任、行纪、居间、技术服务等;后者则如约定不得为某种行为,如竞业禁止等。

以特定行为作为给付义务,即意味着债务人的行为受到拘束,因此,行为之债的特点在于,它一般必须由债务人亲自给付,未经债权人同意,第三人给付不发生清偿效力。另外,基于对物执行原则,行为之债不得强制执行,在发生给付障碍时,直接转化为损害赔偿之债。

---

① *Medicus/Lorenz*, Schuldrecht I: Allgemeiner Teil, 18. Aufl., Verlag C. H. Beck München, 2008, Rn. 192.

② 张俊浩主编:《民法学原理》(下册),中国政法大学出版社 2000 年版,第 629 页。

③ 张俊浩主编:《民法学原理》(下册),中国政法大学出版社 2000 年版,第 629 页。

第五节　双务合同的履行抗辩权

一、概说

双务合同中,当事人主给付义务之间具有相互牵连性(synallagmatische Verknüpfung),即,当事人负担义务,以对方负担相应义务为前提,双方处于对换关系(Austauschverhältnis)之中。① 这种牵连性不仅表现在义务的产生上(成立之双务性,genetisches Synallagma),亦体现于义务的实现方面(功能之双务性,funktionelles Synallagma)。② 因此,一方当事人未履行义务,能够成为对方拒绝履行之理由,并且不会因此陷入给付障碍境地。德国法上,双务合同的给付拒绝权(Leistungsverweigerungsrecht)包括两类:合同不履行抗辩权(Einrede des nichterfüllten Vertrags)与不安抗辩权(Unsicherheitseinrede),它们大致与我国《合同法》第 66 条的同时履行抗辩权和第 68 条的不安抗辩权相对应。

另外,我国《合同法》第 67 条还自创了一种新型抗辩权:"当事人互负债务,有先后履行顺序,先履行一方未履行的,后履行一方有权拒绝其履行要求。先履行一方履行债务不符合约定的,后履行一方有权拒绝其相应的履行要求。"对此,有称之为"先履行抗辩权"者,③亦有称之为"后履行抗辩权"者。④ 笔者以为,这种新型抗辩权之创设,看似逻辑周延,实则意义不大:首先,关于第 67 条第 1 句,当负有先履行义务之人未履行时,后履行方无履行义务,故拒绝履行不必援引抗辩权(Einrede),其间只涉及单纯的抗辩(Einwendung)而已。其次,关于第 67 条第 2 句,不符合约定的履行构成部分履行(数量上的部分履行与质量上的部分履行),⑤债权人得依第 72 条第 1 款前段拒绝受领,不必另创"抗辩权",若债权人予以受领,至少在受领的范围内,似已无特别保护之需要。基于这一考虑,下文不再涉及第 67 条之"抗辩权"。

二、同时履行抗辩权

(一)概念

双务合同中,互负对待给付义务的双方当事人,有权在对方履行义务之前,拒绝履行己方义务,此之谓同时履行抗辩权,或不履行抗辩权。德国法上,该项

---

① *Dirk Looschelders*, Schuldrecht: Allgemeiner Teil, 7. Aufl., Carl Heymanns Verlag, 2009, Rn. 347.
② *Medicus/Lorenz*, Schuldrecht I: Allgemeiner Teil, 18. Aufl., Verlag C. H. Beck München, 2008, Rn. 248.
③ 张俊浩主编:《民法学原理》(下册),中国政法大学出版社 2000 年版,第 769~770 页;韩世远:《合同法总论》(第 2 版),法律出版社 2008 年版,第 244 页。
④ 胡康生主编:《中华人民共和国合同法释义》(第 2 版),法律出版社 2009 年版,第 116 页。该书同时表示,不安抗辩权亦称先履行抗辩权(第 118 页)。
⑤ 参见本书第五章第一节之二(三)。

抗辩权亦被视为一项特殊的留置权(Zurückbehaltungsrecht),①在我国,同时履行抗辩权与留置权的最大区别是,后者乃是法定担保物权,前者只是债法上的抗辩权,此外,留置权所留置之物,是根据债之关系而占有的对方动产,同时履行抗辩权则无此要求。

(二) 构成要件

依《合同法》之规定,同时履行抗辩权之行使,须符合以下要件:

1. 双方因同一合同互负债务

若双方虽然互负义务,却不是基于同一双务合同而产生,即缺乏成立之双务性,自然亦无功能之双务性,不得主张同时履行抗辩。

2. 双方均无先履行义务

若一方有先履行义务,当对方请求履行时,除非存在《合同法》第68条所规定的情形,否则,只要履行期届至,负有先履行义务方即不得拒绝对方的履行请求。

3. 提出履行请求者未作履行

若双方未有先后履行义务,请求对方履行时,需要提出己方给付,以示诚信。己方未为给付,却请求对方履行,对方对其诚信生疑,无可厚非,基于交往安全考虑,以履行拒绝权相抗辩,亦非过分。至于履行请求人作部分给付时,受请求人是否仍能拒绝履行,依《合同法》第66条后句规定,"有权拒绝其相应的履行要求"。

(三) 法律效果

抗辩权之行使,意在阻止对方请求权的效力,但若仅止于此,那么,同时履行抗辩权之创设,反而在双方当事人之间竖起一道墙,让原本应该相互信赖诚意合作的当事人彼此猜疑,甚至破坏交易。实际上,同时履行抗辩权以看似消极防御的方式,起着促进当事人履行各自合同义务的作用:请求履行之人一旦遭遇抗辩,为了取信于对方,往往会退而提出己方给付;即便不是如此,双方相持不下而诉至法院时,法院所作判决,不宜简单宣告行使抗辩权之人胜诉,因为这无助于僵局之解开,而应判以同时履行,如此,则可通过同时履行判决实现设置此等抗辩权之目的。② 我国《合同法》虽未作规定,但《德国民法典》第322条应可借鉴。

三、不安抗辩权

(一) 概念

若一方当事人有先给付义务(Vorleistungspflicht),对方当事人请求履行时,

---

① *Medicus/Lorenz*, Schuldrecht I: Allgemeiner Teil, 18. Aufl., Verlag C. H. Beck München, 2008, § 22 Ⅱ.

② 张俊浩主编:《民法学原理》(下册),中国政法大学出版社2000年版,第769页。

即无第 66 条同时履行抗辩权之适用余地,一般情况下,先给付义务人不得拒绝,然而,履行时间不一,要求相互之间有更强的信赖,当后履行方所实施的行为或所遭遇事态致其财产状况恶化,足以令人对其履约诚信与能力表示怀疑时,先履行方就需要有相应的法律手段来保护自己,以确保彼此交易的安全,此之谓不安抗辩权。①

结合《合同法》第 68、69 条,我国法上的不安抗辩权,是指双务合同中有先为给付义务的当事人一方,因对方当事人的财产状况恶化等导致履约能力丧失或有丧失之虞,得拒绝履行,若对方未在合理期限内恢复履约能力或提供适当担保,并得解除合同之权利。

(二) 构成要件

1. 双方因同一合同互负债务

此与同时履行抗辩权同。

2. 被请求履行者具有先履行义务

若无先履行义务,则考虑同时履行抗辩,无不安抗辩权之适用余地。若被请求者履行义务在后,请求人原本无权请求履行,不必以阻止对方权利效力为内容的抗辩权(Einrede)表示拒绝,单纯的抗辩即为已足,或者,根据我国《合同法》,依第 67 条提出抗辩。

3. 先履行义务方有证据表明对方存在丧失履约能力或有丧失履约能力之虞的情形

依《合同法》第 68 条第 1 款之规定,影响履约能力的事由包括:第一,经营状况严重恶化;第二,转移财产、抽逃资金,以逃避债务;第三,丧失商业信誉;第四,有丧失或者可能丧失履行债务能力的其他情形。

就上述事由之存在,由先履行义务人负举证责任。

(三) 法律效果

不安抗辩权之法律效力分阶段发生:

1. 拒绝履行

先履行义务方对给付请求,有权拒绝履行。《合同法》称"中止履行",不太准确,因为此时先履行义务方可能尚未作出履行,谈不上"中止"的问题。

2. 通知义务

《合同法》第 69 条第 1 句规定了先履行义务方的通知义务。若明确对履行请求表示拒绝,该拒绝表示即具通知效果;若是自行决定不为履行或不继续履行(中止履行),则应另作通知,以便让对方知晓拒绝履行之原因。

---

① Vgl. *Dirk Looschelders*, Schuldrecht: Allgemeiner Teil, 7. Aufl., Carl Heymanns Verlag, 2009, Rn. 355.

3. 担保之提供与履行之恢复

收到拒绝履行通知后，若确实存在法定事由，后履行义务方应提供适当担保，以便消除抗辩权人的不安，相应地，令先履行义务方不安的情形一旦因担保之提供而消除，抗辩权即失其效力，履行应得到恢复（《合同法》第 69 条第 2 句）。

能够消除不安的，除了提供担保外，依《德国民法典》第 321 条与"台湾地区民法典"第 265 条之规定，尚有对待给付之提出。我国《合同法》虽无规定，但就规范意旨而言，不必将其排除。

4. 解除合同

拒绝履行并通知对方后，对方若未在合理期限内恢复履行能力、亦未提供适当担保，即表示将陷入给付不能，为了减少损失，先履行义务方有权解除合同（《合同法》第 69 条第 3 句）。

5. 拒绝履行之人的损害赔偿责任

若无充分证据表明对方履约能力丧失或有丧失之虞，先履行义务人即无权拒绝履行，否则，须就对方因拒绝履行而发生的损害承担赔偿责任，《合同法》第 68 条第 2 款将其归诸违约责任之列。

【引导案例】

案情

联贸公司与三洋有限公司于 2005 年 7 月 13 日签订溴化锂空调机组供应合同一份，双方在该合同中约定：由联贸公司向三洋公司订购 2 台天然气燃料、制冷功率为 4652KW 的溴化锂空调机组；1 台天然气燃料、制冷功率为 1977KW 的溴化锂空调机组，供方应提供随机技术文件、安装调试及二年维修服务；合同总价款 450 万元；付款方式为，合同签订后联贸公司在收到三洋公司的付款申请书及人民币 105 万元预付款保函后 28 天内向三洋公司支付相同金额的预付款，货物运到现场前 28 天内，联贸公司再付款 170 万元，安装完毕后付款 70 万元，货物调试合格后 28 天内付清余款 105 万元，同时三洋公司需提交为期二年金额为人民币 105 万元的银行保函作为质保金。签约后，三洋公司依约向联贸公司提供了合同项下的货物，联贸公司于 2005 年 9 月 30 日出具交货确认单，2006 年 11 月 9 日联贸公司出具了调试验收报告。期间，联贸公司曾给付货款人民币 395 万元，尚结欠三洋公司货款 55 万元，同时三洋公司于 2006 年 2 月 28 日出具了期限为两年面额为 105 万元的银行保函作为质保金交付联贸公司。合同履行中，三洋公司于 2006 年 8 月向联贸公司出具《上海汽车会展中心溴化锂空调机组验收移交备忘录》一份，承诺其所供三台空调设备质保期从 2006 年 8 月 28 日起算，期限为二年，其中编号为 81720447 设备质保期延至 2009 年 2 月 28 日止。同时承诺提供与质保期相对应的银行保函。联贸公司因三洋公司未能继续提供延长期限的银行保函,对结欠货款予以拖欠,三洋公司因催要无果遂诉至原审法院,请求联贸公司立即给付货款人民币 55 万元,并偿付银行利息损失 30 690 元。

裁判

原审法院认为,联贸公司以三洋公司未提供延长期限的银行保函为由,提出履行抗辩,不应予以支持,故判决:联贸公司应在判决生效后十日内给付三洋公司货款人民币 55 万元,并偿付三洋公司银行利息损失 30 690 元。

被告不服,提起上诉。二审法院认为,原审适用法律不当,故依《合同法》第 66 条之规定,撤销一审法院判决,鉴于三洋公司在二审审理期间已重新开具了符合约定的银行保函,故同时判决联贸公司支付余款 55 万元。

评析

本案焦点在于,三洋公司未提供延长期限的银行保函,能否作为联贸公司的同时履行抗辩事由。

一审法院持否定态度,认为,三洋公司提供的银行保函现尚未到期,如到期后三洋公司不履行此承诺,联贸公司可另行主张权利。二审法院则认为,根据双方的合同及备忘录的记载,联贸公司向三洋公司支付余款的同时应当由三洋公司提供与设备质保期对应的银行保函作为质保金,因三洋公司出具的 105 万元的保函的质保期于 2008 年 2 月 28 日届满,不符合合同及备忘录的约定,故联贸公司有权行使同时履行抗辩权,要求三洋公司延长保函期限;联贸公司扣留部分余款抵作质保金的行为,也是为保护自身的合法权益,不构成违约。

需要注意的是,因同时履行抗辩而引发的诉讼,法院判决的内容是各自履行己方义务,而非简单地判决某一方胜诉。

【练习案例】

案情

2007 年 12 月 4 日,京奥港公司与京首伟业公司签订《工矿产品购销合同》,合同约定:由京首伟业公司向京奥港公司提供钢材,以实际提货数量、规格作为结算依据;交货前预付全额货款。京奥港公司分别于 2007 年 12 月 4 日、2007 年 12 月 5 日向京首伟业公司交付货款共计 1 771 700 元。之后,京奥港公司、京首伟业公司与天津闽东公司又签订《工矿产品购销三方协议》,约定京首伟业公司将京奥港公司所交货款转交天津闽东公司作为预付货款,同时委托天津闽东公司代京首伟业公司向京奥港公司供货;如天津闽东公司未能如期履行协议,则京首伟业公司承担相应责任。现天津闽东公司未履行供应钢材的义务,亦未退付货款。纷争遂起。

问题

1. 根据《工矿产品购销合同》与《工矿产品购销三方协议》，判断京奥港公司、京首伟业公司与天津闽东公司各自的法律地位。

2. 京奥港公司有权向谁主张何种权利？请求权基础何在？

要点提示

本案例考查利他合同。注意不要将利他合同（尤其是非纯正利他合同）与债务承担混淆。

【测试题】①

一、单项选择题

1. 甲公司与乙公司签订服装加工合同，约定乙公司支付预付款一万元，甲公司加工服装1 000套，3月10日交货，乙公司3月15日支付余款九万元。3月10日，甲公司仅加工服装900套，乙公司此时因濒临破产致函甲公司表示无力履行合同。下列哪一说法是正确的？（2009年司法考试题）

A. 因乙公司已支付预付款，甲公司无权中止履行合同

B. 乙公司有权以甲公司仅交付900套服装为由，拒绝支付任何货款

C. 甲公司有权以乙公司已不可能履行合同为由，请求乙公司承担违约责任

D. 因乙公司丧失履行能力，甲公司可行使顺序履行抗辩权

2. 甲、乙双方互负债务，没有先后履行顺序，一方在对方履行之前有权拒绝其履行要求，一方在对方履行债务不符合约定时有权拒绝其相应的履行要求。这在我国合同法理论上称作什么权利？（1999年律师资格考试题）

A. 先履行抗辩权

B. 先诉抗辩权

C. 同时履行抗辩权

D. 不安抗辩权

3. 甲与乙签订了一份合同，约定由丙向甲履行债务，现丙履行债务的行为不符合合同的约定，甲有权请求谁承担违约责任？（1999年律师资格考试题）

A. 请求丙承担违约责任

B. 请求乙承担违约责任

C. 请求乙和丙共同承担违约责任

D. 请求乙或者丙承担违约责任

二、多项选择题

1. 甲公司欠乙公司货款20万元已有10个月，其资产已不足偿债。乙公司在追债过程中发现，甲公司在一年半之前作为保证人向某银行清偿了丙公司的

---

① 参考答案：一、1. C 2. C 3. B 二、1. BCD 2. AD 3. AB

贷款后一直没有向其追偿,同时还将自己对丁公司享有的 30% 的股权无偿转让给了丙公司。下列哪些选项是错误的?(2007 年司法考试题)

A. 乙公司可以对丙公司行使代位权
B. 若乙公司对丙公司提起代位权诉讼,法院应当追加甲公司为第三人
C. 乙公司可以请求法院确认甲、丙之间无偿转让股权的合同无效
D. 乙公司有权请求法院撤销甲、丙之间无偿转让股权的合同

2. 合同规定甲公司应当在 8 月 30 日向乙公司交付一批货物。8 月中旬,甲公司把货物运送到乙公司。此时乙公司有权应当如何处理?(2003 年司法考试题)

A. 拒绝接收货物
B. 不接收货物并要求对方承担违约责任
C. 接收货物并要求对方承担违约责任
D. 接收货物并要求对方支付增加的费用

3. A 市甲厂与 B 市乙厂签订了一份买卖合同,约定由甲厂供应乙厂钢材 10 吨,乙厂支付货款 3 万元。但合同对付款地点和交货地点未约定,双方为此发生纠纷,付款地点和交货地点应为:(2000 年律师资格考试题)

A. 付款地点为 A 市
B. 交货地点为 A 市
C. 付款地点在 B 市
D. 交货地点在 B 市

【延伸阅读】

1. 郑玉波:《民法债编总论》(修订第二版),陈荣隆修订,中国政法大学出版社 2004 年版,第 2 章第 1~4 节、第 3 章第 5 节第 6~7 款。
2. 韩世远:《合同法总论》(第二版),法律出版社 2008 年版,第 5 章。
3. 陈自强:《民法讲义 II 契约之内容与消灭》,法律出版社 2004 年版,第 2 章。
4. 黄立:《民法债编总论》,中国政法大学出版社 2002 年版,第 8 章第 1~4 节、第 9 章第 5 节第 6~7 款。
5. [德]迪特尔·梅迪库斯:《德国债法总论》,杜景林、卢谌译,法律出版社 2004 年版,第 17~19 章、第 40~41 章、第 66 章。

第六章 合同权利义务的移转

【本章导学】
　　本章基本知识点是债权移转和债务承担两种典型的权利义务移转情形。需要注意的是，学习本章，应当结合合同相对性原理以及负担行为与处分行为相区分的知识点，否则容易陷入混乱。

第一节 概　　说

一、债的移转与债的相对性

（一）债的移转

　　债的移转是指在不改变债的关系的同一性前提下，债的当事人（主体）发生变更。包括债权移转（债权人变更，《合同法》第79条）、债务移转（债务人变更，《合同法》第84条）与债权债务的概括移转（典型者如合同承担，《合同法》第88条）。债权移转包括部分移转与全部移转，以全部移转为典型。债务移转包括免责的移转与并存的移转，前者是指债务人将所负债务移转于新债务人后脱离债的关系，后者亦称债务加入，是在原债务人之外增加新的债务人，原债务人与新债务人就债务共负连带责任。债务移转以免责的移转为典型。

　　概括移转可拆分为债权移转与债务移转，因而，各国立法（德、瑞、日等）皆自较小单元的法律关系着手，在债法总则专就债权让与和债务承担分别规定，《民法通则》第91条则反其道而行，以债权债务的概括移转为出发点："合同一方将合同的权利、义务全部或者部分转让给第三人的，应当取得合同另一方的同意，并不得牟利。"《合同法》改变了《民法通则》的进路，第5章"合同的变更与转让"区分债权让与、债务承担和概括移转而作规范，并且第89条规定，合同权利义务概括移转的，分别适用相应的债权让与或债务承担规范。

（二）债的同一性

　　债的当事人发生了变更，它是否因此失去了同一性，即，是否因债的当事人变化而形成了新的债？关于债的同一性之判别标准，学说有三：

1. 以主体为标准

　　理由是：债之关系为特定人间之关系，主体不同，债之关系亦异。但如果债的当事人发生变化，就谓之产生了新的债，该立场将面临大量解释难题：旧债是否已经消灭？因何而消灭？新债的发生根据何在？如果旧债消灭新债产生，那么,旧债的各种效力(如时效、抗辩等)显然不能在新债之上延续,是否合理?

2. 以给付为标准

以债之内容是否为同一,判定债的同一性。"然给付虽为同一,主体不妨有不同。"①如双重买卖决不能被认为是只具有一个债的关系。

3. 以效力为标准

以就主体能否独立发生其为债权人或债务人之一切效力为断,能独立发生者,为不同之债,否则为同一之债。此说为现今通说。就此而言,所谓"债的同一性",指的是债的效力依旧不变,"不仅其原有之利益(如时效利益)及瑕疵(如各种抗辩)均不受移转之影响,即其从属之权利(如担保)原则上亦仍继续存在。"②

债的移转,实质是将债的关系本身作为交易对象,移转之后,新当事人承受了原当事人的法律地位,享受其权利或承担其义务,而原当事人则失去权利或卸除义务,不再受债的效力拘束,故债在移转之前与移转之后效力不发生变化,具有同一性。

(三) 债的移转与主体相对性

合同相对性包括主体相对性。债原本是特定当事人之间的结合关系,与第三人无关,它是当事人之间的"法锁"。随着人身拘束观念的淡化与交易观念的强化,债进入了交易领域,不仅债权获得了对于债的关系的独立性,可单独让与,债务亦能够为他人所承受。只不过债权让与和债务承担的条件各有不同,典型者如,法律的目的是为了满足权利,由此决定,不影响债权实现的债权让与无需得到债务人的同意,而免责的债务承担则因其对于债权的实现具有重大影响,必须征得债权人的同意。在现实生活中,债权让与远较债务承担频繁。

二、债的移转根据

债的发生需要有法律上的根据,债的移转亦然。

(一) 意定移转

依法律行为而发生,多数情况下是债的移转合同,债权让与也可基于单方行为,如遗赠、票据背书等。依法律行为而发生的债的移转,称债权让与(Forderungsabtretung)或债务承担(Schuldübernahme)。

债的意定移转最具典型意义。

(二) 法定移转

依法律规定而移转,亦即法律地位的法定承受。如代位求偿权、法人的合并分立等。"民通意见"第 119 条与《合同法》第 229 条规定的"买卖不破租赁",其

---

① 史尚宽:《债法总论》,中国政法大学出版社 2000 年版,第 634 页。
② 郑玉波:《民法债编总论》,陈荣隆修订,中国政法大学出版社 2004 年版,第 431 页。

实就是发生合同的法定移转效力,再如《合同法》第 90 条:"当事人订立合同后合并的,由合并后的法人或者其他组织行使合同权利,履行合同义务。当事人订立合同后分立的,除债权人和债务人另有约定的以外,由分立的法人或者其他组织对合同的权利和义务享有连带债权,承担连带债务。"

(三)裁判移转

基于裁判命令而发生移转,如"民诉法意见"第 300 条:"被执行人不能清偿债务,但对第三人享有到期债权的,人民法院可依申请执行人的申请,通知该第三人向申请执行人履行债务。"

三、债的移转与债的变更

债的关系成立之后,既可能在当事人方面发生变更,亦可能在内容上发生变更,故债的变更包括债的移转与债的内容变更。

债的内容变更即给付的变更,既可能基于法定事由,如原债权变更为损害赔偿之债,亦可能基于意定事由,如《合同法》第 77 条第 1 款:"当事人协商一致,可以变更合同。"

一般认为,债的变更并不改变债的同一性,①但债的内容变更似乎不宜如债的移转般一概在"债的同一性"之下论述,因为,债的内容变更不仅范围极广,可能是给付内容的变更(如种类之债变更为特定之债),给付的时空属性方面的变更,亦可能是给付的可选择性方面的变更(选择之债变更为单一之债),程度亦极不相同,轻者如对价金额数量的增减,重者如原债变更为损害赔偿之债,各种变更均会对债的效力有所改变,从而适用各不相同的法律规则,此时笼统地称"债的同一性"似乎过于僵硬。相应地,根据债的内容发生的不同变更,债法将其置于相应的不同位置,一般不如债的移转般统一处理。

第二节 债权让与

一、债权让与与处分行为

债权让与可依单方法律行为,亦可依合同。典型者为合同。债权让与合同的双方当事人是债权人与受让人,内容则是移转债权。债权让与行为是债权人对债权的处分行为,称"准物权行为"。

债权让与既为给予(Zuwendung)性质的权利处分行为,在此之外就可能还存在另外一个原因行为,它所回答的问题是:何种法律关系使得债权人作出处分债权的行为?该法律原因可能是负担原因(如债权处分人与受让人之间存在债权的"买卖"合同关系),可能是赠与原因,亦可能是(代物)清偿原因(债权人通

---

① 史尚宽:《债法总论》,中国政法大学出版社 2000 年版,第 701 页。

过让与债权来清偿他对受让人所负债务)。原因行为所发生的效力是:受让人有权请求债权人(出让人)移转债权,债权人(出让人)则有义务移转债权。根据处分行为的分离原则(Trennungsprinzip)与抽象原则(Abstraktionsprinzip),债权让与行为与原因行为分离,效力抽象于外。①

债权处分行为与物权处分行为的不同之处在于:物权处分行为因其处分的是绝对权,故需要以某种方式为公众所知,换句话说,公示与物权行为相伴而生;债权为相对权,不必为他人所知,故不存在公示的问题,即便其间有债权证书的交付,证书交付与否亦不影响债权让与行为的效力,因为债权证书只是享有债权的证据,交付证书只是履行原因行为所设定的另外一项交付义务(如票据等设权证券除外)。

二、债权让与的要件

(一) 处分权

1. 处分权之享有

债权让与是对于债权的处分,因此,让与人必须具有处分权,否则即属于无权处分,其效力取决于处分权人。

2. 确定原则

处分行为适用确定原则(Bestimmtheitsgrundsatz),即,必须确定所处分的权利是哪一项权利。

债权的成立本身并不要求给付得到充分的确定,即,在许多情况下,债权成立了,但不能被履行,问题因而在于,债权让与的确定性要达到何种程度? 德国通说认为,债权确定成立即为已足,即使债务人和债权的金额尚一时不明,亦无关宏旨。② 德国通说还认为,亦可让与将来成立的债权(预先让与),但此种让与仅在债权成立时始生效力。③

(二) 当事人的合意

对于债权让与合同的有效性,仅以出让人(债权人)与受让人的合意为必要,债务人意志无需加入其中。《合同法》虽未明确规定,但可从第 80 条推知。

(三) 债权的可让与性

《合同法》第 79 条但书列举了三项让与禁止:第一,根据合同性质不得转让;第二,按照当事人约定不得转让;第三,依照法律规定不得转让。除此之外,

---

① *Medicus/Lorenz*, Schuldrecht I: Allgemeiner Teil, 18. Aufl., Verlag C. H. Beck München, 2008, Rn. 754.

② *Medicus/Lorenz*, Schuldrecht I: Allgemeiner Teil, 18. Aufl., Verlag C. H. Beck München, 2008, Rn. 755.

③ *Medicus/Lorenz*, Schuldrecht I: Allgemeiner Teil, 18. Aufl., Verlag C. H. Beck München, 2008, Rn. 756.

债权均具有可让与性。

违背合同性质或违反法律规定而让与债权者,自属无效,问题是,债权人违反不得让与之约定者,其效力如何?《合同法》未作规定。"台湾地区民法典"第294条的规定是,"不得让与之特约,不得以之对抗善意第三人。"学说判例分两种情形处理:第三人如明知有此特约,即为恶意,受让无效;第三人不知者,无论该不知有无过失,均为善意,受让有效。① 之所以如此,显然是基于交易安全的考虑。德国法则区分是否有债务证书:债务人已制作债务证书的,在出示该证书始得让与债权时,债务人不得对新债权人主张与原债权人有不得让与债权的约定,但新债权人在受让时明知或者应知事实情况的除外(《德国民法典》第405条);其他则适用《德国民法典》第399条无效。② 两相比较,台湾扩大了善意相对人的范围,因为除了明知者外,其他皆为善意,德国则将应知(即,因过失而不知)排除在善意之外。德国做法似乎较为稳妥,因为,物权让与有法定的公示方式,公示为善意第三人确立了信赖表征,可推定为善意第三人;债权让与则无法定公示方式,不宜扩大善意的范围,否则,对债务人极其不利。

三、债权让与的效力

(一)债权移转

债权让与合同一经订立,新债权人即取代原债权人的地位。

(二)债权的从权利移转

《合同法》第81条:"债权人转让权利的,受让人取得与债权有关的从权利,但该从权利专属于债权人自身的除外。"

(三)债务人的抗辩与抵销

新债权人的地位不应优于原债权人,所以,债务人对于原债权人(让与人)的抗辩,可向新债权人(受让人)主张(《合同法》第82条),另外,依《合同法》第83条规定,债务人对让与人享有债权,并且债务人的债权先于转让的债权到期或者同时到期的,债务人可以向受让人主张抵销。

四、让与通知

债权让与后,涉及债务人如何履行债务之问题,因此,为了不至于令债务人因债权让与而陷入不利地位,债权让与当事人应对债务人为让与通知。

(一)让与通知的性质

为准法律行为中的观念通知,准用有相对人的单方意思表示之规定。有相对人的单方意思表示一经作出便生效,不得撤销。《合同法》第80条2款:"债

---

① 郑玉波:《民法债编总论》,陈荣隆修订,中国政法大学出版社2004年版,第436页。

② Medicus/Lorenz, Schuldrecht I: Allgemeiner Teil, 18. Aufl., Verlag C. H. Beck München, 2008, Rn. 761.

权人转让权利的通知不得撤销,但经受让人同意的除外。"

（二）让与通知的要件

构成一个适格的让与通知,需要从通知人与以何种方式通知两个相互关联的因素判断。

《合同法》第 80 条 1 款前句:"债权人转让权利的,应当通知债务人。"似乎表示,适格的通知人是债权人。不过,该句存在他种解释之可能。在语法上看,"债权人转让权利的"是条件复合句中的条件分句,而主句"应当通知债务人"则未显示主语,如此,第 80 条亦可作未规定通知人解。后一解释,有利于让法条处于开放状态,从而将债权受让人亦纳入考虑之列。《德国民法典》（第 409、410 条）与"台湾地区民法典"（第 297 条）即明确规定,原债权人（让与人）与新债权人（受让人）皆得为通知人,只不过通知方式有所不同:如果让与人（债权人）为通知,无方式限制;如果受让人为通知,则须提示让与证书或债务证书。自事理而言,若受让人能够向债务人表明他是新的债权人,法律无禁止之必要,因而,新债权人亦不妨为通知人。

（三）让与通知的效力

《合同法》第 80 条 1 款后句的规定是:"未经通知,该转让对债务人不发生效力。"此处措辞与台湾地区民法典第 297 条第 1 项如出一辙。据之,未为通知,并不是债权让与无效,而是"对债务人不生效力"。对债务人通知,目的是让债务人向新债权人履行义务。

何谓对债务人不生效力? 对此,郑玉波先生分三层作出解释:第一,受让人对于债务人不得主张债权,纵债务人明知时亦同,因而债务人对于受让人得拒绝清偿;第二,在未经通知前,债务人对于让与人所为之清偿及其他免责行为,及让与人对债务人所为之抵销或免除的行为仍均有效;第三,虽未通知债务人,但在让与人与受让人间债权让与之效力,既已发生,则债务人不待通知,自动承认该项效力,自亦无妨,因而如向受让人清偿者,其清偿并非无效。①

台湾立法例与德国相似,不同之处仅在于:依德国例,若债务人明知债权让与却仍向原债权人给付,新债权人不必承受履行后果（《德国民法典》第 407 条）;依台湾例,新债权人则须承受。台湾保护了恶意的债务人。

另外,就措辞而言,称"对债务人不生效力"稍欠准确,因为,如果未对债务人生效,其效力是:不仅受让人不能向债务人主张,债务人亦无权向受让人清偿。所以更准确的说法应当是:未经通知,该让与不能拘束债务人。

（四）表见让与

于债务人而言,他获知债权让与事实的法定途径是让与通知,但让与通知之

---

① 郑玉波:《民法债编总论》,陈荣隆修订,中国政法大学出版社 2004 年版,第 442 页。

后,债权未必按计划实际发生了让与,此时,即存在所谓表见让与问题,即,债权其实未让与,却出现了让与表象。此时,善意的债务人值得保护,因为债权让与是否有效,债务人无从知之。① 正是基于此等考虑,《德国民法典》第 409 条 1 款前句与"台湾地区民法典"第 298 条 1 项皆规定:让与人已将债权之让与通知债务人者,纵未为让与或让与无效,债权人仍需对债务人承受其已通知让与之效力。

五、二重让与

物权有法定的公示方式,除非公示只是对抗要件,否则一般不存在二重让与问题,即便产生该问题,已履行公示者亦可排除他人权利之取得。债权让与无法定公示方式,因而问题比物权让与更显复杂。

(一) 二重让与之效力

德国通说认为,债权一次让与后,原债权人即不再是债权人,故后续让与无效。② 后续受让人可依原因行为之给付不能主张损害赔偿。

(二) 债务人履行之效力

虽然后续让与无效,但善意债务人因无从依公示得知,故不应因债权人行为承担不利后果。具体可分以下情形讨论:(1)皆未通知。皆未对债务人生效,债务人得向原债权人履行(《德国民法典》第 407 条则区分善意与明知),首受让人有权主张不当得利返还,次受让人有权主张损害赔偿。(2)通知首次受让。债务人仅得向首受让人清偿。(3)通知后续受让。基于表见让与,债务人因向后续受让人清偿而免责。首受让人有权向次受让人主张不当得利返还。(4)皆通知,但第一让与通知较第二让与通知为晚。第一让与通知达到前,第二让与通知到达后,债务人向次受让人清偿者,有效。皆已到达,尚未清偿者,债务人有选择权,分别基于有效取得债权与表见让与(依德国民法,应排除债务人明知情形)。③

第三节 债 务 承 担

一、债务承担中的法律关系

债务承担以移转债务为内容,一般以合同为之,因为债务承担使得他人负有

---

① Dirk Looschelders, Schuldrecht: Allgemeiner Teil, 7. Aufl., Carl Heymanns Verlag, 2009, Rn. 1132 ff.

② Dirk Looschelders, Schuldrecht: Allgemeiner Teil, 7. Aufl., Carl Heymanns Verlag, 2009, Rn. 1137; Medicus/Lorenz, Schuldrecht I: Allgemeiner Teil, 18. Aufl., Verlag C. H. Beck München, 2008, Rn. 756.

③ 参见郑玉波:《民法债编总论》,陈荣隆修订,中国政法大学出版社 2004 年版,第 445~446 页;史尚宽:《债法总论》,中国政法大学出版社 2000 年版,第 733~734 页。

债务,不得以单方行为为之,例外者如附负担的遗赠,将债务承担作为所附负担。债务承担涉及三方当事人:债权人、债务人与承担人。债务承担合同当然可由三方共同合意,但它不具有典型的说明价值。

(一) 债权人与承担人之间的债务承担合同

此为《德国民法典》第 414 条与"台湾地区民法典"第 300 条所规定。这种情况下,债务人未被设定义务,债权人有权处分其债权,第三人亦得为自己设定义务,故该债务承担合同无需债务人参与。无论免责的债务承担或并存的债务承担,皆然。

于债务人而言,此债务承担合同类似于利他合同,但利他合同中,第三人所取得的是积极的请求权(债权),而债务承担合同则是使债务人免除义务或为债务增加担保,未为之设定请求权。更重要的是,由于任何人都不能强迫自己接受某项权利,故利他合同中的第三人有权拒绝该请求权,但梅迪库斯指出,免责的债务承担合同中的债务人不得拒绝,因为债务人的拒绝将会使债权人又丧失已经取得的、对债务承担人的请求权。①

此类债务承担亦不同于第三人给付。在第三人给付,同样不必征得债务人同意,并且在给付之后债务人亦免其责。但第三人给付中,第三人并不是债务人,不负给付义务,亦不得主张债务人的抗辩。并且,第三人给付无需征得债权人同意,只要债务人未反对,债权人就不得拒绝。

(二) 债务人与承担人之间的债务承担合同

债权人与承担人订立债务承担合同的情形比较少见,因为除非承担人想要对债务人进行无偿给予(赠与),否则承担人所要获得的对价必定是来自于债务人,此时,债务人的参与当然不可或缺。

常见的债务承担合同在债务人与承担人之间订立。《合同法》第 84 条所规定的,即是此等合同:"债务人将合同的义务全部或者部分转移给第三人的,应当经债权人同意。"法律未予明确的是:若未征得债权人同意,效力如何?对此,《德国民法典》第 415 条有较为详细的规定,可资借鉴。

依《德国民法典》第 415 条之规定,第三人与债务人约定承担债务的,效力取决于债权人承认与否,而于何时促成债权人的承认,应由债务人自己决定,因此,首先需要由债务人中的一人作出通知,并不是债权人一经知悉便可承认,并且,债权人承认之前,合同双方当事人尚可变更或撤销合同(第 1 款);若债权人拒绝承认,则视为未发生债务承担(第 2 款第 1 句);未得到债权人承认的债务承担不见得无效,可能发生履行承担的效力,从而令承担人对债务人负有向债权人

---

① *Medicus/Lorenz*, Schuldrecht Ⅰ: Allgemeiner Teil, 18. Aufl., Verlag C. H. Beck München, 2008, Rn. 61.

及时清偿的义务(第3款)。

须征得债权人承认者,仅就免责的债务承担而言,因为它将改变债权人的对方当事人,影响债权的实现可能。这一理由对于债务加入并不适用。在债务加入,原债务人并未脱退,而照旧负责,且又新增加负责之人,对于债权,非徒无害,且多一保障,自以债权人之同意为必要。这种合同,在性质上属于纯正的利他合同。①

此类债务承担不同于履行承担(Erfüllungsübernahme)。履行承担同样是债务人与承担人之间的合同,但该合同之效力不必经债权人承认,债权人对于承担人无请求权。它在德国法上亦被称为"不纯正的利他合同"。换句话说,如果债务人与承担人之间的债务承担合同未获得债权人承认,则转化为履行承担;而债权人欲取得对承担人的请求权,则可通过承认将履行承担转化为债务承担。此为《德国民法典》第415条第3款、第329条所规定。②

二、债务承担与处分行为

债务承担兼具负担行为与处分行为之特性。③ 之所以具有负担行为的特性,是因为债务承担合同使得承担人负有债务清偿之义务;而其处分行为之特性,则有不同的解释。

德国早期学说认为,债务承担之处分行为属性,来自于对于债务这一消极财产的处分,即,债务人将其债务处分与第三人。④ 将债务作为处分内容,这不符合对处分行为的一般理解,这一解释若能成立,负担行为与处分行为之分立,恐怕就意义不大了。如今,德国从债权处分的角度立论,认为:在新债务人负担义务之外,债务承担包含了对债权的处分,债务人的变更意味着一种债权的内容变更,因此,在《德国民法典》第414条债权人与第三人为债务承担之情形,债权人自行实施这种处分,而在第415条债务人与第三人为债务承担之情形,原债务人乃是无权处分,其效力取决于处分权人(债权人)之同意。⑤

债务承担既为处分行为,其效力自亦不受负担行为(原因行为)之影响,但

---

① 郑玉波:《民法债编总论》,陈荣隆修订,中国政法大学出版社2004年版,第454页。
② *Medicus/Lorenz*, Schuldrecht I: Allgemeiner Teil, 18. Aufl., Verlag C. H. Beck München, 2008, Rn. 795.
③ Palandt/*Grüneberg*, Überbl vor 414, Rn. 1.
④ S. *Karl Larenz*, Lehrbuch des Schuldrechts, Bd. I: Allgemeiner Teil, 14. Aufl., C. H. Beck'sche Verlagsbuchhandlung München, 1987, S. 603 (Fn. 3). 郑玉波先生亦作此解释。参见氏著:《民法债编总论》,陈荣隆修订,中国政法大学出版社2004年版,第448页。
⑤ *Karl Larenz*, Lehrbuch des Schuldrechts, Bd. I: Allgemeiner Teil, 14. Aufl., C. H. Beck'sche Verlagsbuchhandlung München, 1987, S. 603f; *Medicus/Lorenz*, Schuldrecht I: Allgemeiner Teil, 18. Aufl., Verlag C. H. Beck München, 2008, Rn. 791.

容易因瑕疵同一(Fehleridentität)而效力相同。①

三、债务承担的效力

（一）债务移转

免责的债务承担是原债务人脱身，新债务人取代其地位；债务加入则使得原债务人与新债务人负连带责任。

（二）从债务移转

《合同法》第86条："债务人转移义务的，新债务人应当承担与主债务有关的从债务，但该从债务专属于原债务人自身的除外。"

（三）债务人的抗辩

《合同法》第85条："债务人转移义务的，新债务人可以主张原债务人对债权人的抗辩。"

【引导案例】

案情

2001年6月22日起，张斌经营个体工商户东莞市寮步润达建材部（简称建材部）。2002年1月12日，莞华润水泥厂有限公司（简称华润公司）与建材部签订《水泥销售合同》，约定建材部向华润公司购买水泥，并约定了华润公司供货的规格、价格、提货日期、违约责任等条款。2003年4月12日，经对账，建材部确认共欠华润公司水泥款1 013 544.04元。2003年5月12日，华润公司与两被告张斌及广州市同有建材有限公司（简称同有公司）签订了三方协议，华润公司在协议上盖章同意将建材部与华润公司的债权债务全部转由同有公司承担。之后，华润公司与同有公司因货款支付产生纠纷，遂成诉。华润公司援引《合同法》第65条之规定，请求判令同有公司和张斌承担连带责任。

裁判

法院认为，同有公司应当向华润公司履行债务，即应向华润公司支付货款1 013 544.04元，华润公司要求张斌对同有公司的债务承担连带责任，缺乏事实与法律依据，不予支持。

评析

本案焦点在于，张斌是否应与同有公司承担连带责任。华润公司所援引的《合同法》第65条是涉他合同中有关第三人给付的规定，本案则属债权债务概括移转，故无第65条之适用余地。

---

① *Medicus/Lorenz*, Schuldrecht I: Allgemeiner Teil, 18. Aufl., Verlag C. H. Beck München, 2008, Rn. 792.

【练习案例】

案情

2007年5月27日,航空港第六分公司武警学院项目部与新兴经营处签订订货协议书,约定由新兴经营处为航空港第六分公司武警学院项目部供应木方。合同签订后,新兴经营处向航空港第六分公司武警学院项目部供应木方,2007年9月18日,航空港第六分公司给付新兴经营处10万元货款,并出具一份欠条,内容为:今付新兴经营处木方款10万元整,余欠258 000元整。欠条加盖有航空港第六分公司武警学院项目部章及苏静的签字。2009年5月22日,协执公司与新兴经营处签订债权转让协议,约定新兴经营处将其对航空港第六分公司享有的258 000元及合同的全部从权利转让给协执公司。2009年5月23日,新兴经营处向航空港第六分公司位于北京市海淀区北四环西路87号1幢西平房地址发出债权转让通知书,并在特快专递详情单上注明"债权转让通知书"字样。之后,由于协执公司未收到货款,将航空港第六分公司及其总公司诉至法院,请求给付。诉讼中,航空港第六分公司否认收到债权转让通知书。经邮政查询结果显示及11185服务电话确认,该邮件已于2009年5月24日妥投。

问题

1. 欲使债权让与有效,需要具备哪些要件?
2. 如何判断债权让与通知之送达?

要点提示

债权让与的有效要件,为《合同法》第80条所规定,至于债权让与通知的送达,则适用一般意思表示的到达标准。

【测试题】①

一、单项选择题

甲公司分立为乙丙两公司,约定由乙公司承担甲公司全部债务的清偿责任,丙公司继受甲公司全部债权。关于该协议的效力,下列哪一选项是正确的?(2009年司法考试题)

A. 该协议仅对乙丙两公司具有约束力,对甲公司的债权人并非当然有效

B. 该协议无效,应当由乙丙两公司对甲公司的债务承担连带清偿责任

C. 该协议有效,甲公司的债权人只能请求乙公司对甲公司的债务承担清偿责任

D. 该协议效力待定,应当由甲公司的债权人选择分立后的公司清偿债务

---

① 参考答案:一、A 二、1. BC 2. ABD 3. AD

二、多项选择题

1. 乙公司欠甲公司 30 万元,同时甲公司须在 2000 年 9 月 20 日清偿对乙公司的 20 万元货款。甲公司在同年 9 月 18 日与丙公司签订书面协议,转让其对乙公司的 30 万元债权。同年 9 月 24 日,乙公司接到甲公司关于转让债权的通知后,便主张 20 万元的抵销权。下列说法哪些是正确的?(2004 年司法考试题)

A. 甲公司与丙公司之间的债权转让合同于 9 月 24 日生效
B. 乙公司接到债权转让通知后,即负有向丙公司清偿 30 万元的义务
C. 乙公司于 9 月 24 日取得 20 万元的抵销权
D. 丙公司可以就 30 万元债务的清偿,要求甲公司和乙公司承担连带责任

2. 下列哪些合同的转让是不合法的?(2002 年司法考试题)

A. 甲公司与韩国乙公司举办中外合资企业,合资合同经过审批机关批准后,甲公司未经乙方同意将合同权利义务转让给丙公司
B. 甲教授曾答应为乙校讲课,但因讲课当天临时有急事,便让自己的博士生代为授课
C. 债权人李某因急需用钱便将债务人杨某欠自己的两万元债权以 1 万 5 千元的价格转让给了柳某,李某将此事打电话通知了杨某
D. 丁对丙的房屋享有抵押权,为替好友从银行借款提供担保,将该抵押权转让给了银行

3. 刘某欲将其对许某享有的债权转移给王某,该债权附有房产抵押并有其他专属于刘某自身的从权利。关于这一行为,下列表述哪些是正确的?(1999 年律师资格考试题)

A. 刘某转让其债权,应当通知许某
B. 刘某转让其债权,该债权的有关从权利亦当然转移给王某
C. 由于房产抵押转让应当办理登记手续,因而只有在办理了房产抵押登记手续后,该债权转让行为才生效
D. 在债权转让后,如果刘某事前对许某履行债务不符合约定,许某可以对王某主张因刘某履行不符合约定所产生的抗辩

【延伸阅读】

1. 张俊浩主编:《民法学原理》(下册),中国政法大学出版社 2000 年版,第 34 章。
2. 刘心稳:《债权法总论》,中国政法大学出版社 2009 年版,第 9 章。
3. 韩世远:《合同法总论》(第二版),法律出版社 2008 年版,第 8 章。
4. 郑玉波:《民法债编总论》,陈荣隆修订,中国政法大学出版社 2004 年版,

第 5 章。

5. 黄立:《民法债编总论》,中国政法大学出版社 2002 年版,第 11 章。

6. 孙森焱:《民法债编总论》(下册),法律出版社 2006 年版,第 6 章。

7. 陈自强:《民法讲义 Ⅱ 契约之内容与消灭》,法律出版社 2004 年版,第 4 章。

8. [德]迪特尔·梅迪库斯:《德国债法总论》,杜景林、卢谌译,法律出版社 2004 年版,第 61～65 章。

第七章 合同的保全

【本章导学】

本章基本知识点包括：第一，合同相对性与合同保全制度之间的关系；第二，债权人代位权的制度架构；第三，债权人撤销权的制度架构。其中，如何在制度上设计债权人代位权的效力，属于争议问题，亦是本章学习的难点。

第一节 债的相对性与合同保全

一、债的相对性

债是特定人之间的特定结合关系，根据这种结合关系，一方当事人得向另一方当事人请求给付。债的相对性表现在：给付请求只能在特定的当事人之间进行（主体的相对性），特定的当事人只能请求特定的给付（内容的相对性），给付只能在债的关系存续期间请求（时间的相对性）。

债的相对性是私法自治的当然结果：如果特定当事人之间的债的关系能够拘束第三人，那么，该第三人就将处于"他治"状态，任何人都是无数债的关系的第三人，这样，私法自治就将被"私法他治"全面取代。同样，如果当事人之间债的关系能够产生特定给付之外的其他拘束力，就意味着，债务人因一项特定给付义务的承担而将自己的整体法律地位置于债权人意志之下，私法自治同样不能为继。

二、债的效力在主体上的延伸

这是典型的债的效力延伸。未加入特定结合关系的当事人不应当受到给付请求，第三人亦无进入相对封闭的他人结合关系之法律通道；在进入到特定结合关系的当事人之间，相互的结合关系仅仅系于确定的给付，换句话说，当事人之间并不是抽象、笼统、全面的结合，而不过是依赖于特定的给付行为得以联结，在特定的给付行为之外，双方当事人的法律地位较之其他人并不具有任何法律上的优越性。

但是，每一个当事人都不可能只和一人发生法律关系，发生于一人身上的各种法律关系之间亦不可能总是互不影响。相反，由于债的当事人之间的结合仅限于特定给付，换句话说，特定给付将债权人阻挡于债务人的其他法律关系之外，债务人就可能利用其他法律关系来侵扰他不希望履行的债务，例如，通过无偿或明显低价的方式让与财产，以减少自身责任财产，或者，放弃对他人债权，拒绝增加自身责任财产。此时，如果固守债的相对效力，面对债务人责任财产状况恶化的情形,债权人除了坐等债权无法实现之结果外,别无其他办法。这种容易诱发道德危险之情境,显然需要法律予以矫正。法律必须发展出一种制度,它既不至于颠覆债的相对效力,又能够较为有效地防阻债务人的道德危险行为。债权人与债务人通过债的关系联接起来,债权人除了借助债的关系,别无其他维护债权的途径,因此,在出现债务人的不当侵扰行为时,债的效力将沿着债务人的不当行为延伸,以消除该不当行为所产生的不当影响。这种情形下的债的效力延伸在我国法律上通过代位权与撤销权制度体现。这两项制度合称"债的保全制度",由于债的效力延伸至第三人,故又称"债的对外效力"。

第二节 债权人代位权

一、代位权的意义

代位权制度源于法国,日本从之,罗马法及德国法均无此制,民国仿法、日之例而予规定。[1] 我国《合同法》亦规定了该项制度。

(一) 代位权的含义

债权人为了保全其债权,得以自己的名义,行使债务人权利之权利。理由是:如果债务人怠于行使权利,将使得债务人用以履行债务的责任财产减少,如果该减少危及债权人权利的实现,那么,债权人应有权以自己名义替代债务人行使权利。《合同法》第73条规定了代位权。

关于代位权与债权之关系,郑玉波先生认为,代位权乃是债权之效力,并非从属于债权之特别权利,此效力具有保全债权请求权之作用,故为请求力之保全效力。[2] 黄立教授则认为,代位权既为保全债权而设,自以权利人享有主债权为前提,故为主债权之从权利,主债权如消灭,此项权利即无法单独存在。[3]

(二) 代位权的性质

1. 代位权与邻近权利

代位权与请求权。代位权人并非取得了债权人的权利,此与连带债务人的清偿代位等"代位权"不同。代位权行使的是他人权利,请求权则是行使自己的权利。

代位权与形成权。代位权的行使,必须以债务人的权利存在为前提,权利人的权利性质决定了代位权行使的效力,不是以单方意思表示而发生法律效力的形成权。代位权人亦只有权替代债务人行使权利,而无权作出其他处分。

---

[1] 史尚宽:《债法总论》,中国政法大学出版社2000年版,第462页。
[2] 郑玉波:《民法债编总论》,陈荣隆修订,中国政法大学出版社2004年版,第292页。
[3] 黄立:《民法债编总论》,中国政法大学出版社2002年版,第470页。

代位权与诉权。代位权亦称间接诉权或代位诉权,但代位权行使的法律效果发生于实体法领域,非强制执行法上的扣押债务人之权利或就收取之财产优先受偿之权利,故属于实体权利。

代位权与代理权。代理权是经授权,以本人名义为一定法律行为。代位权则无须授权,以自己名义行使他人权利。

2. 代位权的权利属性

代位权与许多权利相似,亦各有区别,此亦暗示,代位权自身的权利属性难以界定,学界对此众说纷纭。黄立教授认为,代位权可类比于无因管理,因为二者均为"未受委任,并无义务,而为他人管理事务者。"代位权属于法定"无因管理"权。① 不过,代位权之行使,表面上是为他人管理事务,实质却是为自己利益,况且,法律概念体系中似乎不存在"无因管理权",因为,无因管理行为是否正当,本身就是一个有待判断的问题,再者,无因管理属事实行为,代位权的行使则为表示行为,性质迥异,恐怕不具有类比基础。

笔者认为,代位权难以在既有权利体系中找到合适的位置,如果非要作出概括,将其描述为"以行使他人权利为内容的管理权或能权"②或较具可接受性。

二、代位权的要件

依《合同法》第 73 条与最高人民法院《关于适用〈合同法〉若干问题的解释(一)》第 11、12 条之规定,代位权的要件可作如下拆分:

(一)需保全的债权合法

依学者解释,赌债或买卖婚姻之债即属不合法债权,③姚新华教授则指出,最高人民法院《关于适用〈合同法〉若干问题的解释(一)》所称"合法"债权,应解释为不属自然债权,因为不存在"不合法"的权利,即使自然债权也不能说不合法,因为它仍有民法上的受领保持力。④ 是说可采。

(二)债务人怠于行使到期债权

所谓怠于行使,是指应行使、能行使而未行使,⑤并且,该债权必须已到期,⑥否则次债务人(债务人的债务人)无期前履行之义务,债务人自不存在"怠于"的问题。

怠于行使的具体表现,依最高人民法院《关于适用〈合同法〉若干问题的解

---

① 黄立:《民法债编总论》,中国政法大学出版社 2002 年版,第 472 页。
② 史尚宽:《债法总论》,中国政法大学出版社 2000 年版,第 463 页;郑玉波:《民法债编总论》,陈荣隆修订,中国政法大学出版社 2004 年版,第 292 页。
③ 韩世远:《合同法总论》(第 2 版),法律出版社 2008 年版,第 286 页。
④ 张俊浩主编:《民法学原理》(下册),中国政法大学出版社 2000 年版,第 689~690 页。
⑤ 郑玉波:《民法债编总论》,陈荣隆修订,中国政法大学出版社 2004 年版,第 293 页。
⑥ 最高人民法院《关于适用〈合同法〉若干问题的解释(一)》第 11 条第(3)项即是"债务人的债权已到期"。不过,正如刘心稳教授所指出的,第二项已有债务人怠于行使其"到期债权"之要求,因此第三项属于简单重复。刘心稳:《债权法总论》,中国政法大学出版社 2009 年版,第 211 页(注释 1)。

释(一)》第 13 条第 1 款,是债务人不以诉讼方式或仲裁方式向其债务人主张到期债权。据此,仅仅单纯的向次债务人主张债权,亦属"怠于",而必须依诉行使债权、债务人显然受到较为严厉的对待。台湾法则无行使途径之要求,甚至即便是行使方法不当,或其结果不佳,债权人亦无权过问。①

(三) 债权有保全之必要

债务人原本有权自由决定是否主张其债权,因怠于行使而被债权人代位,必须是债权有通过代位而保全之必要。此必要性,《合同法》第 73 条归结为"对债权人造成损害",至于何谓"对债权人造成损害",最高人民法院《关于适用〈合同法〉若干问题的解释(一)》第 13 条第 1 款的界定是"致使债权人的到期债权未能得到实现"。这表示,到期债权未受清偿,即可认定债权人受到损害,而债权人之行使代位权,自亦以债权到期为已足。② 如此,债务人怠于行使其债权是否会减少其责任财产已不再重要,因为只要到期债权未能得到实现,即可认定存在保全之必要。后果是,债权人行使代位权的机会得到扩张,相应地,债务人的债权被代位的可能性增加了。

台湾有所不同。在台湾,债权保全之必要,在于债权有不能实现之虞,而非实际受到损害,判断不能实现之虞,则根据给付内容是否与债务人的资力有关分别处理:与资力有关者,债权只在债务人因怠于行使债权而陷于无资力时,始有保全之必要;与资力无关者,因债务人怠于行使权利,致其所负债务有给付不能之虞或给付困难时,债权人得行使代位权。③ 相应地,判断债权有不能实现之虞的时间界限,亦划于债务人陷于迟延之时("台湾地区民法典"第 243 条),而非债权到期之日。对此,史尚宽先生的解释是:"债务人尚未陷于迟延者,则债权人之债权有无不能实现之危险尚难预定,若许债权人于债务人迟延前得变更债务人之权利,未免欠妥。"④

(四) 债务人的债权具有可代位行使性

不可代位行使的首先是专属于债务人的债权,依最高人民法院《关于适用〈合同法〉若干问题的解释(一)》第 12 条之规定,包括基于扶养关系、抚养关系、赡养关系、继承关系产生的给付请求权和劳动报酬、退休金、养老金、抚恤金、安置费、人寿保险、人身伤害赔偿请求权等权利。另依最高人民法院《关于适用

---

① 郑玉波:《民法债编总论》,陈荣隆修订,中国政法大学出版社 2004 年版,第 293 页。
② 韩世远教授则认为,最高人民法院《关于适用〈合同法〉若干问题的解释(一)》第 13 条是接受了以债务人陷于迟延为判断时点的我国学界通说。参氏著:《合同法总论》(第 2 版),法律出版社 2008 年版,第 289~290 页。
③ 黄立:《民法债编总论》,中国政法大学出版社 2002 年版,第 472 页;孙森焱:《民法债编总论》,法律出版社 2006 年版,第 509~510 页。
④ 史尚宽:《债法总论》,中国政法大学出版社 2000 年版,第 464 页。

〈合同法〉若干问题的解释(一)》第 13 条第 1 款之规定,具有可代位行使性的债权须"具有金钱给付内容"。

三、代位权的行使

（一）行使方式

虽然行使的是债务人的权利,但非以债务人名义、而以债权人自己的名义行使(《合同法》第 73 条第 1 款)。

（二）行使途径

依诉行使(《合同法》第 73 条第 1 款)。

（三）行使范围

以债权人的债权或债务人对于此债务人的债权为限(最高人民法院《关于适用〈合同法〉若干问题的解释(一)》第 21 条)。

四、代位权的效力

最高人民法院《关于适用〈合同法〉若干问题的解释(一)》第 20 条:"债权人向次债务人提起的代位权诉讼经人民法院审理后认定代位权成立的,由次债务人向债权人履行清偿义务,债权人与债务人、债务人与次债务人之间相应的债权债务关系即予消灭。"第 18 条 1 款:"在代位权诉讼中,次债务人对债务人的抗辩,可以向债权人主张。"第 19 条:"在代位权诉讼中,债权人胜诉的,诉讼费由次债务人负担,从实现的债权中优先支付。"

（一）债权人直接受偿

次债务人直接向债权人清偿债务(最高人民法院《关于适用〈合同法〉若干问题的解释(一)》第 20 条)。

台湾通说则是由债务人受偿,债权人欲满足自己之债权,应对债务人另采强制执行之方法。理由是:债权人代位权之行使,系行使债务人之权利,故其行使之效果,仍应归属于债务人,而为其总债权之共同担保,代位之债权人并不能因之而获得优先受偿权。①

（二）两重债的关系消灭

债权人与债务人、债务人与次债务人之间相应的债权债务关系同时消灭。此为债权人直接受偿的结果(最高人民法院《关于适用〈合同法〉若干问题的解释(一)》第 20 条)。

（三）次债务人的抗辩

债权人行使的是债务人的权利,故其地位不应当优于债务人,次债务人对债

---

① 郑玉波:《民法债编总论》,陈荣隆修订,中国政法大学出版社 2004 年版,第 297 页;史尚宽:《债法总论》,中国政法大学出版社 2000 年版,第 471 页;黄立:《民法债编总论》,中国政法大学出版社 2002 年版,第 481 页;孙森焱:《民法债编总论》(下册),法律出版社 2006 年版,第 518 页。

务人的抗辩,亦得向债权人行使(最高人民法院《关于适用〈合同法〉若干问题的解释(一)》第 18 条第 1 款)。此外,次债务人还享有专对债权人的抗辩。

（四）给付费用

依《合同法》第 73 条之规定,债权人行使代位权的必要费用,由债务人负担。最高人民法院《关于适用〈合同法〉若干问题的解释(一)》第 19 条则规定,若债权人胜诉,则诉讼费由次债务人负担,从实现的债权中优先支付。

第三节　债权人撤销权

一、撤销权的意义

（一）撤销权之含义

代位权针对的是债务人怠于行使自己权利的消极行为,如果债权人作出某种积极行为,而该行为又可能威胁债权的实现,债权人就必须另觅他径以求救济。撤销权制度由此应运而生。撤销权亦称废罢诉权、撤销诉权,是指债权人对于债务人所为之有害债权的行为,得申请撤销的权利。《合同法》第 74 条、75 条为其规范基础。

有如代位权制度,撤销权制度亦是从法国辗转输入。德国未在民法典中作出规定,而区别支付不能程序上的撤销与其他撤销,分别规定于支付不能法与撤销法当中。

（二）撤销权之性质

梅仲协先生以之为程序权利:"我民法第 244 条及第 245 条,系采法国立法例。按撤销诉权,系罗马五大法学家之一保罗(拉 Paulus)氏所发明,故法国学者亦称为保罗诉权(法 action paulienne)。此项诉权,只能以诉讼主张之,故系程序法上之权利,而非实体法上之权利,唯因其为保全债权之一种重要方法,故于民法中规定之。"① 不过,通说在实体权利的脉络下展开讨论,原因在于,撤销权虽然必须依诉行使,但它并非强制执行请求权之辅助性权利或其从权利,而是附属于债权的从权利,不得与债权分离而为处分。②

就撤销权属于何种实体权利问题,亦有各种学说。举其要者如:第一,请求权说。该说是德国普通法以来的通说,③德国《撤销法》第 11 条第 1 款规定:"债权人于满足其债权必要之范围内,就得撤销之行为而自债务人财产转让、给予或

---

① 梅仲协:《民法要义》,中国政法大学出版社 1998 年版,第 245 页。
② 史尚宽:《债法总论》,中国政法大学出版社 2000 年版,第 475～476 页;孙森焱:《民法债编总论》(下册),法律出版社 2006 年版,第 530～531 页。
③ 参见史尚宽:《债法总论》,中国政法大学出版社 2000 年版,第 476 页;黄立:《民法债编总论》,中国政法大学出版社 2002 年版,第 482 页。

舍弃者,视同仍属于债务人,而得请求收受人返还。"第二,形成权说。该说认为,债权人行使撤销权的效果,是令债务人与第三人之间的法律行为溯及失其效力,故为形成权,至于返还财产之请求,不过是撤销权行使后之效果,而非撤销权本体。① 第三,折中说。该说认为,通过行使撤销权,债权人既可令法律行为溯及失效,亦可请求返还财产,兼具形成效力与请求效力。若是否认撤销权之请求效力,则在撤销之后,债权人为了让第三人返还其所获得的财产,还需借助代位权制度,"其不便孰甚",故不足采。②

《合同法》第75条规定:"撤销权自债权人知道或者应当知道撤销事由之日起一年内行使。自债务人的行为发生之日起五年内没有行使撤销权的,该撤销权消灭。"该撤销期间显然是除斥期间,由此推断,《合同法》似未采请求权说。

二、撤销权的要件

(一) 客观要件

客观要件分两方面:

1. 债务人实施有害债权的行为

结合《合同法》及其司法解释与民国时期的司法判例,可拆分为四项:

第一,债务人曾实施特定行为。包括:放弃其到期债权、无偿转让财产、以明显不合理的低价转让财产或以明显不合理的高价收购他人财产、放弃未到期债权、放弃债权担保以及恶意延长到期债权的履行期。

所谓"明显不合理"的低价或高价,依最高人民法院《关于适用〈合同法〉若干问题的解释(二)》第19条之规定,应当以交易当地一般经营者的判断,并参考交易当时交易地的物价部门指导价或者市场交易价,结合其他相关因素综合考虑予以确认。一般情况下,转让价格达不到交易时交易地的指导价或者市场交易价70%的,可以视为明显不合理的低价;对转让价格高于当地指导价或者市场交易价30%的,一般可以视为明显不合理的高价。

第二,所实施的特定行为有效。1937年民国最高法院第609号判例称:"民法第二百四十四条所称债务人所为之无偿行为或有偿行为,均系真正成立之行为,不过因其行为有害于债权人之权利,许债权人于具备同条所定要件时声请法院撤销,若债务人与他人通谋而为虚伪意思表示者,依民法第八十七条第一项之规定,其意思表示当然无效。此种行为有害于债权人之权利者,债权人只须主张其无效,以保全自己之权利,无声请撤销之必要。"③

---

① 黄立:《民法债编总论》,中国政法大学出版社2002年版,第482~483页。
② 史尚宽:《债法总论》,中国政法大学出版社2000年版,第477~479页;郑玉波:《民法债编总论》,陈荣隆修订,中国政法大学出版社2004年版,第297~298页;孙森焱:《民法债编总论》(下册),法律出版社2006年版,第532~533页。
③ 参见黄立:《民法债编总论》,中国政法大学出版社2002年版,第486页(注释89)。

第三，须其行为有害于债权。所谓有害于债权，参照台湾经验，指的是债务人减少财产或增加债务，削减其资产，以至于陷入无清偿能力境地，或其清偿能力本就薄弱，因此益增困难，使债务人不能为完全给付。①

第四，须债务人之行为以财产为标的，或非仅有害于以给付特定物为标的之债权。非以财产为标的的身份行为，不会损害债权，故无撤销之余地；撤销权之行使，旨在保障全体债权人利益，若只是有害于特定债权，撤销亦缺乏正当性。②

2. 债权在债务人实施有害行为时业已存在

1973年台湾"最高法院"第2609号判例："债权人得依民法第二百四十四条规定行使撤销权，以其债权于债务人为诈害行为时，业已存在者为限，若债务人为诈害行为时，其债权尚未发生，自不许其时尚非债权人之人，于嗣后取得债权时，溯及的行使撤销权。"③

（二）主观要件

债务人若为无偿行为，不以恶意为必要；若为有偿行为，须债务人与受益人皆为恶意。依《合同法》第74条第1款2句之规定，受益人（受让人）之恶意仅指明知，这表示，即便基于重大过失而不知，亦非恶意。

三、撤销权之行使

（一）行使方法

依诉行使（《合同法》第74条第1款）。

（二）行使范围

《合同法》第74条2款前句："撤销权的行使范围以债权人的债权为限。"

（三）行使期间

《合同法》第75条："撤销权自债权人知道或者应当知道撤销事由之日起一年内行使。自债务人的行为发生之日起五年内没有行使撤销权的，该撤销权消灭。"

四、撤销权之效力

（一）债务人行为归于无效

依最高人民法院《关于适用〈合同法〉若干问题的解释（一）》第25条，被撤销的行为，自始无效。这是形成权的效力表现。

（二）返还财产

一般认为，所返还的财产归于债务人，债权人不具有优先受偿权，所取回之财产为全部债权人之共同担保。④

（三）费用负担

---

① 黄立：《民法债编总论》，中国政法大学出版社2002年版，第488页。
② 黄立：《民法债编总论》，中国政法大学出版社2002年版，第487~488页。
③ 参见林纪东等编：《新编六法全书（参照法令判解）》，五南图书出版公司1986年版，第104页。
④ 张俊浩主编：《民法学原理》（下册），中国政法大学出版社2000年版，第693页。

《合同法》第74条2款后句:"债权人行使撤销权的必要费用,由债务人负担。"最高人民法院《关于适用〈合同法〉若干问题的解释(一)》第26条:"债权人行使撤销权所支付的律师代理费、差旅费等必要费用,由债务人负担;第三人有过错的,应当适当分担。"

【引导案例】

2004年7月29日,被告王诚与马林远合股投资创办的兰溪市远程管业有限公司核准成立。2004年10月21日,王诚与马林远达成兰溪市远程管业有限公司的股份转让协议,该协议约定:马林远在2004年10月21日支付给王诚转让款400 000元,2005年2月2日支付转让款600 000元,2005年6月30日支付转让款260 000元。协议还约定所欠余款利息以信用社贷款利息计算。协议签订后,吴建清通过银行汇款方式代马林远支付给王诚股权转让款400 000元,王诚未向吴建清出具欠条或收条,但向马林远出具了收条一份,该收条载明"今收到马林远股份转让金:肆拾万元整(400 000元)特此证明 收款人:王诚2004.10.21"。2005年3月14日,王诚向金华市中级人民法院起诉马林远,以马林远不履行股份转让协议为由,要求解除协议并支付违约金。金华市中级人民法院于2005年8月2日作出(2005)金中民一初字第87号民事判决:第一、解除王诚与马林远于2004年10月21日签订的内部股份转让协议;第二、由马林远支付王诚违约金66 780元;案件受理费17 144元,其他诉讼费100元,合计人民币17 244元,由马林远负担。王诚依据金华中院(2005)金中民一初字第87号民事判决向金华中院申请执行,该执行案号为(2005)金中民执字第385号;2006年4月,被告向金华市中级人民法院以其与马林远之间债权债务关系复杂,要求自行协商解决为由撤回对该案的执行,金华市中级人民法院于2006年8月29日作出(2005)金中民一初字第87号民事判决终结执行的裁定。2006年4月13日,吴建清向兰溪市人民法院起诉王诚,要求王诚退回股份转让款400 000元并赔偿经济损失人民币57 240元;2006年10月16日,吴建清以证据尚待补充为由向兰溪市人民法院撤回起诉,兰溪市人民法院于2006年10月16日作出(2006)兰民一初字第989号准许吴建清撤回对王诚起诉的民事裁定。2007年5月8日,吴建清向兰溪市人民法院起诉王诚、马林远,要求王诚退还股份转让款400 000元及赔偿经济损失129 000元,马林远对王诚的应付款承担连带责任;2007年12月20日,吴建清向兰溪市人民法院撤回对王诚的起诉,兰溪市人民法院于2007年12月20日作出(2007)兰民一初字第1122号准许吴建清撤回对王诚起诉的民事裁定;2008年2月18日,兰溪市人民法院作出(2007)兰民一初字第1122号民事判决:马林远返还吴建清人民币本金400 000元并支付资金占用费100 000元。吴建清未就该案件的判决向法院申请执行。

自金华市中级人民法院于2005年8月2日作出(2005)金中民一初字第87号民事判决解除王诚与马林远于2004年10月21日签订的内部股份转让协议后,债务人马林远于2005年12月3日提出过要求将其支付给王诚的股权转让款400 000元用于冲抵其应支付给王诚的执行款后,一直未向次债务人王诚主张要求返还该股权转让款。为此,原告吴建清诉至法院,要求代位行使马林远对于王诚的债权,被告王诚则以超过诉讼时效为由,要求驳回原告诉讼请求。

裁判

法院认为,债权人原告吴建清要求对次债务人被告王诚行使代位权,已过诉讼时效,因此判决驳回原告吴建清的诉讼请求。

评析

本案案情比较复杂曲折,基本争议焦点如下:

第一,关于原告吴建清能否行使代位权的问题。

首先,根据我国《合同法》的规定,因债务人怠于行使其到期债权,对债权人造成损害的,债权人可以向人民法院请求以自己的名义代位行使债务人的债权,但该债权专属于债务人自身的除外。债权人依照合同法的规定提起代位权诉讼,应当符合下列条件:(1)债权人对债务人的债权合法;(2)债务人怠于行使其到期债权,对债权人造成损害;(3)债务人的债权已到期;(4)债务人的债权不是专属于债务人自身的债权。因此,本案债权人原告吴建清能否行使代位权必须具备以下条件:一是债权人原告吴建清对债务人马林远的债权合法、确定,且已届清偿期;二是债务人马林远不仅应当对次债务人被告王诚享有债权,而且此种权利必须到期且怠于行使;三是债务人马林远怠于行使权利的行为已经对债权人原告吴建清造成损害;四是代位权的客体必须是具有金钱给付内容的到期合法债权。

其次,关于本案债权人原告吴建清与债务人马林远之间和债务人马林远与次债务人被告王诚之间是否存在合法、到期债权债务关系问题。依据生效的浙江省兰溪市人民法院于2008年2月18日作出的(2007)兰民一初字第1122号民事判决书,可以确认债权人原告吴建清享有对债务人马林远合法、到期债权的事实;根据查明的案件事实,债务人马林远与次债务人王诚之间的债权债务关系处于不确定状态。

第二,关于次债务人王诚抗辩的诉讼时效问题。

首先,根据最高人民法院《关于适用〈中华人民共和国合同法〉若干问题的解释(一)》的第18条规定"在代位权诉讼中,次债务人对债务人的抗辩,可以向债权人主张"。次债务人王诚提出诉讼时效抗辩,该举证责任在于债权人原告吴建清。从法院依职权调取的金华市中级人民法院在(2005)金中民执字第385号的执行案件看,马林远于2005年12月3日提出过要求将其支付给王诚的股权转让款 400 000 元用于冲抵其应支付给王诚的执行款,此时,表明该笔债权的诉讼时效中断。按现行法律规定,向人民法院请求保护民事权利的诉讼时效期间为二年计算。从原、被告提供的现有证据和法院依职权调查的证据看,原告吴建清未提供有效证据证明债务人马林远自 2005 年 12 月 3 日后向次债务人王诚主张过该股权转让款返还的事实;原告也没有提供其他有效证据证明自 2005 年 12 月 3 日后的诉讼时效有中止、中断、延长的事由。故原告要求被告返还权股权转让款的诉讼请求,已过诉讼时效。

其次,最高人民法院《关于审理民事案件适用诉讼时效制度若干问题的规定》的第 18 条规定,债权人提起代位诉讼的,应当认定对债权人的债权和债务人的债权均发生诉讼时效中断的效力。债权人与债务人之间以及债务人与次债务人之间属于两个不同的法律关系,要引起债务人与次债务人之间的债务诉讼时效中断,债权人必须代位债务人行使债权。本案原告虽然分别于 2006 年 4 月 13 日、2007 年 5 月 8 日两次向兰溪市人民法院提起对被告王诚的诉讼,但均非基于债务人马林远对次债务人王诚享有债权而代位行使。因此,原告向兰溪市人民法院提起的两次诉讼,不能引起债务人马林远与次债务人王诚之间的债权诉讼时效中断的法律后果。

【练习案例】

案情

应福明、柯玉领系夫妻关系,他们与应晓、应琦则为父母子女关系。2008 年 10 月 13 日郑岳亮曾向温岭市人民法院提起诉讼,要求应福明、柯玉领及案外人应福友偿还借款,温岭市人民法院于 2008 年 12 月 17 日分别作出 (2008) 温民二初字第 3308 号民事判决,判决被告应福明偿还给原告借款 500 000 元,及 (2008) 温民二初字第 3309 号民事判决,判决被告应福明及案外人应福友共同偿还给原告借款 700 000 元。两案均已发生法律效力,应福明未履行判决所确定的债务。

2008 年 10 月 13 日,应福明将自己拥有温岭第二汽车配件厂 50% 的股权以 290 000 元的价格转让给应晓,柯玉领将自己拥有温岭第二汽车配件厂 50% 的股权以 290 000 元价格转让给应琦。另查明,温岭第二汽车配件厂坐落于温岭市太平街道小南门村,法定代表人为柯玉领,注册资金为 580 000 元,应福明、柯玉领各占 50% 的股份,土地使用面积 2 951.5 平方米,建筑面积 3 261.94 平方米。2008 年 10 月温岭第二汽车配件厂账面资产负债情况:负债总计 3 799 593.21 元,其中短期借款 2 800 000 元,资产总计 4 367 497.75 元,其中固定资产(包括厂房机器设备)合计 2 031 621.98 元。温岭第二汽车配件厂房地产(不包括机器及设备)经评估,以 2008 年 10 月 13 日为基准日价值为 4 997 200 元。

郑岳亮以应福明、柯玉领、应晓、应琦四人为被告，要求撤销上述两项股权转让行为。

问题

1. 应福明将股权转让于应晓的行为能否被撤销？
2. 柯玉领将股权转让于应琦的行为能否被撤销？

要点提示

本案涉及债权人撤销权行使的要件，基本法律依据在《合同法》第74条。

【测试题】①

一、单项选择题

甲欠乙1万元到期未还。2003年4月，甲得知乙准备起诉索款，便将自己价值3万元的全部财物以1万元卖给了知悉其欠乙款未还的丙，约定付款期限为2004年底。乙于2003年5月得知这一情况，于2004年7月决定向法院提起诉讼。乙提出的下列哪一项诉讼请求能够得到法院支持？（2005年司法考试题）

A. 请求宣告甲与丙的行为无效
B. 请求法院撤销甲与丙的行为
C. 请求以自己的名义行使甲对丙的1万元债权
D. 请求丙承担侵权责任

二、多项选择题

1. 甲欠乙20万元到期无力偿还，其父病故后遗有价值15万元的住房1套，甲为唯一继承人。乙得知后与甲联系，希望以房抵债。甲便对好友丙说："反正这房子我继承了也要拿去抵债，不如送给你算了。"二人遂订立赠与协议。下列哪些说法是错误的？（2006年司法考试题）

A. 乙对甲的行为可行使债权人撤销权
B. 乙可主张赠与协议无效
C. 乙可代位行使甲的继承权
D. 丙无权对因受赠房屋瑕疵造成的损失请求甲赔偿

2. 甲企业借给乙企业20万元，期满未还。丙欠乙20万元货款也已到期，乙曾向丙发出催收通知书。乙、丙之间的供货合同约定，若因合同履行发生争议，由Y仲裁委员会仲裁。下列哪些选项是错误的？（2006年司法考试题）

A. 甲对乙的20万元债权不合法，故甲不能行使债权人代位权
B. 乙曾向丙发出债务催收通知书，故甲不能行使债权人代位权
C. 甲应以乙为被告、丙为第三人提起代位权诉讼

---

① 参考答案：一、A 二、1. CD 2. ABC 3. BCD 4. BC 5. BC

D. 乙、丙约定的仲裁条款不影响甲对丙提起代位权诉讼

3. 甲欠乙5000元,乙多次催促,甲拖延不还。后乙告知甲必须在半个月内还钱,否则起诉。甲立即将家中仅有的值钱物品九成新电冰箱和彩电各一台以150元价格卖给知情的丙,被乙发现。下列说法哪些是正确的?(2004年司法考试题)

A. 乙可书面通知甲、丙,撤销该买卖合同

B. 如乙发现之日为2000年5月1日,则自2001年5月2日起,乙不再享有撤销权

C. 如乙向法院起诉,应以甲为被告,法院可以追加丙为第三人

D. 如乙的撤销权成立,则乙为此支付的律师代理费、差旅费应由甲、丙承担

4. 甲公司欠乙公司30万元,一直无力偿付,现丙公司欠甲公司20万元,已到期,但甲公司明示放弃对丙的债权。对甲公司的这一行为,乙公司可以采取以下哪些措施?(2000年律师资格考试题)

A. 行使代位权,要求丙偿还20万元

B. 请求人民法院撤销甲方弃债权的行为

C. 乙行使权利的必要费用可向甲方主张

D. 乙方应在知道或应当知道甲放弃债权2年内行使权利

5. 债权人以对自己造成损害为由,请求人民法院予以撤销债务人的下列哪些行为的,人民法院应予支持?(1999年律师资格考试题)

A. 债务人怠于行使其到期债权

B. 债务人放弃其到期债权

C. 债务人无偿将财产赠与他人

D. 债务人以明显不合理的低价转让财产,但受让人不知该情形

【延伸阅读】

1. 张俊浩主编:《民法学原理》(下册),中国政法大学出版社2000年版,第33章第4节。

2. 刘心稳:《债权法总论》,中国政法大学出版社2009年版,第8章。

3. 韩世远:《合同法总论》(第二版),法律出版社2008年版,第6章。

4. 郑玉波:《民法债编总论》,陈荣隆修订,中国政法大学出版社2004年版,第3章第4节。

5. 黄立:《民法债编总论》,中国政法大学出版社2002年版,第9章第4节。

6. 孙森焱:《民法债编总论》(下册),法律出版社2006年版,第4章第4节。

第八章 违约责任

【本章导学】

本章是合同法的核心部分,如果没有违约责任的保障,合同将难以维持。本章主要应当掌握:(1)违约责任的种类和构成;(2)实际违约和预期违约;(3)赔偿损失在不同场合下的应用。

第一节 违约的一般概述

一、违约的一般理论

契约的全部意义和终极目的在于履行,正如德国法学理论家所强调的,债权契约可以产生各种不同的义务。人们设定这些义务是为了实现一个目标——履行。无论从什么意义上讲,履行都是债权关系的目的,而契约以及由契约产生的各种义务,就是用来实现这一目标的。义务是一种工具或方法,它描述并指明了在通向最佳履行道路上所要经历的不同阶段以及当事人的行为背离了这种义务的后果。如同设计图或计划书,契约规定了一项交易所要经历的不同发展阶段以及有关规则,当事人将据此达到他们所商定的预期目标[①]。一般说来,一个正常的缔约者是愿意履行和遵守自己的约定的,也希望对方履行和遵守约定。因为只有这样,彼此的交易目的才能实现。法律也希望私人之间的交易能够按照当事人的"法律"——契约进行,因为这是国家经济秩序的一部分。

但是,由于社会经济生活的不断变化,主客观世界的纷繁复杂,私人间缔结的契约得不到履行或不按缔约人预先的设计履行的状况时有发生,这就是我们通常所讲的违约。具体地说,违约就是契约当事人在无法定事由的情况下,不履行或者不按约定履行义务的行为。如何解决这一问题,是所有债权法理论的核心所在,任何私法制度的功效将在其面前接受检验[②]。所以,各国学理不得不研究合同效力的这个"副产品"——违约,并设定各种救济措施。

可是,对于违约行为的救济是否应建立在对于各种行为进行分类的基础之上?也就是说,是否有必要对各种违约行为进行分类并以此为基础而给予救济?

---

① [德]罗伯特·霍恩等著:《德国民商法导论》,楚建译,中国大百科全书出版社1996年版,第97~98页。

② [德]罗伯特·霍恩等著:《德国民商法导论》,楚建译,中国大百科全书出版社1996年版,第98页。

对此,大陆法系与英美法系的传统理论相去甚远。大陆法系国家(法国除外)对此一般持肯定的态度,即对各种合同义务作出不同的分类,根据对每一类合同义务的违反确定违约形态。

对于违约形态的分类最早始于罗马法。罗马法将违约形态分为给付不能与给付迟延。所谓给付不能,在罗马法上有两种含义:一是指实际上的无给付的可能,此为狭义的给付不能;另一种是指虽然给付是可能的,但给付的结果在当事人之间的显失公平,也属于给付不能,这种情况属于广义的给付不能。所谓给付迟延,在罗马法上也分为两种:即债权人的受领迟延和债务人的给付迟延。罗马法对这两种违约形态规定了不同的救济方式①。

罗马法的这种分类实质性地影响了德国学理及立法。1853 年,德国学者牟姆森(Mommsen)提出了一种观点,即所有形式的履行不当可以归结为给付不能与给付迟延两种形态。这一观点很快就吸引了为数众多的追随者。人们首先从物质概念上理解给付不能,即着眼于标的物是否存在以及是否能够得到,而不是从违约或未履行承诺的角度考虑问题。这就大大限制了给付不能作为一种类别的范围。另外一种仅有的履行违反的形式是迟延,或称未按时给付。这种排斥一切可能的"二元论"支配了那场围绕《德国民法典》而展开的大论战②,并最终被德国民法典所接受。但在事实上,"二元论"并没有穷尽所有的违约形态,在《德国民法典》生效实施后不久,马上就暴露出一个十分明显的漏洞:在一个买卖合同案例中,买主将其买来的一匹马与自己的另外 30 匹马圈在一起。由于这匹买来的新马患有一种传染性疾病,从而导致了其他马匹生病并死亡。根据《德国民法典》二元论的规定,买方并无契约上的请求权,但法院采取了"积极违约"的理论,弥补了民法典的这一漏洞③。在今天,"积极违约"已成为德国学理及判例公开承认的违约形态。

在英美法中,没有像大陆法系国家那样将违约行为划分为不同的违约形态并设置相应的救济措施。英美法否定违约形态分类的根据在于:任何违约均会导致合同义务的违反,并使受害人享有获得救济的权利。受害人是否选择救济方式应由其自己决定④。这也反映出英美法重程序的特点。

考虑各国在违约形态方面的差异,《联合国国际货物销售合同公约》规定了根本违约与非根本违约的概念。该公约第 25 条规定:"一方当事人违反合同的

---

① 王利明:《违约责任论》,中国政法大学出版社 1996 年版,第 122 页。
② [德]罗伯特·霍恩等著:《德国民商法导论》,楚建译,中国大百科全书出版社 1996 年版,第 103 页。
③ [德]罗伯特·霍恩等著:《德国民商法导论》,楚建译,中国大百科全书出版社 1996 年版,第 103 页。
④ 王利明:《违约责任论》,中国政法大学出版社 1996 年版,第 124 页。

结果,如使另一方当事人蒙受损害,以至于实际上剥夺了他根据合同规定有权期待得到的东西,即为根本违反合同,除非违反合同一方并不预知,而且一个同等资格、通情达理的人处于相同的情况中也没有理由预知会发生这种结果。"这个规定将违约分为根本违约与非根本违约。根据该条的规定,如果违约方在事实上具有违约行为,且这种违约行为对另一方造成的损害是如此的严重,以至于实际上剥夺了他根据合同规定有权期待得到的利益。"根据合同规定有权期待得到的东西",实际上就是当事人订立合同的根本目的,如果该根本目的落空,当然应为根本违约。

值得注意的是,公约所提出的划分是否构成根本违约的标准是一方当事人的违约行为对另一方当事人所造成的结果,而不是违约人的行为本身,即不是以违约人违反了合同的何种规定、何种条款为依据判断是否构成根本违约[①]。这就与大陆法系各国以违约人违反何种合同义务来划分违约形态区别开来。

《联合国国际货物销售合同公约》将违约形态分为根本违约与非根本违约有其重要意义。如果一方当事人根本违约,另一方当事人可以解除合同并请求赔偿;如果一方当事人的履约有不合合同规定之处,但并不构成根本违约,那么,另一方就不能简单地解除合同,而是采取其他的救济措施。这在根本上保证了交易秩序,而不至于使合同因微不足道的履行瑕疵而归于消灭。但在实际上,要划清根本违约与非根本违约是十分困难的。

二、我国学理及立法关于违约形态的观点

由于我国现行的民商法理论主要是建立在"洋为中用"的基础上,所以,学理上关于违约形态的观点也就难以统一。有代表性的观点大概有以下几种:(1)履行不能、履行迟延、履行拒绝与履行不当。这种观点以在我国目前较有影响的《民法债权》一书为代表[②]。(2)全部不履行、部分不履行、不正确履行。这一观点以我国已故的著名法学家佟柔先生主编的《民法原理》为代表[③]。(3)预期违约与实际违约,在实际违约中包括完全不履行、迟延履行、不当履行和不完全履行。这种观点以王利明教授为代表[④]。学理上的这种不同的见解,直接影响了这次合同法的制定。现行《合同法》第107条对违约形态只作了这样的规定:当事人不履行合同义务或者履行合同义务不符合约定的,对方有权请求违约方履行或者采取补救措施、承担赔偿损失等违约责任。并以明文于第108条规定了一种所谓"预期违约"的新的违约形态:当事人一方明确表示或者以自己的行为表明不履行合同义务的,对方可以在履行期届满前请求其承担违约责任。

---

① 徐炳:《买卖法》,经济日报出版社1991年版,第309页。
② 王家福主编:《民法债权》,法律出版社1991年版,第151页。
③ 佟柔主编:《民法原理》,法律出版社1983年版,第197页。
④ 王利明:《违约责任论》,中国政法大学出版社1996年版,第127页。

由此可见,我国合同法并没有采用大陆法系对违约形态的传统分类。

我们认为,对于违约形态的过细的划分并没有多大实际意义。最重要的是,法律应规定灵活的救济措施,使得契约一方当事人违约时,另一方能够根据自己对利益的判断而选择适当的救济措施,或者请求解除合同而使合同消灭并赔偿损失,或者请求继续履行并赔偿损失。当一方违约而使对方无利益可言时,当然应当允许其解除合同并要求赔偿损失;当非违约方根据自己的利益判断,认为对方虽然违约但仍自己有意义时,可请求实际履行并赔偿损失。当履行已为不可能时,也只能请求解除合同并赔偿损失。也正是基于这样的考虑,德国债务法修改委员会已经决定放弃对违约形态的具体分类。委员会制作了作为一般给付障碍法中心的义务违反概念,给予债权人基于给付障碍的权利的统一基本要件为义务违反。这一概念对于债权人的损失赔偿请求权及合同解除权同样适用。与德国现行法不同,给付不能与给付迟延不再被特别地、独立地规定为给付障碍的形态①。我国合同法显然没有继受大陆法系传统的分类理论,而是以义务违反为中心。

三、预期违约

（一）预期违约的概念与制度价值

预期违约（anticipatory breach of contract）是指在合同有效成立后履行期到来前,一方当事人肯定地、明确地表示他将不履行合同或一方当事人根据客观事实预见到另一方到期将不履行合同②。这是英美法以判例发展起来的特有制度。

从传统契约法的理论看,违约就是对于契约义务的违反,但在义务履行期到来之前,债务人并不负有实际给付义务,所以,"违约"的概念只有发生在"履行期"到来之后才符合逻辑。但是,如果在义务履行期到来之前债务人就已声明将不履行契约义务或其行为或客观情况已经表明他将于义务履行期到来时不能履行义务,法律应采取何种态度？是视而不见而让债权人坐等义务履行期的到来,从而寻找实际违约的救济,还是规定期前违约救济制度而使债权人免受更大的损失？由于英美判例法及衡平的传统,使其选择了后者。这一选择的本身就说明了预期违约制度的价值。

从以上所述,我们可以看出英美法上的预期违约制度有两种形态:一是当事人明确地、肯定地并无条件地向相对人表示其将不履行合同义务。这种情形被称为"明示的预期违约"（Repudiation）③。二是当事人虽然没有明确声明其将不

---

① 梁慧星:《民法学说判例与立法研究》,中国政法大学出版社1993年版,第323页。
② G. H. Treitel: The law of contract, Stevens & sons ,1983,P642.
③ 杨永清:《预期违约规则研究》,载《民商法论丛》第3卷,法律出版社1995年版,第351页。

履行契约义务，但其行为及客观情况表明了他将不能到期履行义务。在许多情况下，合同一方的行为及履约能力上的明显瑕疵，同样会起到与语言构成的毁约同样的作用①。这种情形被称为"默示的预期违约"（Diminished expectation）。这两种不同形态的预期违约制度在法律构成、救济措施方面均有不同，下面我们将分别论述。

（二）明示预期违约的法律构成及其救济

根据英美判例所确定的规则，在认定明示预期违约时，必须具备以下要件：（1）明示预期违约必须发生在合同有效成立后合同履行期到来前这段时间内。否则，就无所谓"预期"的问题；（2）当事人将不履行义务的意思表示必须是自愿地（Voluntarily）、无条件地（Unconditionally）、确定地（Positively）和不含糊地（Unequivocally）作出；（3）当事人表示的不履行，必须是重大的不履行，即如《联合国国际货物买卖合同销售公约》所指出的"根本违约"②。这与目前各国法律规定的违约的概念是一致的；（4）提出不履行必须没有法定理由。如果一方享有抗辩权而提出不履行，不构成违约问题③。

对于明示预期违约的救济，英美判例及成文法赋予非违约方以选择权：他可以立即行使诉权而得到救济，即要求解除合同并请求损害赔偿而不必坐等履行期的到来；也可以不理会对方的提前毁约表示而继续维持合同效力，等到实际履行期到来时，按照实际违约得到救济④：或者要求解除合同并赔偿损失，或者请求损害赔偿，或者要求实际履行。但是，第二种选择常常遭到法律的经济分析法学派的攻击，认为这是不符合"效率"的⑤。但是，效率也许不是当事人选择的唯一因素，有时当事人的主观价值是无法用效率规则来衡量的。

《美国统一商法典》肯定了上述判例规则。该《法典》第2-610条规定："一方当事人表示拒不履行尚未到期的合同义务，而这种毁约表示对于另一方而言会发生重大合同损害，受害方可以：1）在商业合理时间内等待毁约方履约；或2）即使他已告知毁约方他将等待其履约，催其撤回毁约表示，他仍然可以根据第2-703条或2-711条的规定请求违约救济；3）在上述任何一种情况下，停止自己的履行或根据本法对卖方权利的规定，不顾对方毁约确定合同货物，或根据第2-704条对未制成的货物作救助。"

---

① 王军：《美国合同法》，中国政法大学出版社1996年版，第377页。
② 见《联合国国际货物买卖合同销售公约》第71、72条。
③ 王利明：《违约责任论》，中国政法大学出版社1996年版，第139~140页。
④ Edward J. Murphy and Richard E. Speidel：Studies in Contract Law, Third edition, The Foundation Press, Inc. 1984, P1051.
⑤ ［美］理查德·H·波斯纳：《法律的经济分析》，蒋兆康译，中国大百科全书出版社1997年版，第150~168页。

（三）默示预期违约的法律构成及救济

默示预期违约规则是英国在 1894 年辛格夫人诉辛格一案中确立的。在该案中，被告于婚前向原告许诺：婚后将把一栋房屋转归原告所有。但被告此后又将该房屋卖给第三人，使其许诺成为不可能。法院在判决中认为，尽管不排除被告重新买回该房屋以履行其许诺的可能性，但原告仍有权解除合同并请求赔偿[①]。该案确立的规则为后来判例所遵循。

默示的预期违约之法律构成与明示预期违约的法律构成之不同的地方在于，预期违约方并没有将到期不履行合同义务的意思明确的表示出来，而是另一方根据某些情况预见到其将不履行义务。故在默示预期违约制度中，就要求该预见必须具有合理性。如何判断预见是否合理？这是默示预期违约制度中主要问题。在判断一方的预见是否合理方面，从采用预期违约制度的国家判例或立法以及国际公约中，大约有两种：一是《美国统一商法典》第 2 - 609 条规定的"有合理理由认为对方不能正常履行"。根据判例法，这种"合理的理由"主要有以下三种：第一，债务人的经济状况不佳，没有能力履约；第二，商业信用不佳，令人担忧；第三，债务人在准备履约或履约过程中的行为或实际状况表明债务人有违约的危险[②]。二是以《联合国国际货物买卖合同公约》第 71 条规定的标准，即对方履行义务的能力有缺陷、债务人的信用有严重缺陷、债务人在准备履行合同或履行合同中的行为表明他将不会或不能履约[③]。由此可见，《联合国国际货物买卖合同公约》规定的判断标准比美国统一商法典规定得更加具体和客观。这主要是在 1980 年维也纳会议讨论通过该公约时，英美法系国家与大陆法系国家，特别是发达国家与发展中国家激烈争论的结果。发展中国家担心发达国家会因主观臆断而滥用救济权。经过多次交锋，达成了这一妥协性的结果[④]。客观地讲，《联合国国际货物买卖合同公约》规定的这三项判断标准在很大程度上限制了主观成分。

在英美法系国家，从原则上说，对默示预期违约的救济与明示预期违约行为的救济是一致的，即非违约方可以接受预期违约这一事实而立即请求法律救济，也可以对此置之不理，等到义务履行期到来时按照实际违约请求法院救济。但在具体救济方式上，与明示的预期违约有所不同。美国统一商法典第 2 - 609 条对默示预期违约的救济作了较为详细的规定。该条规定：(1) 买卖合同双方均有义务不破坏对方抱有的获得己方正常履行的期望。当任何一方有合理理由认为对方不能正常履行时，他可以用书面形式要求对方提供正常履约的适当保证，

---

① 杨永清：《预期违约规则研究》，载《民商法论丛》第 3 卷，法律出版社 1995 年版，第 355 页。
② 杨永清：《预期违约规则研究》，载《民商法论丛》第 3 卷，法律出版社 1995 年版，第 355 页。
③ 王利明：《违约责任论》，中国政法大学出版社 1996 年版，第 146 页。
④ 徐炳：《买卖法》，经济日报出版社 1991 年版，第 424 页。

且在他收到此种保证之前,可以暂停履行与他未收到所需之履约保证相对应的那部分义务。只要这种暂停在商业上是合理的;(2) 在商人之间,所提出的理由是否合理和所提供的保证是否适当,应根据商业标准来确定;(3) 接受任何不适当的交付或付款,并不损害受损方要求对方对未来履约提供适当保证的权利;(4) 一方收到对方有正当理由的要求后,如果在最长不超过 30 天的合理时间内未能按照当时的情况提供履约的适当保证时,即构成毁弃合同。从这一规定上看,美国统一商法典规定的对默示的预期违约不同于明示预期违约之救济主要有两种方式:其一,当一方根据客观情况预见到对方将到期不能履约时,有权要求对方提供其能够履行的保证。为表示该要求的正式性,法典要求必须用书面的形式。在对方提供适当的保证前,他有权中止相应的履行。但不能简单地解除合同。因为,这种预见毕竟是一种主观的判断,与对方的明示显然不同。为防止这种主观判断的偏差,在法律救济方面也有所顾及。其二,如果对方在收到预见方要求提供保证的书面通知后 30 天内,没有提供适当保证的,他可以按照预期违约的一般救济原则行使权利。中止是一种抗辩,它不能使当事人从合同关系的束缚中解脱出来。故法律规定,如果在 30 天内的合理期间内对方没有提供适当的保证的,视为其有预期违约的行为,预见方有权要求按照预期违约的规则得到救济。

《联合国国际货物买卖合同公约》作为一个世界性的法律文件,在第 71 条和 72 条中规定了对预期违约的救济。该公约第 71 条规定:"(1) 如果订立合同后,另一方当事人由于下列原因显然将不履行其大部分重要义务,一方当事人可以中止履行义务:(A)他履行义务的能力或其信用有严重缺陷;或(B)他在准备履行合同或履行合同中的行为。(2) 如果卖方在上一款所述的理由明显化以前已将货物发运,他可以阻止将货物交给买方,即使买方持有其有权获得货物的单据;(3) 中止履行义务的一方当事人不论是在货物发运前还是在发运后,都必须立即通知另一方当事人,如经另一方当事人对履行义务提供充分的保证,则其必须继续履行义务。"第 72 条除在第 3 款规定明示预期违约外,第 1、2 款规定了默示预期违约及救济。该两款规定:如果在履行合同日期之前,明显看出一方当事人将根本违反合同,另一方当事人可以宣告合同无效;如果时间许可,打算宣告合同无效的一方当事人必须向另一方当事人发出合理的通知,使他可以对履行义务提供充分的保证。从这些规定看,《联合国国际货物买卖合同公约》在调和两大法系之间的矛盾方面的确是煞费苦心。有的学者认为,《联合国国际货物买卖合同公约》规定的救济手段与美国统一商法典有显著不同①。但我认为,从

---

① 王利明:《违约责任论》,中国政法大学出版社 1996 年版,第 148 页;杨永清:《预期违约规则研究》,载《民商法论丛》第 3 卷,法律出版社 1995 年版,第 382 页。

《联合国国际货物买卖合同公约》的上述规定看,与英美法系对默示预期违约之救济的基本精神并无不同:均以中止履行合同义务为主要的救济手段。根据第71条的规定,如果一方当事人显然不履行合同主要义务,另一方当事人可以中止履行自己的义务,但必须书面通知对方要求其提供必要的保证,如果对方按其要求提供适当保证的,另一方必须继续履行自己的义务;根据第72条的规定,当"明显看出一方当事人将根本违反合同,另一方当事人可以宣告合同无效",但如果时间许可,欲宣告合同无效的一方应通知对方要求其提供适当的保证。从这一规定看,"宣告合同无效"仍然作为一种例外的特别手段,是在时间不许可的情况下使用的救济手段,在时间允许的通常情况下,中止履行自己的义务并要求对方提供适当的保证仍然是主要的救济手段。

(四) 对预期违约制度的正当化说明理论

对于预期违约制度存在的必要及合理性,在这一制度出现的初期,就存在严重的争论。作为在美国合同法领域享有盛誉并负责起草美国第一次合同法重述的威灵斯顿(主起草人)和柯宾(主要助手)之间就存在着严重的分歧。威灵斯顿认为,预期违约的概念不合逻辑,因为它要求表意人过早地履行其允诺的义务,从而增加了其负担[1]。在莫伯里诉纽约人寿保险公司一案(Mobley V. New York Life Ins. Co.)中,威灵斯顿指出:为履行一项相互同意的交易而为的单方许诺的将来给付义务只有在履行期到来之日方能强制履行,如果允许对于被保险人的将来利益给予现实的救济,保险公司的运行策略将被摧毁,以分期付款获得利益的目的将会落空[2]。而柯宾则认为,针对预期违约提起诉讼是合理的,因为预期违约人的违约降低了对方享有的合同权利之价值,因此给对方造成了损害。允许受害人提起诉讼,也可以迅速地了结他们之间的纠纷[3]。在这场争论中,威灵斯顿的观点没有像其在其他合同领域那样占据绝对的权威,相反,柯宾的观点得到了普遍的赞同,无论是学理还是判例均站到了柯宾一边。就如Treitel所指出的,预期违约制度至少有以下两个优点:首先,它有助于使损失降低到最低限度。在霍切斯特诉陶尔案中,如果原告不立即起诉,他就得准备履行合同。明示预期违约规则赋予原告立即起诉权,等于鼓励他解除合同。这样,可以避免额外损失;其次,明示预期违约规则有利于对受害人合理而充分的保护。例如,如果他预先履行了将来的义务,然后对方表示拒绝履行其义务,若让债务人坐等履行期到来后才向对方主张补救,那么他将遭受严重损失[4]。正因为如此,

---

[1] Williston ;Repudiation of Contract(Pt2). 14 Harv. L. Rev 421,428,438(1901).

[2] Edward J. Murphy and Richard E. Speidel : Studies in Contract Law , Third edition,The Foundation Press , Inc.1984,P1006.

[3] Corbin on Contract, Vol. 4 , P863.

[4] 转引自崔建远:《合同责任研究》,吉林大学出版社1992年版,第34页。

预期违约规则在英美法成为被普遍接受的制度。

但是,在对预期违约制度存在的基础及正当化进行说明时,却存在不同的理论。大致有以下几种学说:(1)要约承诺理论(The offer and accptance theory)。该理论从解除合同须双方协议一致的视点出发,认为预期违约方的预期违约是一种可能被承诺方接受的解除合同的要约;(2)不可能履行理论(Impossibility of performance)。该理论认为,预期违约方的预期违约表明预期违约方不可能履行原合同义务;(3)隐含条件理论(The implied term theory)。该理论认为,预期违约方的预期违约行为违反了合同的隐含条件——禁止违反合同义务;(4)实际违约理论(The present breach theory)。该理论认为,预期违约行为本身就等于实际违约。该理论在美国为通说;(5)保护履行期待理论(Protection of the expectation of performance)。该理论认为,双方当事人订立合同之后,就产生了一种履行期待。预期违约规则就在于保护这种期待;(6)必然违约理论(The inevitable breach basis)。该理论认为,预期违约行为必然产生不可能再履行合同义务的后果①。

在以上诸理论中,最适合合同法精神的当数第五种理论。合同权利是一种期待利益,而预期违约行为侵害的正是这种利益。预期违约制度无非是基于公平的理念对于这种利益给予保护,使受害人得到如同实际违约几乎相同的救济。

(五)预期违约制度与拒绝履行及不安抗辩的比较

1. 拒绝履行与明示预期违约

在大陆法系,如果一项债务规定了履行的具体期限,从客观上说,债务人拒绝履行债务的时间可能发生在履行期限到来之前,也可能是在履行期限到来之时,也可能是履行期限到来之后(迟延后的拒绝履行)。所以,我国有的学者将拒绝履行定义为"履行期到来之后债务人无正当理由拒绝履行债务"②是有失偏颇的。

按照通说,在清偿期到来之前,债权人原不享有实际履行的权利,因而此时并不发生债务人不履行债务的责任③。但现在的德国学理认为,对于那些在某一期限后才进行给付的契约来说,可能会出现预期拒绝履行的情形。既然债务人已背弃了自己所承担的义务,受害的一方就应当可以通过其他救济方法来尽量减少预期的损失。允许受害方放弃契约权利并作出其他安排,是为了保护受害方的权利和避免浪费。《联合国国际货物买卖合同公约》第72条采用了这一

---

① 参见 杨永清:《预期违约规则研究》,载《民商法论丛》第3卷,法律出版社1995年版,第369~372页。
② 王利明:《违约责任论》,中国政法大学出版社1996年版,第129页。
③ 王家福主编:《民法债权》,法律出版社1991年版,第158页。

救济方法是完全正确的①。对于预期的严重拒不履行的案件,德国的国内法允许无过错的一方当事人要求即时赔偿因不履行而受到的损失,或者解除合同。换句话说,预期不履行的法律后果与《德国民法典》第325、326条规定的实际违约的法律后果是一致的。对此,《德国民法典》中并无明文规定,但是,在司法判决中它却得到普遍的承认。……预期不履行是债务人通过拒绝履行的明确表示而违反给付义务的典型例证,对其可以直接适用关于违反履行义务的一般原则,这时,债务人可以作出选择:他可以坚持履行契约;也可退出契约②。由此可见,以德国民法典为代表的大陆法系民法及判例上的预期拒绝履行无论在构成及具体救济措施上,与英美法系的明示预期违约制度的价值理念是一致的。

2. 不安抗辩权与默示预期违约制度

所谓不安抗辩权是指,在双务合同中有先为履行义务的一方在履行前发现他方的财产明显减少而有难为给付之虞时,可要求他方为对待给付或提供相当的担保。在他方为对待给付或提供相当担保前,该方得拒绝自己的给付③。这就是所谓的不安抗辩权。

不安抗辩权是基于公平理念对给付具有牵连关系的双务合同而设,为大陆法系各国民法典所规定。《法国民法典》第1613条规定:"如买卖成立时,买受人陷于破产或处于无清偿能力致使出卖人有丧失价金之虞时,即使出卖人曾同意延期给付,出卖人也不负交付标的物的义务,但买受人提出到期给付的保证者,不在此限。"《德国民法典》第321条也规定,因双务契约而负担债务并应向他方先为给付者,如他方的财产于订约后明显减少,有难为对待给付之虞时,在他方未为对待给付或提出担保之前得拒绝自己的给付。其他大陆法系国家的民法典,如《奥地利民法典》第105条、《瑞士债务法》第3条、《意大利民法典》第1496条均对不安抗辩权有明确规定。法国民法典与德国民法典对于行使不安抗辩权的条件的规定,代表了大陆法系各国民法典规定的不同。以法国为代表的大陆法系国家,认为行使不安抗辩权应以对方破产或无清偿能力为条件;而以德国民法典为代表的大陆法系国家,则认为不安抗辩权的行使条件为"财产明显减少,有难为给付之虞"。也就是说,《法国民法典》规定的条件更加严格具体,而德国民法典规定得概括并宽松。

我国有的学者对英美法系的默示预期违约制度与大陆法系的不安抗辩权制度进行了对比,认为这两种制度的区别主要有两种:其一,适用的前提条件不同。

---

① 罗伯特·霍恩,海因·科茨 & 汉斯·G·莱塞:《德国民商法导论》,楚建译,中国大百科全书出版社1996年版,第113页。

② 罗伯特·霍恩,海因·科茨 & 汉斯·G·莱塞:《德国民商法导论》,楚建译,中国大百科全书出版社1996年版,第113~114页。

③ 苏俊雄:《契约原理及其实用》,台湾中华书局印行1983年版,第144页。

大陆法系的不安抗辩权的前提是双方当事人履行债务的时间有先后之分,而默示的预期违约制度无此区别;其二,两者所依据的原因不同,即大陆法系的不安抗辩权行使的条件是一方财产明显减少或破产或必能支付;而英美法系的默示预期违约制度的适用有三种条件(见前"默示预期违约制度的法律构成")。由此得出结论,二者有明显区别,不能相互代替。预期违约制度较之不安抗辩权更利于保护交易秩序①。这种观点显然已经影响了我国合同法。

我国1999年《合同法》的颁布,肯定了预期违约制度,该法第108条规定:当事人一方明确表示或者以自己的行为表明不履行合同义务的,对方可以在履行期限届满之前请求其承担违约责任。从该条规定中可以看出,我国合同法预期违约制度也包括明示的预期违约与默示的预期违约。

四、加害给付

(一)加害给付的概念

加害给付是指债务人所为的履行不合债的本旨,除可能损害债权人的履行利益外,尚发生对债权人固有利益的损害。也就是说,债务人的给付行为有背债之主旨行为,除有可能造成债权人契约利益外(这里仅仅是可能,有时并不同时发生),尚对债权人契约利益外的固有利益的损害的情形。

关于加害给付的系统理论是由德国的职业律师史韬博(Herniann Staub)提出的。史韬博在1902年,即《德国民法典》颁布后的第二年,于第26届德国法律学会的纪念文集上发表了题为"论积极侵害契约及其法律后果"的论文,提出了积极侵害债权的问题。1904年,作者再度整理此文,进一步阐述了其见解,建立了完备的理论体系。他理解分析了《德国民法典》施行后发生的14个特殊案例,认为尽管德国民法对给付不能与给付迟延有详尽的规定,但这14个案例既不构成给付不能,也不构成给付迟延。给付不能与给付迟延系债务人应为而不为,但此类案例是债务人不应为而为之,即债务人虽已为履行,但其履行有瑕疵而致债权人的损害,属于积极侵害契约。法律对此未为规定,是为漏洞②。STAUB的理论提出后,引起了强烈的反响和高度的重视,德国许多学者认为这是"法学上的伟大发现"③。STAUB理论的伟大意义在于:首先它弥补了在德国学理及司法上占统治地位的违约形态"二元论"理论的不足,弥补了德国民法典关于这一问题的立法上的漏洞;其次,它提出的对积极侵害契约的救济,也是对德国民法理论及判例的伟大贡献。对于不适当履行问题,德国民法及判例主要是通过瑕疵担保制度来对当事人进行救济的,而救济的方式主要是减价和修补。

---

① 杨永清:《预期违约规则研究》,载《民商法论丛》第3卷,法律出版社1995年版,第380页;王利明:《违约责任论》,中国政法大学出版社1996年版,第157页。
② 王家福主编:《民法债权》,法律出版社1991年版,第165页。
③ 王泽鉴:《民法学说与判例研究》,第4册,中国政法大学出版社1998年版,第16页。

然而,不适当履行所造成的损害不仅限于给付本身的价值,还可能造成对债权人的其他财产、人身的侵害,传统的救济方式不足以对当事人提供有效的救济。STAUB 发现了这一问题,并提出了给付人的损害赔偿责任。

STAUB 的理论也引起了学者对之进一步探讨的兴趣。有的学者对其所用的"积极侵害契约"的概念提出了异议,如 Enneccerus 认为,此种债务的不履行,不限于因契约而生的债务,单独行为以及依法律规定而生的债务,也可发生,故应称为"积极侵害债权"。Zitelmann 主张,对债权的侵害不限于积极行为,也可因对附随义务的不履行(如违反告之义务)而产生,故应称为"不良履行"。Leonhard 则认为,不应就债务违反的行为而应就其所发生的结果为区别,即应以其结果为给付不能、给付迟延或其他损害为标准。例如,肖像的发送人,因过失而包装上一颗钉子,肖像因而被毁,则认为给付不能;如因此而被扣留邮局,则为给付迟延;如开包人因此而受到伤害,则为其他损害。发生此种损害的情形,应称为"非妨害给付的债的侵害或附随加害"①。由此可见,在德国,学理上普遍承认在给付不能和给付迟延之外尚有第三种违约形态,但其范围如何,则纷争不一。

STAUB 的理论不仅在德国强烈的反响,并最终在 2002 年 1 月 1 日被纳入了《德国民法典》。该法典第 241 条第 2 款规定,债务关系可以根据其内容,使任何一方承担照顾对方权利、法益和利益的义务。德国学者认为,这一规定相当于加害给付②。这一制度在其他大陆法系国家也受到了广泛的重视,许多国家通过各种渠道了解并接受了这一理论。

(二) 加害给付的种类

由于各国对于加害给付(积极侵害债权)的范围认识不同,故在关于类型上也有不同的划分,即使在同一个国家中,也可能存在不同的分类标准和观点。例如,在德国,根据恩纳塞罗斯(Enneccerus)和雷曼(Lehmann)的观点,积极侵害债权可分为四类:(1)瑕疵履行,即因瑕疵履行行为致使债权人的物或身体受到伤害(有的日本学者认为仅此种情况为不完全给付);(2)继续供给义务,因一次给付的瑕疵而使其余已为的给付或未为的给付对债权人失去利益或依诚实信用原则不能强行要求债权人受领的,同时会有对于其余部分的给付的权利的侵害,从而发生全部债权债务关系的侵害;(3)违反诚实信用原则,从而使当事人之间以信赖关系为基础的协作关系遭到破坏;(4)预期拒绝履行③。

受德国学理分类的影响,我国台湾也存在各种分类的标准和分类方法。主要有:(1)依给付方式不完全而作的分类:给付物品质或量上的不完全;给付方

---

① 史尚宽:《债法总论》,中国政法大学 2000 年版,第 397～398 页。
② [德]克里斯蒂阿妮·文德浩:《德意志联邦共和国的新债法》,载《德国债法的现代化》,邵建东等译,中国政法大学出版社 2002 年版,第 10 页。
③ 史尚宽:《债法总论》,中国政法大学 2000 年版,第 398 页。

式不完全;违反附随义务而为的不完全给付;给付时间上的不完全(给付迟延除外);(2)依给付程度不完全而为的分类。主要有:发生补正义务的不完全给付;加害给付的不完全给付①。

我们认为,加害给付在我国应分为以下几类:

(1) 加害瑕疵给付

债务人虽已提出给付,但其给付在品质上有瑕疵,不仅使债权人的履行利益可能受到侵害,而且使债权人的固有利益也受到侵害;

(2) 违反附随义务的给付

附随义务是依诚实信用原则而生的义务,其功能在于使债权人的权利得以完全实现,如告知义务、保密义务、照顾义务、协力义务等,如果债务人违反这种义务,同时又使债权人的固有利益受到损害。但是,如果仅仅使债权人的履行利益受到损害而固有利益未被损害时,不应为积极侵害债权。

(3) 违反保护义务

保护义务是独立于债的关系之外的债权人的受法律保护的利益。它是侵权行为法中任何人都负有的不得侵害他人的人身及财产的一般性义务在债的关系中的延伸。其结果,当债务人在履行过程中造成了相对人的人身或财产损害时,不是按侵权行为法处理,而是依契约规则处理。

在我国合同法中,明确规定了加害给付:第122条规定:因当事人一方的违约行为,侵害对方人身、财产权益的,受害人有权选择依据本法请求承担违约责任或者依照其他法律规定承担侵权责任。也就是说,违约行为对当事人的固有利益造成损害的,可以依据合同法请求救济。显然,这已经将加害给付作为一种独立的违约形态。

第二节 违约责任②

一、实际履行

(一) 实际履行的概念

实际履行是指合同一方当事人违约后,法院应非违约方当事人的请求而判决违约方按照合同约定的标的物履行合同义务,而不能以其他标的物替代的救济方式。

实际履行在性质上是一种救济制度。无论在英美法系还是大陆法系,学理

---

① 史尚宽:《债法总论》,中国政法大学2000年版第399页。
② 违约责任应当包括实际履行、赔偿损失和解除合同。解除合同我们将放在"合同终止"中论述。

均将其放在救济制度中而作为一种违约救济手段而论述①。而我国许多教科书将实际履行作为基本原则来对待,显然已经不符合实际上在我国现行合同法的救济精神。

(二) 实际履行作为违约责任形式的价值

当事人契约订立的目的在于满足某种需要,因为,从缔约的目的看,一般情况下,当事人都期望合同能够依约履行。因此,在当事人一方违约的情况下,法院强行要求违约方继续履行合同是符合合同目的的。但是,在市场经济条件下,由于种类物居多,金钱赔偿几乎能够达到如实际履行同样的效果,因此,金钱的赔偿的范围在不断扩大。但是,当金钱赔偿不能对非违约方提供满意的救济时,实际履行就有不可替代性。但是,大陆法系与英美法系国家在选择实际履行与损害赔偿两种救济措施上的价值取向仍然有明显的差别。

1. 英美法系在选择实际履行与损害赔偿两种救济措施上的价值取向

在英美法系,实际履行在历史上是衡平法院认为普通法上的损害赔偿救济不充分或不公平时,创设的一种特别救济制度。它是指法院所作的判决,命令被告履行合同义务,不服从裁决将构成藐视法庭,法院得依胜诉方的申请,以罚金或监禁处罚败诉方②。但是,法院在采用这一救济措施时,有严格的条件。就如阿蒂亚所言:支配这种救济措施的两个主要原则是,第一,只有在损害赔偿不足以补救时,才发布这样的特别履行(实际履行)命令;第二,只有在法院认为这些命令可以执行时,才发布这样的命令③。

2. 大陆法系在选择两种救济措施上的价值取向

在救济手段的选择方面,大陆法系国家与英美法系国家有所不同。按照大陆法系传统的立法、学理与判例,在违约救济方面,首选的是实际履行而非赔偿损失。德国学者罗伯特·霍恩指出:受罗马法的影响,在德国,即使出现了违反契约义务的情形,债权人也仍然享有履行请求权,除非实际上已不可能履行。否则,债权人就可以选择行使其履行请求权,而不必求助于那些关于解除的救济④。这种履行优先的原则,在2002年修改后的德国民法典中,仍然得到确认。根据《德国民法典》第281条规定,在债务人不履行合同义务或者不按照约定履行合同义务时,债权人原则上应定相当期间令债务人履行债务,此期间经过而债务人仍未履行,方可请求代替履行的损害赔偿⑤。

---

① 见罗伯特·霍恩等:《德国民商法导论》,前揭书,第118页;迈克尔·D·贝勒斯:《法律的原则》,第242页;罗伯特·考特等:《法和经济学》,第165页。
② 沈达明:《英美合同法引论》,对外贸易教育出版社1993年版,第280页。
③ 阿蒂亚:《合同法概论》,程正康等译,法律出版社1982年版,第319~320页。
④ 罗伯特·霍恩等:《德国民商法导论》,楚建译,中国大百科全书出版社1996年版,第118页。
⑤ 梁慧星:《民法学说判例与立法研究》,中国政法大学出版社1993年版,第324页。

法国学者莱尼·达维在谈到法国对救济措施选择方面的价值取向时说,正常的情况是契约应当履行,并且是及时履行。在法国,从这个简单的概念出发,人们认为适用于违反契约的案件的正规补救方法是命令实际履行,无论这种履行可能在何时。但在英国法中,实际履行只是在损害赔偿不能提供令人满意的解决方案的例外情况下才能适用。这个基本的区别将英国法与法国法区分开来①。莱尼·达维在分析这种区别产生的根源时指出,这种区别的根源在于契约的不同概念。法国契约法基于道德的观念,由教会法学家予以阐述。对于他们来说,一个人不兑现自己的诺言是一种罪恶:协议必须遵守,你必须遵守你的诺言,否则,国家和法律将强迫你履行。英国法则正好相反,把契约中的上述问题看作是一种讨价还价。问题不在于诺言应被强制遵守,而在于对诺言加以认真考虑的承诺人在契约违反后不受损害:为此目的,判给损害赔偿几乎在所有的案件中都是一种合理的补救办法②。莱尼·达维所指出的根源虽不是唯一的根源,却是重要的根源。

3. 两大法系在关于救济措施手段选择方面的发展

在英美法系,实际履行是衡平法上的救济措施,其本为弥补普通法上的损害赔偿之不足而产生的。公平正义则是衡平法的灵魂,故也可以说,实际履行是衡平法为弥补普通法上的不公平救济而产生的。从这一意义上看,实际履行所适用的范围是极其有限的。但近年来,英国判例倾向于扩大适用实际履行救济。理由有三:(1)1875年以来普通法院与衡平法语人的合并;(2)在愈来愈复杂的交易关系上,实际履行是更有效的救济方式;(3)过去过分强调实际履行给法院与败诉方带来的负担。英国法官在裁判适用实际履行这种救济措施时所考虑的主要因素仍然是损害赔偿不足以救济,但在具体作法上显示出更大的灵活性。例如,考虑债权人的长期经济利益是否依赖债务人的履行;过去法院过分夸大了对某些合同的实际履行在监督执行上的困难。20世纪80年代的判例改变了监督方式,将监督改由原告进行。20世纪80年代的判例还放弃了对劳务合同不作实际履行的做法,作出了雇佣人重新雇佣被解雇的员工、协会重新接纳会员的裁决③。

在大陆法系国家,虽然强调履行优先的原则,但与英美法有所系不同。在英美法系,是否采用实际履行是法官行使自由裁量权的结果,当事人原则上无主张

---

① [法]莱尼·达维:《英国法与法国法》,潘华仿等译,中国政法大学校内用书,1984年印刷,第122页。
② [法]莱尼·达维:《英国法与法国法》,潘华仿等译,中国政法大学校内用书,1984年印刷,第122页。
③ 沈达明:《英美合同法引论》,对外贸易教育出版社1993年版,第282页。

的权利①。而在大陆法系,是否采用实际履行,多是应受害方的请求。也就是说,这种选择权多掌握在当事人手中。所以,从表面上看,大陆法系强调实际履行,但是,在实际适用的范围并不十分广泛。因为,当债务人履行不能或违约而对债权人无利益时,实际履行就不会被主张和适用,而更多的债权人更愿意采取金钱赔偿的方式,这种方式更加可行便利,除非履行对债权人具有不可替代的意义。而这种不可替代性在英美法上也是法官判决实际履行的正当理由。另外,在具有个人性质的劳务合同中,大陆法系学理也主张,实际履行并不能达到债之履行的目的,如画家违约而强制其履行,并不能达到预期效果。并基于对人权的尊重,也不适用实际履行的方式,而更多地采用金钱赔偿的方式。所以,从这个意义上说,两大法系在救济手段的具体适用方面,有许多异曲同工之处。正如法国学者莱尼·达维所言:事实上,英国法与法国法两种制度之间的差别比想象的要小得多,早期可能很大,但现在已经降为纯理论问题。在比较法方面具有第一权威的劳森教授,在他1972年出版的《英国法中的补救》一书中得出这样一个结论:今天实际履行的运用在英国比起法国来更加不受拘束②。

(三) 我国合同法上的实际履行及其限制

实际履行虽然是违约救济的一种措施,但并非在任何情况下均能适用。我国《合同法》第110条规定,当事人一方不履行非金钱债务或者履行非金钱债务不符合约定的,对方可以要求履行,但有下列情形之一的除外:(1) 法律上或事实上不能履行;(2) 债务的标的不适于强制履行或者履行费用过高;(3) 债权人在合理期限内未要求履行。由此可见,在下列情况下,不能适用实际履行作为救济措施:

1. 实际履行已经不可能

如果实际履行在客观上已经成为不可能,这就从根本上消灭了实际履行适用的基础。这种可能是指客观的永久的不能,而非主观的一时的不能。

2. 实际履行在经济上不合理

这主要是从经济分析的角度来考虑的。法律的其中一个特性是效率,特别是民商法,如果在经济上是无效率的,则这一制度的存在就只得考虑。违约救济也是如此,如果实际履行的费用过高,或其他代价过大,那么就不应适用实际履行这一救济措施。

3. 继续履行合同对债权人来说已无必要

这主要是从经济意义上来考虑的。这里所谓的"已无必要",主要是指强制

---

① 沈达明:《英美合同法引论》,对外贸易教育出版社1993年版,第280页。
② [法]莱尼·达维:《英国法与法国法》,潘华仿等译,中国政法大学校内用书,1984年印刷,第123页。

债务人继续履行合同对债权人来说已不能达到订立合同时所预期的目的,例如,债权人定作的婚礼服在婚礼开始前没有交付。在多数情况下,债权人所遭受的损失均可用金钱赔偿的方式来弥补,故在此情况下宜采用解除合同或赔偿损失的方式来救济。

二、损害赔偿

（一）概述

我们这里所讲的损害赔偿是指违约损害赔偿。所谓违约损害赔偿是指违约方因不履行合同或者不完全履行合同而给对方造成的损失,依法应当承担赔偿责任。

违约损害赔偿是违约救济中最广泛、最主要的救济方式。这一制度的基本目的是用金钱赔偿的方式弥补一方因违约给对方所造成的损害。它之所以是一种最广泛最主要的救济措施,是因为:（1）合同关系一般为交易关系,而交易关系一般均可用金钱来表示或折合为金钱;（2）损害赔偿既可以单独使用,也可以与实际履行等救济手段一并使用,如我国《合同法》第112条规定:"当事人一方不履行合同或履行合同义务不符合约定的,在履行义务或者采取其他补救措施后,对方还有其他损失的,应当赔偿损失。"与其他救济措施一并使用就增大了这一救济措施的适用范围。

在理解违约损害赔偿时,有以下几点应特别注意:

（1）违约损害赔偿是因债务不履行而产生的责任,因债务人违约而使债权人遭受损害,这样合同双方当事人原来的合同权利义务就转化为损害赔偿的债权债务关系。这一点是理解单独使用损害赔偿这一救济措施的关键。

（2）违约损害赔偿具有补偿性。违约赔偿一般是为了弥补当事人因一方违约而产生的损害,一般不具有惩罚性。所以,在计算赔偿额时一般不考虑违约方的主观过错。

（3）违约损害赔偿与违约金。通说认为,违约金是缔结合同的一方当事人在不履行或不适当履行合同时,应给付另一方的一定数额的金钱[①]。关于违约金的概念,在我国学理上没有争议,但关于违约金的性质,却有重大分歧。分歧主要集中在违约金是惩罚性的还是补偿性的?

在我国大致有三种学说:

第一种观点认为,违约金应仅仅具有惩罚性,即违约金应与损害赔偿截然分开,只承认违约金的惩罚性,即只要当事人违约,就应支付违约金;除此之外,还

---

① 杨振山等:《民法自学读本》,北京出版社1986年版,第337页。

应对违约造成的损害进行赔偿①。

第二种观点认为,违约金的性质只能是补偿性的。其中心理由为:合同关系的本质特征在于当事人双方在法律上的地位平等,任何一方都不具有惩罚对方的权力②。

第三种观点认为,违约金既具有惩罚性,也具有补偿性。这主要是从我国的立法上来观察的③。

从两大法系的立法来看,英美法系国家一般不承认惩罚性违约金,例如,《美国统一商法典》第 2718 条规定:合同可以约定任何一方的损害赔偿金。约定违约金仅能根据因违约而造成的预期或实际的损失而定;确定时还应考虑证明损失的困难、采取其他有效救济的不便或不可行等因素。若合同不合理地规定过大的损害赔偿额,则视为惩罚性条款,因而无效。而大陆法系国家一般是承认惩罚性违约金的,例如,《德国民法典》第 339 条规定:"1)债务人与债权人约定,在其不能履行或不能依适当方式履行时,应支付一定金额作为违约金者,在其迟延时,罚其支付违约金;2)以不作为为支付者,于违反行为时,罚付之。"

从我国民事立法来看,我国立法一贯对违约金的性质采取双重性原则,即违约金既具有惩罚性又具有补偿性。其主要根据是:我国以前的《经济合同法》第 34 条规定:"当事人一方违反经济合同时,应向对方支付违约金。如果由于违约已给对方造成的损失超过违约金的,还应进行赔偿,补偿违约金不足的部分。"从这一规定的第一句话看,只要一方违约,不管是否给对方造成损失,均应支付违约金。但从第二句话来看,违约金又具有补偿性,它与损害的赔偿具有相互补充性。我国以前的《涉外经济合同法》则更多地强调违约金的补偿性。该法第 20 条第 2 款规定:"合同中约定的违约金,视为违反合同的损失赔偿。但是约定的违约金过高或低于违反合同所造成的损失的,当事人可以请求仲裁机构或法院予以适当减少或增加。"最高人民法院 1987 年 10 月 19 日发布的《关于〈涉外经济合同法〉若干问题的解答》明确指出:当事人在合同中约定的违约金,是预定的赔偿金。一方当事人违反合同,即应向另一方当事人支付约定的违约金。如果合同约定的违约金部分高于或者低于违反合同所造成的损失的,人民法院可根据当事人的请求,酌情予以适当减少或者增加。"而这种解释则又强调了违约金的二重性。我国现行《合同法》第 114 条基本上沿用了以前的《涉外经济合同法》的规定。

(二)损害赔偿的范围

---

① 詹智玲:《试论我国违约金的惩罚性》,载《法学评论》1983 年第 3~4 期。
② 李铸国:《浅论我国经济合同违约金制度中的几个问题》,载《法学》1985 年第 5 期。
③ 《法学研究》编辑部:《新中国民法学研究综述》,中国社会科学出版社 1990 年版,第 485 页。

1. 确定损害赔偿范围的基本原则

(1) 完全赔偿原则

所谓完全赔偿原则是指自违约方应对其因违约而引起的受害人的全部损失承担赔偿责任。也就是说，违约方不仅应赔偿对方因其违约而引起的现实财产的减少，而且应赔偿对方因合同履行而得到的履行利益。

(2) 合理预见原则

完全赔偿原则是对非违约方的有力保护，但从民法之基本原则出发，应将这种损害赔偿的范围限制在合理的范围之内。许多国家及国际公约均将之限定在可预见的范围内。例如，《法国民法典》第 1150 条规定，如债务人的不履行并非由于债务人的诈欺时，债务人仅就订立合同时所预见的或可能预见的损害或利益负赔偿责任。法国法的这一原则影响了英国判例，并直接反映在 1854 年的哈得利诉巴森得尔（HADLEY V·BAXENDLE）一案中。在 1949 年英国上诉法院在维多利亚洗衣店诉纽曼工业公司一案中又进一步确认和发展了这一原则，即受害方仅有权取得在合同缔结时就已经预见或可以预见的违约损失，而且这一损失实际上已经发生了[①]。美国《统一商法典》第 2715 条也确认了这一原则，即这种损失应是在合同缔结时就有理由预知。《联合国国际货物买卖合同公约》第 74 也规定：损害赔偿不得超过违反合同一方在订立合同时，依照当时已知道或理应知道的事实和情况，对违反合同预料或理应预料的可能损失。我国合同法也采用了这一原则。该法第 113 条规定：损害赔偿不得超过违反合同一方在订立合同时应当预见到的因违反合同可能造成的损失。

对于"可预见性"有以下问题特别值得注意：

① 是否预见的抽象主体参照

根据各国法的规定，预见的主体应当是违约人。如何判断违约方是否预见？主要有主观标准和客观标准两种。主观标准是对具体的违约人进行判断，即根据其智力、教育、经历、职业、身份等状况判断其是否应当预见；客观标准是以一个抽象的合理人作为参照标准，如果这个抽象的一般人在该背景下能够或应当预见的，就判定违约人能够或应当预见。多数国家以客观标准来判断，而以违约人的特质为辅助因素。

② 预见的时间

违约人应对在何时预见的损失负赔偿责任？对此，各国法一般规定以缔约时的预见作为预见的内容。理由是：在缔约时，当事人要考虑其所承担的各种风险和费用，如果风险过大，则当事人可以达成有关限制条款来限制责任；如果让当事人承担在缔约时不能预见或不应预见的损失，则当事人就会因考虑交易风

---

① 徐炳：《买卖法》，经济日报出版社 1991 年版，第 324 页。

险过大而不会订立合同。所以,应以缔约时预见的情况为标准。但是,这种作法也受到一些学者的批评,他们认为,在故意违约的情况下,就显得极不合理。例如,当事人在缔约时并未占有足够的信息或彼此之间了解不多,在合同订立后,一方向另一方提供了足够的信息、意外风险的情况,这些因素也应在确定预见范围时予以考虑①。

根据我国《合同法》第 113 条的规定,在预见的时间问题上,我国法以缔约时间为确定可预见的时间。

③ 预见的范围

当事人在订立合同时,对损害的预见应达到何种程度?对此问题,各国判例及学说存在不同的观点。第一种观点认为,预见的内容应包括引起损害的种类,而不必要预见到损害的具体范围;第二种观点认为,被告不仅应当预见到损害的类型和原因,还应预见到损害的范围②。应当说,第一种观点更为合理,因为如果让违约人对于具体的损害范围有所认识,则会对受害人产生不公平的结果。

(3) 受害方减轻损失的义务原则

根据这一原则,在对方违约时,非违约方应及时采取合理措施减少损失。如果受害方违反这一义务,对扩大的损失部分,违约方不负赔偿责任。这一原则为许多国家的立法和判例及国际公约所确认。例如,《联合国国际货物买卖合同公约》第 77 条规定:"声称另一方违反合同的一方,必须按情况采取合理措施,减轻由于另一方违反合同所引起的损失,包括利息方面的损失。如果他不采取这种措施,违反合同的一方可以从损害赔偿中扣除原可以减轻的损失的数额。"《德国民法典》第 254 条即规定了这一原则。我国民法通则第 114 条、《合同法》第 119 条均规定了这一原则。

(三) 与损害赔偿范围有关的几个概念

在损害赔偿的范围的问题上,存在许多相关的概念,在学习合同法中应当加以区别和了解。这些概念主要是:

1. 信赖利益和期待利益

对信赖利益和期待利益的划分最早见于美国学者富勒(Lon L·Fuller 1902—1978)于 1936 年发表于《耶鲁法律杂志》的《合同损害赔偿中的信赖利益》一文。在该文中,富勒将合同损害分为三种利益,即返还利益、信赖利益和期待利益。其中,对信赖利益和期待利益的划分有较大的影响。按照富勒的划分,信赖利益是指基于对被告之允诺的信赖,原告改变了自己的处境。例如,基于土地买卖合同,买方在调查卖方的土地所有权上支付了费用,或者错过了订立其他

---

① 王利明:《违约责任论》,中国政法大学出版社 1996 年版,第 454 页。
② 王利明:《违约责任论》,中国政法大学出版社 1996 年版,第 454 页。

合同的机会。判决被告赔偿原告的这种利益的损失,目的是使他恢复到与允诺作出前一样的处境。

期待利益是指由被告的允诺而对原告所形成的期待价值。我们可以在一个诉讼中强制被告向原告提供这种允诺了的履行,也可以使被告支付与这种履行相当的金钱。在这里我们的目标是使原告处于假如被告履行了允诺后他所应处在处境①。

富勒的这里划分理论对世界各国影响较大,之后各国的判例及民法理论均采用其概念。在大陆法系国家有时也将期待利益称为"履行利益"或"积极利益";将信赖利益称为"消极利益"。我国的民法理论及立法也开始采用这一概念,现行《合同法》第113条实际上采取的就是这种分类。

2. 直接损失和间接损失

对于直接损失与间接损失的划分标准,在学理上有三种观点:第一种观点认为,应根据损害与违约行为之间存在的直接和间接因果关系来区分。如果损害是由违约行为所直接引起的,并没有介入其他因素,则这种损害为直接损害;如果损害并不是因为违约行为直接引起的而是介入了其他因素,则为间接损失。第二种观点认为,应根据损害的标的来区分直接损失与间接损失,如果违约行为直接造成标的物的损害,为直接损害;如果造成标的物以外的损害则为间接损害;第三种观点认为,应从违约行为的对象来区分。所谓直接损失是对债权人的直接损害,而违约行为给第三人造成的损失为间接损失②。我国大陆学者一般采用第一种划分标准,即根据违约行为与损害结果之间的因果关系来划分直接损失与间接损失。

《美国统一商法典》没有采取信赖利益或期待利益的划分理论,而是将损失分为直接损失、间接损失和附带损失。直接损失是指货物和价金的损失;附带损失是指因合同关系而引起的各种费用。就买方而言,是指在检验、接受、运输、保管卖方所交纳的合理费用,以及转卖合同货物所用的费用;就卖方而言,是指买方违约而拒绝收货或拒绝付款后,卖方在停止运输、运回货物、保管货物方面所花费的费用。所谓间接损失是指受害方所失的利益,根据该法典第2715条的规定,间接损失主要是指(1)因普通或特别需要而引起的损失,这种损失创造签订合同时卖方有理由知道而且是通过转买或其他方式无法阻止的损失;(2)因违反货物瑕疵担保而引起的人身和财产损失。

我们认为,以上划分各有其标准,对受害人来说,最主要的并不是划分的标

---

① 富勒(Lon L. Fuller):《合同损害赔偿中的信赖利益》,韩世远译,载于梁慧星主编:《民商法论丛》第7卷,法律出版社1997年版,第413页。

② 见王利明:《违约责任论》,中国政法大学出版社1996年版,第401~402页。

准,而是对其实际的补偿。从以上对各种概念的分析,我们可以得出这样的结论:即美国与中国立法上的划分标准所涵盖的范围基本相同,并均可以采取可预见性标准。

(四) 赔偿额的具体计算

1. 计算时间

这里讨论计算的时间主要是针对的问题是:在确定赔偿额时的市场价格的标准。从各国学理及判例看,主要有三种计算方法:一是违约的时间,二是请求赔偿的时间,三是非违约方发现违约时间。

以发现违约的时间计算比较合理。这主要是因为这一时间与非违约方防止损失扩大的义务有关,即非违约方发现对方违约时,有义务存取合理措施以防止违约损害的继续扩大。在非违约及时方采取了合理措施后,他所应得的赔偿额应合同价格与此时市场价格之间的差额。

2. 地点

对地点的确定也是与计算损害赔偿的价格有关,即以何地的市场价格来计算损失。各国一般以债务履行地的价格作为计算标准。理由是:一方面,从交付人的意思来看,当事人订立合同转让财产需要将财产运至履行地交付,而损害也是因标的物没有运至履行地或没有在履行地接受货物而引起的,也就是说,是因为没有在履行地完成交易而引起的,所以,应以履行地的价格来确定损害额;另一方面,既然当事人希望在履行地完成交易行为而又没有在该地完成,那么以该地的价格计算损害额符合双方的意思,对当事人也公平合理①。关于履行地的确定,我国《合同法》第62条有明确的规定:如果当事人有约定的,从其约定;如果当事人无约定的,按下列方式确定:给付货币的,在接受货币的一方所在地履行;交付不动产的,在不动产所在地履行;其他标的在履行义务一方所在地履行。

3. 计算规则

在计算规则上,大陆法系的德国主要采取"差额说"与"交换说"。"差额说"认为,损害是指事故发生后的利益状态与事故发生前的利益状态的差额,确定损害应以此损害为标准。"交换说"认为,在一方违约时,非违约方有权获得他应该得到的全部履行,同时为获得对方的履行也应履行自己的义务。交换说理论主要受罗马法的影响,罗马法将买卖契约视为两个独立的债务的结合。交换说认为,应将两个债权关系区别开来,卖方只有的交付了自己的标的物后才能对买方提起诉讼②。

由于英美法系判例法的传统,在计算损失方面确定了许多更加精细的规则,

---

① 王利明:《违约责任论》,中国政法大学出版社1996年版,第430页。
② 罗伯特·霍恩等:《德国民商法导论》,楚建译,中国大百科全书出版社1996年版,第120页。

主要有：

(1) 替代价格

当合同一方违约时,违约的受害方可能用一个新的履行来替代原来承诺的履行。替代价格规则用于裁定违约的受害人因采用新的履行办法替代原有承诺的履行所需要的成本。例如,票商阿派克斯以 P 的价格出售门票,一个买主预定了 X 张门票。当阿派克斯违约后,买主必须以 P* 的高价从其他人手里购买同等数量的门票。原有的承诺以 X(P* - P) 的成本得到替代。根据替代价格规则,这笔钱就是买方所应获得的损害赔偿。

(2) 损失—盈余规则

各方都希望从合同中盈利,当事人预期获得的价值和实际付出的价值之间的差额称为盈余。这一规则用于裁定在违约方履行契约的情况下受害方可能得到的盈余。一个卖主出售商品享有的盈余通常是商品的合同价格与其直接的成本价格之间的差额。例如,如果票商阿派克斯的门票成本价 C 是它的全部价格,一个买主答应以 P 的合同价格购买 X 张门票。那么,阿派可斯预期从合同中获得的盈余是 X(P - C)。这个数额期间是卖方所应得到的损害赔偿数额。

(3) 机会成本

订立一个合同就失去了订立另一个合同的机会。机会成本规则用于裁定在签订了别的更好的合同时违约的受害人应该得到的盈余。例如,假定一个买主准备以 P 的价格向比乔购买 X 张票,但后来决定以 P* 的价格向阿派克斯购买 X 张票,如果阿派克斯违约,买主将不得不以 P** 的高价购买同等数量的票。按照机会成本规则,损失赔偿额等于 X(P** - P)。一般说来,如果违约使受害人得到一个替代履行,机会成本规则规定的赔偿额等于合同订立时可供选择的最佳合同价格和违约后替代履行所得的价格之间的差额。

(4) 预算外开支

基于合同产生的行为可能涉及某项投资,该投资无法因违约而得到全部赔偿。预算外开支规则用于裁定违约的受害人基于对合同的信任在违约前支出的成本和违约后靠这些成本实现的价值之间的差额。例如,假如买方违反了以 P 价格向阿派克斯购买 X 张票的合同。基于对合同的信任,阿派克斯以零售价 C 买了 X 张票。违约后阿派克斯只能以当时的价格 P* 出售了这些票,低于他付出的零售价格 C。阿派克斯的预算外开支是 X(C - P*)。相反,假设买方与阿派克斯有定票的合同,然后又与婴儿托管所签订了在看戏的晚上照看孩子的合同。阿派克斯违约,买方只好待在家中。买方的预算外开支就是取消与婴儿托管所的合同的费用。

(5) 减少的价值

当合同的履行不正当或不完全时,所得的价值就少于承诺的价值。减少的价值规则用于裁定违约的受害人在违约后按合同得到的商品价值与合同被适当履行后所得的商品价值之间的差额。例如,假设卖方答应给买方制作带有 A 罗盘针的船,这将给买方带来 M 的价值,而他交付的船却是带有 B 罗盘针的船,使船的价格降低,为 M*。根据减少的价值规则应判给买方数额为(M － M*)的损失,或允诺的船价与交付的船价之间的差额①。

由于我国缺乏系统的理论及确定的司法规则,大陆法系与英美法系的上述规则,在不同场合均有借鉴意义。

三、损害赔偿与违约金

(一)违约金的性质

对于违约金性质的讨论,主要集中在其究竟具有惩罚性还是补补偿性的问题上。对于这一问题的不同回答也相应地将违约金分为赔偿性违约金和惩罚性违约金。

赔偿性违约金的主要功能在于弥补另一方因违约而遭受的损失。当事人在设定此类违约金时的主要目的是为了避免事后计算损害赔偿的麻烦及举证困难。即当事人在缔约时或之后约定一个预先估计的损失额,在一方违约后,另一方可直接获得预先约定的赔偿额,以弥补损失,在功能上相当于约定赔偿金。

惩罚性违约金的主要功能在于对违约行为的制裁,以确保合同的履行。故惩罚性违约金与实际损失并无直接联系,按照我国学者的观点,甚至即使是违约的结果并未发生任何损害,也不影响对违约人追究违约金的责任。支付了违约金后,有实际损失的,还应赔偿损失。

对于违约金是否具有惩罚性的问题,大陆法系与英美法系的立法与学理基本上持补偿性的观点。例如,《法国民法典》第 1229 条第 1 款又规定:违约处罚条款为对债权人因主债务未履行而受到的损害的赔偿。第 1231 条更进一步规定:如债务已部分履行,法官得按债权人自部分履行所取得的利息的比率减少约定的违约金,但不妨碍执行第 1152 条的规定。从法国民法典的这些规定看,其违约金始终与实际损失联系在一起。由此可见,其违约金主要是补偿性的。德国民法典并未直接规定违约金的惩罚性,而是仅规定了其补偿性。该法典第 340 条规定:如债务人约定,在不履行其债务时须支付违约金者,债权人得请求支付违约金以替代请求给付。债权人因不履行给付而有损害赔偿请求权时,得请求以已取得的违约金替代最低的损害赔偿。德国民法典对违约金性质为补偿性的规定显而易见。英美法系的判例与立法一向比较坚决地反对惩罚性违约金。波斯纳从经济分析的角度指出:法律不会(事实上也没有)实施契约中的惩罚条款。惩罚可能会由于使违约者的违约成本高于受害者所遭受的违约成本而

---

① 罗伯特·考特等:《法和经济学》,张军等译,上海人民出版社 1994 年版,第 408～415 页。

在阻止无效率违约的同时也阻碍了有效率的违约,这可能会产生双边垄断问题,而且还有可能诱导潜在的受害者挑起违约而从中获益①。我们姑且不论波斯纳的有效率的违约理论是否正确,但其分析是有道理的。从法律角度看,英美法否认违约金惩罚性的根据在于:一方当事人无权对另一方当事人实行惩罚。对此,霍姆斯就曾经指出:"在普通法中,所谓违约的责任也不过意味着,如果你不想履约,则不得不承担赔偿。仅此而已。"②

学者对于违约金是否具有惩罚性的一个理由就是,有时违约金会高于实际损失,也会得到法院支持。实际上,违约金的约定是当事人对风险的事前估计,而这种事前估计不可能完全符合违约所造成的损失。因此,不能说:约定违约金高于实际损失,则证明其具有惩罚性;若低于实际损失,则没有惩罚性。只有在过高或者过低的情况下,可以请求法院降低或者增加。

我国《合同法》于第 114 条规定:当事人可以约定一方违约时应当根据违约情况向对方支付一定数额的违约金。约定的违约金低于造成的损失的,当事人可以请求人民法院或者仲裁机构予以增加;约定的违约金过分高于造成的损失的,当事人可以请求人民法院或者仲裁机构予以适当减少。所以,我国合同法上的违约金的补偿性得到了明确的规定。

按照我国《合同法》的上述规定,我国法是承认违约金条款之效力的,但《合同法》第 114 条也明确了法院在违约金的约定不合理时,有权应当事人的请求进行干预。同时,我国最高人民法院《关于适用〈合同法〉若干问题的解释(二)》对《合同法》第 114 条作了详细的解释,主要体现在该《解释(二)》的第 27~29 条。第 27 条规定:"当事人通过反诉或者抗辩的方式,请求人民法院依照《合同法》第一百一十四条第二款的规定调整违约金的,人民法院应予支持。"第 28 条规定:"当事人依照《合同法》第一百一十四条第二款的规定,请求人民法院增加违约金的,增加后的违约金数额以不超过实际损失额为限。增加违约金以后,当事人又请求对方赔偿损失的,人民法院不予支持。"第 29 条规定:"当事人主张约定的违约金过高请求予以适当减少的,人民法院应当以实际损失为基础,兼顾合同的履行情况、当事人的过错程度以及预期利益等综合因素,根据公平原则和诚实信用原则予以衡量,并作出裁决。当事人约定的违约金超过造成损失的百分之三十的,一般可以认定为合同法第一百一十四条第二款规定的'过分高于造成的损失'。"对于最高人民法院的上述司法解释,有以下几点需要注意:(1)规定了请求的方式,即当事人可以"通过反诉或者抗辩的方式"提出请求。(但是,我们有疑问的是:"反诉"或者

---

① 理查德·A. 波斯纳:《法律的经济分析》(上),蒋兆康等译,中国大百科全书出版社 1997 年版,第 163 页。

② Holmes. O. W:The path of the law ,10Harward L. Rew.402(1976).

"抗辩"如何可以选择呢？"反诉"无论如何是一个诉，而抗辩则无论如何都不是一个独立的诉)。(2)违约金与损害赔偿的关系。如果双方约定的违约金过低，当事人请求增加违约金以后，又请求对方赔偿损失的，人民法院不予支持。(3)违约金过高或者过低的判断方法和标准，即人民法院应当以实际损失为基础，兼顾合同的履行情况、当事人的过错程度以及预期利益等综合因素，根据公平原则和诚实信用原则予以衡量，并作出裁决。当事人约定的违约金超过造成损失的百分之三十的，一般可以认定为《合同法》第114条第2款规定的"过分高于造成的损失"。

（二）违约金与其他救济措施的关系

1. 与损害赔偿的关系

在违约金与损害赔偿的关系上，有以下几个问题是：第一，当违约造成损害时，受害方是否有权在获得损害赔偿后，另外要求支付违约金？第二，当违约金不足以补偿受害人的全部损害时，受害人是否有权另行请求赔偿？第三，当违约并没有给非违约方造成损失时，受害人是否有权请求支违约金？

（1）当违约造成损害时，受害方是否有权在获得损害赔偿后，另外要求支付违约金？

二者的联系常受到违约金性质的影响。如果违约金为补偿性，则可替代赔偿损失，如果获得此种违约金，自不得另外要求损害赔偿。从《德国民法典》第342条的规定看，若债务人请求支付违约金时，即不得请求损害赔偿；《法国民法典》第1229条规定，违约处罚条款是为了对债权人因主债务未履行而受损害的赔偿。我国《合同法》也规定了违约金的补偿性，故应解释为不得同时请求违约金的支付和损害赔偿。

（2）当违约金不足以补偿受害人的全部损害时，受害人是否有权另行请求赔偿？

根据《德国民法典》第340条、《法国民法典》第1152条的规定及我国《合同法》第114条的规定，当违约金低于实际损失时，受害人并非无条件地当然享有使违约方赔偿不足部分的权利，只有当违约金过分低于实际损害的，才能请求法院合理增加。这一作法，一方面承认了契约自由原则，另一方面体现了公平原则。

（3）当违约并没有给非违约方造成损失时，受害人是否有权请求支违约金？

对于这一问题，英美法坚持"没有损害就没有赔偿"的原则，当违约没有给对方造成损失时，违约金条款就被视为惩罚性条款而无效。例如，在1971年俄勒冈州最高法院1971年审理的哈蒂诉拜伊案中，法官就指出：当违约并没有在事实上引起损害时，他们事先已经达成的有关应支付违约金数额的协议是不能被强制执行的①。

对此,我国《合同法》第 114 条规定,当事人就迟延履行约定违约金的,违约方支付违约金后,还应当履行债务。由此可见,即使迟延履行没有给对方造成损失,也应支付违约金。

2. 违约金与实际履行

在这一关系中,主要的问题是违约方支付了违约金后,是否还有义务履行合同?

对此,大陆法系各国的民法典一般持否定的态度,例如,《德国民法典》第 340 条规定,在债权人向债务人请求支付违约金时,不得同时请求履行给付;《法国民法典》第 1229 条规定,债权人不得同时请求给付主债务及违约金。但《德国民法典》与《法国民法典》均规定了一个重要的例外:即当违约金是为迟延履行而约定的,可同时请求(《德国民法典》第 341 条、《法国民法典》第 1229 条)。

在我国现行合同法颁布前,学理与立法对违约金与实际履行能否并存的问题,一直持肯定的意见,这主要与我国学理与立法对违约金的性质的认识有关。对此,现行《合同法》第 114 条采取了与德国民法典同样的观点,即在当事人就迟延履行而约定违约金的,在支付违约金后,还可请求同时履行。

【引导案例】

案情

北京风范食品有限责任公司(下称风范公司)与山东力克食油加工有限责任公司(下称力克公司)签订食用油买卖合同,风范公司向山东力克公司购食用油 1 万吨,总价款 4 500 万元,于合同签订后 20 日内风范公司向力克公司支付 50% 的价款,其余款项待供货完毕后,由力克公司一次性付清。风范公司在力克公司支付上述 50% 价款后的 5 日内,必须交付 2 000 吨食用油,其余的 8 000 吨按照每月 2 000 吨交付。任何一方违约,须支付每日万分之三的违约金。合同签订后的第 10 天,力克公司被其债权人在法院提起破产申请,风范公司书面通知力克公司,表示停止支付合同约定款项,并请求力克公司作出说明并采取有效措施。但力克公司一直没有答复,风范公司也一直没有支付上述 50% 的价款。三个月后,经过法院审查,力克公司不具备破产条件且与债权人达成还款协议。此时,风范公司向力克公司发函,愿意继续履行合同并支付合同约定的 50% 的价款。

焦点

力克公司拒绝接受付款,并向法院提起诉讼,请求解除合同并要求风范公司

---

① 王军:《美国合同法判例选评》,中国政法大学出版社 1995 年版,第 228 页。

承担合同约定的违约金。

分析

合同签定后双方均应按照合同约定履行义务,任何一方不按照合同约定履行义务,将承担约定的或者法定的违约责任。但在本案中,风范公司不应承担责任,理由是:

(1) 力克公司在风范公司应履行支付第一笔货款前被申请破产,具有《合同法》第 68 条规定的风范公司中止履行的法定理由;(2) 风范公司按照《合同法》第 69 条的规定,在书面通知力克公司并请求力克公司作出说明并采取有效措施后,才中止履行,具有合法的抗辩理由,不应承担违约责任。

【练习案例】

案情

上海昆仑金属贸易有限责任公司与中国伟业钢铁集团公司于 2010 年 1 月 22 日签定买卖建筑用螺纹钢合同,合同约定:由上海昆仑金属贸易有限责任公司向中国伟业钢铁集团公司购买 10 万吨螺纹钢,缴获期限自 2010 年 2 月 22 日至 2010 年 5 月 22 日,每月交货数量不少于 5 000 吨;上海昆仑金属贸易有限责任公司于合同签订后的 10 日内向中国伟业钢铁集团公司支付货款 20% 作为保证,其余货款的支付方式是:每批钢材交付后的 5 日内据实结算。上海昆仑金属贸易有限责任公司于该合同签订后,又就上述螺纹钢分别与两个公司签定钢材买卖合同,并接受定金。中国伟业钢铁集团公司在合同履行过程中,遇到世界铁矿石大涨价,钢材价格也随之上涨,如果按照原来合同约定的价格,企业将无法承受。于是就提出与上海昆仑金属贸易有限责任公司重新商量合同价格。上海昆仑金属贸易有限责任公司不同意,要求按照原合同价格履行。因中国伟业钢铁集团公司无法履行,故上海昆仑金属贸易有限责任公司将其诉至法院,要求继续履行合同并赔偿其对其他两家公司的定金损失。

问题

原告主张能否得到支持?

要点提示

(1) 考虑最高人民法院《关于适用〈合同法〉(若干问题的解释(二)》第 26 条规定的"情事变更"的适用;(2) 考虑损失的可预见性问题。

【测试题】①

一、单项选择

---

① 参考答案:一、1. D 2. B 二、1. AB 2. ABD 3. ACD

1. A 与 B 签订合同,租赁 B 的房屋作为开设饭馆之用。但合同签订后的第三天,即在当地流行 SAAS,无任何顾客,故迟迟不交纳租金。后 B 要求房租,A 以不可抗力为由,要求免除违约责任。下列答案正确的是:

A. SAAS 为不可抗力,A 有权要求免除违约责任

B. 合同双方未约定 SAAS 为不可抗击力,因此,SAAS 就不是不可抗力

C. 即使 SAAS 为不可抗力,但因可以避免,故可以减轻责任

D. SAAS 不是不可抗力,A 应承担违约责任

2. A 与 B 签定买卖房屋的合同,A 将自己开发的房屋卖于 B,合同价值为 10 亿元,交房日期为 2007 年 10 月 10 日。双方约定:无论任何一方的任何违约行为,都应支付 1.5 亿的违约金。后因 B 资金紧张,无法支付款项。在 2008 年,房屋大涨,原房屋已经升值为 18 亿。下列说法正确的是(　　)

A. 因双方约定明确,即使 A 因 B 的违约而获得利益,也有权要求 B 支付 1.5 亿违约金

B. 因 B 的违约并没有给 A 造成损失,反而带来利益,因此有权要求减少违约金

C. A 要求 B 承担违约金后,还可以要求实际损失的赔偿

D. B 可以要求与 A 分割因 B 违约后 A 获得的 8 亿增值部分

二、多项选择

1. A 与 B 于 2008 年 5 月 12 日签订房屋买卖合同,约定于合同签订一个月后,由 A 向 B 交付总房款的 80%后,由于 B 向 A 转移房屋所有权。房屋所有权转移后的 10 天内,由 A 交付全部剩余款项。但在合同签订后的 12 天后,B 又遇到一个买主 C,愿意出更高的价钱购买房屋。于是,B 收取 C 的款项并将房屋所有权转移给 C。下列答案中正确的是(　　)。

A. A 可以向 B 主张预期违约责任

B. A 可以要求解除合同并要求 B 赔偿

C. A 可以向 C 要求房屋所有权

D. A 可以要求 B 承担继续履行合同的责任

2. A 长期莫名其妙的腿疼,去过一些医院治疗,但效果并不理想。B 是一位按摩师,在当地小有名气,对一些疑难杂症的治疗颇有手段。A 听说后,就找到 B,双方约定:先治疗一个疗程(三个月),交费 5 000 元。如果效果好,再继续治疗。治疗到一个月时,A 病情加重,根本就不能下地走路。后到医院检查,诊断为按摩导致。下面的说法正确的是(　　)

A. A 可以要求 B 承担违约责任

B. A 可以要求 B 按照侵权责任法承担精神损害赔偿

C. A 与 B 之间根本不存在合同关系

D. A 可以要求解除合同

3. A 为一大豆经销商,与巴西大豆供应商有长期供应合同。B 为一大豆加工企业,A 与 B 于 2009 年 5 月签订大豆买卖合同,合同约定由 A 向 B 出卖大豆 6 万吨,每吨 3 800 元。运输方式是铁路运输,交货日期为 2009 年 8 月 1 日。在离交货日期 2 个星期时,因为巴西方面的原因,导致原定的交货日期推迟 2 个半月,最早也在 11 月 15 日交货。B 得知这一信息后,令所有机器停工,工人放假,坐等 A 的大豆。A 于 11 月 15 日交货。下面说法正确的是(　　)

A. A 应承担违约责任

B. B 有权要求 A 承担自 8 月 1 日到 11 月 15 日期间的损失

C. B 在得到 A 违约的信息后,应积极组织货源,以减少因 A 违约造成的损失

D. B 在得知 A 违约后,可以请求解除合同,并赔偿适当损失

【延伸阅读】

1. [英]阿狄亚:《合同法导论》,赵旭东等译,法律出版社 2002 年版。

2. [德]迪特尔·梅迪库斯:《德国民法总论》,邵建东译,法律出版社 2000 年版。

3. [美]A. L. 科宾:《科宾论合同》,王卫国等译,中国大百科全书出版社 1998 年版。

4. 尹田:《法国现代合同法》,法律出版社 1995 年版。

5. 王军:《美国合同法判例选评》,中国政法大学出版社 1995 年版。

6. 富勒(Lon L. Fuller):《合同损害赔偿中的信赖利益》,韩世远译,载于梁慧星主编:《民商法论丛》第 7 卷,法律出版社 1997 年版,第 413 页。

7. 江平主编:《民法学》,中国政法大学出版社 2009 年版。

第九章　合同的终止

【本章导学】
　　本章是关于合同效力终止的论述，主要应掌握：(1) 合同终止的原因；(2) 合同解除的条件和行使方法；(3) 抵销的条件和结果；(4) 我国法上的提存制度及问题。

第一节　合同因解除而终止

一、契约解除概述

　　有效成立的契约，对双方当事人具有相当于法律的效力，任何一方均应遵守自己制定的法律而不得任意变更或解除。但是，在某些特定因素出现时，法律例外地允许当事人解除契约以免除其对自己的约束。

　　从各国合同法（或民法典）的规定来看，契约解除有两种：一为意定解除，二为法定解除。而意定解除又可分为两种：即依协议的解除与依约定解除权的解除。协议解除是指双方通过订立一个新的契约以解除原来的契约，这种新的契约被称为"反对契约"；约定解除权的解除是指契约当事人在订立契约之时或之后约定一方或双方的解除契约权发生的情形，即约定：当发生某种情形（如违约）时，一方或双方即享有解除契约的权利。

　　依"反对契约"的解除与依解除权的解除虽同为意定解除，但二者却有较大的区别。这主要表现在：首先，约定解除属于事前的约定，它规定在将来发生一定情况时，一方享有解除权；而协商解除的协议乃是事后约定，它是当事人双方根据已经发生的情况，通过协商作出的决定。其次，约定解除权的合同是确认解除权，其本身并不导致合同的解除，只有当当事人实际行使解除权方可导致合同的解除。而解除合同的协议，因为其内容并非是确定解除权的问题，而是确定合同的解除，所以，一旦达成协议，即可导致合同解除。再次，约定解除权常与违约的补救和责任联系在一起，只要合同一方违反合同规定的某项主要义务且符合解除条件，另一方就享有解除权，从而当这种解除发生时，就成为对违约的二种补救方式。协商解除也可能在违约的情况下发生，但因为它完全是双方协商的结果，在性质上是对双方当事人的权利义务关系重新安排、调整和分配，并不是针对违约而寻求补救措施①。

对于意定解除,有的国家民法(或合同法)作出了明确规定,有的国家则未作规定,认为,意定解除乃是契约自由在合同解除制度上的反映。当事人既然可以依照契约自由的原则订立合同,当然也就可以依照契约自由的原则解除合同。只要不违反公序良俗以及第三人的利益,法律自无干涉的必要。我国现行《合同法》第93条规定了意定解除:当事人可以在合同中约定解除合同的条件,解除合同的条件成就时,合同解除。当事人也可以事后经协商一致解除合同。

法定解除与意定解除之间的区别只是在解除权发生的原因方面有所不同,但二者在法律效果方面是相同的。由于意定解除具有灵活性,以及内容的任意性,故实难作统一的解释,应属于契约自由的范畴。本书不拟作详细的讨论。下面所要讨论的仅为法定解除。

法定解除是指当事人行使法定解除权而使合同效力消灭的行为。而所谓法定解除权是指依据法律规定的原因而产生的解除权。其与约定解除权的区别在于解除权的产生的原因是由法律直接规定而非当事人的约定。由于合同的解除是使合同权利义务归于消灭的行为,故各国法律对解除权的产生原因,除当事人的约定外,均有特别的规定。如我国《合同法》第94条规定:有下列情形之一的,当事人可以解除合同:(1)因不可抗力致使不能实现合同目的的;(2)在履行期届满之前,当事人一方明确表示或者以自己的行为表明不履行主要债务的;(3)当事人一方迟延履行主要债务,经催告后在合理期限内仍未履行的;(4)当事人一方迟延履行债务或者有其他违约行为致使不能实现合同目的的;(5)法律规定的其他情形。

二、合同解除的限制

根据契约法的一般原则,在契约生效后,当事人应严格按照合同条款履行合同,否则便是违约。但是否在任何情况下违约均导致非违约方享有解除合同的权利呢?答案当然是否定的。各国立法或司法,均对解除合同这种严厉的救济给予必要的限制,大陆法系和英美法系无一例外。

(一)英美法系国家对解除合同的限制

英国法认为,只有当"实质性地违反合同"时,才能导致合同的解除。为正确认定何为"实质性地违反合同",英国法将合同条款分为"条件"和"担保"。"条件"是合同中陈述事实、双方作出许诺的条款,它构成合同的根基;"担保"条款是指附属于条件的内容的陈述,它不是合同的必要条款或实质性条款,而仅仅是合同的某种附则②。英国1979年《货物买卖法》第61条将其定义为"附属于

---

① 王利明:《违约责任论》,中国政法大学出版社1996年版,第525页。
② 董安生等编译:《英国商法》,法律出版社1991年版,第49页。

合同主要意图"的条款。根据英国法的规则,对违反"条件"与"担保"条款的区别是:违反前者将构成实质性违约,而违反后者,仅给予无过错的一方以请求损害赔偿的权利,而无合同解除权①。

"条件"理论的优点在于它的确定性,它使当事人或法院可以比较容易地对违约能否导致合同的解除作出判断,使受害人可以及早地解除合同。但在实际上,"条件"理论却存在许多弊端。这首先表现在:条件与担保的区别具有较大的主观性,法院或当事人在判断时,往往要推定当事人的意图;其次,根据"条件理论",只要一方违反了条件,即使对方并未因此遭受损害或损害极其轻微,对方也有权解除合同。这样常常成为当事人逃避对自己不利的合同的手段。因此,把合同条款分为条件与担保的这种分类在英国已遭到人们的非议②。自60年代开始,英国法院开始对"条件"理论进行重大改革。在1967年"香港杉木运输公司诉川奇株式会社"案中,Diplock 法官就指出,有一些合同条款比较复杂,无法简单地归入"条件"或"担保"。违反这些条款,有时将导致实质上剥夺受害方订立合同所期望的利益,而有时则不会导致这样的结果。因此,违反这些条款的法律后果取决于违约所造成的损害,而不是这些条款是"条件"还是"担保"③。

在美国合同法中,普遍适用的概念是"重大违约"或"实质不履行"。违约在何种情况下以及达到何种程度才构成"重大违约",是一个事实问题,即应根据案件的具体情况进行裁量的问题而非法律问题。在决定这一问题时,法院考虑的最重要的因素是:违约的受害方有权期望从交易中获得的利益在多大程度上被剥夺了④。另外,即使在重大违约的情况下,法院仍然对解除契约权的行使进行两方面的限制:其一是要求受害方给予违约方以自行补救的机会而不是直接解除合同。只有在自行补救未果时,受害方才能行使解除权⑤。其二是,当金钱赔偿足以使受害方得到适当的救济时,法院就不允许受害方解除合同。例如,在1980年由得克萨斯州上诉法院审理的恩尼斯诉州际批发商公司案中指出:当合同的实质部分被违反时,法院可以授权解除合同。重大违约并不一定是对合同规定的完全违反,只要涉及合同的实质就够了。可是在通常情况下,当普通法上的救济可以使受害方得到完全补偿时,法院将拒绝解除合同⑥。在1982年由俄克拉马州最高法院审理的伊斯特林诉费里斯一案中指出:解除契约是衡平法院在极其例外的情况下才行使的一种权力。这种权力在一般情况下不应该行使。

---

① 阿蒂亚:《合同法概论》,程正康等译,法律出版社1982年版,第146页。
② 阿蒂亚:《合同法概论》,程正康等译,法律出版社1982年版,第147页。
③ 冯大同主编:《国际货物买卖法》,对外贸易教育出版社1993年版,第172页。
④ 王军:《美国合同法》,中国政法大学出版社1996年版,第319页。
⑤ 王军:《美国合同法》,中国政法大学出版社1996年版,第323页。
⑥ 王军:《美国合同法判例选评》,中国政法大学出版社1995年版,第260页。

但是,如果当事人承担的在未来履行的义务实质性地构成了交易的一部分以至于不履行该义务必然破坏了合同的整个对价而使之归于无效,或者这种义务构成了当事人双方的合同交易对象的必不可少的部分以至于当初如果承担这一义务当事人双方本来就不会订立这个合同,那么,一个契约的解除是可以被允许的①。

尽管美国法上的"重大违约"理论与英国法上的"条件"理论在法律后果上极为相似,但实际上却代表着两种不同的思维方式:"条件"是对合同条款性质的表述,判断某一条款是否属于"条件",必须考察双方当事人在订立合同时是否把它作为合同的要素,因而是主观性的;而"重大违约"则是对违约后果的描述,判断违约是否重大,必须考察违约对对方造成的实际损害的大小,因而是客观的②。但在实际上,英国法将判断"条件"的标准客观化的作法,即将结果作为判断是否为"条件"的作法,在效果上与美国法差别不大。

(二) 大陆法系国家的限制

应该说,大陆法系国家关于合同解除制度受罗马法的影响较大。在罗马法中,虽然承认双务契约就其成立有相互牵连关系,从而一方的债权不发生时,他方债权也无从发生。但是,债权自成立后视为独立存在,一方不履行时,相对人有损害赔偿请求权,但没有解约权。例如,在买卖合同中,如果出卖人交付了标的物而买受人未交付价款,出卖人不能解除合同,只能要求买受人履行合同义务或请求不当得利的返还。学者认为,这便具有法律上的解除权的性质③。但有时,买受人根本无支付能力,因此罗马法时代的司法实践逐渐承认,在买卖合同中,存在一项将一方不履行义务作为解除合同的原因的"条款"④。

罗马法的这种观念深深地影响了法国学理及立法。这就是法国学理上的"二律背反的双重理论"。一方面,教规学者将合同的解除建立在与同时履行抗辩权相同的道德评价之上;另一方面,又承认在一切双务合同中存在一项以一方不履行义务为合同解除原因的"暗示性条款"。显然,这二者是相互矛盾的⑤。这种二律背反理论在《法国民法典》上有直接的体现,就是该法典的第1184条:双务契约当事人一方不履行其债务时,应视为有解除条件的约定。在此情况,契约并不当然解除。债权人有权选择:或有可能履行契约时,要求他方履行契约,或者解除契约而请求赔偿损害。

根据法国学理,双务合同一方当事人解除合同,必须具备以下两个条件:

---

① 王军:《美国合同法判例选评》,中国政法大学出版社1995年版,第263页。
② 冯大同主编:《国际货物买卖法》,对外贸易教育出版社1993年版,第172页。
③ 史尚宽:《债法总论》,中国政法大学2000年版,第504页。
④ 尹田:《法国现代合同法》,法律出版社1995年版,第348页。
⑤ 尹田:《法国现代合同法》,法律出版社1995年版,第349页。

（1）违约方有过错。违约方有过错是指债务人不履行债务并非由于不可抗力所致。（2）相对方不履行义务的性质严重。这主要是指相对方未履行其基本义务。但是，法官在具体判断时，并不以造成的实际损害为必要。例如，根据《法国民法典》第1792条的规定，租赁合同的承租人擅自改变租赁的用途时，出租人即使未因此遭受损害，也有权解除合同①。

但是，应当特别指出的是，法官如何判定违约是否严重，在法国法中并没有形成统一的、明确的标准和概念。正如法国学者莱尼·达维所指出的：解除契约的完整概念在法国法中是没有的，但解除契约作为债务废除的原因是受到承认的(《法国民法典》第1234条)②。

《德国民法典》由于受债务不履行形态"二元论"的影响，在这两种违约形态中分别规定了解除契约的情形。第325条规定，当事人一方由双务契约所生应为的给付，因可归责于自己的事由致不能履行时，他人当事人得因不履行，请求损害赔偿或解除契约；在一部分不能给付而契约的一部分履行对他方无利益时，他方得以全部债务的不履行，按第280条第2项的规定比例，请求损害赔偿或解除契约。第326条规定，双务契约中当事人的一方对于应为的给付有迟延时，他方当事人得以意思表示对其履行给付规定适当的期限，告知在期限届至后将拒绝受领给付。期限届至后一方不及时履行给付的，他得因其不履行而有请求损害赔偿或解除契约的权利。因迟延致契约的履行对于对方无利益时，对方不须指定期限即享有契约解除或请求损害赔偿的权利。

由此可见，违约后"合同的履行对于对方无利益"是决定是否可以解除合同的标准。这里所谓"无利益"是指因违约债权人不能获得订立合同时所期望得到的利益。这一概念与英国法上的"条件标准"及美国法上的"重大违约"标准极为相似。

（三）有关国际公约中的限制

各国法限制契约解除权的目的在于防止当事人在市场波动或因其他原因而使合同对其不利时，轻易地以对方违约为由解除合同而逃避合同义务。在另一方面，轻易解除合同常常会给对方或社会造成很大的浪费。这一点在国际贸易中更为突出。

1964年，由罗马统一私法协会制定的《国际货物销售统一法公约》中采用了根本违约的概念。该公约第10条规定，一方当事人违反合同的结果，如果使另一方当事人蒙受损害，致使实际上剥夺了他根据合同规定有权期待得到的东西，

---

① 尹田：《法国现代合同法》，法律出版社1995年版，第349页。
② ［法］莱尼·达维：《英国法与法国法》，潘华仿等译，中国政法大学校内用书，1984年印刷，第114页。

即为根本违约。

《联合国国际货物销售合同公约》第 25 条对根本违约作了这样的定义,"一方当事人违反合同的结果,如使另一方当事人蒙受损害,以至于实际上剥夺了他根据合同规定有权期待得到的东西,即为根本违反合同,除非违反合同一方并不预知,而且一个同等资格、通情达理的人处于相同的情况中也没有理由预知会发生这种结果。"根据该条的规定,如果违约方在事实上具有违约行为,且这种违约行为对另一方造成的损害是如此的严重,以至于实际上剥夺了他根据合同规定有权期待得到的利益。"根据合同规定有权期待得到的东西",实际上就是当事人订立合同的根本目的,如果该根本目的落空,当然应为根本违约。在根本违约的情况下,方可解除合同。

(四)我国学理及立法对违约而生的合同解除权的限制

对于合同解除权,我国学理历来主张予以限制。这种思想在有关立法上均有体现。原来的《涉外经济合同法》由于受国际公约的影响,于第 29 条作了这样的规定:有下列情形之一的,当事人一方有权通知另一方解除合同:(1)另一方违约以致严重影响订立合同所期望的经济利益的;(2)另一方在合同约定的期限内没有履行合同,在被允许推迟的履行期限内仍未履行;(3)发生不可抗力事件,致使合同的全部义务不能履行;(4)合同约定的解除合同的条件已经出现。第四项显然应当属于意定解除的范畴。在其余三项中,除了第一项类似于根本违约外,其他情况比公约规定得宽松。另外,在第一项中,仅以违约后果的严重性作为认定标准,而没有采用主观标准。

我国《合同法》第 94 条规定了合同解除的条件。该条规定:有下列情形之一的,当事人可以解除合同:(1)因不可抗力致使不能实现合同目的的;(2)在履行期限届满前,当事人一方明确表示或以自己的行为表明不履行主要债务的;(3)当事人一方迟延履行债务,经催告后在合理期限内仍未履行;(4)当事人一方迟延履行债务或有其他违约行为致使不能实现合同目的的;(5)法律规定的其他情形。从这一规定看,我国合同法与《公约》的基本精神是一致的,即只有在根本违约的情况下才能解除合同。

三、解除权的行使

各国民法典或合同法对于合同解除权实现的途径有不同的规定,大致有以下三种:

(一)法国式的解除方法

在法国,合同因一方不履行义务而解除被认为是一种司法行为,即当事人如不提起诉讼,另一方不履行义务的行为不可能自动导致合同的解除。法国民法典第 1184 条规定:债权人解除契约应向法院提出。法院得根据情况给予被告一定期限。

法国学者莱尼·达维解释了《法国民法典》这样做的原因。他认为,法国法不允许契约一方当事人因为另一方当事人违反契约而自己取消契约,而必须诉诸法院。这样做的原因是只有在契约被严重违反的情况下,才被允许将其废除,即一方当事人失去了其因契约所带来的收益,其承诺已经毫无意义。因而契约的取消不能没有法院的监督,因为取消契约可能导致对另一方当事人相当数量的赔偿费。并且,法院还要审查当时的情况,给予过错的一方当事人以补救时间履行义务是否合适①。在法国,也正是因为解除契约权具有司法的特点,故法律不允许债权人事先放弃这种权利。

(二) 德国式的解除方法

按照《德国民法典》第 349 条的规定,解除契约,应以意思表示向他方当事人为之。但是,由于德国民法典受债务违反"二元论"的影响,在"不能"与"迟延"时又有不同。

按照《德国民法典》第 325、326 条的规定,当债务人因可归责于自己的事由而致不能履行时,债权人有权选择:或者解除契约或请求损害赔偿。在债务人迟延时,债权人应首先规定适当的期限催告债务人履行。只有当该期限届满而债务人仍未履行时,债权人才有权选择解除契约或请求损害赔偿。但因迟延而对债权人无利益时,债权人得不经催告而直接行使上述选择权。

(三) 日本商法典的解除方法

根据《日本商法典》第 525 条的规定,当解除权产生的条件具备时,合同当然、自动解除,而无需当事人的意思表示。

(四) 我国立法及学理上的解除方法

我国学理及立法历来主张德国式的解除方法,现行合同法沿用了这种方法。根据《合同法》第 96 条的规定,当事人一方主张解除的,应通知对方。合同自通知到达对方时解除。但是在合同解除时应注意以下事项:

1. 在一般情况下,当事人一方迟延履行主债务,另一方当事人只有在催告未果的情况下,方可解除合同;但是,如果违约严重影响订立合同所期望的经济利益的,可以不经催告而直接解除合同。

2. 根据《合同法》96 条的规定,如果解除合同需要办理特别手续的,如登记、批准等,应办理特殊手续方可解除;

3. 一方主张解除合同,但对方有异议的,可以请求人民法院或者仲裁机构确认合同效力(第 96 条)。但是,根据我国最高人民法院《关于适用〈合同法〉若干问题的解释(二)》第 24 条的规定,当事人对《合同法》第 96 条规定的合同解

---

① [法]莱尼·达维:《英国法与法国法》,潘华仿等译,中国政法大学校内用书,1984 年印刷,第 124 页。

除虽有异议,但在约定的异议期限届满后才提出异议并向人民法院起诉的,人民法院不予支持;当事人没有约定异议期间,在解除合同的通知到达之日起3个月以后才向人民法院起诉的,人民法院不予支持。

4. 合同解除权应当在法律规定或当事人约定的期限内行使,如在该期限内不行使的,其解除合同的权利消灭。如果法律没有规定、当事人也没有约定权利行使期限的,经对方催告后在合理的期限内不行使的,解除权消灭(《合同法》第95条)。

四、合同解除的法律后果

(一) 合同解除的溯及力问题

合同的解除是否应具有溯及力? 当人们在考虑这个问题时发现,因有的合同的给付在解除后不能恢复原状,故若一概使合同在解除具有溯及力,则无法实现。故就出现了所谓合同解除与合同终止的区别。例如,在大陆法系的德国,在起草民法典第一稿时,曾经把终止作为解除的一种,但在起草民法典第二稿时,认为终止与解除在性质上毕竟不同,开始将二者分开,不但名称不同,效果也不同:终止是一方的意思表示,使继续性合同向将来消灭的一种行为,在租赁、劳务、委托、合伙等合同中,当事人相互的给付,不须返还,也不用恢复原状①。这与合同解除 溯及既往从而恢复原状的效力不同。最终颁行的德国民法典保持了这种区别:在契约总论中,即第二编第二章第五节中,用了"解除"的概念,而在合同分论中的各具体合同,如"劳务契约"(《合同法》第620条)、"用益租赁"中用了"终止"的概念。

在法国,合同的解除对于非连续性合同具有溯及力,即合同一经解除即溯及到合同成立时起效力消灭。就当事人之间的关系而言,如合同未履行,则合同应归于消灭;如果合同已经履行,则双方应按照合同无效后返还财产的同样方法相互返还财产,有过错的当事人应承担赔偿责任。受客观情况的限制,连续性合同的解除不具有溯及力。这是因为这类合同被解除后,其解除前已经产生的事实状态不可能再行恢复②。

日本民法典采用德国立法例,在契约总则中使用"解除",并规定合同解除具有溯及力;在具体合同中的连续性合同,如租赁合同(《合同法》第620条)、"雇佣合同"(《合同法》第630条)则明确规定了解除不具有溯及力。

由此可见,大陆法系虽然在立法体例上各有不同,但均认为,合同解除对于非连续性合同具有溯及力,而对于连续性合同不具有溯及力。

在英美法系国家,解除和终止也存在差别。当一个合同被解除时,恢复原状

---

① 王家福主编:《民法债权》,法律出版社1991年版,第362页。
② 尹田:《法国现代合同法》,法律出版社1995年版,第353页。

应成为违约救济的原则；而合同终止使合同自终止日起不再约束双方，但各方在合同终止之日前从合同的履行中取得的利益却依然为各方所保留①。

在我国，关于合同解除的溯及力问题，学理上一般主张应区别连续性合同与非连续性合同。但是否应用"解除"和"终止"的明确概念却有不同看法。在这次合同法的起草过程中，也同样涉及这一问题。在合同法起草的第一稿（又称专家建议稿）中，将合同解除与终止作了明确的区别。在"总则"中专门规定了"合同的解除和终止"，其解除与终止同大陆法系国家，特别是德国立法是一致的。在具体合同中，如"租赁合同"、"借用合同"、"委托合同"、"雇佣合同"中用"终止"而不用"解除"。但是，在现行合同法中，不再将解除与终止作为并列的概念而使用，而是将解除作为终止的一种特殊情况，即将终止作为解除的上位概念来使用的。这一点从第六章第91条的规定中，就可以清楚地看出来。并且，在各种具体的有名合同中，如"租赁合同"、"委托合同"中，也不再使用"终止"的概念，而是直接使用"解除"。这是否意味着我国合同法不区分连续性合同与非连续性合同而赋予解除以不同的法律效力呢？

当然不是。我国《合同法》第97条规定，合同解除后，尚未履行的，终止履行；已经履行的，根据履行情况和合同性质，当事人可以请求恢复原状或采取其他补救措施。该条的立法本意就是区分连续性合同与非连续性合同而使解除具有不同的法律效力。在非连续性合同，解除具有溯及力，而体现这种溯及力的直接标志就是恢复原状。具体说来，(1) 返还原物；(2) 受领的标的物为金钱的，应同时返还自受领之日起的利息；(3) 受领标的物有孳息的，也应一并返还；(4) 就应返还之物已经支付了必要或有关费用的，有权在他方受返还时所得的利益的限度内请求返还；(5) 应返还非原物因毁损灭失或其他事由而不能返还的，应按物的价值予以返还。

因合同解除而上的返还义务，准用关于同时履行抗辩权的规定，即一方在返还时可要求对方同时返还。《德国民法典》第348条就作了这样的规定，我国合同法起草中的第一稿第105条有类似的规定，但现行合同法无此规定。但从学理上讲，也应认为这一效力依然存在。

连续性合同的解除原则上无溯及力。常见的连续性合同主要有：租赁合同、借用合同、委托合同、雇佣合同以及其他以"使用"或"提供劳务"为内容的合同。由于这些合同在内容上的特殊而无法适用恢复原状，故这些合同的解除就无溯及既往的效力，即合同的解除只向将来发生效力，解除前发生的给付为有法律依据而有保持力，但尚未履行的义务被免除。这样就发生了这样的问题：当事人一方已经部分或全部履行了义务，对方却未履行或未为对待履行，应如何平衡当事

---

① 王军：《美国合同法》，中国政法大学出版社1996年版，第323页。

人的利益呢？显然不能采取返还的方式，因为利益的取得是有法律依据的。唯一的补救办法是一方当事人将超过自己对待给付的部分对另一方进行补偿。

(二) 合同解除与损害赔偿

合同解除与损害赔偿作为两种救济措施可否同时并用？对此，各国立法和学理有较大区别。

1. 德国民法典

以德国民法典及德国民法学理为代表的观点认为，在债务人不履行合同时，债权人可以在解除合同和要求赔偿之间作出选择。如果要求解除合同，则不得请求损害赔偿。其理论依据是：解除合同足以使当事人恢复到缔约前的状态，并且，合同既已解除，因合同关系的损害赔偿在逻辑上就不成立。也就是说，合同解除使不履行而产生的损害赔偿失去了存在的基础，故二者不能并存。2002年以前的《德国民法典》第325、326的规定清楚地表明了这一点。

德国学者罗伯特·霍恩在解释这一问题时指出，现在占主导地位的观点认为，解除契约是在原来契约基础上建立一种清算关系。解除契约的目的是为了终止尚未履行的契约义务，并使已经实施的或已经交换的给付恢复原状。由于解除契约的目的是使当事人的权利义务关系恢复到缔约前的状态，而不是契约履行后的状态，因此，与损害赔偿相比，它所提供的救济是十分有限的。在制定民法典时，解除契约的制度是一种新生事物，因此，其中一些具体规定至今仍不十分明确[①]。德国判例也认为，解除契约与损害赔偿相互排斥的原则，不适应实务上的要求。联邦普通法院对此原则作了修改，使解约请求权与损害赔偿请求权相结合[②]。在这次德国民法典债务法的修改中，特别对此作了修改。现行《德国民法典》第325条（德国民法典的债法部分在2002年进行了重大修改并于2002年1月1日起生效）规定："在双务合同中，要求损害赔偿的权利并不因解除合同而排除。"

2. 法国民法典

以法国民法典为代表的其他大陆法系国家的民法典认为，解除契约与损害赔偿作为两种救济手段可以并存，如《法国民法典》第1184条规定，当事人可"解除契约并请求损害赔偿"；《日本民法典》第545条规定："解除权的行使，不妨碍损害赔偿请求权。"意大利民法典也从此说。

3. 英美合同法

英美合同法对于解除契约与损害赔偿的问题，采取可以同时并用的观点。如美国《统一商法典》第2－720条规定："除非明显存在相反的意思表示，解除

[①] 罗伯特·霍恩等：《德国民商法导论》，楚建译，中国大百科全书出版社1996年版，第121页。
[②] 梁慧星：《民法学说判例与立法研究》，中国政法大学出版社1993年版，第311页。

或取消合同或类似表示,不应被解释为放弃或解除就前存违约所作出的索赔要求。"

4. 我国合同法

在解除契约与损害赔偿的关系问题上,我国学理与立法一贯坚持同时并用的观点。根据《民法通则》第 115 条规定:"合同的变更或解除,不影响当事人要求赔偿损失的权利。"旧的《经济合同法》第 26 条规定:"因变更或解除经济合同使一方遭受损失的,除依法可以免除责任的以外,应由责任方负责赔偿。"我国现行合同法继受了这一原则,根据该法第 97 条及 98 条的规定,合同终止,不影响当事人请求损害赔偿的权利。

但是,在与解除合同同时使用损害赔偿时,赔偿的范围为何?对此有不同观点:一种观点认为,此处所讲的损害赔偿是指无过错的一方所遭受的一切损害均可请求赔偿,既包括债务不履行的损害赔偿,也包括因恢复原状而发生的损害赔偿[1];第二种观点认为,损害赔偿的范围应包括以下几种:(1)合同解除后,因恢复原状而发生的损害赔偿;(2)管理维修标的物所生的费用;(3)非违约方因返还本身而支出的费用。但是,损害赔偿不应包括因债务不履行而生的可得利益的赔偿。因为,在合同解除是因违约而产生的情况下,单纯从违约的角度看,确实存在违约损害问题。但从法律上看,合同的解除不应超出合同解除效力所应达到的范围。由于合同解除的效力是使合同恢复到缔约前的状态,而可得利益是在合同得到完全履行后才有可能产生。既然当事人选择了合同解除,就说明当事人不愿意继续履行合同,那么非违约方就不应该得到履行后所应得的利益[2]。这种观点实值得赞同。

在合同法的起草过程中,第一稿草案就反映了第一种观点。第一稿草案第 104 条规定:合同解除时,除法律另有规定或当事人另有约定时,债权人可请求损害赔偿的范围:(1)债务不履行的损害赔偿;(2)因合同解除而生的损害赔偿,包括:债权人订立合同所指出的必要费用;债权人因相信合同能够履行而作准备所支出的必要费用;债权人因失去订立合同的机会所造成的损失;债权人已履行合同义务时,债务人因拒不履行返还给付物的义务给债权人造成的损失;债权人已经受领债务人的给付物时,因返还而支出的必要费用。但现行合同法并没有就此问题作出规定,但我们认为,不应包括履行利益的赔偿,即合同履行后债权人应得的利益。

应当特别指出的是:在合同解除后违约人对非违约方损失的赔偿仅仅限于信赖利益,而且,此信赖利益的赔偿数额不得大于合同有效时非违约方可以获得

---

[1] 周林彬主编:《比较合同法》,兰州大学出版社 1989 年版,第 354 页。
[2] 王利明:《违约责任论》,中国政法大学出版社 1996 年版,第 556 页。

的利益。为什么会以期待利益来限制信赖利益的赔偿最高限额呢？美国学者富勒也提出了同样的问题：《德国民法典》（第122、179、307条）规定信赖利益的保护无论在什么情况下赔偿均不得超过期待利益，而美国的判例暗含与德国民相似的处理方法。基于信赖利益的赔偿永远不得超过期待利益的价值，这一观念有什么依据？富勒通过分析认为：信赖利益超过被告允诺的合理价值时就表明原告从事了一项亏本的交易，而允许原告对信赖利益的赔偿大于期待利益（约定的合同价格），那将意味着法律允许原告将一种亏本的交易的风险转嫁给被告。因此可以得出这一公式：在对因信赖某合同而发生的损失寻求赔偿的时候，我们不会使原告处于一种比假定合同得到了完全的履行他所应处的状况更好的状况①。我们可以对富勒的话作一个简单的解释：一种赢利的交易应该是这样的：合同约定的价格（期待利益，富勒称为"毛期待利益"）不仅包括当事人为此支出的费用和成本（信赖利益），而且，还应当包括扣除了这些费用和成本后的利润。因此，一种赢利的交易的信赖利益不会大于期待利益。如果信赖利益等于期待利益，则说明这一交易是不赔不赚的。而如果信赖利益大于期待利益，说明这一交易是亏本的，也就是说假如对方不违约，非违约方获得合同履行也是亏本生意。假如在信赖利益赔偿中，使被告的赔偿额大于期待利益，无疑等于将原告在一宗交易中的亏损转嫁给被告。

我国合同法对此问题没有规定，但从法理上讲，也应当作相同的解释。

第二节 合同因其他原因而终止

一、合同因履行而终止

合同履行是合同终止的最基本的原因，只有合同被履行，才表明社会分工所导致的合作得以实现。合同因其他原因的终止，只能是例外。由于我们在前已经详细地论述了合同的履行问题，在此就不再重复。

二、合同因提存而终止

（一）提存的概念

提存是指在一定条件下。债务人或其他清偿人将有关货币，物品以及有价证券等提交给一定的机关保存，从而消灭债权债务关系的一种法律制度。

债权人对于债务人的给付负有受领的义务。当债权人无正当理由拒不受领时，虽负有迟延责任但债务人的债务却不能消灭，其时刻处于准备履行的状态，对债务人殊欠公允。法律为对此做出救济，特设提存制度，意在结束这种悬而未

---

① ［美］L. L. 富勒：《合同损害赔偿中的信赖利益》，载梁慧星主编：《民商法论丛》第7卷，法律出版社1997年版，第443页。

决的状态,解除债务人的负担,保护当事人的合法权益。

具有现代意义的提存制度早在罗马法便已存在在优士丁尼《法典》的一篇敕令中说:"争讼开始后,你向债权人偿还因消费借贷使用的本金和法定利息,如果债权人不接受清偿,你可以将钱封好后放置于某公共场所,从这一刻起停止计算法定利息……债务人也可不对风险承担责任。"罗马法一极具现代意义的提存规则为现代各国民法所承袭,作为债之消灭的原因。

提存制度在我国出现较晚,发展也较缓慢,甚至在民法通则中找不到关于提存的明确规定,只是在最高人民法院《关于贯彻执行〈民法通则〉若干问题的意见(试行)》第 104 条中作了概括性的规定,在一定程度上给司法实践提供了法律依据。我国《合同法》从 101 条至第 104 条规定了提存制度,但不够完善,甚至连提存在机关也不甚清楚。所以,我国目前的所谓提存制度也仅仅是纸上谈兵,实践中使用甚少。

(二)提存的主体与客体

1. 主体

提存涉及三方面当事人,即三个主体:

(1)提存人。在一般情况下,提存人为债务人,但是,得为清偿的第三人也可为提存人。我国司法部制定的《提存公证规则》第 2 条规定提存人为"履行清偿义务"的人,自包括此意。

(2)提存受领人。提存受领人一般为债权人。

(3)提存机关。罗马法将提存的场所规定为公共场所,并明确规定公共场所包括神殿或其他由审判机关指定的场所,而不是由提存人任意选定的场所。现代各国一般采取由法律直接规定或由法院在法定范围内指定的方式。例如,《德国民法典》第 374 条规定,提存应在清偿地的提存所为之;按《瑞士债务法》的规定,应由法官指定提存场所。原苏联民法规定,应由公证机关办理提存。根据我国《提存公证规则》第 4 条的规定,提存由债务履行地的公证机关管辖。《合同法》没有规定提存机关。

2. 提存的客体

提存的客体,即提存的标的物,原则上须是依债的内容之规定,应当给付的标的物。如果提存的标的物与债的内容不符,不生消灭债务的效力。各国法律对提存客体的规定并非一致。有的国家,如《德国民法典》仅规定金钱,有价证券,其他证券及有价物得为提存,不动产因可以抛弃占有而免除债务,故不得为提存之物。而日本判例认为,不动产也可提存;我国台湾地区民法从德国法。根据我国《提存公证规则》第 7 条的规定,货币,有价证券,票据,提单,权利证书,贵重物品,不动产及其他适宜提存的标的物,均可为提存的标的物。

(三)提存的构成要件

1. 提存的主体应当适格。
2. 提存应在法律规定或有关机关指定的场所为之。
3. 提存应以物的交付为限。提存物应与债的内容相符合,若交付之物与债的内容不合者,不生清偿的效力。
4. 须有提存原因。

根据我国《合同法》第101条的规定,提存应当具备下列条件:(1)债权人无正当理由拒绝受领。债权人对于已提出的给付无正当理由拒不受领或不能受领时,应负迟延责任,债务人可将给付提存。这一原则为罗马法规定的得为提存的主要原因之一,后为各国民法所继受。(2)债权人不能确定。不知债权人为谁而难为给付时,债务人可提存。例如,债权人不明;债权人丧失行为能力而又无代理人;债权人死亡后,其继承人不明等。

(四) 提存的方法

根据我国《提存公证规则》的规定,提存的方法如下:

1. 提存人应向提存机关提出申请

提存人应填写申请表并提交有关材料,如提存人的身份证明;债权债务关系的有关证据,提存受领人的姓名,地址等详细情况;提存标的物的种类,质量,数量,价值等情况以及能证明提存之物确系债之履行的标的物等。

2. 受理与提存

公证处接到申请人的申请后,经审查认为符合法定条件的,应当受理。受理后,经审查符合法定之实质条件的,应当予以提存并对提存人提交之物进行验收并登记。

3. 提存公证书

公证处自提存之日三日内出具公证书。提存之债从提存之日起即告清偿(我国《提存公证规则》第17条)。

4. 对提存受领人的通知

提存人应将提存的事实及时通知提存受领人。以清偿为目的的提存或提存人通知有困难的,公证处应自提存之日起七日内,以书面形式通知提存受领人,告知其领取提存物的时间,地点,期限及方法。提存受领人不清或目明的,应以公告的方式为之。

(五) 提存的效力

因提存涉及三方面的当事人,故应有三方面的效力:

1. 对于债权人与债务人的效力

(1)提存与清偿具有相同的效力,自提存之日起债权债务关系归于消灭(《提存公证规则》第17条)。日本民法采取与我国相同的原则,但《德国民法典》则采不同的规定,即债并非自提存之日起消灭,而是自提存物的取回权消灭时消灭(《德国民法典》第 378、379 条)。

(2) 提存物的所有权因提存而移转于债权人,提存物的风险也一并移转于债权人。在提存期间,提存物因不可抗力而毁损灭失的风险,由债权人负担(《合同法》第 103 条)。

(3) 除当事人有特别约定外,提存费用由提存受领人负担,同时,提存物的收益也由提存受领人享有(《法国法民法典》第 1260 条,《德国民法典》第 381 条,我国《合同法》第 103 条、《提存公证规则》第 25 条第 1 款)。

2. 对于提存人与提存机关的效力

通说认为,提存人依法将提存物提存于提存机关后,二者仅发生公法上的法律关系,提存机关依法负有保管提存物的义务。

一个值得注意的问题是,提存人将债的标的物提存后,能否撤回?对此,各国法均持肯定的态度,但大多规定有一定的限制,如《法国民法典》第 1261 条规定:"债务人在债权人未接受提存物之前,得将提存物撤回。"《德国民法典》第 376 条规定,"债务人有取回提存物的权利,但在下列情况下不得取回:(1) 债务人向提存所表示抛弃取回权;(2) 债权人向提存所表示受领;(3) 向提存所提示一份在债权人与债务人之间已宣告提存为合法的确定判决。"我国《提存公证规则》第 26 条规定:"提存人可以凭人民法院生效的判决与裁定或提存之债已经清偿的公证证明,取回提存物。提存受领人以书面形式向公证处放弃提存受领权的,提存人得取回提存物。"各国通行的规定是,提存人取回提存物的,视为未提存,因此产生的费用由提存人负担。

3. 对于提存机关与债权人的效力

(1) 债权人有权随时要求提存机关交付提存物,并承担必要的费用。但是,根据我国《合同法》第 104 条的规定,债权人可以随时领取标的物,但债权人对债务人负有到期债务的,在债权人未履行债务或者提供担保之前,提存部门可以根据债务人的要求拒绝其领取标的物。

(2) 提存机关有妥善保管提存物的义务,若提存物因提存机关的过错而毁损灭失的,提存机关应负赔偿责任。但若因不可归责于提存机关的原因而生者,提存机关不负责任。

(3) 从提存之日起 5 年内债权人不领取的提存物,其受领权消灭。提存机关扣除提存费用后,将归国家所有(《合同法》第 104 条)。

(4) 对不宜保存,提存受领人到期不领取或超过保管期限的提存物品,公证处可以拍卖而提存其价款,因此而支出的费用由债权人负担(《提存公证规则》第 19 条)。

三、合同权利义务因抵销而终止

(一) 抵销的概念

抵销,又称"充抵",是指二人互负债务且给付种类相同时,各得以其对他方的债权充销自己对他方的债务,从而使各自的债务在对等的数额内消灭的意思表示。用作抵销的债,也即抵销人的债权,称为主动债权或抵销债权或反对债权;被抵销的债,即被抵销的对方当事人的债,称为被动债权或主债权。

抵销有法定抵销与约定抵销之分。法定抵销是根据法律规定的条件进行的抵销,而约定抵销则是根据契约自由所为的抵销。我们下面所说的仅仅是法定抵销。

(二) 抵销的性质

关于抵销的性质,应对抵销的方法见解不一,故有不同的主张。

(1) 事件说。该说以《法国民法典》第 1290 条为依据,认为,因存在双方债权的对立而当然抵销或当事人之意思表示仅是其效力发生的条件,故抵销为事件。

(2) 非实体法上的法律行为说。该说认为,抵销仅得以依审判上的方式为之,故抵销为非实体法上的法律行为。

(3) 单方法律行为说。此说认为,债权的对立不生任何效力,惟依当事人一方的意思表示始生抵销的效力,故抵销为单方法律行为,即抵销是对立的双方债权债务关系消灭的单方法律行为。该说被世界大多数国家所采用。如"台湾民法典"第 335 条、《德国民法典》第 388 条、《瑞士债务法》第 124 条、《日本民法典》第 506 条。我国大陆学者也多倾向此说,而从我国现行《合同法》第 99 条的规定看,也是采取单方行为说。

(三) 抵销的社会意义

(1) 方便当事人。抵销使当事人本应履行的债务不再履行,从而简便了债权满足的途径,节省了费用。

(2) 抵销有保护债权人权利的作用。此点在破产程序中表现的尤为突出。当债务人破产时,债权人可向债务人主张抵销,以避免破产清算的按比例分配给自己带来的不利益,各国破产法均承认这一原则。

(四) 抵销的要件

抵销因各国法律规定不同,其条件也有所差异。根据各国立法及我国民事立法的规定,抵销应具备以下要件:

1. 双方互负债务互享债权。

抵销以按对等额使双方债权消灭为目的,故以双方债权债务的存在为前提,只有债权而无债务或只有债务而无债权时,均不发生抵销的问题。

2. 须双方债务均届清偿期。

可供抵销的债权,原则上是能够请求履行的债权,独未届清偿期的债权,债权人尚不能请求履行,故不能主张抵销,否则,无疑是强迫债务人抛弃期限利益而提前履行。但是如果抵销权人以其已届期的主动债权与被抵销权人的未届期的被动债权相抵销时,则视为期限利益的放弃,为有效。

因破产为特别法,破产程序有使所有未届期债权均届期的效力,故在破产程序开始前对破产人负有债务的债权人,不论其债权是否到期,均可主张抵销,但应扣除期限利益。

3. 双方债的标的种类相同

因债的目的在于满足当事人的需要,故债的标的的种类相同,应为抵销的条件。如双方所负债务的标的种类不同,双方各有其经济目的,如允许抵销,则不免使一方或双方当事人的目的难以实现,与债的目的相背。故适于抵销的债务,以金钱与种类物居多。以特定物为标的的债权,原则上不许抵销。但债因履行不能而转化为金钱债务时,可以为抵销。但在破产法上,这一原则不适用因破产程序的目的在于公平分配债务人的财产,所有债权在申报时,均应以金钱计算,故即使债的标的种类不同,仍得为抵销。

清偿地不同的债权,也可抵销。但主张抵销的人应赔偿他方因此而增加的费用。如《德国民法典》第391条规定:"双方的债权虽清偿地或交付地不同,也得为抵销;但为抵销的人应赔偿他方因抵销而不能在原地点受领或履行给付而生的损害。"

4. 债务依其性质或法律规定得为抵销

依债务的性质非清偿不能达债的目的者,不能抵销,如不作为债务,提供劳务的债务或依双方约定不得抵销的债务;与人身不可分离的债务,如抚恤金,退休金,附养费等,也不得抵销。依法律规定不得抵销的债务,如禁止强制执行的债务因侵权行为所生的债务等,均不得为抵销。

(五)抵销权的行使方法

1. 抵销权人

(1)有权提出抵销的人,即抵销权人应为主动债权人。主动债权人应以自己的债权而不是他人的债权主张抵销。第三人不得以其对于债权人的债权向债务人主张抵销。

(2)主债务人对于债权人有债权的,保证人得主张抵销。但保证人对债权人有债权的,主债务人不得主张抵销。

关于连带债务人的抵销问题,各国民法规定不一。根据《法国民法典》第1294条第3款及《德国民法典》第422条的规定,连带债务人中的一人对于债权人有债权者,其他债务人不得主张抵销。《日本民法典》第436条则有相左的规定。根据该条,连带债务人中的一人对债权人有债权,该债务人援用抵销时,债权为全体债务人的利益而消灭;在上述债权的债务人不援用抵销时,其他债权人,只能就该债务人应负担的部分,援用抵销。我国"台湾民法典"第227条也有类似的规定。在债权让与时,债务人是否得向受让人主张抵销,各国民法规定不一。据《法国民法典》第1295条的规定:"债务人无保留地同意债权人以债权让与第三人者,其同意前对受让人得主张的抵销不得对受让人再行主张;债务人曾收到债权让与的通知但未同意者,在通知后债务人对让与人所发生的债权不得主张与起债务抵销。"但《德国民法典》第406条则有不同的规定:"债务人也得以对原债权人享有的债权向新债权人主张抵销。但在债务人向原债权人取得债权的当时已知债权让与的事由或债务人取得的债权在其知有让与之后,而且取得的债权又在让与的债权之后才到期者,不在此限。"

(3)当事人一方或另一方有数宗债权适于抵销时抵销权人得指定相互抵销的债权。

2. 抵销的方式

关于抵销的方式,各国民法规定并不相同。有的国家采取当然抵销主义,认为抵销无须当事人的意思表示,只要有双方债权对立的事实,便当然发生抵销。如《法国民法典》。第1290条规定"债务双方虽均无所知,根据法律的效力仍可发生抵销;两个债务自其共同存在起,在同等的数额范围内相互消灭。"

有的国家采取单方行为说,认为抵销权的产生系基于债权相互对立的事实,但债之消灭的效果并不当然发生,须有抵销权的行使,即一方当事人的意思表示。如《德国民法典》。第388条第1款规定:"抵销应以意思表示向他方当事人为之。"世界上大多数国家的民法典,如《瑞士债务法》《日本民法典》及我国"台湾民法典"等均采此说。我们认为,抵销应由主动债权人向被动债权人为抵销的意思表示。抵销权在性质上为形成权,故其抵销的意思表示不得附有期限或条件,否则为无效。抵销为法律行为,适用关于意思表示的规定。此种意思表示一经抵销权人做出即发生法律效力,不须对方当事人同意,也不以诉讼为必要。

(六)抵销权行使的效力

1. 双方互负的债务在对等的范围内消灭。双方债务额相等时,全部债权债务关系归于消灭;双方债务额不等时,债务额较大的一方仍就超出的部分负继续清偿的责任。

2. 抵销的溯及力

当抵销生效时,双方债权的消灭的效力溯及抵销权发生之时。具体表现在:

(1)自得为抵销之日起,就消灭的债务不再发生支付利息的债务;

(2)抵销权发生后的迟延责任归于消灭;

(3)抵销权发生后,一方当事人所生的损害赔偿责任及违约责任应抵销的溯及力而归于消灭。

四、合同因免除而终止

(一) 免除的概述

1. 概念

免除是债权人以债的消灭为目的而抛弃债权的意思表示。债务人因债权人抛弃债权而免除清偿义务,所以免除也是债之消灭的一种原因。

2. 免除的性质

免除为法律行为,当属无疑。但其为合同行为抑或单方法律行为,各国立法的规定及学理上见解不一。《法国民法典》(第1285、1287条),《德国民法典》(第397条)及《瑞士债务法》(第115条)均认为是合同行为。其理由如下:

(1) 债的关系为债权人与债务人之间的特定权利义务关系,故不能忽视债务人的意思而仅以债权人之单独行为发生债之消灭的结果;

(2) 债权人免除债务人的债务系一种恩惠的表示但恩惠不得强施,如债务人不接受时,强使其接受会有损债务人人格的独立性;

(3) 债权人免除债务人的债务,必有一定的动机,因而不能断定债权人的免除一定不会损害债务人的利益。我国大陆持这种观点的学者亦有之。[①]

《日本民法典》及我国"台湾民法典"采单独行为说。我国大陆学者也有持这种观点者。[②] 该说认为,免除为债权人债权的抛弃,故得由其一方的意思表示为之,因而为单独行为。

我们赞同单独行为说。因免除为债权的抛弃,权利的抛弃无须他人的承诺。当然,权利的抛弃与行使均不得损害他人的利益,为当然之理。在无损债务人的情况下,免除其债务的清偿,对之并无不利。

3. 免除的法律特征

既然免除为单方行为,它应有以下特征:

(1) 免除为无因行为。免除必有一定原因,但此原因无效或不成立时,不影响免除的效力。

(2) 免除为无偿行为。

(3) 免除为非要式行为。免除的意思表示的方式无须特定,书面或言词,明示或默示,均无不可。

(4) 免除为债权人处分债权的行为,故要求免除人必须是有行为能力人及有权处分债权的人。

(二) 免除的方式

1. 免除人须为免除的意思表示,此意思表示适用民法的一般规定。

2. 免除的意思表示应向债务人为之。向任何第三人所为的意思表示对债

---

① 王利明等《民法新论》,第340页。
② 王家福主编,前揭书,第215页。

务人不生效力。

3. 免除的意思表示,一经作出即不得撤回。债权人所作出的意思表示只要符合法定要件即生法律效力,免除人不得撤回。

(三) 免除的效力

1. 债的关系绝对归于消灭。债务全部免除时,债权债务关系全部归于消灭;一部免除时,债权债务关系部分归于消灭。

2. 从债务免除。主债务消灭时,从债务当然也归于消灭。但免除人仅免除从债务时,主债务并不消灭。

五、合同因混同而终止

(一) 混同的概念

混同是指债权与债务归于同一人的意思表示的事实。债的关系因此而消灭。故混同为债的消灭的原因之一。混同可因债的特定承受或概括承受而发生。

(二) 混同的性质

混同为一种事实而非法律行为,故无须任何意思表示,仅有债权债务同归于一人的事实,即发生债之消灭的效力。

(三) 混同的效力

混同产生债权债务关系及其从债消灭的效力。但是,若债权已作为他人权利的标的时,为保护第三人的利益,纵使发生混同的事实,债的关系也不消灭,例如,债权为权利质权的标的时,便是如此。

【引导案例】

案情

1999年10月31日北京长新房地产开发公司与金星公司(香港)有限公司签订电梯买卖合同,约定:金星公司(香港)有限公司向长新公司提供韩国LG生产的全新电梯4部,总价款2 590 000元;长新公司于合同签订后7日内向金星公司(香港)有限公司支付总价款的30%(777 000元)作为预付款;金星公司(香港)有限公司在收到预付款后的15日内将图纸送达长新公司,4部电梯将于图纸批签后4个月内由韩国釜山装船;船到达目的港后由金星公司(香港)有限公司委托进口代理公司开出以金星公司(香港)有限公司为受益人的不可撤销的即期信用证后,长新公司于开证后三日内支付总价款的45%,计1 165 500元;货到工地前,长新公司凭装船文件支付总价款的20%,计518 000元;其余款项长新公司将在电梯安装完毕、劳动局颁发验收合格证后5日内支付;金星公司(香港)有限公司将货物运到安装现场后,由长新公司按照发运清单进行核查验收(不准开箱),但长新公司不对箱内货物负责;安装工程正式开工之前,金星公司(香港)有限公司再开箱验收货物,长新公司进行监督。待工程安装调试完毕后,再由长新公司进行最后验收。2000年12月3日,长新公司在工地收取了上述合同所涉货物,但发现产品包装为中国汕头电梯有限公司制造,开箱查看后,内部全部是韩文标识,但使用无说明书和安装说明书。之后,长新公司以金星公司(香港)有限公司交付的货物的外部包装、标识与合同约定不符并无说明书为由,诉至法院请求解除合同并请求金星公司(香港)有限公司承担赔偿责任。

焦点

长新公司是否有权解除合同并要求损害赔偿?

评析

本案中长新公司请求解除合同并要求赔偿的理由不充分,因为:(1)长新公司违反合同约定擅自开箱查验;(2)虽然产品外部包装不合约定,且没有说明书,但产品却符合合同约定,违反的仅仅是附随义务,故不构成根本违约(即不能实现合同目的),不能解除合同;(3)说明书是不需要的,因为合同约定由金星公司(香港)有限公司负责安装调试,安装调试后再交付说明书并不违反合同约定。

【练习案例】

案情

山东东风化工有限责任公司与山东顺利化工原料有限责任公司是邻居,双方于2009年12月12日签订化工原料买卖合同,约定有山东顺利化工原料有限责任公司向山东东风化工有限责任公司提供化工原料5 000吨,每吨6 000元,共计3 000万元。交货期限为2010年2月20日-25日;交货条件为:山东东风化工有限责任公司于2010年2月15日前先交付总价款的50%后,山东顺利化工原料有限责任公司才履行上述约定日期的交货义务。山东东风化工有限责任公司全部交付货物后的15日内交付剩余款项。如果50%的付款日延期,则交货日期顺延,但是,如果延期付款的日期超过二个月,则山东顺利化工原料有限责任公司有权单方面解除合同并要求总价15%的赔偿金。双方按照约定履行了首其付款义务和交货义务。但在山东顺利化工原料有限责任公司交付全部货物后第7日,因其污水处理池破裂,淹进了山东东风化工有限责任公司的货物仓库,造成货物损失约1 000万。山东东风化工有限责任公司提出:山东顺利化工原料有限责任公司对自己的货款3 000万请求权与它对自己的侵权债务1 000万在对等数额内抵销,但山东顺利化工原料有限责任公司不同意抵销。于是,山东东风化工有限责任公司仅向山东顺利化工原料有限责任公司支付2 000万元。之后,山东顺利化工原料有限责任公司将对山东东风化工有限责任公司的1 000万元货款请求权转移给北京英格置业有限责任公司,以清偿债务。北京英格置业有限责任公司多次向山东东风化工有限责任公司催要债权,山东东风化工有限责任公司均以自己有抵销权为由予以拒绝。2010年4月8日,北京英格置业有限责任公司将山东东风化工有限责任公司诉至法院要求清偿债务。

问题

法院能否支持山东东风化工有限责任公司的抵销权?

要点提示

(1)《合同法》规定,债权转移不影响抵销;(2)因侵权行为发生的债权不得抵销。

【测试题】①

一、单项选择

1. 下列选项中,哪种情形下合同当事人不可以解除合同( )

A. 租赁合同的承租人未经出租人同意转租的,出租人可以解除合同

B. 分期付款买卖合同的买受人未支付到期价款的金额,经出卖人催告在合理期间内仍未支付的,出卖人可以解除合同

C. 因作为技术开发合同标的的技术已经由他人公开,致使技术开发合同的履行没有意义的,当事人可以解除合同

D. 附解除条件的合同,当事人一方为自己的利益不正当地阻止条件成就的,另一方当事人可以解除合同

2. A公司是一家生产木材的公司,而B公司是一家生产家具的公司。2006年A公司向B公司出售木材1 000立方米,每立方米4 500元,共计货款450万元。A公司以对B公司的该债权向银行担保借款450万元。后A公兼并B公司。则,下列正确答案是( )

A. B对A的债务根据银行的意思消灭

B. B对A的债务不消灭

C. B对A的债务附条件消灭

D. B对A的债务附期限消灭

二、多项选择

1. A与B订立了买卖钢材的合同,B向A购买1万吨钢材。在下列各项中,哪些事由可以使A获得合同解除权( )?

A. 因不可抗力致使B不能实现合同目

B. 在履行期限届满之前,B明确表明不履行付款债务

C. B迟延履行付款义务,经A催告后在合理期限内仍未履行

---

① 参考答案:一、1. B 2. B 二、1. ABCD 2. ACD

D. B以自己的行为表明不履行付款义务

2. A为B的雇主,B在A的企业工作一年,工资10万元一直未结。B因家中买房而向A借款150万元,A多次向B催债,B都以各种理由予以拒绝。A在最近一次要债中,与B发生争执并将B打成重伤。B起诉到法院要求赔偿,法院判决A应向B赔偿15万元。A在判决后,立即以低价将150万元的债权转让给C。下列说法中,正确的是(　　)

A. B可以向C主张10万元的抵销

B. B可以向C主张25万元的抵销

C. B的赔偿15万元的赔偿请求权只能向A要求而不能向C主张抵销。

D. B有权要求A赔偿15万元,并支付工资10万元,或者向C主张抵销10万元

【延伸阅读】

1. [英]阿狄亚:《合同法导论》,赵旭东等译,法律出版社2002年版。

2. [德]迪特尔·梅迪库斯:《德国民法总论》,邵建东译,法律出版社2000年版。

3. [美]A·L·科宾:《科宾论合同》,王卫国等译,中国大百科全书出版社1998年版。

4. 尹田:《法国现代合同法》,法律出版社1995年版。

5. 王军:《美国合同法判例选评》,中国政法大学出版社1995年版。

6. 江平主编:《民法学》,中国政法大学出版社2009年版。

第二编 分 论

第十章 旨在转移标的物所有权的合同

【本章导学】

本章介绍以转移标的物所有权为目的的合同,这类合同包括买卖合同、赠与合同、借款合同和供用电、水气、热力合同,其特点是:合同成立产生债权债务,合同的履行则导致合同标的物的所有权永久地转移给一方当事人。

本章的要点知识:(1)买卖合同的成立——区分动产买卖和不动产买卖;出卖人、买受人的权利、义务;风险负担——代办托运情形下风险负担;买卖合同的违约救济——一物多卖;试用买卖、所有权保留买卖的特殊规则。(2)赠与合同的性质;赠与人的撤销权;赠与人终止履行赠与义务的权利。(3)自然人之间借款合同;供用电水热力合同当事人的权利义务

本章重点是买卖合同及赠与合同,难点是风险负担、所有权保留买卖、试用买卖、赠与人的撤销权、自然人借款合同中利率及诉讼时效的起算。

本章的学习,可遵循以下思路:合同成立(效力问题)——合同当事人权利义务(内容问题)——一方违约应承担何种责任(履行问题)。

学习中,注意运用比较方法和案例分析法。案例分析是提高学生应用能力的最好方法,对任何一个规则,如果不能运用于案例,就说明没有把规则学会。

精通买卖、赠与、借款、供用电合同的具体规则,并能运用规则解决实际的法律纠纷是本章学习的最终目标。

第一节 买卖合同

买卖是最古老、最普遍的交易方式,其重要性居各类合同之首。买卖是一个过程,买卖合同是这个过程的起点,而不是终点。在我国,买卖合同成立仅仅在当事人之间产生了债,不发生所有权变动,所有权变动还需要履行来完成。这个履行,就动产买卖而言,是交付;就不动产买卖而言,是交付并登记。简言之,合同成立产生债,合同履行产生所有权变动。在古代时期,买卖标的物的科技含量较低,标的物瑕疵很容易发现,因此标的物所有权的移转往往意味着合同法律关系的消灭,"货物出门,概不负责","买者当心"是古人处理买卖关系的一条基本法则。近代以来,工业产品充斥于市,买卖标的物瑕疵很难当场发现,为保护买受人,近现代民法采取了瑕疵担保责任规则,即让出卖人对标的物的权利瑕疵和质量瑕疵承担法定担保责任。瑕疵担保责任产生了法律后果是:所有权的转移

并不意味着买卖法律关系的消灭,买受人在使用标的物的过程中发现瑕疵的,同样可以借助合同法追究出卖人的民事责任。

$$
买卖\begin{cases}一般买卖\begin{cases}出卖人义务(第138~141条)\\瑕疵担保责任(第148~150条)\\风险负担(第142~146条)\\买受人义务(第160~161条)\\孳息的归属(第163条)\end{cases}\\特种买卖\begin{cases}分期付款的买卖(第167条)\\所有权保留买卖(第134条)\\样品买卖(第169条)\\试用买卖(第170~171条)\end{cases}\end{cases}
$$

合同法中买卖合同的结构

拍卖、招标属于特殊的合同订立方式,合同成立后的内容与一般买卖无异,本书不将其列入特种买卖之列。

一、买卖合同的性质、成立与生效

买卖合同是出卖人转移标的物所有权于买受人,买受人支付价金于出卖人的合同。买卖合同成立之前,并没有买卖法律关系,买卖合同成立之后,在当事人之间产生了债的法律关系,在这个债的法律关系中,负有转移标的物所有权给另一方当事人义务的是出卖人,负有支付价金义务的是买受人。①买卖合同的当事人就是出卖人和买受人。

(一) 买卖合同的性质

买卖合同的性质,可分为以下几点:

1. 买卖合同是债权合同。在我国,买卖合同成立,出卖人负有转移标的物所有权于买受人的义务,标的物所有权的移转还要践行交付(动产)、登记(不动产),才能实现。因此,我国合同法下的买卖合同属于债权合同。②

2. 买卖合同是双务、有偿合同

买卖合同中,出卖人负有转移标的物所有权的义务,买受人负有支付价款的义务,故为双务。两个义务之间互为对价,是为有偿。双务性决定了买卖合同的当事人享有《合同法》第66、67、68条规定的抗辩权;有偿性决定了出卖人对标的

---

① 对于买卖合同引起的法律效果,不同的立法例有不同规定:意思主义(如法国民法)下,买卖合同成立,不仅产生债权债务,还直接引起物权变动;形式主义(如德国民法)下,买卖合同仅仅产生债之关系,物权变动借助一个物权行为独立完成;折中主义(如西班牙民法)下,买卖合同产生债之关系,物权变动除买卖合同外,还要履行交付、登记才能完成。我国属于折中主义,买卖合同也因此属于债权合同。不同的立法例详细解释,参见谢在全:《民法物权论》(上),新学林出版社2005年版,第91~93页。

② 参见《合同法》第133条,《物权法》第14条。

物瑕疵负有比赠与人更严格的担保责任。

甲将其所有的一只藏獒出卖给乙,价款5万。买卖合同约定:2009年4月1日双方同时履行。4月1日,如果甲未交付藏獒,乙如何维护自己的权益呢?

依据《合同法》第66条,乙可以行使同时履行抗辩,拒绝交付价金;反之,如果乙未交付价金,甲有权拒绝交付藏獒。不论发生哪种情形,因为有抗辩权,甲乙双方的行为均不构成违约。

如果合同约定甲4月1日交付藏獒,乙于藏獒交付10日后支付价金。4月1日,甲不交付藏獒,甲乙二人之间的法律关系如何处理?甲的行为即构成违约,应对乙承担违约责任;依据《合同法》第67条,乙享有先履行顺序抗辩权,有权拒绝支付价金,乙的行为并不构成违约。

如果在4月1日之前,甲有确切的证据证明乙丧失或者可能了债务清偿能力,甲如何保护自己的利益?依据《合同法》第68条,甲可以主张不安抗辩权,中止履行藏獒交付义务,并通知乙,要求乙提供担保,如果乙在4月1日之前未提供相应担保,4月1日,甲可以拒绝向乙交付藏獒,甲的行为并不构成违约。依据《合同法》第68条第2款的规定,甲对乙丧失或者可能丧失债务清偿能力负有举证的义务,如果甲的举证不被认可,仍要为4月1日的拒绝交付藏獒的行为向乙承担违约责任。值得注意的是,乙丧失债务清偿能力的事实必须发生在4月1日之前,4月1日之后丧失债务清偿能力不能成为甲主张不安抗辩权的理由。

3. 买卖合同原则上不要式合同。合同法对于买卖合同的形式未做规定,"法不禁止即为自由",买卖合同原则上应为不要式合同。对于城市房地产转让,《城市房地产管理法》第40条规定应当采用书面形式,故而,就城市房地产买卖而言,买卖合同为要式合同。对于农村房屋的买卖,是否必须采取书面形式,法律并未作出规定。对于不动产买卖,大陆法系的德国、瑞士等国采取了要式主义,即不动产转让合同必须做成公证书,否则无约束力;与此相反,法国、日本等国则采取了不要式主义。①

4. 买卖合同为诺成合同。当事人就合同主要条款达成一致,合同即告成立,标的物的交付、登记均不影响合同的成立。所谓主要条款,原则上指标的物、数量、价款,当事人有另外约定的,从其约定。

5. 买卖合同是以转移标的物所有权为目的的合同。买卖合同是转移标的物所有权,还是转移财产权的合同,大陆法系国家有不同的规定。日本民法及我国台湾地区民法明确规定买卖转移的是财产权,德国民法中的买卖合同规定的

---

① 《德国民法典》第925a条,《瑞士民法典》第657条,《法国民法典》第1582条,《日本民法典》第555条。

是转移标的物所有权,①但在学者的解释中,这里的所有权被解释为财产权,即德国法中的买卖可以是转移所有权的合同,也可以是转移其他财产权利(债权、知识产权、甚至是企业)的合同,②我国《合同法》第130条规定买卖合同转移标的物所有权,在解释上,似乎不应采德国民法的扩张解释,而应采限制解释,即将买卖合同解释为转移标的物所有权为目的的合同。

旨在转移所有权以外财产权利的合同可以参照买卖合同处理。所有权之外的财产权利有以下几种:(1)用益物权,具体有土地承包经营权、建设用地使用权、宅基地使用权等;(2)债权,一般债权以及以有价证券表现的债权等;(3)知识产权中的财产权利;(4)股权。

(二) 合同的成立与生效

当事人就标的物和价金达成一致,除另有约定外,买卖合同即告成立。③在解释上,标的物原则上以特定物为准,就种类物而言,当事人需就标的物、数量及价金达成一致,合同才告成立。值得注意的是,价金有时可以通过推定的方式确定,在这种情况下,当事人明确达成一致的只有标的物及数量两项内容。④ 买卖合同一般成立即生效,成立而不生效的主要是附停止条件和附始期的买卖合同,对这两类合同而言,合同先成立,后生效,生效的决定因素是条件和期限,其中,附停止条件的买卖,停止条件成就时,买卖合同才生效;附始期的买卖,期限届至,买卖生效。

买卖合同的生效受到许多因素的影响:

1. 当事人

买卖合同当事人可以是自然人、法人,也可以是其他经济组织。对于法人,其代表人以法人名义签订的合同,视为法人自身参与合同的成立;其他人以法人名义订立的合同,按代理制度处理。自然人订立合同,涉及行为能力的问题,对于价值较小的标的物而言,限制行为能力人有订立买卖合同的能力。比如,一个12岁的小学生,从新华书店购买了一本《哈里波特与凤凰社》,该买卖合同有效。对于房屋买卖合同,限制行为能力人不适格,需法定代理人追认,才能使合同有效。限制行为能力人购买机动车、航空器或者船舶的合同,同样应认定为效力待定。无行为能力人没有资格订立合同,其订立的合同不成立,更没有生效的可能。完全行为能力人可以订立所有的买卖合同。

---

① 《德国民法典》第433条,《法国民法典》第1598条,《日本民法典》第555条,中国"台湾地区民法"第345条。

② 【德】迪特尔·梅迪库斯:《德国债法分论》,法律出版社2007年版,第12页。

③ 史尚宽:《债法各论》,中国政法大学出版社2000年版,第6页。邱聪智:《新订债法各论》(上),中国人民大学出版社2006年版,第56页。

④ 《合同法》第62条第1款第2项。

限制行为能力人成为完全行为能力人后,可以对自己之前订立的价值巨大的买卖合同进行追认,这种追认代替了法定代理人的追认,同样会使合同变为有效。① 比如,差一个月就满 18 岁的甲和乙订立的一个房屋买卖合同,甲的父母均不追认,甲在满 18 岁后自己进行了追认,买卖因甲的追认而变成了有效合同。

2. 标的物

标的物可以分为动产和不动产。其中土地所有权的买卖,受土地公有制的影响,无效。司法实务中,城市居民购买农村住宅的买卖合同也被认定无效,其无效的理由难以令人信服。法律禁止交易的动产买卖,无效。这种禁止性规定需要借助特别法才能窥其全貌,一般而言,私人之间有关枪支、毒品、国家保护的珍贵动物等等的买卖,应认定为无效。

销售假货的合同效力如何?如果买受人对假货不知情,则属于受欺诈而订立合同,买受人可以向法院申请撤销合同。如果出卖人销售假货,买受人知假买假,其行为损害公共利益,合同无效。同理,明知赃物、走私物而购买的合同,无效。

实践中,有人私自制造汽车并对外转让,其买卖合同效力如何?笔者认为,汽车涉及公共安全,其生产必须取得国家许可,未获国家有关部门许可,擅自制造汽车而买卖的,应属无效。

3. 处分权

买卖合同的生效是否要求出卖人对标的物有处分权?这个问题取决于买卖合同本身的性质。买卖合同如果仅仅产生债权债务,并不引起物权变动,则买卖合同的效力不应受出卖人对标的物有无处分权的影响,换言之,出卖他人之物的合同,有效。买卖合同如果同时产生债权和物权两种效果,则买卖合同的生效应和出卖人对标的物有处分权连结起来,出卖他人之物的合同,应属效力待定,如果出卖人事后取得了处分权或者标的物的所有权人进行了追认,合同有效;反之,合同无效。

在我国,买卖合同属于债权合同,合同本身并不能引起物权变动,出卖他人之物的合同,不会给标的物的所有人带来任何不利益,因此,从应然的角度讲,无权处分下的买卖合同应属有效。《合同法》第 51 条将无权处分的合同定性为效力待定合同,不能不说是一个遗憾。在第 51 条修订之前,出卖他人之物的合同,合同的临时状态应属效力待定,终局状态则视处分权瑕疵是否消除而定:出卖人事后取得处分权或者处分权人追认的,合同有效;反之,合同无效。

有权处分的买卖合同 ——→有效

---

① 《德国民法典》第 108 条第 3 款。

无权处分的买卖合同 ——→ 效力待定 {（终局状态）有效（处分权瑕疵消灭） / （临时状态）无效（处分权瑕疵未消灭）}

甲一房三卖,先后与乙、丙、丁签订买卖合同,对乙为交付,对丙为登记,对丁既未交付,也未登记。后房屋意外灭失,三个合同的效力如何?

甲乙之间买卖合同有效,因为合同订立时,甲是房屋所有权人,对房屋有处分权。甲丙之间买卖合同有效,因为甲丙合同成立时,房屋虽然被乙占有,但交付并不引起不动产所有权的变动,甲仍是房屋所有权人,甲出卖房屋属于有权处分,丙又是善意的(不知情),甲丙之间买卖也不属于恶意串通损害第三人利益的合同,故而有效。甲丁之间合同效力待定,这是因为合同订立之前,甲已将房屋所有权转移给丙,甲不再是买卖标的物的所有权人,甲与丁订立买卖合同属于出卖他人之物,属于无权处分,因而合同的临时状态是效力待定。甲与丁订立合同时,隐瞒了自己不是房屋所有人这一事实,甲的行为构成欺诈,甲丁之间的买卖合同又属于可撤销的合同。甲丁之间的合同既是效力待定的,又是可撤销的,造成这种结果的根本原因是《合同法》第 51 条。

处分权人原则上是标的物的所有权人,但也可以是所有权人之外的第三人,这些人有:(1)破产管理人。企业法人破产的,其财产的处分权归属于破产管理人,管理人以自己的名义处分破产企业所有的财产,其处分有效,处分的结果归于破产企业。(2)失踪人的财产代管人。自然人被法院宣告失踪的,失踪人的财产将由法院确定的代管人管理、处分,财产代管人为失踪人利益,可以以自己名义处分失踪人的财产,其处分同样有效,处分的结果归失踪人。(3)行纪人。行纪人接受委托,代委托人出卖财产的,行纪人对受委托的财产享有处分权,其买卖有效。

4. 合同形式

对于要式合同,合同形式不符合要式的,应为无效。这一点同样适用拍卖、招标的情形,如果拍卖、招标的标的物依法必须采用书面形式,拍定人、中标人在事后拒绝签订书面合同的,合同无效,拍定人、中标人应承担缔约过失责任。要式可以是法定的,也可以是约定的,欠缺要式的合同,可以通过履行而补正。① 据此,对于城市房屋买卖而言,如果当事人未采取书面形式,合同无效。但是,这种无效,可因登记的完成而变为有效,在此,登记具有补正合同形式瑕疵的效力。

5. 意思表示

意思表示存在瑕疵的,同样会影响买卖合同的效力。欺诈、胁迫、乘人之危、显失公平、重大误解都会影响买卖的效力。

---

① 参见《合同法》第 36 条,《德国民法典》第 313、518、766 条,中国"台湾地区民法"第 166 条。

二、出卖人的权利义务

（一）出卖人的义务

1. 交付

出卖人负有将标的物交付给买受人占有的义务,因为只有获得对标的物的占有,买受人才能利用标的物,对大多数买受人而言,利用标的物往往是买卖的主要目的,所有权的取得仅仅是达到这一目的的手段。

交付包括现实交付、简易交付、指示交付和占有改定四种形式：

现实交付,是指出卖人将标的物直接交付到买受人手中,交付完成后,出卖人对标的物丧失任何形式的占有,买受人则实现对标的物的直接占有。现实交付是最普遍运用的交付形式。

简易交付的前提是在买卖合同成立前,买受人已占有标的物。买卖合同生效时,出卖人向买受人表达使其取得标的物占有的意思即可,不必从买受人手中取回标的物,然后再实施交付。法律承认这种交付方式的目的在于交易之便捷,用占有在观念上的移转来代替现实交付。比如,甲将自己的一只猫借给乙逮耗子,借用期间,乙向甲表示愿出500元购买此猫,甲允诺。甲乙之间买卖合同成立,乙取得猫的所有权,采用的交付方式就是简易交付。

指示交付,是指买卖标的物由第三人占有,出卖人将对第三人的返还请求权让与买受人,以代替交付。原则上,出卖人应通知第三人向买受人进行交付。拿上面案例来讲,在乙借用期间,如果甲将猫卖给了第三人丙,并约定由丙直接向乙请求交付,甲丙之间的交付就是通过指示交付完成的。

占有改定,是指出卖人保留对标的物的直接占有,以使买受人取得间接占有的方式实施交付。占有改定涉及两个合同,一个是买卖合同,一个是买卖合同之外的另一个合同,这个合同可以是租赁、借用,也可以是保管,第二个合同的目的是使出卖人仍保留标的物的直接占有,不过,其直接占有的标的物的所有权已归买受人。比如,甲将自己的捷达车以5万元的价格卖给乙,甲本应将车辆交给乙,使乙获得捷达车的所有权,但甲因临时需要,需租用捷达车3天,于是甲乙又达成了租赁协议,甲租用捷达车3天,每天租金200元。在这个交易过程中,甲交付标的物的义务就是通过占有改定的方式来完成的,租赁合同的订立,标志着买受人已是所有权人,其所有权是通过取得对标的物的间接占有的方式实现的。

对动产买卖而言,交付同时意味着所有权的移转,意味着出卖人义务的消灭。但对于不动产买卖而言,交付仅仅是出卖人义务的一部分,出卖人还必须将不动产的所有权移转给买受人,这一义务是通过登记来完成的。

交付还会引起其他法律效果：交付后,标的物意外灭失的风险负担转移给买受人；孳息归买受人收取,当事人另有约定的,从其约定；交付对质量瑕疵担保责任也有影响,质量异议期原则上从交付开始起算；交付使不动产买受人取得了有权占有,这种占有可以对抗出卖人及其继承人的原物返还请求权,这一点在房价飞涨时期对买受人尤为关键,在这种时期,飞涨的房价对出卖人毁约具有巨大的诱惑力。

2009年5月15日,甲将自己的房屋以30万元的价格卖给乙,双方约定:甲于合同签订后10日内交付房屋,2个月内办理过户,乙于交房的同时支付20万,过户时交付剩余的10万。甲依约交付了房屋,在办理登记前,当地房价暴涨,甲拒绝办理过户登记,并要求乙返还房屋。本案如何处理?

甲乙买卖合同有效,乙占有房屋有债权支持,为有权占有,自可以对抗甲的原物返还请求权。乙依据买卖合同,有权要求甲履行合同,将房屋所有权登记给自己。

如果甲在办理登记前死亡,甲的唯一继承人小甲要求乙返还房屋,乙如何应对?

甲死亡,小甲通过继承取得房屋所有权,但乙对甲的债权不消灭,可以对甲的继承人小甲主张其债权。换言之,对于小甲,甲仍为有权占有,可以拒绝房屋返还,并有权要求小甲将房屋所有权登记给自己。

如果甲将房屋再出卖给不知情的第三人丙,并办理登记呢?此时,丙取得房屋所有权,乙和丙之间无买卖合同,对丙构成无权占有,不能拒绝丙要求返还房屋占有的请求。

2. 转移标的物所有权

转移标的物所有权是出卖人的主要义务,这一义务对动产而言,是通过交付完成的;对机动车、航空器和船舶等特殊动产,物权法采取了"交付生效、登记对抗"的处理规则,以上述动产为标的物的买卖,出卖人的义务往往不限于交付,还要办理登记。

对不动产而言,交付仅仅使买受人取得了有权占有,出卖人还必须通过登记将标的物所有权转移给买受人。

不动产所有权对买受人具有实益:可以设定抵押,融通资金;可以再转让,实现房屋涨价的收益;征收时,凭借所有权人的身份取得补偿金;①办理保险有时也需要出示房屋产权证。因此,在房屋买卖合同中约定办理产权登记过户的期限对买受人有意义,出卖人违反期限约定的,买受人可以主张违约责任。

村民之间买卖农村房屋的合同有效。农村土地登记的普遍缺失,造成买卖双方无法办理登记过户,买受人取得的是对房屋占有,而不是所有权。鉴于买卖双方对不能转移房屋所有权的事实是知晓的,原则上不会发生因无法转移房屋所有权引发的解约、违约问题。困难可能产生于征收补偿金的支付,即在遇到征

---

① 参见《物权法》第42条第3款。

收的时候,谁有权获得补偿,是出卖人(房屋所有权人),还是买受人(房屋占有人),笔者以为,补偿金应归所有权人,买受人可以不解除合同,转而请求出卖人交付该笔补偿金。①城市房屋买卖遇到征收时,也可为同样处理。

小产权房则面临双重问题,一是不能办理登记,一是城市居民购买小产权房屋的效力问题。后一个问题实际上是一个立法价值判断问题,笔者认为,不宜一律认定为无效。

3. 其他义务

除上述义务外,针对个别特殊合同,出卖人还负有某些特定的义务,比如,对某些电器产品,出卖人负有交付单证资料的义务。对于某些动物的买卖,出卖人需要交付血统证明等等。

(二)出卖人的权利

1. 收取价金

出卖人有权请求买受人支付价金,出卖人什么时候能够行使这一权利,应视不同情况而定:对于同时履行的买卖,出卖人可以随时向买受人提出请求支付价金,但同时必须提出自己的给付。这个给付可以是转移标的物所有权,也可以是仅仅转移标的物的占有,一切取决于合同的约定。对于出卖人负有先履行义务的买卖,出卖人的价金请求权只有在其履行了自己的义务之后才能行使。如果买受人负有先支付价金的义务,出卖人可以在履行自己义务之前请求买受人支付价金。

收取价金的时间和地点按照合同约定处理,合同未约定或者约定不明的,收取价金的地点在出卖人住所地,时间应在交付标的物或者办理产权登记时。②

价金的支付原则上使用人民币。当事人约定使用其他货币的,从其约定,该约定违反我国外汇管制法的除外。

2. 收取利息

买受人迟延支付价金的,出卖人可以请求买受人支付利息,利率按照人民银行规定的逾期贷款利率处理。③

3. 解除权

买受人迟延支付价金,经合理催告在合理期间内仍未支付的,出卖人可以依据《合同法》第94条第1款第3项的规定解除合同。

三、买受人的权利义务

(一)买受人义务

---

① 王泽鉴:《民法学说与判例研究》(第7册),中国政法大学出版社1998年版,第113~126页。
② 参见《合同法》第61、161条。
③ 参见1999年1月29日《最高人民法院关于逾期付款违约金应当按照何种标准计算的问题》,值得注意的是,该批复中的"逾期违约金标准可以按每日万分之四计算"等内容已被后来的解释替代。

1. 支付价金

支付价金是买受人的主合同义务,这一义务使买卖与赠与区分开来,并同时决定了买卖合同的双务、有偿性质。在合同有效的情况下,买受人死亡并不影响合同效力,支付价金的义务由继承人承受。当然,基于限定继承制度的保护,继承人可以选择不支付价金,这时出卖人可以选择解除合同,取回标的物,仅就损害赔偿对继承人主张责任,该责任以遗产为限;出卖人也可以不解除合同,以遗产为限向继承人主张价金。

买受人为企业时,企业分立的,分立后的企业对价金承担连带责任。企业合并的,由合并后的企业承受支付价金的义务。为了防止公司合并给债权人带来损害,《公司法》第174条规定公司合并通知债权人,债权人不同意合并的,可以要求债务人公司清偿债务或者提供相应的担保。

企业法定代表人变更的,不影响买卖合同的效力。

2. 受领标的物

合同订立和履行的实质是信用的交换,合同有效成立的情况下,标的物的受领是合同履行的组成部分,对出卖人而言,买受人受领标的物往往意味着其义务的结束,这种义务的结束不仅使其解除了占有标的物的负担,而且往往还是其主张价金权利的开始。因此,受领标的物不仅是出卖人的权利,也是出卖人的义务。①

受领标的物迟延的,自迟延之日起,标的物意外灭失的风险由买受人承担。买受人是否承担违约责任,应视合同内容而定。合同约定买受人不受领标的物承担违约责任的,约定有效。

3. 其他义务

除上述义务外,买受人有时还承担其他一些义务,这些义务不是每个合同都具有的,而是在特定情形下产生的一种义务:

(1) 保管义务。某些国家或地区的法律规定,在异地买卖的情形下,买受人在受领时发现标的物存在质量瑕疵而不愿受领,如果出卖人于受领地无代理人,买受人负有暂时保管标的物的义务。② 对于这种保管义务,我国合同法未作规定,从诚实信用的原则出发,应做同样解释为宜。在认定这种义务时,需注意以下几点:其一,买受人暂时保管标的物的行为不是受领,出卖人交付标的物的义

---

① 关于受领标的物是否是一种义务,各国法律有不同规定,法、日民法不认买受人有此义务,德、瑞士民法认为买受人有此义务(《德国民法典》第433条、《瑞士债务法》第211条),我国《合同法》没有明确规定买受人有受领标的物的义务,学者在论述中则多持肯定意见,详细论述参见【德】迪特尔·梅迪库斯:《德国债法分论》,法律出版社2007年版,第26页。史尚宽:《债法各论》,中国政法大学出版社2000年版,第58页。江平主编:《民法学》,中国政法大学出版社2007年版,第671页。

② 《瑞士债务法》第204条第1款,《德国商法》第379条第1项,中国"台湾地区民法"第358条。

务仍未完成。其二,买受人主张减少价金的,应认定为出卖人履行义务不符合同约定,而不是未履行义务。标的物的所有权已转移给买受人,此时,不应认定买受人为出卖人保管标的物。出卖人多交标的物的,依照《合同法》第162条的规定,买受人有权拒绝接受多交的货物,并及时通知出卖人。问题是,买受人对多交部分是否负有保管的义务,笔者认为,异地买卖中,如果出卖人多交标的物的,并且在受领地无代理人,拒绝接受多交部分的买受人仍有保管标的物的义务。

(2) 处置标的物的义务。买受人保管标的物期间,如果发现标的物有败坏之危险,为出卖人利益,应变卖标的物,将变卖价金为出卖人保管。变卖时,应通知出卖人。紧急变卖,实质上是一种替代保管的方法,其实施也以保管为前提。我国合同法未明确规定买受人处置标的物的义务,从诚实信用原则出发,笔者认为,应认定买受人有此义务。

(二) 买受人权利

1. 请求出卖人交付标的物并转移标的物所有权

买卖合同的生效,对买受人而言,产生了一个债权,凭此债权,买受人可以请求出卖人转移标的物所有权给自己。这个债权是买卖合同赋予买受人的最基本的权利,买受人正是凭借这个基本权利的行使,才能够最终取得标的物的所有权。对于动产和不动产所有权变动,物权法规定了不同的公示手段,即动产交付、不动产登记。公示手段的不同导致了买受人在行使这个权利的时候的差别:就动产买卖而言,买受人对动产的占有和所有权的取得是同时发生的,因此,买受人的请求可以一次完成;对不动产买卖而言,不动产的交付仅仅使买受人取得了占有,所有权的取得还必须办理过户登记。这一特点导致了现实生活中,买受人的请求有时会分两次进行:一次主张不动产的交付,一次主张办理所有权变更登记。值得注意的是,这是一个权利的两次行使,而不是两个权利。

买受人什么时候可以行使这个权利,取决于买卖合同的约定:双方同时履行的买卖合同,买受人在支付价金的同时就可以行使这个权利;买受人负有先履行义务的,只有在支付价金之后,才能请求出卖人交付标的物并转移所有权;对于先交货后付款的买卖,买受人可以在合同生效后直接向出卖人主张权利。

2. 请求出卖人交付相关单证的权利

现实生活中,随附产品的各种单证的作用越来越重要。比如,购买汽车,汽车出厂合格证明等证件是办理保险的必要材料;购货发票是会计记账、税务征稽的凭证;某些产品的原产地证明、优良种马的血统证明等等是该产品高价销售的基础,没有这些单证,将对买受人的利益构成实质性损害,因此,作为买受人有权要求出卖人交付相关单证。

出卖人不能交付相关单证的,买受人如何救济?本书认为,如果相关单证对买受人的利益构成实质性影响,出卖人不能交付相关单证的,买受人有解除合同的权利。①

3. 解除权和抗辩权

买受人有解除合同的权利,只要其情形符合第 94 条的规定情形之一。除此之外,《合同法》第 164~166 条对买受人的解除权进行了特别规定,简析如下:

主物具有瑕疵导致买受人解除合同的,解除的效力及于从物。比如,甲有良马,乙连马及马鞍一同买下,准备做赛马使用。交付后发现该马罹患眼疾,几至失明。在此情形下,甲可以解除合同,马为主物,马鞍为从物,解除合同的效力当然及于马鞍。

分批交付的货物,对于其中的一批货物,出卖人不交付或交付不符合约定,致使合同目的不能实现的,买受人可以就该批货物解除合同。如果该批货物的违约影响到之后的各批货物,以至于之后各批货物的交付也不能实现合同目的的,买受人可以就该批货物及之后的各批货物进行解除。如果该批货物和已交付的货物是相互依存的,则可以解除整个合同。比如,甲藏有已故名家绘制的红楼梦金陵十二钗的十二幅画像,乙愿意重金购买,二人达成协议:甲每年交付四幅,每幅画像 100 万,三年交清。合同履行至第 2 年,乙发现甲交付第 2 批画像中关于黛玉和宝钗的两幅画像为赝品。此时,乙请求甲给付真迹,甲不能给付的,就黛玉和宝钗的画像,乙可以解除合同。如果这两幅画像真迹的缺失严重影响了合同目的的实现,乙可以解除整个合同。

合同标的物为数物,其中一物的交付不符合合同约定,出卖人在合理期间内不能补正的,买受人可以就该物进行解除;该物与他物的分离严重影响标的物的价值的,买受人可以解除整个合同。比如,甲乙签订买卖两尊门神雕像的合同,交付后,发现其中一个门神雕像具有严重瑕疵,出卖人在合理期间内不能消除瑕疵的,买受人可以就该门神雕像进行解除。如果该门神雕像的分离严重影响标的物的价值,买受人可以解除整个门神雕像的购买合同。

买受人还可以行使《合同法》第 66、67、68 条中规定的抗辩权。

4. 替代损害赔偿请求权

在标的物所有权转移之前,标的物被征收的,买受人可以请求出卖人将补偿金移交给自己,当然,其价金给付义务也应当履行。② 问题是,在标的物属于特定物的情形下,如果标的物被第三人毁损,出卖人对第三人有赔偿请求权的情形下,买受人可否向出卖人请求让与其损害赔偿请求权,或者交付其受领的赔偿

---

① 王泽鉴:《债法原理》(第 1 册),中国政法大学出版社 2001 年版,第 38 页。
② 王泽鉴:《民法学说与判例研究》(第 7 册),中国政法大学出版社 1998 年版,第 113~126 页。

物？关于此点,我国大陆法律未作规定,而我国台湾地区民法则肯定之。①

四、风险负担

(一) 风险负担之含义

风险负担,又称危险负担,是指因不可归责于双方当事人之原由,致标的物灭失,其损失由谁来承受。如果由出卖人承受,则买受人免付价金;如果由买受人来承受损失,则买受人仍要支付价金给出卖人。标的物灭失导致的价金支付变成了一个风险,买受人可能负有继续支付价金的义务,也可能不负有价金支付义务,其最终的结果则由其他因素决定。因为其最终的结果是买受人要不要支付价金的问题,学者多将风险负担界定为价金风险。

从各国法律的规定来看,关于风险负担,主要有三种模式:一是所有权人主义,即标的物意外灭失的风险负担由所有权人承受。在此模式下,只有在买受人取得所有权的情形下,风险负担才会从出卖人转移给买受人。所有权人主义起源于罗马法,法、意、西班牙、荷兰等国亦然。② 二是交付主义。即标的物意外灭失的风险负担视交付而定,交付前由出卖人承担,买受人免于支付价金;交付后由买受人承担,买受人支付价金的义务不变。风险负担与标的物所有权没有任何关系。德国民法即采用了交付主义。③ 三是折中主义。即将所有权主义和交付主义结合起来,共同解决风险负担问题,在这种主义下,标的物所有权移转和交付之间采用"竞速规则",只要有一项事实发生在买受人身上,风险负担从出卖人转移给买受人。我们可以通过下面的例子来说明三种模式的不同。

甲以 30 万元价金将自己的一幢房屋卖给乙,合同成立后的第十天,甲依约将该房屋交付给了乙,在办理登记前,房屋意外灭失。问题是:甲是否可以向乙主张 30 万元价金?

在交付主义下,因为房屋已经交付给买受人,房屋意外灭失的风险由买受人承担,出卖人有权请求买受人支付 30 万价金。出卖人已经取得价金的,不用返还。

在所有权主义下,则正好相反,因为买受人未取得所有权,风险负担由出卖

---

① 中国"台湾地区民法典"第 225 条:因不可归责于债务人之事由,致给付不能者,债务人免负给付义务。债务人因前款给付不能之事由,对第三人有损害赔偿请求权者,债权人得向债务人请求让与其损害赔偿请求权,或交付其所受领之赔偿物。

② 《法国民法典》第 1138 条第 2 款,自物件应交付之日起,即使尚未实现交付,债权人即成为所有人,并负担物件受损的风险,但如交付人迟延交付,物件受损的风险由交付人负担。

③ 《德国民法典》第 446 条规定,自交付买卖标的物之时起,意外灭失或意外毁损的风险责任转移于买受人。

人承担,买受人免除价金支付义务。已经支付的,可基于不当得利请求返还。①

在折中主义下,本案的风险负担的结果则与交付主义一致,均归买受人承担,因为折中主义同样承认标的物的交付导致风险负担移转给了买受人。

标的物的灭失可以是自然原因引起的,如地震、火灾、海啸、洪水等,也可以是第三人引起的,如第三人肇事,致标的物毁损等,出卖人原因或者买受人原因导致标的物毁损、灭失的,不属于风险负担。只有不可归责于双方当事人之事由导致的标的物毁损,才会产生适用风险负担规则的问题。

风险负担规则中标的物是指出卖人所有的物而言,且原则上应属于特定物,因为只有特定物灭失,才会引起出卖人给付不能和买受人要不要支付价金的风险分配。种类物买卖,对出卖人而言,不发生给付不能问题,标的物在交付前灭失的,仍可以通过继续履行,使买受人支付价金。买受人负支付义务的价金,同样属于种类物,不会因意外灭失而发生给付不能问题,不属于风险负担规则中的标的物。

(二) 我国的风险负担规则

对买卖合同的风险负担,我国合同法采取了交付主义为主、个别例外规则为辅的制度设计。

对于我国的风险负担规则,应注意以下几点:一是风险负担规则属于任意性规范,当事人可以通过特殊约定排除其适用。比如,甲将自有房屋卖给乙,合同约定:房屋价金 25 万,乙于交付房屋后 3 日内一次性支付全部价金;甲于合同签订后 1 个月内交付房屋,2 个月内办理登记,房屋意外灭失的风险负担自合同签订之时起归买受人乙承担。如果房屋在签约后第 5 日灭失,因风险负担的约定有效,甲仍有权要求乙支付房屋价金。二是风险负担和交付有关,和所有权变动无关。这一点主要和不动产买卖有关,在不动产买卖,交付和所有权变动往往会发生在不同的时间段,在发生房屋意外灭失时,如何认定风险承受人呢?正确的做法是看交付,交付前由出卖人承担,交付后由买受人承担。比如,甲将房屋卖给乙,合同签订后,甲先将房屋登记给乙,在交付前,房屋被无名火烧毁。因为没有完成交付,本案中的风险负担仍由出卖人承担,买受人乙免除交付价金的义务。三是动产买卖和不动产买卖适用同一风险负担规则。在我国,动产所有权变动和不动产所有权变动的公示手段不同,这种不同主要体现在:动产交付使买受人取得占有的同时取得了标的物所有权,而不动产的交付仅仅使买受人取得

---

① 需要说明的是:法国法在物权变动模式上采用意思主义,买卖合同成立,所有权就从出卖人转移给买受人,公示仅仅产生对抗第三人效力。在法国法下,本案例中的买受人在合同成立生效时已是所有权人,房屋灭失的风险由买受人承担。对于西班牙民法而言,则不尽然,西班牙民法的物权变动采用了折中主义,即债权行为加公示引起物权变动,买卖合同成立仅产生债权,物权变动还必须进行公示(动产交付、不动产登记)。因此,在西班牙民法下,本案的风险负担由出卖人承担。

了占有。在风险负担上,动产买卖和不动产买卖这种区别消失了,在这里,交付将风险负担转移给买受人,而不考虑标的物是动产还是不动产。

1. 风险负担的基本规则:交付主义

交付主义的基本含义是:交付是一个分界点,交付前标的物意外灭失的风险由出卖人承担,交付后标的物意外灭失的风险由买受人承担。比如,甲将板桥先生画的一幅竹子以50万元价格卖给乙,合同约定:10日后一手交画,一手交钱。交付前的第3天,甲家失火,画毁于火中。画的灭失,出卖人甲和买受人乙均无过错,因为灭失发生在交付之前,根据交付主义原则,出卖人甲承担该画灭失的损失,乙则免除价金支付义务。如果该画在交付后灭失,则买受人乙承担灭失的风险,其支付价金的义务不变。

如果甲乙之间进行的是房屋买卖,房屋在交付前意外灭失的,出卖人甲承担风险,乙免除价金支付义务;房屋在交付后意外灭失的,乙承担房屋灭失的损失,甲有权请求乙支付约定的价金。

交付主义下,交付地点和交付时间所起的作用是很大的,因为交付就是指在合同约定的时间和地点将标的物的占有移转给买受人。交付地点一般有三种:

(1)在出卖人住所地交付

出卖人住所地交付货物,可以是当事人约定的,也可以是法律推定的。① 则出卖人只要将标的物在其所在地交付给买受人,货物意外灭失的风险就转移给买受人。这一点在出卖人负有代办托运义务时具有重要意义,因为当出卖人将货物交付给第一承运人后,即为完成了交付,风险负担自此转移给买受人。②

代办托运是现实生活中被广泛使用的一个概念,多发生在异地买卖的合同中。代办托运是出卖人的义务,出卖人应与第三承运人订立运输合同,并将货物交付给承运人。在这个运输合同中,出卖人往往是运输合同的当事人,买受人仅仅是收货人。至于运费的承担,优先适用当事人的约定,未约定的,按交易习惯处理。

(2)在买受人住所地交付

买受人住所地为交付地点的,标的物在运达买受人住所地前灭失的,出卖人承担风险,买受人免付价金。至于出卖人是自己运货到买受人住所地,还是委托

---

① 《合同法》第62条第1款第3项的规定,履行地点不明确的,给付货币的,在接受货币的一方所在地履行;交付不动产的,在不动产所在地履行;其他标的,在履行义务一方住所地履行。据此,动产买卖,当事人没有约定履行地点,或者约定不明确的,应在出卖人所在地履行。

② 《合同法》第141条第2款规定了交付地点没有约定或者约定不明确又不能依据第61条进行推定的情形下,对于需要运输的标的物,出卖人应将标的物交给第一承运人。依据第145条,风险负担自货交第一承运人时,风险负担由买受人承担。笔者认为,交付地点通过《合同法》第61条是能够推定的,第141条第2款的描述的情形,这个地点就是不动产所在地或者出卖人所在地。对于需要运输的货物,既然交货地点是出卖人所在地,风险负担自应从出卖人将货物交付给第一承运人时转移给买受人。

第三人将货物运送到买受人住所地,均不影响风险负担的规则适用。在运输途中发生货物灭失的,均由出卖人承担风险。在此情形下,不存在代办托运问题,因为将货物运送到买受人住所地是出卖人的义务,则出卖人委托第三人承运是在完成本来应该由出卖人亲自完成的义务,运费当然归出卖人承担。

如果合同约定在买受人住所地交货,后来买受人变更交货地点,要求出卖人将货物运送到履行地之外的另一个地点,货物灭失的风险负担如何处理?对此,我国合同法未做规定,德国民法将这种情形称之为发送买卖,并规定自货物交付承运人、承运人的代理人、或其他被指定发送的人或机构时起,风险转移给买受人。[①] 德国民法的规定具有合理性,在我国也应作同样处理。

(3) 在买受人和出卖人住所地之外的地点交付

在此情形下,标的物灭失的风险负担和上述(2)的处理规则一致。

2. 风险负担的特殊规则

(1) 受领迟延,标的物灭失的风险由买受人承担

按照约定的时间和地点受领标的物是买受人的义务,买受人受领迟延的,会增加出卖人的负担。为了平衡双方利益,《合同法》第 146 条规定,买受人受领迟延的,自受领迟延之日起,标的物意外灭失的风险,由买受人承担。

(2) 运输在途的货物,自合同订立时起由买受人承担

运输在途的货物买卖,依据《合同法》第 144 条的规定,标的物意外灭失的风险,自合同订立时起由买受人承担。出卖人可以是物的所有权人,也可以是物的买受人(债权人)。比如,甲将一批西瓜通过铁路从石家庄发往广州,货物起运后,甲乘飞机飞到广州,与乙达成买卖协议,将运输中的西瓜以每斤 0.5 元的价格卖给乙。在本次买卖中,运输中的货物属于出卖人甲所有,如果货物在到达广州前意外灭失,风险由乙承担。之所以这样规定,是因为在合同订立的同时,出卖人甲通常会将货物的提单交付给乙,提单是所有权证券,提单的交付具有转移标的物所有权的效力,从而与交付主义的精神是一致的。如果乙再将货物出卖给丙,同样会在合同订立的同时,交付提单,风险负担由买受人丙承担,难谓有失公允。

(3) 标的物存在质量瑕疵,致使不能实现合同目的的,买受人可以拒绝受领或者解除合同,风险负担由出卖人承担

标的物存在质量瑕疵的,在交付时发现的,买受人可以拒绝受领。拒绝受领是法律赋予买受人的一种权利,自不能因行使权利而承受任何负担。买受人拒绝受领,交付未完成,风险负担自应由出卖人承担。

买受人受领后发现瑕疵的,只要未过异议期限,均可以依据第 111 条的规定

---

① 《德国民法典》第 447 条第 1 款。

要求出卖人修理、更换、重做,出卖人拒绝上述要求,或者经修理、更换、重做仍不能消除瑕疵,致使买受人合同目的不能实现的,买受人可以解除合同。买卖合同已不存在,出卖人对此结果有过错,风险负担自应由出卖人承担。不过,这时的风险负担规则,已不是买卖合同的风险负担了。

(4) 买受人违约致使出卖人不能依约交付的,自买受人违约之日起,风险负担由买受人承受

鉴于第 146 条规定了买受人受领迟延情形下的风险负担规则,在解释上,《合同法》第 143 条中规定的"买受人违约"应不包含"买受人受领迟延"的情形。那么,买受人违约致使出卖人不能依约交付标的物情形又有哪些呢?

其一,对买受人负有先支付价金义务的买卖,如果买受人无正当理由不依约支付价金,出卖人自可以拒绝交付标的物,在这种情形下,标的物在合同约定的交付日之后意外灭失的,买受人应依第 143 条的规定承担风险。

其二,买受人支付价金的义务在后,但负有提供担保之先义务的,买受人依约未提供担保,出卖人有权拒绝交付标的物,如果标的物在约定的交付日之后灭失的,应属于第 143 条所指的买受人违约致使出卖人不能依约交付标的物的情形,风险负担自应由买受人承受。

其三,买受人支付价金的义务和出卖人交付价金的义务同时履行,在合同约定的履行日,出卖人提出自己的给付,买受人未提出对待给付,出卖人行使同时履行抗辩权,拒绝交付标的物,标的物在之后意外灭失的,买受人也应按照第 143 条承担风险。

总之,第 143 条是一个一般条款,上述三种情形只是列举而未穷尽其适用的情形。

3. 特殊问题

(1) 附条件买卖

买卖合同可以附条件,条件分为停止条件和解除条件。附停止条件的买卖,如果标的物意外灭失发生在停止条件成就之后,应按照上述买卖合同的风险负担规则处理。问题是,标的物的意外灭失发生在合同成立之后、停止条件成就之前,谁来承担风险?瑞士债法明文规定由出卖人承担风险。① 我国《合同法》对此问题未作规定,笔者认为,在这个阶段,买卖合同成立但未生效,当事人之间还不是买卖关系,买卖合同中的风险负担规则自难适用。瑞士债法的规定较为妥当,应做同一解释为宜。

2008 年 4 月 12 日,王某将自己的一辆宝马 750Li 以 90 万元价格卖给刘某,

---

① 《瑞士债务法》第 185 条第 3 项:订立附有停止条件之契约,出卖物之危险与利益,于条件成就时始移转于取得人。

合同所附生效条件是:王某在 8 月 31 日之前获得留学美国签证。如果宝马车在 8 月 18 日自燃毁灭,因为停止条件尚未成就,应由出卖人王某承担风险,刘某免付价金。

附解除条件的买卖,在解除条件成就前,因买卖关系已成立,风险负担自应按照一般买卖合同的规则处理。解除条件成就后,买卖关系已不存在,此时标的物意外灭失的,风险负担应由出卖人承担,买受人免付价金。买受人已支付价金的,可按不当得利主张返还。①

当事人关于风险负担有另外约定,从其约定。

2009 年 2 月,曹某将其在京城的一套公寓以 180 万元的价格卖给了杨某,合同约定:曹某在订约后 10 日内交付房屋,杨某于取得房屋占有的同时交付 180 万价金。如果曹某在国外留学的儿子在本年度回京定居,则曹某有权解除合同。如果上述情形未发生,则在下一个年度开始的第一个 10 日内办理过户手续。8 月,因金融危机影响,曹某儿子回到北京定居,曹某通知杨某解除合同,并要求杨某交回房屋。后小区发生火灾,房屋被毁,风险由谁承担?

本案例中的买卖即属于附解除条件的买卖,解除条件是曹某儿子在合同订立的年度内回京定居,这个解除条件果然在规定的时间内发生了,曹某有权解除合同。解除权的行使可以采取通知的形式,自通知到达杨某时生效。合同解除后,双方买卖关系消灭,标的物意外灭失的,应由出卖人承担风险,买受人可以要求出卖人返还价金。

(2) 拍卖中的风险负担

拍卖仅仅是特殊的合同订立方式,合同一旦成立,标的物意外灭失的承担自应适用一般买卖的规定。详言之,交付前由出卖人承担,交付后由买受人承担。买受人受领迟延或者迟延支付价金致标的物不能依约交付的,买受人承担风险。标的物存在质量瑕疵的,买受人有权拒绝受领,风险负担由出卖人承担,但是拍卖时明知存在质量瑕疵的除外。

(3) 单证资料

单证资料对买受人具有实质利害,出卖人不交付单证资料的,买受人可以拒绝受领,风险负担由出卖人承担。买受人未主张抗辩权而接受标的物的,依据《合同法》第 147 条的规定,单证资料未交付的,不影响风险负担的移转,风险负担由买受人承担。

(4) 多重买卖

风险负担规则适用的前提是某一个特定的买卖合同。在一物多卖的情形下,风险负担的认定,应坚持合同相对性原则,即在某一个特定的买卖合同下,分

---

① 史尚宽:《债法各论》,中国政法大学出版社 2000 年版,第 68 页。

析谁来承担标的物灭失的风险。不能把多个买卖合同连结在一起,来认定谁最终承担风险。

房地产开发企业甲急欲销售其开发的某住宅区的最后1套别墅,遂打电话向乙、丙、丁发出售房要约,并声明该要约的有效期为1个月。要约发出后第10日,甲与乙签订买卖合同并交付该别墅,乙支付了全部房款,但未办理产权变更登记。第21日,甲与不知情的丙签订买卖合同并办理了产权变更登记。第25日,甲又与不知情的丁签订了买卖合同。第26日,该别墅被意外焚毁。如何处理本案中的风险负担问题呢?

从合同相对性出发,本案有三个合同:甲乙之间的买卖合同;甲丙之间的买卖合同;甲丁之间的买卖合同。甲乙买卖合同有效,房屋交付给了乙,风险负担也随着交付移转于乙。因此,甲乙之间,乙承受风险,乙未支付价金的,甲可以请求乙支付价金;乙已经支付价金的,不得请求返还。甲丙之间买卖有效,交付未完成,甲丙之间的风险负担由甲承受,丙免除价金支付义务。如果已经支付,丙可以解除合同,然后按照不当得利向甲主张返还价金。甲丁之间仍由甲承担风险,丁免付价金支付义务,因为丁并未取得房屋的占有。

五、瑕疵担保责任

瑕疵担保责任是出卖人负有的义务,瑕疵担保责任分为物的瑕疵担保责任和权利瑕疵担保责任,二者适用不同规则。合同法为什么只规定了出卖人的瑕疵担保责任,而没有规定买受人的担保责任,究其原因,是物和价金的物理区别造成的。物尤其是特定物可能因灭失发生履行不能,金钱却没有履行不能问题;物还会存在效用、质量、价值等等瑕疵,从而给买受人带来不利益,金钱——以纸币为代表——不存在这些瑕疵;物的占有不等于所有,对第三人而言,金钱之占有即为所有,即使在盗赃物时,也是如此。总之,买受人只要支付了约定数目的价金,对出卖人而言,其合同利益即完全实现,不存在被追夺、质量影响利益等问题;反之,对买受人而言,物的交付并不等于合同利益的全部实现,物本身的瑕疵及权利瑕疵都会影响其合同利益,为衡平二者之间利益,法律特规定了出卖人的担保责任。

出卖人的瑕疵担保责任是一种法定责任、无过错责任。当事人可通过约定排除其适用,但出卖人明知有瑕疵而故意不告知的,排除瑕疵担保的约定无效。①

出卖人瑕疵担保责任与违约责任是不同的:归责原则上,瑕疵担保责任是无过错责任,大陆法系国家对违约责任采取过错责任,我国合同法采取的是无过错责任为主、过错责任为辅;在救济手段上,瑕疵担保责任主要是减少价金和解除

---

① 邱聪智:《新订债法各论》,中国人民大学出版社2006年版,第72页。

合同,违约责任则是继续履行和损害赔偿;责任性质上,瑕疵担保责任是法定的,违约责任可以是法定的,也可以是约定的。

(一)权利瑕疵担保责任

权利瑕疵担保责任起源于德国民法典,罗马法时期,出卖人并不担保使买受人取得标的物所有权,出卖人所担保的仅仅是防止第三人对标的物的追夺,即担保买受人对标的物的占有。出卖人防止第三人追夺标的物的责任被法国民法继受,但被德国民法抛弃。依据《德国民法典》第433条第1款第1句的规定,物的出卖人负有将该物交付给买受人并使买受人取得该物的所有权的义务。不仅如此,第435条还申明出卖人有义务保证第三人不得对买受人主张任何权利。在内容上,我国《合同法》第130条关于买卖的定义中,明确规定了出卖人负有转移标的物所有权给买受人的义务,第150条又规定出卖人负有保证第三人不得向买受人主张任何权利的义务。因此,可以说,在我国,出卖人负有保证买受人取得标的物所有权的义务。

权利瑕疵担保责任有二:一是保证买受人取得标的物所有权;二是保证其所有权上没有他物权负担,所谓他物权负担,是指标的物上存在第三人的物权,这些物权可以是用益物权,其存在可能会阻止买受人对标的物的利用;也可以是抵押权、优先权等具有优先受偿效力的物权,这些权利的行使可能导致买受人丧失所有权。承租权具有物权效力,也属于权利瑕疵之列。

1. 存在权利瑕疵

权利瑕疵的存在是出卖人承担担保责任的前提,没有瑕疵,就没有责任。值得注意的是,出卖人对标的物没有所有权,并不必然引起权利瑕疵责任。我们通过下面的例子来说明这一点。

甲将为乙保管的一幅画卖给不知情的丙,3日后,丙给付了价金,甲交付了画。本案之中,甲不是买卖标的物的所有人,甲丙买卖属于无权处分,但丙的行为符合动产善意取得要件,依据法律规定取得所有权,对于丙的所有权,任何人不得追夺,甲的权利瑕疵担保责任例外地因善意取得制度而消灭。

如果丙在合同成立之后,画交付之前获知甲不是所有权人,则不能凭借善意取得享有画的所有权,此时,乙可以向甲主张权利瑕疵担保责任。

如果丙在订立合同的时候知道甲不是所有权人,则甲可以依据第151条免除瑕疵担保责任。

在不动产买卖,也会出现出卖人无权处分,买受人借助善意取得制度取得所有权的情形。买受人不能不主张善意取得制度的法律效果,转而向出卖人主张权利瑕疵担保责任。不过,在第三人对买受人提起诉讼挑战的情况下,出卖人有协助买受人防御的义务。如果买受人败诉,仍可以向出卖人主张权利瑕疵担保责任,买受人故意或重大过失导致败诉的除外。

2. 权利瑕疵须在买卖成立时存在

如果权利瑕疵发生在合同成立之后,出卖人应承担违约责任而不是权利瑕疵担保责任。甲出卖他人之物于乙,甲承担权利瑕疵担保责任。如果甲将自己的物一物二卖,先卖给乙,后卖给丙,但对丙为所有权移转,则甲对乙承担违约责任,而非权利瑕疵担保责任。

3. 买受人善意

买受人主张权利瑕疵担保责任的,须不知道存在权利瑕疵,即善意。善意存在的时间点为合同成立时,即在订立买卖合同时,买受人不知出卖人对标的物无所有权,或者不知标的物上存在他物权负担。依据《合同法》第 151 条的规定,买受人订立合同时知道或者应当知道权利存在瑕疵的,出卖人不承担权利瑕疵担保责任。对于买受人知道权利瑕疵的事实,出卖人负有举证责任。

4. 瑕疵未除去

买受人主张权利瑕疵担保责任时,须权利瑕疵仍存在,如果权利瑕疵已在合同订立后除去,出卖人不承担担保责任。买受人就权利瑕疵担保责任提起诉讼者,出卖人应于一审辩论终结前除去瑕疵。权利瑕疵担保责任属于任意性规范,当事人以特约排除出卖人责任者,约定原则上有效,买受人也不得主张权利瑕疵担保责任。

权利瑕疵担保责任的效力如何?依《合同法》第 152 条规定,买受人有确切的证据证明第三人可能就标的物主张权利的,出卖人应提供适当的担保,出卖人未提供担保的,买受人可以中止支付相应价金。这种规定过于简单,很难保护买受人的利益。《德国民法典》的规定较为合理,依其第 437 条的规定,买受人享有事后补充履行、解除合同、减少价金、损害赔偿等权利。我国台湾地区民法也有类似规定。[1] 笔者认为,在权利瑕疵担保责任效力的解释上,应认为买受人有事后补充履行、解除合同、减少价金和损害赔偿等权利。从诚实信用原则及交易安全出发,买受人应当首先主张事后补充履行请求权。[2] 对其他的权利救济手段而言,买受人具体行使哪一种权利,应视具体情形而定。如果权利瑕疵只是轻微减损标的物的价值,买受人的请求应当限于减少价金。[3] 比如,买卖之房产上设定有地役权,出卖人没有将地役权的存在告知买受人,买卖合同成立后,买受人发现地役权负担,在此情形下,买受人应首先请求出卖人除去地役权。如果地役权不能除去,买受人是行使解除权还是行使减少价金请求权,则视地役权对合同目的的影响而定。如果买受人购买房屋的目的是想拆除房屋后新建高层楼房

---

[1] 根据其第 353 条的规定,出卖人不履行瑕疵担保义务的,买受人可以依据债务不履行之规定,行使其权利。

[2] [德]迪特尔·梅迪库斯:《德国债法分论》,法律出版社 2007 年版,第 36 页。

[3] 史尚宽:《债法各论》,中国政法大学出版社 2000 年版,第 20 页。

（城市规划和建筑规划均许可），地役权的存在阻碍买受人这一目的实现，则买受人可以解除合同，并主张损害赔偿。如果地役权的存在并不影响买受人合同目的的实现，则买受人只能主张减少价金。

（二）物的瑕疵担保责任

与权利瑕疵不同，物的瑕疵可能涉及第三人的责任，比如，在产品瑕疵致害的情形下，可能涉及买受人向产品的生产者主张损害赔偿责任。在出卖人故意销售假货的情形下，还可能涉及双倍赔偿。这些救济手段都不属于合同法的救济。

1. 物的瑕疵

物的瑕疵，又称为物的缺陷，这种缺陷也许是不符合合同约定的标准，也许是不符合某个固定的标准，比如国家标准、行业标准或者物通常具有的标准。物的缺陷，需达到一定程度，否则不视为瑕疵。比如，买卖的车辆，车尾处有微小划痕；期房买卖，建成的房屋面积和约定的相差1%；一袋大米中，发现一颗小石子；笔记本电脑的显示器上有3个坏点等。之所以这样认定，是因为世间万物，完美无缺者极为少见，任由当事人对标的物瑕疵吹毛求疵，有害交易安全和便捷。

物的瑕疵一般情况下与物的数量没有关系，只有当物的数量短少严重影响到物的价值或效用时，才被认为是物的瑕疵。比如，一套奥运12生肖邮票之买卖，缺少某一个生肖的邮票，这时，数量的减少影响到邮票的价值，应构成物的瑕疵，出卖人应承担物的瑕疵担保责任。

物的瑕疵，具体分为价值瑕疵、效用瑕疵和品质瑕疵三类。我国合同法使用的是质量瑕疵的概念，在解释上，应认为其外延包括价值瑕疵、效用瑕疵和品质瑕疵。

价值瑕疵是指因物的缺陷造成物交换价值的显著减少。价值瑕疵常常和效用瑕疵相伴而生，但也不尽然。比如，甲向乙购买一件有乔丹签名的耐克球衣，后经证实该签名系仿造，但球衣确实是耐克公司制造的。在此，物的效用瑕疵和品质瑕疵并不存在，仿造的签名损害的是物的价值，即构成价值瑕疵。

效用瑕疵是指物不具备合同约定的效用，或者在没有约定的情形下，不具备物通常的效用。在具体的案件中，约定的效用是衡量物之瑕疵的首要标准，这是意思自治精神的体现。在没有约定的情形下，才考虑物通常的效用，以通常的效用作为标准来界定物是否存在瑕疵。比如，不制冷的冰箱，不能显示色彩的彩色电视机，含三聚氰胺的奶粉，患疯牛病之牛被宰杀后出售的牛肉，出售已过保质期的食品等等，皆属于效用瑕疵。

品质瑕疵是指出卖人担保交易标的物具备某种特殊的内涵，而实际上该物不具有这种内涵。所售茅台酒标注为窖藏15年珍品，实际上只有10年；出卖之画,出卖人声称画中的驴是黄胄先生之真迹,实际上是赝品;交易之龙井茶,包装上注明产地是西湖,实则产地是钱塘;二手车之买卖,出卖人保证该车从未发生过重大交通事故,实际上该车曾在一次车祸中夺走三条人命等等。

与权利瑕疵必须发生在合同成立之前不同,物的瑕疵不区分合同成立前还是成立后,只要存在物的瑕疵,出卖人都要承担担保责任。

2. 物的瑕疵担保责任之构成要件

(1) 存在物的瑕疵

物的瑕疵必须客观存在,这是出卖人承担担保责任的基础要件。所谓客观瑕疵是指瑕疵存在的真实性而言,即瑕疵不是臆想的,而是实在的。至于瑕疵的认定标准,可以是客观标准,也可以是当事人约定的主观标准,有约定标准的,约定的标准优先适用。

(2) 物的瑕疵产生在交付之前

物的瑕疵必须在交付之前存在,在交付之后产生的瑕疵由买受人负责,如果标的物因此灭失,则按照风险负担规则处理。瑕疵可以是明显的,比如作为交易标的物的猪患上了猪流感;也可以是隐蔽性瑕疵,比如掺杂了三聚氰胺的奶粉,不过有一条必须是确定的,即瑕疵是在交付前产生的。

(3) 买受人善意

买受人须对物的瑕疵不知情,即买受人是善意的。买受人因重大过失不知瑕疵的,否定其善意。出卖人否认买受人善意的,应负举证责任。

买受人只有在发现瑕疵后才会主张瑕疵担保责任,如果买受人在取得货物之后并不马上检查或使用该货物,而是将其放置在储藏室,以备将来使用,则物的瑕疵的发现可能要等很长时间,这可能会给瑕疵的除去带来困难。瑕疵的尽快发现及消除对买卖双方都具有利益,而且还可能间接地促进企业间的竞争,因此《合同法》第157条规定了买受人的检查义务。这种义务不是真正的法律上的义务,其目的在于促使买受人及时发现瑕疵,以便除去瑕疵。[①] 发现瑕疵的,买受人应通知出卖人。

3. 检验期间与物的瑕疵担保责任请求权

检验期间有什么法律效果?依照《合同法》第158条的规定,检验期间内发现瑕疵的,买受人应当在检验期间内通知出卖人,怠于通知的,视为标的物的质量或者数量符合合同规定。依此规定,检验期间实为质量异议期间,期间届满,买受人未提出异议的,丧失物的瑕疵担保请求权。

未约定检验期间的,买受人应当及时检验,发现瑕疵的,在合理期间内通知出卖人,合理期间内未通知的或者自标的物收到之日起2年内未通知的,视为标

---

① 史尚宽:《债法各论》,中国政法大学出版社2000年版,第30页。

的物不存在瑕疵，买受人不得对出卖人主张物的瑕疵担保请求权，标的物有质量保证期的除外。①

甲向乙购买一台大型设备，由于疏忽在合同中未定检验期。设备运回后，甲即组织人员进行检验，未发现质量有问题，于是投入使用。至第三年，设备出现故障，经反复查找，发现设备关键部位的质量瑕疵。按照该设备的说明书，其质量保证期为 5 年。

本案中，设备关键部件有 5 的质量保证期，交付货物后第 3 年发现质量瑕疵，质量瑕疵的发现在保证期内，出卖人仍应承担瑕疵担保责任。

出卖人恶意不告知瑕疵的，买受人可以在发现瑕疵的任何时间内，向出卖人主张瑕疵担保责任。对出卖人恶意，采宽泛解释，出卖人明知或者应当知道标的物存在质量瑕疵的，均视为恶意。买受人主张物的瑕疵担保责任的，负举证责任。

4. 物的瑕疵担保责任的效力

物的瑕疵担保责任，可以追溯到古罗马法。那时，奴隶和牲畜的买卖，常常发生出卖人恶意隐瞒瑕疵的情形，这些瑕疵往往是不可消除的，如疾病、品格缺陷等等，原有的法律救济手段无法适用，因为这些瑕疵既不是不履行，也不是迟延履行或者履行不能。于是，古罗马最高官员就通过敕令发展出新的救济手段：解除合同和减少价金。这种模式为后世大陆法系国家所继受，这就是近代民法中的物的瑕疵担保责任。

物的瑕疵担保责任的效力是什么？有约定的，按约定处理。未约定的，买受人享有解除合同（退货）、减少价金、修理、更换、重作等权利。

（1）减少价金

减少价金请求权的性质，学者间多有争论，主要有形成权和请求权两种观点

---

① 依据第 157 条的规定，合同没有规定检验期间的，买受人应当在收到标的物时及时检验。依据第 158 条，买受人检验后发现瑕疵的，在合理期间内通知出卖人，未通知的，丧失瑕疵担保请求权。令人不解的是，第 158 条第 2 款插入了"或者自标的物收到之日起两年内未通知出卖人的"，依据这条内容，买受人在收到货物后 2 年内未通知出卖人的，买受人丧失瑕疵担保请求权。"自标的物收到之日起两年内未通知出卖人的"适用的前提似乎是"未约定检验期间且买受人未及时检验的"，因为如果买受人检验并发现瑕疵的，应在合理期间内通知，否则会丧失瑕疵担保请求权。照着这样的逻辑思考下去，2 年期间实际上是一个最长容忍期间，即在合同未约定检验期间的情形下，买受人应当及时检验，发现瑕疵的，应在合理期间内通知出卖人，未通知的，丧失瑕疵担保请求权；买受人在收到标的物后 2 年内未发现瑕疵的，丧失瑕疵担保请求权。如果这种理解是正确的，那么对买受人而言，不约定检验期间也许比约定检验期间更对买受人有利。比如，对于一个约定了检验期间 3 个月的买卖而言，如果买受人在标的物交付后的 3 个月内未检验，并在检验期间内通知出卖人，未检验或者检验后未通知的，均丧失瑕疵担保请求权。可是如果当事人未约定检验期间，买受人在收到标的物 1 年之后发现瑕疵的，仍可以主张瑕疵担保请求权，只要其在发现瑕疵后的合理的期间内通知了出卖人。

对立,学者梅迪库斯和史尚宽均主张形成权说,①笔者从之。究其原因,在于减少价金请求权的行使不以出卖人同意为必要,出卖人不同意的,买受人可以向法院起诉请求减少价金,法院应认定出卖人对物的瑕疵承担责任,做出支持买受人主张的判决。可见,减少价金请求权实际上是一种变更权,类似于违约金过高时另一方当事人请求减少违约金数额之权利,故以形成权说为宜。

减少价金请求权适用的前提是标的物存在轻微瑕疵,在此情形下,买受人不得主张解除合同。

（2）解除合同

《合同法》第 111 条中规定的"退货"权实际上是解除合同的权利,解除权属于形成权,其行使导致合同关系消灭。双方均履行的,按照不当得利返还,就返还本身可以主张同时履行抗辩;双方均未履行,不用再履行;一方当事人履行的,可以就其给付主张不当得利返还。

解除合同适用于标的物存在严重瑕疵,且出卖人不能除去瑕疵或拒绝除去瑕疵的情形。如果买受人在受领标的物时发现瑕疵的,可拒绝受领,并请求出卖人除去瑕疵,出卖人在合理期间内不能除去瑕疵的,买受人可以解除合同。买受人在受领标的物后发现瑕疵的,同样可以请求出卖人除去瑕疵,出卖人不能除去瑕疵或者拒绝除去瑕疵的,买受人可以解除合同。

（3）修理、更换、重作请求权

修理、更换、重作相当于《德国民法典》第 439 条规定的事后补充履行请求权,修理请求权的行使在于除去瑕疵,更换、重作请求权的行使在于请求交付无瑕疵的物。更换适用于种类物买卖,修理和重作则可适用于所有种类的买卖。

在位阶上,修理请求权应处于第一位阶,即如果标的物瑕疵可以通过修理而除去,买受人不可以主张其他的请求权。更换、重作应属于第二位阶,这两种请求权的行使并不导致合同关系的消灭,从而有助于交易安全之维护。在上述请求权得不到实现的情形下,买受人可以行使解除合同的权利。②

（三）与瑕疵相关的其他法律规则

除合同法外,还有其他有关瑕疵的法律规则,这些规则和合同法的瑕疵规则一起,构成有关瑕疵的一个规则体系。

1. 产品责任

产品责任的前提同样是瑕疵的存在,不过,其瑕疵仅指物的瑕疵,也即质量瑕疵,权利瑕疵不会导致产品责任。与瑕疵担保责任相同的是,产品责任采取无

---

① ［德］迪特尔·梅迪库斯:《德国债法分论》,法律出版社 2007 年版,第 36 页。史尚宽:《债法各论》,中国政法大学出版社 2000 年版,第 36 页。
② ［德］迪特尔·梅迪库斯:《德国债法分论》,法律出版社 2007 年版,第 45 页。

过错责任。二者的不同点是:(1)适用的条件不同。产品责任适用的条件是产品缺陷致人损害,这种损害可以是人身损害,也可以是物质损害,但必须是标的物之外的利益受到损害;瑕疵担保责任则仅仅是标的物本身存在瑕疵,从而给买受人带来不利益。(2)权利人的范围不同。产品责任的权利人可以是买受人,也可以是买受人之外的第三人,瑕疵担保责任的权利人只能是买受人。(3)责任人不同。产品责任的承担人是制造者和销售者,而瑕疵担保责任的承担者仅仅是出卖人。(4)适用范围不同。产品责任仅适用于产品,瑕疵担保责任适用于所有物。(5)责任范围不同。产品责任属于侵权责任,人身权利受损害时,受害人可以主张精神损害赔偿;瑕疵担保责任是侵权责任、违约责任之外的一种民事责任,责任范围不包括精神损害赔偿。

甲公司将乙公司制造的汽车销售给李某,汽车交付后,李某发现汽车的刹车失灵。此时,李某可以主张瑕疵担保责任,要求甲公司修理刹车系统。如果李某驾车的过程中刹车失灵,发生事故,致其爱犬死亡。则就其爱犬的损害,李某可以向甲、乙公司主张产品责任,要求二公司对其损害承担连带责任。

2. 消费者保护

如果买受人是自然人,且为生活消费而购买物品,则物的瑕疵可能产生出卖人的加重责任。根据《消费者权益保护法》第49条的规定,经营者欺诈销售的,消费者除可以向其主张价金外,还可以向其主张与价金数额相当的赔偿金。在出卖人知假卖假的买卖中,符合消费者身份的买受人就可以向出卖人主张双倍赔偿。

3. 商品房销售中的加重责任

房地产开发企业向社会销售商品房中有特定违约情形或者欺诈销售的,依据最高人民法院2003年3月24日通过的《关于审理商品房买卖合同纠纷案件适用法律若干问题的解释》第8、9条的规定,出卖人应向买受人承担惩罚性赔偿金。

(1) 出卖人订立合同后恶意违约

买卖合同成立后,出卖人将作为买卖标的物的商品房抵押给第三人的或者将房屋再出售给第三人,买受人选择解除合同的,可以向出卖人主张返还购房款及利息、赔偿损失,并主张一倍于已付购房款的赔偿责任。其法律要件是:

① 出卖人属于房地产开发企业。自然人之间进行的商品房买卖,最高人民法院的司法解释不适用,出卖人责任按照合同法的相关规定处理,其责任不加重。

② 出卖人将作为合同标的物的商品房抵押给第三人并办理了抵押登记或者再出卖给了第三人,并办理了产权移转登记。依我国物权法,不动产抵押采取登记生效主义,不登记不产生抵押权。出卖人在买卖合同订立之后擅自以房屋

向第三人抵押的,如果没有办理抵押登记,抵押权未产生,抵押合同仅有债权的效力,买受人自可主张出卖人办理产权登记,取得房屋所有权。房屋所有权取得后,抵押人自不得要求买受人办理抵押登记。同理,出卖人一房二卖的,只要出卖人未将房屋所有权转移登记给第二买受人,第一买受人的权利就不会受到影响,自可要求出卖人办理产权登记,取得房屋所有权。只有出卖人办理了抵押登记或者所有权移转登记的情况下,才会对买受人构成实质性损害。

③ 买受人选择解除合同。出卖人订立合同后恶意抵押的,买受人可以要求出卖人除去抵押权,继续履行合同,此时,买受人不得主张对出卖人的惩罚性赔偿金。买受人为上述请求后,出卖人在合理期间内未除去抵押权负担的,买受人可以解除合同,主张返还已付价金及利息、赔偿损失及一倍于已付价金的赔偿金。出卖人一房二卖并对第二买受人转移所有权的,构成嗣后主观履行不能,买受人可以解除合同,主张返还已付价金及利息、赔偿损失及一倍于已付价金的赔偿金。

(2) 出卖人采用欺诈方式订立合同

房地产开发企业欺诈销售,导致合同无效或者被撤销的,买受人在向出卖人主张返还价金及利息、赔偿损失之外,还可以并求一倍于已付价金的赔偿金。其法律要件如下:

① 作为出卖人的房地产开发企业在销售房屋的过程中进行了欺诈。欺诈,在民法中指捏造事实和隐瞒重要事实等情形。对出卖人的欺诈进行了列举,符合其中之一情形的即可:故意隐瞒没有取得商品房预售许可证明的事实或者提供虚假商品房预售许可证明;故意隐瞒所售房屋已抵押的事实;故意隐瞒所售房屋已经出卖给第三人或者为拆迁补偿安置房的事实。

② 致买卖合同无效或者被撤销。买卖合同的无效可以是买受人主张的结果,也可以是第三人主张的结果。买卖合同的被撤销,原则上只有买受人有权向法院主张。

六、违约责任

(一) 出卖人违约

买受人可以主张的救济手段主要有继续履行和损害赔偿,二者以合同有效为前提,在合同解除、无效或者被撤销的情形下,没有违约责任。

1. 继续履行

在种类物买卖之情形,因为不会发生履行不能,买受人总是可以主张继续履行请求权。继续履行请求权的行使障碍主要来自特定物买卖,有下列情形之一的,买受人不得主张继续履行请求权:

(1) 标的物灭失。特定物灭失,构成客观履行不能,买受人只能解除合同,并主张损害赔偿。交付后意外灭失的,适用风险负担规则,买受人仍负有价金支付义务。值得注意的是,在我国,就特定物买卖,即使在合同订立前标的物灭失,买卖合同也仍有效。

(2) 标的物发生主观履行不能。主观履行不能主要发生于两种情形:一是出卖人出卖他人之物,即自始履行不能。一是出卖人一物二卖,对第二买受人转移所有权,从而对第一买受人而言,出卖人即构成嗣后主观不能。发生任何一种情形,均不得请求继续履行。

(3) 其他情形。事实上履行不能,或者标的物不适合强制履行,或者强制履行费用过高,或者买受人在合理的期间内未要求履行,依据《合同法》第110条的规定,都会导致买受人丧失继续履行请求权。

2. 损害赔偿

损害赔偿分为替代性损害赔偿和补充性损害赔偿,前者是在合同不能履行情形下作为替代履行的一种救济手段,后者则是在继续履行合同的过程中对出卖人违约的一种制裁。

替代性损害赔偿可以包含履行利益,即如果合同正常履行给买受人带来的利益,这种赔偿多发生在因出卖人的过错导致合同履行不能或者拒绝履行的情形,比如出卖人一房二卖,对第二买受人为所有权移转,此时,第一买受人不仅可以主张返还价金,还可以主张房屋涨价部分作为履行利益赔偿。补充性损害赔偿则不能覆盖履行利益,这种补偿多发生在出卖人迟延履行或不完全履行的情形。

(二) 买受人违约

金钱属于特别动产,不发生履行不能问题,因此,对于买受人违约,出卖人总是可以主张继续履行。至于损害赔偿,限于约定的违约金或者迟延履行的利息。

七、特种买卖

(一) 所有权保留买卖

所有权保留买卖,又称附条件买卖,是指出卖人将标的物交付给买受人,在买受人支付全部价金之前,标的物所有权仍归出卖人的买卖。所有权保留买卖是在近代商品经济发展过程中产生的一种买卖形式,具有促进交易的功能,因此,很多国家的法律都规定有所有权保留买卖。在我国,所有权保留买卖可以追溯到《民法通则》第72条第2款,并在《合同法》第134条中再次得到确认。不过,对于所有权保留买卖,我国法律和司法解释缺少具体的规则调整,也是一个不争的事实。

"买受人付清全部价金"是所有权保留买卖中的条件,其法律功能是影响所有权的移转,条件成就,所有权移转于买受人,条件未成就,所有权保留在出卖人手中。这个条件能否与附条件法律行为中的条件相提并论,应视不同的物权变动模式而论:债权形式主义下,对所有权保留买卖而言,买卖合同是债权合同,其本身已生效。交付属于事实行为，不得附条件，"买受人付清价金"的条件，仅仅影响着所有权的移转，自不能在附条件法律行为理论中得到解释。物权形式主义下，区分债权行为和物权行为，所有权保留买卖被分为两个法律行为，买卖合同和交付，前者是债权行为，交付则被认为是物权行为，能够单独引起所有权变动。所有权保留中的条件被认为是和物权行为连结在一起，而与债权行为无关，买受人未付清全部价款的，条件未成就，交付这个物权行为不生效，所有权也就不移转。可见，在物权形式主义下，所有权保留买卖中的条件可以与附条件法律行为中的条件为同一解释。

所有权保留买卖不同于分期付款的买卖，二者有以下不同：

(1) 适用范围不同。所有权保留买卖原则上只适用于动产，分期付款的买卖既可以是动产，也可以是不动产。①

(2) 所有权变动的时间不同。分期付款的买卖，出卖人将动产交付于买受人后，所有权即转移给买受人；所有权保留买卖，动产的交付仅仅使买受人取得了占有，在全部价金支付之前，所有权仍在买受人手中。

(3) 对第三人的影响不同。分期付款的买卖，买受人再出卖标的物的，为有权处分，第三人凭借法律行为取得标的物所有权；所有权保留买卖，在全部价金支付之前，买受人再出卖标的物的，为无权处分，第三人只能凭借善意取得获得标的物所有权。

所有权保留买卖，出卖人保留所有权的目的在于担保剩余价金债权的实现，从担保的角度讲，所有权保留买卖具有非典型担保物权的特征，所有权是手段，是形式，目的是债权的实现。对于所有权保留买卖，应从物权和债权两个角度来理解，才能正确把握相关规则制度。

1. 风险负担

标的物意外灭失的风险负担，与一般买卖为同样处理，即交付前由出卖人承担，交付后由买受人承担。

2. 出卖人的取回权和清算义务

所有权保留买卖，往往采取买受人分期支付价金的方式，买受人拖欠某期价款时，除合同另有约定外，可类推《合同法》第 94 条第 3 款履行迟延及第 167 条分期付款的规则，承认在催告并经过合理期间后，出卖人享有合同解除权和取回权。②

出卖人取回标的物后，应负有对标的物清算的义务，即将标的物出卖、或拍

---

① 通说认为所有权保留买卖只适用于动产买卖，其理由是不动产买卖，交付并不引起所有权的移转，出卖人完全可以将不动产交付给买受人，待其支付完价金时，再办理所有权移转登记。至于预告登记，其本身并不会导致不动产所有权转移。

② 刘得宽：《民法诸问题与新展望》，中国政法大学出版社 2002 年版，第 17 页。

卖,或折价的义务。之所以如此,是因为如果认为出卖人取回标的物而导致契约失效,当事人之间的关系完全结束,很有可能导致对买受人的不公平,有违诚信。这一点在买受人支付大部分价款的情况下,显得格外突出。因此,应认出卖人在取回标的物后负有清算义务,卖得的价款在扣除买受人应偿还的价金外,如有剩余,应返还给买受人,如有不足,则出卖人仍得继续追偿。[1]

3. 买受人的期待权

买受人支付的价金越多,就越接近所有权人的地位,此时,有买受人之期待权。买受人期待权是一种地位,而非权利,因法律给予这种地位以权利保护,故称期待权。对买受人而言,期待权就是期待成为所有权人的地位,这种地位是随着价金的支付形成的,支付的价金越多,买受人之地位就越应受到保护。买受人之期待权具有财产权利属性,可转让,也可被强制执行。其转让不必经出卖人同意。期待权之受让人于付清剩余货款(不问系由何者付清)的同时,直接取得标的物所有权。

出卖人再转让标的物的,在善意第三人和买受人之间,应保护现实占有者的利益。[2]

4. 双方债权人的权利和双方当事人的异议权

出卖人的债权人是否可以对买受人占有的标的物进行强制执行?有学者指出执行只能针对剩余的价金债权,而不得对标的物本身强制执行。[3] 另有学者认为标的物既然属于出卖人,出卖人的债权人原则上可以对标的物强制执行,惟从保护买受人期待权之考虑,认可买受人可以提起第三人异议之诉,该诉足以排除强制执行之权利。[4] 笔者认为,应允许出卖人的债权人对出卖人的剩余价金债权——有所有权担保——强制执行,并同时承认买受人的异议具有排除对标的物的强制执行的效力。因为,允许出卖人的债权人对标的物强制执行客观上具有强迫买受人提前履行债务的后果,可能会损害买受人的期限利益。

出卖人破产时,其权利落入破产管理人手中,权利的效力不因破产而受影响,在买受人迟延履行的价金达全部价金的1/5时,破产管理人自可以解除合同,行使取回权。惟其取回标的物后,仍有清算的义务。[5]

---

[1] 王泽鉴:《民法学说与判例研究》(第1册),中国政法大学出版社1998年版,第186页。
[2] 所有权保留买卖契约登记的,登记具有排除善意第三人的效力,所有权保留买受人的利益在上;所有权保留买卖契约未登记的,存在善意第三人保护问题。如果出卖人取回标的物后再转卖标的物给第三人,并完成实际交付的,善意第三人的利益优先,否则,所有权保留买受人的利益优先,因为它实际上占有着标的物。参见王泽鉴:《民法学说与判例研究》(第1册),中国政法大学出版社1998年版,第198页。刘得宽:《民法诸问题与新展望》,中国政法大学出版社2002年版,第20页。
[3] 刘得宽:《民法诸问题与新展望》,中国政法大学出版社2002年版,第28页。
[4] 王泽鉴:《民法学说与判例研究》(第1册),中国政法大学出版社1998年版,第207页。
[5] 王泽鉴:《民法学说与判例研究》(第1册),中国政法大学出版社1998年版,第210页。

买受人的债权人可以对期待权强制执行。问题在于,买受人的债权人可否对标的物强制执行,换言之,出卖人在买受人的债权人对标的物强制执行时,是否可以提出异议阻止执行?王泽鉴教授肯定之,德国的 Raiser 教授则持否定意见,并认为出卖人得就剩余价金债权对标的物拍卖价金优先受偿。① 笔者认为,从诚信的角度而言,后一种意见更具有合理性,因为,出卖人保留所有权的目的不是所有权本身,而是债权的实现。出卖人对标的物变卖价金优先受偿已使其债权得到适度保护,自无正当理由再允许其阻止对标的物的强制执行。

第三人侵害标的物时,就停止侵害、恢复原状之诉,应认为出卖人、买受人均有权主张。不过,出卖人主张返还原物的,应仅得请求向买受人返还为原则。② 至于损害赔偿,有学者主张适用不可分债权,由加害人向出卖人和买受人全体为给付。③笔者认为,应当由买受人向加害人主张,唯出卖人的剩余价金债权的担保,可采取物上代位原则,存在于赔偿金上。

(二)试用买卖

试用买卖是指出卖人将标的物交付试用人占有、使用,由试用人决定是否承认买卖的合同。试用人承认的,买卖关系成立;试用人拒绝承认的,买卖关系不成立。

1. 试用人承认之前的法律关系

在试用人承认之前,当事人之间关系属于试用合同关系,当事人之间就标的物之权利义务,应遵守合同约定,合同无约定的,按照法律相关规定处理。

(1)标的物意外灭失的风险负担

标的物在试用阶段意外灭失的,风险负担由谁承受,我国合同法未作规定。依《瑞士债务法》第185条之规定,在试用阶段发生标的物意外灭失的,风险负担由出卖人承受。因为在此情形下,买受人会拒绝承认,买卖关系不成立,买卖合同法中的交付主义的风险负担规则自难适用。这种处理方式较为合理,我国合同法也应作同样解释。

甲乙订立试用买卖合同,约定甲所有的一头牛归乙试用,价金3千,试用期5天。试用的第3日,该牛失足跌下悬崖死亡。

本案属于试用买卖,试用期间标的物意外灭失,在没有特殊约定的情形下,应当由出卖人甲负责,甲不得向乙主张牛的价金或者赔偿损失。

(2)试用期间及试用费用

试用期间由当事人约定,当事人无约定的,由出卖人确定。对于试用费用,

---

① Raiser,a. a. O. S. 23. 转引自刘得宽:《民法诸问题与新展望》,中国政法大学出版社2002年版,第10页。
② 刘得宽:《民法诸问题与新展望》,中国政法大学出版社2002年版,第26页。
③ 王泽鉴:《民法学说与判例研究》(第1册),中国政法大学出版社1998年版,第202页。

有约定的,从约定;无约定的,推定为无偿试用。

(3) 可归责于试用人原因致标的物毁损

标的物意外毁损的,其毁损与当事人无关的,按照风险负担规则处理。因可归责于试用人原因致标的物毁损的,试用人应对出卖人承担违约责任或侵权责任。试用人也可以为承认之意思表示,使买卖关系成立,其责任转变成支付价金之契约义务。

(4) 标的物瑕疵

试用标的物存在质量瑕疵的,试用人可以要求更换或者修理标的物。标的物瑕疵致试用人损害的,试用人可以向出卖人主张赔偿责任,瑕疵在试用阶段由试用人或第三人造成的除外。

2. 承认

承认之性质,为单方意思表示,在功能上,承认使当事人之间产生买卖关系。承认之后,当事人之间关系与一般买卖无异。

承认属于有相对人的意思表示,承认之作出,原则上须试用人向出卖人进行表示。

承认也可以是默示的。依据《合同法》第171条的规定,试用期间届满,买受人对是否购买标的物未作表示的,视为购买。上述方式不是唯一的拟制方式,试用人的下列行为,也属于承认:

(1) 试用人在试用期间支付全部价金或部分价金;

(2) 试用人对标的物为超出试用必要限度的处分,转卖、转租、赠与、设定物的担保等行为均属之。

3. 承认的效力

承认一旦发生,买卖关系即告成立,试用人变成了买受人。因承认前已占有标的物,买受人于承认的同时凭借简易交付取得所有权,从而对于转卖、转租、赠与、担保物权设定等行为而言,均属于有权处分,不发生无权处分引起的合同无效等问题。

4. 孳息

试用期间,标的物产生的孳息,有约定的,从约定;未约定的,如何处理?笔者认为,应就是否"承认"而定,试用人承认的,承认前的孳息应归试用人;试用人未承认的,孳息归出卖人。

拿上面的案例来讲,如果乙在试用的第3天将该牛卖给丙,则乙丙之间的合同效力如何?

乙转卖属于法律拟制的承认,甲乙之间关系自转卖发生时起转变为买卖合同关系,并同时发生所有权由甲到乙的移转。乙作为牛的所有权人,将牛卖给丙,属于有权处分,合同有效。

（三）分期付款的买卖

分期付款的买卖是指出卖人将标的物所有权转移给买受人，买受人分期支付价款的合同。其实质是出卖人向买受人提供信贷，因此又被称为信用买卖。分期付款的买卖具有刺激消费，促进经济发展之功能，同时也具有下列危险：买受人过高地估计自己将来的给付能力，致不能完成价款支付义务。

分期付款的买卖其最大特点是买受人价款义务的分期履行。各期价款可以相同，也可以不同，一切均由当事人决定。原则上，价款支付的分期应在二次以上，此与一般买卖之买受人一次性支付价金有显著区别。

在分期付款的买卖，出卖人转移标的物所有权的义务与一般买卖无异，即动产须交付，不动产须交付并移转登记。买受人不必支付全部价款即取得标的物所有权，从而买受人对标的物再处分的，属于有权处分，合同有效，这是分期付款的买卖与所有权保留买卖最大的不同。

买受人价款义务未完全履行，标的物所有权已移转，出卖人债权之实现，不免有风险，因此如何保证债权的安全是出卖人需要解决的问题，合同法提供的手段是赋予出卖人一项选择权。

依《合同法》第167条的规定，买受人未支付到期价款的金额达到全部价款的五分之一的，出卖人可解除合同或者要求买受人支付全部价款。首先，本条规范属于任意性规范，当事人有不同约定的，约定优先。其次，买受人不支付价款达到全部价款五分之一的，出卖人享有选择权。如果该买卖对其有利，出卖人可选择继续保留在合同之中，要求买受人支付全部价款；如果该买卖对出卖人不利，出卖人可以行使解除权，使自己不再受合同约束。二者只能选择其一，不可并求。

出卖人行使解除权的，当事人之间买卖关系溯及消灭，双方互负返还义务：出卖人返还其已收取的价款给买受人，同时有权要求买受人支付标的物的使用费，二者之间形成同时履行抗辩。出卖人已收取的价款大于标的物使用费的，出卖人可以行使抵销权，仅将二者之间的差额返还给买受人。出卖人不返还价款的，买受人对标的物可行使留置权。

甲公司将一台大型设备以分期付款的方式销售给乙公司，设备总价款3 000万元，乙公司于交货时先支付600万元，剩下的价款分3年清偿，每年偿还800万元。合同签订后，甲公司按照合同约定将设备运交给乙公司，乙公司支付了600万元。因经营不善，乙公司不能支付约定的第2期价款，甲公司利益如何保护？

本案属于分期付款买卖，买受人乙公司不能支付的到期价款800万元，超过了合同全部价款3 000万元的1/5，甲公司可以解除合同，也可以不解除合同，转而主张乙公司支付全部剩余的价款即2 400万元。如果甲公司解除合同，可向乙公司主张该套设备的使用费。

分期付款的买卖既适用于动产买卖，也适用于不动产买卖。目前的期房销售中，许多购房人采取了按揭贷款的购房形式，在这种形式中，金融机构向购房人提供贷款，并一次性支付全部贷款金额给出卖人。因此，期房买卖不属于分期付款的买卖，分期付款发生在购房人和金融机构之间，后者是借贷而非买卖。

（四）样品买卖

样品买卖是指以双方当事人选定的样品作为衡量标的物质量标准的买卖。出卖人交付的标的物应与样品相符，即具有同一品质。所谓同一品质，是指在社会观念上认可具有相同品质者而言。出卖人交付的标的物不具有样品品质的，应向买受人承担物的瑕疵担保责任，但标的物之品质优于样品的，买受人不得主张瑕疵责任，否则为权利滥用。

样品存在隐蔽瑕疵的，买受人善意不知情的，出卖人交付的标的物仍须具有同种物的通常质量标准。至于所有权移转、孳息、风险负担等，与一般买卖相同。

A地的曹某开办了一个养鸡场，其生产的鸡蛋均为双黄蛋，市场销路很好，B地的关某也想办一个生产双黄蛋的养鸡场，于是曹某和关某订立了一个购买1万枚种蛋的买卖合同，合同约定：曹某向关某提供1万枚种蛋，价格按每斤4元计算。双方共同选择了三枚个头较大的鸡蛋作为样品，并对样品进行了封存。合同到期后，双方依约进行了交付。关某对1万枚种蛋实施孵化，竟有近一半的种蛋不能正常孵化，变成了臭蛋。经化验发现，上述种蛋均为未受精的鸡蛋，不适合做种蛋，而造成这种结果的原因是曹某鸡场中公鸡的数量太少。关某要求曹某赔偿损失，曹某要求对封存的样品进行检验，以样品确定是否存在瑕疵。经检验，发现封存的样品中有两枚种蛋为未受精的鸡蛋，此案如何处理？

关某订立合同的目的在于孵化雏鸡，曹某对关某这一目的是知晓的，因而，交付的鸡蛋应符合这一合同目的，即应为受精的鸡蛋。封存的样品中有两枚未受精的鸡蛋，这一瑕疵是隐蔽的，关某并不知情，因此不能以封存中的样品来衡量交付的鸡蛋是否存在瑕疵，而应以种蛋的通常标准来确定瑕疵，即从通常的情形看，未受精鸡蛋在多少比例以下是可以被接受的。本案之中，曹某的交付鸡蛋中未受精的数量显然大大超过了可接受的程度，故而构成物的瑕疵，应向关某承担瑕疵担保责任。

（五）买回

买回是指出卖人在将来某一时刻对出卖标的物有买回权之买卖。关于买回的意义，主要有"解除说"和"停止条件说"，"解除说"认为买回是对原有买卖合同的解除，"停止条件说"认为买回是附停止条件之再买卖契约，所谓停止条件是指"出卖人行使买回权"，出卖人行使买回权的，条件成就，再买卖合同生效；否则，再买卖合同不生效力。买卖合同一旦解除，当事人之间法律关系应适用不当得利的规定,自无契约存在余地,与买回的合同性质有违。笔者认为,以停止条件说为是。

买回权在性质上属于形成权,受到除斥期间的调整,我国台湾地区民法对出卖人买回权规定了 5 年期间,对这个期间,当事人可以通过约定予以缩短,但不可延长。买回权的功能是使再买卖合同生效,其行使方式是向买受人为买回的意思表示,这个意思表示需要通过支付价金的方式来完成。

出卖人一旦行使买回权,出卖人和买受人之间的再买卖合同即告生效,原出卖人变成了买受人,原买受人变成了出卖人。

买回人负有支付价金的义务,价金数额由当事人约定。原买受人改善标的物的,买回人还要对增值部分进行补偿,买卖的费用也由买回人承担。由于买回的标的物原属于买回人所有,原买受人不承担物的瑕疵担保责任。因原买受人原因导致标的物给付不能的,原买受人应向买回人承担损害赔偿责任。

第二节 赠 与 合 同

一、赠与合同的性质

赠与合同是指赠与人负有无偿转让财产权利于受赠人义务的合同。赠与合同的履行同样会引起财产权利的永久移转,此点与买卖同;与买卖不同的是,赠与的对象不限于所有权,所有权之外的财产权利均可为赠与;受赠人无须支付标的物价金,系无偿取得标的物所有权。

赠与合同的性质,有以下几点:

1. 赠与合同是诺成合同

赠与人与受赠人就标的物达成一致,合同即告成立,标的物的交付不是合同成立要件,赠与因此属于诺成合同。不过,在赠与财产权移转给受赠人之前,对一般赠与,合同法赋予了赠与人撤销权,且该撤销权的产生不需要成就任何条件,从而,就一般赠与而言,实质与实践性合同无异。对公益赠与,赠与人不享有撤销权,公益赠与属于诺成合同,当无疑义。

2. 赠与合同是单务、无偿合同

在赠与合同,赠与人仅负有义务,受赠人只享有权利,二者之间无对待给付关系,从而赠与合同为单务合同,同时履行抗辩、不安抗辩、先顺序抗辩不能被适用。

受赠人取得标的物财产权利而无需支付价金,系无偿。无偿意味着纯获法律利益,从而对受赠人而言,限制行为能力人也为适格。比如,影星成龙将一栋房屋赠与 11 岁小学生董某之行为,董某自己可以承诺,其承诺有效,无须董某之法定代理人追认或同意。对赠与人而言,其行为能力则应视标的物的价值大小而定,价值小的日用物品,限制行为能力人即为适格。比如,12岁中学生小龙赠给13岁同桌一块橡皮之行为,应属有效。对于房屋、机动车、船舶、航空器等价值巨大的物品,限制行为能力人应为不适格,其作为赠与人订立的合同应经其法定代理人追认或同意,方为有效。限制行为能力人成年后,也可以自行追认,其追认同样有效。

赠与不同于遗赠抚养协议,后者属于双务契约,抚养人取得遗赠人的财产是有对价的,这个对价就是对遗赠人生养死葬。而赠与属于无偿转让财产的行为,即使对有负担的赠与而言,负担也不构成赠与财产的对价。

3. 赠与是债权合同

赠与合同生效,仅仅在当事人之间产生债权、债务,标的物财产权利的移转还须践行交付(动产)、登记(不动产)等事实行为。这种情形主要是物权变动模式的不同造成的,其原因在买卖一节有详细说明,在此不再赘述。

赠与不同于遗赠,后者是单方法律行为,赠与属于双方法律行为。

4. 赠与是不要式合同

合同法并未规定赠与合同必须采取书面形式,因此,赠与合同原则上为不要式合同。

二、赠与合同的种类

从不同角度,可以对赠与合同进行不同的分类,分类的目的是为了了解不同的赠与所具有的特殊性,以便于确定当事人之间的权利、义务、责任。

1. 公益赠与和非公益赠与

以赠与目的的不同将赠与分为公益赠与和非公益赠与,赠与财产用于扶贫、救灾等用途的,为公益赠与;公益赠与之外的赠与为非公益赠与。公益赠与规则的主要特点是赠与人不享有任意撤销权,即公益赠与合同一旦成立,赠与人即负有转移标的物所有权给受赠人的义务,赠与人无权撤销其赠与。赠与人故意或重大过失致标的物毁损、灭失的,应对受赠人承担违约责任。依第195条之规定,赠与人在合同成立之后发生重大变故,如再履行赠与义务会严重影响其生产经营或家庭生活的,可以不再履行赠与义务,但这已不属于撤销权范畴了。

甲公司与某希望小学乙签订赠与合同,决定捐赠给该小学价值2万元的钢琴两台,后甲公司的法定代表人更换,不愿履行赠与合同。本案如何处理?

本案属于扶贫赠与,具有公益性,赠与有效,赠与人不享有任意撤销权。甲公司属于企业法人,其法定代表人的变更不影响赠与合同的效力。甲公司应履行赠与合同约定的义务,将两台钢琴交付给某希望小学。

非公益赠与,在赠与财产转移前,赠与人享有任意撤销权,履行道德义务的赠与和经过公证的赠与除外。

甲之子落水,乙救之,甲当众宣布送乙一辆宝来轿车,乙允诺。后甲反悔,拒绝赠车,乙如何救济?

乙救甲子的行为属于无因管理,乙可向甲主张救人产生的费用、遭致的损害和欠下的债务,但不可主张报酬。甲向乙赠车,系履行道德义务,赠与有效,且不得撤销,因此乙可向法院起诉,请求甲履行赠车义务。

2. 一般赠与和特殊赠与

特殊赠与主要是指附义务赠与、附条件赠与、混合赠与、定期金赠与,之所以将其称之为特殊赠与,是因为法律对这些赠与制订了某些特殊规则。混合赠与主要是指半卖半赠的赠与,比如,成某将一辆价值10万元的二手轿车赠与给其同学李某,象征性地要了1万元作为价金,成某与李某之间的合同就属于特殊赠与。其行为的主要特性是赠与,同时又含有部分买卖特征,学者将这种情形称之为混合赠与。赠与可以附有义务,比如赠与宝石于理发师,但要求理发师在一年中免费为其修剪头发。赠与也可以附条件,条件不是义务,条件是或然的,可能发生,也可能不发生。条件之中可能包含义务的内容,比如,赠与合同约定受赠人1年内不准吸烟,不吸烟是受赠人的义务,是一种负担,但1年内不吸烟则具有或然性,是一个条件。条件决定合同生效与失效,义务决定赠与人的责任。对一般赠与而言,标的物瑕疵致受赠人损害的,赠与人仅就恶意不告知瑕疵和保证无瑕疵负责。而就附义务赠与而言,标的物瑕疵致受赠人损害的,在附义务的限度内,赠与人承担与出卖人相同的责任,即无过错责任。

赠与还可以区分为法人赠与和自然人赠与。企业法人存在破产危险,自然人则无破产问题。企业法人实施赠与,还存在越权赠与的效力问题。

三、赠与合同的效力

赠与合同成立生效后,在赠与人和受赠人之间产生债的关系。

(一) 赠与人负有转移标的物财产权利给受赠人的义务

赠与人转移赠与财产权利的义务,是赠与合同生效的结果,这一义务对所有赠与均存在。不同之处仅仅在于:对于公益赠与、履行道德义务的赠与及公证的赠与而言,赠与人不享有任意撤销权,如果受赠人向法院起诉,请求赠与人履行赠与,赠与人应履行其义务。对上述赠与之外的赠与,赠与人享有撤销权,从而在受赠人请求时,赠与人可以通过撤销权的行使,使自己从赠与义务中解脱出来。

赠与人不行使撤销权的,负有转移赠与财产权利的义务,其履行义务的方式,因动产和不动产而不同。就动产而言,须为交付,现实交付、简易交付、指示交付和占有改定均可。就不动产而言,除交付外,还必须办理产权变更登记。

赠与人之义务,对受赠人而言即为权利。

(二) 赠与人的责任

赠与为无偿契约,无偿契约之义务人仅就故意或重大过失负责的一般性规则在赠与关系中得以贯彻,与出卖人相比,赠与人的责任要小得多。法律如此规划,旨在鼓励赠与。

1. 瑕疵担保责任

依《合同法》第191条规定,赠与人不承担瑕疵担保责任。从文义上看,条文中瑕疵既包括权利瑕疵,也包括物的瑕疵。比如,甲将自己收藏的一幅大千先生的画作赠与乙,后经证实,该画为赝品。不论甲事先是否知晓该画为赝品,甲均不承担民事责任。

只有在附义务赠与的情形下,才会产生赠与人的瑕疵担保责任,即在所附义务的限度内,赠与人承担与出卖人一样的责任。

2. 违约责任

违约责任之形态,一般有拒绝履行、迟延履行、履行不能和加害履行四种,分述如下:

对拒绝履行和迟延履行,受赠人可以请求继续履行,但不得主张迟延履行的利息。[1] 对于迟延履行造成的损害,是否可以请求赔偿,有不同的规定。德国民法肯定受赠人可以主张损害赔偿,[2]我国台湾地区民法则否定之。[3] 我国合同法未有明确排除赠与人责任之规定,在解释上,应与德国民法为同一解释为宜。

对于履行不能,区分原因,非可归因于赠与人原因致标的物灭失的,赠与人不再履行赠与义务。赠与人原因导致标的物灭失的,如系故意或重大过失,赠与人承担赔偿责任,赠与人有撤销权的,可以通过撤销权的行使消灭责任;如系一般过失或具体的过失致标的物灭失的,不承担赔偿责任。

对于加害履行,赠与人在两种情形下承担赔偿责任:赠与人故意不告知瑕疵;赠与人保证无瑕疵。

甲赠乙一头奶牛,乙将牛牵回后与自有的另外四头牛一起圈养。几天后,三头牛因病死亡。经检验发现,死亡之牛系感染了一种特殊的病毒致死,该病毒正是甲赠与之牛带来的。在此情形下,乙可否向甲主张赔偿责任?

乙的损失属于固有利益损失,属于加害履行涵盖的范围,对加害履行,只有在赠与人明知瑕疵或保证无瑕疵的情形下,才会产生赠与人的赔偿责任。案例中的甲不知瑕疵存在,也未保证无瑕疵,因而甲不对乙承担赔偿责任。

(三) 赠与人的撤销权

赠与人撤销权属于形成权,受除斥期间调整,与诉讼时效无关。合同一经订立,即应严守,法律为什么赋予赠与人任意撤销赠与的权利呢?究其原因,是赠

---

[1] 《德国民法典》第522条。
[2] [德]迪特尔·梅迪库斯:《德国债法分论》,法律出版社2007年版,第146页。
[3] 邱聪智:《新订债法各论》,中国人民大学出版社2006年版,第201页。

与合同的无偿性使然。赠与是赠与人无偿转移标的物财产权利给受赠人的合同,赠与人撤销赠与,对受赠人而言,仅仅是其财产不增加,而不会导致财产的减少。

赠与人有两种撤销权:任意撤销权和非任意撤销权,现分别论述如下:

1. 赠与人任意撤销权

所谓任意撤销权是指撤销权的产生不需要任何原因,依《合同法》第186条规定,赠与人在赠与财产的权利转移之前可以撤销赠与,这种撤销权就属于任意撤销权。其构成要件如下:(1)赠与合同不属于公益赠与、履行道德的义务赠与或公证赠与。公益赠与、履行道德义务的赠与或经过公证的赠与,合同一经成立,即应履行,赠与人不享有任意撤销合同的权利。(2)赠与标的物之财产权利未移转。赠与标的物所有权的移转,就动产而言,就是交付,现实交付、简易交付、指示交付和占有改定均可。对不动产而言,则需登记,不动产的交付并不消灭赠与人的撤销权。债权作为赠与标的的,除赠与合同外,还需达成债权转让协议,自协议生效时,债权发生移转。股权的赠与,则应视记名股票还是无记名股票而定,无记名股票,交付意味着权利的移转;记名股票,权利的移转需要背书后交付,是否登记于股东名册并不影响赠与人与受赠人之间股权转让的效力。知识产权中的财产权利同样可以赠与,这些权利的转移应遵守专利法、商标法和著作权法的相关规定。其中,专利赠与的,权利的移转应办理转让合同,并向国务院专利行政部门登记,自登记之日发生权利移转效力;①著作权包含人格权和财产权,作为赠与客体的只能是财产权利,这些财产权利包括复制权、发行权、出租权、展览权、表演权、放映权、广播权、信息网络传播权等权利,权利的移转需要签订书面合同,自书面合同生效之日,发生权利移转效力;商标权的赠与,受让人应向商标局办理变更手续,自商标局核准并公告之日发生权利移转。②

符合上述两个要件的,赠与人即享有任意撤销合同的权利。

甲乙达成书面协议,甲将自己位于海淀区的一套80平方米的房屋赠与乙,合同生效后,甲将房子交付给乙。但在办理登记前,甲后悔,向乙表示撤销赠与,乙认为房屋已交付,甲无权撤销赠与,双方发生纠纷,本案应如何处理?

甲乙赠与不属于公益、履行道德义务的赠与,赠与合同采取了书面形式,但并未办理公证,不属于公证赠与。赠与标的物属于不动产,其所有权的移转必须办理登记,自登记时发生权利变动。本案中,乙只是取得了房屋占有,并未办理登记,从而甲有任意撤销权,可撤销对乙实施的赠与。

乙的权利如何保护呢?甲撤销赠与给乙造成损失的,乙可基于缔约过失责

---

① 参见《中华人民共和国专利法》第10条。
② 参见《中华人民共和国商标法》第25条。

任请求甲赔偿自己的损失。

　　赠与人行使任意撤销权的方式可以是非诉方式,也可以是诉讼方式,不管采取哪种方式,都必须在赠与标的物所有权转移前行使。赠与财产权利已经完全移转给受赠人的,赠与人欲撤销赠与的,必须有特定事由发生,这已经属于非任意撤销权的范畴了。

　　部分履行的赠与,赠与人可否任意撤销,我国合同法未做规定。日本民法和我国台湾地区民法均规定,在此情形下,可针对未转移的部分行使撤销权。① 笔者认为,对部分履行的赠与,也应做同样处理。

　　甲向其侄子乙表示,愿意在乙上大学期间,每年赠与乙1万元,作为乙上学的费用,乙欣然承诺。合同履行两年后,甲向乙表示,将不再履行剩余期限赠与义务,本案如何处理?

　　本案属于部分履行的赠与,赠与标的物属于金钱,分期履行,对甲已支付的2万元,因为财产权利已伴随交付转移给乙,甲对这部分赠与不享有任意撤销权。但对剩余的2万元债务,甲可以行使任意撤销权,使自己从赠与的债务中解脱出来。

　　2. 赠与人的非任意撤销权

　　这种撤销权的产生以特定事由出现为原因,这些原因可以是法定的,也可以是意定的。其成立要件有:(1)赠与合同已成立。(2)受赠人有下列情形之一:严重侵害赠与人或赠与人的近亲属;或者对赠与人有扶养义务而不履行;或者不履行赠与合同约定的义务。受赠人严重侵害赠与人或赠与人的近亲属之行为,在主观要件上应包括故意或过失。② 何谓严重,由法院根据具体情形而定。近亲属的范围指配偶、父母、子女、兄弟姐妹、祖父母、外祖父母、孙子女、外孙子女。③ 扶养义务既可以是法定的,也可以是约定的。

　　赠与人非任意撤销权针对的对象原则上包括所有赠与,赠与财产权利的移转不影响撤销权的行使。不过,为了使法律关系尽早稳定下来,合同法对这种撤销权规定了1年的除斥期间,该期间从赠与人知道或应道知道撤销事由之日起算。这种撤销权不得让与,也不得继承,其行使方式为任意。

　　甲妻早逝,其子乙已婚,甲将自己的一套房子赠与乙,赠与协议中明确规定:该房子归乙,不为夫妻共同财产。赠与协议经过公证后,甲将房屋过户给了乙。几年后,甲退休,再娶,因病需乙赡养,乙拒绝登门。甲如何保护自己的利益?

　　本案属于公证赠与,且赠与财产权利已经移转给受赠人乙,因此,甲没有任

---

① 参见《日本民法典》第550条,中国"台湾地区民法"第408条。
② 依我国"台湾地区民法"第416条之规定,受赠人的侵害行为必须是"故意"的,过失不包括在内,而且其行为必须是违反刑法,且受刑事处罚的。
③ 最高人民法院《关于贯彻执行〈民法通则〉若干问题的意见》第12条。

意撤销权。不过,乙对甲有赡养义务,乙不履行赡养义务,成就甲一项新的撤销权,即非任意撤销权,甲可通过这项撤销权的行使,取回房屋。

部分履行的赠与,非任意撤销权成立的,可以对整个赠与实行撤销,经撤销后,剩余的赠与义务消灭,已履行的部分按照不当得利返还。

甲表示将赠与乙 5 000 元,且已实际交付乙 2 000 元,后乙在与甲之子丙的一次纠纷中,将丙殴成重伤。本案如何处理?

本案属于部分履行的赠与,受赠人乙将甲的儿子殴成重伤,而甲的儿子属于甲的近亲属范围,从而甲有撤销权。甲可以行使撤销权,撤销整个赠与,经撤销后,甲不用再履行 3 000 元的给付,已交付的 2 000 元,甲可以依照不当得利的规定请求乙返还。

赠与人的任意撤销权和非任意撤销权有何异同? 相同点是:均为形成权,权力的行使均可以导致赠与关系的消灭。不同点是:(1)产生原因不同。任意撤销权的产生不需要特定事由,非任意撤销权的产生需要有特定事由。(2)撤销的对象不同。任意撤销权只能对公益赠与、公证赠与和履行道德义务的赠与之外的赠与行为实行撤销,非任意撤销权原则上可以撤销所有赠与。(3)除斥期间不同。任意撤销权没有固定的除斥期间调整,只要赠与财产未转移,即可行使撤销权,非任意撤销权则受 1 年除斥期间的调整。(4)撤销的法律效果不同。对于部分履行的赠与,任意撤销权只能撤销未履行的部分,已经履行的赠与,受赠人仍可以保留其受领的财产,而对非任意撤销权而言,撤销的对象是整个赠与,已给付的部分按不当得利处理,受赠人应返还给赠与人。

除上述撤销权外,赠与人还可以因其他原因享有撤销合同的权利。比如,因受欺诈而进行的赠与,赠与人享有撤销权。误将他人之物认作自己的物而进行赠与的,属于民法中的错误,赠与人同样可以撤销赠与,不过,在此情形下,要对受赠人的信赖利益负赔偿责任。

明知是他人之物而为赠与,其合同效力如何? 史尚宽先生认为合同有效,不能履行的,赠与人承担按违约责任,赠与人享有任意撤销权的,自可通过撤销权的行使摆脱赠与义务。① 我国台湾地区民法承认物权行为,赠与合同属于债权合同,其效力和处分权没有关系,以他人之物进行的赠与,应为有效。反观我国大陆《合同法》,因其第 51 条的存在,以他人之物赠与的,合同效力应属待定,赠与人事后取得所有权或者所有权人追认的,有效;处分权瑕疵未消除的,合同无效,赠与人承担缔约过失责任。

---

① 我国台湾地区民法,与德国民法一样,承认物权行为,债权行为属于负担行为,其效力与处分权无关,出卖他人之物的债权合同有效,以他人之物为赠与的合同也有效。参见史尚宽:《债法各论》,中国政法大学出版社 2000 年版,第 123 页。

3. 赠与人的法定代理人或继承人的撤销权

受赠人对赠与人实施违法行为,致赠与人死亡的,赠与人的继承人可以撤销赠与;致赠与人丧失行为能力的,赠与人的法定代理人可以撤销赠与。依德国民法,受赠人只有故意实施违法行为致赠与人死亡的,赠与人的继承人才有撤销权,我国合同法没有将受赠人的违法行为限定于故意,自不能做同一解释。因此,受赠人的违法行为造成赠与人死亡或者丧失行为能力的,不论故意还是过失,赠与人的继承人或法定代理人均有撤销权。受赠人实行正当防卫或紧急避险致赠与人死亡或者丧失行为能力的,因正当防卫和紧急避险已排除违法性,赠与人的继承人或法定代理人不享有撤销赠与的权利。

该撤销权受到6个月除斥期间的限制,此期间采用主观起算,即从赠与人的继承人或法定代理人知道或应当知道撤销原因之日起算。赠与人的继承人或法定代理人有数人时,6个月除斥期间如何起算?笔者认为,撤销权除斥期间的设定,目的在于使法律关系尽快稳定下来,因此,应从利于受赠人角度来进行解释。换言之,继承人或者法定代理人有数人的,除斥期间均从最先知道或应当知道撤销事由之日起开始起算。

撤销权可因下列原因而消灭:(1)除斥期间之经过。赠与人的撤销权受1年期间调整,赠与人的继承人或法定代理人的撤销权受6个月期间调整,上述两个期间均属于除斥期间,不变期间,期间一旦完成,撤销权即告彻底消灭。上述期间是否像债权人撤销权那样受5年除斥期间——从行为发生之日起算——的限制,合同法未置一词,笔者认为,应否定之。(2)撤销权被抛弃。抛弃属于有相对人的单方法律行为,应由撤销权人向受赠人表示。抛弃的方式为不要式。(3)赠与财产转移给受赠人。赠与财产完全转移给受赠人时,赠与人的任意撤销权消灭,部分转移的,就已转移的部分,任意撤销权消灭。

值得一提的是,依《德国民法典》第532条的规定,受赠人死亡的,撤销权消灭。我国合同法未有类似规定,自不能为同样解释。因此,在我国,受赠人死亡的,不影响撤销权的行使。此时,撤销赠与的意思,由权利人向受赠人的继承人表示。比如,甲将一辆奥迪轿车赠与乙,并为交付。后甲乙交恶,乙将甲杀害后自尽。此时,甲的继承人可以对乙的继承人行使撤销权,取回奥迪轿车。

4. 债权人撤销权与赠与人撤销权的关系

依《合同法》第74条的规定,债务人无偿转让财产,对债权人造成损害的,债权人可以向人民法院请求撤销债务人的行为。赠与属于无偿转让财产,债务人将自己的财产赠与第三人而损害债权的,债权人自可行使撤销权。债权人撤销权的行使不受赠与人撤销权的影响,也不受赠与目的或者赠与形式的限制,换言之,即使是公益赠与、公证赠与,债权人也可以行使撤销权。比如,王某欠李某20万元债务,一直拖欠不还。汶川地震后,王某将其唯一的房产变现50万,全部捐赠给汶川某镇中学。捐款后,王某再无财产。王某的赠与属于公益赠与,且赠与财产权利已转移,王某不得撤销赠与。但是王某的赠与行为损害了其债权人李某的债权,李某可以向人民法院请求撤销王某的赠与。

债权人撤销权和赠与人撤销权有以下不同:(1)被撤销的行为不同。债权人撤销的是他人(债务人)的行为,债权人自己不是被撤销行为的当事人,赠与人撤销权针对的是赠与人自己的行为,赠与人是被撤销合同的当事人。(2)行使的方式不同。债权人撤销权的行使应采取诉讼的方式,赠与人撤销权的行使方式可以是诉讼的,也可以是非诉的。(3)所受除斥期间的限制不同。债权人撤销权受 1 年和 5 年除斥期间的双重限制,赠与人的撤销权只受 1 年期间的限制。(4)撤销的对象不同。债权人撤销权原则上可以对所有的赠与实行撤销,赠与人的任意撤销权则受到公益赠与、履行道德义务的赠与和公证赠与的限制。

5. 赠与人的抗辩权

赠与人可否不行使撤销权而拒绝赠与义务的履行?《合同法》第 195 条为赠与人提供了这种可能。依该条规定,赠与人的经济状况显著恶化,严重影响其生产经营或者家庭生活的,可以不再履行赠与义务。德国民法把这种情形称之为赠与人的抗辩权,本书从之。① 所不同的是,德国民法将赠与人的抗辩限于生计困难、影响扶养义务或其他义务的履行,我国合同法则将赠与人的抗辩原由设定为生产经营困难或生活困难。赠与人抗辩权的存在对赠与的实施有一定的促进作用。

赠与人抗辩权的构成要件有:(1)赠与合同有效成立。(2)赠与人经济状况显著恶化。经济状况恶化必须发生在赠与合同成立之后、赠与财产完全移转给受赠人之前,恶化必须是"显著的","显著的"标准是如果再让其履行赠与义务,将会严重影响其生产经营(企业为赠与)或家庭生活(自然人为赠与)。

赠与人抗辩权的行使不受赠与形式的影响,不管是一般赠与,还是公益赠与,赠与人抗辩权成立的,均可行使抗辩权,不再履行赠与义务。赠与义务已经部分履行的,抗辩权的行使不影响已经履行部分的效力。

赠与人的抗辩权,在性质上属于延期抗辩权,且不得预先抛弃。② 此抗辩权在受赠人向赠与人请求转移赠与财产时行使,不论受赠人的请求形式是诉讼还是非诉。赠与人抗辩权的行使,并不导致赠与的消灭,如果赠与人后来恢复了经济能力,受赠人自可以再次请求赠与人履行赠与义务。

四、特殊赠与

(一) 附条件赠与

---

① 《德国民法典》第 519 条。
② 史尚宽:《债法各论》,中国政法大学出版社 2000 年版,第 135 页。

赠与为法律行为,可以附条件。条件的作用在于"延缓或解除"赠与合同的效力。比如,甲对乙说:"你若今年考上研究生,我就把我的 IBM 笔记本送给你",乙承诺。甲乙之间成立的就是一个附延缓条件的赠与,所付条件是"乙今年考取研究生",如果乙当年考取了研究生,则条件成就,赠与合同生效,甲应将自己的笔记本交付给乙。如果乙当年未考取研究生,约定的条件不成就,赠与合同不生效力。

所附条件违法或者违反善良风俗的,赠与合同无效。比如,有妇之夫,以同居一年为条件,与某女子订立的赠与房产的合同,因条件违反善良风俗而无效。以超生男丁为条件,父子之间订立的赠与,则因条件违法而无效。

(二) 定期金赠与

在一定期间内,赠与人负有继续无偿给付一定量财产给受赠人义务的赠与,为定期金赠与。比如,甲对上高中的外甥每月给付 300 元人民币的赠与,就属于定期金赠与。每期支付的财产数量可以是固定的,也可以是变化的,一切由当事人决定。

定期金赠和一般赠与不同的地方主要是,在约定的期限内,受赠人死亡的,剩余期限的赠与义务是否继续履行。我国合同法对此未作规定,依德国民法,约定期限内,受赠人死亡的,赠与人不再履行剩余的赠与义务。① 上述规范属于任意性规范,当事人有特别约定,应从其约定。笔者认为,德国民法的规定具有合理性,我国也应为同样处理。

(三) 死因赠与

赠与人死亡才生效的赠与,为死因赠与。死因赠与仍属于合同范畴,因而与单方法律行为的遗赠有别。比如,甲乙达成协议,协议规定:甲死之后,甲之全部藏书均归乙所有。甲乙之间的赠与即为死因赠与。死因赠与属于合同,不同于遗赠,后者为单方行为。

死因赠与为附条件赠与,其条件是"赠与人死亡时,受赠人仍健在",条件的作用在于延缓赠与的生效时间,因此,死因赠与属于附延缓条件的赠与。受赠人杀害赠与人,人为促成条件成就的,应解为条件未成就。

死因赠与在其他方面,可适用赠与的一般规定。

(四) 捐助

捐助一般被视为赠与,其特殊之处有两点:一是捐助一般具有公益目的;二是捐助往往借助一个公益机构作为媒介来实现其目的。捐助的公益性决定了赠与人不享有任意撤销赠与的权利,捐助的第二个特点则引发了谁是受赠人及赠与财产的归属问题。比如,汶川地震,甲向四川红十字协会捐款 100 万,并指明

---

① 《德国民法典》第 520 条。

该款用于汶川地区校舍的重建。在这个赠与中,四川红十字协会是受赠人,甲将捐赠的金钱汇入四川红十字协会的账户后,该笔捐款的所有权已随着交付而为该红十字协会所有。将该笔捐款用于汶川地区受灾学校的重建,只是受赠人的义务,受赠人不履行该义务的,赠与人可以撤销赠与,请求受赠人四川红十字协会返还该笔款项。

现实生活中,某人患病,无钱医治,具有爱心之人解囊相助,无奈患者病入膏肓,郁然离世,剩余的捐助钱财如何处理,常常引发争议。笔者认为,在此情形下,除有特殊约定外,应按遗产处理为宜。因为捐助财产已伴随交付移转为受赠人所有,受赠人死亡的,自应转为遗产,由其继承人继承。

（五）附义务的赠与

赠与可以附义务,因为义务对受赠人而言为负担,因此,附义务的赠与也被称为附负担的赠与。

附义务之赠与与买卖有别,对于买卖,买受人给付价金的义务为出卖人转移标的物所有权义务的对价,买卖因此成为双务契约。附义务之赠与,受赠人之义务不具有对价性质,赠与不因所附义务的存在而成为双务契约。

附义务之赠与,原则上赠与人应先转移赠与财产权利给受赠人,受赠人才开始履行其所附义务。比如,甲对朋友乙为5 000元金钱之赠与,同时约定该笔赠款用于乙在东方技术学校为期6个月的电焊技术学习。只有在甲将5 000元现金交付乙后,乙学习之义务才开始。

受赠人不履行所附义务的,赠与人可以请求受赠人履行其义务,赠与人也可以撤销赠与。赠与一经撤销,赠与财产变成不当得利,应由受赠人予以返还。赠与人死亡的,赠与人继承人可以请求受赠人履行其义务。赠与人的继承人是否可以撤销,因赠与人撤销权具有专属性,不得继承,应否认继承人有撤销权。对于公益赠与,赠与人死亡的,主管机关和赠与人的继承人均可以请求受赠人履行其义务。

在瑕疵担保方面,因所附义务的存在,赠与人责任较一般赠与为重。即在所附义务的限度内,赠与人承担与出卖人一样的担保责任,即承担无过失的瑕疵担保责任。而在一般赠与,赠与人不承担瑕疵担保责任。之所以如此规定,原因在于,在所附义务或负担的限度内,赠与人的给付与受赠人的负担实际上处于对价关系,理应适用买卖关系中的瑕疵担保规则,即受赠人有减价、解除合同和损害赔偿请求权。

第三节 借款合同

借款合同是日常生活中常见的合同,对借款合同的学习,应从金融机构为贷款人的借款和自然人之间的借款的分类入手,二者在具体规则方面有较大的差异。除此之外,还应注意,企业借款、贷款受到法律法规的限制。

一、借款合同及其性质

(一) 定义及性质

依《合同法》第 196 条,借款合同是借款人向贷款人借款,到期返还借款并支付利息的合同。其中,贷出金钱的为贷款人,借入金钱的为借款人。合同法将借款合同定义为有息借款,致使自然人之间的无息借款合同无法纳入其中,从定义的角度而言,是不恰当的。①

借款合同之性质,主要有以下几点:

1. 借款合同是以转移标的物所有权为目的的合同

借款合同的标的物为金钱,金钱属于种类物、非消费物,其占有即为所有。从借款合同当事人的意思来看,借款人借入金钱的目的,在于使用金钱为买卖、投资、清偿债务等等经济活动,金钱的使用必然导致对金钱的处分,这种处分要求借款人对金钱有所有权。贷款人贷出金钱,是为了获得同种类、同数量的金钱(在有息借款的情形下,还包括利息),而不是其贷出的金钱本身。因为金钱属于国家强制流通物,对同一种类的金钱而言,同一数量的金钱价值相等。

2. 金融机构为贷款人的借款合同为诺成合同、债权合同,自然人之间的借款合同为要物合同

金融机构为贷款人的借款合同,自当事人对借款金额、借款期限、利息等事项达成一致时成立,贷款金额的交付不是合同成立的要件,在性质上为诺成合同。合同成立生效,标的物所有权并未移转给借款人,仅仅产生了借款人的债权,凭此债权,借款人可以请求贷款人交付约定的金额,自交付时取得该笔借款的所有权,因此,金融机构为贷款人的借款合同为债权合同。

自然人之间的借款合同,依《合同法》第 211 条之规定,自贷款人将约定的借款金额交付给借款人时,方生效力,故而为要物合同。

3. 借款合同原则上为双务合同,自然人之间的合同除外

借款合同生效后,贷款人负有给付约定的金额给借款人的义务,借款人在借款到期后,负有归还相同种类、相同数量的金钱的义务,在有息借款的情形下,还负有支付利息的义务,故而为双务合同。与买卖合同不同的是,借款合同的双务性仅仅表现为贷款人先履行义务,不存在同时履行或借款人先履行义务的可能。双务合同的三大抗辩权,也就只剩下不安抗辩权,其拥有人也就只能是贷款人。

自然人之间的借款,为要物合同,借款金额的交付是合同成立的条件,而不

---

① 法国民法、日本民法及我国台湾地区民法无借款合同之概念,而是使用消费借贷概念,在消费借贷的定义中,均无利息之规定。其中,法国民法对有息借贷单设一节,对有关利息之问题进行特别规制。

是贷款人的合同义务。交付完成后,合同成立,此时,只剩下借款人归还借款的义务(在有息借款,还包括归还利息的义务),故为单务合同。①

借款合同是否为有偿,应视有无利息之约定为判,有利息的为有偿,无利息的,为无偿。

法律对借款合同的限制,主要有两个方面。一是贷款人身份的限制。企业从事贷款业务,必须取得人民银行颁发的金融许可证,未取得金融许可证而从事贷款业务的,其贷款行为因违反强行法而无效。二是对贷款利率的限制。金融机构从事存贷款业务,必须遵守人民银行规定的利率限制,超出人民银行规定的利率限制的,超出的部分无效。

(二)与借款合同相关的问题

1. 消费借贷

消费借贷是大陆法系的法、德等国使用的概念,是指当事人一方提供金钱或其他替代物所有权于他方,他方负有以种类、品质、数量相同之物返还义务的契约。比如,甲向乙借300斤大米之合同,即为消费借贷,乙交付大米后,大米的所有权即移转于甲,甲负有的义务是将来归还同样品质、同样重量的大米。

消费借贷与借款合同相比,有以下不同:(1)标的物不同。借款合同的标的物限于金钱,而消费借贷的标的物除金钱外,还包括其他可替代物。(2)合同成立要件不同。借款合同为诺成合同,标的物的交付属于合同履行;消费借贷在法、日等国及我国台湾地区,均为要物合同,标的物的交付属于合同订立内容。值得一提的是,德国民法曾将消费借贷设计为要物合同,德国债法改革后,消费借贷已变为诺成合同。(3)借款合同原则上为双务合同,消费借贷则为单务合同。

2. 企业借款问题

企业可以作为借款人,向金融机构、自然人借款。对公司而言,其借款应采取发行公司债的形式。除金融机构外,企业不得为贷款人,企业间的借款违反强行法,无效。在无效的情形下,已履行的企业间借款按不当得利处理,即本金返还,利息追缴给国家。如果合同还没来得及履行,则不用履行。

企业向本单位员工融资借款的合同是否有效,有不同意见。笔者认为,应认定为有效。企业向本单位职工融资,核心问题是其行为是否因构成非法集资而无效。依据中国人民银行1999年1月21日颁发的《关于取缔非法金融机构和非法金融业务活动中有关问题的通知》第1条的规定,"非法集资是指单位或个人未依照法定程序经有关部门批准,以发行股票、债券、彩票、投资基金证券或者其他债券凭证的方式向社会公众筹集资金,并承诺在一定期限内以货币、实物以

---

① 邱聪智:《新订债法各论》,中国人民大学出版社2006年版,第360页。

及其他方式向出资人还本付息或给予回报的行为。""社会公众"在解释上指"不特定人",企业职工人数是固定的,不属于"不特定人",因此,企业向员工借款,不属于非法集资,应认定为有效。

3. 储蓄合同

储蓄合同在现实生活中被广泛运用,但并未被合同法规定在有名合同中。储蓄合同的当事人是储蓄机构和存款人,存款人将一定数目的金钱交给储蓄机构处分,在存款人请求时,储蓄机构有义务返还相同数目的金钱及利息给存款人的合同。在我国,储蓄机构必须是取得金融许可证的企业,这些企业有商业银行、信用社和邮政储蓄机构等。

储蓄合同在日本及我国台湾地区民法中被列入寄托合同之中,称之为消费寄托,消费寄托属于要物合同,自寄托人将金钱或者其他可替代物交付给受寄人时成立并生效,标的物所有权因此归受寄人,受寄人可以任意处分,受寄人的义务是在合同到期时归还相同种类、数量、品质之物给寄托人。因消费寄托实质上与消费借贷相差无几,故而关于消费信托准用消费借贷的规定。①

(1) 储蓄合同的特点

① 储蓄合同为要物合同。储蓄合同在存款人将约定的金钱数额交付给储蓄机构时成立,故为要物合同。

② 储蓄合同是转移所有权的合同。储蓄合同成立生效,即发生所有权移转之效果,储蓄机构对存款人交付的金钱取得所有权,可以为任意处分。

③ 储蓄合同为单务合同。合同成立后,因金钱所有权已随着合同成立转移给储蓄机构,因此,对储蓄机构而言,剩下的只是返还金钱及利息的义务,故为单务合同。

④ 储蓄合同一般为要式合同。储蓄合同一般采用书面形式,故为要式合同。

(2) 储蓄合同的效力

① 存款人有任意解除合同的权利。储蓄合同,可以分为不定期储蓄和定期储蓄等种类,不管哪种储蓄,存款人都可以单方解除合同,要求储蓄机构返还本金,并支付利息。唯一的不同是,对于定期存款,存款人解除合同时,利息按照不定期利率计算。

② 存款人有请求停止支付的权利。为保护存款人的利益,储蓄机构有挂失制度。存单等其他存款凭证丢失、毁损的,存款人可以在法定期限内,以法律规定的形式通知储蓄机构,将所涉存款凭证挂失,请求其停止支付存单等存款凭证账户中的存款,并经一定程序,补办新的凭证。存款人未及时挂失,致存款被他

---

① 参见《德国民法典》第700条,《日本民法典》第666条。

人冒领的,其后果由存款人承担。

③ 存款人返还存款的权利。存款到期或者存款人解除存款合同时,有权要求储蓄机构返还相同种类、相同品质及相同数量的金钱。有利息约定的,还有权请求返还利息。另外,对于不定期储蓄,存款人有随时请求储蓄机构返还全部或部分存款的权利。

二、借款合同的种类和效力

(一) 借款合同的种类

借款合同的重要类别是金融机构为贷款人的借款和自然人之间的借款,二者主要区别是:(1)合同形式不同。金融机构为贷款人的借款合同属于要式合同,自然人之间的借款合同为不要式。(2)合同性质不同。金融机构为贷款人的合同为诺成合同,自然人之间的借款合同为要物合同。(3)利率限制不同。金融机构贷款时,利率必须遵守人民银行的利率限制,自然人之间的借款,其利率可以是人民银行同期贷款利率的四倍。(4)有偿无偿不同。金融机构的借款一般是有偿的,而自然人之间的借款可以是无偿的,也可以是有偿的。

鉴于金融机构为贷款人的借款合同与自然人之间的借款合同有诸多差别,因而对其效力,我们采用分别论述的方式。

(二) 金融机构为贷款人的借款合同的效力

金融机构与借款人一旦达成借款协议,合同即成立,并产生下列效力:

1. 贷款人的权利义务

按照约定的日期及约定的金额发放贷款,是贷款人的主要义务,这一义务对借款人而言,构成其主要权利。贷款人给付贷款金额的义务取决于两点:(1)借款合同生效。对于附停止条件的合同,须停止条件成就。对于附期限的合同,须期限届至。(2)合同规定的履行期限已经开始。借款合同,往往规定有履行期限,对于分期分批给付的借款合同,则就每批借款金额,均设定有履行期限。只有履行期限已经开始,贷款人给付借款的义务才真正来临。借款利息不得从借款本金中预先扣除,预先扣除的,借款利息依实际借款金额计算。金融机构预先按照合同约定的借款本金强行扣划利息的,对多扣的利息,借款人可基于不当得利请求返还。

借款期限届满后,贷款人有权请求借款人归还与借款金额相同数量的金钱及约定的利息。借款人迟延履行的,贷款人可以按照人民银行的规定加收罚息。金融机构作为贷款人的最大便利之一是:借款人在贷款人处有存款账户的,对于到期贷款,可以通过扣划借款人账户中的存款来实现债权。

除上述权利外,作为贷款人的金融机构有权检查、监督借款的使用情况。借款人未按照约定用途使用借款的,有剩余贷款金额未支付的,贷款人可以停止发放贷款;贷款已经发放的,贷款人可以解除合同或者提前收回贷款。

2. 借款人的权利义务

借款人有权请求贷款人依约支付借款金额给自己，借款到期后，借款人应归还借款和利息。借款人迟延归还借款的，不仅要按照合同约定的利率或现行银行利率（高于合同约定的利率时）支付利息，而且还要承担罚息；迟延支付利息的，还应支付复利。

借款人迟延受领借款金额的，仍应按照合同约定的期限、数额支付利息。

借款人提前清偿借款的，应按照实际借款日期支付利息，合同另有约定的除外。

借款利息的支付时间，有约定的，从约定，未约定的，按照以下规定处理：借款期限未满1年的，在返还借款时一并支付；借款期限1年以上的，应当在每届满1年时支付，剩余期间不满1年的，应当在返还借款时一并支付。比如，甲向乙银行借款2万，借款期限为50个月，但未约定利息支付时间，在此情形下，甲的利息支付义务如何履行呢？依据《合同法》第205条的规定，甲应分别在借款期限满12个月、24个月、36个月、48个月和第50个月时支付利息。同理，若甲乙之间的借款期限只有10个月，在未约定利息支付时间的情形下，甲应在借款期满时一并归还本金和利息。

（三）自然人之间的借款合同的效力

自然人之间的借款合同为要物合同，合同的成立需要借款金额的交付，不交付借款金额的，合同不成立，贷款人有过错的，应向借款人承担缔约过失责任。

对于自然人之间的借款，一旦贷款人将约定的金额交付于借款人，合同即告成立并生效。因借款金额已伴随着交付转移给了借款人，剩下的只是借款人的义务了，这个义务在借款期限届满时才开始。

关于自然人之间的借款，有以下几点需要注意：

1. 借款期限。自然人之间的借款，合同约定明确借款期限的，从其约定。未约定借款期限，又不能依据《合同法》第61条推定的，应视为不定期借款。对于不定期借款，贷款人可以随时要求借款人返还，借款金额较大的，应给予一个合理的还款期间，诉讼时效从宽限期限届满之日起计算；债权人向债务人第一次主张权利时，债务人明确拒绝的，诉讼时效从债务人明确表示不履行义务之日起计算。①

2. 利率。自然人之间借款的利率可以高于人民银行规定的同期贷款利率，具体比例为不超过同期银行贷款利率的四倍。超过四倍的，超过的部分无效，按

---

① 参见2008年9月1日生效的最高人民法院《关于审理民事案件适用诉讼时效制度若干问题的规定》第6条。

四倍处理。①

3. 利息。当事人约定利息的,从其约定,未约定利息的,视为无息借款。借款人逾期还款的,应按人民银行规定支付逾期利息。

第四节　供用电、水、气、热力的合同

供用电、水、气、热力的合同性质上属于买卖合同,因其标的物具有特殊性,故而合同法将其单列一章,名之为供用电、水、气、热力的合同。此类合同最大的特点是国家对其费用标准的干预。在规则的设计上,采用了供电合同为标本,供水、气、热力合同参照适用的处理。我们在论述上,也为同样处理。

一、供电合同

（一）供电合同及其特点

供电合同是供电人向用电人供电,用电人支付电费的合同。供电合同有以下特点：

1. 供电合同是双务、有偿、诺成、不要式合同。供电人负有供电的义务,用电人负有支付电费的义务,故为双务、有偿。合同自双方当事人就供电事项达成一致时成立,电力的供给属于合同履行,与合同效力无关,故为诺成。合同成立为任意,故为不要式。

2. 国家干预电费的收取标准。供电合同涉及社会公众,关系民生,故而对供电企业的收费标准,国家进行干预,电费的收取标准须经国家物价主管部门批准。

3. 供电合同属于继续性合同。合同的解除只能向后发生效力,即具有终止的效力。用电人已经使用的电能,自应缴纳电费。

4. 供电合同订立上的强制承诺性。电力能源,涉及民众基本生存需求,因此,对电力合同的订立,国家采取强制承诺制度,即只要用电人提出订立合同的要约,供电人有无条件承诺的义务。

（二）供电合同的效力

1. 供电人的权利义务

供电人的权利是收取电费。除此之外,在用电人迟延缴纳电费,经催告在合理期间内仍不交电费的,用电人有中止供电的权利。用电人中止供电时,应通知用电人,否则,应对因此造成的损失承担赔偿责任。

供电人的主义务是持续供给电力。为了保持电力的持续供应,供电人负有及时检修供电设施的义务。对电力质量有特殊约定的,供电人供给的电力应符

---

① 参见 1991 年 8 月最高人民法院颁布的《关于人民法院审理借贷案件的若干意见》第 6 条。

合质量约定,未约定质量标准的,应符合国家规定的标准,否则,应承担违约责任。

供电人的通知义务。此义务在因下列原因引发中止供电时产生:(1)供电设施的维修、检修;(2)依法限电;(3)用电人违法用电;(4)其他原因。用电人不通知,造成用电人损失的,应承担赔偿责任。

供电人的及时抢修义务。此义务发生在非因供电人的原因导致供电中断时,这些原因可以是自然原因,如地震、洪水、泥石流、海啸等自然灾害,也可以是人为原因,如第三人原因。在发生上述原因,致供电中断时,供电人有及时维修的义务,不及时维修,致用电人损害的,应承担损害赔偿责任。

2. 用电人的权利义务

用电人的义务主要是缴纳电费。除此之外,用电人有安全用电的义务,违反此义务,给供电人造成损失的,应承担赔偿责任。比如,用电人违法用电,引发火灾,致供电设施毁损的,应负损害赔偿之责。

用电人的权利主要是请求供电人依照约定供给电力的权利。合同履行地点为产权分界处,用电人一般在产权分解处设置电表,用于记录消费的电量,电表记载的电量为用电人消费的实际电量,电费将以电表记载的数据为依据进行计算。

二、供水、气、热力合同

供水、气、热力合同与供电合同一样,都属于双务、有偿、诺成、不要式合同,因关系民众基本生存需求,国家对水、气、热力的收费标准实施管制,在订约方面,实施强制承诺制度。《合同法》第184条规定,供水、气、热力合同,参照供用电合同的有关规定。

【引导案例】

案情

甲为治妻肾病,向友人乙借款8万,未约定借款期限,也未约定利息。为筹措手术费,甲将自有房屋以16万元卖给丙,并依约交付了房屋,丙给付了16万价金,但未办理登记。甲又将该房屋抵押给丁,借款5万元,几天后,房屋意外焚毁。

焦点

1. 甲乙之间的借款是否有效?乙何时可以向甲主张偿还借款?乙能否要求甲支付利息?

2. 甲丙之间的买卖是否有效?丙如何保护自己的权利?

3. 房屋意外焚毁后,甲、丙、丁之间的利益关系如何处理?

分析

首先要弄清案例中当事人之间的法律关系,即有几个法律关系。本案之中的法律关系有三个:甲乙之间的借款关系;甲丙之间的房屋买卖关系;甲丁之间的借款关系及抵押关系。其次,分析每一个法律关系,分析的着眼点应沿着以下思路进行:合同是否有效;如果有效,有效的合同在当事人之间产生了什么样的权利义务;一方不履行义务,应承担什么样的法律责任;房屋意外毁灭对当事人之间的权利义务产生了什么影响。一言以蔽之,即沿着"合同效力→权利义务→法律责任→权利义务责任的变化"的主线进行解析,即能准确地回答案例中提出的问题。

甲乙之间的借款关系:甲乙为自然人,自然人之间可以发生借款关系,案例中未交代甲乙的行为能力,应认定甲乙不存在行为能力瑕疵,甲乙自愿签订借款合同,无欺诈、胁迫等因素出现,甲乙借款合同有效。甲乙借款未约定借款期限,应属于不定期借款,乙有权随时向甲请求还款,但应给予合理的还款期限。甲乙未约定利息,应推定为无息借款,乙不得要求甲支付利息,如果甲迟延还款,乙可以主张逾期还款的利息。

甲丙买卖关系:甲出卖的房屋是自有的,其出卖房屋的行为属有权处分,合同有效。甲负有交付房屋并转移房屋所有权给丙的义务,甲仅仅交付了房屋,其义务未完全履行,丙有权请求甲办理产权登记,将房屋所有权移转给自己。甲有权请求丙支付16万元价金,丙交付16万元价金给甲后,其义务已履行完毕,甲获得16万元价金的所有权。房屋的交付导致风险负担转移给丙,房屋意外焚毁,丙承受房屋灭失的风险,甲可保留16万元价金。

甲将房屋抵押给丁的行为构成违约,丙有权请求甲除去抵押负担。甲拒不除去抵押的,丙可以解除合同,并主张损害赔偿。

甲丁关系:甲丁借款合同有效,抵押也有效。房屋意外灭失的,甲丁之间无风险负担问题,有的只是抵押权是否因抵押物的灭失而消灭的问题,这个问题又取决于抵押物有没有代位物,有代位物的,抵押权不消灭,转移到代位物上,反之,则消灭。

至此,案例中设置的问题都迎刃而解了。

【练习案例】

案情

甲将其房屋赠给好友乙,双方签订了书面赠与合同,在去公证的路上,甲遇车祸身亡。甲唯一的继承人小甲不知甲乙间的赠与,将该房屋以26万元的价格卖给了丙,并办理了登记。房屋交付前,房屋意外毁灭。

问题

1. 甲乙赠与是否有效?甲是否可以撤销赠与?

2. 小甲能否撤销赠与？

3. 小甲与丙之间的买卖是否有效？

4. 房屋意外灭失后，小甲与丙之间的法律关系如何处理？

5. 房屋意外灭失后，乙的权利如何保护？

要点提示

谁享有撤销权和小甲处分房屋（有权处分）行为有效是解题关键。

【测试题】①

一、单项选择题

1. 2008年9月，四通公司与地震灾区的江北中学达成赠与协议，协议规定，四通公司在2年的时间内出资援建三栋教学楼。至2009年6月25日，第一栋楼已建成。受金融危机影响，四通公司经营状况出现恶化，公司不得不裁减一半员工。为此，四通公司通知江北中学，剩余的两栋楼公司不再援建，江北中学要求四通公司继续履行合同。关于本案，下列表述正确的是：

A. 四通公司应当继续履行协议，因为该赠与为公益赠与

B. 四通公司可以解除该赠与

C. 四通公司可以不再履行合同

D. 四通公司可以不再履行合同，但要向江北学校承担违约责任

2. 张某在篮球场附近的自动售货机（红红公司设立）上输入5元纸币，购买一罐健力宝饮料，因机械原因，所选饮料并没有从货机的出货口出现。关于二者之间的关系，下列表述正确的是：

A. 合同没有成立，红红公司与张某之间形成不当得利之债

B. 合同成立，张某可以向红红公司主张违约责任

C. 合同没有成立，张某可以向红红公司主张缔约过失责任

D. 合同成立，红红公司没有过错，不用承担责任

3. 2003年9月21日，刘某向孙某借钱1万元，对利息及还款期限均未作约定。2006年8月22日，孙某要求刘某在10日内还钱，10日过后，刘某仍未还款。2008年8月8日，孙某向法院起诉，关于孙某的诉讼主张，下列表述中正确的是：

A. 孙某的债权已过诉讼时效

B. 孙某的债权未过诉讼时效，孙某可以主张1万元本金及自借款日以来的全部利息

---

① 参考答案：一、1. C 2. B 3. D 4. B 5. D；二、1. ABD 2. ABCD 3. AD 4. AC 5. AD；三、1. A 2. AD 3. C

C. 孙某的债权未过诉讼时效,孙某可以主张 1 万元本金,但不得主张利息

D. 孙某的债权未过诉讼时效,孙某可以主张 1 万元本金及 2006 年 9 月 1 日以后的利息

4. 受金融危机影响,光明有限公司资金周转发生困难,为缓解资金压力,公司以同期银行存款利率的 2 倍的条件向公司员工钱某借款 100 万元。关于光明公司的借款行为,下列表述正确的是:

A. 无效

B. 有效

C. 部分有效、部分无效

D. 效力待定

5. 2008 年 3 月,东方红商场进行大型试用买卖促销活动,所有参与活动的商品均可免费适用一个月。唐某从商场拿回一台高级摄像机试用,试用的第十天,该摄像机因意外灭失。关于唐某与东方红商场的关系,下列表述正确的是:

A. 唐某应当向商场支付摄像机的全部价款

B. 唐某应当对商场支付摄像机的使用费

C. 唐某与商场应当分担摄像机灭失引起的损害

D. 商场应当自己承担摄像机的损失

二、多项选择题

1. 甲向乙借款 5 万元,未约定利息,也未约定还款期限。下列说法哪些是正确的?

A. 借款合同自乙向甲提供借款时生效

B. 乙有权随时要求甲返还借款

C. 乙可以要求甲按银行同期同类贷款利率支付利息

D. 经乙催告,甲仍不还款,乙有权主张逾期利息

2. 九华公司在未接到任何事先通知的情况下突然被断电,遭受重大经济损失。下列哪些情况下供电公司应承担赔偿责任?

A. 因供电设施检修中断供电

B. 为保证居民生活用电而拉闸限电

C. 因九华公司违法用电而中断供电

D. 因电线被超高车辆挂断而断电

3. 甲曾表示将赠与乙 5 000 元,且已实际交付乙 2 000 元,后乙在与甲之子丙的一次纠纷中,将丙殴成重伤。下列说法哪些是正确的?

A. 甲可以撤销对乙的赠与

B. 丙可以要求撤销其父对乙的赠与

C. 丙应在被殴伤 6 个月内行使撤销权

D. 甲有权要求乙返还已赠与的 2 000 元

4. 在以下哪种情况下,出卖人应承担标的物毁损、灭失的风险?

A. 合同约定卖方代办托运,出卖人已将标的物发运,即将到达约定的交付地点

B. 买受人下落不明,出卖人将标的物提存

C. 标的物已抵达交付地点,买受人因标的物质量不合格而拒收货物

D. 合同约定在标的物所在地交货,约定的时间已过,买受人仍未前往提货

5. 某中学生张某(1990 年 6 月 20 日出生)于 2008 年 6 月 2 日购买一张彩票,中奖 300 万元。同月 18 日,张某领取奖金后即到百盛地产公司以 100 万元的价格购买一套商品房(150 平方米),26 日,张某依约交付了全部价款。关于张某的行为,表述正确的是:

A. 张某购买彩票的行为有效

B. 张某购买彩票的行为无效

C. 张某购买房屋的行为无效

D. 张某购买房屋的行为有效

三、不定项选择题

甲对内弟乙说:如果你今年考取注册会计师,我愿将我的丰田轿车送给你。乙当即承诺。乙果然通过了当年的注册会计师考试,乙请求甲交付轿车,甲拒绝。关于本案,请回答下列问题:

1. 关于甲乙之间赠与,正确的是:

A. 甲乙为口头赠与,有效

B. 甲乙赠与为口头赠与,无效

C. 甲乙赠与在交付赠与车辆后方有效

D. 甲乙赠与有效,但甲有权拒绝履行赠与义务

2. 关于甲的权利,下列表述正确的是

A. 甲可以撤销赠与

B. 若甲死亡,甲的继承人可以撤销赠与

C. 若甲经济状况恶化,可以解除赠与

D. 甲的撤销权不受 1 年除斥期间的限制

3. 若甲驾车超速行使,发生事故致车辆毁损,则下列表述中正确的是

A. 赠与合同自动解除

B. 甲对乙承担赔偿责任

C. 甲不对乙承担赔偿责任

D. 甲有权拒绝赠与

【延伸阅读】

1. 梅迪库斯:《德国债法分论》,法律出版社 2007 年版。
2. 史尚宽:《债法各论》,中国政法大学出版社 2000 年版。
3. 邱聪智:《新订债法各论》,中国人民大学出版社 2006 年版。
4. 王泽鉴:附条件买卖买受人之期待权。见王泽鉴:《民法学说与判例研究》(第 1 册),中国政法大学出版社 1998 年版。

第十一章　旨在转移标的物使用权的合同

【本章导学】

所有权具有弹力性，其权利人可以将所有权的部分权能分离出去，交由他人行使，经一定期间后再回归，并不损伤所有权的完整性。基于所有权的这一特点，产生了以转移标的物的使用权为目的的一类合同。

从制度价值上观察，经济社会中，对物有所有权的人，未必有时间、精力、技能实现对物的最高效率的利用。而既有能力又有需求对物进行利用的人，却未必有资力取得物的所有权。转移标的物使用权的合同，其价值恰在于实现经济社会中人和物两种生产要素的最佳结合。租赁合同、融资租赁合同、借用合同为此类合同的典型。其中，租赁合同最为常见，并在旨在转移标的物使用权的合同中居于通则地位，故为本章的学习重点，其中又以租赁合同的效力为重中之重。

在学习难点上，请把握以下几个问题：(1)租赁权的物权化及买卖不破租赁。并请在此基础上体会民法中物权与债权区分的价值及局限。(2)转租。包括合法转租与非法转租及其法律效果。(3)承租人的优先购买权。尤其注意把握优先购买权的行使条件和行使方法。(4)融资租赁合同的融资性。并以这一点为基础体会其与租赁合同的根本差异。

第一节　租　赁　合　同

一、租赁合同概述

（一）租赁合同的概念

租赁合同是出租人将租赁物交付承租人使用、收益，承租人支付租金的合同（《合同法》第212条）。租赁合同中，提供物之使用权的一方为出租人，使用他人之物的一方为承租人，转移使用权的物称为租赁物，而租金则为承租人使用租赁物的对价。出租人有权对租赁物进行占有、使用、收益，但无处分之权。

（二）租赁合同的特征

租赁合同有以下特征：

1. 租赁合同是转移使用权的合同

租赁合同以承租人使用、收益租赁物为直接目的，承租人所取得的仅是对租赁物的使用、收益权，而非租赁物的所有权，租赁合同终止后，承租人仍须将原租赁物归还所有权人。这是买卖合同与租赁合同的根本区别。由于租赁合同转移的仅是租赁物的使用权,而不能对租赁物进行处分,这又是租赁合同与消费借贷合同的根本区别。转移使用权,而不转移所有权或处分权,这是租赁合同的基本特征。因此,债务人不能将租赁物用以清偿自己的债务;如果债务人破产,租赁物也不能纳入破产财产,而只能由出租人行使取回权予以原物取回。

所谓使用,是指依物的性能和用途,在不毁损所有物本体或变更其性质的情形下对物加以利用。如果对物进行了毁损或变更了性质,则属于事实上的处分,已经超出了"使用"一词的内涵。所谓收益,是指收取物产生的新增经济价值。租赁合同转移的是物之使用权,而在许多情况下,承租人使用租赁物的目的,是为了取得新增的经济价值,因此《合同法》第212条在对租赁合同下定义时,将"使用"、"收益"两项合同目的均涵盖在内。

租赁合同既然以转移使用收益权为其根本特征,意味着承租人必须对物有事实上的使用性支配,才能称得上租赁。如果物始终在出租人手中,承租人并未对物进行独立使用的,即使习惯中冠以"出租"之名,也不是租赁。如乘坐出租车,实际上只不过是一种劳务提供合同。

2. 租赁合同的标的须为有体物、非消耗物、并且具有合法性

(1) 租赁合同的标的须为有体物

租赁合同的目的是转移物的使用收益权,权利转移之后,所有权人无法再对物进行同样的使用收益。而无体物中,智力成果可以由多人同时使用收益,如一项专利权,专利权人可以将其交给多个使用人进行非独占性的使用。因此,智力成果上只能成立专利权许可使用合同、商标权许可使用合同等独立的合同类型,而非租赁合同。这在根本上说,是物与智力成果这两项权利客体的巨大差异造成的。

权利亦为无体物,理论上说也不能成为租赁合同的标的。我国现阶段所谓的"土地使用权"租赁,其实质为土地租赁。

(2) 租赁合同的标的须为非消耗物

租赁合同以转移物之使用权为目的,而非处分权。因此,租赁合同的标的只能为不可代替的非消耗物。若以可消耗物为标的物的,如借米,由于该合同性质是转移处分权,故只能成立消费借贷。如果是借可消耗物用于非消费的特定目的,例如借名贵洋酒用于展览,则可例外地承认成立租赁合同。

(3) 租赁合同的标的须具备合法性

以法律禁止流通物出租的,租赁合同因欠缺"合法性"这一法律行为生效要件而归于无效。例如,出租淫秽录像带、出租枪支等即为无效租赁合同。以限制流通物作为租赁合同标的物的,应依合同当事人是否能够取得该租赁物经营资格区别对待。如果合同当事人没有取得经营资格可能,租赁合同无效;如果合同当事人能够经审批取得经营资格,该合同应认定为尚未完全生效的合同,在当事

人取得经营资格后发生法律效力。

另外,以他人之物作为租赁合同标的的,租赁合同并不因之无效,因为租赁合同仅以转移物之使用权为目的,并不以出租人有所有权为前提。若以他人之物出租,出租人仍须负转移物之使用权的义务,若不能履行则须承担违约责任。同理,租赁合同的标的也不以现存之物为必要,若以非现存之物出租的,出租人仍负交付租赁物的义务,否则应承担违约责任。

3. 租赁合同是继续性合同

继续性合同,是指"债的内容,非一次给付可完结,而是持续地实现,其基本特色是时间因素,在债的履行上居于重要地位,总给付的内容系于应为给付时间的长度。"① 在租赁合同中,出租人的给付即非一次可以完成,而是要持续不断地进行给付,租赁期限在租赁合同中居于重要地位,并决定了总租金的数额。租赁合同是继续性合同的一个典型。

继续性合同的一般特点,是其持续性决定了当事人之间具有较强的信赖关系。此信赖关系一旦由于某种原因丧失,该合同对当事人便丧失了意义,继续存在对当事人有害无利,因此法律允许当事人行使解除权。租赁合同中,出租人对承租人便有相当的信赖关系,一旦承租人未经出租人同意擅自转租,出租人便可解除合同。

4. 租赁合同是诺成、双务、有偿合同

租赁合同的出租人与承租人双方意思表示达成一致,合同即成立,无须交付租赁物。因此,租赁合同为诺成合同。

租赁合同中,出租人负担的交付租赁物供承租人使用、收益的义务,承租人所负担的交付租金的义务,双方当事人均具有一定的权利义务,且以上权利义务之间构成对价关系,因此租赁合同为双务、有偿合同。在这一点上,可以将租赁合同与借用合同区别开来。借用合同也转移物之使用收益权,但一方面,借用合同中出借人并无收取租金或其他对价的权利,故借用合同为无偿性质;另一方面,由于借用合同的实践性,在该合同基于出借人交付借用物而使合同成立并生效后,合同中只剩下借用人单方的返还义务,因此借用合同为单务合同。

5. 租赁合同具有非永续性

租赁合同的目的是在一定期限内转移物之使用权,租赁人使用完毕后,仍须将租赁物返还给出租人。因此,永久性转移使用权是与租赁合同的目的相悖的,故法律不允许之。当事人若要获得对他人之物的永久使用权,须通过设立用益物权的方式,仅设立租赁合同尚不为足。

各国民法典多对租赁合同的最长期限做了规定。我国《合同法》第 214 条

---

① 王泽鉴著:《债法原理(Ⅰ)》,中国政法大学出版社 2001 年版,第 123 页。

规定:"租赁期限不得超过二十年。超过二十年的,超过部分无效。""租赁期间届满,当事人可以续订租赁合同,但约定的租赁期限自续订之日起不得超过二十年。"

(三) 租赁合同的类型

依不同的标准,租赁合同可做如下分类:

1. 动产租赁与不动产租赁

以租赁合同的标的物是动产或不动产为标准,可将租赁合同分为动产租赁合同和不动产租赁合同。

动产租赁的标的应排除消耗物,否则合同类型将转化为消费借贷。不动产租赁在我国主要指房屋租赁,但租赁的标的不必为物的全部,物的一部分也得成为租赁合同的标的,如将房屋的外墙墙面出租给他人张贴广告。另外,如前所述,土地使用权租赁、承包经营权租赁、宅基地使用权租赁等这些所谓的权利租赁也视为不动产租赁,适用同样的规则。

这种区分的意义在于,基于不动产本身的特殊性,法律常对不动产租赁有特殊的要求,如进行登记等,而对动产租赁一般没有这些要求。我国《城市房地产管理法》第 53 条规定:"房屋租赁,出租人和承租人应当签订书面租赁合同……并向房产管理部门登记备案。"但应注意的是,登记备案在性质上仅为行政管理手段,既非合同的成立要件,也非合同的生效要件。另外,我国《合同法》第 230 条规定:"出租人出卖租赁房屋的,应当在出卖之前的合理期限内通知承租人,承租人享有以同等条件优先购买的权利。"此为不动产租赁中承租人的优先购买权,而动产租赁中并无此规则。

2. 定期租赁与不定期租赁

以租赁合同是否有固定期限为标准,可将租赁合同分为定期租赁合同和不定期租赁合同。定期租赁合同指合同约定有明确期限的租赁。不定期租赁合同的产生有三种情形:第一,当事人在租赁合同中未约定租赁期限的,推定为不定期租赁合同(《合同法》第 232 条前段);第二,当事人在租赁合同中将租赁期限约定为 6 个月以上,但未采取书面形式的,租赁合同视为不定期租赁合同(《合同法》第 215 条);第三,租赁期间届满,承租人继续使用租赁物,出租人没有提出异议的。此时,应不认为租赁合同终止,而是认为原租赁合同继续有效,但租赁期限变为不定期(《合同法》第 236 条)。

这种区分的意义在于,在不定期租赁中,除非法律另有规定,双方当事人均可随时解除合同。《合同法》第 232 条后段规定,在不定期租赁合同中,"当事人可以随时解除合同,但出租人解除合同应当在合理期限之前通知承租人。"

3. 一般租赁与特殊租赁

根据法律对租赁是否具有特殊的规定,可以将租赁划分为一般租赁和特殊租赁。一般租赁指法律上没有特殊规定，直接适用《合同法》租赁合同一章规定的租赁。而特殊租赁是相对于一般租赁而言的，指法律有特别要求的租赁。例如，房地产管理法律对房地产的租赁、海商法对船舶的租赁、航空法对航空器的租赁等，以上特殊租赁在适用法律上，应当先适用特殊规定，然后适用一般规定。

（四）租赁合同的内容和形式

租赁合同的内容，是指租赁合同中出租人和承租人双方的权利和义务。租赁合同的内容，除了《合同法》第 12 条所规定的一般合同所包括的条款外，《合同法》第 213 条规定了租赁合同的特殊条款，具体包括租赁物的名称、数量、用途、租赁期限、租金及其支付期限和方式、租赁物维修等。

合同的形式，是指合同双方当事人合意的表现形式，是合同内容的载体。依据法律对合同形式的不同要求，可以将合同区分为要式合同和不要式合同。就租赁合同而言，不定期的租赁合同、租赁期限不满 6 个月的定期租赁合同为不要式合同，无须采取书面形式；但租赁期限在 6 个月以上的定期租赁合同为要式合同，应当采用书面形式。但是，如果 6 个月以上的定期租赁合同欠缺了法定书面形式，该要式合同并非不成立，也无须依《合同法》第 36 条的规定经当事人的履行和接受行为才视为成立，而是直接成立生效，只是视为不定期租赁合同。这属于要式合同中的一种特殊情况。

（五）租赁权的性质

租赁合同为一种债权债务关系。在早期民法上，承租人只能向出租人本人主张对租赁物的使用、收益，租赁权不能对抗第三人。一旦第三人在租赁期间买受了租赁物，则租赁合同解除，买受人得支配租赁物，而租赁人不受保护。该现象被称为"买卖破租赁"，反映了早期民法重视所有权，相对轻视使用、收益权的观念。随着社会经济的发展，民法逐渐地承认在房屋等财产的租赁关系中，租赁物所有权在租赁期间内的转移并不影响承租人的权利，原租赁合同对受让租赁物的第三人（即新所有权人）仍然有效，新所有权人不得解除租赁合同，而是只能等待租赁期限届满后，才能实际支配租赁物。此即"买卖不破租赁"原则。这一原则突破了传统的合同相对性原则，使租赁权具有对抗第三人的效力。

在租赁权能够对抗第三人的情况下，租赁权的性质究竟为何，学者之间素有争论。概括起来有以下三说：

1. 债权说。债权说认为承租人对租赁物的使用权系基于交付而取得，该权利实为从属于租赁权的权能，而与能够直接支配标的物的物权不同，因此租赁权是债权而非物权。此为沿袭罗马法的旧说，与"买卖破租赁"的观念相一致，对保护承租人殊为不利，故为大多数立法所不采。

2. 物权说。物权说认为租赁权也是一种直接支配租赁权的物权，与请求他人为一定行为的债权根本不同。对物的直接支配是租赁权的本身，而对人的请求,如请求出租人交付、维修租赁物等,均为支配权衍生的效果。因此租赁权为物权。

3. 债权物权化说。该说认为租赁权在性质上仍为一种基于租赁合同产生的债权,其根本效力为请求出租人提供物之使用权。但法律为保护承租人计,特别强化了租赁权的效力,使其呈现出物权化的效果。从比较法上看,租赁权物权化主要体现在以下几个方面:

第一,租赁权的对抗效力。即"买卖不破租赁",租赁期间租赁物所有权发生转移的,租赁合同于新所有权人和承租人之间继续有效。我国《合同法》第229条的规定:"租赁物在租赁期间发生所有权变动的,不影响租赁合同的效力。"该条并未区分要进行登记的租赁或不要进行登记的租赁,也未区分动产租赁或不动产租赁,一概赋予了租赁权以对抗第三人的效力。

第二,对侵害租赁权的第三人的效力。如果第三人侵害租赁权,承租人可以基于占有行使排除妨害的请求权和赔偿损失的请求权,但承租人能否直接基于租赁权来行使这两项权利？我国现行立法就此未设明文,理论上相当多的学者对此持肯定说,使得租赁权可以对抗合同相对人以外的侵权人,从而具有物权的特征。

第三,租赁权的长期性。为流通便利计,债权一般存在时间较短,而物权则存续时间长。租赁权存续时间长,而且允许期限的更新。即使存续期限届满,由于法定或默示的更新的存在,合同也不当然解除。我国《合同法》第214条规定,租赁期限最长为20年,在我国法律体系中已经属于相当长期的权利存续期限规定。《合同法》第236条亦规定:"租赁期间届满,承租人继续使用租赁物,出租人没有提出异议的,原租赁合同继续有效,但租赁期限为不定期。"以上维系租赁权长期性、稳定性的措施,使租赁权具有物权的特点。

第四,租赁权处分的可能性。此处对租赁权的处分,是指租赁权的让与和转租。基于租赁合同的持续性,原本一般不允许对租赁权进行处分,以免威胁当事人之间的信赖关系。但近来租赁合同的发展,出租人方面积极的提供物之使用权的义务,渐渐退化为消极的容忍义务,使出租人与承租人间不再有很多积极的联系;承租人方面对物的利用方式也渐渐固态化。于是,究竟是谁在进行这种固态化的利用,对出租人而言已经没有区别,出租人的消极容忍义务也无根本变化。真正对出租人重要的,是租金的收取,而这一点与特定承租人是无必然联系的。因此,学说上也渐渐认可了租赁权处分的可能性。

我国合同法就转租设有明文,但要求经出租人同意方可进行,否则出租人得解除合同。(《合同法》第224条第2款)对于租赁权的让与,我国尚未对此问题有明文规定。由此可见,我国在租赁权处分问题上的态度,还比较保守。

我国《合同法》第229条规定:"租赁物在租赁期间发生所有权变动的,不影响租赁合同的效力。"理论上认为,此为我国在租赁权性质问题上采纳债权物权化说的体现。

债权与物权,本为人们为了观察和理解客观世界中的法律现象而创设的认识工具,而非客观世界本身。换言之,客观世界并非依照债权与物权这一对清晰、刚性的概念生成的,恰恰相反,债权和物权是对无限复杂、不可尽知的财产世界的一个粗糙的摹本,只能大体反映财产世界的较一般的现象。一定会有一些事物落在这对刚性概念的中间灰色地带,随着社会经济的发展,也会有一些新事物在这个中间灰色地带出现或一些旧事物转移至这个地带,租赁权物权化即其中之一。这是无可避免的,这是任何认识工具都必然会有的局限性。

二、租赁合同的一般效力

租赁合同的效力可分为对内效力和对外效力。对内效力即租赁合同对出租人和承租人的效力,通过双方当事人的合同权利和义务来体现;对外效力,又称特别效力,指租赁合同对第三人的效力,主要包括"买卖不破租赁"和"承租人的优先购买权"两项制度。

(一) 租赁合同对出租人的效力

1. 交付租赁物并在租赁期间保持租赁物符合约定用途

此为出租人的基本义务,《合同法》第 216 条进行了明确规定:"出租人应当按照约定将租赁物交付承租人,并在租赁期间保持租赁物符合约定的用途。"该义务又有以下三层含义。

(1) 交付租赁物

由于租赁合同为诺成性合同,不以标的物的交付作为合同的成立要件,因此交付租赁物自然成为出租人在租赁合同生效后须履行的一项债务。所谓交付租赁物,是指出租人转移租赁物的占有于承租人。交付一般以现实交付为原则,但也可以以指示交付或简易交付的方式完成,如出租人指示保管人向承租人交付,或租赁合同成立前,租赁物已经由承租人占有,则租赁合同有效成立之时,即视为完成交付。在有的情况下,租赁物无须交付,承租人即可实现对物的使用、收益的,出租人不负交付义务。如房屋所有权人将房屋外墙租给他人张贴广告,此租赁合同中出租人便无交付义务。若租赁物有从物的,即使当事人未予约定,交付主物之时,也应将从物一并交付,除非当事人以特约排除。

(2) 租赁物适于使用收益目的

此为对租赁物品质的限制。出租人并非为交付行为即可,其交付的租赁物还必须符合租赁合同的使用收益目的。不同的使用收益目的,决定了租赁物品质的差异。如同为租赁房屋,若为居住目的,则须满足一般生活需求;若为经营目的,则须满足通常经营需求;出租人交付的这两类房屋必然在品质上有差异。当事人虽交付租赁物,但不符合使用收益目的的,不能认为当事人完成了主给付义务的履行。

如果当事人对租赁物的品质有约定的,依其约定;如果当事人对品质没有约定,则租赁物须符合此类租赁合同对租赁物的一般要求。

(3) 租赁期间租赁物应保持其适于使用收益的状态

由于租赁合同的目的,是在整体租赁期间保持承租人对租赁物的正常使用收益,因此,租赁物在交付时适于使用收益尚不为足,还须在租赁期间内维持其正常品质。该义务实际上包括以下三层含义:

第一,出租人不得积极地妨碍承租人对租赁物的使用、收益。出租人虽为所有权人,但其所有权中的使用、收益权能已经基于租赁合同让渡于承租人,故在租赁物的使用价值的支配上承租人居于优先地位。因此,出租人不得基于其所有权人的身份,干扰、妨碍承租人的正常使用、收益行为。对于承租人合乎合同目的的使用、收益行为,出租人有容忍义务,如在经营房屋的出租中,对承租人必要的装修行为,出租人应予容忍。

第二,租赁物丧失适于用益的状态的,出租人有恢复义务。

租赁期间,因自然折旧、非人为的毁损等原因,租赁物丧失了适于用益的品质的,出租人有恢复租赁物的适租性的义务。详情参见下文关于出租人维修义务的阐述。

第三,第三人对租赁物的用益进行妨碍的,出租人有排除的义务。

第三人妨碍承租人对租赁物的利用时,承租人当然可以基于租赁权或占有提出妨害排除。但出租人并不因此免除其为承租人排除来自第三人的妨碍的义务。

2. 维修义务

维修义务实际上是出租人保持租赁物符合约定的用途义务的一部分,但基于其特别的重要性,《合同法》于第 216 条规定了出租人的保持租赁物适租性的义务后,又于第 220 条单独规定了出租人"应当履行租赁物的维修义务"。因此,我们也将维修义务予以单列,加以详述。

对租赁物进行维修,既是出租人的义务,也是出租人的权利。因为出租人是租赁物的所有权人,当然有权对其所有物为保存行为。如果承租人认为租赁物虽出现瑕疵但尚能使用,因而怠于通知承租人进行维修,自己也不维修的,出租人有权自行决定进行维修,以保存自己所有物的价值。此维修行为无需对方同意,而且即使一定程度上影响了承租人事实上对租赁物使用收益,只要尚在合理范围内,也不构成对"不妨碍承租人用益义务"的违反。

出租人维修义务的发生,须满足以下要件:

(1) 有维修的必要

所谓维修的必要,指租赁物的毁损已经影响其正常使用收益,非经修复无法实现合同的约定目的。维修当然以一定程度的毁损为前提,但毁损并不必然导致维修义务的产生,而是必须依是否影响租赁物继续以符合合同约定的目的使用收益这一标准来衡量。毁损是否影响物的用益,须依合同的特别目的及社会一般观念来判断。如租赁汽车有剐蹭伤痕的,并不影响其使用,故出租人并不具有维修义务;但若该汽车是婚庆用的礼车,出租人自然具有维修义务。

当然,当事人可以对维修的必要性标准进行特别约定,以满足其特别需求。

(2) 有维修的可能

所谓维修的可能,是指租赁物在事实上能够修复,而且花费成本也在合理范围内。如果毁损的租赁物已经不可能修复,如租赁房屋已经在地震中成为一堆瓦砾,则出租人没有维修义务。如果修复虽然可能,但经济花费过巨,为使资源利用效率最大化并避免社会资源的浪费,也视为修复不能。

如果出现全部修复不能的情况,则合同目的已经无法实现,应当以合同解除制度来处理。若是因不可归责于双方当事人的原因导致修复不能,则双方均得基于《合同法》第94条第1项享有解除权;若因可归责于出租人的原因导致修复不能,则承租人基于《合同法》第94条第4项、第231条后段享有解除权,解除之后,不影响承租人向出租人追究债之不履行责任;若因可归责于承租人的原因导致修复不能,则出租人既可以基于《合同法》第94条第4项行使解除权并追究对方的债之不履行责任,也可以基于侵权行为向承租人主张损害赔偿。

(3) 维修原因并非基于可归责于承租人的事由发生

若由于可归责于承租人的事由,导致租赁物发生可修复的毁损,此时出租人是否负维修义务?对此问题立法上并未明示,《合同法》第220条仅明确了:"出租人应当履行租赁物的维修义务",并未基于租赁物毁损的原因再做区分。学说上对该问题也颇有争论。① 我们认为,由于承租人的原因导致租赁物不合约定目的,却要出租人承受不利后果,显然有失公平。试想,若不存在租赁关系,自己的所有物被他人部分毁损后,所有权人有权修复,但这绝非所有权人的义务。如果该物成为租赁合同的标的,则租赁物上已经存在承租人的使用利益;此时,承租人因自己的原因致租赁物毁损,自己又对租赁物有利益,自己却不去修复,而将义务加诸于出租人身上;若出租人不修复时,承租人又可以依《合同法》第221条后段的规定,"减少租金或者延长租期"来对抗出租人,进一步获取利益。以上对出租人显然过分不公。

综上,应当在解释上认为,基于可归责于承租人的事由,导致租赁物部分毁

---

① 认为出租人有维修义务的观点请参见崔建远主编:《合同法》第4版,法律出版社2007年,第411页。认为出租人没有维修义务的观点请参见王家福主编:《中国民法学·民法债权》,法律出版社1991年版,第652页。

损的,承租人有维修义务。若承租人不尽其义务的,出租人可以自行维修,费用由承租人承担。这里,维修是出租人的一项权利,而非义务。义务究竟属谁,在法律效果上是有根本差异的。试想,在承租人导致租赁物部分毁损的情况下,如果双方都不去维修,致使租赁物毁损扩大乃至丧失了使用价值,则因维修义务不履行导致损失扩大的部分由谁承担? 显然,这部分损失应归属于未尽维修义务的债务违反者。义务第一次配置的差异,会改变以后法律效果的走向。而由于承租人的单方面原因,立即使出租人发生负担(维修义务),并使出租人以后持续地承担义务不履行或未适当履行带来的损害风险,这对出租人是很不公平的。

(4) 承租人对出租人为维修通知

租赁合同有效成立后,出租人须将租赁物交付给承租人支配控制。因此,出租人对于租赁物何时出现应当维修的情事,存在信息获取上的障碍;如果在出租人不知情的情况下,就让其发生维修义务,并且让出租人对未及时维修承担债务违反责任,显然失当。因此,应当赋予承租人向承租人及时为维修通知的义务,并以维修通知到达的时间,作为维修义务的发生时间。若出租人接到通知后未于合理期间内维修,则发生债务的迟延履行责任。如果出租人已经知晓维修情事的,承租人免于通知义务。如果因出租人是否知情发生争议,由承租人对出租人已经知情负举证责任。如果承租人在维修情事发生以后,未及时为维修通知,则应对由此导致的扩大损失向出租人负赔偿责任。

当然,在实践中,如果承租人一律在维修情事发生后,先通知出租人,然后坐等其上门维修,对自己常常是不利的。因为前述权利行使程序颇费时间,会导致承租人使用利益受损。因此,双方也可以在租赁合同中另行约定,一旦发生维修情事,在承租人有能力维修的范围内由承租人直接维修,再向出租人请求费用偿还即可。

一旦以上四个要件构成,即发生出租人的维修义务。但是,如果出租人不尽其维修义务的,承租人为维护自己的使用利益,可以采取以下手段:第一,自行维修,维修费用由出租人负担(《合同法》第 221 条中段)。第二,行使同时履行抗辩权,依其不能用益的比例拒付一部分或全部租金。第三,在出租人不履行修复义务,导致租赁合同目的不能实现的情况下,承租人可以解除合同。

如果出租人履行了维修义务,但因维修租赁物影响承租人使用的,应当相应减少租金或者延长租期。(《合同法》第 221 条后段)

3. 瑕疵担保义务

我国《合同法》并未规定租赁合同的瑕疵担保问题。但依《合同法》第 174 条,法律对其他有偿合同有规定的,依照其规定;没有规定的,参照买卖合同的有关规定。因此,在租赁合同中,应当参照买卖合同设立瑕疵担保规则,出租人对承租人负物的瑕疵担保和权利瑕疵担保。以下分述之。

(1) 物的瑕疵担保义务

出租人应担保所交付的租赁物能够为承租人依约正常使用、收益。如果租赁物上有瑕疵，影响承租人对物的正常利用，则出租人应承担物的瑕疵担保责任。出租人对物的瑕疵担保义务有以下两层含义：其一，交付时租赁物符合约定用途；其二，在租赁期间内，租赁物符合约定用途。

无论在哪种情况下，出租人对物的瑕疵担保责任都有以下构成要件：

第一，租赁物有瑕疵。该瑕疵有质量瑕疵与数量瑕疵两种情况，前者指租赁物的质量不符合当事人的约定，在当事人没有对质量进行明确约定的情况下，则指租赁物的质量未达到通常标准；后者指租赁物的数量与约定不符。基于租赁合同的持续性，不仅在交付时租赁物有瑕疵出租人须负瑕疵担保责任，在租赁合同存续期间出现瑕疵的，出租人同样须负责。还须注意，租赁合同中出现物的瑕疵时，应准用《合同法》中买卖合同第157、158条，令承租人负通知义务。具体说来，在交付租赁物时，承租人应在约定的检验期限内予以检验，未约定检验期限的，承租人应当及时检验；一旦检验出瑕疵，承租人即负及时通知出租人的义务。若在租赁期间，租赁物出现瑕疵的，承租人一旦发现，也应及时通知出租人。毕竟，租赁物有瑕疵不仅影响承租人的使用利益，也影响出租人的所有利益，只有及时通知了，出租人才有可能及时尽其维修义务，双方的下一步法律关系也才能够继续展开。因此，准用买卖合同规则，使承租人负担及时通知的义务，甚为必要。

第二，承租人在订立合同时并不知道租赁物存在瑕疵，且承租人对此并无重大过失。如果承租人在订立合同时已经知道租赁物有瑕疵，依然签订合同的，视为承租人已经默认该租赁合同就是以该有瑕疵的租赁物为标的，自己的权利也就是对有瑕疵的物的使用收益权，出租人也就不可能为租赁物不存在该已知瑕疵提供担保，也就无担保责任可言。但须注意，《合同法》第233条规定："租赁物危及承租人的安全或者健康的，即使承租人订立合同时明知该租赁物质量不合格，承租人仍然可以随时解除合同。"这里构成承租人明知瑕疵存在，出租人即不负瑕疵担保义务的例外。原因在于"人身之安全与健康之重要性，在评价上应重于知情而缔约者不利任意反悔或主张权利之契约正义。"①

物的瑕疵担保责任的效果，首先是承租人应尽其通知义务，并可同时请求出租人维修。出租人维修之后，承租人仍可就其未弥补的损害要求出租人承担责任，或者可以要求减少租金。在物的瑕疵导致合同目的不能实现的情况下，承租人也可以不请求维修，而是直接通知解除合同。

(2) 权利的瑕疵担保义务

---

① 黄立著：《民法债编各论》（上），中国政法大学出版社2005年版，第227页。

对租赁物的权利的瑕疵担保义务,是指出租人应对承租人担保,不因第三人对租赁物主张权利而影响承租人依照约定对物的使用收益。在租赁合同订立时,租赁物上有可能已经存在第三人的某种权利,第三人若在租赁期间主张此权利,足以导致承租人丧失对物的使用、收益权。比如,租赁他人之物的,租赁物上便存在第三人的所有权,所有权人对租赁人主张所有物返还的,租赁人无法对抗;再如,将已经设置抵押的物出租于他人的,抵押权人实现抵押权时,租赁权人也无法对抗。以上情形,出租人将存在第三人既有权利的物租给他人,导致第三人主张权利时,承租人对物的使用收益权便无法实现,此类瑕疵就是租赁物的权利瑕疵,由此引起承租人的权利瑕疵担保责任。

出租人的权利瑕疵担保责任,其构成要件有:

第一,第三人对租赁物有权利。这里第三人的权利可以是所有权,如将他人之物出租;也可以是用益物权,如将设置了地上权的土地出租;也可以是担保物权,如将已经设立了抵押权的物出租。

第二,第三人向承租人主张权利,妨害了承租人依约对租赁物使用、收益。如果第三人仅仅是对对租赁物有权利,但并未主张的,并不构成权利瑕疵担保义务违反。因为租赁合同的目的,就是使承租人能够依约对租赁物进行使用收益,如果第三人并未主张其对租赁物的权利,就不会妨碍租赁合同目的的实现,因此也就不构成义务违反。质言之,权利瑕疵担保责任的根本检验标准,并非第三人是否对租赁物有权利这一现象,而是这一现象有无影响承租人的使用收益权。

第三人权利主张若要妨害承租人对租赁物使用、收益,有一个重要前提,即第三人的权利应当发生在租赁合同生效之前。如果该项权利发生于租赁合同生效后,则因承租人的租赁权具有对抗第三人的效力,承租人仍得对租赁物为使用、收益,也就不会产生权利的瑕疵担保责任。有两个典型的例子可供说明:第一例,出租人在租赁合同生效之后,又将租赁物转卖给第三人,并通过指示交付的方式完成物权变动,于是第三人得对租赁物主张所有权。但是,基于租赁权的物权化,"买卖不破租赁"已经是通行的规则,因此,该产生于租赁合同生效后的第三人权利,并不会影响承租人对物的使用、收益,故出租人无权利瑕疵担保责任可言。第二例,出租人在租赁合同生效之后,又将租赁物抵押给第三人并借款,租赁期间因出租人不能清偿对第三人的债务,导致第三人主张实现抵押权。此时,第三人的确也可以对租赁物主张权利,但该成立在租赁合同生效后的抵押权一样受到租赁权的对抗。我国《担保法解释》第65条规定:"抵押人将已出租的财产抵押的,抵押权实现后,租赁合同在有效期内对抵押物的受让人继续有效。"该条文就是租赁权对抗成立在后的抵押权这一规则的表现。与之相反,如果抵押权设立并登记在先,所有权人又将抵押物出租的,相对于租赁关系当事人而言,抵押权人亦为可对租赁物主张权利的第三人。当该成立在先的抵押权实现时,租赁权不得对抗之,否则抵押物无法变现或须大加折扣后才能售出,对抵押权人损害极大。我国《担保法解释》第66条亦对此有规定:"抵押人将已抵押的财产出租的,抵押权实现后,租赁合同对受让人不具有约束力。"

总之,第三人物权成立于租赁权之前的,由于第三人物权优先于租赁权,导致租赁权人不能再依约对物进行使用、收益,故出租人构成权利瑕疵担保义务的违反。相反,第三人物权成立于租赁权之后的,由于租赁权能够对抗第三人物权,故租赁权人的利益不受影响,此时出租人无权利瑕疵担保责任可言。

第三,承租人于合同订立时不知有权利瑕疵,且承租人并无重大过失。如果承租人在合同订立时明知有权利瑕疵,但仍订立合同,说明承租人自愿承担了第三人主张权利的风险,此时出租人无须承担瑕疵担保责任。

第三人对租赁物主张权利,相当于物的瑕疵担保中瑕疵被发现,此时,承租人应当承担同样的及时通知出租人的义务。承租人未及时通知出租人的,无权要求出租人承担由此造成的损失。如果因出租人未及时通知而给出租人造成损失的,还应对出租人承担损害赔偿责任。

对于出租人违反权利瑕疵担保义务的法律效果,《合同法》第228条规定:"因第三人主张权利,致使承租人不能对租赁物使用、收益的,承租人可以要求减少租金或者不支付租金。"其中所谓不支付租金,既包括暂时不支付租金,也包括在合同目的不能实现的情况下解除租赁合同,从而终局地不支付租金。

如果出租人明知租赁物上存在权利瑕疵,故意隐瞒该瑕疵而与他人签订租赁合同,并且为了在第三人主张权利时能够免责,故在租赁合同中以特约免除自己权利瑕疵担保责任的,如何认定该特约效力? 此时应当依据《合同法》第53条,认定因出租人故意或者重大过失造成承租人财产损失的免责条款无效,从而令出租人继续承担违约责任。

4. 费用返还义务

承租人在对租赁物进行使用、收益过程中,常常因保管、使用、维护、改善租赁物而支出一定费用。在以上费用中,出租人应对哪些负返还义务? 在理论上,出租人应负返还义务的,包括必要费用和有益费用。

所谓必要费用,是指为维持租赁物处于适宜用益的状态所必须支出的费用。维持租赁物处于适宜被使用、收益的状态,是出租人的基本义务,而为履行该义务所花费的费用,当然应当由出租人支付。如果承租人已经为自己及时用益的便利而先行支付了该必要费用,自然可以向出租人请求返还。前述维修费用,就是必要费用的一种典型。从比较法上观察,有立法例一般性地规定出租人的必要费用偿还义务,如《日本民法典》第608条第1款规定:"承租人就租赁物支出属于承租人应负担之必要费用时,得直接请求出租人返还。"也有立法例并不一般地规定必要费用返还义务,而是分门别类地规定各类必要费用的具体返还范围。如我国"台湾地区民法"即于第429条规定出租人承担租赁物的修缮费、第432条规定出租人承担保持租赁物生产力的费用。我国《合同法》既未一般性地规定出租人有必要费用偿还义务,也未对必要费用的范围具体列举,而是仅于第221条规定了出租人维修费用的偿还义务。但在解释上,基于出租人维持租赁物适于用益状态的基本义务,当然应认为出租人有必要费用偿还义务。

在实践中,还应对必要费用具体辨别。有的费用是维持租赁物适宜用益状态之必须,如租赁房屋的维修费、租赁汽车的保养费、租赁机器更换零件的费用等。以上费用只能由出租人承担,原因一方面在于此为出租人维持租赁物适租状态义务的题中应有之义,另一方面是因为以上费用影响租赁物本身的价值,若令承租人承担,承租人会以能满足自己临时用益为限尽量压低费用支出,如以劣质材料维修房屋、对汽车不予保养、为机器更换廉价零件等。质言之,承租人仅对租赁物有临时利益,出租人却对租赁物有长远利益,必要费用决定租赁物的长远价值,若令承租人承担,必因利益冲突而损害出租人。与前述相反,有的费用看似必要,如租赁房屋的水电费、租赁汽车的加油费、租赁机器的润滑油费用、租赁动物的饲养费等,但却不属于必要费用范围,不能令出租人承担。原因在于以上费用并非服务于维持租赁物的适租状态,而是直接服务于承租人的使用收益目的。若让承租人承担以上费用,承租人为实现自己的用益目的,必能恪尽职守。而若令出租人承担上述费用,一方面会导致承租人基于"自己消费,别人买单"的心理而滥支费用,如租房者滥用水电、租车者不计划路线绕路等;另一方面等于为出租人增加了对租赁物的日常照管义务,如出租人须一天数次跑来为租赁动物喂饲料,该义务对出租人来说过于沉重,且稍有履行迟延,便会在事实上影响承租人的日常使用。质言之,此类直接服务于租赁物用益的费用,仅与(或主要与)承租人对租赁物的临时利益有关,而与出租人对租赁物的长远利益无关(或关系次要),因此由利益最密切者承担费用,才能收到督促义务履行和发挥物的最大使用效率的效果。

5. 合同终止时接受租赁物和返还押金、担保物的义务

租赁合同终止后,承租人对租赁物的占有已经丧失法律依据,应当返还给出租人。此时,出租人具有接受返还的租赁物的义务,无故拒绝的,由此产生的损失由出租人负担。当然,请求返还租赁物同时也构成出租人的一项权利,在承租人不予返还时得主动请求。

如果租赁合同中有押金的,合同终止后,除已用押金充抵租金外,出租人应将押金退给对方。有担保物的,担保物也应一并退还。

(二)租赁合同对承租人的效力

1. 支付租金的义务

支付租金的义务是承租人的主合同义务。该义务与出租人的交付租赁物并

在租赁期间维持其适于用益的状态的义务构成对待给付关系,从而决定了租赁合同双务有偿合同的性质。如果缺少支付租金的义务,则不构成租赁合同,而是借用合同。对于承租人支付租金的义务,尚有以下几点需要说明。

(1) 租金的形态

租金的形态一般是金钱,但在当事人的约定下,也可以以租赁物的孳息或其他物来充抵。但是,租金不能以劳务的形态出现。如,甲将一间空房租给乙,租期三个月,乙不必支付租金,但乙须每天教甲的女儿一个小时英语。该合同当然有效,但不属于租赁合同,而是一种无名合同。

(2) 租金的支付方式

租金可以一次性支付,也可以分期支付,以当事人约定为准。如果为定期支付的,每期租金的消灭时效自该期租金到期之日起计算。

(3) 租金的支付期限

承租人应当按照约定的期限支付租金。对支付期限没有约定或者约定不明确,应当由当事人进行协议补充。当事人不能达成补充协议的,则按照合同有关条款或交易习惯确定。如果依照以上方式仍不能确定租金的支付期限,则"租赁期间不满一年的,应当在租赁期间届满时支付;租赁期间一年以上的,应当在每届满一年时支付,剩余期间不满一年的,应当在租赁期间届满时支付"(《合同法》第 226 条)。

(4) 租金的数额

租金的数额,由当事人约定。但在租赁合同履行期间,若有特殊情事,可以变更租金数额。我国《合同法》中列举了以下三种情况可以减少租金:

第一,因出租人维修租赁物影响承租人使用的。《合同法》第 221 条后段规定:"因维修租赁物影响承租人使用的,应当相应减少租金或者延长租期。"此处所谓"应当"相应减少租金,仍应理解为承租人有请求减少租金的权利,"相应"的程度则须依承租人受影响程度而定。

第二,因第三人主张权利影响承租人使用的。《合同法》第 228 条规定:"因第三人主张权利,致使承租人不能对租赁物使用、收益的,承租人可以要求减少租金或者不支付租金。"此处"不支付租金",应当理解为在合同目的不能实现的情况下,承租人解除合同的后果。

第三,租赁物毁损的。《合同法》第 231 条规定:"因不可归责于承租人的事由,致使租赁物部分或者全部毁损、灭失的,承租人可以要求减少租金或者不支付租金。"此处所谓"不可归责于承租人的事由",可以是自然原因、第三人原因或可归责于出租人的事由。在租赁物部分毁损的情况下,承租人可以请求减少相应部分租金;在租赁物全部毁损的情况下,承租人可以解除合同,消灭租金支付义务。

(5) 违反租金支付义务的后果

承租人未能及时、足额支付租金的,应承担债务不履行责任。《合同法》第 227 条规定:"承租人无正当理由未支付或者迟延支付租金的,出租人可以要求承租人在合理期限内支付。承租人逾期不支付的,出租人可以解除合同。"此处所谓"正当理由",指承租人行使同时履行抗辩权等足以对抗租金支付请求权的合法手段的情况,无资力并非正当理由。出租人向承租人提出的支付"要求",其实质是催告。《合同法》第 227 条实际上是《合同法》第 94 条第 3 项"当事人一方迟延履行主要债务,经催告后在合理期限内仍未履行",则对方可以解除合同的具体化。

由于租赁合同中承租人的租金支付义务常常以分期支付的方式履行,如果仅因承租人一次义务未及时履行,出租人就可以催告解除,似乎与租赁合同这种建立在较强人身信赖基础上的关系的性质有所不符,尤其在期限较长的不动产租赁中更是如此。因此,在一些立法例中,常对不动产租赁的出租人在承租人迟延履行租金支付义务时的解除权加以限制。如我国"台湾地区民法"第 440 条第 2 款规定:"租赁物为房屋者,迟付租金之总额,非达二个月之租额,不得依前项之规定,终止契约。其租金约定于每期开始时支付者,并应于迟延给付逾二个月时,始得终止契约。"此类规定有利于兼顾双方利益,有利于维系不动产租赁合同这种期限长、人身信赖强的法律关系的稳定性,值得借鉴。①

2. 依照约定的方法或租赁物的性质使用租赁物的义务

承租人在占有租赁物后,应当依照约定的方法使用租赁物。对使用租赁物的方法没有约定或者约定不明确,应当依《合同法》第 61 条的规定,双方当事人进行协议补充,不能达成补充协议的,按照合同有关条款或者交易习惯确定。以上方式仍不能确定的,应当按照租赁物的性质使用。承租人按照约定的方法或者租赁物的性质使用租赁物,致使租赁物受到损耗的,不承担损害赔偿责任(《合同法》第 218 条)。承租人如果未约定的方法或者租赁物的性质使用租赁物,致使租赁的受到损失的,出租人可以解除合同并要求赔偿损失(《合同法》第 219 条)。

值得讨论的是,我国《合同法》仅规定了在承租人不依约定方法或租赁物的性质使用租赁物造成损害时,出租人的救济方式。但对于承租人不适当使用租赁物,虽未造成实际损害,但有造成损害之虞时出租人的救济方法,《合同法》并未明确。若在此时,令出租人只能坐等损害现实地发生,才能寻求救济,显然并

---

① 实际上,分期支付租金的租赁与分期支付价款的买卖在金钱给付义务上是类同的,而我国《合同法》第 167 条第 1 款已经在分期付款买卖中,对买受人迟延付款义务时出卖人的解除权进行了限制,该款规定:"分期付款的买受人未支付到期价款的金额达到全部价款的五分之一的,出卖人可以要求买受人支付全部价款或者解除合同。"该规定可供分期支付租金的不动产租赁合同参照。

不妥当。因此,在解释上应认为出租人得以所有权人的身份行使物上请求权,请求承租人停止其违反义务的行为,以消除危险。

3. 保管义务

承租人的保管义务,是指在承租人占有租赁物期间,应对租赁物尽到善良管理人的义务,免使租赁物受到非正常损害。租赁物的自然损耗与折旧,不属于保管义务违反。

承租人的保管义务与出租人维持租赁物适于用益状态的义务,都有保存租赁物使用价值的目的,应注意两者之间的界限。比如,对租赁房屋进行维修,此为维持租赁物适于用益状态的义务,义务主体是出租人;而在第三人企图破坏租赁房屋时,在力所能及的范围内予以阻止,是使租赁物免受非正常损害的管理义务,义务主体是承租人;如果承租人虽尽力阻止,但第三人仍然对租赁房屋进行了毁损,此时产生维修义务,义务主体仍为出租人。质言之,保管义务是在租赁合同的日常进行中,对租赁物予以合理注意,免受非正常损害的义务,而非在损害发生后,恢复租赁物的适租性的义务。因此,该义务以交给能够对租赁物进行日常控制的承租人为宜。

承租人的保管义务与承租人依租赁物性质进行使用的义务,都含有令承租人维持租赁物,避免租赁物受损的内涵,应注意两者之间的界限。比如,违反操作方法对租赁机器进行过度使用,使其加速老化,此为承租人违反依租赁物性质进行使用的义务;如果承租人在非使用状态下,将机器放置于露天场所,任其日晒雨淋,从而加速老化,则为违反保管义务。可见,依约定或租赁物性质进行使用的义务是在对物使用收益过程中发生的,而保管义务的本质是在非使用状态下免使租赁物受到非正常损害。

由于保管义务的本意是维持租赁物的既有状态,因此承租人不但不能对租赁物加以毁损,而且也不能对租赁物加以改变或增设,此类行为均须出租人的同意方可实施。此类典型情况,是在租赁房屋上擅自装修,此举便违反了承租人的保管义务。此时,双方若不能事后协商成功,则出租人可以请求恢复原状;如果无法或不宜恢复原状的,可以将增设物折价归出租人。但无论哪种处理方式,均不影响出租人向对方要求承担债之不履行责任;如果承租人行为造成实际损害的,则存在债之不履行与侵权责任的竞合。

第三人毁损、窃取租赁物,承租人未尽其善良管理人义务的,构成管理义务违反。此时,承租人基于债务不履行,第三人基于侵权行为,均应对出租人负损害赔偿责任。这两种债务为不真正连带债务。①

4. 协助义务

---

① 参见崔建远主编:《合同法》第 4 版,法律出版社 2007 年版,第 413 页。

所谓协助义务,具体指承租人对出租人的通知义务,和出租人对租赁物为保存行为时的容忍义务。

在学说上,有认为通知义务和容忍义务是保管义务的一部分或派生物,①也有认为通知义务和容忍义务是与保管义务相并列的三种不同义务。② 我们认为,通知义务是在租赁物有维修、防止危害的需要或被第三人主张权利时,对出租人的通知义务,其根本目的在于协助出租人,使其有可能或能够及时履行其相应义务或主张权利,而不在于使租赁物免受非正常的损害。比如,在租赁物需要维修时,承租人的通知义务,是协助出租人尽其维持租赁物适于用益状态的义务。正如前文所述,出租人维持租赁物适于用益状态的义务和承租人的保管义务是有、也必须有明确界限的,把协助完成前者的义务纳入完全不同的后者的范围内,显然并不妥当。究其根本,恐怕还是未能把都有维持租赁物使用价值的维持租赁物适于用益状态的义务和保管义务区分清楚,以至于把协助前者实现的内容也纳入了保管义务范围。

同理,容忍义务也是一种对出租人保存行为的协助,其目的同样是为了协助出租人履行其维持租赁物适于用益状态的义务。

综上,我们认为,通知义务和容忍义务不属于保管义务范畴,其性质都是为对方履行义务提供协助,故将其统一在协助义务之下。

(1) 通知义务

在租赁关系存续期间,出现应当及时通知出租人的情况时,承租人有及时通知的义务。应当及时通知出租人的情况通常包括以下几种情况:第一,租赁物有维修的必要。出租人对租赁物负有修缮义务,但租赁物却是在承租人的日常照管之下,为使出租人能够及时了解其义务的发生,法律特科以承租人通知义务,在通知到达之后,出租人的维修义务始发生。第二,租赁物有发生危害的可能。租赁物有潜在危险,可能对承租人或第三人造成损害时,承租人应当及时通知出租人,以便于出租人及时采取预防措施。维修的必要指物的瑕疵已经影响使用收益,因此应通知出租人使其尽到维持租赁物适于用益状态的义务;而危害可能的存在或许并不影响承租人的使用收益,只是为了避免出租人进一步承担物的损害赔偿责任,因此这两项通知并不等同。第三,第三人对租赁物主张权利。因出租人负有权利瑕疵担保义务,在第三人主张权利时,承租人应当通知出租人,以使出租人能够及时采取应对措施。第四,其他依诚实信用原则应当通知的事由。例如,租赁物因不可抗力毁损灭失或因第三人的侵害受损等,承租人也应及时通知出租人。

---

① 参见崔建远主编:《合同法》第 4 版,法律出版社 2007 年版,第 413~414 页。
② 参见李永军、易军著:《合同法》,中国法制出版社 2009 年版,第 497~498 页。

当然,只有在出租人不知以上事项的情形下,承租人才负有通知的义务。若出租人已经知晓,则承租人不必再通知。但为避免承租人懈怠,在因通知义务而发生纠纷时,承租人须对出租人已经知晓负举证责任。

如果承租人怠于通知,则构成义务违反,应对出租人承担赔偿责任,赔偿的范围为出租人因未能及时受到通知,致使其不能及时采取措施而受到的损害。若因出租人不能及时采取维修等措施,致使承租人受损,则承租人丧失基于出租人债务不履行而请求损害赔偿的权利。承租人是否怠于通知,由出租人举证责任。

我国《合同法》仅在第228条确定了第三人对租赁物主张权利时,承租人具有通知义务。在解释上,宜认为通知义务不止于此,而应包括前述较广的范围。

(2)容忍义务

在租赁期间,对于出租人必要、合理的保存行为,承租人有消极的容忍义务。所谓保存行为,是指为保持租赁物处于适租状态而采取的行为,维修行为即其典型。保存行为可能干扰、影响承租人对租赁物的日常使用,因此有必要、合理的要求。必要,是指具体保存行为确为保持租赁物适租性所必须;合理,是指实现前述必要行为的手段在合理范围内。例如,修缮房屋破损之处是必要的保存行为,而租赁期间大规模、长时间装修行为即不属之。同时,即使是修缮房屋,若是长时间、高频率地为此行为,造成对承租人家居生活的严重干扰,也不符合合理要求。

承租人容忍义务的对象,未必仅限于保存行为,可以根据合同的实际情况,对该对象范围进行适当扩张。如台风、冰雹、暴雨等灾害天气过后,出租人登门视察租赁房屋的状况,该视察行为可视为保存行为的预备行为,也应为承租人所容忍。但是,凡属容忍义务的对象,都必须通过必要与合理两层标准的检验。

承租人虽对必要、合理的保存行为有容忍义务,但因此而影响对租赁物的使用的,可能要求相应补偿。《合同法》第221条后段规定:"因维修租赁物影响承租人使用的,应当相应减少租金或者延长租期。"

5. 不得擅自转租的义务

所谓转租,是指承租人不退出租赁合同关系,而将租赁物出租给次承租人使用、收益。在转租中,承租人与次承租人之间基于转租合同成立新的租赁关系,而原来的出租人与承租人之间的租赁合同依然存在,形成两个租赁合同同时并存,原租赁合同的承租人与次租赁合同的出租人同为一人的情形。

转租与租赁权的让与不同,其区别在于:第一,法律性质不同。转租系承租人与次承租人之间成立新租赁合同;租赁权让与为基于租赁合同的债权转让。第二,法律关系不同。转租人于转租后仍享有租赁权,同时在转租人与次承租人之间又产生一个新的租赁关系,出现两个租赁关系并存的情形;租赁权的让与则不同,承租人于转让租赁权之后,退出租赁关系,第三人代其位成为租赁合同的新承租人,仍只有一个租赁关系。第三,法律关系的内容不同。转租中,两个租赁合同的内容由各自合同当事人任意约定;租赁权的让与中,受让人承承租人的地位,租赁合同条款并未变更。第四,取得方法不同。转租中,次承租人租赁权的取得属创设的取得;租赁权的让与中,受让人租赁权的取得属移转的取得。

不同的立法例对转租的规定不一。根据承租人进行转租自主程度的不同,大致可以区分为限制主义和自由主义立法两种模式。限制主义模式规定非经出租人同意,承租人不得转租或让与租赁权,《德国民法典》、《日本民法典》即采此种模式。自由主义模式则认为承租人有转租或让与租赁权的权利,除非租赁合同存在禁止规定,法国民法典采用这种模式。我国合同法对转租采限制主义模式,《合同法》第 224 条第 1 款规定:"承租人经出租人同意,可以将租赁物转租给第三人。"并且于同条第 2 款规定:"承租人未经出租人同意转租的,出租人可以解除合同。"

在限制主义模式下,以是否经过出租人的同意为标准,可以将转租分为合法转租与非法转租两种类型。下文分别就两种情况下的法律关系加以阐述。

(1)合法转租

合法转租,指承租人取得了出租人同意的转租。出租人的同意有三种表现形式:其一,租赁合同中存在许可承租人转租的条款;其二,承租人在转租前取得了出租人的同意;其三,出租人在转租后予以追认。出租人一旦表示同意,即不得随意撤销,以保护次承租人的利益。承租人经出租人同意转租的,当事人之间发生如下法律关系:

第一,出租人和承租人之间。两者的租赁关系不因转租而受影响,既然出租人已经同意,就无追究承租人违约责任的余地,也无基于转租而产生的解除权。如果由于承租人迟延或拒绝支付租金,出租人仍直接对承租人行使解除权;该解除权无需对次承租人行使,也无需对次承租人进行催告或通知。尤其注意,如果由于可归责于次承租人的原因导致租赁物毁损灭失,基于债的相对性,对出租人承担违约责任的仅为承租人;出租人能够对次承租人主张的权利限于侵权范畴,此时存在承租人与次承租人对出租人的不真正连带债。

第二,转租人(承租人)与次承租人之间。双方当事人的关系与普通的租赁并无区别。如果出现了前述基于承租人对出租人的违约行为,导致承租人解除原租赁合同的情形,出租人可以直接向次承租人主张所有物返还请求权,次承租人租赁权无法对抗成立在先的所有权。此时,次租赁合同并非无效,而是出现了可归责于转租人的履行不能,应由转租人向次承租人负担债务违反的责任。

第三,出租人与次承租人之间。双方当事人之间原本并不存在直接的法律关系,只是在一些情况下,彼此的行为对对方有实际影响。如,在出租人基于承租人的违约行为解除合同后,可以直接要求次承租人返还租赁物,从而使次承租人的租赁权无法行使。在两个租赁关系同时终止时,次承租人可以直接将租赁物返还给出租人,免除其对于承租人的返还义务。

(2) 非法转租

非法转租,是指承租人未取得出租人同意的转租。基于非法转租,在当事人间产生如下法律关系:

第一,出租人与承租人之间。租赁合同是继续性合同,建立在出租人对承租人一定的人身信赖关系基础上。不同的承租人,对租赁物进行使用收益的方法和程度、以及给出租人带来的可能风险有很大差异,因此,承租人是何人,对出租人往往有重大影响。因此,承租人不经承租人同意而擅自转租,构成严重的违约行为,出租人有权解除合同。我国《合同法》第224条明确规定:"承租人未经出租人同意转租的,出租人可以解除合同。"此为我国《合同法》上的一种特别法定解除权,在行使方法上应遵循一般法定解除权的规则,由出租人以其单方意思表示向承租人为通知,通知到达之时合同即告解除。出于维护交易安全的考虑,该解除权不能不受时间限制,因此在发生时间及存续时间上均应适用一般法定解除权规则处理。也即,出租人知道或应当知道转租发生时,解除权产生;在合理期限内不行使解除权的,权利因除斥期间的经过而消灭。在解除的效果上,出租人解除合同的同时,并可请求承租人承担违约责任。当然,如果出租人认为转租并不影响其利益实现,也可以选择不解除合同,继续维持租赁关系,以求继续取得履行利益。

第二,转租人与次承租人之间。双方当事人之间的租赁合同可以生效,转租人亦负有向次承租人交付租赁物,并使其得依约对租赁物进行使用、收益的义务。在出租人不行使解除权的前提下,次租赁合同正常进行。若出租人行使了解除权,租赁合同作为一种债权合同并不以出租人有处分权为生效要件,因此次租赁合同并不因原租赁合同的解除而无效。此时,转租人应向次承租人承担债之不履行责任。

第三,出租人与次承租人之间。原租赁合同被解除后,次承租人的租赁权不得对抗出租人的所有权,出租人自得基于物权请求权直接向次承租人请求返还租赁物。

6. 返还租赁物的义务

租赁合同仅转移租赁物的使用收益权,一旦租赁关系终止,承租人即丧失了继续控制租赁物的原因,租赁物自然应当返还给出租人。除非租赁物在租赁期间发生灭失毁损,导致租赁合同终止时,才不发生租赁物的返还义务;否则租赁物的返还义务不能免除。如果租赁物还能使用、收益的,承租人还应保持租赁物的适租状态。

对承租人的租赁物返还义务,应注意以下几点:

(1)返还的标的。虽然该返还义务通常被表述为"原物返还",但实际上指的是经正常使用、存在正常损耗的原物,该物已经不可能在形态、价值上与交付时的原物完全一样,而这种不一样也并不构成义务违反。我国《合同法》第235条后段规定:"返还的租赁物应当符合按照约定或者租赁物的性质使用后的状态。"

(2)返还的期限。定期租赁应当在租赁期限届满时返还租赁物。在不定期租赁中,应一方行使任意解除权,通知对方终止租赁关系时为返还行为。但在房屋租赁中,由于承租人需要一定的整理物品、腾空房屋的时间,故在租赁关系终止后,出租人应依诚实信用原则,留给出租人合理的宽容期。宽容期内并不构成违约。

(3)添附物的归属。承租人在租赁期间对租赁物有添附行为的,首先应依当事人约定处理,若没有事先约定,也可于事后补充协议。未经出租人同意,对租赁物进行改建、改装或者增加附着物的,在返还租赁物时,出租人有权要求予以拆除,恢复租赁物的原状。若添附物本身有独立性,出租人可以自行取回。若添附物无法或不宜拆除,则可折价归出租人。以上造成出租人损失的,出租人可以要求承租人赔偿。

(4)不返还租赁物的责任。承租人于租赁关系终止后,不履行返还租赁物义务并继续用益的,并非一定产生债务违反责任,而是要视出租人的行为而定。《合同法》第236条规定:"租赁期间届满,承租人继续使用租赁物,出租人没有提出异议的,原租赁合同继续有效,但租赁期限为不定期。"这里所谓"没有提出异议",指没有在租赁期间届满后的合理期间内向承租人进行反对的意思表示。若及时为反对的意思表示,则合同仍于原租赁期届满时终止,承租人应立即负返还租赁物的义务,并承担债务的迟延履行责任。而出租人未在合理期限内表示反对的,租赁合同继续有效,并转化为不定期租赁性质。此后,出租人虽可行使任意解除权终止合同,但在原履行期届满之后到合同因解除终止之前,已经不存在承租人的违约责任了。

7. 收取租赁物收益的权利

租赁合同的目的,在于使承租人取得对租赁物的使用、收益权。因此,只要不存在当事人的特约,承租人当然具有收取租赁物收益的权利。《合同法》第225条规定:"在租赁期间因占有、使用租赁物获得的收益,归承租人所有,但当事人另有约定的除外。"

第225条所谓"收益",应当包括孳息,但范围远比孳息为广。如租赁店面取得的经营收入、租赁汽车搞运输取得的运费、租赁机器生产的产品,均为使用租赁物获得的收益,但均非孳息。而租赁果园收获的果实,则为孳息。但是,如果产生孳息并非承租人使用租赁物的目的,则孳息应归属所有权人,而非承租人。如租赁耕牛用于耕作,耕牛产下的小牛属于天然孳息,但由于承租人使用耕牛的目的并非为了产仔,故小牛应归出租人。

三、租赁合同的特别效力

前述租赁合同的一般效力是针对出租人、承租人发生的,因此又称为对内效力。除此以外,租赁合同还在特定情况下会对第三人发生效力,影响第三人的利益,称为租赁合同的特别效力或对外效力。租赁合同的特别效力包括"买卖不破租赁"和"承租人的优先购买权"两方面,以下分述之。

(一)买卖不破租赁

租赁合同是一种债权债务关系,在早期民法上,承租人基于租赁合同上的租赁权,只能请求出租人本人为一系列特定行为,而不能对第三人发生任何效力。古罗马法帝政前期,在租赁期间租赁物的所有权发生转让,新所有权人的所有权与租赁权发生冲突时,应基于"物权优于债权"、"买卖破坏租赁"的原则,由新所有权人运用物权的追及力,驱逐承租人并夺回租赁物。承租人只能向出租人要求损害赔偿。① 这种规则反映了古代民法重所有权归属、轻物之利用的观念。随着社会经济的发展,对物观念逐渐向"重用益、轻所有"变迁,于是法律对租赁合同中物的用益人——承租人的保护逐渐加强,以提高物的使用效率,实现物尽其用的目的。具体在租赁合同中,如果租赁期间发生租赁物的所有权变动,租赁合同将继续在原承租人和新所有权人之间生效,即使新所有人想自己利用所有物,也不得对物行使物权的追及力,而是必须等待租赁期届满才能实现对物的实际支配。于是"买卖破租赁"的规则就被"买卖不破租赁"取代。各立法例对此均有规定,②我国也不例外。《合同法》第229条规定:"租赁物在租赁期间发生所有权变动的,不影响租赁合同的效力。"

1. 买卖不破租赁的要件

若要在租赁期间发生"买卖不破租赁"的法律效果,须满足以下构成要件:

(1)出租人与承租人之间有合法有效的租赁关系

如果出租人与承租人之间的租赁合同不成立、无效、被撤销、被解除,则承租人无租赁权,也就不会产生租赁权对抗第三人的问题。同时须注意,如果当事人间存在的不是租赁合同,而是其他转移使用权的合同,如借用合同,则无准用"买卖不破租赁"的余地。原因在于借用人系无偿使用人,本来就没有付出对价,因此法律对其保护的必要性减弱,新所有权人的利益反而在利益衡量中居于优先

---

① 参见周枏著:《罗马法原论》(下),商务印书馆1994年版,第723页。
② 参见《德国民法典》第571条第1款(新法第566条)、《法国民法典》第1743条、《奥地利民法典》第1095条、《瑞士债务法》第260条、《日本民法典》第650条,我国"台湾地区民法"第425条。

地位。

(2) 出租人已经向承租人完成交付

租赁权之所以能够物权化并对抗第三人,除经济上发挥物的利用效率这一必要性外,还必须有法律上的可行性作保障。这一法律上可能性,就是承租人对租赁物的占有。众所周知,任何具有物权效力、能够对抗第三人的权利,若缺乏公示要件,必将对第三人带来极大风险,损害交易安全。租赁权物权化在法律上的可行性,就在于租赁权借助占有租赁物,实现了对第三人的公示,从而使第三人在买受租赁物之前,可以事先计算损益得失。从本质上说,租赁权是受占有效力之强化而发生了物权化的结果。

基于以上分析,所谓"租赁权物权化"也不应一概而论,而应依是否已交付租赁物区分两种情况。在租赁合同有效成立至租赁物交付之前,租赁权当然存在,但此时还未受到占有效力的强化,故只表现为一种向出租人请求的纯粹债权,而无任何对第三人的效力。可以想见,如果在此时就令租赁权产生物权化效力,对这种仅为当事人内部关系而无任何表征的租赁合同,第三人根本没有法律上的机会可以察觉,一旦涉足交易,必然受损。这种交易安全感的丧失,最终会导致交易主体因畏惧不可测的风险而放弃交易。因此,在租赁合同生效但尚未交付租赁物的情况下,如果出租人将租赁物转卖给第三人,并对第三人完成交付或登记,则第三人取得所有权,承租人仅能根据有效的租赁合同追究出租人的债之不履行责任。①

租赁物交付之后,承租人即基于占有向社会进行了租赁权的公示,使有交易意向的第三人有了法律上的机会知晓租赁物上的既有负担,并基于此计算可能的风险。此时再令租赁权发生对抗第三人的效力,才有了法律上的正当性。我国"台湾地区民法"第425条即规定:"出租人于租赁物交付后,承租人占有中,纵将其所有权让与第三人,其租赁契约,对于受让人仍继续存在。"在解释该条时,为确保占有的公示效力,台湾学者通常认为只有现实占有才能构成第425条上的"占有"。换言之,如果出租人系采取指示交付或占有改定方式完成交付的,承租人并未取得对租赁物的现实占有,此时第三人很难从外部察知租赁关系的存在,向第三人公示的目的也就没有达到。此时若令租赁权发生对抗第三人的效力,其实违反了租赁权物权化制度的本旨。故在指示交付与占有改定情况下,应解为不构成租赁物的交付,只有现实交付与简易交付,才足以引起租赁权的对抗效力。

---

① 此时的法律效果,与"一物二卖"类似,可以类比理解。买卖合同缔结之后,若出卖人在交付之前,将标的物转卖给第三人并交付的,第三人取得所有权。第一买受人无法基于其合同上的债权对已取得物权的第三人提出任何主张,只能基于有效合同向出卖人要求违约责任。未交付租赁物之前的租赁权,同样为一种纯粹的、仅有请求效力的债权,无法对抗新的物权人。

我国《合同法》第229条规定:"租赁物在租赁期间发生所有权变动的,不影响租赁合同的效力。"该条的"租赁期间"并未区分是在租赁物交付前还是交付后,也未明确在交付方式上是否有限制。为求贯彻"租赁权物权化"的法理,平衡出租人、承租人及第三人之间利益并保护交易安全,应当在解释上认为租赁权系于交付后才发生物权化效果,且交付形式限于现实交付和简易交付两种。

(3) 租赁期间发生租赁物所有权的转让

此处所谓所有权的转让,不限于买卖合同,赠与、互易这些以转移所有权为目的的合同也在其列。

同时须注意,既然强调"所有权转让",就意味着发生了物权变动。如果出租人在租赁期间与第三人签订了租赁物的买卖合同,但因买卖合同未到履行期限或债权人未主张实现债权,导致公示未完成,则租赁物所有权并未发生转移。此时,出租人与第三人(买受人)之间仍为一种内部的债的关系,本来就不能对已成立的租赁权发生影响,也就不存在租赁权对抗此类第三人的余地。如果出租人向第三人完成了公示——具体说来,租赁物是动产时,出租人以(也只能以)指示交付的方式完成交付;租赁物是不动产时,出租人配合买受人完成了所有权变更登记——于是所有权发生了转移。此时,而对买受人的所有权,租赁权的效力若未得到强化将面临被打破的命运,这才有了"租赁权物权化"的必要。

2. 租赁期间内租赁物所有权转让的法律效力

租赁合同有效成立后,出租人向承租人交付了租赁物,使承租人取得了对租赁物的现实占有,此后,如果出租人将租赁物所有权转让给第三人的,租赁权即产生对抗第三人的效力,发生"买卖不破租赁"的法律后果。具体言之,该法律后果就是"受让人代替出租人取得在其所有期间因租赁关系所产生的权利和义务",《德国民法典》第571条第1款(新法第566条第1款),换言之,即"租赁契约,对于受让人仍继续存在"("台湾地区民法"第425条第1款)。我国《合同法》第229条表述为"不影响租赁合同的效力"。以上可见,租赁期间内租赁物所有权转让的后果,本质上是法定的债的概括移转,即出租人出让租赁物所有权的同时,也让与了其租赁合同上权利义务,使买受人取得了出租人的身份,原租赁合同在买受人与承租人之间继续生效。由于该债的移转的效果是法定的,故不需要当事人的意思表示。

具体来说,租赁期间内租赁物所有权转让的效力可以分为以下三个层次。

(1) 受让人(第三人)与承租人之间的法律关系

基于租赁权的物权化效力,买卖不得打破租赁,具体实现方法,是发生法定的债的概括移转。故受让人将取代原出租人的地位,与承租人共同成为继续有效的租赁合同的双方当事人。双方之间的债权债务,仍由原租赁合同的条款决定。

依债法原理,债的概括移转以对方当事人的同意为构成要件,而出租人转让租赁物所有权并不需要取得承租人同意,这里如何解释? 从根本上说,"买卖不破租赁"的含义是,基于出租人和买受人之间的买卖合同,发生法定的债的概括移转的"效果"。买卖双方的买卖合同当然不需第三人同意,然后发生的是债的移转的"效果",不是构成要件,构成要件是不必具备的,因此也不需要承租人同意。

但是,毕竟债的移转的效果对承租人利益有影响,因此原出租人在租赁物所有权转移之时,即发生及时通知承租人的义务。① 如果出租人未尽此义务,为求保护善意的承租人,应适用债权表见让与制度,使承租人对原出租人的义务履行行为(如交付租金)仍然发生效力。受让人(新所有权人)只能向出让人(原所有权人、原出租人)主张不当得利返还。

租赁合同出租人的权利移转,必然引起从权利的移转。因此,租赁关系中附有押金或其他担保的,押金、担保物均一并转交给受让人。受让人在承租人发生债务违反时,可以通过扣除押金或变卖担保物的方式寻求救济。

既然是债的概括移转,受让人除承受租赁合同上的权利以外,当然也须承受租赁合同上的义务。因此,受让人在租赁物所有权转移之后,即对承租人负担维持租赁物在租赁期间的适租性及其他义务。

(2) 出租人与受让人之间的法律关系

出租人与受让人之间,存在买卖合同关系,具体权利义务关系,依买卖合同的相关规定决定。但是,由于标的物上存在租赁权,导致受让人在取得所有权后不能实际支配和使用该物,该情形构成一种典型的权利瑕疵,出租人须对受让人承担权利瑕疵担保责任。

当然,如果受让人在买卖合同订立时,明知或应当知道标的物上存在第三人租赁权的,属于自甘风险行为。出租人免于承担瑕疵担保责任。

(3) 出租人与承租人之间的法律关系

出租人将租赁物所有权让与第三人后,自己就退出了租赁合同,原则上也就不再与承租人发生关系。但是,由于发生了债的概括移转的效力,而且该效力的发生不必经承租人同意,因此"买卖不破租赁"制度仍然给承租人带来了风险。因为租赁合同是一种有人身信赖性的继续性法律关系,出租人信赖原出租人有履行维持租赁物适租性及其他义务的能力,却未必对新出租人有此信赖。承租人对新出租人的出现无法用自己的意思进行否定,这必然给承租人带来了风险。因此,《德国民法典》第571条第2款规定:"受让人不履行义务的,出租人就受

---

① 注意,该义务是在所有权转移之时发生,而非在买卖合同生效时发生。因为仅仅买卖合同生效尚不足以影响承租人的利益,也不引起承租人义务履行对象——如,向谁交付租金?——及其变化。

让人应赔偿的损失,应负有与放弃先诉抗辩权的保证人同样的责任。"这种令原出租人在退出租赁合同后,仍对新出租人的租赁合同上的义务履行负保证义务的立法例,兼顾了承租人利益,堪称可取,可供我国参考。

(二) 房屋承租人的优先购买权

房屋承租人的优先购买权,是指当出租人出卖房屋时,承租人在同等条件下,依法享有优先于第三人购买房屋的权利。

承租人在租赁关系成立后,基于对租赁房屋的占有、使用,形成了一种对该特定房屋的现实的需要和依赖,在长期租房的情况下尤其如此。如果出租人要出卖租赁房屋,作为买受人的第三人虽然可能也有用房需求,但与承租人相比,该需求尚处于动机状态,尚未与租赁物发生现实的结合进行产生直接生活上的依赖。既然在"同等条件"的保证下,出卖人的利益已经得到维护;那么在承租人与第三人之间衡量,显然以保护承租人现实的需要与依赖更妥当。

我国立法上一直承认房屋承租人的优先购买权。国务院《城市私有房屋管理条例》第 11 条规定:"房屋所有人出卖出租房屋,须提前 3 个月通知承租人。在同等条件下承租人有优先购买权。"该条不仅确立了承租人的优先购买权,而且为出租人确定了通知义务及通知期限。最高人民法院《民法通则解释》第 118 条规定:"出租人出卖出租房屋,应提前 3 个月通知承租人,承租人在同等条件下,享有优先购买权;出租人未按此规定出卖房屋的,承租人可以请求人民法院宣告该房屋买卖无效。"该条不仅沿袭了《城市私有房屋管理条例》第 11 条的制度构成要件,而且明确了侵害优先购买权的法律效果,即承租人可以申请宣告出租人与第三人的买卖合同无效。《合同法》第 230 条规定:"出租人出卖租赁房屋的,应当在出卖之前的合理期限内通知承租人,承租人享有以同等条件下优先购买的权利。"该条在基本法律层面肯认了出租人的优先购买权制度,但对出租人的通知期限及侵害优先购买权的法律效果未予明确。

由于优先购买权依承租人的单方意思表示即可行使,且其行使效果是在承租人和出租人之间产生买卖合同关系,故优先购买权的性质为形成权。该权利的实质系对出租人选择房屋买卖合同对方当事人的自由的限制,以求在不损害出租人的前提下,实现对租赁房屋有现实依赖的承租人的倾斜性保护。

房屋承租人的优先购买权具有法定性和专属性的特征。所谓法定性,是指该优先购买权是依法律直接规定产生的,即使租赁合同当事人并未于合同中约定,承租人也当然有此权利。所谓专属性,是指该优先购买权只能属于承租人享有,也仅为保护承租人的利益而存在,承租人不能将该权利转让给他人。

房屋承租人的优先购买权具有以下行使要件:

1. 出租人已经基于有效的租赁合同交付房屋

首先,租赁合同应当合法有效,否则根本没有产生承租人,也就谈不上对承租人的优先保护。其次,租赁房屋应当已经交付。优先购买权产生的根本原因,是保护承租人对房屋的现实依赖,若房屋并未交付,则该依赖在事实上并未产生,也就没有对承租人特殊保护的需要。因此,如果出租人与承租人之间仅有有效的租赁关系,但并未交付租赁物的,出租人与第三人签订买卖合同时,承租人并无优先购买权;依前述,此时承租人也不受"买卖不破租赁"制度的保护,只能向出租人主张债务不履行的责任。

2. 出租人在租赁期间出卖租赁房屋

3. 承租人仅在同等条件下得享有优先购买权

究竟何为"同等条件",在理论和实践中有三种不同观点。第一,绝对同等说,即认为承租人认购的条件应与其他买受人绝对相同和完全一致。第二,相对同等说,即认为承租人购买条件与其他买受人条件大致相等,即视为具有同等条件。这两种观点均非完全妥当。第一种观点在适用中过于严格,尤其是当其他买受人所提供的买卖合同条件(如提供某种特殊机会)承租人不能做到时,要求承租人提出的条件必须与其他买受人的条件完全一致,等于剥夺了承租人的优先购买权,也使得优先购买权在事实上易于规避。第二种观点在适用中的伸缩性过大,难以具体操作。第三种观点为价格同一说,即认为同等条件主要是指价格的同一。如果出租人基于某种特殊原因给予了其他买受人一种较优惠的价格,而此种优惠能以金钱计算,则应折合为金钱加入房价中,承租人提供了加成后的房价方为"同等条件"。如果该特殊优惠不能以金钱计算,那么应以市场价格来确定房价。① 同时,价格条件还应将付款期限、付款方式包含在内,以保障出租人在价金收取利益上的真正等同。

4. 承租人应在合理期限内使优先购买权

优先购买权既然为形成权,则必然在具有保护形成权人作用的同时,也具有增加交易风险、威胁交易安全的作用。如果允许优先购买权长期存在,则构成对所有权处分的过于严苛的限制,有碍财产流通;且买受人的利益长期处于可被剥夺状态,亦于交易安全严重有损。因此,不能不对优先购买权的行使期限进行合理限制。《合同法》中并未对房屋承租人的优先购买权设立除斥期间,但在司法解释中对此有所规定。②

---

① 参见王利明主编:《中国民法案例与学理研究》(物权篇),法律出版社1998年版,第134页。
② 最高人民法院《关于审理城镇房屋租赁合同纠纷案件具体应用法律若干问题的解释》(以下简称《城镇房屋租赁合同解释》)第24条规定:"具有下列情形之一,承租人主张优先购买房屋的,人民法院不予支持:……(三)出租人履行通知义务后,承租人在十五日内未明确表示购买的;"并于第23条中规定:"出租人委托拍卖人拍卖租赁房屋,应当在拍卖5日前通知承租人。承租人未参加拍卖的,人民法院应当认定承租人放弃优先购买权。"以上"通知后15日未明确表示购买"及"拍卖时提前5日通知且承租人未参加拍卖"两种情况,即为对优先购买权的期限限制。但须注意,由于该司法解释是关于"城镇房屋租赁"的,因而尚不能算作房屋租赁关系的一般规定。

具备以上行使条件的,承租人即得行使其优先购买权。同时,为求保障该权利的及时便利行使,又赋予出租人两项义务——通知义务和止卖义务。即出租人在出卖租赁房屋时,应当提前通知承租人,并在合理期限内不得出卖房屋。我国《合同法》以前的立法和和司法解释,都将该出卖前的提前通知期限定为3个月,《合同法》则未规定明确的期限,仅限定为在出卖之前的合理期限内,等于将该期限长短的判断交给了法官,由法官根据具体案件情况酌定。须注意,以上两项义务虽以保障优先购买权行使为目的,但并非优先购买权的行使要件,即使出租人未履行通知义务且将房屋直接出卖给第三人的,承租人也得行使优先购买权。

房屋出租人侵害承租人优先购买权的法律效果,在《民法通则解释》第118条中明确为"无效",《合同法》第230条则未明示。将侵害房屋承租人优先购买权的后果界定为无效尚属合理,但宜在解释上进一步明确为相对无效,也即仅有承租人得基于行使优先购买权的目的请求人民法院确认出租人与第三人之间的合同无效。若承租人未主张无效,则买卖合同当事人纵有反悔,也不得主张无效,只能依约履行。一旦承租人基于优先购买权主张了买卖合同无效,承租人得一并主张依照与第三人同样的购买条件,与出租人订立房屋买卖合同,出租人不得拒绝。①

房屋承租人具有优先购买权,那么在租赁合同终止后,出租人要继续出租的,承租人是否享有同等条件下的优先承租权?从理论上说,优先购买权与优先承租权的要旨完全相同,都是在不损害出租人利益的前提下,倾斜保护承租人业已形成的对租赁房屋的依赖关系。既然法律已经肯定了优先购买权的存在,那么对于优先承租权这种要旨相同,且负面影响上尚不及优先购买权的制度(因未涉及所有权处分的限制),也应肯定之,这也是"举重以明轻"的解释规则的运用体现。事实上,优先承租权在我国学者的《合同法建议草案》②中曾获肯定,只是未被立法者采纳。在法解释上,仍宜肯定优先承租权的存在。

四、租赁合同中的风险负担

租赁合同履行中,若基于可归责于承租人的事由,导致租赁物毁损、灭失的,由承租人基于债务违反或侵权行为承担损害赔偿责任,这并非租赁合同中的风险问题。若因既不可归责于承租人,又不可归责于出租人的事由,致使租赁物部

---

① 《城镇房屋租赁合同解释》第21条明确规定:"出租人出卖租赁房屋未在合理期限内通知承租人或者存在其他侵害承租人优先购买权情形,承租人请求出租人承担赔偿责任的,人民法院应予支持。但请求确认出租人与第三人签订的房屋买卖合同无效的,人民法院不予支持。"由此可见,在"城镇房屋租赁合同"这一限定范围中,承租人的优先购买权被侵犯后,承租人所享有的,仅为损害赔偿请求权;而非请求宣告出租人与第三人签订的合同无效。以上司法解释立场的部分转换,显示了司法者对交易安全的进一步重视。

② 参见梁慧星主编:《民商法论丛》(第4卷),法律出版社1996年版,第483页。

分或全部毁损、灭失的,才称之为租赁合同中的风险。租赁合同中的风险,包括租赁物的风险和租金的风险两个方面,以下分述之。

（一）租赁物的风险负担

首先须明确,通常所谓的"风险随交付转移"的规则,是买卖合同中的风险负担规则,可以准用于赠与、互易这些是转移所有权为目的的合同中,但对租赁合同这种非以转移所有权为目的的合同,并无准用余地。对于非以转移所有权为目的的合同,如租赁合同、保管合同、仓储合同、质押合同等,在标的物风险负担上则奉行"所有人主义",即风险由所有权人承担。这一原则源于罗马法中所谓"天灾归所有人承担"的法律谚语,也符合"利益之所在,即风险之所在"的风险与利益一致的市场交易准则。① 对于不可归责于双方当事人的租赁物毁损、灭失,由租赁物所有权人承担,除非法律有特别规定,或当事人之间有特别约定。

（二）租金的风险负担

因不可归责于双方当事人的事由致使租赁物部分或全部毁损灭失,导致租赁合同部分或全部不能履行时,租金风险应由谁负担?该问题与租赁物的风险负担不同,此处的风险负担主要解决双务合同对待给付义务的履行问题,尤其是承租人支付租金义务的履行问题。分配合同不能履行的风险,与分配租赁物毁损灭失的风险是有所不同的。依据《合同法》第231条规定:"因不可归责于承租人的事由,致使租赁物部分或全部毁损、灭失的,承租人可以要求减少租金或者不支付租金。""因租赁物部分或者全部毁损、灭失,致使不能实现合同目的的,承租人可以解除合同。"可见,因不可归责于双方当事人的事由致使合同部分或全部不能履行时,租金的风险由出租人负担,承租人即可相应地减少履行或不履行其对待给付义务——即请求减少租金或者不支付租金。

出租人与前述租赁物所有权人可以一致,也可以不一致。

五、租赁合同的更新和终止

租赁合同在租赁期限届满后,除非遇到更新的情况,否则应当归于终止。

（一）租赁合同的更新

租赁合同的更新,是指在租赁期限届满后,基于法律的规定或当事人的约定,使租赁合同继续存在并发生效力的情形。更新有明示更新和默示更新两种类型。

明示更新的法律依据,是《合同法》第214条第2款:"租赁期间届满,当事人可以续订租赁合同,但约定的租赁期限自续订之日起不得超过二十年。"须明确的是,既然为债的更新,意味着债的关系仍保持同一性,因此,除非当事人在更

---

① 参见余延满:《货物所有权的移转与风险负担的比较法研究》,武汉大学出版社2002年版,第323页。

新时另有约定,否则原租赁合同中的双方当事人的权利义务仍保持不变,原有的押金条款或担保条款也继续有效。

默示更新的法律依据,是《合同法》236条:"租赁期间届满,承租人继续使用租赁物,出租人没有提出异议的,原租赁合同继续有效,但租赁期限为不定期。"当事人在租赁期间届满后,即使并未进行明示的更新,也不意味着租赁合同的当然终止。相反,如果承租人继续使用租赁物,则视为承租人有使租赁合同继续生效的默示的意思表示;若出租人也没有提出异议,则视为出租人对承租人的意思表示给予了同意。于是,导致租赁合同默示更新的发生。默示更新制度,在不违反当事人意思的前提下,尽量维持了物的现实使用状态,兼顾了承租人的使用利益和出租人的租金利益。在合同内容上,由于当事人之间不存在就合同条款另作约定的合意,因此合同内容与原租赁合同完全相同。唯一困难之点,是更新之后新的租赁期间如何确定?对此,我国《合同法》第236条视默示更新的租赁合同为不定期租赁。以后,双方当事人均得随时行使不定期租赁中的任意解除权,以满足自己变动的需求,从而保持了该制度的灵活性。

须注意,如果租赁期间届满后,承租人继续使用租赁物,出租人起初并未表示异议,但一段时间以后要求出租人返还租赁物的,这究竟默示更新形成中的提出异议?还是默示更新完成以后不定期租赁中的任意解除权的行使?若为前者,则承租人应承担租赁期间届满到合同解除之间的迟延履行责任;若为后者,则承租人没有违约责任。这意味着默示更新制度中应当存在一个出租人提出异议的合理期限,该期限从租赁期间届满时起算。在该期限之内出租人提出返还租赁物的,应为默示更新中的异议,承租人须承担迟延履行责任;在该期限外提出返还租赁物的,则视为默示更新已经完成,出租人的行为系行使不定期租赁中的任意解除权。

(二)租赁合同的终止

租赁合同可因以下原因终止。

1. 租赁期间届满

租赁期间届满,如果当事人既未进行明示更新——当事人未就租赁合同继续生效达成协议,也未进行默示更新——承租人直接返还了租赁物、或承租人继续使用但出租人提出了异议,则租赁合同终止。

2. 租赁合同的解除

租赁合同被当事人行使解除权予以解除的,合同当然终止。除《合同法》第94条所列一般法定解除的情形外,租赁合同还得基于以下原因发生特别法定解除权。

(1) 出租人的特别法定解除权

第一,承租人违反适当使用租赁物的义务时,出租人的解除权。《合同法》

第 219 条规定:"承租人未按照约定的方法或者租赁物的性质使用租赁物,致使租赁物受到损失的,出租人可以解除合同并要求赔偿损失。"

第二,承租人擅自转租时,出租人的解除权。《合同法》第 224 条第 2 款规定:"承租人未经出租人同意转租的,出租人可以解除合同。"

第三,承租人违反租金支付义务时,出租人的解除权。《合同法》第 227 条规定:"承租人无正当理由未支付或者迟延支付租金的,出租人可以要求承租人在合理期限内支付。承租人逾期不支付的,出租人可以解除合同。"

（2）承租人的特别法定解除权

第一,租赁物毁损灭失时,承租人的解除权。《合同法》第 231 条规定:"因不可归责于承租人的事由,致使租赁物部分或者全部毁损、灭失的,承租人可以要求减少租金或者不支付租金;因租赁物部分或者全部毁损、灭失,致使不能实现合同目的的,承租人可以解除合同。"

第二,租赁物危及承租人人身时,承租人的解除权。《合同法》第 233 条规定:"租赁物危及承租人的安全或者健康的,即使承租人订立合同时明知该租赁物质量不合格,承租人仍然可以随时解除合同。"

（3）双方当事人的任意解除权

在不定期租赁的情况下,出租人和承租人均有任意解除权,得依自己的单方意思随时解除合同。依《合同法》第 232 条,在不定期租赁中,当事人可以随时解除合同,但出租人解除合同应当在合理期限之前通知承租人。我国《合同法》上的不定期租赁有以下三种情况:

第一,六个月以上的租赁合同未采用书面形式。《合同法》第 215 条规定:"租赁期限六个月以上的,应当采用书面形式。当事人未采用书面形式的,视为不定期租赁。"

第二,当事人对租赁期限没有约定或约定不明。《合同法》第 232 条前段规定:"当事人对租赁期限没有约定或者约定不明确,依照本法第六十一条的规定仍不能确定的,视为不定期租赁。"

第三,默示更新形成的不定期租赁。《合同法》236 条规定:"租赁期间届满,承租人继续使用租赁物,出租人没有提出异议的,原租赁合同继续有效,但租赁期限为不定期。"

第二节 融资租赁合同

一、融资租赁合同的概念与沿革

（一）融资租赁合同的概念

所谓融资租赁合同,是指当事人之间约定,出租人根据承租人对出卖人、租赁物的选择,向出卖人购买租赁物,提供给承租人使用,承租人支付租金的合同。(《合同法》第237条)由该概念可以看出,融资租赁合同有以下三方面的法律关系构成。

1. 出租人根据承租人的要求购买租赁物

这是融资租赁合同与一般租赁合同的重要区别。在一般租赁合同中,出租人的租赁物是其现有财产,出租人的缔约目的是为自己的既有财产寻找一个产生价值的场所。而在融资租赁合同中,合同订立之时,出租人还未拥有租赁物的所有权;他要在缔约之后,根据承租人的要求再行购买租赁物并交付。正是由于承租人通过他人购买、自己承租的方式,解决了自己一次性购买的资金不足,实现了融资目的,因此该类型合同才被冠以"融资"之名。

2. 出租人将租赁物提供给承租人使用

这是融资租赁合同与一般买卖合同的重要区别。在一般的买卖合同中,买受人购买标的物的目的是为了自己的使用收益。而在融资租赁合同中,出租人的购买目的从一开始就被另一个合同确定为出租。

3. 承租人支付租金

承租人须为自己对他人之物的使用、收益行为支付代价,即租金。正是由于该合同具有一方提供物之用益、另一方支付租金这种对待给付形式,才会被冠以"租赁"之名。

（二）融资租赁合同的沿革

融资租赁合同是融资租赁交易的产物。融资租赁交易是第二次世界大战以后发展起来的融金融、贸易和租赁为一体的新型信贷方式。第二次世界大战以后,由于生产技术的进步,企业规模逐渐扩大,美国政府为了防止经济过热,采取金融紧缩政策,使企业的资金需求无法充分满足。于是,美国首创以租赁动产为业务的租赁公司,而融资租赁则是这租赁公司价金动产租赁中的主要形式。这种通过租赁进行的融资活动,满足了企业界资金和用益上的需求,颇受当事人各方的青睐:就承租人而言,可以经由融资租赁,用较少的资金解决生产所需,而且租金可以从使用租赁物的收益中支付;就出租人而言,既可获取丰厚的利润,又有较为可靠的债权保障,而且还不必承担一般租赁合同中承租人的维修义务、瑕疵担保义务及租赁物毁损灭失的风险。可见,融资租赁这种交易方式,既灵活又方便,能够适应企业界各种实际需要,提供一般中长期贷款方式所不能提供的独特的融资便利。因而,融资租赁交易在世界范围内,尤其是在经济发达国家,获得了飞速的发展。并于20世纪60年代后传入德国和日本,成为风靡世界的融资方式。①

---

① 参见梁慧星著:《民法学说判例与立法研究》,中国政法大学出版社1993年版,第180页。

另外,融资租赁合同中的承租人分期支付的租金,在税法上被视为企业的支出减抵企业的应纳税收入,从而为企业减少了营业税支出。① 这也是融资租赁合同受欢迎的一个原因。

我国融资租赁业的发展,起步较晚,1981 年成立的中日合资企业——中国东方租赁公司,是我国第一家从事融资租赁的企业。但我国的融资租赁业发展迅速,截至目前,融资租赁业已成为我国利用和引进外资的一条重要途径。②

二、融资租赁合同的法律特征

融资租赁合同既涉及"买",又涉及"租";既涉及"融资",又涉及"融物"。具有相当的特殊性,其特征可以概括为以下几个方面。

(一)合同功能上的特征——以融资为目的,集融资、融物为一体

在融资租赁合同中,虽然既有"融资"、又有"融物",但却是以"融物"为手段,"融资"为目的。承租人通过出租人购买租赁物,再由自己使用、收益,分期支付的租金可在将来租赁物使用产生的收益中陆续支出,从而解决了自己一次性购买资金不足的难题,因此该制度的本质是融资。但是融资租赁合同又与借款合同不同,因为借款合同转移的是货币的所有权,而融资租赁合同仅转移租赁物的使用权而已。因此这种以融资为本质的制度,又通过融物的外观表现出来。

(二)合同内容上的特征——两个合同与三方当事人的结合

所谓两个合同,是指买卖合同与租赁合同;所谓三方当事人,是指出卖人、出租人(买受人)和承租人。所谓结合,指融资租赁合同并非一个买卖合同和一个租赁两个合同的简单相加,而是将两个合同和三方当事人有机结合在一起构成的新型独立合同。为了实现当事人在融资租赁这种特定交易形式中的便利,法律特别的将两个合同中的权利义务交错在一起,这些交错鲜明地表现出融资租赁合同与单纯的买卖或租赁之间的差异。比如,出卖人并非向买受人交付标的物,而是向承租人履行;再如,出租人并不向承租人承担维修义务和瑕疵担保义务等。

(三)合同主体上的特征——出租人为专营融资租赁业务的租赁公司

融资租赁合同中的出租人有特定的主体要求,即只能为专营融资租赁业务的租赁公司。虽然我国《合同法》并未对融资租赁合同的出租人的资质有明确限制,但基于融资租赁合同的融资性质,该类业务应当由金融管理部门批准设立的租赁公司经营。一般自然人、法人、其他组织不得为之。

(四)合同性质上的特征——诺成、有偿、要式合同

在合同性质上,融资租赁合同不以交付标的物为合同的成立要件,故为诺成

---

① 参见[德]梅迪库斯著,杜景林、卢谌译:《德国债法分论》,法律出版社 2007 年版,第 483 页。
② 参见顾昂然著:《中华人民共和国合同法讲话》,法律出版社 1999 年版,第 74 页。

合同;合同当事人享有权利均须支付对价,故为有偿合同;依《合同法》第 238 条第 2 款:"融资租赁合同应当采用书面形式。"故为要式合同。

三、融资租赁合同与类似合同的区别

融资租赁合同是一种混合的新型有名合同,它与其合成原料——一般租赁合同、分期付款买卖合同之间,颇有一些相似和难以辨析之处。以下试区分之。

(一)融资租赁合同与一般租赁合同

从外观上看,融资租赁合同中的承租人以支付租金为对价,取得对出租人的租赁物的使用、收益权,与租赁合同很相似,但两者有以下显著区别。

1. 合同目的不同

租赁合同的目的,是将盘活出租人的资产,使出租人暂时不能利用的所有物产生价值。而融资租赁合同中的标的物原本就不是根据出租人的需求,而是根据承租人的需求购入的,其目的是从承租人处收回购置成本并取得预期利润。质言之,融资租赁合同是以"货物"换取金钱而非以"使用"换取金钱。这一合同目的所导致的结果,就是融资租赁合同承租人有远比租赁合同承租人为绝对的租金支付义务。①

2. 标的物范围不同

一般租赁合同的标的物可以为动产或不动产。而融资租赁合同是从美国的动产租赁(lease)中分离出来,从一开始就是动产租赁的一种。由于融资租赁合同的期限常常就是标的物的耐用期,合同届满后标的物的价值往往已经非常低,因此当事人可以在融资租赁合同中任意约定合同期限届满后租赁物的归属。这些都是典型适用于动产的规则,对于不动产是无法适用的。我国虽然没有在《合同法》中明确限定融资租赁的标的物,但解释上应将标的限于动产范围。

3. 合同的继续性不同

一般租赁合同是典型的继续性合同,租赁物的继续使用与租金的继续支付之间具有对价关系,且彼此之间具有担保作用。如果承租人不能继续使用租赁物的,可以拒绝支付租金。如《合同法》第 231 条前段:"因不可归责于承租人的事由,致使租赁物部分或者全部毁损、灭失的,承租人可以要求减少租金或者不支付租金"。出租人在融资租赁合同中的目的是收回标的成本并取得预期利润,无论承租人是否在事实上能够继续使用租赁物,出租人均有权收取租金。

4. 租金的性质不同

一般租赁合同的租金,是承租人对租赁物进行使用、收益的对价。而融资租赁合同中的租金的本质,是融资资金及利息的返还。正是因此,《合同法》第 243 条规定:"融资租赁合同的租金,除当事人另有约定的以外,应当根据购买租赁

---

① 参见李永军、易军著:《合同法》,中国法制出版社 2009 年版,第 523 页。

的大部分或者全部成本以及出租人的合理利润确定。"

5. 维修义务及瑕疵担保义务的主体不同

在租赁合同中,出租人负有在租赁期间维持租赁物适于用益状态的义务。因此,如果租赁期间租赁物出现不适宜用益的情况,出租人应当负责维修。出租人不履行维修义务的,承租人可以自行维修,并请求出租人承担维修费用。(《合同法》第220、221条)而在融资租赁合同中,根据《合同法》第247条第2款之规定,承租人应当履行占有租赁物期间的维修义务。

如果融资租赁合同的租赁物造成第三人人身或财产损害的,《合同法》第246条规定:"承租人占有租赁物期间,租赁物造成第三人的人身伤害或者财产损害的,出租人不承担责任。"

6. 租赁物是否须在合同终止后返还不同

在一般租赁合同中,合同终止后,承租人应对出租人负的租赁物返还义务,并应保持租赁物适当的使用价值。《合同法》第235条规定:"租赁期间届满,承租人应当返还租赁物。返还的租赁物应当符合按照约定或者租赁物的性质使用后的状态。"在融资租赁合同中,租赁物的返还并非承租人一项确定的义务。因为租赁期限届满时,租赁物的实际价值往往已经很低,强令当事人返还只是徒增履行费用而已,不如交给当事人自行约定更为适宜。《合同法》第250条规定:"出租人和承租人可以约定租赁期间届满租赁物的归属。对租赁物的归属没有约定或者约定不明确,依照本法第六十一条的规定仍不能确定的,租赁物的所有权归出租人。"

7. 风险负担规则不同

在一般租赁合同中,租赁物风险由所有权人承担,租金风险由出租人承担。《合同法》第231条规定:"因不可归责于承租人的事由,致使租赁物部分或者全部毁损、灭失的,承租人可以要求减少租金或者不支付租金;因租赁物部分或者全部毁损、灭失,致使不能实现合同目的的,承租人可以解除合同。"而在融资租赁合同中,租金的性质是对融资本金和利息的偿还,因此,即使租赁期间租赁物因不可归责于承租人的事由毁损灭失,承租人也不能免除。

(二) 融资租赁合同与分期付款买卖合同

由于融资租赁合同中,承租人是分期支付租金,而出租人对租赁物的所有权常常只具有担保的功能,最终租赁物所有权也往往被当事人约定为承租人所有,因而融资租赁合同常与附所有权保留条款的分期付款买卖合同发生混淆。

所有权保留,指双方当事人约定买受人虽先占有、使用标的物,但在双方当事人约定的特定条件(通常表现为价金的全部清偿)成就之前,出卖人仍保留标的物所有权的一种非典型的债权担保方式。分期付款买卖合同常以所有权保留条款相结合,以求担保买卖合同中价金债权的实现。融资租赁合同与附保留所

有权的分期付款买卖合同存在根本区别,具体表现在以下几个方面:

1. 当事人的交易意图不同

在附所有权保留条款的分期付款买卖合同中,卖方的交易意图是出让标的物的所有权,获取价金,而买方则恰恰相反。在融资租赁合同中,出租人虽为承租人的使用而购买租赁物,但租赁物的所有权毕竟归出租人所有,出租人仅是将物的使用、收益权让与承租人。仅在当事人双方有特别约定的情况下,承租人方可以在租赁期满时,取得租赁物的所有权。

2. 法律关系不同

附所有权保留条款的分期付款的买卖也是买卖合同的一种,仅有两方当事人,法律关系相对简单。融资租赁合同包括两个相互交错的合同和三方当事人,法律关系相对复杂。

3. 融资租赁合同租金的构成与分期付款买卖合同价金构成不同

《合同法》第243条规定:"融资租赁合同的租金,除当事人另有约定的以外,应当根据购买租赁物的大部分或者全部成本以及出租人的合理利润确定。"实践中,融资租赁合同中的租金构成包括标的物的买入成本、利息、保险费、手续费、利润等,一般要高于分期付款买卖的总价金。

4. 期间届满后标的物所有权归属不同

保留所有权的分期付款买卖,是以支付全部价金为移转标的物所有权的延缓条件。一旦条件成就,即买受人支付全部价金,标的物所有权便当然移转于买受人,无须另订协议。而融资租赁合同中,必须有特别约定,承租人方可于租赁期满时取得租赁物的所有权。

四、融资租赁合同的效力

融资租赁合同涉及三方当事人,因此在订立程序与一般合同有所不同。在融资租赁合同的订立中,一般来说,承租人应当首先选择供应商即租赁物的出卖人,与之商定买卖合同的条件;其次应当选定租赁公司即出租人,与出租人签订融资租赁合同。承租人与出租人签订委托协议,委托出租人依照自己确定的出卖人、购买租赁物的条件和具体要求同出卖人订立买卖合同。最后出租人以自己的名义与出卖人订立买卖合同,买卖合同须经承租人签名或盖章确认。因此,融资租赁合同须经三方当事人协商一致同意而成立。[①]

融资租赁合同成立后,经过有效性检验,即在出卖人、出租人、承租人三方当事人间发生效力,该效力主要是通过融资租赁合同的各方当事人所享有的权益和所负担的义务来具体体现。以下分述之。

(一)出卖人的权利和义务

---

① 参见郭明瑞、王轶:《合同法新论·分则》,中国政法大学出版社1997年版,第140页。

1. 出卖人的权利——向出租人收取价金

此为出卖人的主要权利。但须注意一点与买卖合同不同的地方，即买卖合同中标的物交付与价款支付的顺序是由当事人约定的，当事人若未约定则推定为同时履行。(《合同法》第 66 条前段)融资租赁合同中，应当出卖人先向承租人交付租赁物，然后再由出租人支付货款。如果出租人先支付了货款，租赁物交付后出现不符合承租人要求的情况，则货款风险与违约风险同时集中于出租人身上，利益配置上有失偏颇。因此，融资租赁合同中应当租赁物交付在先，货款支付在后。

2. 出卖人的义务

（1）向承租人交付租赁物

《合同法》第 239 条规定："出租人根据承租人对出卖人、租赁物的选择订立的买卖合同，出卖人应当按照约定向承租人交付标的物，承租人享有与受领标的物有关的买受人的权利。"由此可见，出卖人负有按照约定向承租人（而非作为买受人的出租人）直接交付标的物的义务，承租人应对租赁物进行受领和检验，这是融资租赁合同与买卖合同的一个重要区别。买卖合同中，出卖人交付标的物的义务是针对买受人；而融资租赁合同中，出卖人交付标的物的义务是直接针对承租人。实践中，交付一般以承租人向出租人发出租赁物的受领证为准，即当承租人从供应商处取得租赁物并向出租人发出租赁物受领证，视为出租人已经履行其交付义务。①

（2）承担租赁物的违约责任和瑕疵担保义务

《合同法》第 244 条规定："租赁物不符合约定或者不符合使用目的的，出租人不承担责任，但承租人依赖出租人的技能确定租赁物或者出租人干预选择租赁物的除外。"这说明，租赁物与约定不符，或有瑕疵导致其不能正常使用、收益的，出租人并无违约责任。这与一般租赁合同显然不同。这是因为融资租赁合同中的租赁物及出卖人都是承租人指定的，出租人只是根据承租人的指示进行购买，若租赁物不合乎承租人的需要，显然承租人应当自负其责。当然，如果当事人有约定，由出租人凭其经验、技能为承租人选择租赁物，或者出租人对承租人的选择有实质性干预，甚至擅自变更了承租人的指示，则出租人应当对租赁物不符合合同目的承担责任。

如果租赁物有质量瑕疵或发生其他违约情事，由承租人直接向出卖人寻求救济，而不能请求出租人负责。

（二）出租人的权利和义务

1. 出租人的权利

---

① 参见蔡庆辉：《试论融资租赁合同》，载《河北法学》1999 年第 3 期。

(1) 对租赁物的所有权

出租人作为买卖关系中的买受人,在租赁物交付给承租人以后的租赁期间,保有租赁物的所有权。《合同法》第 242 条规定:"出租人享有租赁物的所有权。承租人破产的,租赁物不属于破产财产。"换言之,融资租赁期间如果承租人破产的,租赁物并非承租人的破产财产,而应由出租人行使取回权。《合同法》第 250 条规定:"出租人和承租人可以约定租赁期间届满租赁物的归属。对租赁物的归属没有约定或者约定不明确,依照本法第六十一条的规定仍不能确定的,租赁物的所有权归出租人。"这也说明了出租人保有租赁物的所有权。

(2) 收取租金的权利

出租人具有向承租人收取租金的权利。《合同法》第 248 条规定:"承租人应当按照约定支付租金。承租人经催告后在合理期限内仍不支付租金的,出租人可以要求支付全部租金;也可以解除合同,收回租赁物。"可见,在承租人未支付租金,且在出租人催告后仍不履行的,出租人有两种选择:其一,要求承租人支付全部已到期和未到期的租金,从而使承租人丧失期限利益;其二,解除合同,收回租赁物,然后依合同解除制度处理。

另外,出租人还享有以下特殊的法律利益:第一,租赁物不符合约定或者不符合使用目的的,出租人不承担违约责任,但承租人依赖出租人的技能确定租赁物或者出租人干预选择租赁物的除外。第二,在承租人占有租赁物期间,租赁物造成第三人的人身伤害或者财产损害的,作为租赁物所有权人的出租人不承担责任。

2. 出租人的义务

(1) 依约定购买租赁物

出租人应当依照合同中对租赁物的规格、功能、质量、数量及出卖人等方面的约定,购买租赁物,以求能够满足承租人的需求。在履行此义务时,出租人不得擅自变更承租人的指示。

(2) 向出卖人付款的义务

向出卖人付款,是出租人在买卖合同中的主要义务。在这一点上,与一般买卖合同中的价金支付义务并无不同。

(3) 交付义务

融资租赁合同中,尽管出租人仍应负担向承租人交付租赁物的义务,但该项义务是由出卖人作为履行交付租赁物义务的履行辅助人来完成的。在出卖人直接向承租人交付标的物时,承租人一方面是在受领租赁物的交付,另一方面也是作为出租人的受领辅助人,辅助完成标的物的所有权人从出卖人向出租人的移转。

(4) 协助索赔义务

当出卖人不履行合同义务时，根据出租人、出卖人、承租人之间的约定，由承租人行使索赔的权利，承租人行使索赔权利的，出租人应当协助。

（三）承租人的权利和义务

1. 承租人的权利

（1）受领租赁物的权利

《合同法》第 239 条规定："出租人根据承租人对出卖人、租赁物的选择订立的买卖合同，出卖人应当按照约定向承租人交付标的物，承租人享有与受领标的物有关的买受人的权利。"在融资租赁合同中，出租人是形式上的买受人。但实际上，出租人不过是以融物手段向承租人提供融资者，其合同目的是收回融资并取得利润，而非取得租赁物所有权，租赁物所有权仅具有形式意义和担保功能。承租人才是实质意义上的买受人。因此，出卖人应当向承租人履行交付标的义务，而承租人具有受领租赁物的权利。

（2）占有、使用标的物的权利

《合同法》第 245 条规定："出租人应当保证承租人对租赁物的占有和使用。"该条确认了融资租赁合同中承租人在租赁期间对标的物的占有、使用、收益之权利。承租人的租赁权不仅可以对抗所有权，也可以对抗第三人的权利。租赁合同中的"买卖不破租赁"的规定，对融资租赁合同一样适用。

（3）对出卖人的直接索赔权

《合同法》第 240 条规定："出租人、出卖人、承租人可以约定，出卖人不履行买卖合同义务的，由承租人行使索赔的权利。承租人行使索赔权利的，出租人应当协助。"可见，承租人对出卖人的索赔权属于约定的权利，其产生的基础约定是出租人向承租人做出的债权让与合意。① 若当事人未就此进行约定，则承租人不享有对出卖人的直接索赔权。

（4）价值返还请求权

《合同法》第 240 条规定："当事人约定租赁期间届满租赁物归承租人所有，承租人已经支付大部分租金，但无力支付剩余租金，出租人因此解除合同收回租赁物的，收回的租赁物的价值超过承租人欠付的租金以及其他费用的，承租人可以要求部分返还。"也即，如果双方约定租赁期满租赁物归承租人所有，且承租人已经支付大部分租金，但却仅因部分租金不能支付而被出租人行使解除权的，这时，出租人固然可以收回租赁物，但由于租赁物的价值超出欠付租金，这种结果对承租人有失公平，故法律允许承租人请求返还部分金额。该金额应为租赁物的剩余价值与承租人欠付租金及其他费用的差额。

2. 承租人的义务

---

① 王轶编著：《租赁合同·融资租赁合同》，法律出版社 1999 年版，第 149 页。

(1) 支付租金的义务

《合同法》第 248 条规定:"承租人应当按照约定支付租金。承租人经催告后在合理期限内仍不支付租金的,出租人可以要求支付全部租金;也可以解除合同,收回租赁物。"融资租赁合同中的承租人所负担的最主要义务是支付租金,在这一点上与租赁合同相同。承租人支付租金的义务,以承租人通知出租人收到标的物的通知为生效条件,而不以承租人实际使用租赁物为条件。融资租赁合同中出租人所收取的租金,既不同于一般租赁合同的租金,又不同于买卖合同中标的物的价金。出租人所收取的租金一方面应收回其为购买租赁物所支出的全部或部分费用,另一方面要获取一定的营业利润。就第一项构成,在实践中,主要根据双方对租赁期间届满时租赁物的归属如何约定来决定。如果双方当事人约定,租赁期间届满时,租赁物的所有权即转归承租人所有,那么出租人所收取的租金应包括购买租赁物的全部费用;如果双方当事人约定,在租赁期间届满时,出租人有权收回租赁物或者承租人在租赁期限届满时再支付一部分价金方可取得租赁物的所有权时,出租人应收取的租金就只应包括购买租赁物的部分价金。当然,该项规定为任意性规范,得由当事人经由特约予以变更。租金的另一项构成——利润,应在一定合理的限度内。如果约定得过高,承租人得主张显失公平,以维护自己的利益。承租人不按照约定支付租金时,出租人得定合理期限要求承租人支付。经出租人催告,承租人在规定的期限内仍不支付租金的,出租人可采取以下两种救济措施:

第一,请求承租人支付到期和未到期的全部租金。承租人本应依约定按期交付租金,对于未到期的租金,出租人无权请求承租人支付,这是承租人享有的一种期限利益。但是,在承租人不依约定按时交付租金,并且经催告不交付时,承租人的期限利益即丧失。出租人不仅有权请求承租人支付已到期的租金,而且得请求承租人交付未到期的全部租金。

第二,解除合同,收回租赁物。出租人不选择请求承租人支付全部租金的,得解除合同,收回租赁物。因为出租人对于租赁物享有所有权,出租人的所有权具有担保其租金债权实现的功能,所以在因承租人一方违约,出租人解除合同时,出租人得收回租赁物。如果当事人已约定租赁期间届满租赁物归承租人所有,承租人已经支付大部分租金,但无力支付剩余租金,出租人因此解除合同收回租赁物的,并且收回的租赁物的价值超过承租人欠付的租金时,承租人可以要求部分返还。

(2) 对标的物的检验义务和保管义务

由于根据约定,承租人得享有与受领标的物有关的买受人的权利,因而,本应由作为买卖合同买受人的出租人所负担的及时检验义务,以及对于拒绝受领标的物的妥善保管义务,也转由承租人负担。

(3) 在占有租赁物期间承担维修租赁物的义务

与租赁合同不同,融资租赁合同具有较强的融资性,因此在融资租赁合同中,系由承租人,而不是由出租人履行占有租赁物期间的维修义务。

(4) 承担租赁物毁损灭失的风险

一般租赁合同中,租赁物毁损灭失的风险由出租人承担,但在融资租赁合同中,风险却由承租人承担。原因如前所述,在于融资租赁合同的本质——融资性。该合同出租人的目的,在于以融物为手段向他人融资,以求最终收回本金并取得适当利润。无论承租人是否事实上能够使用租赁物,承租人的租金支付义务都不得免除。因此,租赁物毁损灭失的风险实际上是由承租人承担的。

五、融资租赁合同的终止

(一) 终止的原因

融资租赁合同的终止原因与租赁合同一样,也包括租赁期限的届满、合同的解除等原因。但在发生租赁物因不可归责于当事人原因而消灭的情况下,两者存在重大区别。在租赁合同中,如没有特殊约定,一旦租赁物因不可归责于双方当事人的事由归于消灭,租赁合同即终止。在融资租赁合同中,当事人没有特别约定时,则由承租人负担租赁物毁损灭失的风险。因而,即使是租赁物因不可归责于双方当事人的事由而归于消灭,承租人仍应负担支付租金的义务,合同并未终止。从根本上说,这是融资租赁合同的融资属性决定的。

(二) 因租赁期间届满而终止时租赁物的归属

在融资租赁期间,出租人对租赁物享有所有权,但在租赁期间届满时,出租人和承租人可以约定租赁期间届满租赁物的归属。对租赁物的归属没有约定或者约定不明确,依照《合同法》第61条的规定仍不能确定的,租赁物的所有权归出租人享有。(《合同法》第250条)

出租人对租赁物的所有权仅具有形式意义,其主要功能在于担保出租人租金债权的实现。出租人购买该租赁物,本来就不是为了自己用益,其目的仅是为了以融物手段向他人融资,以求获得利润。融资租赁合同期间届满后,租赁物的残余价值本就不多,再返还给出租人,在出租人自己不能用益的情况下,反而构成出租人的一种负担。因此,法律允许当事人就租赁期间届满后租赁物的归属进行约定,并不必然要返还出租人。

第三节 借用合同

一、借用合同的概念和特征

(一) 借用合同的概念

借用合同,是指出借人和借用人约定,由出借人一方将物品无偿交付给借用人使用,借用人使用后将原物返还的合同。

大陆法系民法中一直存在使用借贷与消费借贷的区分。使用借贷是供他人使用且不毁损使用物的借贷,目的是转移物的使用权;消费借贷是因使用而消费标的物的借贷,目的是转移物的处分权。法国民法典将两种借贷统率于"借贷"概念之下,我国"台湾地区民法"效仿之。德国民法则将使用借贷与消费借贷分别规定,日本民法也将两者分别作为两种不同的有名合同。

我国大陆民法理论基于使用借贷系转移物的使用权,消费借贷系转移物的处分权这一根本差异,将两者区分为各自独立的两种有名合同。并在习惯上,将使用借贷称为借用,并在《民法通则解释》第 126 条①上肯定了这种合同形式;消费借贷则主要体现为《合同法》第 12 章借款合同。

(二) 借用合同的特征

借用合同具有以下法律特征:

1. 借用合同以转移物的使用权为目的

借用合同系以转移借用物之使用权为目的,而非以转移物之处分权为目的,这是借用合同与消费借贷合同的根本区别,也是借用合同与租贷合同的相似之处。借用人基于借用合同,可以对借用物进行使用,但是否可以对物进行收益?对此问题各立法例规定不一。我国通说认为,借用合同一般仅限于使用,而不包括收益目的,这正是借用合同为无偿合同的原因。但是,由于使用是指依物的性质和通常用途进行利用,如果借用物本身的正常用途就是创造收益,则应允许借用人收益。②

2. 借用合同的标的物一般为非消耗物

由于借用合同的目的在于转移物之使用权,合同期限届满原物仍须返还,因此借用合同的标的物一般应为非消耗物。这也是借用合同与消费借贷的一个重要区别。但须注意,如果借用人向出借人借得消耗物,而目的却不是为了消费,而是为了使用,则仍应构成借用。例如,甲从乙处借得货币用于消费,当然是消费借贷,但如果借的是旧版货币用于陈列展览,则构成借用。

3. 借用合同为无偿、实践、单务、不要式合同

借用人使用出借人之物,并不必支付任何代价,只须在合同期限届满时返还原物即可。如果借用人使用他人之物须支付对价的,则构成租贷。

双方当事人签订借用合同,除当事人双方达成合意以外,尚须出借人向借用

---

① 《民法通则解释》第 126 条:"借用实物的,出借人要求归还原物或者同等数量、质量的实物,应当予以支持;如果确实无法归还实物的,可以按照或者适当高于归还时市场零售价格折价给付。"

② 参见王家福主编:《中国民法学·民法债权》,法律出版社 1991 年版,第 652 页。

人交付借用物,该借用物的交付为借用合同的成立要件。若双方当事人达成借用的合意,但出借人反悔不交付标的物的,借用合同不成立,并不产生违约责任。借用合同的实践性,从根本上说是来源于其无偿性,由于出借人不能基于借用从对方得到任何对价,因此法律特以实践合同的方式,减轻了出借人承担责任的可能性。

由于借用合同为实践合同,因此出借人向借用人交付标的物并非合同的履行,而是借用合同的成立要件。当借用合同基于交付而成立,并产生效力以后,合同中就仅剩余借用人一方的妥善保管和按时归还的单方义务了。当然,从严格意义上说,出借人也并非没有义务,如出借人须容忍借用人的合理使用而不得任意干涉,出借人的瑕疵担保义务等。但是,以上义务并非与借用人的保管与返还义务构成对待给付关系,因此借用合同仍为单务合同。① 总之,借用合同是单务合同,这一点是借用合同的实践性决定的。

借用合同不要求特定形式,当事人以口头或书面签订均无不可,故为不要式合同。

二、借用合同的效力

(一) 出借人的权利义务

1. 请求返还借用物的权利

借用合同期限届满,出借人可以向借用人请求返还借用物。如果当事人未约定借用期限的,依《合同法》第 62 条第 4 项之规定,出借人可以随时要求返还,但须给借用人合理的准备时间。

2. 对借用人合理的使用行为的容忍义务

在借用合同存续期间,出借人须容忍借用人对其物的合理使用,此为借用人的基本义务。借用人不得以其所有权人的身份,干涉、妨害借用人之使用,否则应向借用人承担债务违反之责任。

3. 出借人的瑕疵担保义务

由于借用合同为无偿合同,因此若令出借人承担与买卖合同中出卖人相同的瑕疵担保义务,显然对出借人来说过于沉重。正如买卖合同的规则在其他有偿合同未规定之处有准用效力一样,典型的无偿合同——赠与合同的规则,对其他无偿合同也有准用的余地,借用合同也不例外。依《合同法》第 191 条,赠与的财产有瑕疵的,赠与人不承担责任。但是,赠与人故意不告知瑕疵或者保证无瑕疵,造成受赠人损失的,应当承担损害赔偿责任。由此推论,出借人对借用人

---

① 有学者用"不完全双务合同"概念来解释合同双方所负义务不构成对待给付的情况,但同时又强调,不完全双务合同并非双务合同,仍应属于单务合同类别。参见崔建远主编:《合同法》第 4 版,法律出版社 2007 年版,第 29 页。

的瑕疵担保义务,也应以故意不告知瑕疵或保证无瑕疵为限。

(二) 借用人的权利义务

1. 合理使用借用物的权利

这是借用人的主要权利。借用合同以转移物之使用权为目的,但借用人的使用须以合理为限,即以符合当事人的约定或依借用物的性质和通常用途来使用。如果违反了合理的界限,导致借用物产生不合理的损耗的,须对出借人承担债务违反责任。

2. 不得擅自转借的义务

借用人应当自己使用借用物,非经出借人同意,不得将借用物转借他人。如果借用人擅自将借用物转借的,应当确认此为一种根本违约行为,允许出借人解除合同。

3. 对借用物的妥善保管义务

借用合同存续期间,借用人应当对借用物承担妥善保管的义务,如果借用人因保管不善而导致借用物毁损的,应当对出借人承担损害赔偿责任。在借用人保管期间,必然有一个保管费用的承担问题。必要费用由借用人承担并无问题,但对于有益费用,借用人是否得请求出借人返还?有学者认为,有益费用也应当由借用人承担。因为借用合同为无偿使用他人之物的合同,借用人因使用而却不付代价,自应负担物的保管和维护的义务,在保管和维护中所支出的一切费用也都是由借用人自己自愿支出的,不得向出借人要求依法返还。① 以上观点,值得赞同。出借人将物借给他人使用时,并不预期获得对价,同样也不预期要支出费用,以上预期均应予以维护,否则借用合同便给出借人带来不可预测的风险,最终减弱了主体订立借用合同的意愿,减少了借用合同的被利用率。

4. 返还借用物的义务

借用人须于借用期限届满或合同被解除时,将借用物返还给出借人,这是借用人的基本义务。如果当事人未约定合同期限,则借用人应在出借人请求返还时予以返还。须注意,借用合同中的期限属于借用人的利益,因此,借用人可以放弃此种利益,也即在合同期限未届满时提前返还借用物,且并不因此承担违约责任。借用人返还借用物时,应保持借用物处于正常损耗后的状态,否则应基于保管义务的违反产生损害赔偿责任。如果在借用期内借用物产生孳息,该孳息应由所有权人收取。

【引导案例】

案情

---

① 郭明瑞、王轶:《合同法新论·分则》,中国政法大学出版社 1997 年版,第 213 页。

2001年10月1日，某市木材加工厂（以下简称加工厂）将其所有的三间公房分配给工程师王某一家居住。但王妻所在的纺织厂距加工厂较远，而且王妻常常上夜班，导致王某夫妇的工作和生活极不方便。与其情况相似，纺织厂的一个车间主任张某之妻在加工厂附近工作，住某市房产管理局的公房，该公房离纺织厂较近。2001年12月15日，王某征得加工厂厂长的同意与张某的三间公房相互对换，并且各自办理了租赁更名、过户等手续。2002年3月，某市房产管理局将王某当时居住的三间公房折价给王某所有。

2002年5月，加工厂也根据职工要求，将其所属公房折价出售给该厂职工，而且厂方规定，凡属该厂职工，无房户和住房拥挤户可优先购买，但并未通知张某。同年6月26日，加工厂在未征得张某同意的情况下便将其居住的三间公房出售给了该厂职工马某。6月29日，马某持买房合同书到市房产管理局办理了房屋过户手续并办理了房屋所有权证书。7月1日，马某持买卖房屋合同及房产所有权证通知张某搬迁让房。张某以该房系兑换取得并办理了有关手续，且对该房进行了大量维修等投资，加工厂出售公房未征得其同意，侵犯了其作为承租人的优先购买权为由，拒绝搬迁。由于加工厂和马某多次交涉引起了张某的不满，张某便向某市人民法院起诉，要求维护其承租权，并主张对该房屋享有优先购买权。

焦点

1. 该房是加工厂的公房，仅出售给本厂职工，具有福利性质。张某并无加工厂职工的身份，是否有资格购买该房？若本就无资格购买该房，则能否谈得上优先购买权？从另一个角度分析，是否无购买资格者与有购买资格者这一差异，直接就导致了"同等条件"这一优先购买权行使的核心要件无法具备。

2. 假设张某有优先购买权，该权利能否对抗取得房屋所有权登记和证书的马某？

3. 假设张某有优先购买权并且能够行使，由于加工厂卖给马某的房价是带有福利性质的低价，是否以此价格为标准认定"同等条件"？

评析

1. 张某与加工厂之间存在合法有效的租赁合同，张某据此享有了租赁权，并进而在加工厂出卖其房屋时拥有了优先购买权，以上并无异议。问题的核心，在于如何认识加工厂将其房屋出卖给本厂职工这一行为的性质？加工厂职工是否因此而享有了较之承租人优先购买权更为优先的权利？

加工厂将其房屋出卖给本厂职工，其本质是法人将其财产转让给雇员，雇员对雇主的财产并无法律上的优先权可言。加工厂在这里行使的，仅仅是任何一个合同主体均得享有的"选择合同对象的自由"，也即加工厂仅向本厂职工发出要约，仅特定的受要约人——本厂职工有权进行承诺，本厂职工以外的人并非适格的承诺主体,也就无法参与合同的订立。但是,接受要约的本厂职工并无法律上的任何优先权可言,也不能因此而否定承租人的优先购买权。

如何理解"仅本厂职工才有权购买本单位房屋"这样的表述?事实上,有本厂职工身份的人才是合格的买受人,这一交易前提是加工厂单方面设立的交易条件,并不能因加工厂单方面意思排除承租人的优先权。否则,承租人的优先权将形同虚设。例如,房屋所有人可以设定仅自己的朋友才有权购买自己出卖的房屋的条件,然后宣称承租人因并非自己的朋友而不具备"同等条件",从而排除承租人的优先权。推而广之,出租人还可以将同等条件设定为"自己的同学"、"自己的同事"、甚至"张姓买受人(因第三人姓张,而承租人不姓张)"。① 以上做法,等于废止了承租人的优先购买权制度。

因此,虽然加工厂向本厂职工出售本厂房屋是具有福利性质的行为,但加工厂也只是在向特定主体发要约,从而可以避免社会上的一般主体参与交易。然而,加工厂的行为并未使本厂职工享有任何法律上的优先权,承租人凭借其优先购买权,当然可以参与到交易中来。本厂职工身份,并非同等条件的构成要素,此类依出卖人单方意思设定的条件不具有排除优先购买权的效力。

2.《民法通则解释》第118条明确规定侵犯承租人优先购买权的房屋买卖合同"无效"。如正文分析,在解释上宜将该无效确定为相对无效,也即仅有承租人得基于行使优先购买权的目的,请求人民法院确认出租人与第三人之间的合同无效。我国物权法采债权形式主义的物权变更模式,所以一旦房屋买卖合同无效,即使进行了所有权的变更登记,房屋所有权也未转移。因此,承租人得在主张买卖合同无效的基础上,一并主张依照与第三人同样的购买条件,与出租人订立房屋买卖合同,第三人并无提出异议的余地。②

3. 虽然承租人可以行使优先购买权,但并不意味着房屋价格与出租人和第三人之间的合同价格完全同一。如正文所述,在何为"同等条件"问题上,有"绝对同等说"、"相对同等说"和"价格同一说"三说,而"价格同一说"居于通说地位。"价格同一说"说认为,同等条件主要是指价格的同一,如果出租人基于某种特殊原因给予了其他买受人一种较优惠的价格,而此种优惠能以金钱计算,则

---

① 须注意,《城镇房屋租赁合同解释》中有第三人的特殊身份打破承租人优先购买权的规定,即第24条:"具有下列情形之一,承租人主张优先购买房屋的,人民法院不予支持:……(二)出租人将房屋出卖给近亲属,包括配偶、父母、子女、兄弟姐妹、祖父母、外祖父母、孙子女、外孙子女的;"但显然,这种缩减了优先购买权效力范围的规则,只能是一种例外规定,不能无限推广;若任由当事人之意而无限推广之,等于废弃了房屋租赁人优先购买权制度。

② 须注意,若依《城镇房屋租赁合同解释》第21条,承租人是不能因自己优先购买权被侵害而要求宣告出租人与第三人的买卖合同无效的。但是在该解释第1条第3款对适用范围的限定中,明确"当事人依照国家福利政策租赁公有住房、廉租住房、经济适用住房产生的纠纷案件,不适用本解释。"而本案例正是因租赁公房产生的纠纷,故不在《城镇房屋租赁合同解释》适用范围内。正文是依法理进行分析。

应折合为金钱加入房价中,承租人提供了加成后的房价方为"同等条件";如果该特殊优惠不能以金钱计算,那么应以市场价格来确定房价。① 本案中,加工厂将本厂房屋折价卖给本厂职工,这即是一种基于特殊原因给予其他买受人的优惠价格,该优惠若能以金钱明确计算,则应折入房价,若不能用金钱计算,则应以市场价格来确定"同等条件"。

【练习案例】
案情
某石材厂为提高产品质量,需增加两台花岗岩薄材加工设备,因流动资金不足,就与某租赁公司商定,由租赁公司购买设备租赁给其使用。后某石材厂与某租赁公司正式签订了合同。合同中约定由华租赁公司出资购买石材加工设备租赁给石材厂使用,租赁期限为5年,自设备到厂后开始每6个月付一次租金。某租赁公司按照石材厂选定的厂家和购买了设备,石材厂收取设备后及时投产,并于6个月后向租赁公司支付了首批租金。但是,第二期租金到期后石材厂未付租金,租赁公司催告石材厂支付租金,石材厂则提出:自投产半年来,设备经常出故障,租赁公司应予以维修,使之能正常生产,否则不能支付租金。无奈,租赁公司诉至法院,要求石材厂支付到期租金。

问题
1. 本案中石材厂与租赁公司之间的合同关系是何性质?
2. 石材厂能否以设备出现故障,租赁公司未尽维修义务为由,不付或减少租金?为什么?

要点提示
须区分本案法律关系的本质是租赁还是融资,并在此基础上思考本案中当事人的权利义务构成。

【测试题】②
1. 甲将一间房屋租赁给乙,口头约定租期1年。半年后,甲将房屋卖给丙,丙之间签订了买卖合同,甲提前将此事通知了乙,乙并未行使优先购买权。丙办理变更登记手续并取得所有权后,遂要求乙限期搬出,有无理由?
  A. 有,丙为房屋所有权人,乙为租赁权人,物权优于债权
  B. 无,租期未届满
  C. 有,不定期租赁出租人可在留合理期限之后解除合同

---

① 参见王利明主编:《中国民法案例与学理研究》(物权篇),法律出版社1998年版,第134页。
② 参考答案:1. C 2. AC 3. BD 4. C

D. 无,买卖不能打破租赁

2. 冯某与张某口头约定将一处门面房租给张某,租期 2 年,租金每月 1 000 元。合同履行 1 年后,张某向冯某提出能否转租给翁某,冯某表示同意。张某遂与翁某达成租期 1 年、月租金 1 200 元的口头协议。翁某接手后,擅自拆除了门面房隔墙,冯某得知后欲收回房屋。下列选项哪些是正确的?

A. 冯某与张某的租赁合同为不定期租赁
B. 张某将房屋转租后,冯某有权按每月 1 200 元向张某收取租金
C. 冯某有权要求张某恢复原状或赔偿损失
D. 冯某有权要求翁某承担违约责任

3. 孙某在老家有一套门面房准备用于出租。朋友李某称他的妻子没有工作,想开一个小商店,但一时找不到房子,于是孙某便把门面房租给了李某的妻子。由于朋友关系,所以房租比市场价低好多,每月只有 500 元。双方签订租赁协议规定了房屋的用途、租赁期限和有关房屋修缮方面的条款。一年之后,孙某听说李某根本没让他妻子开商店,而是将他的房屋高价租给了卢某,租金高达 1 200 元。孙某就找到李某,要求他和卢某解除合同,并把房子退还。但李某认为自己和孙某之间有租房协议,协议并未到期,且自己也每月一分不少地交着房租,自己在协议期间有权决定如何利用该房屋,不同意解除协议。双方发生争议,此案应如何处理?

A. 出租人无权解除合同
B. 出租人有权解除合同
C. 转租收益归出租人
D. 转租收益归承租人

4. 甲公司急需一台大型推土机,故与乙租赁公司签订一项融资租赁合同。甲在合同中向乙指明,乙须购买丙机械厂生产的某型号推土机一台。但乙在履行合同中,发现丙机械厂该型号的推土机有安全隐患,于是自行决定另行购买了丁机械厂生产的一种替代产品,并由丁机械厂向甲公司交付。在甲公司使用中,该产品出现质量问题,甲公司可以怎样主张救济?

A. 甲公司只能要求乙公司承担责任
B. 甲公司只能要求丁公司承担责任
C. 甲公司可以要求乙公司或丁公司承担责任
D. 甲公司可以要求乙公司和丁公司承担连带责任

【延伸阅读】

1. 李永军、易军著:《合同法》,中国法制出版社 2009 年版。
2. 崔建远主编:《合同法》第 4 版,法律出版社 2007 年版。

3. 陈小君主编:《合同法学》,高等教育出版社2003年版。
4. 隋彭生:《合同法要义》,中国政法大学出版社2005年版。
5. 苏号朋:《合同法教程》,中国人民大学出版社2008年版。
6. 王轶编著:《租赁合同·融资租赁合同》,法律出版社1999年版。
7. 易军、宁红丽:《合同法分则制度研究》,人民法院出版社2003年版。

第十二章　旨在完成工作成果的合同

【本章导学】

以提供劳务为本质的合同，又可大致分为两类。一类是单纯地提供劳务，典型如委托合同；另一类是提供劳务者须将其劳务凝结在一定的物化工作成果中，并将该工作成果交付于委托方，才算完成合同的履行，典型如承揽合同。后者即为本章的叙述对象，我们称之为"完成工作成果的合同"。

"旨在完成工作成果的合同"包括承揽合同与建设工程合同两种。其中承揽合同居于通则地位，故为本章学习的重点，其中承揽合同的效力问题尤为重要。难点有以下两处：(1)承揽合同的人身信赖性，以及由此派生的承揽人亲自完成承揽工作的义务和委托人的特别法定解除权。(2)建设工程合同中的法定抵押权及其效力。

第一节　承揽合同

一、承揽合同的概念

承揽合同是承揽人按照定作人的要求完成工作，交付工作成果，定作人给付报酬的合同(《合同法》第251条)。其中，定作人是接受工作成果并向对方给付报酬的一方当事人，承揽人是按照对方的要求完成工作并交付工作成果的一方当事人。

需对这里的"交付"的含义加以说明。在买卖合同中，交付是指标的物的占有的移转。可见，交付是对有体物而言的。而在承揽合同中，固然有些合同给付的标的涉及有体物，工作成果可以"交付"；但有些合同，如口译合同、测试合同等，这些合同就不涉及标的物的交付，只涉及工作的完成。可见，《合同法》第251条的表述未尽其义。反观《德国民法典》第631条第1款，"因承揽合同，承揽人负有完成约定的工作的义务，定作人负有支付约定支付的报酬的义务。"可见承揽人履行债务并不以交付工作成果为必要，只需完成合同所约定的工作即可。因而，我们在理解承揽合同这一概念时，应将"交付"一词的含义理解为完成工作，令定作人接收到工作成果的利益，尤其是对于那些工作依其性质无需交付的承揽合同，承揽人对约定工作的完成即视为交付工作成果。①

---

① 参见李永军、易军著：《合同法》，中国法制出版社2009年版，第535页。

独立的承揽合同并非自古就有。在罗马法中,承揽被视为劳动力的租赁,因此承揽属于租赁合同的一种。《法国民法典》沿袭了这一观念,将租赁契约分为物的租赁契约和劳动力的雇佣契约,同时规定,为完成一定的工程而支付一定报酬合同,由工程定作人供给材料的,视为租赁。直至《德国民法典》,承揽合同才从租赁合同中独立出来。《德国民法典》第 631 条规定,因承揽合同,承揽人负有完成约定的工作的义务,定作人负有支付约定的报酬的义务。承揽合同的标的,既可以是某物的制作或变更,也可以是其他劳动或劳务给付所引起的结果。至此,承揽合同成为独立的有名合同。①

二、承揽合同的特征

承揽合同的特征有以下几个方面:

(一)承揽合同是以完成一定的工作成果为标的的合同

在承揽合同法律关系中,承揽人凭借自己的能力、技术、设备等条件,按照定作人的要求,为定作人提供劳务,满足定作人的需求,完成约定的劳动成果。所以说,承揽合同是典型的提供劳务的合同。② 不仅如此,与其他提供劳务的合同不同,定作人订立承揽合同不是为了获得承揽人提供的劳务本身,而是为了特定的获得劳动成果。因此,若承揽人虽然提供了劳务,但未能通过劳动或提供劳务促成特定的成果,或者虽然取得了成果,但在交付之前意外灭失,则承揽人并未履行约定的义务,也无权向定作人请求支付报酬。这一点也是承揽合同区别于其他提供劳务的合同或者说工作给付合同的重要特征。

(二)承揽合同的订立以当事人之间的信赖关系为基础

承揽合同作为提供劳务的合同,以承揽人通过自己的能力、技术、设备等条件为定作人提供工作成果为内容,这就意味着定作人订立合同是基于对承揽人完成工作的条件的信任,因而这种工作的完成主体具有一定的不可替代性。通常情况下,承揽人不能随意将工作交由他人来完成,因为定作人与第三人之间没有这种信赖基础,若承揽人未经定作人同意,擅自将承揽的主要工作交给第三人完成的,定作人可以解除合同。

(三)承揽合同是有名合同、诺成合同、双务合同、有偿合同、不要式合同

承揽合同是有名合同,由合同法分则专章调整。承揽合同是诺成合同,其成立不以交付标的物为要件,仅需当事人之间达成合意合同即成立,并对当事人产生法律约束力。承揽合同是双务合同,根据承揽合同的内容,承揽人须完成和交付工作成果,定作人须给付报酬,双方当事人所负义务具有对待给付性质,即各方当事人享有的权利与承担的义务相对应,同时,一方当事人享有的权利即为另

---

① 参见崔建远主编:《合同法》第 4 版,法律出版社 2007 年版,第 426 页。
② 崔建远主编:《合同法》第 4 版,法律出版社 2007 年版,第 425 页。

一方当事人承担的义务。承揽合同是有偿合同,在德国民法典中,一方合同当事人为另一方合同当事人提供劳务,而对方无需给付报酬的合同不是承揽合同而是委任合同;①根据我国合同法对承揽合同的定义,承揽合同也以有偿为要件,当事人在合同中可以约定报酬的数额,没有约定的也可以嗣后协商或依据交易习惯来确定,或者适用《合同法》第62条的补充性规定,均不影响合同的有偿性。承揽合同是不要式合同,其订立可以采用口头形式,也可以采用书面形式,不影响合同的效力。

（四）承揽合同具有多样性

承揽合同的样态繁多,有在定作人不动产上进行的施工,有在定作人动产上进行的维修加工,也有不依托载体来体现的劳务,如口译、鉴定等。众多的合同样态中常常存在各种特有问题,这些问题往往不能用承揽合同的一般性规范来调整,而需要法律制定特殊规范。于是,一些承揽合同就独立出来构成独立的有名合同。建设工程合同也以完成一定的工作成果为内容,但由于建设工程经济价值大,国家监管力度较强,合同订立的过程需要招投标等程序,所以我国合同法将其单独调整。运输合同也以完成一定的工作成果为必要,也就是使特定人或物发生约定的位移,②但是由于其归责要件的特殊性,我国合同法也将其单独列出（我国合同法学理上一般将运输合同归为不以完成特定工作成果为要件的劳务供给的合同,盖因其对工作结果的强调性较弱）。另外,《德国民法典》也对旅游合同进行了专门调整。③ 在合同法对前述合同已经做了专门规定的前提下,在适用法律时就应该遵循特别法优于普通法的原则,而在特别法没有规定时,适用一般法即承揽合同的一般规定。

三、承揽合同与其他合同的区别

（一）承揽合同与买卖合同

承揽合同也可能如买卖合同一样,包含涉及转移所有权的内容。我国合同法规定的定作合同或者说工作物供给合同就是先由承揽人原始取得工作成果的所有权,再由定作人继受取得。但是,承揽合同与买卖合同相比,仍有以下显著区别:

1. 承揽合同中承揽人的主要是完成定作人要求的工作成果,当合同涉及权利转移时,承揽人才负担转移工作成果所有权的义务。而买卖合同的主要义务

---

① 参见[德]迪特尔·梅迪库斯著:《德国债法分论》,杜景林、卢谌译,法律出版社2007年版,第243页。

② 参见[德]迪特尔·梅迪库斯著:《德国债法分论》,杜景林、卢谌译,法律出版社2007年版,第329页。

③ 参见[德]迪特尔·梅迪库斯著:《德国债法分论》,杜景林、卢谌译,法律出版社2007年版,第301-315页。

就是转移标的物的权利。

2. 承揽合同中,标的物通常是特定的;买卖合同当中,标的物既可以是特定物,也可以是种类物,只要标的物在交付之前特定化即可。

3. 承揽合同中,定作人可以向承揽人提出工作要求;买卖合同中,买受人只能根据现存的商品来选择是否购买,而不能给出卖人提出商品生产的要求。

4. 承揽合同中,定作人可以检验、监督承揽人的工作,只要不妨碍承揽人工作即可;买卖合同当中,买受人无权干涉所购物品的生产过程和质量标准,当产品出现瑕疵时,只能事后要求出卖人承担责任。

5. 承揽合同是基于信任关系而订立的合同,承揽人不得擅自将主要工作再承揽,否则定作人可以行使任意解除权;买卖合同仅为交易的关系,并不以信任关系为合同基础。

6. 承揽合同当中的风险负担,以物权是否发生变动为标准区分,分别遵循交付主义和所有人主义的风险负担规则;买卖合同除有相反约定外,自标的物交付时风险发生转移。

(二) 承揽合同与雇佣合同

承揽合同与雇佣合同均以提供劳务为其本质,但两者有以下区别:

1. 雇佣合同的标的是提供劳务,而承揽合同的标的是提供劳动成果。也就是说,雇佣合同注重的是提供劳务的过程,承揽合同注重的是劳务的结果。对于雇用而言,无论劳动结果是否发生,都不影响受雇人请求支付报酬。而承揽合同,一般而言,特定的工作结果不发生,承揽人不得行使报酬请求权。

2. 雇佣合同和承揽合同都有人身属性,但雇佣合同的人身属性比承揽合同更强。雇佣合同当中,受雇人必须听从雇佣人的指挥和监督;承揽合同中,承揽人虽然也要听从定作人的工作要求,但是定作人通常提出的工作要求只涉及材料的选择、工作成果的标准等原则性的要求,而不涉及对具体的劳动程序、方法的要求,毕竟承揽人是以自己的能力、技术、设备等条件完成工作的。另外,承揽合同虽然不允许承揽人随意将工作再承揽,但再承揽辅助工作或经定作人同意再承揽主要工作是适法的;而雇佣合同则无例外地要求受雇人亲自完成工作。

3. 雇佣合同中,受雇人在执行职务的过程中侵害他人的权利,由雇佣人承担责任;承揽合同中,承揽人在完成工作过程中侵害他人权利,承揽人自己承担责任,仅当定作人对定作、指示或者选任有过失时,承担相应的赔偿责任。

四、承揽合同的分类

承揽合同样态繁多,学者魏尔斯对常见的承揽合同做了以下区分:"在定作人的设施上实施的工作(安装、维护、清洁);在定作人交付的物上实施的工作,如清洁或汽车修理;手工业工作,如摄影工作或者开锁工作;脑力劳动,如鉴定、规划、翻译、市场调研、艺术演出及活动,也包括制作个人性的电脑程序;赢利事业加工,如金属加工、模型建造和分析工作;具有潜在身体结果损害的工作物(较好的表达应当是:与定作人的身体有关联的工作)如眼镜师、牙科技师、理发师和按摩师的给付;建筑工作,如建筑师的给付、安装、混凝土浇筑和挖掘工作;其他工作,如运输和伐木。"① 如此多的种类需要我们对承揽合同进行合理的分类方能妥善调整。学理上一般对承揽作如下分类:

(一)一般承揽与特别承揽

一般承揽与特别承揽是德国民法典当中对承揽合同的分类。一般承揽是指单纯地由承揽人给付一定的劳务,完成一定的工作成果,定作人给付报酬的合同。特别承揽是在一般承揽的基础上附加一定特殊的情形。包括工作物供给、不规则承揽、次承揽等。②

工作物供给合同,是指承揽人按照定作人的要求加工制作自己提供的材料,将工作成果交付定作人,并向定作人收取报酬的合同。它与一般承揽的区别即在于材料的提供方不同。由于工作物供给合同是由承揽人提供材料,加工后将工作物交付定作人,因而工作物被制作出来后,由承揽人原始取得,然后由承揽人转让给定作人。正因如此,工作物供给合同兼具承揽合同和买卖合同的性质。工作物供给合同究竟应适用何种规则调整,应考察当事人的真实意思,若意思不明,则关于工作物完成的法律关系的调整适用承揽合同的规定,关于工作物所有权转让的法律关系的调整适用买卖合同的规定。但是,若承揽人提供的材料价值很小,如螺丝钉,那么显然,承揽人提供材料不是为了出售该物,而是为了辅助并完成承揽工作,此种情况下,该合同应适用承揽合同规则来调整。③ 在原《德国民法典》中,工作物供给合同和一般承揽合同的规则相区别,但经过债法现代化,新法中不再区分承揽合同中是否约定由定作人提供材料,而将承揽合同置于买卖合同的规则之下,究其原因,是为了"阻止下述意图:即使类似于买卖的合同摆脱关于消费品买卖的强行性规定",④ 从而使消费者权利得到更加周延的保护。

(二)直接承揽与次承揽

根据承揽人的选择方式的不同,承揽可以分为直接承揽与次承揽。直接承揽是指定作人直接选任承揽人完成某种工作成果,该承揽人为主承揽人;次承揽是指主承揽人将所承揽的工作的一部或全部交由第三人完成,也称再承揽,该第三人称为再承揽人或次承揽人。⑤ 前文已述,承揽合同以当事人之间的信赖关

---

① [德]迪特尔·梅迪库斯著,杜景林、卢谌译:《德国债法分论》,法律出版社2007年版,第283、284页。
② 参见李永军、易军著:《合同法》,中国法制出版社2009年版,第537页。
③ 参见李永军、易军著:《合同法》,中国法制出版社2009年版,第537、538页。
④ [德]迪特尔·梅迪库斯著,《德国债法分论》,杜景林、卢谌译,法律出版社2007年版,第299页。
⑤ 参见李永军、易军著:《合同法》,中国法制出版社2009年版,第539页。

系为基础,承揽人凭借自己的技术、能力、设备等条件完成定作人所交托的工作。承揽人不能随意将工作交由他人完成。但有两种情况例外,可以构成适法再承揽:

1. 承揽人可以将辅助工作交由第三人完成

《合同法》第 254 条规定承揽人可以将其承揽的辅助工作交由第三人完成。承揽人将其承揽的辅助工作交由第三人完成的,应当就该第三人完成的工作成果向定作人负责。在这里,辅助工作的界定成为重要的问题。一般来说,辅助工作的确定要从质与量两方面来确定。从质的角度看,辅助工作是不影响合同目的实现的工作,其完成的质量对总体工作的质量不起决定性作用,或者其技术要求不高;从量的角度来看,辅助工作占定作人交托的工作的比重不大。这样的工作交由第三人完成,不会影响工作成果的完成,因而其再承揽也无需事先征求定作人的同意,定作人不能因承揽人将辅助工作交由第三人完成而解除与主承揽人之间的。尽管如此,定作人仅与主承揽人有合同关系,与再承揽人之间没有合同关系,依据合同相对性原理,主承揽人应对第三人完成的工作成果向定作人负责。

2. 经定作人同意,主承揽人可以将承揽的主要工作交由第三人完成

与辅助工作不同,主要工作的关系到整体工作的质量,其再承揽必须经过定作人的同意。定作人可以根据自己对第三人的信任程度决定是否同意将工作的主要部分交由第三人完成。合同是当事人意思自治的体现,在定作人同意的情况下,承揽人可以将工作的主要部分交由第三人,并且不发生违约责任。依照现有法律规定,主承揽人就第三人的工作成果向定作人负责。[①]

除以上两种情况之外,承揽人在紧急情况下,能否为了定作人的利益再承揽?我国《合同法》对此没有明确。若遇紧急情况,承揽人不能及时联系定作人,如果不允许承揽人将工作再承揽,实际上将不利于保护定作人的利益。此时,应参照委托合同中,受托人在紧急情况下为了委托人的利益可以将委托事务转委托的相关规定[②]。我们以为,在承揽合同法律关系中,也应将紧急情况下的再承揽作为适法再承揽的一种情况。

在适法再承揽情况下,定作人不能解除与承揽人之间的合同。由于定作人与再承揽人之间没有合同关系,因此承揽人应就再承揽人的工作成果向定作人负责。主承揽人与再承揽人之间成立新的承揽合同,再承揽人有义务向主承揽

---

① 《合同法》第 253 条第 2 款规定:"承揽人将其承揽的主要工作交由第三人完成的,应当就该第三人完成的工作成果向定作人负责;未经定作人同意的,定作人也可以解除合同。"

② 《合同法》第 400 条规定:"受托人应当亲自处理委托事务。经委托人同意,受托人可以转委托。转委托经同意的,委托人可以就委托事务直接指示转委托的第三人,受托人仅就第三人的选任及其对第三人的指示承担责任。转委托未经同意的,受托人应当对转委托的第三人的行为承担责任,但在紧急情况下受托人为维护委托人的利益需要转委托的除外。"

人为给付，并有权请求主承揽人支付报酬。

前述情况以外的承揽人擅自再承揽为不适法再承揽。不适法再承揽的情况下，由于承揽人未履行合同的主要义务，构成根本违约，因此定作人有合同解除权。如果定作人选择解除合同，则其与承揽人之间的承揽合同法律关系消灭，若有损失，定作人还可以要求承揽人赔偿。如果定作人选择不解除合同，合同继续有效，当事人仍是定作人和主承揽人，由主承揽人对第三人的工作成果向定作人负责。须注意，纵然再承揽未经定作人同意，再承揽合同亦属有效而非效力待定，若再承揽合同涉及对物的处分，处分行为构成无权处分，该处分行为效力待定，但不影响再承揽合同的效力，这是物权行为与债权行为相区分的原则决定的。同时，若定作人解除合同导致再承揽合同目的落空，主承揽人解除再承揽合同须向再承揽人承担违约责任。

（三）规则承揽与不规则承揽

在材料由定作人提供的情况下，根据承揽人是否可以替换材料为标准可以将承揽分为规则承揽和不规则承揽。所谓规则承揽，是指承揽人不能将定作人提供的材料替换的承揽；不规则承揽，是指承揽人可以用相同种类、数量、品质的材料替代定作人提供的材料的承揽。我国合同法没有对这种合同分类进行规范。学理上一般认为，在规则承揽中，原材料由定作人提供，归定作人所有，承揽人完成的工作物的所有权自始归定作人所有；不规则承揽中，定作人向承揽人交付材料后，材料所有权转移给承揽人，承揽人原始取得工作物，定作人只能既受取得工作物。至于材料的风险，在规则承揽中，由不可归责于双方当事人的事由造成材料损毁灭失的风险始终由定作人承担；在不规则承揽中，一般认为，材料的风险自材料交付承揽人时起转移给承揽人承担。关于不规则承揽的法律性质，一种观点认为，属于纯粹的承揽；另一种观点则认为，属于承揽和互易混合合同，即关于完成工作的部分为承揽，关于材料代替部分则为互易。①

（四）单独承揽与共同承揽

根据承揽合同中承揽人一方的人数多少，可以将承揽分为单独承揽和共同承揽。单独承揽是指在一个承揽合同法律关系中，仅有一个承揽人的承揽。共同承揽是指在一个承揽合同法律关系中，有多个承揽人共同承揽一项工作，除另有约定外，对定作人承担连带责任的承揽。在共同承揽中，数个承揽人共同作为合同一方当事人与定作人签订承揽合同，若定作人与多个承揽人分别签订了承揽合同，则为多个单独承揽，而非共同承揽。共同承揽人可以通过内部协议约定各自的责任范围，但是该内部协议不能对抗定作人。另须注意，再承揽合同关系中的再承揽人不属于共同承揽人，因为共同承揽人向定作人承担连带责任，而再

---

① 参见李永军、易军著：《合同法》，中国法制出版社2009年版，第541页。

承揽人不直接向定作人承担责任,他只对主承揽人负责。

(五)我国《合同法》对承揽合同的分类

《合同法》251条列举了六种常见的承揽合同,以下分别加以介绍:

(1)加工合同,是指由定作人提供材料,承揽人凭借自己的能力、技术、设备等条件将材料加工成符合定作人要求的成品交付定作人,并向定作人收取报酬的合同。定作人根据自己的需要选择并提供材料,承揽人不得擅自更换定作人提供的材料。

(2)定作合同,是指由承揽人自己准备原料,凭借自己的能力、技术、设备等条件将材料加工成符合定作人要求的成品交付定作人,并向定作人收取报酬的合同。定作合同的材料由承揽人提供,正是前文所介绍的工作物供给合同,其与加工合同的区别就在于材料的提供方不同。定作合同可以由承揽人提供几种材料由定作人选择,一旦定作人选定某种材料,承揽人不得擅自更换。

(3)修理合同,是指定作人将已经损坏的物品交由承揽人修理,并支付报酬的合同。修理合同零件可以由承揽人提供,也可以由定作人提供。如果由承揽人提供,那么定作人给付的报酬是否包括零件的成本?这要根据合同的约定或交易习惯来确定,如果没有约定,双方也没有交易惯例,那么应当认为定作人除支付报酬外,不必另外支付零件成本。事实上,报酬一般已经将成本计入了。

(4)复制合同,是指定作人提供样品,承揽人按照定作人的要求,依样制作若干份仿品交付给定作人,并向定作人收取报酬的合同。复制有不同的形式,如模型制作、图画临摹、文本复印等。需要注意的是,复制合同的内容还须符合有关知识产权法的规定,如《著作权法》等,不能侵犯他人的知识产权。

(5)测试合同,是指承揽人凭借自己的技术、仪器、设备等,按照定作人的要求,对定作人指示的项目进行测试,并将测试结果交付定作人,向定作人收取报酬的合同。

(6)检验合同,是指承揽人按照定作人提供的标准,对定作人提出的特定事物的性能的进行检验,向定作人交付检验结果,并收取报酬的合同。

显然,以上六项并未穷尽所有的承揽合同的类型,翻译、医疗、建设工程等重要的承揽合同类型《合同法》并未罗列出来。这其中有的合同因其特殊性已被单独列为一章或另有规范调整,有的合同仍须适用承揽合同这一章的规范来调整。

五、承揽合同对承揽人的效力

(一)完成承揽约定工作的义务

1. 按照约定的时间完成工作

合同订立后,承揽人应如约完成工作,合同对完成工作的期限有约定的,承揽人应在规定的期限内完成工作;合同对完成工作的期限没有约定的,当事人可以按照《合同法》第61条规定协议补充,或者按照有关条款或交易习惯确定。

按照第 61 条的规定仍无法确定的,履行期限应按照第 62 条第 4 款的规定"履行期限不明确的,债务人可以随时履行,债权人也可以随时要求履行,但应当给对方必要的准备时间"来确定一个合理的履行期限。承揽人未在约定期限或合理期限内完成工作的,定作人可以要求承揽人按照约定交纳违约金或赔偿损失。定作人可以催告承揽人履行债务,经催告后在合理的期限内承揽人仍未完成工作的,定作人可以解除合同。如果因为定作人的原因导致承揽工作不能按照约定时间完成,承揽人不承担违约责任。这主要存在于以下四种情况:

(1) 合同约定应当由定作人提供材料,而定作人未按照约定时间提供材料或者提供的材料不符合约定的,必须重新替换而导致承揽人不能如期履约的情况。

(2) 定作人提供的图纸、技术等要求不合理,承揽人需要通知定作人,等待定作人进一步指示的情况。

(3) 定作人中途变更承揽工作要求的情况。

(4) 承揽工作需要定作人协助而定作人没有按照约定履行协助义务时,承揽人无法完成约定工作的情况。

在以上四种情况下,定作人不能以承揽人未按期完成承揽工作而解除合同,但定作人对合同有任意解除权,即便承揽人没有违约,定作人也可以解除合同;只是对该承揽人造成损害的,应当赔偿承揽人的损失。

2. 承揽人应当亲自完成承揽工作

前文已述,承揽合同具有一定的人身信赖性,即承揽合同的订立是以当事人之间的信赖关系为基础,承揽人应通过自己的能力、技术、设备等条件,亲自完成定作人要求的工作成果,一般不能将工作交由第三人完成。再承揽分为三种情况,辅助工作的再承揽,经定作人同意的主要工作再承揽和主要工作未经定作人同意的再承揽。其中前两种为适法再承揽,后一种为不适法再承揽。关于再承揽的法律后果,依照我国《合同法》253、254 条的规定,在三种再承揽的情况下,皆由主承揽人就再承揽人的工作成果向定作人负责,区别仅在于,如果承揽人不适法再承揽,定作人可以解除合同。承揽人不适法再承揽属于重大违约行为,定作人可以解除合同自不必论。这里需要讨论的是,三种再承揽情况下,皆由主承揽人就再承揽人的工作成果向定作人负责是否妥当。

在辅助工作的再承揽的情况下,承揽人将工作再承揽并非定作人的意思,法律仅因辅助工作对整体工作的质量影响不大才允许之,定作人没有与再承揽人缔结合同的意思,其仅与主承揽人之间存在合同关系,与再承揽人之间没有合同关系,依据合同相对性原理,承揽人应就定作人交托的工作向定作人负责;同样,再承揽人也仅与主承揽人之间成立承揽合同关系,其不就自己的工作成果向定作人负责。可见,《合同法》对辅助工作的再承揽的法律后果的规定是妥当的,承揽人应就再承揽人的工作成果向定作人负责。

然而,对于定作人同意的情况下主要工作的再承揽,《合同法》也要求承揽人就再承揽人的工作成果向定作人负责就有失公允了。定作人同意承揽人将工作再承揽的情况下,承揽人的工作已经由完成工作成果变更为选定合格的再承揽人,只要承揽人在再承揽人选任和对再承揽人的指示上没有过错,承揽人就已经履行了义务。① 在这里,应当类推适用《合同法》第 400 条的规定:"受托人应当亲自处理委托事务。经委托人同意,受托人可以转委托。转委托经同意的,委托人可以就委托事务直接指示转委托的第三人,受托人仅就第三人的选任及其对第三人的指示承担责任……"至于定作人和再承揽人之间的关系,由于定作人已经同意承揽人将工作再承揽,再承揽人也同意完成由承揽人交托的定作人的工作,因而承揽人与定作人之间形成了一种类似于间接代理的关系,承揽合同可以约束定作人和再承揽人。在这里可以类推适用《合同法》第 402、403 条的规定,"受托人以自己的名义,在委托人的授权范围内与第三人订立的合同,第三人在订立合同时知道受托人与委托人之间的代理关系的,该合同直接约束委托人和第三人,但有确切证据证明该合同只约束受托人和第三人的除外"。"受托人以自己的名义与第三人订立合同时,第三人不知道受托人与委托人之间的代理关系的,受托人因第三人的原因对委托人不履行义务,受托人应当向委托人披露第三人,委托人因此可以行使受托人对第三人的权利,但第三人与受托人订立合同时如果知道该委托人就不会订立合同的除外。受托人因委托人的原因对第三人不履行义务,受托人应当向第三人披露委托人,第三人因此可以选择受托人或者委托人作为相对人主张其权利,但第三人不得变更选定的相对人"。从而使再承揽人在知道定作人的情况下直接向定作人负责,主张权利;在不知道定作人的情况下,经承揽人的披露,可以向定作人主张权利,就其工作对定作人负责。

在未经定作人同意的主要工作的再承揽情况下,和第一种情况相似,承揽人交托给第三人完成是违背定作人的意思的,且如果第三人未能如约完成工作,承揽人的可归责性是很大的,所以在这种情况下,承揽人不仅要对第三人的工作成果向定作人负责,而且定作人还可以解除基于双方信任关系而订立的合同。

3. 承揽人应当按照约定的质量完成工作

承揽人完成的工作成果一定要符合定作人要求。如果承揽人交付的工作成果不符合质量要求的,定作人可以要求承揽人承担修理、重作、减少报酬、赔偿损失等违约责任。(《合同法》第 262 条)这里有以下几个问题需要注意:

首先,承揽人完成工作成果应当符合约定的质量标准,如果当事人没有约定或者约定不明确的,可以协议补充;不能达成补充协议的,按照合同有关条款或

---

① 参见李永军、易军著:《合同法》,中国法制出版社 2009 年版,第 546 页。

者交易习惯确定。(《合同法》第 61 条)按照上述规则仍不能确定的,"按照国家标准、行业标准履行;没有国家标准、行业标准的,按照通常标准或者符合合同目的的特定标准履行。"(《合同法》第 62 条)也就是说从主观角度讲,承揽人完成的工作成果应符合合同约定;从客观角度讲,承揽人完成的工作"适合于通常的使用,且具有同种的工作通常所具有的、定作人能够按工作的种类而预期的性质",①否则无论承揽人是否有过错,其工作成果就是有瑕疵的,承揽人就应当对定作人承担责任。正因如此,有学者认为,当承揽人完成的工作成果不符合约定质量时,应承担的责任是物的瑕疵担保责任。

其次,关于承揽人未按约定的质量完成工作时责任的性质,《合同法》第 262 条规定为违约责任,但学界对此有不同的见解。有的学者认为此处应为物的瑕疵担保责任②,有的学者认为承揽人应承担违约责任,因为"该条与我国《合同法》第 111 条关于不完全给付的规定基本相同,不宜认定为有关承揽人物的瑕疵担保责任的规定,而是有关承揽人不完全给付责任的规定。此种定性不仅有助于简化法律适用关系,而且也契合大陆法系有关承揽合同的最新立法精神……"③还有的学者认为此处发生违约责任和瑕疵担保责任的竞合,定作人可以选择其一请求承揽人承担责任。④ 之所以出现以上观点的纷争,是因为我国《合同法》将违约责任规定为了无过错责任。按照传统的大陆法系民法理论,违约责任一般为过错责任,瑕疵担保责任属于无过错责任。瑕疵担保责任来自于买卖合同法,"买卖合同是有偿合同,买受人向出卖人支付相应的价款,是为了取得无瑕疵的标的物。出卖人交付的标的物或者标的物上的权利若有瑕疵,却收取高于该瑕疵物的价值,就违反了公平交易的原则,只有令出卖人承担降低价款、修理、更换等责任,才能平衡双方当事人之间的利益关系。即使出卖人对于瑕疵没有过失,也应如此处理。"⑤所以瑕疵担保责任更有利于保护买受人的利益。承揽合同当中可以类推适用。但我国《合同法》第 107 条规定:"当事人一方不履行合同义务或者履行合同义务不符合约定的,应当承担继续履行、采取补救措施或者赔偿损失等违约责任。"这说明我国违约责任的构成并不以债务人有过错为要件,原则上也是一种无过错责任。第 111 条规定:"质量不符合约定的,应当按照当事人的约定承担违约责任。对违约责任没有约定或者约定不明确,依照本法第六十一条的规定仍不能确定的,受损害方根据标的的性质以及损失的大小,可以合理选择要求对方承担修理、更换、重作、退货、减少价款或者报酬等违约责

---

① 陈卫佐译注:《德国民法典》(第 2 版),法律出版社 2006 年版,第 242 页。
② 李开国主编:《合同法》,法律出版社 2002 年版,第 410 页。
③ 李永军、易军著:《合同法》,中国法制出版社 2009 年版,第 550 页。
④ 陈小君主编:《合同法学》,高等教育出版社 2003 年版,第 348 页。
⑤ 崔建远主编:《合同法》(第 4 版),法律出版社 2007 年版,第 381 页。

任。"可见,在我国合同法中,瑕疵担保责任"已违约责任化,已纳入违约责任的范畴,丧失了其固有的独特性"①。既然如此,根据我国《合同法》文本,当合同履行的质量存在瑕疵时,债务人应径直承担违约责任,而非瑕疵担保责任。②

再次,关于责任承担的顺序以及是否可以解除合同这两方面问题,《合同法》第262条没有明确。在德国民法中,承揽人没有按照约定的质量完成工作时,在各种责任形式中,应优先选择瑕疵的除去——即修理或者重作;且有权选择究竟为修理还是重作者,是承揽人而非定作人。在除去瑕疵费用过大的情况下,承揽人得拒绝除去瑕疵。在承揽人拒绝除去瑕疵或除去瑕疵不能的情况下,定作人才可以要求解除合同或减少价款。解除合同和减少价款均为形成权,定作人只须通知承揽人即可发生效力。由于解除合同常会给承揽人造成特别不利的后果,定作人不得因不显著的违反义务行为解除合同。此外,在指定期间内,承揽人没有除去瑕疵时,定作人也可以自行除去瑕疵,费用由承揽人负担。③ 这种责任承担顺序的合理性在于,在充分保护定作人利益的情况下,尽量维护合同的效力,尽量避免不经济的责任形式,堪为我国借鉴。

(二)依约提供材料或接收定作人提供的材料

根据《合同法》第255、256条的规定,材料可以由承揽人提供,也可以由定作人提供。合同约定由承揽人提供材料的,承揽人应当按照约定选择材料,并接受定作人检验。如果检验不合格,承揽人应当及时更换符合要求的材料。因承揽人选用的材料有瑕疵而造成工作成果质量不合要求的,承揽人应承担物的瑕疵担保责任。定作人没有及时检验的情况下,应视为材料符合要求,否则将可能妨碍承揽人的工作。合同约定由定作人提供材料的,承揽人应当对材料及时检验,发现不符合约定的,应当及时通知定作人更换、补齐材料或者采取其他补救措施,但是承揽人不得擅自更换定作人提供的材料。承揽人还应妥善保管定作人提供的材料。当承揽工作需要定作人提供图纸或技术要求时,若定作人提供的图纸或技术要求不合理,承揽人还应及时通知定作人,以免给定作人造成损害或延长工作完成的时间。

---

① 韩世远著:《合同法总论》(第2版),法律出版社2008年版,第530页。崔建远主编:《合同法》(第4版),法律出版社2007年版,第385页。

② 从学理的角度而言,我国合同法上物的瑕疵担保责任和违约责任仍有区别,主要存在于以下几方面:(1)瑕疵担保责任的权利人有瑕疵通知义务,权利人应在异议期间内通知对方;(2)瑕疵担保责任的产生受到异议期间的限制,而违约责任的承担受到诉讼时效的限制;(3)瑕疵担保责任的责任形式为降低价款、修理、更换等,以平衡当事人之间利益,促进公平交易为目的,违约责任的责任形式有继续履行、赔偿损失、支付违约金等,以弥补因违约而造成的损害为目的。所以,理论上讲,物的瑕疵担保责任仍不能被违约责任完全吸收。参见崔建远主编:《合同法》第4版,法律出版社2007年版,第385页。

③ 参见[德]迪特尔·梅迪库斯著,《德国债法分论》,杜景林、卢谌译,法律出版社2007年版,第287~288页。

(三) 交付工作成果并转移权利

承揽人完成工作以定作人接收工作成果的利益为目的。工作完成后,对于可以转移占有标的物的承揽,承揽人应当向定作人交付工作成果。交付的时间、地点和方式,依合同约定确定;合同没有约定的,按照《合同法》61、62 条的规定确定。对于无需转移占有标的物(如房屋的装修)或没有标的物的承揽,承揽人完成工作,定作人接收到工作成果的利益时视为交付。

除交付工作成果外,在存在标的物承揽合同当中,承揽人还可能负有转移工作成果所有权的义务。是否涉及所有权移转要分以下几种情况讨论:

1. 定作人提供材料

当材料为定作人所提供时,若工作成果为动产,由于我国没有不规则承揽的规定,因而材料交付承揽人时,所有权不发生转移。承揽人完成工作后,倘若材料的价值大于经加工增值的价值,则该动产所有权自然由定作人原始取得。倘若材料的价值小于经加工增值的价值,是否应依物权的添附取得制度,由承揽人原始取得该动产的所有权?通说认为,"定作人是基于承揽人依承揽合同完成一定工作而原始取得新物所有权的,双方当事人依据承揽合同来确定彼此间的权利义务关系,不适用加工的规定。"① 也就是说,根据承揽合同当中明示或隐含的双方当事人的意思,承揽人加工材料的劳动已经从报酬当中得到补偿,其将材料加工成新物并非为了取得所有权而是为了依照定作人的要求完成工作,相反,定作人则有让他人代替自己完成对材料的加工而取得材料所有权的意思。这种情况与依添附的事实行为取得物权的情况有所区别,因而不适用添附规则,由定作人原始取得所有权。

若工作成果为不动产或者体现在不动产上,(前者如建筑物附属设施的修建,后者如房屋的装修),根据上述原因,亦由定作人原始取得该不动产的所有权。通说认为,当承揽人完成工作成果时,定作人原始取得所有权;当然也有学者认为定作人按照不动产完成的进度逐渐取得所有权。② 这类承揽合同当中,建设工程合同已经从承揽合同中独立出来,由专门的法律进行调整。

2. 承揽人提供材料

当工作成果为动产的时候,可以分为两种情况:第一,承揽人提供的材料作为一部分而存在于定作人所有的动产当中。这种情况下,根据添附规则,自承揽人所提供的材料添附至定作人的原物上时,材料所有权转移给定作人,而该动产的所有权始终归定作人所有;且依合同中所体现的意思,也应由定作人原始取得该动产。第二,作为工作成果的动产完全由承揽人所提供的材料加工而成,如由

---

① 李永军、易军著:《合同法》,中国法制出版社 2009 年版,第 548 页。
② 李永军、易军著:《合同法》,中国法制出版社 2009 年版,第 548 页。

承揽人提供材料的服装制作合同。前文在工作物供给合同中已述,这种合同兼具承揽合同与买卖合同的性质,涉及所有权转移的法律关系适用买卖合同法来调整,因而新物的所有权由承揽人原始取得,再由定作人依合同继受取得。①

当工作成果为不动产时,也可以分为两种情况:第一,承揽人的工作成果体现在定作人所有或享有用益物权的不动产上。这种情况下,依据添附规则和合同中所体现的意思,工作成果的所有权归定作人。第二,承揽人的工作成果体现在自己所有或享有用益物权的不动产上。这种情况下,由承揽人原始取得工作成果的所有权,再由承揽人将工作成果连同自己所有或享有用益物权的不动产的权利一并移转给定作人。②

3. 定作人与承揽人共同提供材料

材料由定作人和承揽人共同提供的情况下,则根据材料的主要部分提供方来确定适用何种规则。当材料主要由定作人提供时,适用定作人提供材料时工作成果所有权归属规则。当材料主要由承揽人提供时,适用承揽人提供材料时工作成果所有权归属规则。

(四)提交相关的技术材料和有关质量证明

承揽工作完成后,承揽人除了交付工作成果给定作人这一主给付义务外,还应履行向定作人提交相关技术材料和有关质量证明这一从给付义务,以便工作成果能够按照当事人的合理预期发挥作用。承揽人未交付按照约定应当交付的技术材料和有关质量证明,定作人可以要求承揽人承担违约责任。

(五)接受定作人的检验、监督

《合同法》第260条规定:"承揽人在工作期间,应当接受定作人必要的监督检验。定作人不得因监督检验妨碍承揽人的正常工作。"承揽人在选择材料、进行承揽工作以及完成承揽工作后,均有接受定作人检验和监督的义务。如果定作人检验发现工作完成过程中存在不符合约定的情况,承揽人应当及时更正。定作人有任意解除合同的权利,但行使任意解除权须赔偿承揽人因合同的解除而受到的损失,定作人可能利用监督之名,妨碍承揽人工作致使其因工作无法完成而与定作人协商解除合同,从而规避赔偿承揽人损失的责任。鉴于此,法律规定定作人应当及时检验,并且不应以检验或监督之名妨碍承揽人工作。

(六)保密义务和通知义务

在承揽工作完成过程中,承揽人可能知晓定作人的重要信息。这些信息的外泄可能给定作人带来重大损失。为了保护定作人的固有利益,承揽人负有保守秘密的附随义务。未经定作人允许,承揽人不应将秘密外泄,也不应留存技术

---

① 参见李永军、易军著:《合同法》,中国法制出版社2009年版,第548、549页。
② 李永军、易军著:《合同法》,中国法制出版社2009年版,第548、549页。

资料或复制品。

当承揽工作中遇到可能影响工作质量的情况时,承揽人应当及时与定作人联系,以避免给定作人造成损失。承揽人的通知义务主要存在于两个方面:承揽人对定作人提供的材料,应当及时检验,发现不符合约定时,应当及时通知定作人更换、补齐或者采取其他补救措施。(《合同法》第 256 条)承揽人发现定作人提供的图纸或者技术要求不合理的,应当及时通知定作人。(《合同法》第 257 条)

(七)保管义务

对于定作人提供的材料和承揽人完成的工作成果,承揽人有妥善保管的义务。《合同法》第 265 条规定:"承揽人应当妥善保管定作人提供的材料以及完成的工作成果,因保管不善造成毁损、灭失的,应当承担损害赔偿责任。"承揽人的保管义务也与承揽合同中的风险负担一致。一般来讲,由对物实际占有,管领的人来保管该物较为经济、合理,由其承担风险也较为合理。

六、承揽合同对定作人效力

(一)支付报酬的义务

承揽合同是承揽人按照定作人的要求完成工作,交付工作成果,定作人给付报酬的合同。因而定作人最主要的合同义务即支付报酬。关于支付报酬的义务何时产生,学界有两种观点。一种观点认为自订立之时产生,另一种观点认为自承揽人完成工作成果后产生。第一种观点为通说,也为我们所赞同。承揽合同是双务合同,自合同订立时起,合同即产生法律约束力,双方当事人即负有合同约定的权利义务。如果合同约定报酬应在工作完成之前给付,则承揽人在完成工作成果之前即有请求定作人给付报酬的权利。如果合同约定在工作成果完成或交付后定作人给付报酬,或者合同没有约定何时即付报酬,则定作人不必先行给付。但这并不意味着合同的义务还没有产生,只是因为定作人不必在合同生效之后就履行合同,从而使得定作人可受同时履行抗辩权的保护。

在定作人不履行合同义务时,承揽人是否可以行使同时履行抗辩权?需要分以下两种情况讨论:在工作成果需要交付的情况下,应当注意区分工作的完成和工作成果的交付。在没有相反约定的情况下,一般而言应当由承揽人先完成工作,就工作的完成而言,承揽人不能行使同时履行抗辩权,否则合同订立的目的就无法实现。就工作成果的交付而言,承揽人可以主张该义务应与定作人的报酬给付义务同时履行,行使同时履行抗辩权。在工作成果不需要交付的情况下,一般认为,"承揽人有先完成工作的义务,承揽人不得以定作人未给付报酬为由而拒绝完成工作,因此承揽人不得行使同时履行抗辩权。"[1]

---

[1] 李永军、易军著:《合同法》,中国法制出版社 2009 年版,第 553 页。

除了同时履行抗辩权,在定作人不履行支付报酬的义务时,承揽人还可以根据《合同法》第 264 条规定,"定作人未向承揽人支付报酬或者材料费等价款的,承揽人对完成的工作成果享有留置权,但当事人另有约定的除外。"行使留置权,从而保证约定的报酬得以实现。但是,依合同性质、依合同约定不得留置的,或者法律规定不得留置的除外。

关于报酬的数额,一般应以合同的约定来确定。如合同中没有明确约定,可以由当事人协商确定,协商无果的,按照合同的有关条款或交易习惯来确定。如果仍无法确定的,应当按照订立合同时履行地的市场价格履行,依法应当执行政府定价或者政府指导价的,按照规定履行。(《合同法》第 62 条第 2 款)报酬的形式通常表现为货币。也有学者指出,报酬不仅限于货币,如果当事人同意,也可以以物代替为给付。① 此外,定作人迟延履行支付报酬的义务,应向承揽人支付迟延履行期间的利息;定作人受领工作成果迟延的,承揽人可以向定作人收取保管费用。

(二)协助义务

为使承揽工作顺利完成,有些情况下,承揽人需要定作人的配合,此时定作人即负有协助义务。② 承揽合同履行过程当中,需要定作人予以协助的情况主要有以下两种:(1)依合同性质,定作人需要配合承揽人以为其提供适于工作的条件的。与人身有关的承揽合同,定作人应当配合承揽人的工作要求,如由承揽人为定作人量身定做服装,为定作人画像,定作人应当到场。在不动产内的施工,定作人应使不动产可供工作。涉及动产的承揽,定作人应当及时交付相关的动产给承揽人。(2)合同约定由定作人提供材料、样品、图纸、技术要求的,定作人应当及时提供,承揽人发现定作人所提供的材料、样品、图纸、技术要求有瑕疵或不合约定的,与定作人联系,定作人应当及时予以答复;由于定作人未及时答复而造成的损失应由定作人承担。

定作人没有履行协助义务,承揽人可以解除合同,但必须具备两个条件:一是定作人不履行协助义务致使承揽工作无法完成,二是经承揽人催告定作人仍不履行协助义务。可是,如果一个承揽合同中,部分工作可以由承揽人独立完成,部分工作需要定作人协作完成,倘若定作人不予配合完成后一部分不影响前者的完成,则承揽人仅得解除需要由定作人协作完成的部分。

(三)检验和受领的义务

承揽合同履行完毕,承揽人有交付工作成果的义务,定作人有受领的权利。

---

① 崔建远主编:《合同法》(第 4 版),法律出版社 2007 年版,第 431 页。
② 《合同法》第 259 条:"承揽工作需要定作人协助完成的,定作人有协助义务。定作人不履行协助义务致使承揽工作不能完成的,承揽人可以催告定作人在合理期限内履行义务,并可以顺延履行期限;定作人逾期不履行的,承揽人可以解除合同。"

但是,受领工作成果并非仅仅是定作人的一项权利,因为这一项权利的行使也关系到承揽人的报酬请求权是否能够实现。因此,通说认为,受领工作成果是定作人的一项义务。《合同法》第261条规定:"承揽人完成工作的,应当向定作人交付工作成果,并提交必要的技术资料和有关质量证明。定作人应当验收该工作成果。"这里验收即为受领之意,意思是检验加接收。《德国民法典》第640条第1款规定:"定作人有义务验收以合于合同的方式完成的工作,但根据工作的性质不能验收的除外。不得因不重要的瑕疵而拒绝验收。"第641条第一款规定:"报酬必须在验收工作时支付之。"[1]可见,根据德国民法典的规定,定作人有验收工作成果的义务,且验收是支付报酬前的程序。定作人为了避免报酬请求权的到期,"可以拒绝验收瑕疵工作物。"正因如此,在德国法上,为了维护承揽人的报酬请求权,验收被规定为是定作人的义务。我国《合同法》虽未规定报酬应于验收时支付,但根据实际情况来看,通常定作人支付价款会以验收为前提;如果定作人支付报酬不以验收为前提,也对定作人有失公平。因此,验收在我国合同法上也被规定为定作人的一项义务。

工作成果经验收合格后,定作人有支付报酬的义务,且之后不能再以工作成果不合格为由要求承揽人承担责任。但是,工作成果存在短期内不易发现的隐蔽瑕疵的,定作人仍可以在验收后一定期限内要求承揽人承担责任,承揽人不得以工作成果经过验收为由拒绝。

(四)变更、解除合同的权利

承揽合同的订立以当事人之间的信赖关系为基础,同时由于定作人是靠承揽人的能力、技术、设备等条件完成工作的,因而定作人可能在合同订立后发现订立之前意想不到的可能影响合同履行或信赖关系的因素。鉴于此,法律赋予定作人任意解除权和中途变更权。即便承揽人没有过错,定作人无需提供理由,也可以解除合同或者中途变更承揽工作要求。为了平衡当事人之间的利益,定作人在行使这两项权利的时候,如果给承揽人造成损失,应当承担损害赔偿责任。

七、承揽合同中的风险负担

承揽合同中的风险负担是指在承揽合同履行过程中,工作成果完成或交付定作人之前,因不可归责于双方当事人的事由造成的材料、工作成果的损失由谁来负责,以及发生损失后承揽人是否能够向定作人主张报酬。根据是否发生物权变动,承揽合同中的风险负担的规则可以分为两类。第一种,所有人承担风险,也称所有人主义[2]。在所有权未发生变动的情况下,如定作人或承揽人提供

---

[1] 陈卫佐译注:《德国民法典》(第2版),法律出版社2006年版,第245页。
[2] 参见李永军、易军著:《合同法》,中国法制出版社2009年版,第560页。

的材料,定作人原始取得的工作成果等,风险由所有人承担。第二种,交付转移风险,也称交付主义①。在所有权发生变动的情况下,如由定作人继受取得的工作成果,应参照买卖合同风险负担的规则,自交付时风险转移。当然在这两种情况下,当事人均可另行约定风险转移的时间。②

（一）材料的风险负担

无论是定作人提供材料还是承揽人提供材料,尽管由材料制成的工作成果的所有权可能发生变动,材料本身的所有权却并不转移。所以材料的风险承担规则适用所有人主义规则,由材料的提供方承担风险。尽管如此,对于定作人提供的材料,承揽人仍须妥善保管;如果是因为承揽人保管不当造成损失,则承揽人须赔偿定作人损失,此时不能适用风险承担的规则。

（二）报酬的风险负担

关于报酬的请求权,有学者认为:"所谓报酬的风险负担,实际上就是传统民法上所谓债务履行不能的风险负担,它主要是指承揽人业已完成的工作成果一旦由于不可归责于双方当事人的事由毁损、灭失,只是承揽人无法交付工作成果或者无法转移工作成果的所有权于定作人,定作人应否向承揽人支付约定的报酬。"③我们赞同以上观点。此处须分以下两种情况进行讨论:

1. 当材料由定作人提供时,报酬应是对承揽人物化劳动的补偿。根据所有人主义的风险负担规则,材料的风险由定作人负担,劳务的价值的风险由承揽人负担。因而这种情况下,报酬的风险由承揽人负担。但是,如果合同约定由定作人提供材料,但是材料的提供方式是定作人付款,承揽人按照定作人提出的要求选购,那么定作人最终支付给承揽人的价款中包含了材料的价值和承揽人劳务的价值。此时,若工作成果在交付之前意外灭失,定作人仍须支付材料的价款。

2. 当材料由承揽人提供时,报酬应包括两个部分:承揽人提供材料的价值和承揽人劳务的价值。这种情况下,承揽人自己负担报酬的全部风险,在工作成果交付前意外灭失的情况下,不得向定作人请求给付报酬。

（三）工作成果的风险负担

关于工作成果的风险负担,也需要分两种情况:若工作成果自始归定作人所有,则工作成果的交付不引起所有权的变动,风险负担按照所有人主义来确定,由定作人负担。若工作成果由承揽人原始取得,而后转移给定作人所有,则存在物权变动问题,工作成果的风险负担按照交付主义来确定。交付之前由承揽人承担,交付之后由定作人承担。

八、承揽合同的终止

---

① 参见李永军、易军著:《合同法》,中国法制出版社 2009 年版,第 561 页。
②③ 参见崔建远主编:《合同法》(第 4 版),法律出版社 2007 年版,第 433 页。

合同可以因当事人的履行、免除、提存、抵销、混同、解除而终止,承揽合同也不例外。其中前五种合同终止的原因不再赘述,这里主要说明承揽合同的解除。

(一) 承揽合同的意定解除

1. 合同履行过程中,当事人双方不愿再继续履行合同,可以协议解除合同,协议解除的法律后果也可由双方当事人协商确定。

2. 合同订立时,双方当事人可以约定一方或双方享有解除权和解除权行使的条件。当条件满足时,享有解除权的当事人即可解除合同。

(二) 承揽合同因一方根本违约而解除

当一方当事人根本违约,不履行或不适当履行合同义务时,对方当事人可以解除合同,并要求赔偿损失。对此,《合同法》第94条有明文规定,具体到承揽合同当中,因一方当事人严重违约对方当事人可以解除合同的情形,主要有以下几种:

1. 承揽人未按约定按时间完成工作成果,迟延给付,致使合同目的不能实现,定作人可解除合同;

2. 承揽人擅自将承揽的主要工作交由第三人完成的,定作人可解除合同;

3. 承揽人工作成果有瑕疵的(一般而言这种瑕疵应当是严重影响工作成果发挥其效用,而这种瑕疵无法通过修理或重作来除去的),定作人可解除合同;

4. 定作人不履行协助义务,致使承揽工作无法完成,经承揽人催告仍不履行的,承揽人可以解除合同。

(三) 定作人任意解除合同

《合同法》268条规定:"定作人可以随时解除承揽合同,造成承揽人损失的应当赔偿损失。"前文已述,承揽合同履行完毕之前,定作人无需任何理由即可解除合同,不以承揽人有过错为要件。只要定作人不需要承揽人再继续完成工作,即可以赔偿承揽人损失为代价解除合同。任意解除权只有定作人享有,承揽人没有任意解除权。

(四) 当然解除

当承揽人死亡,或者出现其他非因当事人的过失而造成承揽人丧失为定作人完成工作的能力的情况时,合同自然不可能再继续履行下去。此时合同应属当然解除。

第二节 建设工程合同

一、建设工程合同概述

(一) 建设工程合同的概念

建设工程合同,是指建设工程合同是承包人进行工程建设,发包人支付价款

的合同。(《合同法》第 269 条第 1 款)

一项工程建设通常要经历勘察、设计、施工阶段才能完成,因此建设工程合同也就包括工程勘察、工程设计、工程施工合同。以上合同中,建设单位一方被称为发包人,勘察、设计施工的一方被称为承包人。

在大陆法系民法典中,建设工程合同并非一种独立的有名合同,而是承揽合同的一种具体情形。我国则考虑到建设工程合同与一般承揽相比,具有相当的特殊性,因此借鉴前苏联立法例,将建设工程合同从承揽合同中独立出来,赋予其有名合同的地位。在我国当下的经济快速发展时期,建设工程合同在我国社会实践中大量存在,构成经济生活的一个重要侧面,相关的房地产业已经成为国民经济的支柱产业。因此,将建设工程合同有名化,便于在基本法律中明确其特殊调整规范,也是对我国实践需求的一个因应。

当然,由于建设工程合同与承揽合同的相似性,凡建设工程合同中未规定的事项,可以准用承揽合同的相关规定。

(二) 建设工程合同的特征

建设工程合同与一般承揽合同有相似之处,如均为诺成合同、双务合同、有偿合同。但建设工程合同仍有其较强的独特性,正是这些独特之处,奠定了建设工程合同独立有名的根基。以下分四点述之。

1. 主体特征——承包人须为具备资质条件的法人

建设工程合同主体多、标的数额大、周期长、技术要求高,工程质量往往与公益相关,因此对承包人的资质不能不有较严格的限制。《中华人民共和国建筑法》(以下简称《建筑法》)对建设工程合同的承包人资质及分级管理进行了明确规定,经过批准的持有相应资质证书的勘察、设计和施工单位只能在其资质等级许可的范围内承揽工程,并成为建设工程合同的主体。① 最高人民法院《关于审理建设工程施工合同纠纷案件适用法律问题的解释》(以下简称《建设工程施工合同解释》)第 1 条中,将违反主体要件的建设工程合同——即不具备资质条件的承包人签订的建设工程合同——归于无效。②

2. 标的物特征——仅限于基本建设工程

---

① 我国《建筑法》第 12 条为承包人规定了资质要件,从事建筑活动的建筑施工企业、勘察单位、设计单位和工程监理单位,应当具备下列条件:(1) 有符合国家规定的注册资本;(2) 有与其从事的建筑活动相适应的具有法定执业资格的专业技术人员;(3) 有从事相关建筑活动所应有的技术装备;(4) 法律、行政法规规定的其他条件。同法第 13 条规定了资质的分级,从事建筑活动的建筑施工企业、勘察单位、设计单位和工程监理单位,按照其拥有的注册资本、专业技术人员、技术装备和已完成的建筑工程业绩等资质条件,划分为不同的资质等级,经资质审查合格,取得相应等级的资质证书后,方可在其资质等级许可的范围内从事建筑活动。

② 《建设工程施工合同解释》第 1 条规定,承包人未取得建筑施工企业资质或者超越资质等级的,或者没有资质的实际施工人借用有资质的建筑施工企业名义的,建设工程施工合同无效。

建设工程合同的标的物限于作为基本建设工程的各类建筑物、地下设施、附属设施的建筑，以及对与其配套的线路、管道、设备进行的安装建设。这些建设工程的特点决定了建设工程合同必定要受到较强的国家监管与干预，从而与一般的承揽合同有了根本不同。对于基本建设工程以外的标的物，如村民自建的住宅、企业建造的临时设施等建筑物或构筑物，由于其结构简单、价值较小，故不作为建设工程对待，其法律关系不适用建设工程合同，而是仍然适用承揽合同的规定。

3. 建设工程合同具有较强的国家管理性

建设工程合同的标的物为重要的不动产，合同履行中即涉及众多主体的重大利益，合同履行后，由于建设工程使用者的广泛性与使用的长期性，又涉及公众利益。由于建设工程对国家、社会、公众生活的方方面面有很大影响，因此在建设工程合同的订立和履行上，具有强烈的国家干预色彩。我国有多个规范性文件对建设工程合同进行调整，除作为基本法律的《合同法》、《建筑法》以外，还有《建设工程勘察设计合同条例》、《建设工程施工合同解释》等行政法规和司法解释，部门规章、地方性法规及地方规章更是大量存在，对工程建设的各个环节进行严格管理，以求实现公益的维护。

4. 建设工程合同是要式合同

《合同法》第 270 条规定，建设工程合同应当采用书面形式。由于建设工程合同要受到国家的严格监管，因此必然需要有书面合同以使监管成为可能；同时，由于建设工程合同涉及面广且履行期长，当事人间也需要有书面文件以明确彼此权利义务，以避免履行中产生纠纷。

须注意，如果建设工程合同未采用书面形式，不能认为合同必然不成立或无效，而是有依《合同法》第 36 条补足瑕疵的余地，即建设工程合同未采用书面形式，但一方已经履行主要义务对方也接受的，该合同成立。

二、建设工程合同的订立

（一）建设工程合同订立的一般程序

1. 建设工程合同应当采用招投标方式订立

由于建设工程涉及国家、社会和公众利益，因此国家对建设工程合同的全过程进行了严格的监管和干预。在订立环节上，为求能够鼓励竞争、促进公平交易、确保工程质量、提高投资效益，法律要求建设工程合同以招标、投标的方式订立，只有对于不适宜招标的才可以直接发包。(《建筑法》第 19 条)

2. 建设工程合同招投标的分类

依招标方式区分，建设工程合同招标可以分为公开招标、邀请招标和议标三种方式。公开招标是指招标人公开刊登招标公告，所有符合条件的企业均可以参与投标。邀请招标，是指招标人向三个或者三个以上的具有承担该建设工程项目能力的潜在投标人发出投标邀请书，邀请其参加投标并按照特定程序选定中标人的招标方式。议标,是指对不宜公开招标或者邀请招标的特殊建设工程项目,报县级以上人民政府建设行政主管部门或者经其授权的招标投标办事机构批准后,由招标单位邀请两个以上的投标人直接协商。①

依招标内容区分,建设工程合同招标可以分为全过程招标、勘察设计招标、工程施工招标和安装工程招标。

3. 建设工程合同招投标的原则与程序

(1) 建设工程合同招标的原则

建设工程的招标投标活动,应当依照有关法律的规定公开、公平、公正进行。(《合同法》第 271 条)

所谓公开原则,有两层含义,一是指建设工程合同中招标投标活动所涉及的信息应当公开,使所有符合条件的潜在承包人均有机会参加投标竞争,发包人或者承包人都不得隐瞒真实情况;二是招标投标活动的程序必须公开,以便各方面监督,不允许进行私下操作。所谓公平原则,也有两层含义,一是指招标单位对所有投标人都一视同仁,应为所有投标人创造平等竞争的机会;二是指投标人也应以正当的手段开展投标竞争,不允许任何人在招标投标中享有特权。所谓公正原则,是指招标人在招标活动的全过程中要严格依照公开的招标条件和程序办事,严格按照既定的标准评标和定标,公平地对待每一投标人,以保证定标结果的公正性。②

(2) 建设工程合同招标的程序

依《中华人民共和国招标投标法》(以下简称《招标投标法》)的规定,采用招标投标方式签订建设工程合同的,应当遵循招标公告、投标、决标的程序。首先,招标单位应当公开发布招标公告,招标公告的目的是吸引潜在的投标人参与竞标,故其法律性质为要约邀请。(《合同法》第 15 条第 1 款)招标单位还应当根据招标文件和有关资料编制标底,按国家相关规定报有关部门审定,并密封保存。然后,有资质条件的投标单位向招标单位提交本单位的有关材料,并按照招标文件要求编制投标书,将其密封送到招标单位。投标的法律性质属于要约。最后,招标人在规定的期限内必须在有关部门的参加下当众开标,并组织评标委员会进行横向评比,评出最优者决定其中标。决标的法律性质为承诺。招标人在决定中标人后,应当向中标人发出通知,并在规定的期限内与之签订建设工程合同。

(二) 建设工程合同的订立

根据我国建设工程市场发展的实际情况,法律规定建设工程合同的订立主

---

① 参见陈小君主编:《合同法学》,高等教育出版社 2003 年版,第 357 页。
② 参见陈小君主编:《合同法学》,高等教育出版社 2003 年版,第 357~358 页。

要采取总承包合同和分项工程承包合同两种形式。(《合同法》第272条第1款)

总承包合同,是指发包方与承包方就整个建设工程从勘察、设计到施工签订总承包协议,由承包方对整个建设工程负责。这里的承包人一般是一个有资质的法人,但在大型或复杂的工程中,也可以由两个以上的承包人与发包人签订总承包合同。

分项工程承包合同,是指由发包方分别与勘察人、设计人、施工人签订勘察、设计、施工合同,实行平行发包。各承包方分别对建设工程的勘察、设计、建筑、安装阶段的质量、工期、工程造价等与发包方产生合同关系,并仅对自己承包的部分向发包人负责。

原则上,发包人可以自由选择订立建设工程合同的方式。但在我国经济实践中,常常出现发包人将本应由一个承包人负责的工程肢解成数个部分,分别交给数个承包人承包,造成工程施工缺乏统一的技术协调和管理协调,使得工程质量下降。因此,法律提倡在能实行总承包的情况下,对建筑工程实行总承包;而在一个工程不宜再分解时,禁止将建筑工程肢解发包。(《建筑法》第24条)

(三) 建设工程分包合同的订立

1. 建设工程的分包与转包

建设工程的分包和转包是两个完全不同的概念。分包是合法行为,由此产生了有效的建设工程分包合同;转包是违法行为,因此导致转包合同的无效。

建设工程分包,是指工程的承包人(含勘查人、设计人、施工人)经发包人同意后,依法将其承包的部分工程交给第三人完成的行为。分包之后,当事人间既存在发包人与承包人之间的合同关系,又存在承包人与分包人之间的合同关系。由于建设工程的复杂性和技术性,承包人常常在局部工作中需要与其他单位合作,以求能够完成或更好地完成合同项下的义务。因此,在发包人的同意下,将部分工程分包是正常的,也是合法有效的。

建设工程转包,是指承包人以营利为目的,将建设工程合同中的全部权利义务转让给其他的施工单位,自己退出合同关系,并不对工程承担任何法律责任的行为。转包的本质是合同权利义务的概括移转。有资质、有能力、有技术的承包人,在拿下工程项目后,不经发包人同意,将工程低价转交他人完成以牟取差价,从而造成国家对建设工程合同的监管目的落空,这也是我国实践中造成建设工程质量问题的重要原因。因此,我国法律规定承包人不得将其承包的全部建设工程转包给第三人或者将其承包的全部建设工程肢解以后以分包的名义分别转包给第三人。(《合同法》第272条第2款后段)我国司法解释进一步明确,承包人非法转包建设工程的行为无效。(《建设工程施工合同解释》第4条)并且,在承包人发生转包行为后,发包人对建设工程合同有解除权。(《建设工程施工合

同解释》第 8 条）

2. 分包的法律适用

按照《合同法》和《建筑法》的规定，建设工程合同的承包方、勘察人、设计人、施工人与第三人签订分包合同，必须具备以下条件：

（1）工程分包须经过发包人的同意

如同承揽合同，建设工程合同中的发包人对承包人也是有人身信赖关系的，如果承包人未经发包人同意而将部分工程分包给第三人，当然违反了发包人的信赖，故为法律所不许。工程分包合同必须经发包人同意才能生效，发包人的同意方式有两种：一种是在建设工程合同中，发包人已经对承包人的分包给予了授权，并约定了分包的具体内容；另一种是在建设工程合同中并无发包人的授权，在承包人需要将承包工程的部分分包时，再就具体情况取得发包人的许可。

（2）建设工程主体结构的施工必须由承包人自行完成

虽然法律允许在经发包人同意的情况下，承包人将部分工程转交分包人，但是承包人仍应当完成建设工程的主体结构的施工。毕竟主体结构的施工质量决定了一个建设工程的总体质量，承包人将主体结构交给第三人完成的，显然违背了发包人的信赖。因此，能够被承包人分包的，仅限于主体结构之外的建设工程其他部分。将承包的全部建筑工程转包给他人，或将承包的全部工程肢解以后以分包的名义分别转包给他人，或将建设工程主体结构的施工交给分包人，以上行为违反了建设工程合同的人身信赖性，均为《合同法》所禁止。(《合同法》第 272 条第 2、3 款）

（3）分包人须具备相应的建设资质条件

建设工程分包合同也是建设工程合同的一种，也须遵循主体资质上的法律要求。因此，分包人也应当具备相应等级的建设资质条件，否则即使经过发包人同意，分包合同也会因违反法律的强行规定而归于无效。(《合同法》第 272 条第 3 款）

（4）建设工程合同只能分包一次

为了确保建设工程的质量，经发包人同意的分包人必须自己完成分包合同中的工程任务，而不得将承担的部分工程再次分包给他人，即使该他人有相应的资质条件，且亦经过发包人同意也不例外。(《合同法》第 272 条第 3 款）

3. 分包合同中分包人与承包人对发包人的连带责任

依合同的相对性原理，分包成立之后，存在发包人与承包人之间、承包人与分包人之间的两个合同关系，而发包人与分包人之间并无合同存在，该两者间也就无从主张债务违反的责任。因此，如果分包人在义务履行中有瑕疵，他只向承包人承担责任，并不向发包人负责。但是，我国《合同法》为了督促分包人全面适当地履行合同义务，确保建设工程的质量，特地突破合同的相对性，强化了分包人的责任。《合同法》第 272 条第 2 款中段规定,第三人就其完成的工作成果与总承包人或者勘察、设计、施工承包人向发包人承担连带责任。这种连带责任的设计,有利于加强分包人的责任心,并加强对发包人的利益保护。

三、建设工程合同的效力

建设工程合同在传统民法中,属于一种特殊形式的承揽合同。因此,《合同法》关于承揽合同效力所作的一般规定,除非建设工程合同设有特别规定外,对于建设工程合同具有适用效力。我国《合同法》上,建设工程合同效力的特别规定主要体现在以下方面。

(一) 承包人的义务

1. 承包人按时、保质地完成建设工程并交付的义务

承包人应当在合同约定的期限完成工程建设并交付之,并且工程质量应当符合当事人的约定,当事人对质量约定有欠缺的,应当符合法律规定。以上是承包人合同上的主义务,与发包人给付工程款的义务构成对待给付关系。

2. 承包人的容忍义务

工程的进度、质量对发包人的利益影响极大,故承包方有义务接受发包人对工程进度和工程质量的必要监督。对发包人的检查,承包人应予以支持和协助。发包人检查的内容主要包括两项:一是对工程进度进行检查;二是对工程质量的检查。发包人的代表或监理工程师享有随时检查工程施工行为、工程材料与设备质量的权利,一旦发现承包人的履行行为有瑕疵,发包人的代表或监理工程师即有权提出纠正意见,承包人应当依照对方的要求,在合理期限内补正瑕疵。

为了防止发包方滥用检查权,导致影响承包人的正常施工,法律对发包人的权利也予以了一定限制。如果发包人的检查影响到工程的正常作业,则承包方有权在说明理由的基础上予以拒绝。

3. 承包人的通知义务

所谓承包人的通知义务,是指在隐蔽工程隐蔽前对发包人通知检查的义务。在建设工程中,有许多需要及时隐蔽才能继续施工的工程,如自来水、煤气等地下管线的敷设工程等。这些隐蔽工程的质量对总体工程的质量有较大影响,而对隐蔽的检查应当先于总体工程,否则会影响总体工程进度。《合同法》在衡平发包人和承包人利益的基础上,确认了承包人的通知义务。即在隐蔽工程隐蔽前,承包方应及时通知发包人进行检查,以确定工程质量是否符合合同约定和法律法规规定的要求。怠于通知或未及时通知造成的损失,由承包人承担。如果承包人已及时尽到通知义务,而发包人却没有及时检查的情况,《合同法》第 278 条规定,即使发包人没有及时对隐蔽工程进行检查,承包人也不能自行检查后将工程隐蔽。但是,承包人可以顺延工程日期,并享有向发包人请求赔偿停工、窝工损失的权利。以上规定,既可平衡发包人与承包人的利益,又可保障工程质量。

(二) 发包人的义务

1. 支付价款并接收建设工程的义务

此为发包人的主要义务。发包人在对建设工程验收合格后,应按合同的约定,扣除一定的保证金后,将剩余工程的价款按约定方式支付给承包人。同时,发包人应与承包人办理移交手续,正式接收该项建设工程,承包合同的主要条款即告履行完毕。建设工程的风险也自接收之日起,由承包人移转到发包人。发包人未按约定支付价款的,应按银行有关逾期付款办法或"工程价款结算办法"的有关规定,承担逾期付款的违约责任。

即使建设工程施工合同无效,但建设工程经竣工验收合格,承包人有权请求发包人参照合同约定支付工程价款。(《建设工程施工合同解释》第2条)如果建设工程施工合同无效,且建设工程经竣工验收不合格的,按照以下情形分别处理:修复后的建设工程经竣工验收合格,发包人请求承包人承担修复费用的,应予支持;修复后的建设工程经竣工验收不合格,承包人请求支付工程价款的,不予支持。(《建设工程施工合同解释》第3条)

2. 发包人的协助义务

发包人的协助义务,是指发包人在建设工程合同履行中,有义务对承包人的给予协助,具体包括发包人应当按照合同的约定提供相关材料、设备、场地、资金、资料等。

在建筑工程合同中,除法律、法规规定必须由发包人供应的以外,双方往往对材料和设备的供应方式有明确约定。如果承包人对建筑工程采取包工不包料或者包工半包料的方式,则发包人应负责材料和设备的全部或者部分供应。若发包人未按约定的时间和要求提供原材料、设备的,即构成违约。如果发包人提供的主要建筑材料、建筑构配件和设备不符合强制性标准或者不履行合同约定的协助义务,致使承包人无法施工,且在催告的合理期限内仍未履行相应义务,承包人有权解除建设工程施工合同。(《建设工程施工合同解释》第9条)

发包人应当负责办理正式工程和临时设施所需土地使用权的征用许可证,以及民房拆迁、施工用地和障碍物拆除等许可证。发包人应按期完成以上许可证申请工作,为承包人提供符合合同要求的施工场地。若发包人未能完成以上场地提供义务的,即构成违约。

发包人需按照合同的约定,在开工前或者施工过程中提供建设资金,如果不按照约定时间和支付方式提供工程价款的,需承担相应的违约责任。

技术资料是建设工程顺利进行的技术保障。发包人应当按照合同的要求,及时全面地提供相关的技术资料,不得无故拖延或者隐匿。否则,发包人应承担违约责任。

如果发包人有上述违约行为,《合同法》规定发包人承担如下责任：

第一,承包人有权顺延工程日期,且不承担迟延责任。相反,发包人丧失一定的期限利益。

第二,承包人有权请求发包人赔偿停工、窝工等损失。发包人未尽前述义务,可能会导致承包人的设备和人员处于闲置状态,从而造成损失。此时,承包人有权要求发包人给予赔偿。

第三,因发包人的原因致使工程停建、缓建的,发包人有义务采取措施弥补或者减少损失。对于工程停建、缓建后,承包人按合同约定投入的人员、物资等重新做出调整,造成建设工程的停工、窝工、倒运、机械设备调迁、材料和构件积压等,给承包人带来额外的损失和费用,发包人应按承包人的实际损失予以赔偿。

3. 对工程的验收义务

建设工程完工后,发包人应及时对工程进行验收,发包人验收所应遵循的依据包括：(1)施工图纸及说明书。在一项工程中,一般都需经过勘察、设计、建筑安装诸阶段,建筑安装的施工通常以设计的图纸为依据,但在施工过程中,往往会对设计图纸予以一定的更改,因此,如果设计图纸与施工图纸不一致的,验收时以施工图纸为准。施工图纸及说明书是承包合同的有机组成部分,是对承包人施工条款的具体化,对工程的验收自应将其作为重要依据。(2)国家颁发的施工验收规范。如国务院颁布的《基本建设项目竣工验收暂行规定》、《工程施工及验收规定》等。(3)国家颁发的建设工程质量检验标准。其中,国务院颁布的《建筑安装工程质量评定标准》是发包人对工程质量进行验收的重要依据。

建设工程必须经过验收方可投入使用。工程的验收是发包人对承包人所承建工程的质量符合合同约定和法律规定的标准的确认。建设工程未经验收或者验收不合格的,不得交付使用。

(三) 承包人的法定抵押权

为解决我国建设工程合同纠纷中拖欠工程款这一最大问题,《合同法》特设第286条法定抵押权,以资救济承包人。该条规定,发包人未按照约定支付价款的,承包人可以催告发包人在合理期限内支付价款。发包人逾期不支付的,除按照建设工程的性质不宜折价、拍卖的以外,承包人可以与发包人协议将该工程折价,也可以申请人民法院将该工程依法拍卖。建设工程的价款就该工程折价或者拍卖的价款优先受偿。

1. 权利性质

由于法律并未明示《合同法》第286条中权利的性质,因此就该权利究竟是何种权利的问题,在理论上有颇多争议。有的观点认为是留置权,①有的观点认为是优先权,②有的观点认为是法定抵押权。③ 我们认为,留置权的客体限于动产,而《合同法》第 286 条的权利客体为不动产,因此该权利并非留置权。从权利内容上看,该权利优先受偿的特征更趋近于法定抵押权而非优先权;而且从立法背景和过程上看,该权利也始终是指法定抵押权而非优先权。因此,我们赞同第三说,认为《合同法》第 286 条的权利性质为法定抵押权。

2. 法定抵押权的行使

结合《合同法》及相关司法解释,行使法定抵押权须注意以下几点:

(1) 法定抵押权的标的

法定抵押权的标的为已竣工的建设工程,包括建设用地使用权及组成或固定在不动产上的动产。当事人对竣工日期有争议的,按照以下情形分别处理:建设工程经竣工验收合格的,以竣工验收合格之日为竣工日期;承包人已经提交竣工验收报告,发包人拖延验收的,以承包人提交验收报告之日为竣工日期;建设工程未经竣工验收,发包人擅自使用的,以转移占有建设工程之日为竣工日期。(《建设工程施工合同解释》第 14 条)

(2) 法定抵押权的担保债权范围

该债权是指发包人依建设工程施工合同所应支付给施工人的建设工程价款。这里须注意,此处仅指建设工程施工合同产生的债权,排除建设工程勘察、设计合同,因为后两者在勘察、设计义务履行完毕后尚未存在竣工工程。同时,在建设工程价款的范围问题上,该价款包括承包人为建设工程应当支付的工作人员报酬、材料款等实际支出的费用,不包括承包人因发包人违约所造成的损失。④

(3) 法定抵押权的实现时间

建设工程竣工交付验收后,发包人未按约支付价款,承包人得对发包人进行催告,并给发包人规定支付价款的合理期限。期限届满后发包人仍不支付的,承包人可以在竣工之日起 6 个月内行使法定抵押权。(最高人民法院《关于建设工程价款优先受偿权问题的批复》)双方对竣工日期有争议的,参见前述。

(4) 法定抵押权的实现方式

法律对建设工程合同中承包人优先权的实现规定了两种方式:一是通过发包人与承包人之间的协议,对建设工程进行折价,承包人在支付折价款与工程价

---

① 参见江平主编:《中华人民共和国合同法精解》,中国政法大学出版社 1999 年版,第 223 页。
② 参见崔建远主编:《合同法》,法律出版社 2007 年版,第 444~445 页。
③ 参见梁慧星:《是优先权还是抵押权——〈合同法〉第 286 条的权利性质及其适用》,载《中国律师》2001 年第 10 期。
④ 参见最高人民法院 2002 年 6 月 20 日《关于建设工程价款优先受偿权问题的批复》。

款的差额后,取得该项建设工程的所有权,使其工程价款债权得以实现。二是对建设工程进行拍卖。拍卖需在人民法院的主持下进行,承包人有权在拍卖所得价款中优先受偿。

3. 法定抵押权的效力

法定抵押权有可能与约定抵押权(如银行的抵押权)或商品房买受人的权利发生冲突,最高人民法院《关于建设工程价款优先受偿权问题的批复》特设立以下规则,以明确法定抵押权的效力。

第一,法定抵押权与约定抵押权发生冲突的。无论约定抵押权设定在法定抵押权之前或之后,法定抵押权一律优先于约定抵押权行使。

第二,法定抵押权与商品房买受人的权利发生冲突的。消费者交付购买商品房的全部或者大部分款项后,承包人的优先受偿权不得对抗买受人。须注意,这里仅要求买受人支付全部或大部分款项,并不要求买受人已经取得登记。毕竟,商品房对于普通消费者而言属于生存利益,在利益衡量上,应当比承包人的经济利益优先。

四、具体建设工程合同的特殊效力

(一)建设勘察、设计合同

勘察、设计合同是勘察合同和设计合同的统称,系指工程的发包人或承包人与勘察人、设计人之间订立的,由勘察人、设计人完成一定的勘察、设计工作,发包人或承包人支付相应价款的合同。勘察设计合同的主要内容一般有以下几项:第一,提交勘察或者设计基础资料、设计文件(包括概预算)的期限;第二,勘察、设计的质量要求;第三,勘察、设计费用;第四,其他协作条件。

1. 建设勘察、设计合同中发包人的协作义务

发包人将一项工程的勘察、设计委托给勘察人、设计人后,勘察人、设计人即按合同约定开展勘察、设计工作。发包人则应严守合同的规定,不得随意更改勘察、设计内容,并应按合同约定,全面、准确、及时提供勘察、设计所需的资料、工作条件等。如果发包人违反合同约定,单方更改合同条款,或不尽协助履行义务,都会导致相同的损害后果,即会使勘察人、设计人支出额外的工作量,从而使得勘察、设计费用不合理增加。由于该部分增加的工作量和相关费用是由发包人的违约行为引起的,故应当由发包人承担。①

2. 勘察人、设计人的责任

勘察人、设计人有下述两种行为,给发包人造成损失的,应对发包人承担违

---

① 《合同法》第285条:"因发包人变更计划,提供的资料不准确,或者未按照期限提供必需的勘察、设计工作条件而造成勘察、设计的返工、停工或者修改设计,发包人应当按照勘察人、设计人实际消耗的工作量增付费用。"

约责任：一是勘察、设计的质量不符合要求,包括勘察、设计的质量没有达到合同的要求或者勘察、设计的质量不符合法律、法规的强行性规定所确立的标准;二是勘察人、设计人未按照合同约定的期限提交勘察、设计文件,致使工期拖延的。勘察人、设计人为此应当承担继续履行勘察、设计义务和损害赔偿的违约责任。对于损害赔偿责任的承担方法,发包人可以先通过少付或不付承包人应得的勘察、设计费,来填补自己的损失。如果勘察、设计费不足以赔偿的,发包人还可以请求勘察人、设计人继续赔偿,直至其损失得到完全弥补为止。

（二）建设工程施工合同

建设工程施工合同是指发包人（建设单位）和承包人（施工人）约定的,由承包人完成建设单位交给的建设工程施工任务,发包人提供必要条件并支付价款的合同。

1. 建设工程施工合同的内容

建设工程施工合同的主要内容应包括：

（1）工程范围。指工程的名称和地点,建筑物的栋数、结构、层数、面积等。

（2）建设工期。指施工人完成施工工程的期限。

（3）中间工程的开工和竣工时间。一项建设工程往往由许多的中间工程组成,这些中间工程须于建设工期的中间完成并交工验收,否则后面的工程无法继续。因此,建设工程施工合同应当对中间工程的开工和竣工时间作明确约定。

（4）工程质量。工程质量由当事人约定或法律规定。由于建设工程质量关系到社会和公众利益,因此国家对该项问题干预甚强,国家设立的最为重要的工程质量标准为《技术工程质量监督管理规定》。

（5）工程造价。采用不同的定额计算方法计算工程造价,会产生巨大的价款差额。因此,为避免争议,凡当事人在建设工程合同中准确计算出工程款的,应予以明确约定。如果在合同签订时尚不能准确计算出工程款的,则应在合同中明确约定工程款的计算原则、计算标准、及审定方式等。

（6）技术资料交付时间。发包方应当将工程的有关技术资料全面、及时地交付给施工人,以保证工程的顺利进行。当事人应当就技术资料的交付时间予以明确约定。

（7）材料和设备的供应责任。

（8）拨款和结算。建设工程施工合同中,工程款的结算方式和付款方式因采用不同的合同形式而有所不同,当事人应予明确约定。工程款具体包括四项内容,即预付款、工程进度款、竣工结算款、保修扣留金。

（9）竣工验收。竣工验收须依国家规定的验收方法、程序和标准进行。

（10）质量保修范围和质量保证期。施工工程在办理移交验收手续后,在法定或约定的期限内,因施工、材料等原因造成的工程质量缺陷,施工单位须负责维修、更换。

（11）相互协作条款。施工合同也需要当事人协助对方履行义务，这也是诚实信用原则的在建设工程合同中的具体体现。

2. 建设工程施工人的责任

因施工人的原因致使建设工程质量不符合法定或约定的，施工人应承担以下责任：

（1）施工人的违约责任

施工人交付工程质量不符合约定或法律规定，当然应当承担违约责任。发包人有权要求施工人于合理期限内维修、返工或改建，使建设工程达到合同约定或法律规定的要求，承包人维修、返工、改建建设工程所发生的费用，由施工人自行承担。并且，因以上维修、返工、改建行为导致施工人交付工程逾期的，施工人还应当承担迟延履行责任，赔偿因此给发包人造成的损失。

（2）施工人的侵权责任

因承包人的原因致使建设工程在合理使用期限内造成人身和财产损害的，承包人应当承担损害赔偿责任。(《合同法》第282条)由于《产品质量法》第2条第3款明确排除了该法对建筑工程的适用，因此建设工程质量瑕疵引起的侵权损害无法适用无过错责任，而只能由过错责任原则调整。故所谓"因承包人的原因"应理解为因承包人的过错，如由于承包人选择的工程材料不合格、施工的质量瑕疵，造成人身、财产损害的，施工人以受害人承担侵权责任。

（三）建设监理合同

1. 建设监理合同的概念

建设监理合同，是指建设单位与取得了监理资质证书的监理公司、监理事务所等监理单位签订的，委托监理单位依照法律、行政法规及有关的技术标准、设计文件和建设工程承包合同，代表建设单位对承包人进行监督的协议。从本质上说，建设监理合同并非建设工程合同，而是属于委托合同。但由于建设监理合同与建设工程合同之间关系密切，且与建设工程的一系列核心问题——确保工程质量、控制工程投资、保证建设工期等密不可分，因此我国《合同法》也对建设监理合同进行了规定。[①]

建设监理合同为要式合同，《合同法》第276条明确规定建设监理合同应当采取书面形式，这是监理合同本身的重要性和合同内容的复杂性所决定的。合同订立之后，实行建设工程监理之前，建设单位应当以自己对建设工程的检查和

[①] 《合同法》第276条："建设工程实行监理的，发包人应当与监理人采用书面形式订立委托监理合同。发包人与监理人的权利和义务以及法律责任，应当依照本法委托合同以及其他有关法律、行政法规的规定。"

监督权为根据,将委托的建设工程监理人的情况、监理的内容及监理人的监理权限,以书面形式通知被监理的承包人。

2. 建设监理合同的内容

结合法律规定和我国监理实践,建设监理合同的内容一般包括:

(1) 工程名称。即建设单位委托监理单位实施监理的工程的名称,该名称应以批准的设计文件所确定名称为准,不得擅自变更。

(2) 工程地点。即所监理的工程所处的具体地点。

(3) 监理单位的权限和义务。建筑工程监理应当依照法律、行政法规及有关的技术标准、设计文件和建筑工程承包合同,对承包单位在施工质量、建设工期和建设资金使用等方面,代表建设单位实施监督。工程监理人员认为工程施工不符合工程设计要求、施工技术标准和合同约定的,有权要求建筑施工企业改正。工程监理人员发现工程设计不符合建筑工程质量标准或者合同约定的质量要求的,应当报告建设单位要求设计单位改正。(《建筑法》第 32 条)工程监理单位应当在其资质等级许可的监理范围内,承担工程监理业务。工程监理单位应当根据建设单位的委托,客观、公正地执行监理任务。工程监理单位不得转让工程监理业务。(《建筑法》第 34 条)以上虽然为法律的直接规定,但在实践中允许、同时也需要当事人根据具体情况依约定而细化。

(4) 监理单位的责任。工程监理单位不按照委托监理合同的约定履行监理义务,对应当监督检查的项目不检查或者不按照规定检查,给建设单位造成损失的,应当承担相应的赔偿责任。工程监理单位与承包单位串通,为承包单位谋取非法利益,给建设单位造成损失的,应当与承包单位承担连带赔偿责任。(《建筑法》第 35 条)在具体责任发生的原因及承担责任的方式上,建设单位和监理单位可以在法律的框架内予以约定。

(5) 费用及其支付方式。监理合同双方应明确约定监理单位监理酬金的计取方法,支付监理酬金的时间和数额,支付监理酬金所采用的货币币种、汇率等内容。

建设监理合同的性质为委托合同,因此,凡法律法规对监理合同未予特殊规定的事项,可以准用《合同法》中委托合同的规定

【引导案例】

案情

江西省某商厦为提高销售营业额,雇佣多名设计师设计样式新颖的皮鞋。2001 年 12 月 28 日,该商厦与汉宇制鞋厂签订皮鞋加工合同,用于春季的皮鞋销售。合同规定:商厦为定作人,由商厦提供皮鞋的样式、用料,制鞋厂负责加工;制鞋厂每加工一双皮鞋,商厦给予费用 30 元,共计加工皮鞋 5 000 双,费用共计

15万元;商厦预付加工费5 000元;质量应与商厦提供的样品相符;所加工的皮鞋可以分批交付,但必须自签订合同之日起3个月内即2002年3月28日完成交付。在履行该协议过程中,被制作皮鞋时出现个别质量问题,造成了被告交货时限的延长。针对出现的质量问题,双方于2002年1月28日达成补充协议,将交货期限延长到2002年5月底,并规定了相应的违约责任。2002年4月,制鞋厂未经商厦同意而擅自将加工的皮鞋2 000双以每双20元的价格转给飞达制鞋厂进行加工。合同履行期届满时,汉宇制鞋厂有500双皮鞋未按时交货,原因是飞达制鞋厂未完成转交任务。此时商厦才得知转加工一事。商厦起诉汉宇制鞋厂,要求其承担违约责任。

焦点

争点1. 汉宇制鞋厂是否有权将加工工作转交给他人完成?

争点2. 对因飞达制鞋厂原因造成的违约,汉宇制鞋厂是否应当承担违约责任?

评析

争点1分析:某商厦与汉宇皮鞋厂之间的加工合同性质为承揽合同。承揽合同是一种建立在人身信任关系基础上的合同关系,定作人将特定工作交给特定承揽人完成,其中就包含了其对特定承揽人工作条件和工作技能的信赖。如果承揽人未经定作人同意即将工作转交给他人完成,自然构成对这种信赖的违背。当然,承揽工作也有主要工作与非主要工作之分,若承揽人系将非主要工作转交他人,尚不对承揽工作的质量发生重大影响,可以认为并不违反定作人的信赖,应当允许承揽人意思自治。因此,《合同法》第253条规定,承揽人将其承揽的主要工作交由第三人完成的,应当就该第三人完成的工作成果向定作人负责;未经定作人同意的,定作人也可以解除合同。第254条规定,承揽人可以将其承揽的辅助工作交由第三人完成。承揽人将其承揽的辅助工作交由第三人完成的,应当就该第三人完成的工作成果向定作人负责。

如何认定承揽工作中的"主要部分"?是否因本案中承揽人系将5 000双皮鞋加工中的2 000双转交第三人加工,而应当认为承揽人转交的是"辅助工作",故不须经定作人同意?一般认为,主要工作首先是对定作物的质量有决定性作用的工作部分或者工作要求高的部分;如果一项工作并不强调工作条件和工作技术,定作物为一般人均可完成的工作,则主要部分才是指数量上的大部分。本案中,定作皮鞋显然并非一般人均可完成,而是具有相当技术难度和技术要求的工作。承揽人若系将鞋带加工等对皮鞋质量不起决定性作用的部分转交给第三人,可以认为转交的是"辅助工作"。但本案的承揽人是直接将皮鞋加工转交给第三人,因此当然构成转交"主要工作",必须定作人同意方可为之。

争点2分析:对于承揽人未经定作人同意而擅自将主要工作转交第三人完

成的,《合同法》第 253 条规定,承揽人将其承揽的主要工作交由第三人完成的,应当就该第三人完成的工作成果向定作人负责;未经定作人同意的,定作人也可以解除合同。因此,定作人此时有选择行使权利的余地,其一,定作人可以向承揽人要求承担违约责任;其二,定作人可以直接解除承揽合同,然后依合同解除制度处理。本案中定作人选择了追究承揽人的违约责任,法院应予支持。

【练习案例】

案情

1999 年 11 月 28 日,某建筑工程公司与某建材有限公司签订了一项建造办公楼的建设工程合同。合同规定:工程从 1999 年 11 月 28 日开始,至 2000 年 7 月 28 日竣工验收。工程质量确保合格,力争优良。工程价款按下列方式支付:办公楼主体完成一层时预付工程款 30%;层面工程完成时,预付工程款 30%;竣工验收结算后,尾款 40% 在半年内付清。该工程于当年 12 月开工,2000 年 10 月底竣工,所耗资金全部向银行贷款,但建材有限公司却未按协议规定支付工程款。2000 年 12 月 1 日,建材有限公司在建筑工程公司的一再要求下,派出公司管理人员与建筑工程公司进行工程结算,并制出工程结账单。2001 年 2 月,建筑工程公司向建材有限公司提出工程变更补充决算报告。经建材有限公司管理人员确认,工程变更费用 5 万元,合计应付工程款为 88 万元。之后,建筑工程公司多次向建材有限公司催讨,但后者仍未付款。在此之前,建材有限公司为支付工程款于 2000 年年底将办公楼抵押给银行,贷款到期无力偿还。建筑工程公司在催讨无果的情况下,向法院提起诉讼,要求对价值 88 万元的办公楼行使优先受偿权。银行得知后,提出异议,认为抵押权已经登记成立,应优先实现其抵押权。

问题

1. 建筑工程公司对竣工办公楼是否具有优先受偿权?
2. 如果建筑工程公司有优先受偿权,该权利与银行的抵押权相比何者更优先?

要点提示

1. 请结合《合同法》第 286 条进行思考。
2. 请注意该权利的特殊效力,并请从利益衡量角度思考其原因。

【测试题】[①]

1. 某模具公司和某家电公司签订了一份协议,约定该模具公司为家电公司

---

① 参考答案:1. A 2. AC 3. D 4. ABCD

生产指定型号的模具。模具公司在履行合同中有以下行为,其中构成违约的是

A. 模具公司发现家电公司提供的制作材料不合格,遂自行更换为自己确认合格的材料

B. 模具公司发现家电公司提供的图纸不合理,立即停止工作并通知家电公司,因等待答复,未能如期完成工作

C. 模具公司未征得家电公司同意,将其承揽的辅助工作交由第三人完成

D. 因家电公司未按期支付报酬,模具公司拒绝交付工作成果

2. 刘某与某家具订制厂签订合同,为自己儿子的婚礼订制一套组合家具。但开始制作后不久,刘某即觉得该订制厂制作的家具样式落伍,不合乎当代年轻人的审美要求,于是向家具厂提出停止制作并终止合同。家具厂认为既然已经签订合同,己方又无违约事由,刘某擅自决定终止合同,纯属无理要求,于是未予理睬,继续完成合同并要求按约定数额支付报酬。以下说法正确的是

A. 家具厂应赔偿因此给刘某造成的损失

B. 刘某应支付全部约定报酬

C. 刘某应支付部分报酬

D. 刘某应支付全部约定报酬和违约金

3. 某建筑工程公司经发包人同意,与具备相应资质条件的某装潢公司签订了一份《塑料门分项工程分包协议书》,约定将建筑工程公司承建的写字楼工程中的塑料门分项工程分包给某装潢公司施工。该写字楼投入使用后,发现塑料门的安装有问题,严重影响使用及外观,发包方向建筑工程公司和某装潢公司提出改装并予以赔偿的要求。当事人之间发生纠纷,该案应当如何处理?

A. 由建筑工程公司承担全部责任

B. 由某装潢公司承担全部责任

C. 某装潢公司可以以建筑工程公司未支付施工款项为由拒绝承担责任

D. 由建筑工程公司和某装潢公司承担连带责任

4. 甲企业与乙建筑工程公司签订合同,由乙公司承建甲企业的一座办公楼,在合同履行中,承包人乙公司的以下行为无效的有

A. 乙公司将全部工程转包给A建筑工程公司

B. 乙公司将该办公楼的施工分解为三部分,分别转包给A、B、C建筑工程公司

C. 乙公司将一部分主体工程转包给A公司

D. 乙公司擅自将水电线敷设工程转包给A公司

【延伸阅读】

1. 李永军、易军著:《合同法》,中国法制出版社2009年版。

2. 崔建远主编:《合同法》(第4版),法律出版社2007年版。
3. 陈小君主编:《合同法学》,高等教育出版社2003年版。
4. 李开国主编:《合同法》,法律出版社2002年版。
5. 隋彭生:《合同法要义》,中国政法大学出版社2005年版。
6. [德]迪特尔·梅迪库斯著,《德国债法分论》,杜景林、卢谌译,法律出版社2007年版。
7. 梁慧星:《〈合同法〉第286条的权利性质及其适用》,载《山西大学学报》(哲学社会科学版)2001年第3期。

第十三章　旨在提供服务的合同

【本章导学】

服务在现代经济生活日益重要,旨在提供服务的合同也成为重要的合同类型。《合同法》规定了运输合同、保管合同、仓储合同、委托合同、行纪合同和居间合同等旨在提供服务的典型合同,其共同之处在于,债务人需要提供的给付以典型服务为其内容。本章的重点内容是把握不同类型合同中债务人的给付义务。

第一节　运输合同

一、运输合同概说

(一)运输合同的含义

运输合同,是指承运人将旅客或者货物从起运地点运输到约定地点,旅客、托运人或者收货人支付票款或者运输费用的合同(《合同法》第288条)。

(二)运输合同的法律特征

1. 以运送行为为标的。运输合同的法律目的在于运送旅客或者货物。

2. 从构成要件看,一般为诺成性、格式合同。除非另有约定,运输合同为诺成性合同,旅客运输合同自承运人向旅客交付客票时成立(《合同法》第293条),货物运输合同自托运人与承运人达成运输协议时成立。运输合同大多包含由承运人单方事先拟定的格式条款。

3. 从法律效果看,一般为双务、有偿合同。运输合同的双方互负对待给付义务,承运人应将旅客或者货物按照约定的或者通常的运输路线在约定期间或者合理期间安全运送到约定的地点(《合同法》第288、290、291条),旅客、托运人或者收货人应支付票款或者运输费用(《合同法》第288条)。

4. 交易形态的多样化。以运输对象为标准,运输合同可分为旅客运输合同和货物运输合同。以运输工具为标准,运输合同可分为铁路运输合同、公路运输合同、航空运输合同、水上运输合同、海上运输合同及管道运输合同等。以承运人的多少为标准,可分为单一运输合同和联合运输合同。

5. 公共性。运输合同承运人往往涉及到不特定相对人,经常具有一定公共性,其交易条件往往以格式条款形式出现,涉及格式条款的法律适用问题。此外,从事公共运输的承运人所公布交易条件构成成立运输合同的要约,旅客、托运人提出通常、合理的运输要求,运输合同即告成立并对公共承运人发生法律约束力。因此,从事公共运输的承运人不得拒绝旅客、托运人通常、合理的运输要求(《合同法》第 289 条),此乃私人自治在运输合同的具体表现。

二、客运合同

（一）客运合同的含义

客运合同即旅客运输合同,是指当事人双方约定承运人将旅客及其行李安全运送到目的地,旅客为此支付运费的合同。

（二）客运合同的法律特征

客运合同除具有运输合同的一般特征外,还具有以下法律特征：

1. 客运合同以将旅客安全运送到约定的地点为目的,合同标的是承运人运送旅客的行为。旅客是承运人的运输对象,也可能是合同当事人。

2. 客运合同通常采用票证形式。客运合同一般包含格式条款,并采用票证形式。客票一般可以作为客运合同成立的重要证据,除当事人另有约定或者另有交易习惯外,客运合同一般自承运人向旅客交付客票时成立(《合同法》第 293 条)。铁路运送中,客运合同自检票之时生效,检票后旅客不得将票证转给他人。航空运送中,客运合同自办理登记手续之时生效,但机票采用记名制,不得转让。出租车旅客运送中,客运合同自乘客登车时起生效,不以交付客票为要件。

3. 客运合同包括运送旅客行李的内容。客运合同以将旅客运送到约定的地点为主要内容,但同时包含着将旅客的行李随旅客安全托运到约定的地点的内容。承运人在运送旅客的同时,必须按照公告的规定,随同运送旅客的一定数量的行李;对于超过规定数量的旅客的行李,旅客须凭客票办理托运。

（三）客运合同对承运人的效力

1. 运送义务

承运人应当按照约定的时间、班次提供运送服务。客票是客运合同的重要证据,其上载明的内容也是合同的内容,因此,承运人应当按照客票载明的时间及班次运送旅客,承运人迟延的,旅客可以要求安排改乘其他班次或者退票(《合同法》第 299 条)。旅客因自己的原因不能按照客票记载的时间乘坐的,应当在约定的时间内办理退票或者变更手续,逾期办理的,承运人可以不退票款并且不再承担运送义务(《合同法》第 295 条)。承运人应当按照约定或者通常的运送线路将旅客运送到约定地点(《合同法》第 291 条)。承运人应当按照约定的运输工具履行运送义务,承运人擅自变更运输工具而降低服务标准的,应当根据旅客的要求退票或者减收票款,提高服务标准的,不应当加收票款(《合同法》第 300 条)。旅客按照约定限量携带的行李,承运人应当提供运送服务,但超量行李不在此列(《合同法》第 296 条)。

2. 附随义务

（1）重要事项告知义务。承运人应当向旅客及时告知有关不能正常运送的重要事由和安全运输应当注意的事项（《合同法》第 298 条）。所谓有关不能正常运输的重要事项，是指因承运人的原因或天气等原因使运输时间迟延，或运输合同所约定的车次、航班取消等影响旅客按约定时间到达目的地的事项。在发生此类事项时，承运人应当及时通知旅客，使旅客根据情况对旅行作出适当的调整，以减少因不能正常运输给旅客带来的损失。承运人如果不及时告知旅客有关不能正常运输的重要事由，给旅客造成损失的，承运人应当承担赔偿责任。所谓安全运输应当注意的事项，是指在运输中为保障旅客的人身、财产安全，需要提醒旅客注意的事项。为预防和减少运输过程中的风险，保证运输过程中的人身和财产安全，承运人应当及时向旅客提供有关安全运输应当注意的事项。如果因承运人没有告知有关安全运输注意事项，致使旅客在运输过程中受到损害，承运人应当承担损害赔偿责任。

（2）救助义务。承运人在运输过程中，应当尽力救助患有急病、分娩、遇险的旅客（《合同法》第 301 条）。救助义务仅针对运输过程中发生紧急情况的旅客，所谓紧急情况主要包括急病、分娩以及遇险。承运人履行救助义务时的费用，可以要求被救助的旅客补偿，但是旅客遇险是由于承运人过错造成的，承运人无权要求补偿。

（3）旅客人身安全保护义务。承运人在运输中要采取各种措施，确保旅客的安全。承运人应当对运输过程中旅客的伤亡承担赔偿责任，但伤亡是旅客自身健康原因造成的或者承运人证明伤亡是旅客故意、重大过失造成的除外，按照规定免票、持优待票或者经承运人许可搭乘的无票乘客亦同（《合同法》第 302 条），但无票乘车又未经承运人许可的人员，因不存在有效合同，不能基于客运合同主张赔偿责任。承运人对旅客伤亡损害赔偿责任的免责事由主要有三项，即旅客自身健康原因、旅客故意、旅客重大过失造成的损害。旅客自身的健康原因是指旅客因患病、年老体衰等生理机能的变化导致死亡。旅客故意是指旅客在运输过程中明知将发生伤害其身体或者生命的行为而有意为之的心理状态。旅客的重大过失是指旅客对于自身伤亡的发生欠缺一般人应有的注意。《合同法》对第三人侵权造成的旅客人身伤亡时承运人是否应对承担责任未做出明确规定，可以参照法释〔2003〕20 号[1]第 6 条第 2 款，根据运输公司在运输过程中对旅客受到的伤害是否存在过错确定运输公司应否承担相应的补充赔偿责任。[2]

---

[1] 最高人民法院《关于审理人身损害赔偿案件适用法律若干问题的解释》，2003 年 12 月 4 日最高人民法院审判委员会第 1299 次会议通过，自 2004 年 5 月 1 日起施行。

[2] 参见关丽文：《汽车运输合同中承运人应否对第三人侵权造成的旅客人身伤亡承担责任问题研究》，载最高人民法院民事审判第一庭编《民事审判指导与参考》总第 28 集，法律出版社 2007 年版，第 40 页至第 41 页。

铁路旅客运送期中因第三人侵权造成旅客人身损害的,由实施侵权行为的第三人承担赔偿责任。铁路运输企业有过错的,应当在能够防止或者制止损害的范围内承担相应的补充赔偿责任。铁路运输企业承担赔偿责任后,有权向第三人追偿。列车外第三人投掷石块等击打列车造成车内旅客人身损害,赔偿权利人有权要求铁路运输企业先予赔偿的,铁路运输企业赔付后,有权向第三人追偿(法释〔2010〕5号①第13条)。关于损害赔偿的数额,《合同法》并未规定数额的限制,但是《海商法》第117条、《民用航空法》第129条等法律有相关规定。根据私人自治原则,旅客可以与承运人约定高于法律规定的赔偿额。

(4)旅客行李安全保护义务。承运人在运输过程中应采取必要措施,保护旅客自带行李的安全。运送过程中旅客自带物品毁损、灭失,承运人有过错的,应当承担赔偿责任(《合同法》第303条第1款)。本项义务仅涉及限量内旅客自带行李,超过限量携带的行李应当办理托运手续即成立货运合同,发生毁损、灭失应当适用货运合同相关规则(《合同法》第303条第2款)。

(四)客运合同对旅客的效力

1. 票款支付义务

旅客应当支付票款,主要表现为持有有效客票乘运,但在乘坐出租车等合同则表现为支付乘车款。旅客无票承运、超程承运、越级承运或者持失效客票承运的,应当补交票款,承运人有权按照规定加收票款;旅客不交付票款的,承运人可以拒绝运送(《合同法》第294条)。补交票款是指旅客接受运送服务所应交付的费用。加收票款是指对旅客在故意不支付服务费用而接受服务时所额外收取的费用,具有惩罚性质。承运人加收票款,首先须旅客故意逃避应付费用,其次须加收票款符合规定。拒绝运输是指承运人对不交付票款的旅客,拒绝为其提供运输服务,对于已登上承运人的城运工具的旅客,承运人可以责令其离开运送工具。

2. 附随义务

旅客不得随身携带或者在行李中夹带易燃、易爆、有毒、有腐蚀性、有放射性以及有可能危及运送工具上的人身和财产安全的危险物品或者其他违禁物品(《合同法》第297条第1款)。所谓危险物品,一般也称化学危险物品,是易燃、易爆、有毒、有腐蚀性、有放射性危险物品的通称。所谓有可能危及运输工具上人身和财产安全的危险物品或者其他违禁物品,是指除上述所谓危险物品以外,性质与其类似的危险物品或者其他违禁物品,如管制刀具、枪支等。不同的运输工具,对禁止旅客携带的物品种类和范围有不同的要求和规定。旅客违反随身

---

① 最高人民法院《关于审理铁路运输人身损害赔偿纠纷案件适用法律若干问题的解释》,2010年1月4日由最高人民法院审判委员会第1482次会议通过,自2010年3月16日起施行。

携带或者在行李中夹带危险物品或者其他违禁物品的,承运人有权将违禁物品卸下、销毁或者送交有关部门,旅客坚持携带或者夹带违禁物品的,承运人有权拒绝运输。此外,旅客应当遵守承运人告知的安全事项,维护承运人的运送工具和有关设施,旅客过失损坏运送工具和设施的,应承担损害赔偿责任。旅客在运送中应当按照约定的限量携带行李,超过限量携带行李的,应当办理托运手续。旅客超过约定的限量随身携带行李的,经承运人要求托运而拒不办理托运手续的,承运人可以拒绝运输。

三、货运合同

(一) 货运合同的含义

货运合同即货物运输合同,是指承运人按照约定的方式、时间将托运人托运的货物安全送达约定的地点,托运人或者收货人为此支付运费的合同。

(二) 货运合同的法律特征

货运合同除具有运输合同的一般特征外,还有以下两个不同于客运合同的显著特征:

1. 货运合同往往涉及第三人。货运合同的缔约双方为承运人和托运人,但托运人既可以为自己的利益以自己为收货人订立货运合同,也可以为第三人的利益以第三人为收货人订立货运合同。若托运人与收货人不为同一人,则该运输合同就涉及第三人。收货人虽然不是订立合同的当事人,但是可以独立享有合同的权利并为此承担相应的义务。

2. 货运合同强调给付效果,承运人将承运的货物交付给收货人给付始告完成。货运合同的标的虽是承运人的运输行为,但货运合同的承运人仅将货物送达目的地,其给付义务并未消灭,而只有承运人将货物送交收货人,其运送义务才履行完毕。

(三) 货运合同对托运人的效力

1. 运费支付义务

托运人应当按照约定支付运费(《合同法》第292条第1句),此乃托运人的主给付义务。按照约定支付运费,包括按照约定的数额、时间、地点、方式等支付运费。运输费用一般应当在货物运送前支付,也可以在货物到达目的地后支付。托运人或者收货人不支付运费、保管费以及其他运输费用的,除当事人另有约定外,承运人对相应的运输货物享有留置权(《合同法》第315条)。货物在运输过程中因不可抗力灭失的,托运人不负支付运费的义务,未收取运费的,承运人不得要求支付运费;已收取运费的,托运人可以要求返还(《合同法》第314条)。托运人未交付运费的,承运人也可以按照约定向收货人主张。

2. 附随义务

(1) 说明义务。托运人办理货物运输,应当准确表明收货人的名称或者姓名或者凭指示的收货人,货物的名称、性质、重量、数量,收货地点等有关货物运输的必要情况(《合同法》第 304 条第 1 款)。如实告知收货人或者凭指示的收货人旨在便于承运人正常履行其向收货人交货义务。由于运输的货物性质、品质、种类、数量等情况,也与承运人安全、及时履行运送关系密切,托运人如果不如实填报托运单,不仅会给运输工作带来麻烦,而且还会使承运人和他人遭受损失。因此,在承运人托运货物前,托运人在办理货物运输时需要按规定向承运人如实告知有关的必要情况,以便于承运人准确、安全地进行运输。托运人的说明义务,表现为如实申报,包括如实申报法定申报事项,包括收货人的名称或者姓名、收货地点、货物的性质、重量、数量以及其他有关货物运输的情况等,也包括约定申报事项,或者承运人未履行运送义务而要求托运人申报的与运输有关的情况。托运人基于运输货物的特性所知道的有可能影响正常运输的事项,即使没有明确规定,承运人也没有要求,托运人也有义务主动向承运人说明有关情况,以保证货物运输任务的顺利完成。

(2)办理行政审批义务。货物运输需要办理审批、检验等手续的,托运人应当将办理完有关手续的文件提交承运人(《合同法》第 305 条)。托运人没有取得批准、检验手续的,承运人可以拒绝运输。对因此而造成的货物迟延运输或者货物损坏等,承运人不承担责任。因托运人办理各种有关手续和向承运人提交有关文件不及时、不完备、不正确而造成承运人损失的,托运人还应负赔偿责任。

(3)包装义务。托运人应当按照约定的方式包装货物,否则适用《合同法》第 156 条的规定(《合同法》第 306 条第 1 款)。根据《合同法》第 156 条第 2 句的规定,对包装方式没有约定或者约定不明确,依照《合同法》第 61 条的规定未能达成补充协议并且按照合同有关条款或者交易习惯仍不能确定的,应当按照通用的方式包装,没有通用方式的,应当采用足以保护标的物的包装方式。托运人托运易燃、易爆、有毒、有腐蚀性、有放射性等危险物品的,应当按照国家有关危险物品运输的规定对危险物品妥善包装,作为危险物标志和标签,并将有关危险物品的名称、性质和防范措施的书面材料提交承运人;托运人对危险物品的包装违反《合同法》第 307 条第 1 款规定的,承运人可以拒绝运输,也可以采取相应的措施以避免损害的发生,因此产生的费用由托运人承担(《合同法》第 307 条)。因此给承运人造成损失的,托运人还应负责赔偿损失。因托运人未对危险物品妥善包装或者没有对危险物品作出标志和标签或者没有将有关材料及时提交承运人,给承运人造成损失的,托运人应负赔偿责任;即使承运人知道该危险物品的性质而同意运输的,在运输过程中该危险物品对于运输工具、其他货物及人员的人身安全造成危险时,承运人也仍可采取各种措施以避免损失的发生,并且可对因此而给托运人造成的损失不负赔偿责任。

3. 指示权

在承运人将货物交付收货人之前,托运人可以要求承运人中止运输、返还货物、变更到达地点或者将货物交给其他收货人,但应当赔偿承运人因此受到的损失(《合同法》第308条)。

(四)货运合同对承运人的效力

1. 运送义务

承运人应当按照约定的时间或者合理期间内,按照约定的或者通常的运输线路将货物安全运送到约定地点(《合同法》第290、291条),承运人按约定接受托运人交付的承运货物的,应按照规定向托运人签发提单或者其他运输单证。承运人应当按照托运人的指示进行运输,在承运人将货物交付收货人之前,托运人可以要求承运人中止运输、返还货物、变更到达地或者将货物交给其他收货人,但承运人因此受到损失的可以向托运人主张损害赔偿(《合同法》第308条)。如果托运人的指示不能执行,承运人应当通知托运人。在提单运输中,因提单为有价证券,可以流通,托运人不能再变更或解除合同,只有提单的持有人有权变更或解除合同。托运人或者提单的持有人变更或者解除合同的,应当承担因此产生的各种费用,给承运人造成损失的,还应负赔偿责任。承运人履行运送义务,应当将运送货物交付收货人或者托运人。货物运送到达后,承运人知道收货人的,应当及时通知收货人,收货人应当及时收货,承运人应当将货物交付收货人等有权收取货物的人。收货人逾期提货的,应当向承运人支付保管费等费用(《合同法》第309条)。收货人不明或者收货人无正当理由拒绝受领货物的,依照《合同法》第101条的规定,承运人可以提存货物(《合同法》第316条)。承运人不知道收货人的,在货物到达目的地后,承运人应当通知托运人在合理期限内就运输货物的处分作出指示,在托运人未在合理期限内给以指示或者其指示事实上不能执行时,承运人也可以按规定提存货物。承运人提存货物后,运输合同关系即告消灭,该货物毁损、灭失的风险由收货人承担。提存期间,货物的孳息归收货人所有,提存所生费用也均由收货人承担。

2. 附随义务

承运人应当安全运送货物,采取各种措施妥善保管运输的货物,保证将货物安全送达目的地并交付给收货人。承运人并对运送过程中货物的毁损、灭失承担赔偿责任,但承运人证明货物的毁损、灭失是因不可抗力、货物本身的自然性质或者合理损耗以及托运人、收货人的过错造成的,不承担损害赔偿责任(《合同法》第311条)。承运人因违反保护义务而承担的责任为无过错责任,承运人不能以证明自己无过错而免责,但《合同法》仍规定了三种免责事由。(1)不可抗力。不可抗力,是指不能预见、不能避免并不能克服的客观情况。在发生不可抗力时,承运人不需托运人解除合同即丧失运费给付请求权并应返还已受领运费,这一点不同于《合同法》的一般规则:因不可抗力致使不能实现合同目的需解除合同始能免除相应给付(《合同法》第 94 条第 1 项)。(2)货物本身的自然性质或者合理损耗。货物本身的自然性质是指货物本身发生的物理或者化学变化等,如货物本身引起的碎裂、生锈、变质、自燃等;货物的合理损耗是指货物在运输途中,损耗为超过有关部门颁发的货物自然减量标准或者在规定范围内的尾差、磅差。(3)托运人、收货人的过错。托运人、收货人的过错,是指对于运输过程中货物的毁损、灭失,托运人、收货人在主观上存在故意或者过失的情况。如包装不合格、装货中夹带易于引起货物变化的物质、自己错填到货地点等。

货物的毁损、灭失的赔偿额,当事人有约定的,按照其约定;没有约定或者约定不明确,依照《合同法》第 61 条的规定仍不能确定的,按照交付或者交付时货物到达地市场价格计算。但是,法律、行政法规对赔偿额的计算方法和赔偿限额另有规定的,依照其规定(《合同法》第 312 条)。应当注意的是,在货物运输合同中,由于运输工具和托运人对具体运输方式不同的选择,当事人对运输过程中货物毁损、灭失风险的承担存在差异,法律、行政法规针对具体的运输方式中的赔偿额,确定了一些特殊的计算方法和赔偿限额,在这些领域即应依照法律、行政法规的规定处理。

3. 承运人的留置权

托运人或者收货人不支付运费、保管费以及其他运输费用的,承运人对相应的运输货物享有留置权,但当事人另有约定的除外(《合同法》第 315 条)。承运人的对运输货物进行留置,托运人或者托运人在规定的宽限期限内仍不履行其义务时,承运人可以依法将留置的货物变价,并从变价款项中优先受偿。

承运人留置权的成立条件应符合以下条件:(1)承运人依据运输合同占有运输货物;(2)须有托运人或收货人不履行债务的事实。首先,托运人或收货人须有履行债务的义务,如果托运人或收货人根本没有履行的义务,则承运人不享有对运输货物留置的权利;其次,须债务已到履行期限。如果债务尚未到履行期,债务人的履行义务尚未届至,承运人不享有留置权。(3)须当事人没有不得留置的约定。

承运人留置权的实现,应符合以下条件:(1)确定托运人或收货人履行义务的宽限期限。关于宽限期限有两种确定方式:一为当事人可以在合同中约定,约定的宽限期限不得少于 2 个月(法释[2000]44 号)。二是合同中没有约定的,承运人可以自行确定 2 个月以上的宽限期限。宽限期内,承运人不得处分留置物。(2)承运人应及时通知托运人或收货人。(3)依法将留置货物变价受偿。托运人或收货人在宽限期内仍不支付有关运输费用的,也不另行提供担保的,承运人即可以依法对留置物折价或变价受偿。托运人或收货人如果提供了担保的,留置权消灭。

(五)货运合同对收货人的效力

1. 收货人及时提货及支付逾期提货费用

收货人应当及时提货，收货人逾期提货的，应当向承运人支付保管费等费用（《合同法》第309条）。收货人提货时应当按照约定的期限检验货物；对检验货物的期限没有约定或者约定不明确，依照《合同法》第61条的规定仍不能确定的，应当在合理的期限内检验货物；收货人在约定的期限或者合理的期限内对货物的数量、毁损等未提出异议的，视为承运人已经按照运输单据的记载交付的初步证据(《合同法》第310条)。收货人有在一定的期限内检验货物的义务。货物到达目的地后，承运人的交付和收货人的验收，是履行合同的重要环节。承运人向收货人交付货物时，须进行相应的交接验收，收货人的验收完毕对承运人和收货人及托运人的责任区分有重要意义，故收货人负有对货物及时进行验收的义务。《合同法》第310条对检验期限度确定及超过检验期限的法律后果作了规定。检验货物的合理期限，应当根据具体的运输方式、货物性质及检验所需期限等多种因素综合确定。在法律、行政法规对检验货物有特别规定的情形，应当优先适用该特别规定，例如，根据《民用航空法》第134条，托运行李或者货物发生损失的，旅客或者收货人应当在发现损失后向承运人提出异议。托运行李发生损失的，至迟应当自收到托运行李之日起七日内提出；货物发生损失的，至迟应当自收到货物之日起十四日内提出。托运行李或者货物发生延误的，至迟应当自托运行李或者货物交付旅客或者收货人处置之日起21日内提出。收货人在约定的期限或者合理期限内对货物的数量、毁损等未提出异议的，视为承运人已经按照运输单证的记载交付的初步证据，但是如果收货人在诉讼时效期间内举证证明货物的毁损、灭失是承运人的原因造成的，仍可主张权利。

2. 支付托运人未付或者少付的运费以及其他费用

如果货运合同约定由收货人在到站支付或者托运人未支付货款时，收货人应当支付货款。收货人还应当支付运输中发生的其他应当支付的费用。

四、多式联运合同

（一）多式联运合同的含义

多式联运合同，是指多式联运经营人负责通过衔接运送，用同一凭证将货物运送到指定地点，托运人支付各承运人运输费用而订立的协议。

（二）多式联运合同对多式联运经营人的效力

1. 履行或者组织履行多式联运合同

多式联运经营人，是指本人或者委托他人以本人名义与托运人订立多式联运合同的人。多式联运经营人不是托运人的代理人或者代表人，也不是参加多式联运的各承运人的代理人或者代表人。多式联运经营人应当根据多式联运合同履行运输义务或者组织承运人履行运输义务。多式联运经营人可分为两种类型：第一种是承担履行，即多式联运经营人自己拥有运输工具，并且直接参加了运输合同的履行。第二种是组织履行,即多式联运经营人自己不拥有运输工具或者不经营运输工具,也不直接从事运输活动,而是在签订多式联运合同后,通过双边合同与各运输方式承运人单独签订各区段运输合同,组织其他承运人进行运输。多式联运经营人可以与参加多式联运的各区段承运人就多式联运合同的各区段运输约定相互之间的责任,但该约定不影响多式联运经营人对全程运输承担的义务(《合同法》第318条规定)。这里涉及多式联运经营人与区段承运人内部责任问题。区段承运人是指参加多式联运并采取不同运输方式于特定运输区段进行运输之承运人。多式联运经营人与区段承运人相互约定彼此的责任,以达到完成全程运输目的,自应允许,但多式联运经营人与区段承运人间内部责任约定并不导致若干联运合同形成,多式联运合同依然仅为一项合同,该合同仍是确定多式联运经营人与区段承运人权利义务之依据。就多式联运经营人与区段承运人内部责任对多式联运经营人义务之效力而言,多式联运经营人与各区段承运人约定之责任承担乃多式联运经营人与区段承运人所达成之关于联合运输之协议,性质为合同关系。债权有相对性,故该协议属于多式联运经营人与区段承运人间之"内部协议",只能对多式联运经营人与各区段承运人有拘束力。对于托运人,多式联运经营人依然应依据多式联运经营合同承担义务,该义务不受多式联运经营人与区段承运人内部责任之影响:多式联运经营人对于全程运输之义务不因区段承运人责任而减轻。

2. 多式联运经营人收到托运人交付的货物时,应当签发多式联运收据

多式联运单据是证明多式联运合同存在及多式联运经营人接管货物并按合同条款提交货物的证据。多式联运经营人收到托运人交付的货物时,应当签发多式联运单据,按照托运人的要求,多式联运单据可以是可转让单据,也可以是不可转让单据(《合同法》第319条)。多式联运单据应当由多式联运经营人或者经其授权的人签字,这种签字可以是手签、盖章、符号或者用任何其他机械或者电子仪器打出。多式联运单据一般包括以下内容:(1)货物品类、标志、危险特征的声明、包数或者件数、重量;(2)货物的外表状况;(3)多式联运经营人的名称与主要营业地;(4)托运人名称;(5)收货人的名称;(6)多式联运经营人接管货物的时间、地点;(7)交货地点;(8)交货日期或者期间;(9)多式联运单据可转让或者不可转让的声明;(10)多式联运单据签发的时间、地点;(11)多式联运经营人或其授权人的签字;(12)每种运输方式的运费、用于支付的货币、运费由收货人支付的声明等;(13)航线、运输方式和转运地点;(14)双方商定的其他事项等。以上内容缺乏一项或者数项,并不影响单据作为多式联运单据的性质。如果多式联运经营人知道或者有合理的根据怀疑多式联运单据所列的货物品类、标志、包数或者数量、重量等没有准确地表明实际接管货物的状况,或者无适当方法进行核对的,多式联运经营人应在多式联运单据上作出保留,注明不符合

之处及怀疑根据或无适当核对方法。如果不加批注,则应视为已在多式联运单据上注明货物外表状况的良好。该单据依托运人的要求,可以是可转让的单据,也可以是不可转让的单据。在实践中,只有单据的签发人(即多式联运经营人)承担全程责任时,多式联运单据才有可能作成为可转让的单据。此时,多式联运单据具有物权凭证的性质和作用。在作成可转让的多式联运单据时,应当列明按指示或者向持票人交付。如果是凭指示交付货物的单据,则该单据经背书才可转让;向持票人交付货物时,则该单据无须背书即可以转让。当签发一份以上可转让多式联运单据正本时,应当注明正本份数,收货人只有提交可转让多式联运单据时才能提取货物,多式联运经营人按其中一份正本交货后,即履行了交货人的义务;如果签发副本,则应当注明"不可转让副本"字样。如果多式联运经营人按托运人的要求签发了不可转让多式联运单据,则应当指明记名的收货人,多式联运承运人将货物交给不可转让单据所指明的记名收货人才算履行了交货的义务。

3. 联运经营人对货物的毁损、灭失承担损害赔偿责任

多式联运中货物的毁损、灭失发生于多式联运的某一运输区段的,多式联运经营人的赔偿责任和责任限额,适用调整该区段运输方式的有关法律规定;货物毁损、灭失发生的运输区段不能确定的,依照《合同法》第 17 章规定承担损害赔偿责任(《合同法》第 321 条)。如果货物发生毁损灭失的区段是确定的,多式联运经营人的赔偿责任和责任限额,适用调整该区段运输方式的有关法律的规定。该原则体现了目前国际通行的多式联运经营人的"网状责任制"。例如托运人与多式联运经营人签订了一项从北京至纽约的多式联运合同。全程运输分为三个区段,首先是从北京至天津的公路运输,其次是天津到旧金山的国际海运,最后是从旧金山到纽约的铁路运输,如果货物的毁损、灭失能够确定发生在中国的公路运输区段,则多式联运经营人的赔偿责任和责任限额就按中国公路运输方面的法律或者行政法规进行办理;如果发生在国际海运区段则按《海商法》有关规定进行赔偿;如果发生在美国的铁路运输区段,就应按照美国的铁路法规定进行办理。"网状责任制"的优点是多式联运经营人承担的赔偿责任与发生损坏区段承运人所负责任相同,使组织多式联运的经营人不承担不同责任的风险,便利了多式联运的组织工作和多式联运的发展,这也是国际上通行此项责任制度的主要理由。对于货物发生毁损、灭失的运输区段不能确定的,多式联运经营人应当依照《合同法》第 17 章的规定承担损害赔偿责任。在多式联运中,货损发生的运输区段有时不易查清,网状责任制通常用"隐蔽损害一般原则"规定多式联运经营人的责任,即对这一类货损采用某项统一的规定的办法确定经营人的责任。

(三)多式联运合同对托运人的效力

托运人的主给付义务是支付运费,多式联运中托运人同样负担该义务。此外,因托运人托运货物时的过错造成多式联运经营人损失的,即使托运人已经转让多式联运单据,托运人仍然应当承担损害赔偿责任(《合同法》第320条)。

托运人在多式联运中一般应当承担以下三方面的责任:(1)保证责任。即在多式联运经营人接管货物时,发货人应视为已经向多式联运经营人保证他在多式联运单据中所提供的货物品类、标志、件数、重量、数量及危险特性的陈述的准确无误,并应对违反这项保证造成的损失负赔偿责任。(2)对凡是因为托运人或者其受雇人或者代理人在受雇范围内行事时的过失或者大意而给多式联运经营人造成损失的,托运人应当向多式联运经营人赔偿责任。(3)运送危险物品的特殊责任。托运人将危险品交多式联运经营人时,应当告知多式联运经营人危险物品的危险特性,必要时应告之应采取的预防措施。否则其要对多式联运经营人因运送这类货物所遭受的损失负赔偿责任。

多式联运中,即使托运人已经转让多式联运单据的,但如果托运人因自己的过错给多式联运经营人造成损失的,托运人仍然应当承担损害赔偿责任。也就是说托运人赔偿多式联运经营人的损失不受多式联运单据是否转让的影响,只要因托运人的过错造成多式联运经营人,不管多式联运单据在谁手中,多式联运经营人都可向托运人要求赔偿,而不能向持票人或者收货人要求赔偿。

第二节 保管合同

一、保管合同概说

(一)保管合同的含义

保管合同,是指保管人保管寄存人交付的保管物,并返还该物的合同(《合同法》第365条)。保管物品的当事人是保管人,也称为受寄托人,其所保管的物品为保管物,交付物品保管的当事人为寄存人,也称为寄托人。

(二)保管合同的法律特征

1. 从构成要件看,主要是实践性和不要式性

除当事人另有约定外,保管合同自保管物交付时成立(《合同法》第367条)。保管合同以保管物品为目的,成立保管合同不仅须有当事人双方的意思表示一致,而且须有寄存人将保管物交付于保管人的行为。交付保管物,是指将保管物的占有转移于保管人。交付并不限于保管人直接接受移转占有的保管物,间接地由第三人受交付也为占有移转于保管人。由于保管以保管人亲自管领保管物为原则,因此,若占有的移转不能使保管人直接管领保管物,原则上不能成立保管合同。交付标的物并不必然转移标的物所有权。

除当事人另有约定外,保管合同不要求当事人必须采取特定形式。因此,保

管合同为不要式合同。即使当事人约定保管合同为诺成性合同的情况下,法律也不要求必须采取特定的形式。保管人向寄存人给付的保管凭证并不是保管合同的形式,而是保管合同成立的一种证明,是寄存人领取保管物的一种凭证。

2. 从法律效果看,保管合同以无偿为原则

当事人可以约定寄存人支付保管费,但当事人对保管费没有约定或者约定不明确,依照《合同法》第 61 条的规定不能确定的,保管是无偿的(《合同法》第 366 条)。保管人实施保管行为之处的费用应当由寄存人偿还。此外,保管人主要义务是保管寄存人交付其保管的物品,不同于借用、租赁、承揽、运输等合同。在其他合同中,虽然也发生当事人的保管义务,但在订立该合同的直接目的不是对物品的保管,合同的标的不是保管行为,并且保管义务也不是其主要义务,而仅属于一种附随义务。

二、保管合同的效力

(一)保管合同对保管人的效力

1. 妥善保管保管物的义务(《合同法》第 369 条第 1 款)

妥善保管寄存人交付的保管物是保管人在保管合同中的主给付义务,包括三方面内容:(1)保管场所和保管方法适当。当事人可以约定保管场所或者保管方法,除紧急情况或者为了维护寄存人的利益以外,保管人的不得擅自改变保管场所或者方法(《合同法》第 369 条第 2 款)。所谓紧急情况,如保管物因第三人的原因或者因自然原因,可能发生毁损、灭失的危险时,保管人除应当及时通知寄存人外,为了维护寄存人的利益,可以改变原来约定的保管场所或者保管方法。当事人未约定保管场所或者保管方法的,保管人应当依保管物的性质、合同目的以及诚实信用原则,妥善保管保管物。(2)亲自保管义务。除非当事人另有约定,保管人不得将保管物转交第三人保管,否则对保管物的损失应当承担损害赔偿责任(《合同法》第 371 条)。亲自保管,既包括保管人自己保管,也包括使用履行辅助人辅助保管。保管人擅自将保管物转交第三人让第三人代为保管的,为违法的转保管,因此对保管物造成的损失,保管人应当承担损害赔偿责任。在当事人约定允许保管人使第三人代为保管时,保管人应就对第三人的选任和指示的过失承担责任(《合同法》第 400 条)。于此情形,若保管人在对第三人的选任和指示上没有过错,则不承担责任。保管人应就其选任和指示没有过错负举证责任。(3)禁止使用保管物(《合同法》第 372 条)等。保管合同的目的是为寄存人保管保管物,一般要求是维持保管物的现状,保管人虽然没有使保管物升值的义务,但却负有尽量避免减损其价值的义务。因此,除非当事人另有约定,保管人不得使用或者许可第三人使用保管物(《合同法》第 372 条)。基于保管物的性质必须使用(即保管物的使用等于保管方法的一部分)的情形下,保管人可以使用保管物。如果保管人未经寄存人同意为不必要的使用或者许可第三

人使用保管物,则保管人无论其主观上有无过错,均应向寄存人支付相当的补偿。补偿数额可比照租金标准计算。保管物为金钱的,保管人应自使用之日起支付利息。保管期间,因保管人保管不善造成保管物的毁损、灭失的,保管人应当承担损害赔偿责任,但保管是无偿的,保管人证明自己没有重大过失的,不承担损害赔偿责任(《合同法》第 374 条)。所谓"重大过失",是指欠缺一般人应有的注意。保管物的毁损、灭失是由于保管物自身的性质或者包装不符合约定造成的,保管人不承担责任。例如因寄存人的过错,对保管物包装不良,致使寄存的汽油挥发的,保管人不承担赔偿责任。保管是无偿的,保管人仅对其故意或者重大过失造成保管物毁损、灭失的情形承担损害赔偿责任。保管人故意造成保管物毁损、灭失的,尽管保管是无偿的,保管人承担损害赔偿责任也是理所应当的。此外,在保管是无偿的情况下,保管人对因重大过失造成保管物毁损、灭失的后果承担损害赔偿责任。之所以以有偿无偿为标准确定保管人的能否免责,是考虑了该行为是否给予债务人以利益及利益多寡,未给债务人以利益者应从轻酌定。

2. 给付保管凭证义务

除另有交易习惯外,寄存人向保管人交付保管物的,保管人应当给付保管凭证(《合同法》第 368 条)。一般情形,寄存人向保管人交付保管物,保管合同即告成立。保管人应当根据交易习惯向寄存人给付保管凭证,作为保管合同存在的证据。给付保管凭证不是保管合同的成立要件,如果当事人另有约定或者依交易习惯无须给付保管凭证的,不给付保管凭证并不影响保管合同的成立。

3. 返还保管物的义务

保管期间届满或者寄存人提前领取保管物的,保管人应当将原物及其孳息归还寄存人(《合同法》第 378 条)。保管人保管货币的,可以返还相同种类、数量的货币;保管其他可替代物的,可以按照约定返还相同种类、品质、数量的物品(《合同法》第 378 条)。(1)返还义务相对人。保管人原则上应向寄存人返还保管物,但在为第三人寄存时保管人也可直接将保管物返还给第三人,例如,债权人在债务人提存标的物的情形一般可以随时领取提存物(《合同法》第 104 条第 1 款)。第三人对保管物主张权利的,除依法对保管物采取保全或者执行的以外,保管人仍应履行向寄存人返还保管物的义务(《合同法》第 373 条第 1 款),而不得向第三人返还或者拒绝寄存人的返还请求。(2)通知义务。第三人对保管人提起诉讼或者对保管物申请扣押的,保管人应当及时通知寄存人(《合同法》第 373 条第 2 款)。法律规定该项保管人通知义务,目的在于使寄存人及时参加诉讼,以维护自己的合法权益。第三人对保管人提起诉讼的,保管人可以请求法院更换寄存人为被告,因为保管人并非所有权人,第三人与保管人并无争议而是与寄存人之间存在争议。第三人向法院申请对保管物采取财产保全措施,例如第三人在诉讼前向法院申请财产保全,请求扣押保管物。法院在扣押保管物后,保管人应当及时通知寄存人,以便寄存人及时向法院交涉,或者提供担保以解除保全措施。第三人对保管物主张权利,除保管物已经被法院采取财产保全措施或者已经被法院强制执行而不能返还的以外,保管人仍应当履行向寄存人返还保管物的义务。"第三人对保管物主张权利"的,例如第三人主张保管物为其所有而被他人非法占有,诉请人民法院依法强令不法占有人返还原物。

(二) 保管合同对寄存人的效力

1. 支付保管费的义务

寄存人应当按照约定支付保管费,并支付其他费用。(1)寄存人应支付的费用包括保管费和其他费用。保管费,是指当事人约定的保管人应收取的报酬。当事人约定或者依交易习惯能够确定保管费的,寄存人应当支付保管费,当事人没有约定或者按照《合同法》第61条的规定不能确定的保管费的,保管是无偿的(《合同法》第366条)。无偿保管中,寄存人无支付保管费的义务。所谓其他费用,是指保管保管物所付出的必要费用。该费用是为保管物支出的,自应由寄存人负担。即使是无偿保管,寄存人仍应偿付保管人为保管保管物所支付的必要费用。必要费用以能维持保管物的原状为限,包括重新包装、防腐、防火等项费用。(2)寄存人应当按照约定的期限向保管人支付保管费和其他费用。有偿的保管合同,寄存人应当按照约定的期限支付保管费;当事人对支付期限没有约定或者约定不明确,依照《合同法》第61条仍不能确定的,应当在领取保管物的同时支付(《合同法》第379条)。无偿的保管合同中,其他费用的支付也应参照适用该规定,当事人对费用支付没有约定的,寄存人应于领取保管物时向保管人偿还其他费用。(3)寄存人不支付保管费和其他费用的,应当承担债务不履行的责任。除非另有约定,寄存人未按照约定支付保管费以及其他费用的,保管人对保管物享有留置权(《合同法》第380条)。依据《担保法》,保管人在留置保管物后,应当给予寄存人不少于两个月的期限履行债务,保管人可以将所留置的保管物变价并就其变价优先受偿(《担保法》第87条第2款)。留置期间,保管人负有妥善保管留置物的义务,如果保管不善致使留置物毁损、灭失的,保管人应当承担民事责任。

2. 告知义务

寄存人交付的保管物有瑕疵或者按照保管物的性质需要采取特殊保管措施的,寄存人应当将有关情况告知保管人;寄存人未告知,致使保管物受损失的,保管人不承担损害赔偿责任;保管人因此受损失的,除保管人知道或者应当知道并且未采取补救措施的以外,寄存人应当承担损害赔偿责任(《合同法》第370条)。寄存人对保管人的告知义务,适用于两种情形:一是保管物有瑕疵的,应当将真实情况如实告知保管人;二是按照保管物的性质需要采取特殊保管措施的,寄存人应当告知保管人。所谓"保管物有瑕疵",是指保管物自身存有破坏性缺陷的情形。所谓"保管物的性质",如保管物属于易燃、易爆、有毒、有腐蚀性、有放射性等危险物品或者易变质物品。寄存人违反前两项义务,使保管物本身遭受损失的,保管人不承担损害赔偿责任。寄存人违反告知义务,使保管人的人身、财产遭受损失的,寄存人应当承担损害赔偿责任。但保管人知道或者应当知道并且未采取补救措施的,寄存人不承担损害赔偿责任。所谓"保管人知道或者应当知道并且未采取补救措施",是指保管人在接受寄存人交付的保管物时或者在保管期间,尽管寄存人违反了告知义务而没有告知,但保管人已经发现了保管物存在瑕疵、不合理的危险或者易变质等情况,没有将发现的情况及时通知寄存人并要求寄存人取回,或者主动采取一些特殊的保管措施,以避免损失的发生或扩大。这种情形,保管人无权主张寄存人承担损害赔偿责任。因保管物的性质或者瑕疵而给第三人造成损害的,寄存人也应负赔偿责任,不过此种责任为侵权责任而非合同责任。

3. 声明义务

寄存人寄存货币、有价证券或者其他贵重物品的,应当向保管人声明,由保管人验收或者封存。寄存人未声明的,该物品毁损、灭失后,保管人可以按照一般物品予以赔偿(《合同法》第375条)。声明内容是保管物的性质及数量,以便保管人验收后进行保管,决定是否采取封存等方式。该项义务针对的寄存货币不属于消费保管,而是要求保管人返还原物的合同。如客人将金钱交由旅店保管,旅店之主人验收后予以封存,并负返还原物的义务。第二,寄存货币、有价证券、珠宝等贵重物品而形成的保管合同与商业银行的保管箱业务或者饭店提供的保险箱服务不同。寄存人将货币、有价证券或者其他贵重物品夹杂于其他物品之中,按一般物品寄存,且在寄存时未声明其中有贵重物品并经保管人验收或者封存的,如果货币、有价证券或者其他贵重物品与一般物品一并毁损、灭失,保管人不承担货币、有价证券或者其他贵重物品损、灭失的损害赔偿责任,只按照一般物品予以赔偿。

4. 保管物返还请求权

(1)寄存人可以于保管期间届满请求保管人返还保管物(《合同法》第377条),也可以随时领取保管物(《合同法》第376条第1款)。保管目的是为寄存人保管财物,寄存人认为保管的目的已经实现,尽管约定的保管期间还未届满,寄存人仍可以提前领取保管物。寄存人随时领取保管物,至于保管为有偿或无偿,在所不问。保管是无偿的,寄存人提前领取保管物,可以提早解除保管人的义务,对保管人实为有利;保管是有偿的,只要寄存人认为已实现保管目的而要求提前领取的,保管人也无阻碍之理。保管期间届满,寄存人应及时领取保管物。保管合同中未明确约定保管期间,保管人要求寄存人领取保管物的,寄存人应于合理的期间内及时领取。寄存人未及时领取保管物的,应负延期受领的违约责任。(2)请求返还的标的。寄存人保管物返还请求权的标的应为保管物原物,有孳息的还应返还孳息(《合同法》第377条)。保管人保管货币的,可以返还相同种类、数量的货币;保管其他可替代物的,可以按照约定返还相同种类、品质、数量的物品(《合同法》第378条)。此乃关于消费保管合同的特别要求。消费保管也称为不规则保管,是指保管物为可替代物时,约定将保管物的所有权移转于保管人,保管期间届满由保管人以同种类、品质、数量的物返还的保管。消费保管合同与一般保管合同有以下几点不同:第一,消费保管合同的保管物必须为可替代物,即种类物。种类物是相对于特定物而言的,是指以品种、质量、规格或度量衡确定,不需具体指定的转让物,如标号相同的水泥,相同品牌、规格的电视机等。消费保管合同的保管物只能是种类物,而不能是特定物。特定物是指具有独立特征或被权利人指定,不能以他物替代的转让物,包括独一无二的物和从一类物中指定而特定化的物,如齐白石的画、从一批解放牌汽车中挑选出来的某一辆。寄存人就特定物寄存,保管人只能返还原物。第二,并不是所有种类物的寄存都属于消费保管合同。例如《合同法》第375条规定的寄存货币的情形,就属于是返还原货币的保管合同,而不属于消费保管合同。消费保管合同必须是当事人约定将保管物的所有权移转于保管人,保管人在接受保管物后享有占有、使用、收益和处分的权利。而一般的保管合同,保管人只是在保管期间占有保管物,原则上不能使用保管物,这是消费保管与一般保管的重要区别之一。第三,既然保管物的所有权移转保管人,因此从寄存人交付时起,保管人就享有该物的利益,并承担该物的风险。第四,保管人仅须以同种类、品质、数量的物返还即可。寄存货币的消费保管合同与储蓄合同非常相似。但二者又是不同的。寄存货币的消费保管合同的目的侧重于为寄存人保管货币,一般不向寄存人支付利息。而储蓄合同中的存款人的目的除有保管货币的目的外,还有获取利息的目的。寄存货币的消费保管合同与民间借贷也有着本质上的区别。民间借贷合同是从借款人借款的角度来规定双方的权利义务关系,而寄存货币的消费保管主要是从寄存人寄存货币的角度来规定双方的权利义务关系。所以,二者不能用同一种法律规范来调整。(3)返还的地点,保管物为不动产的,在不动产所在地,保管物是动产的,为保管地,除当事人有特别约定外,保管人无送交义务。

第三节 仓储合同

一、仓储合同概说

(一)仓储合同的含义

仓储合同,是指保管人储存存货人交付的仓储物,存货人支付仓储费的合同

(《合同法》第381条)。仓储合同是一种商事保管合同,因此,《合同法》第20章对仓储合同没有规定的,适用保管合同的有关规定(《合同法》第394条)。

(二) 仓储合同的法律特征

1. 仓储合同的保管人为有仓储设备并专事仓储保管业务的人

仓储合同在主体上的重要特征是保管人只能是仓库营业人,以仓储为其营业。保管人的特殊要求,是仓储合同不同于保管合同之处。

2. 仓储物为动产

仓储合同是储存货物的合同,只有能够交付对方储藏的物品才可为仓库储存保管,因此,存货人交付仓管人保管储存的货物只能是动产。

3. 诺成合同

只要双方当事人意思表示一致,即成立仓储合同并发生效力(《合同法》第382条)。仓储合同不同于一般保管合同,其成立不需要交付仓储物。

4. 要式合同

法律并未要求仓储合同采用书面形式,但存货人交付仓储物的,保管人应当给付仓单(《合同法》第385条)。仓单可以作为仓储合同的证据,因此可以认为仓储合同是要式合同。这也是仓储合同不同于一般保管合同的重要特征。仓单是表示一定数量的货物已交付的法律文书,属于有价证券的一种,仓储合同的存货人凭仓单提取储存的货物,存货人或者仓单持有人得以背书方式并经保管人签字或盖章将仓单上所载明的物品所有权移转给他人。

5. 双务、有偿合同

保管人与存货人互负债务,存货人应当支付仓储费(《合同法》第381条)。

二、仓储合同的效力

(一) 仓储合同对保管人的效力

1. 妥善保管仓储物的义务

保管人应当按照合同约定的储存条件和保管要求,妥善保管仓储物。此乃保管人的主给付义务。妥善保管,主要是指按照仓储合同中约定的保管条件和保管要求进行保管。保管条件和保管要求是双方约定的,一般是存货人根据货物的性质、状况提出保管的条件和要求。保管人除应当按照约定的保管条件和保管要求进行保管外,还应当尽到善良管理人的责任。因为保管人的保管行为是有偿的,所以保管仓储物应当比保管自己的货物给予更多的注意。保管人应当经常对储存设施和储存设备进行维修和保养,还应当经常对仓储物进行巡视和检查,注意防火防盗。此外,为存货人利益,保管人在符合约定的保管条件和保管要求的情况下,发现仓储物变质、损坏,或者有变质、损坏的危险时,及时通知存货人或者仓单持有人,这其中包括对临近失效期的仓储物,也应当及时通知存货人或者仓单持有人作出处置(《合同法》第390条)。这是诚实信用原则的要求。保管人应当自己保管仓储物,除当事人另有约定外,不得将仓储物交付第三人保管。保管人未经存货人同意而将仓储物转交第三人保管,对仓储物造成损失的,应当承担损害赔偿责任。储存期间,因保管人保管不善造成仓储物毁损、灭失的,保管人应当承担损害赔偿责任,但因仓储物的性质、包装不符合约定或者超过有效储存期造成仓储物变质、损坏的,保管人不承担损害赔偿责任(《合同法》第394条)。

为妥善保管仓储物,保管人应当受领存货人交付的仓储物,并按照约定对入库仓储物进行验收;保管人验收时发现入库仓储物与约定不符合的,应当及时通知存货人;保管人验收后,发生仓储物的品种、数量、质量不符合约定的,保管人应当承担损害赔偿责任(《合同法》第384条)。验收主要涉及验收项目、验收方法和验收期限三方面问题。(1)保管人的正常验收项目为:货物的品名、规格、数量、外包装状况,以及无需开箱拆捆直观可见可辨的质量情况。包装内的货物品名、规格、数量,以外包装或货物上的标记为准;外包装或货物上无标记的,以供货方提供的验收资料为准。散装货物按国家有关规定或合同规定验收。(2)验收方法:全部验收和按比例验收。(3)验收期限:验收期限自货物和验收资料全部送达保管人之日起,至验收报告送出之日止。保管人应当按照合同约定的验收项目、验收方法和验收期限进行验收。保管人验收时发现入库的仓储物与约定不符的,如发现入库的仓储物的品名、规格、数量、外包装状况与合同中的约定不一致的,应当及时通知存货人。由存货人作出解释,或者修改合同,或者将不符合约定的货物予以退回。保管人验收后发生仓储物品种、数量不符合约定的,应当承担损害赔偿责任较为明确;质量不符合约定的赔偿责任应当注意二点:(1)此处仅涉及质量不符合约定。对不同性质的仓储物的质量,可以按照交易习惯和当事人的特别约定来确定质量问题。(2)发生质量问题但对于是否由保管人承担赔偿责任约定不明确时,保管人对于因仓储物的性质、包装不符合约定等造成的灭失、损坏不负赔偿责任(《合同法》第394条)。

2. 填发和交付仓单的义务

存货人交付仓储物的,存货人不仅应在仓库簿册中记载仓储物的有关事项,并且应当填写并向存货人交付仓单(《合同法》第385条)。此乃存货人的从给付义务。仓单是保管人收到仓储物后给存货人开付的提取仓储物的凭证,以便存货人取回或处分其仓储物。仓单既是保管人收货的证明,又是存货人提取货物的有效凭证。(1)仓单是保管人应存货人的请求而签发的一种有价证券,法律规定了仓单应当记载的事项,以便受让人或质权人明确自己的权利和行使自己的权利:仓单上必须有保管人的签字或者盖章,否则不生仓单应有之效力;(2)仓单是记名证券,因此仓单上应当记载存货人的名称或者姓名及住所,否则不符合记名证券的本质特征;(3)仓单可经背书而生物权移转之效力,因此对仓储物详细情况的记载是必须的,仓单上应明确记载仓储物的品种、数量、质量、包装、件数和标记;(4)仓单上应记载仓储物的损耗标准。这对提取仓储物和转让仓储物至关重要,可以避免发生很多纠纷;(5)仓单上应记载储存场所,如果仓单经背书转让,则仓单持有人就可以明确仓储物的储存场所;(6)仓单上应记载储存期间。如果仓单经背书转让,则仓单持有人就可以明确应在多长时间内提取仓储物;(7)仓单上应记载仓储费。如果仓单经背书而转让,则仓单持有人在提取仓储物时应支付仓储费;(8)仓储物已经办理保险的,其保险金额、期间以及保险公司的名称应在仓单上注明。仓储物已经办理保险的,如果存货人转让仓储物,则保险费可以计入成本。转让以后,受让人享受保险利益,一旦发生保险合同中约定的保险事故,受让人可以找保险公司索赔。因此仓单上记载上述事项是非常必要的;(9)仓单上应记载填发人、填发地和填发日期。这是任何物权证券的基本要求,提单也是如此(《合同法》第 386 条)。

仓单是提取仓储物的凭证;存货人或者仓单持有人在仓单上背书并经保管人签字或者盖章的,可以转让提取仓储物的权利(《合同法》第 387 条)。根据该规定,仓单具有以下性质:(1)仓单为有价证券。有价证券是设定并代表一定财产权利的证券。有价证券与证券上所代表的财产权利不可分,其权利的行使或处分须有证券的占有或移转。仓单是表示仓储合同的债权的,仓单上所载明的仓储物的返还请求权与仓单是不可分离的,因此仓单为有价证券,不同于仅具有证明债权证据效力的保管凭证。仓单具有两种效力:一为受领仓储物的效力。保管人一经填发并给付仓单,则有效仓单的持单人对于保管人得请求仓储合同债务的履行,得据以请求提取仓储物。同时仓单持有人对于仓储物的受领,不仅应提示仓单,而且还应缴回仓单。二是移转仓储物的效力。存货人将仓储物储存于仓库而受到仓单后,将仓单交付于有受领仓储物权利的人时,仓单的交付与移转物的所有权时的标的物的交付,具有同样的效力;就是在设定担保权上,仓单的交付也与标的物的交付即占有的移转发生同样的效力。(2)仓单为物品证券、物权证券、要式证券、文义证券、自付证券。由于仓单是以给付一定的物品为标的的,故为物品证券。由于仓单上所载仓储物的移转,必须移转仓单始生所有权转移的效力,故仓单又是物权证券。因仓单上所记载的事项,须依据法律的规定作成,故仓单为要式证券。仓单的记载事项决定当事人的权利义务,当事人须以仓单上的记载主张权利义务,所以,仓单为文义证券。因为仓单是由保管人自己填发的,由自己负担给付的义务,故仓单为自付证券。如果仓单损毁或遗失、被盗而灭失,存货人或仓单持有人丧失仓单的,须依据《民事诉讼法》规定,通过公司催告程序以确认权利。

3. 附随义务

(1)协助义务。保管人根据存货人或者仓单持有人的要求,应当同意其检查仓储物或者提取样品(《合同法》第388条)。存货人检查货物或提取样品,目的可以不同,例如出卖仓储物,或者考察仓储的方法是否有利于仓储物的保存等。不论目的如何,只要存货人提出检查或提取样品的要求,保管人就应当同意其检查或提取样品。由于仓单是物权证券,存货人可以转让仓单项下仓储物的所有权,也可以对仓单项下的仓储物设定担保物权,即出质。仓单经背书并经保管人签字或者盖章而转让或出质的,仓单受让人或质权人即成为仓单持有人。无论是转让仓单还是出质仓单,仓单持有人与存货人一样,都有检查仓储物或者提取样品的权利。存货人或者仓单持有人检查仓储物或提取样品的要求,只能在保管人的营业时间提出,否则,保管人有权拒绝其检查或提取样品。存货人或者仓单持有人检查仓储物或提取样品,不得妨碍保管人的正常营业。(2)危险通知义务。保管人对入库仓储物发现有变质或者其他毁损的,应当及时通知存货人或者仓单持有人(《合同法》第389条)。保管人对入库仓储物发现有变质或者损坏,危及其他仓储物的安全或者正常保管的,应当催告存货人或者仓单持有人作出必要的处置。因情况紧急,保管人可以作出必要的处置,但事后应当将该情况及时通知存货人或者仓单持有人。对于外包装或货物标记上标明或者合同中申明了有效期的货物,依诚实信用原则保管人应当与仓储物邻近失效前通知存货人或仓单持有人。遇有第三人就仓储物对保管人提起诉讼或者对仓储物申请扣押时,保管人应当及时通知存货人或者仓单持有人。(3)危险处理义务。保管人对入库仓储物发现有变质或者其他损坏,危及其他仓储物的安全和正常保管的,应当催告存货人或者仓单持有人作出必要的处置;因情况紧急,保管人可以作出必要的处置,但事后应当将该情况及时通知存货人或者仓单持有人(第390条)。

4. 返还仓储物的义务

储存期间未约定或者约定不确定的,保管人请求返还仓储物的,保管人在合理的期限内应当返还。《合同法》第391条所谓"给予必要的准备时间",应依交易习惯和具体情形进行判断。储存期间届满,保管人应当将仓储物返还给存货人或仓单持有人(《合同法》第392条)。保管人在返还仓储物时应以仓单持有人为相对人。在仓单出质时,保管人不得提前将仓储物单独返还给持有出质仓单的质权人。

(二)仓储合同对存货人的效力

1. 支付仓储费和偿付其他必要费用的义务

存货人应当按照约定支付仓储费并偿付其他费用,此乃存货人的主给付义务。仓储费,是保管人因其为存货人储存货物所应取得的报酬。仓储费的数额、支付方式、支付时间和地点,均由双方当事人约定,存货人应依约支付之。仓储费应记载于仓单上。双方未约定的,存货人应依通常的标准支付。其他必要费用,是指保管人因储存、保管货物所支出的必要费用。这一必要费用包括运费、修缮费、保险费、转仓费等。保管人为存货人支付上述费用时,应出示有关清单和登记簿。但若合同中约定的仓储费已包括必要费用时,存货人自无需另行支付。仓储合同中对仓储费的支付时间没有约定或者约定不明确的,存货人或仓单持有人应于提取仓储物时支付。存货人未按照约定支付仓储费和其他必要费用的,除当事人另有约定,保管人对仓储物享有留置权(《合同法》第395、380条)。但若仓储物为可分物时,保管人所留置的仓储物应相当于存货人债务的金额,而不能就全部仓储物行使留置权。

2. 按照合同的约定交付仓储物入库的义务

存货人应当按照约定向保管人交付仓储物,包括交付的时间、储存货物的品种、数量、质量等,并在验收期间向保管人提供验收资料。存货人未按照约定全部入库仓储物的,应当承担违约责任。因存货人未提供验收资料或者提供的资料不齐全、不及时而造成验收差错及其他损失的,由存货人负责。存货人还应按照合同的约定负责仓储物的包装,因包装不符合要求而造成仓储物毁损、灭失的,由存货人自己承担。

3. 告知义务和处置危险物品的义务

储存易燃、易爆、有毒、有腐蚀性、有放射性等危险物品或者易变质物品,存货人应当说明该物品的性质,提供有关资料;存货人违反告知义务的,保管人可以拒收仓储物,也可以采取相应措施以避免损失的发生,因此产生的费用由存货人承担(《合同法》第383条第1款、第2款)。保管人对入库仓储物发现有变质或者其他损坏,危及其他仓储物的安全和正常保管的,应当催告存货人或者仓单持有人作出必要的处置;因情况紧急,保管人可以作出必要的处置,但事后应当将该情况及时通知存货人或者仓单持有人(《合同法》第390条)。存货人或者仓单持有人在接到保管人的危险通知或催告后,应当及时对变质的仓储物进行处置。否则,存货人对因此给其他仓储物或者保管人的财产造成损害的,应当承担损害赔偿责任。

4. 提取仓储物

当事人对储存期间没有约定或者约定不明确的,存货人或者仓单持有人可以随时提取仓储物,保管人也可以随时要求存货人或者仓单持有人提取仓储物,但应当给予必要的准备时间(《合同法》第391条)。储存期间届满,存货人或者仓单持有人应当凭仓单提取仓储物;存货人或者仓单持有人逾期提取的,应当加收仓储费;提前提取的,不减收仓储费(《合同法》第392条)。储存期间届满,存货人或者仓单持有人不提取仓储物的,保管人可以催告其在合理期限内提取,逾期不提取的,保管人可以提存仓储物(《合同法》第393条)。仓储物出库由保管人代办运送的,存货人或仓单持有人应按照约定及时提供有关资料文件、材料。

仓单持有人未及时提供有关的材料、文件等,未按规定期限办理变更货物运送方式、运送目的地及收货人的,应承担相应的民事责任并负担因此而增加的费用。

第四节　委托合同

一、委托合同概说

(一) 委托合同的含义

委托合同,又称为委任合同,是指委托人和受托人约定,由受托人处理委托人事务的合同(《合同法》第396条)。委托他方处理事务者为委托人,允诺为他方处理事务者为受托人。

(二) 委托合同的法律特征

1. 委托合同的法律目的在于由受托人处理委托人的事务

委托合同是以处理或管理他人事务为目的的合同。受托人在委托的权限内所实施的行为,等同于委托人自己的行为。受托人办理受托事物的费用由委托人承担。无论是法律行为,还是有经济意义的行为,或是单纯的事实行为,只要该事项不违背公序良俗或法律的禁止性规定,不是与委托人人身密不可分的、具有人身性的事务(如婚姻登记等),委托人都可经由委托合同委托他人处理。委托合同的订立以委托人和受托人之间的信任为前提。委托合同的标的是处理委托事务,因此,委托合同只能发生在具有充分信赖的特定主体之间,这就是委托合同的信赖性。没有委托人和受托人之间的此种信赖,就没有委托合同的存在。正因为委托合同是一种信赖合同,现代债法均对受托人规定了严格的忠实义务,以确保委托人与受托人之间的信赖不被受托人滥用。

2. 委托合同为诺成、不要式合同

当事人双方的意思表示一致即可成立委托合同,无需物的交付或者现实提供劳务。当事人成立委托合同,除非法律另有规定或者当事人另有约定,可以采用口头形式,也可以采取书面形式。

3. 委托合同是双务、有偿合同

《合同法》第396条关于委托合同的定义的规定中并未要求委托人支付报酬,但受托人完成委托事务的,委托人应当向其支付报酬(《合同法》第405条第1句),因此委托合同为双务、有偿合同。但是,报酬支付义务以当事人约定或者法律规定为前提,否则委托人无该项义务。委托人应当预付或事后偿还受托人处理委托事务费用,但该项义务并不构成委托合同关系中受托人处理事务的对价,不能以此判定委托合同为双务、有偿合同。

(三) 委托合同与相关制度的关系

委托合同与委托代理的区别主要体现在如下方面:(1)代理人只能代为或

者代受意思表示(《民法通则》第63条第2款),不包括事实行为,委托人受托处理或者管理的行为可以包括事实行为;(2)代理包括对外关系,存在于代理人以本人名义与第三人为法律行为的情形,所成立的法律行为乃是第三人与本人之间的法律行为,委托是一种对内关系,存在于委托人和受托人之间;(3)代理中被代理人授予代理人代理权属于单方法律行为,而委托合同为双方法律行为。

委托合同与雇佣合同的区别主要体现在如下方面:(1)雇用合同的法律目的是由受雇人向雇用人提供劳务,委托合同的法律目是由受托人为委托人处理事务,受托人提供劳务无非是实现处理事务的手段;(2)受雇人依据雇佣合同提供劳务,须服从雇用人的指示,自己一般不享有独立的酌情裁量的权利,委托合同中的受托人享有一定的独立裁量的权利;(3)雇用合同一般为有偿合同,而委托合同一般是有偿合同,也可以是无偿合同。

委托合同与承揽合同的区别主要体现在如下方面:(1)法律目的不同。承揽合同中承揽人根据定作人的要求完成一定的工作,委托合同中受托人进行各项具体工作只是处理委托事务的具体手段。(2)法律效果归属不同。承揽合同在承揽人与定作人之间履行,承揽人经定作人同意而将工作转给第三人的,承揽人对第三人的工作向定作人负责。定作人与第三人之间不存在权利义务关系。委托合同中受托人转委托经委托人同意的,委托人可以就委托事项直接指示转委托的第三人,第三人就其工作向委托人负责,受托人仅就选任第三人不当和对第三人错误指示向委托人承担责任(《合同法》第400条)。

(四) 委托的种类

1. 特别委托与概括委托

委托人可以特别委托受托人处理一项或者数项事务,也可以概括委托受托人处理一切事务(《合同法》第397条)。委托人就一项或者数项事务而为特别委托受托人者,构成特别委托。受托人就所受托特别事项,得为委托人为一切必要行为。委托人就一切事务处理而委托受托人者,构成概括委托。概括委托中,某些行为须有特别授权。例如,"当事人向人民法院提交的授权委托书,应在开庭审理前送交人民法院。授权委托书仅写'全权代理'而无具体授权的,诉讼代理人无权代为承认、放弃、变更诉讼请求,进行和解,提起反诉或者上诉。"(《最高人民法院关于适用中华人民共和国民事诉讼法若干问题的意见》第69条)。

2. 直接代理与间接代理

《民法通则》规定了直接代理,要求代理人须以"被代理人的名义"实施法律行为被代理人始承受其法律效果(《民法通则》第63条第2款)。《合同法》第402条则突破该规定而肯定了间接代理,即受托人以自己名义与第三人缔约且第三人明知委托人与受托人之间代理关系者,该合同直接约束委托人和第三人。

3. 单独委托与共同委托

受托人为一人的委托是单独委托。两个以上的受托人共同处理委托事务者，构成共同委托（《合同法》第 409 条）。共同受托人对委托人就委托事务处理负有共同之债，至于其是否实际共同处理委托事务，在所不问。复数受托人间之分工不妨碍其共同处理委托事务义务之存在。共同受托人与委托人间乃委托合同关系，各方权利义务依合同约定。该债之性质为多数人之债。就委托事务共同处理而言，共同受托人对委托人所负债务为连带之债，其效力自应适用《民法通则》第 87 条关于连带之债的规定。共同受托人间之关系即连带债务的对内效力。就连带债务人之一基于合法原因而消灭债的效力，其他债务人债务消灭。连带债务人内部仍为按份之债，连带债务人之一因清偿或其他行为使他债务人免除履行义务者，就该他债务人应承担之份额享有求偿权。

二、委托合同的效力

（一）委托合同对委托人的效力

1. 支付报酬的义务

除非另有约定，受托人完成委托事务的，委托人应当向其支付报酬；因不可归责于受托人的事由，委托合同解除或者委托事务不能完成的，委托人应当向受托人支付相应的报酬（《合同法》第 405 条第 1 句）。关于报酬的支付时间和数额，当事人有约定的，自应依其约定。当事人没有约定支付时间的，委托人应当于受托人完成委托事务后向其支付报酬。因不可归责于受托人的事由，委托合同解除或者委托事务不能完成的，除当事人另有约定外，委托人应当向受托人支付相应的报酬（《合同法》第 405 条第 2 句）。

2. 补偿义务

（1）费用偿付义务。委托人应当预付处理该事务的费用；受托人为处理委托事务垫付的必要费用，委托人应当偿还该费用及其利息（《合同法》第 398 条）。受托人在处理事务过程中往往需要花费一定的费用，无论委托合同是否有偿，委托人都有义务事先提供处理委托事务的费用和补偿受托人为处理委托事务所垫付的必要费用。①委托人预付费用的义务。委托合同中受托人应以委托人的费用处理委托事务，受托人对于费用没有垫付的义务，预付费用可以说是委托人的义务。受托人处理委托事务，如委托律师向法院提起诉讼，就应当先预付诉讼费。因为费用是为了委托人的利益而需要支出的，它与合同约定的报酬不同。对于委托人支付的预付款，如果委托事务处理完毕，尚有剩余，受托人应当返还给委托人。②委托人偿还受托人支出必要费用的义务。由于受托人处理委托事务应当由委托人事先预付费用，受托人就没有垫付费用的义务，但如果已经垫付，则有偿还请求权，即，受托人为处理委托事务所垫付费用，委托人应当偿还。应当把委托人支付报酬与偿还处理委托事务所应负担的费用相区别。偿还处理委托事务的费用不是对价关系。所谓必要费用,是指为处理委托事务在处理当时不可缺少的费用,如差旅费用、有关财产的运输费、仓储费、交通费、邮费等等。受托人处理事务所支出的费用,不仅会有金钱支出,有时也会有物的消耗。至于判断费用的支出是否必需,应当依据所委托事物的性质及处理时的具体情况来定。所谓"必要",即所指出的费用为合理费用。一般认为,支出费用的合理原则应从三个方面考虑,其一,直接性原则。受托人支出的费用应与所处理的事务有直接联系;其二,有益性原则。受托人支出的必要费用应有利于委托人,目的是使委托人受益;其三,经济性原则。受托人在直接支出费用时,应当按照善良管理人的要求,采用尽量节约、适当的方法处理事务。只有客观上确有必要的费用,才可以请求偿还,以防其滥用。不能以受托人主观上是否认为支出为必要为标准,而应以受托人实施行为时的客观状态作为标准。③委托人偿还利息的义务。偿还费用还应包括自受托人暂付费用之日起的利息。如果双方当事人在订立合同时对利率有约定的,事后就应按其约定,如果对利率没有约定或者约定不明确时,就应当依照法定利率计算。

(2) 债务清偿义务。受托人为委托人处理事务,对受托人处理委托事务所生债务应当予以清偿。受托人是为委托人处理事务,因此,委托人对受托人处理委托事务所产生的债务有清偿义务。受托人在处理委托事务中产生的债务一般包括两种情况,一是委托人以代理方式在授权范围内是以委托人的名义处理委托事务的,于此情形,所产生的债务直接归委托人承受。受托人在授权范围内以自己的名义处理委托的事务,由此产生的债务名义上为受托人负担,而实质上属于委托人的债务,这种情形下,可通过债务转移的方式由委托人负责清偿该债务,受托人也可以要求委托人作为有利害关系的第三人代为清偿。受托人以自己的名义,在委托人的授权范围内与第三人订立的合同,第三人在订立合同时知道受托人与委托人之间的代理关系的,该合同直接约束委托人和第三人,但有确切证据证明该合同只约束受托人和第三人的除外(《合同法》第402条)。受托人以自己的名义与第三人订立的合同不直接约束受托人和第三人而直接约束委托人和第三人,应当符合以下三项条件:首先,第三人清楚地知道受托人与委托人之间的代理关系,也就是说第三人知道受托人是委托人的代理人;其次,第三人是在订立合同时就知道受托人与委托人之间的代理关系,如果是订立合同的当时不知道,是事后知道,不适用本条的规定;最后,有确切证据证明该合同只约束受托人与第三人的,也不能适用本条的一般规定。这里讲的有证据证明该合同只约束受托人与第三人的情形,比如,受托人与第三人约定该合同只约束第三人与受托人,不涉及其他人;有交易习惯表明该合同只约束受托人与第三人,如行纪合同;有证据证明如果委托人作为该合同的当事人,第三人就不会订立该合同等。受托人以自己的名义与第三人订立合同时,第三人不知道受托人与委托人之间的代理关系的,受托人因委托人的原因对第三人不履行义务的,受托人应当向第三人披露委托人,第三人因此可以选择受托人或者委托人作为相对人主张其权利,但第三人不得变更选定的相对人(《合同法》第403条第2款)。

(3) 损失赔偿义务。受托人处理委托事务时,因不可归责于自己的事由受到损失的,可以向委托人要求赔偿损失(《合同法》第407条)。因委托人的过错造成的损失,如委托人指示不当致使受托人受到损失,当然应由委托人赔偿。若该损失因第三人加害造成,受托人可以要求加害第三人赔偿,也可以要求委托人赔偿,受托人要求委托人赔偿的,委托人在向受托人承担赔偿责任后,得请求受托人让与其对第三人的损害赔偿请求权。因其他既非委托人的过错也非因第三人的加害而造成的损失,由于委托人承受处理委托事务的利益,也就应承担处理事务中的风险,对受托人受到的损失负赔偿责任。委托人因自己的事由解除委托合同而给受托人造成损失的,应当赔偿损失(《合同法》第411条)。委托人经受托人同意,可以在受托人之外委托第三人处理委托事务,但因此给受托人造成损失的,受托人可以向委托人要求赔偿损失(《合同法》第408条)。

3. 委托人的介入权

委托人的介入权,是指在受托人与第三人的合同关系中,委托人取代受托人的地位,介入到原本是受托人与第三人的合同关系中,行使受托人对第三人的权利。受托人以自己的名义,在委托人的授权范围内与第三人订立的合同,第三人在订立合同时知道受托人与委托人之间的代理关系的,该合同直接约束委托人和第三人,但有确切证据证明该合同只约束受托人和第三人的除外(《合同法》第402条),此即委托人的自动介入权。受托人以自己的名义与第三人订立合同时,第三人不知道受托人与委托人之间的代理关系的,受托人因第三人的原因对委托人不履行义务,受托人应当向委托人披露第三人,委托人因此可以行使受托人对第三人的权利,但第三人订立合同时如果知道该委托人就不会订立合同的除外(《合同法》第403条第1款)。与此相应,法律规定了第三人的选择权。第三人的选择权,是指在受托人与第三人的合同关系中,因委托人的原因造成受托人不履行义务,受托人应当向第三人披露委托人,第三人因此可以选择受托人或者委托人作为相对人主张其权利,第三人不得变更选定的相对人(《合同法》第403条第2款)。

(二) 委托合同对受托人的效力

1. 事务处理义务

(1) 受托人应当在委托权限范围内,按照委托人的指示处理事务(《合同法》第399条)。委托人可以特别委托受托人处理一项或者数项事务,也可以概括委托受托人处理一切事务(《合同法》第397条)。受托人在处理委托事务时,应以委托人授予权限为准。以受托人权限范围为标准,委托可分为特别委托和概括委托两类。区分特别委托与概括委托的意义在于,使受托人能够明确自己可以从事哪些代理活动,也使第三人知道受托人的身份和权限,使之有目的、有选择地订立民事合同,以防止因代理权限不明确而引起不必要的纠纷,如果发生了纠纷,也便于根据代理权限确定当事人之间的相互责任。特别委托是指双方当事人约定受托人为委托人处理一项或者数项事务的委托。特别委托一般有以下几种情况:其一不动产出售、出租或者就不动产设定抵押权;其二赠与,由于赠与属于无偿行为,所以需要有委托人的特别授权;其三和解,在发生纠纷后,有关人员在处理问题时需要双方当事人彼此作一定的妥协与让步,以终止争执或者防止争执的协议,它包括民法上的和解或者诉讼法上的和解,以及破产法上的和解;其四诉讼,当事人就有关事宜向法院提起诉讼,请求法院依照法定程序进行审判的行为;其五仲裁,仲裁是指当事人发生争执时,不诉请法院判决,而是提请仲裁机构裁断,其效力同法院的判决一样。受托人接受特别委托时,对于委托事务的处理,可以采取一切为维护委托人的合法权益而必要的合法行为。概括委托是指双方当事人约定受托人为委托人处理一切事务的协议。例如,委托人委托受托人处理其买卖业务或租赁业务的所有事宜,即是概括委托。不论委托人特别委托还是概括委托,受托人处理委托事务均不能超出受委托的事务范围。受托人超越权限处理失误给委托人造成损失的,应当赔偿损失。委托人授予受托人处理事务的权限,可以采用指示的形式。受托人应当按照委托人的指示处理委托事务;需要变更委托人指示的,应当经委托人同意;因情况紧急,难以和委托人取得联系的,受托人应当妥善处理委托事务,但事后应当将该情况及时报告委托人(《合同法》第399条)。所谓情况紧急,是指若不及时变更委托人的指示就会给委托人造成损失的情况。受托人一般不得变更委托人的指示。若在处理委托事务过程中客观情况发生变化需要变更委托人指示的,也需经委托人同意。只有在紧急情况下,受托人又难以与委托人联系,为了委托人的利益需要变更,并受托人能够推定委托人知有该情况就会允许变更其指示时,受托人才可以变更委托人的指示,但应妥善处理委托事务。除紧急情况外,受托人擅自变更委托人指示的,应对委托人因此所受的损失负赔偿责任。

(2)受托人应当亲自处理委托事务;经委托人同意,受托人可以转委托;转委托经同意的,委托人可以就委托事务直接指示转委托的受托人,受托人仅就第三人的选任及其对第三人的指示承担责任;转委托未经同意的,受托人应当对转委托的第三人的行为承担责任,但在情况紧急的情况下为维护委托人的利益需要转委托的除外(《合同法》第400条)。委托合同以当事人双方之间的相互信任为基础,委托人选择受托人以对其能力(业务能力、专门知识)和信誉的信赖为前提。成立该合同,既体现了委托人对于受托人的办事能力和信誉的信任,也表明受托人了解委托人和愿意为其办理委托事务的意思。这种信任是委托合同赖以订立和存续的基础。因此，委托合同强调当事人的人身性。这样就要求受托人应当亲自办理委托事务，受托人不得擅自将自己受托的委托事务转托他人处理。不论是否经委托人同意转委托，委托人都可以直接请求转委托的第三人履行处理委托事务的义务。

（3）受托人处理委托事务中应忠诚于委托人，忠实地处理委托事务，为委托人的利益计算，不得利用委托人的地位为自己谋利。

2. 报告义务

受托人应当按照委托人的要求，报告委托事务的处理情况；委托合同终止时，受托人应当报告委托事务的结果（《合同法》第401条）。处理委托事务过程中，受托人有义务根据委托人的要求，报告委托事务的处理情况，以使委托人及时了解事物的进展情况；在委托合同终止时，受托人有义务报告事务的处理经过和结果。受托人向委托人报告委托事务的结果时，应一并提交必要的证明文件。

3. 移交义务

受托人处理委托事务取得的财物，应当转交给委托人（《合同法》第405条）。受托人是为委托人的利益处理委托事务的，因此，受托人处理委托事务取得财物的，应当转交给委托人。当事人未约定转交时间的，经委托人催告仍未在合理期间内交付的，受托人应负给付迟延的责任。受托人擅自使用属于委托人财物的，应当使用时起支付利息。受托人以自己的名义处理委托事务从第三人取得权利的，应当将其移交给委托人。

4. 后合同义务

因委托人死亡、丧失民事行为能力或者破产，致使委托合同终止将损害委托人利益的，在委托人的继承人、法定代理人或者清算组织承受委托事务之前，受托人应当继续处理委托事务（《合同法》第412条）。

5. 赔偿义务

有偿的委托合同，因受托人的过错给委托人造成损失的，委托人可以要求赔偿损失；无偿的委托合同，因受托人的故意或者重大过失给委托人造成损失的，委托人可以要求赔偿损失；受托人超越权限给委托人造成损失的，应当赔偿损失（《合同法》第406条）。在共同委托的情形，即委托人委托两个以上的受托人共同处理委托事务的，共同受托人对委托人承担连带责任（《合同法》第409条）。

（三）消灭特别事由

1. 任意解除

（1）任意解除权。委托合同以当事人之间的信赖为基础，若信赖不存自不能强其继续委托，故委托人或者受托人可以随时解除委托合同（《合同法》第410条第1句）。委托合同任意解除权行使，应适用《合同法》第95条、第96条的规定，其性质为行使形成权的单方行为。委托人或受托人为复数者，该任意解除权归复数委托人或复数受托人。(2)损害赔偿请求权。因解除委托合同给对方造成损失的,除不可归责于该当事人的事由以外,应当赔偿损失(第410条第2句)。

2. 当事人一方死亡、丧失行为能力或者破产

(1)概说。委任既以信用为前提,则委托人或者受托人死亡、丧失行为能力或者破产的,委托合同终止,但当事人另有约定的或者根据委托事务的性质不宜终止的除外(《合同法》第411条),如此规定的理由在于,委任既然根据信用而生,当事人一方死亡、丧失行为能力或者破产,自不能转由他人承担,只有消灭原有合同关系。

(2)要件:①死亡,是指自然人而言,包括自然死亡与宣告死亡。法人解散可参照适用。②丧失行为能力,是指自然人行为能力丧失,包括被宣告为无行为能力或者限制行为能力。③破产。因我国不承认自然人破产,所谓破产仅指法人受破产宣告。

(3)一般情形发生上列事项委托合同即告消灭,但当事人另有约定或者根据委托事务的性质不宜终止的除外(《合同法》第411条后段)。当事人有约定者从约定乃是私人自治应有之意,至于所谓委托事务性质决定不宜终止者,常见于委托事务非纯为委托人利益,而是与受托人或者第三人利益有相当关系的情形,例如债务人委托债权人收取租金以充利息,在未有其他方法确保利息前,委托不因上列原因消灭。但若受托人的利益仅存于报酬者,则可认为委托人的利益远大于受托人,委托仍然消灭。当事人一方死亡而委托关系不消灭者,由继承人继承委托人在委托关系中的地位。委托人基于委托而授予代理权者,代理权亦继续存在。受托人于委托人死亡后,应以其继承人的名义为法律行为,始生代理效力。①

(4)委托关系存续的拟制。因委托人死亡、丧失行为能力或者破产,致使委托合同终止将损害委托人利益的,在委托人的继承人、法定代理人或者清算组织承受委托事务之前,受托人应当继续处理委托事务(《合同法》第412条)。受托人继续处理委托事务之法律性质如何,有委托合同延长说、无因管理说、后合同义务说等不同见解。② 根据《合同法》第411条,委托人死亡、丧失行为能力或者破产,委托合同并不当然终止,因而受托人继续处理义务实为其基于委托合同所负义务,故委托合同延长说较为妥当。

(5)受托人相关人的义务。因受托人死亡、丧失行为能力或者破产,致使委托合同终止的,受托人的继承人、法定代理人或者清算组织应当及时通知委托人

---

① 参见,前引黄立主编《民法债编各论》(下),第529~530页。
② 参见,前引史尚宽著《债法各论》,中国政法大学2000年版,第414页。

(《合同法》第413条第1句)。因委托合同终止将损害受托人利益的,在委托人作出善后处理之前,受托人的继承人或者法定代理人应当采取必要措施(《合同法》第413条第2句),足以防止委托人利益因委托合同终止而受有损害为"必要"的判断标准。

第五节 行纪合同

一、行纪合同概说

（一）行纪合同的含义

行纪合同,是指行纪人以自己的名义为委托人从事贸易活动,委托人支付报酬的合同(《合同法》第414条)。接受委托的一方为行纪人,另一方为委托人。

（二）行纪合同的法律特征

1. 行纪合同属于受他人委托处理他人事务的合同,但其标的具有特定性,仅限于为委托人从事贸易活动。行纪合同属于提供劳务的合同,由行纪人为委托人从事贸易活动,但其所提供的劳务具有特定性,各国基本都规定为物品的买进或卖出,且限于动产范围之内,不动产贸易一般不属于行纪范畴。例如,德国商法以货物及有价证券购入及贩卖为限,日本商法以出卖或买入物品为限,我国台湾地区民法以动产的买卖或其他商业上的交易为限。我国《合同法》将行纪合同的标的规定为"从事贸易的活动",实践中多指动产、有价证券的买卖以及其他商业上具有交易性质的行为,如代购、代销、寄售等。行纪合同与英美法的信托制度、与委托合同、承揽合同以及间接代理都很相像,但它们之间又存在着很大的不同。从处理他人事务的角度分析,行纪合同属于特殊委托合同,因此,在《合同法》第22章对行纪合同没有规定的内容适用委托合同的有关规定(《合同法》第423条)。

2. 行纪合同中行纪人以自己的名义为委托人办理事务,但行纪人与第三人发生法律关系中权利义务最终归属于委托人。行纪合同中的行纪人在为委托人从事贸易活动时,是以自己的名义与第三人发生法律关系的。虽然处理事务的结果最终归于委托人承受,但行纪人是以独立的主体资格与第三人订立合同,无须向第三人披露自己与委托人的委托关系,对该合同直接享有权利、承担义务,第三人不履行义务致使委托人受到损害的,行纪人应当承担损害赔偿责任,这也是合同的相对性原则使然。相应地,委托人与第三人之间一般不存在直接的权利义务关系,委托人无须支付与第三人的磋商、资信调查成本。这是行纪合同最重要的法律特征,也是其得以蓬勃发展的根源所在。正因为行纪人是以独立的主体资格与第三人发生法律上的权利义务关系,故事实行为不能成为行纪合同的标的。虽然行纪人以自己的名义与第三人进行交易,但交易所产生的权利义务最终归属于委托人承受,行纪人为其买入或卖出的商品或有价证券的所有权属于委托人,而且在行纪过程中,非由行纪人原因造成的委托物损毁、灭失的风险由委托人承担,故行纪人在为行纪活动时,应为委托人的利益计,严格遵守委托人的指示,不得从事损害委托人利益的行为。

3. 双务合同、有偿合同。行纪人完成或者部分完成委托事务的,委托人应当支付报酬(《合同法》第422条第1句)。

4. 行纪合同的行纪人具有限定性。行纪合同的行纪人是专门从事贸易活动,以行纪为其营业。在我国,行纪人只能是经批准经营行纪业务的法人、自然人或其他组织,未经法定手续批准或核准经营业务的法人、自然人或其他组织不得经营行纪业务,不能成为行纪合同的行纪人。

(三) 行纪合同与相关制度的关系

行纪合同与委托合同的主要区别在于:(1) 合同主体的法律地位不同。在行纪合同中,行纪人只能以自己的名义为委托人的利益与第三人进行贸易活动,并对因此而产生的权利义务直接承担责任。委托合同的受托人既可以委托人的名义,也可以自己的名义为委托人处理委托事务。受托人以委托人名义与第三人订立的合同对委托人直接发生效力;受托人以自己的名义订立的合同,如果第三人在订立合同时知道受托人与委托人之间的代理关系的,该合同也对委托人直接发生效力。(2) 合同主体的法律限制不同。行纪合同的行纪人必须是经过工商登记,取得营业执照,专门从事行纪活动的经营主体。委托合同的受托人并无特别限制,可以是任何适于处理特定委托事务的组织或个人。(3) 合同标的事务的性质不同。行纪合同与委托合同虽同为提供处理事务的劳务,但法律对委托事务的性质未加限制,无论法律行为性质的事务还是事实行为性质的事务均可成为委托合同的标的,涵盖范围较为广泛。行纪合同的标的只能是行纪人为委托人为法律行为,且限于代购、代销、寄售、证券或期货经纪等领域。(4) 合同有偿与否不同。行纪合同是有偿合同,行纪人完成或者部分完成委托事务的,委托人应当向其支付相应的报酬(《合同法》第422条)。委托合同可以有偿,也可由当事人约定无偿。此外,行纪人处理委托事务支出的费用,除当事人另有约定外,由行纪人负担。而委托合同中委托人应当预付处理委托事务的费用,受托人为处理委托事务垫付的必要费用,委托人应当偿还该费用及其利息。

行纪合同与间接代理的主要区别在于:(1) 行纪人与第三人订立的合同,行纪人对该合同直接享有权利,承担义务;间接代理中,代理人与第三人订立的合同,有时可以直接对被代理人发生效力。(2) 行纪合同中,第三人不履行义务致使委托人受到损害的,除非有特约,由行纪人承担损害赔偿责任;间接代理制度中,类似情形,经由间接代理人披露义务的行使,被代理人有介入权,可以直接要求第三人承担损害赔偿责任。(3) 行纪合同关系中,委托人不履行义务致使第三人受到损害的,除有特约,由行纪人对第三人承担损害赔偿责任;在间接代理中,经由间接代理人披露义务的行使,第三人获得选择权,可要求委托人承担责任。

行纪合同与承揽合同的主要区别在于:承揽合同中,承揽人只是完成一定工作并交付成果,承揽人完成一定工作的行为的性质是事实行为而不属于法律行为;而在行纪合同,行纪行为属于法律行为,并且是动产和有价证券买卖等商事行为。

行纪合同与信托制度的主要区别在于:(1)法律关系的性质不同。行纪合同是当事人基于意思表示一致而产生的一种合同关系,是一种特殊的财产交易制度,属于《合同法》调整。信托,是指委托人基于对受托人的信任,将其财产权委托给受托人,由受托人按委托人的意愿以自己的名义,为受益人的利益或者特定目的,进行管理或者处分的行为(《信托法》第2条),其本质是一种财产管理制度,在英美上属于财产法,在我国专门有《信托法》。(2)所涉当事人不同。行纪合同仅涉及委托人与行纪人两方当事人,而信托当事人涉及委托人、受托人和信托受益人三方(《信托法》第3条等)。(3)所涉处理事务的范围不同。行纪合同主要适用于行纪人为委托人从事代购、代销、寄售、证券或期货买卖等事务,财产范围仅限于动产,一般不包括不动产。信托事务涉及信托财产(包括动产和不动产)的管理、买卖、投资以及信托利益的分配等,范围远较行纪广泛。(4)财产所有权的归属不同。行纪合同中,行纪人受托买入或者卖出的财产的所有权均属于委托人,由此产生的利益归委托人所有,行纪人仅依行纪合同的约定收取佣金。信托关系中,信托财产的所有权与收益权相分离,信托财产的法律归属因为财产权标的不同而不同。

二、行纪合同的效力

(一)行纪合同对行纪人的效力

1. 从事贸易活动的义务

行纪人是为委托人的利益从事贸易活动的,应当按照委托人的指示进行交易,例如,委托人对价格有特别指示的,行纪人应当依照委托人已明确指定的价格操作,不得违反该指示卖出或者买入(《合同法》第418条第3款)。行纪人违反委托人指示的交易而进行买卖的,委托人可以拒绝承受其效果,并由行纪人承担因此而造成的损害(《合同法》第421条第2款),但是,行纪人低于委托人指定的价格卖出或者高于委托人指定的价格买入的,应当经委托人同意;未经委托人同意的,行纪人补偿其差额,该买卖对委托人发生效力(《合同法》第418条第1款);行纪人高于委托人指定的价格卖出或者低于指定的价格买入的,可以按照约定增加报酬;没有约定或者约定不明确,按照《合同法》第61条的规定仍不能确定的,该利于属于委托人(《合同法》第418条第2款)。

2. 负担交易费用义务

行纪人以自己的名义行事为委托人从事贸易活动,除非当事人另有约定,处理委托事务支出的费用由行纪人负担(《合同法》第415条)。行纪合同为有偿合同,行纪人以从事行纪活动为营业,自应承担营业中的风险。行纪人的营业风险也就是不能收回进行行纪业务的成本。行纪人收取的报酬中一般应当包括行纪人处理委托事务支出的费用,而行纪人一般只有在处理委托的事务后才能收取全部或者相应报酬,如果不能收取的相应报酬,则从事行纪营业所支出的费用即成本也就不能收回,只能自己负担。若当事人约定,不论行纪人为委托人办理的事务是否成功,委托人均应偿还行纪人支出的必要费用,则行纪人当然不必负担交易费用。

3. 行纪人与第三人成立合同的,行纪人对该合同直接享有权利、承担义务(《合同法》第421条第1款)

由于行纪人是以自己的名义为委托人与第三人实施民事法律行为的,行纪人代委托人所为的交易行为并不直接对委托人发生效力,而是由行纪人直接承担由该法律行为发生的权利义务,因此,行纪人负有直接向第三人履行和接受第三人履行的义务。行纪人与第三人约定,行纪人履行义务附条件的,按照其约定。第三人不履行义务致使委托人受到损害的,除行纪人与委托人另有约定外,行纪人应当承担损害赔偿责任(《合同法》第421条第2款),委托人不能直接向第三人追究违约责任。在行纪人与第三人订立合同,第三人知道委托人时,除行纪人与第三人另有约定外,第三人可以选择委托人或者行纪人为该合同的相对人。若第三人选择委托人为相对人,则行纪人不向第三人负履行合同的义务。行纪人和委托人共同与第三人订立合同,第三人知道其委托关系的,除当事人另有约定外,行纪人对该合同不享有权利和义务,但第三人不知道其委托关系的,行纪人应与委托人共同对该合同享有权利、承担义务。

4. 保管义务

行纪人占有委托物的,应当妥善保管委托物(《合同法》第416条)。行纪合同为有偿合同,行纪人对于自己为委托人购进或者出售的物品,妥善保管委托物是行纪人基于诚实信用原则而负担的一项重要义务。行纪人履行该义务,应当选择对委托人最有利的条件,并以善良管理人的注意进行保管。一般行纪寄售的商品通常以积压商品、旧物品等居多,行纪人应当妥善保管。因保管不善造成物品损坏灭失、缺少、变质、污染的,行纪人应承担赔偿责任,但行纪人能证明其已经尽了善良管理人的注意除外。对于灭失、毁损的财物,如果是由于不可抗力或者物品本身的自然损耗等不可归责于行纪人的事由造成损失,行纪人可以免除责任,由委托人自己承担损失。如果委托人对财物有特别指示,例如委托人支付投保费,请行纪人代委托人投保财物保险,行纪人没有投保保险的,其损失的责任理应由行纪人承担。行纪人在既无约定又无指示的情况下,对其占有的财物投保保险,如果其保险是为了保险人的利益且不违反委托人明示或可推定的意思,有权请求委托人支付保险费及自支出时起的利息。

5. 合理处分委托物的义务

委托物交付给行纪人时有瑕疵或者容易腐烂、变质的,经委托人同意,行纪人可以处分该物;和委托人不能及时取得联系的,行纪人可以合理处分(《合同法》第417条)。行纪人是为了满足委托人所追求的经济利益而为其处理事务的,行纪人应当按照委托人的指示,从维护委托人利益出发,选择最有利于委托人的条件完成行纪事务。行纪合同的目的决定了行纪人遵从委托人指示的义务。在行纪合同的履行过程中,委托出卖的物品,在委托人交付给行纪人的时候,已表现出有瑕疵或者根据物品的性质是属于容易腐烂、变质的,行纪人为了保护委托人的利益,有义务及时通知委托人,在征得委托人同意的前提下,行纪人可以按照委托人的指示对委托物进行处置,如拍卖、变卖。另一方面,虽然行纪人一般不得擅自改变委托人的指示办理行纪事务,但如果处在委托物在交付时存在瑕疵,有腐烂、变质的危险,情事紧急而行纪人又无法与委托人取得联络,如通讯中断、委托人远行等原因,致使行纪人不可能征得委托人的同意。这种情形如不及时合理处置,就会使委托人的利益遭受更大的损失。为了保护委托人的利益,法律赋予行纪人有权以合理的注意来处置委托物。对于行纪人未尽到其应尽的义务,如发现委托物有瑕疵或者即将腐烂、变质,而怠于通知委托人,又没有采取合理的措施,致使损失进一步扩大的,给委托人造成损失的,应负赔偿责任。如果行纪人对于出售的物品、购进商品不作检查,或虽已作检查但对发现的物品的瑕疵没有按照规定程序记录存证,并且没有及时通知委托人的,行纪人就应对委托物的瑕疵或者毁损、灭失承担责任。

6. 报告和移交交易所得的义务

行纪人应按照约定及时向委托人报告委托事务的处理情况,行纪人应当报告事务处理的结果,并将处理委托事务所得财产移交给委托人(《合同法》第423、401、404条)。

7. 行纪人介入权

行纪人卖出或者买入具有市场定价的商品,除委托人有相反的意思表示的以外,行纪人自己可以作为买受人或者出卖人(《合同法》第419条)。行纪人在处理委托事务时,可以作为出卖人或者买受人,卖出或者购买委托人的委托物的这种权利,称为行纪人介入权。行纪人介入权的行使,须具备两个要件:其一,所委托的物品须为有市场定价的有价证券或其他商品;其二,委托人没有不许行纪人自己买入或者卖出的意思表示。由于行纪人的介入,使委托人和行纪人之间产生了买卖合同,该合同得适用《合同法》关于买卖合同的规定。行纪人行使介入权后,仍有报酬请求权。委托人应按合同约定付给行纪人报酬。当然,报酬的给付时间应在买卖合同履行之后,即由行纪人所介入的买卖的实行是委托人给付报酬的前提,因委托人方面的原因而是买卖合同不能履行的除外。

(二) 行纪合同对委托人的效力

1. 支付报酬的义务

取得报酬是行纪人从事贸易活动的目的,因此,支付报酬也就是委托人的主给付义务。行纪人完成或者部分完成委托事务的,委托人应当向其支付相应的报酬;委托人逾期不支付报酬的,行纪人对委托物享有留置权,但当事人另有约定的除外(《合同法》第422条)。(1)委托人有支付报酬的义务,行纪人有请求报酬的权利。行纪人就自己处理委托事务的不同情况,可以按照合同的约定请求委托人支付报酬。有以下几种情况:第一,行纪人按照委托人的指示和要求履行了全部合同的义务,有权请求全部报酬;第二,因委托人的过错使得合同义务部分或者全部不能履行而使委托合同提前终止,行纪人可以请求支付全部报酬;第三,行纪人部分完成委托事务的,可以就已履行的部分的比例请求给付报酬。报酬数额,一般由合同双方事先约定,如有国家规定,则应当按照国家规定执行。原则上应于委托事务完成之后支付报酬,但当事人约定预先支付或分期支付的也可以按约定执行,如果寄售物品获得比原约定更高的价金,或者代购物品所付费用比原约定低,可以约定按比例增加报酬。(2)委托人迟延支付报酬的,行纪人享有留置权。行纪人留置委托物需具备几个条件:其一,已合法占有委托物。行纪人行使留置权,必须是行纪人已经合法占有委托物,非法占有的不得行使留置权。其二,委托人无正当理由迟延支付报酬。行纪人行使留置权,必须具有委托人按期不予支付报酬的事实存在。其三,委托合同中没有事先约定过不得留置的条款。如果委托人与行纪人在行纪合同订立时已经约定,不得将委托物进行留置的,行纪人就不得留置委托物,但是,委托人需要提供其他物品作为担保。委托人向行纪人支付报酬超过了合同约定的履行期限的,应当承担逾期不支付报酬的责任,此时行纪人对占有委托物品享有留置权。行纪人留置委托物后,已经合理期限的催告,委托人逾期仍不履行的,行纪人就可以行使留置权,并以留置物折价或者从拍卖、变卖留置物的价款中优先受偿;如果留置物经过折价、拍卖、变卖后,其价款超过了委托人应支付的报酬,剩余部分还应当归委托人所有,如果结果不足以支付行纪人的报酬,行纪人还有权利请求委托人继续清偿(《担保法》第87条)。

2. 履行应向第三人履行的义务

委托人承受行纪人与第三人订立的合同的权利义务的,委托人应向第三人履行该合同义务。委托人直接承受行纪人与第三人订立的合同的权利义务的情形,有以下三种:(1)行纪人与第三人订立合同,第三人知道委托人,在行纪人与第三人无另外约定的情形下,委托人介入合同,以自己的名义对该合同直接享有权利、承担义务。(2)行纪人与第三人订立合同,因委托人的原因受托人对第三人不履行义务,第三人原不知道委托人而后经行纪人披露后知道委托人,在行纪人与第三人无另外约定的情形下,第三人选择委托人为相对人而主张其权利。(3)行纪人与委托人共同与第三人订立合同,第三人知道委托关系,当事人对合同权利义务的承受又没有另外的约定的,委托人对该合同享有权利、承担义务;第三人不知道委托关系的,委托人与行纪人共同对该合同享有权利、承担义务。

3. 接受或取回委托物

行纪人按照约定买入委托物,委托人应当及时受领;经行纪人催告,委托人无正当理由拒绝受领的,行纪人可以依《合同法》第101条的规定提存委托物;委托物不能卖出或者委托人撤回出卖,经行纪人催告,委托人不取回或者不处分该物的,行纪人可以依《合同法》第101条的规定提存委托物(《合同法》第420条)。(1)委托人无正当理由拒绝受领买入商品时,行纪人的提存权。行纪人按照委托人的指示和要求为其购买的买入物,委托人应当及时受领,并支付报酬,从而终止委托合同。行纪人行使提存权的条件是:第一,行纪人应当催告委托人在一定期限内受领;第二,委托人无正当理由逾期仍拒绝受领买入物的;第三,行纪人应当按照《合同法》第101条关于提存的规定行使提存权。(2)委托人不处分、不取回不能出卖的委托物时,行纪人的提存权。委托行纪人出卖的委托物,如果不能卖出或者委托人撤回出卖委托物时,行纪人应当通知委托人取回,行纪人虽然可以暂时代为保管,但行纪人没有继续保管委托物的义务。经过行纪人的催告,在合理期限内,委托人逾期仍不取回或者不处分委托物的,行纪人可以行使提存权。

第六节 居间合同

一、居间合同概说

(一)居间合同的含义

居间合同,是指双方当事人约定一定为他方提供、报告定约机会或为订立合同的媒介,他方给付报酬的合同(《合同法》第424条)。居间合同中提供、报告订约机会或提供交易媒介的一方为居间人,给付报酬的一方为委托人。提供、报告定约机会的居间,称为报告居间;媒介合同的居间,称为媒介居间。

居间人在居间活动中具有独立的地位。根据居间合同约定,居间人只是根据委托人的指示和要求,为委托人报告订立合同的机会或者充当委托人与第三人订立合同的媒介,使双方得以缔约,居间人并不为委托人为意思表示。对于居间人所促成的合同,其合同当事人是委托人与第三人,居间人既不是合同当事人,也不是委托人订立合同的代理人,对该合同既不享有权利,也不承担义务。即使在居间人提供订立合同的媒介服务中,居间人需要把双方意思表示的内容传达给对方,或者可能会对委托人或第三人的意思表示的内容提出修正意见,比如认为委托人或者第三人的出价过高而建议降低,但这种传达或者建议没有要约或承诺的意思表示效力,合同的内容必须由委托人和第三人自己决定。居间人在居间活动中所完成的委托事务不是法律行为。

(二) 居间合同的法律特征

1. 居间合同是一方为他方报告定约机会或者为订约媒介的合同

居间人为委托人提供的服务表现为报告定约的机会或为订约的媒介。所谓报告订约机会,是指受委托人的委托,寻觅并提供可与委托人订立合同的相对人,从而为委托人订约提供机会。订约媒介,是指介绍双方当事人订立合同,居间人斡旋于双方当事人之间,促使双方达成交易。居间合同建立在一定信任基础之上,居间人通过向委托人报告订立合同的机会或者提供订立合同的媒介服务,促成委托人与第三人最终订立合同,并由此获得相应的报酬,因此居间合同的标的是居间人所提供的一种中介服务。对于居间人居间活动的范围,法律并没有加以限制。因此,只要是法律不禁止的合同,不仅包括合同法上规定的有名合同,还包括其他法律所规定的合同,如担保法上的抵押合同、质押合同、保证合同,城市房地产管理法上的土地使用权出让合同,劳动法上的劳动合同等,居间人都可以进行居间活动。婚姻介绍所提供的婚介服务应当属于《合同法》上居间合同的标的范围。因为婚姻关系虽然优先适用其他法律,但仍然符合《合同法》关于合同的定义(《合同法》第2条)。

2. 双务、有偿合同

居间人促成合同成立的,委托人应当按照约定支付报酬(《合同法》第424、426条)。但是,居间合同中委托人的报酬给付义务具有不确定性,因为居间目的达到时委托人才应支付报酬,而居间目的能否达到具有不确定性。在居间合同中,居间人向委托人报告订立合同的机会或者提供订立合同的媒介服务,促成合同的订立,委托人依约支付报酬,因此居间合同是双务、有偿合同。有的国家或地区的立法对特种居间活动的有偿性有例外规定,如我国台湾地区职业介绍法规定,职业介绍机构对于求职者不得收介绍费,这是法律为保护经济上的弱者而作的特别规定,并不改变居间合同为有偿合同的原则性。此外,居间合同的成立不以书面形式为必要,属于不要式合同。双方当事人意思表示一致合同即可成立居间合同,因此居间合同乃是诺成合同。居间人提供中介服务,委托人支付报酬应属于居间合同的履行,是以合同成立为前提的,不应视为居间合同成立的条件而误认居间合同为实践合同。

(三) 居间合同与相关制度的关系

居间合同与委托合同、行纪合同均是一方当事人接受另一方当事人的委托，实施相应的行为，均属于提供劳务类合同，具有委托合同的性质，但三者之间仍存在一定的区别：(1)接受委托一方当事人的法律地位不同。居间人在居间活动中处于中介人的地位，不参与委托人与第三人之间的合同关系，不代表或者不以委托人的名义为意思表示，对委托人与第三人订立的合同既不享有权利，也不承担义务。委托合同中的受托人可以委托人的名义或者自己的名义，在委托人的授权范围内独立进行意思表示，为委托人的利益处理委托事务，由此产生的后果由委托人直接承受。行纪合同中的行纪人是以自己的名义，为委托人的利益与第三人订立合同，从事相关的交易活动，行纪人对此合同直接享有权利、承担义务。(2)受托的内容不同。居间人所提供的服务仅限于向委托人报告订立合同的机会或者提供订立合同的媒介服务，并不参与合同的实际订立，故完成的不是法律行为。行纪人则是为委托人的利益与第三人为法律行为(如订立合同)，且一般限于代购、代销、寄售以及证券、期货交易等。委托合同中受托人处理的事务较为广泛，既可是法律行为，也可是事实行为。(3)合同的有偿性不同。居间合同一般为有偿合同，居间人促成合同成立的，居间活动的费用，由居间人负担，居间人未促成合同成立的，可以要求委托人支付从事居间活动支出的必要费用。行纪合同也是有偿合同，除当事人另有约定外，行纪人处理委托事务支出的费用，由行纪人负担。而委托合同既可是有偿的，也可是无偿的，依合同当事人的约定，但受托人在办理委托事务中所支出的合理费用应由委托人承担或预付。

二、居间合同的效力

(一) 居间合同对居间人的效力

1. 如实报告义务

居间人应当就有关订立合同的事项向委托人如实报告；居间人故意隐瞒与订立合同有关的重要事实或者提供虚假情况，损害委托人利益的，不得要求支付报酬并应当承担损害赔偿责任(《合同法》第425条)。在指示居间中，居间人对于订约的有关事项，如相对人的资信状况、生产能力、产品质量以及履约能力等与订立合同有关事项，都应如实向委托人报告。居间人对于订约有影响的事项并不负有积极调查的义务，但负有就其所知的事项向委托人报告的义务。居间人对于订约的相对人不负有报告委托人有关情况的义务。在媒介居间中，居间人应将有关订约的事项如实报告给各方当事人。居间人不仅应将相对人的有关情况如实报告给委托人，而且也应将委托人的有关情况如实报告给相对人。无论居间人是否同时受相对人委托的，均应如实向双方报告有关情况。正因为如此，因居间人提供订立合同的媒介而促使合同成立的，由该合同的当事人平均负担居间人的报酬。对于明显无履行能力的当事人，居间人不得为其媒介。如果居间人没有尽以上报告义务，反而为获取居间报酬而故意作虚假介绍、或者是与一方当事人事先串通,故意告知虚假事实以促成委托人与第三人订立合同,从而损害了委托人或者第三人的合法利益,居间人无权向委托人请求居间报酬,而且还应当就因其故意提供虚假情况而给委托人造成的损失承担赔偿责任。居间人履行其义务,应符合诚实信用原则的要求。报告居间人的任务在于报告订约机会给委托人,媒介居间人的任务除向委托人报告订约信息外,应尽力促使将来可能订约的当事人双方达成合意,排除双方所持的不同意见,并依照约定准备合同,对于相对人与委托人之间所存障碍,加以说合和克服。

2. 隐名和保密义务

在媒介居间中,委托人或其交易的相对人指定居间人不得将其姓名或名称告知对方的,居间人负有隐名义务,不得将其姓名或名称告知对方。在隐名居间中,为保证隐名当事人保持交易秘密的目的的实现,居间人有介入的义务,即对于隐名当事人依据合同所应承担的义务,与一定情形下居间人应作为履行辅助人负责履行,并由居间人受领对方当事人所为的给付。居间人在居间活动中获悉委托人的有关商业秘密以及委托人提供的其他不愿公开的信息的,应当依约定保密。

3. 居间费用负担义务

居间人促成合同成立的,应当负担居间活动的费用(《合同法》第426条第2款)。

(二) 居间合同对委托人的效力

1. 报酬支付义务

居间人促成合同成立的,委托人应当按照约定支付报酬。对居间人的报酬没有约定或者约定不明确,依照《合同法》第61条的规定仍不能确定的,根据居间人的劳务合理确定;因居间人提供订立合同的媒介服务而促成合同成立的,由该合同的当事人平均负担居间人的报酬(《合同法》第426条第1款)。(1)关于报酬的一般规定。我国《合同法》采"约定报酬制度",居间人从事居间活动收取报酬的多少,主要以居间人和委托人的约定,在居间人促成合同有效成立后,委托人就应按约定支付报酬。(2)报酬权利人的确定。居间人有请求报酬的权利。当数个居间人受同一委托人就同种事务的委托时:首先,若属报告居间,先向委托人报告订约信息并促成其订立合同者,享有收取居间报酬的权利;其次,若为媒介居间,如果委托人与相对人之间所成立的合同可归功于某个居间人时,该居间人享有收取居间报酬的权利,其他居间人无此项权利;如果是数居间人同心协力,致使不能确定其中哪个居间人为当事人与相对人交易的达成起了决定性作用时,如何确定居间报酬的权利,要视情况而定:其一,如果委托人以数居间人为一整体,只给予一次报酬,那么最简单的方法就是各居间人平均分配该报酬。其二,如果委托人对各居间人分别委托同一事项,居间人也独立地开展居间结果的活动时,居间人各得请求报酬。其三,如果各居间人就同一事项分别受同一委托人的委托,但在为居间行为时,各居间人相互结合,为共同的媒介,那么个居间人只能共同地受一次报酬。最后,若交易双方各自委托居间人,双方委托的这两个居间人又共同协力促成委托人和交易相对人订立合同,则委托人和交易相对人分别对自己所委托的居间人支付居间报酬。(3)居间报酬义务人的确定。在报告居间中,居间报酬由委托人负担。在媒介居间中,居间报酬由达成交易的双方当事人平均负担,即由委托人和交易相对人平均负担。当合同另有约定或另有习惯的除外。

2. 必要居间费用的偿付义务

居间人进行居间活动支出的必要费用,在居间人未促使合同成立的情形,由于该费用是为委托人的利益支出的,应由委托人偿付(《合同法》第427条)。居间活动的费用通常包括在报酬中,居间人促成合同成立的,因居间人取得报酬,居间活动的费用也就由居间人负担。但是,委托人支付报酬的义务以居间人促成合同成立为前提。如果居间人未促成合同成立,则委托人不负支付报酬的义务。由于尽管居间人未促成合同成立,居间人进行居间活动也需支出一定的费用,而该费用是为委托人的利益指出的,自应由委托人负担。因此,居间人未促成合同成立的,委托人虽无支付报酬的义务,但有向居间人偿还从事居间活动支出必要费用的义务(《合同法》第427条)。所谓必要费用,是指依据居间人从事居间活动的当时情况必不可少的支出。若居间人违反其义务使委托人受损失的,则其无权请求委托人偿还支出的费用,委托人不负偿还该费用的义务。

【引导案例】

案情

甲到乙超市购物,使用该店设置的自助寄存柜。该柜属于退币型自助寄存柜,柜上标有"操作步骤"的内容:寄存……(1)未关的门关上;(2)投币;(3)取密码纸,勿向他人展示密码;(4)包放入箱内;(5)关闭。取包……(1)密码输入;(2)取出物品;(3)关门,只能打开箱门一次。"寄包须知"内容为:(1)请使用者看清"操作步骤"和"寄存须知",不会使用者向管理员请教后再操作;本商场实行自助存包,责任自负;(2)寄包前先将未关的门关上,再投币使用;(3)寄包必须投币开门,密码纸妥善保管。供取包使用,密码只能开门一次;(4)现金及贵重物品不得寄存;(5)当晚22:00前请取走您的物品。另,乙超市在其服务台内还设有"大件寄物"的服务项目。甲主张其放入寄存柜的皮包一只(内有刚从单位领取的旅游团款4 660元和私款650元)、雨伞等财物丢失。甲出示密码条以证明上列事实。

焦点

甲能否根据《合同法》第374条向乙主张损害赔偿？

评析

1. 甲可能根据《合同法》第374条向乙主张因乙保管不善致保管物灭失而发生的损害赔偿请求权。

2.《合同法》第374条规定，"保管期间，因保管人保管不善造成保管物毁损、灭失的，保管人应当承担损害赔偿责任，但保管是无偿的，保管人证明自己没有重大过失的，不承担损害赔偿责任。"如果甲根据《合同法》第374条向乙主张因乙保管不善致保管物灭失而发生的损害赔偿请求权，应当如何理解以下构成要件：

（1）甲受有损失。甲所受即保管物毁损灭失，本案中甲所提供的证据密码条只能证明她在乙超市购物并使用过该超市的自助寄存柜，但不足以证明其在使用自助寄存柜时，曾将内有5 310元钱款的皮包、雨伞等财物等物存入寄存箱内。本项要件不成立。

（2）乙保管不善。如果能够证明甲受有损失，还应证明所受损失系因乙保管不善所致。乙保管不善的前提是乙负有保管义务，即甲乙之间存在保管合同。保管合同自保管物交付时成立，但当事人另有约定的除外（《合同法》第367条）。本案中，乙为甲提供自助寄存柜，通过"寄包须知"中关于"本商场实行自助存包，责任自负"、"现金及贵重物品不得寄存"的内容，乙超市已经只愿将自助寄存柜提供给消费者使用，不愿对柜中寄存的物品承担保管责任的意思明白表示给消费者。甲看到自助寄存柜上的明示后，仍不用人工寄存而选用责任自负的自助寄存，说明甲不愿将自己的物品交付给乙超市保管，而只愿使用该超市的自助寄存柜暂时存放。因此，双方当事人没有达成保管合同的意思表示。此外，自助寄存柜的密码条由甲掌握，因此，甲的物品没有转移给乙超市占有。甲乙之间并不存在物的交付。因此，甲只是借助使用乙超市的自助寄存柜继续实现自己对物品的控制和占有，而乙超市由于没有收到交付的物品，也无法履行保管职责。甲乙之间不存在成立保管合同的意思表示一致和交付。因此，甲乙就使用自助寄存柜形成的不是保管合同关系，而是借用合同关系。乙对甲不负有保管寄存物的义务，也就不构成保管不善，本项要件不成立。

3. 结论：甲不能根据《合同法》第374条向乙主张因乙保管不善致保管物灭失而生的损害赔偿请求权。

【练习案例】

（一）醉酒乘车窒息死亡赔偿案

案情

甲持有效车票，从鞍山站乘坐乙列车段值乘的某次旅客列车回长春。上车后,该节车的列车员为甲换了铺位牌。后甲去餐车吃饭,喝了几瓶啤酒。回到 4 车厢后,甲即在该车厢的 11 号下铺休息。长春开车后,列车员发现甲并未下车,遂通知车长和乘警到场。乘警未能叫醒。车长令看着甲,待其醒后再让其下车。该车到哈尔滨站前 10 分钟左右,发现甲俯卧于铺上死亡,身上口袋中无任何物品。该车行至绥化火车站将甲尸体移交下去。经尸体检验,结论为"死者甲生前系因呕吐物吸入气管致气管内异物往返、机械性窒息死亡"。

问题

承运人乙列车段是否对甲的死亡承担损害赔偿责任?

要点提示

《合同法》第 290 条规定了承运人的安全运送义务,第 302 条规定了旅客伤亡的损害赔偿责任。基于以上规定,旅客或者其继承人对承运人享有何种请求权?其构成要件与法律效果是什么?

(二) 运输货物丢失案

案情

甲等 5 人共同要求乙驾驶其双排座盘拖车去市场进货,约定将货物运抵各自家中,运输费 80 元,其中甲负担 35 元。到达市场后,甲购得香烟并搬到车旁装车,经乙同意后,放在驾驶室前排座位上。此时,甲嘱咐乙,购进的都是贵重香烟,要将门窗锁好,乙答应并锁好了门窗,甲见此才离开再去进货。乙因故将甲的烟从前排移到后排,而后去货厢帮助他人装货。后甲发现烟丢失。经查驾驶室门窗没有被损毁的痕迹,而此时乙离开驾驶室不过五分钟。事后,乙承认只有他一人掌握车门钥匙,但驾驶室右边后门开关不正常,乙没有将此开关不正常的缺陷告知甲。

问题

乙是否对甲烟的丢失负责?

要点提示

《合同法》第 311 条规定了承运人的损害赔偿义务,基于该规定,谁对承运人享有何种请求权?其构成要件与法律效果是什么?

(三) 停车场丢车案

案情

甲将其所有轿车一辆交由乙所属的停车场保管,乙定期向甲收取停车管理费。2006 年 8 月 17 日,甲交纳了 2006 年 8 月 15 日至 9 月 14 日的停车管理费 120 元。2006 年 9 月 12 日,上述车辆在交予乙保管期间被盗。甲乙就被盗车辆赔偿问题达成协议写明:"甲自有汽车在交乙保管期间被盗,现双方就赔偿问题协商达成和解如下,乙赔偿甲经济损失人民币 5 万元整。"后乙主张自己误认为应当对轿车丢失承担赔偿责任才与甲达成协议,属于因重大误解而成立法律行为,拒不履行和解协议。

问题

甲对乙享有何种权利？

要点提示

根据《合同法》第374条对保管人主张损害赔偿请求权的构成要件是什么？

(四) 仓储货物被盗案

案情

甲租用乙库房,该库房属院落状,共有库房114间,库房院区有值班人员24小时值班并看守大门,各库房的钥匙由承租人自己掌管。某日晚,甲承租的104号库房内的部分货物被盗,甲认为同乙形成了仓储保管权利义务关系为由要求乙予以赔偿,乙则以与甲仅属房屋租赁关系为由拒绝赔偿。

问题

甲能否根据《合同法》第394条向乙主张违约责任？

要点提示

根据《合同法》第394条向保管人主张损害赔偿请求权的构成要件是什么？

(五) 律师代理纠纷案

案情

甲与所在单位丙发生纠纷,后找到乙律师事务所,双方签订了非诉讼委托代理合同,乙律师事务所收取甲诉讼代理费、手续费(差旅费)共计480元,乙律师事务所指派其工作人员丁担任甲的代理人。丁对该案实施非诉讼代理未果后,甲向法院递交了由乙律师事务所制作的《民事诉状》和委托函和授权委托书。法院经审理认为：甲与丙双方地位不平等,甲与丙之间的纠纷属于行政纠纷,因此裁定驳回甲的起诉。对此甲不服,提起上诉。二审裁定驳回上诉,维持原裁定。后甲以乙律师事务所代理不当为由,要求其赔偿。

问题

乙法律服务所对甲的损失应否赔偿？

要点提示

根据《合同法》第406条向受托人主张损害赔偿请求权的构成要件是什么？

(六) 行纪合同的法律效力

案情

甲公司与乙公司双方签订了一份《合作销售"撒可富"协议书》,约定：由甲公司将"撒可富"化肥运至乙公司的直销点仓库,交由乙公司按甲公司指定价格销售,在乙公司未能向甲公司付清销售货款前,化肥所有权归属甲公司。合同签订后,双方开始履行,后由于乙公司未能支付货款,甲公司起诉。

问题

甲公司能否请求乙公司支付货款？

要点提示

根据《合同法》第423、404条主张交易所得移交请求权的构成要件和法律效果是什么？

(七) 房屋中介费案

案情

2005年2月23日，买受人乙与出卖人丙以及房屋中介公司甲就买卖某房产签订合同，约定乙在合同签订之日起十日内向丙支付购房定金1万元，向中介方甲支付中介服务费8 500元，交易税费由乙承担。2005年5月30日，丁自丙处购得上述房屋并且办理了房屋所有权证。乙拒付中介费8 500元。

问题

甲能否请求乙支付房屋中介费8 500元？

要点提示

根据《合同法》第426条主张报酬请求权的构成要件是什么？

【测试题】①

1. 下列合同中，既可以是有偿合同也可以是无偿合同的有哪些？
   A. 保管合同　　　B. 委托合同　　　C. 借款合同　　　D. 互易合同

2. 依我国法律规定，下列合同中可能发生留置权的有哪几种？
   A. 保管合同　　　B. 委托合同　　　C. 加工承揽合同　　D. 行纪合同

3. 甲公司要运送一批货物给收货人乙公司，甲公司法定代表人丙电话联系并委托某汽车运输公司运输。汽车运输公司安排本公司司机丁驾驶。运输过程中，因丁的过失发生交通事故，致货物受损。乙公司因未能及时收到货物而发生损失。现问，乙公司应向谁要求承担损失？
   A. 甲公司　　　B. 丙　　　C. 丁　　　D. 汽车运输公司

4. 甲买票乘坐乙运输公司的长途车，开车司机为丙。长途车行驶中与丁驾驶的车辆相撞，致甲受伤。经认定，丁对交通事故负全部责任。下列哪些说法是正确的？
   A. 甲可以向丁请求侵权损害赔偿
   B. 甲可以向乙运输公司请求违约损害赔偿
   C. 甲可以向丙请求侵权损害赔偿
   D. 甲可以向乙运输公司请求侵权损害赔偿

5. 根据合同法的规定，承运人对运输过程中发生的下列哪些旅客伤亡事件

---

① 参考答案：1. ABC　2. ACD　3. A　4. ABD　5. BC　6. A　7. D　8. C　9. BD　10. C　11. ABD

不承担赔偿责任?
A. 一旅客因制止扒窃行为被歹徒刺伤
B. 一旅客在客车正常行驶过程中突发心脏病身亡
C. 一失恋旅客在行车途中吞服安眠药过量致死
D. 一免票乘车婴儿在行车途中因急刹车受伤

6. 甲、乙签订货物买卖合同,约定由甲代办托运。甲遂与丙签订运输合同,合同中载明乙为收货人。运输途中,因丙的驾驶员丁的重大过失发生交通事故,致货物受损,无法向乙按约交货。下列哪种说法是正确的?
A. 乙有权请求甲承担违约责任　　B. 乙应当向丙要求赔偿损失
C. 乙尚未取得货物所有权　　　　D. 丁应对甲承担责任

7. 甲因装修房屋,把一批古书交朋友乙代为保管,乙将古书置于床下。一日,乙楼上住户家水管被冻裂,水流至乙家,致甲的古书严重受损。对此,下列说法哪一个是正确的?
A. 乙具有过失,应负全部赔偿责任
B. 乙具有过失,应给予适当赔偿
C. 此事对乙而言属不可抗力,乙不应赔偿
D. 乙系无偿保管且无重大过失,不应赔偿

8. 甲委托乙为其购买木材,乙为此花去了一定的时间和精力,现甲不想要这批木材,于是电话告诉乙取消委托,乙不同意。下列哪些论述是正确的?
A. 甲无权单方取消委托,否则应赔偿乙的损失
B. 甲可以单方取消委托,但必须以书面形式进行
C. 甲可以单方取消委托,但需承担乙受到的损失
D. 甲可以单方取消委托,但仍需按合同约定支付乙报酬

9. 甲将自己的一块手表委托乙寄卖行以 200 元价格出卖。乙经与丙协商,最后以 250 元成交。下列哪些选项是正确的?
A. 甲只能取得 200 元的利益
B. 甲可以取得 250 元的利益
C. 乙的行为属于违反合同义务的行为
D. 乙可以按照约定增加报

10. 甲委托乙购买一套机械设备,但要求以乙的名义签订合同,乙同意,遂与丙签订了设备购买合同。后由于甲的原因,乙不能按时向丙支付设备款。在乙向丙说明了自己是受甲委托向丙购买机械设备后,关于丙的权利,下列哪一选项是正确的?
A. 只能要求甲支付
B. 只能要求乙支付

C. 可选择要求甲或乙支付

D. 可要求甲和乙承担连带责任

11. 甲将 10 吨大米委托乙商行出售。双方只约定,乙商行以自己名义对外销售,每公斤售价两元,乙商行的报酬为价款的 5%。下列哪些说法是正确的?

A. 甲与乙商行之间成立行纪合同关系

B. 乙商行为销售大米支出的费用应由自己负担

C. 如乙商行以每公斤 2.5 元的价格将大米售出,双方对多出价款的分配无法达成协议,则应平均分配

D. 如乙商行与丙食品厂订立买卖大米的合同,则乙商行对该合同直接享有权利、承担义务

【延伸阅读】

1. 崔建远主编:《合同法》,法律出版社 2010 年版,第 464~477 页,第 497~528 页。

2. 黄立主编:《民法债编各论》,中国政法大学出版社 2003 年版,第 499~531 页,第 556~722 页。

3. Reinhard Zimmerman, *The Law of Obligations, Roman Foundations of the Civilian Tradition*, Oxford University Press, 1996, pp205-219.

第十四章 旨在提供智力成果的合同

【本章导学】

　　人类社会的进步,不仅表现为有形财产的增加,更表现在无形财产——智力成果——的涌现、繁荣和受保护方面。作为一类权利客体的智力成果,其本质是一种信息。① 在对信息的利用上,无论使用者有多少人,信息的品质和功用也不会有任何下降,使用者之间也不会有任何相互干扰,此即所谓非穷竭性;而信息的拥有者若要排除他人未经许可对信息的使用,将会非常困难或者费用高得不切实际,此即所谓非排他性。智力成果的显著特征,使之与有体物鲜明地区分开来,进而构成了一种与物权并列的民事权利——知识产权。

　　以智力成果为交易对象的合同,也因标的的显著特点而有了诸多独特性,此类合同主要有技术合同(包括技术开发、技术转让、技术咨询和技术服务合同)和商标转让与许可使用合同。其中技术合同为本章重点,尤其是其效力部分。本章难点在于区分各种情况下权利的归属。如职务技术成果与非职务技术成果的区分及权利归属、委托开发及合作开发的区分及权利归属等。

第一节 技 术 合 同

一、技术合同概述

（一）技术合同的概念与特征

　　科学技术是第一生产力,技术作为一种商品早已在世界范围内得到认同。技术成果的商品化,即技术成果作为商品在其所有者与消费者之间进行交换,导致了技术合同的产生。所谓技术合同,是指当事人就技术开发、转让、咨询或者服务订立的确立相互之间权利和义务的合同。

　　技术合同包括技术开发、技术转让、技术咨询和技术服务合同。尽管这些合同各有特点,但一般说来,技术合同具有如下共性:

　　1. 技术合同以智力成果为对象

　　与其他合同不同,所有的技术合同,无论是技术开发合同、技术转让合同、技术咨询合同,还是技术服务合同,都围绕着智力成果展开。根据最高人民法院《关于审理技术合同纠纷案件适用法律若干问题的解释》(以下简称《关于技

---

① 参见郑成思:《知识产权论》,法律出版社 2003 年版,第 66 页。

合同的解释》)第1条的规定,所谓技术成果,是指利用科学技术知识、信息和经验作出的涉及产品、工艺、材料及其改进等的技术方案,包括专利、专利申请、技术秘密、计算机软件、集成电路布图设计、植物新品种等。所谓技术秘密,是指不为公众所知悉、具有商业价值并经权利人采取保密措施的技术信息。

2. 技术合同是双务、有偿合同

在技术合同中,双方当事人都拥有一定的权利,并承担相应的义务,故为双务合同。技术合同的一方要享有对方的技术成果,必须支付一定的对价,因此技术合同为有偿合同。

3. 技术合同受多重法律调整

技术合同是技术领域中技术成果的交换和使用关系的反映。因此技术合同首先作为一种债权关系,受合同法的调整。与此同时,技术合同涉及技术成果的权属、使用等内容,还应受到其他与保护技术成果有关的法律规范的调整。

4. 技术合同的主体具有特定性

我国《合同法》没有对技术合同的主体做出限定,但是由于技术合同的标的与技术有关,所以,技术合同的主体有特定要求,即当事人至少一方是能够利用自己的技术力量从事技术开发、技术转让、技术咨询与技术服务的自然人、法人或其他组织。

(二) 技术合同的订立原则与无效

技术合同的订立与一般合同订立的程序应当是相同的,应当遵循合同订立的一般原则,如自愿、平等、公平、诚实信用、公序良俗等原则。但是,技术合同是以技术成果为标的的合同,为促进科学技术发展,推动科技成果的应用和转化,我国《合同法》第323条规定:"订立技术合同,应当有利于科学技术的进步,加速科学技术成果的转化、应用和推广。"

国家一方面保护智力成果,提倡智力成果的推广应用;另一方面,为防止技术成果的垄断,我国《合同法》第329条规定:"非法垄断技术、妨碍技术进步或者侵害他人技术成果的技术合同无效。"根据《关于技术合同的解释》第10条的规定,下列情形属于"非法垄断技术、妨碍技术进步":

1. 限制当事人一方在合同标的技术基础上进行新的研究开发或者限制其使用所改进的技术,或者双方交换改进技术的条件不对等,包括要求一方将其自行改进的技术无偿提供给对方、非互惠性转让给对方、无偿独占或者共享该改进技术的知识产权;

2. 限制当事人一方从其他来源获得与技术提供方类似技术或者与其竞争的技术;

3. 阻碍当事人一方根据市场需求,按照合理方式充分实施合同标的技术,包括明显不合理地限制技术接受方实施合同标的的技术生产产品或者提供服务的

数量、品种、价格、销售渠道和出口市场;

4. 要求技术接受方接受并非实施技术必不可少的附带条件,包括购买非必需的技术、原材料、产品、设备、服务以及接收非必需的人员等;

5. 不合理地限制技术接受方购买原材料、零部件、产品或者设备等的渠道或者来源;

6. 禁止技术接受方对合同标的技术知识产权的有效性提出异议或者对提出异议附加条件。

(三) 技术合同的内容

我国《合同法》第 324 条明确规定,技术合同的内容由当事人约定。也就是说,在不违反法律强制性规定的前提下,技术合同的当事人可以依据自己的意思对技术合同的内容进行自由约定。

同时,我国《合同法》也对技术合同的内容规定了提示性的条款。技术合同的内容一般包括以下条款:(1)项目名称;(2)标的的内容、范围和要求;(3)履行的计划、进度、期限、地点、地域和方式;(4)技术情报和资料的保密;(5)风险责任的承担;(6)技术成果的归属和收益的分成办法;(7)验收标准和方法;(8)价款、报酬或者使用费及其支付方式;(9)违约金或者损失赔偿的计算方法;(10)解决争议的方法;(11)名词和术语的解释。

除了上述条款,根据我国《合同法》的规定,与履行合同有关的技术背景资料、可行性论证和技术评价报告、项目任务书和计划书、技术标准、技术规范、原始设计和工艺文件,以及其他技术文档,按照当事人的约定可以作为合同的组成部分。如果技术合同涉及专利的,应当注明发明创造的名称、专利申请人和专利权人、申请日期、申请号、专利号以及专利权的有效期限。

(四) 技术合同价款、报酬和使用费的支付

对技术合同的价款、报酬和使用费,当事人没有约定或约定不明确的,根据《关于技术合同的解释》第 14 条规定,人民法院可以按照以下原则处理:对于技术开发合同和技术转让合同,根据有关技术成果的研究开发成本、先进性、实施转化和应用的程度,当事人享有的权益和承担的责任,以及技术成果的经济效益等合理确定;对于技术咨询合同和技术服务合同,根据有关咨询服务工作的技术含量、质量和数量,以及已经产生和预期产生的经济效益等合理确定。技术合同价款、报酬、使用费中包含非技术性款项的,应当分项计算。

我国《合同法》第 325 条规定:"技术合同价款、报酬或者使用费的支付方式由当事人约定,可以采取一次总算、一次总付或者一次总算、分期支付,也可以采取提成支付或者提成支付附加预付入门费的方式。约定提成支付的,可以按照产品价格、实施专利和使用技术秘密后新增的产值、利润或者产品销售额的一定比例提成,也可以按照约定的其他方式计算。提成支付的比例可以采取固定比

例、逐年递增比例或者逐年递减比例。约定提成支付的,当事人应当在合同中约定查阅有关会计账目的办法。"

(五)技术成果相关权利的归属

一项技术成果,依据完成技术成果的个人的研究开发活动与本岗位职责以及所在单位物质技术投入的关系,分为职务技术成果和非职务技术成果。根据我国《合同法》第 326 条规定,职务技术成果是执行法人或者其他组织的工作任务,或者主要是利用法人或者其他组织的物质技术条件所完成的技术成果。职务技术成果以外的其他技术成果,则为非职务技术成果。

在职务技术成果中,也可分为两类:

第一,执行法人或者其他组织的工作任务所完成的技术成果。根据《关于技术合同的解释》第 2 条,"执行法人或者其他组织的工作任务"包括:履行法人或者其他组织的岗位职责或者承担其交付的其他技术开发任务;离职后一年内继续从事与其原所在法人或者其他组织的岗位职责或者交付的任务有关的技术开发工作,但法律、行政法规另有规定的除外。当然,如果法人或者其他组织与其职工就职工在职期间或者离职以后所完成的技术成果的权益有约定的,人民法院应当依约定确认。

第二,主要是利用法人或者其他组织的物质技术条件所完成的技术成果。《关于技术合同的解释》第 4 条规定,所谓"主要利用法人或者其他组织的物质技术条件",包括职工在技术成果的研究开发过程中,全部或者大部分利用了法人或者其他组织的资金、设备、器材或者原材料等物质条件,并且这些物质条件对形成该技术成果具有实质性的影响;还包括该技术成果实质性内容是在法人或者其他组织尚未公开的技术成果、阶段性技术成果基础上完成的情形。但下列情况除外:对利用法人或者其他组织提供的物质技术条件,约定返还资金或者交纳使用费的;在技术成果完成后利用法人或者其他组织的物质技术条件对技术方案进行验证、测试的。

此外,《关于技术合同的解释》第 5 条规定:"个人完成的技术成果,属于执行原所在法人或者其他组织的工作任务,又主要利用了现所在法人或者其他组织的物质技术条件的,应当按照该自然人原所在和现所在法人或者其他组织达成的协议确认权益。不能达成协议的,根据对完成该项技术成果的贡献大小由双方合理分享。"

对于职务技术成果,根据我国《合同法》第 326 条,职务技术成果的使用权、转让权属于法人或者其他组织的,法人或者其他组织可以就该项职务技术成果订立技术合同。法人或者其他组织应当从使用和转让该项职务技术成果所取得的收益中提取一定比例,对完成该项职务技术成果的个人给予奖励或者报酬。法人或者其他组织订立技术合同转让职务技术成果时,职务技术成果的完成人享有以同等条件优先受让的权利。可见,有权对职务技术成果订立技术合同的主体是法人或其他组织,个人不能就职务技术成果与他人订立技术合同,但是,法人或其他组织应当给予完成该项职务技术成果的个人一定的奖励或报酬。此外,职务技术成果的完成人在同等条件下还享有优先受让的权利,这在一定程度上限制了转让人的合同自由。

非职务技术成果,不属于法人或其他组织,属于个人。我国《合同法》第327条规定:"非职务技术成果的使用权、转让权属于完成技术成果的个人,完成技术成果的个人可以就该项非职务技术成果订立技术合同。"可见,个人有权就非职务技术成果订立技术合同。

无论是职务技术成果,还是非职务技术成果,根据我国《合同法》第328条规定,完成技术成果的个人有在有关技术成果文件上写明自己是技术成果完成者的权利和取得荣誉证书、奖励的权利。

二、技术开发合同

(一) 技术开发合同概述

1. 技术开发合同的概念、种类

在我国科技工作中,技术开发是开拓科学技术生产力的重要实践,是推进技术创新、实现科技产业化的起点。我国《合同法》第330条规定:"技术开发合同是指当事人之间就新技术、新产品、新工艺或者新材料及其系统的研究开发所订立的合同。"根据《关于技术合同的解释》第17条的规定,这里所谓的新技术、新产品、新工艺、新材料及其系统,包括当事人在订立技术合同时尚未掌握的产品、工艺、材料及其系统等技术方案,但对技术上没有创新的现有产品的改型、工艺变更、材料配方调整以及对技术成果的验证、测试和使用除外。

此外,合同法还规定了,当事人之间就具有产业应用价值的科技成果实施转化订立的合同,参照技术开发合同的规定。根据《关于技术合同的解释》第18条的规定,当事人之间就具有产业应用价值的科技成果实施转化订立的技术转化合同,是指当事人之间就具有实用价值但尚未实现工业化应用的科技成果包括阶段性技术成果,以实现该科技成果工业化应用为目标,约定后续试验、开发和应用等内容的合同。可见,我国《合同法》中的技术开发合同,不仅包括技术的研究开发,而且将技术成果转化也纳入了其范畴之内,进一步扩展了技术开发合同的范围。

技术开发合同可分为委托开发合同和合作开发合同两类。委托开发合同是指委托人委托研究开发人进行技术研究开发所订立的合同。合作开发合同是指当事人各方就共同进行技术研究开发所达成的合同。

2. 技术开发合同的特征

(1) 技术开发合同的标的物是具有创造性的技术成果。技术开发合同的标的物是创造性技术成果,即新技术、新产品、新工艺或者新材料及其系统。这种技术成果不是已有的技术成果,而是在订立合同时没有掌握、不存在的成果,它只有经过技术研究开发才能获得。

(2)技术开发合同的当事人共同承担风险。技术开发合同的成果是创造性的新成果,这种成果的取得本身就具有一定难度,蕴藏着失败的风险。这种失败的风险,主要是指在履行技术开发合同过程中,遭遇人类目前无法克服的技术难关,导致开发工作全部或部分失败。这种风险是人力无法克服的,应当由研究开发双方共同承担。当然,当事人也可以约定风险责任的承担问题。

(3)技术开发合同是要式合同。技术开发合同属于要式合同,应当采取书面形式。我国《合同法》第330条第3款规定:"技术开发合同应当采用书面形式。"技术开发合同之所以要采取书面形式,是因为技术开发是一项长期且艰难的工作,当事人的权利义务关系错综复杂。为确保当事人双方的权利义务得到全面维护和落实,避免合同纠纷,技术开发合同应采取书面形式。

(二)技术开发合同的效力

1. 委托开发合同的效力

(1)委托人的义务

根据我国《合同法》第331、333条的规定,委托开发合同中委托人主要有以下义务和相应的责任:

第一,按照合同约定支付研究开发经费和报酬。研究开发经费是指完成研究开发工作所需要的成本。除合同另有规定外,委托人应当提供全部研究开发经费。当事人约定研究开发经费按照实际支付的,研究开发经费不足时,委托人应当补足;研究开发经费剩余时,研究开发人应当返还。合同约定研究开发经费包干支付的,结余经费归研究开发人所有,不足的经费由研究开发人自行承担。如果合同没有约定经费结算处理办法的,按照包干使用处理。研究开发报酬是指研究开发成果的使用费和研究开发人员的科研补贴。委托人应按照合同约定按时支付报酬。

委托人迟延支付研究开发经费,造成研究工作停滞、延误的,研究开发人不承担迟延责任。委托人逾期经催告于合理期限内仍不支付研究开发费用或报酬的,研究开发人有权解除合同,请求委托人返还技术资料、补交应付的报酬、赔偿所造成的损失。

第二,按照合同约定提供技术资料、原始数据。委托开发合同是研究开发人依委托人的要求进行的,因此,委托人首先必须向研究开发人提供必要的技术资料、原始数据,研究开发人的技术开发工作才能进行。在研究开发的过程中,委托人也应当按研究开发人的要求,补充相应的背景资料和数据,但不得超过履行合同所需要的范围。委托人不按照合同约定提供技术资料、原始数据或者提供的技术资料、原始数据有重大缺陷,导致研究开发工作停滞、延误、失败的,委托人应当承担责任;委托人逾期经催告于合理期限内仍不提供技术资料、原始数据的,研究开发人有权解除合同,并请求赔偿损失。

第三,完成协作事项。在技术开发合同中,研究开发工作由研究开发人负责,但有些情况下,也需要委托人的配合协作,才能完成技术成果。为确保合同目的能够实现,委托人应对研究开发人的工作予以协助。但应当指出,委托人只是进行辅助工作,并不能因此认为委托人也参与了技术开发工作。委托人不按照约定完成协作事项,导致研究开发工作停滞、延误、失败的,委托人应当承担责任。

第四,接受研究开发成果。接受研究开发成果既是委托人的一项权利,也是委托人的一项义务。委托人应当按照合同约定的期限,接受研究开发成果。委托人不及时接受的,应承担违约责任并支付保管费用。经研究开发人催告并经过一定合理期限委托人仍然拒绝接受的,研究开发人有权处分研究开发成果,从所得收益中扣除约定的报酬、违约金和保管费;如所得收益不足以弥补上述费用,研究开发人有权请求委托人赔偿损失。

(2) 研究开发人的义务

根据我国《合同法》第332、334条的规定,委托开发合同中研究开发人主要有以下义务和相应的责任:

第一,按照约定制定和实施研究开发计划。在委托开发合同中,委托人基于对研究开发人的信任,将研究开发工作交于研究开发人。此种信任关系要求研究开发人应亲自积极按照约定制定科学的研究开发计划并认真予以贯彻实施。如果研究开发人欲将研究开发工作全部或部分交于第三人,应取得委托人的同意。如果只是要求第三人做一些辅助性工作,则不需经过委托人的同意。

第二,合理使用研究开发经费。研究开发人应当按照合同约定合理的使用研究开发经费,一方面,应将研究开发经费用于合同约定的范围内,防止研究开发经费的滥用;另一方面,研究开发经费应合理使用,避免浪费。研究开发人不合理使用研究开发经费的,委托人有权制止并要求退还。由此造成研究开发工作停滞、延误、失败的,研究开发人应赔偿损失;经委托人催告并经合理期限研究开发人拒绝退还的,委托人有权解除合同,并请求赔偿损失。

第三,按期完成研究开发工作,交付研究开发成果,提供有关的技术资料和必要的技术指导,帮助委托人掌握研究开发成果。研究开发人应按照合同约定向委托人交付研究开发成果,不得擅自变更标的内容、形式和要求。研究开发人应按期交付,并提供有关的技术资料和必要的技术指导,帮助委托人掌握研究开发成果。研究开发人违反约定造成研究开发工作停滞、延误、失败的,研究开发人应承担违约责任。

根据诚实信用原则,当事人双方除应履行上述各自主要义务外,还应共同在合同的订立和履行过程中承担相互不断地通报合同履行情况的义务。尤其是那些对合同的订立或履行有妨碍的情况,如遇到情报交流上的障碍、技术风险以及研究开发超支或盈余等。①

2. 合作开发合同的效力

根据我国《合同法》第335条的规定,合作开发各方有如下义务:

(1) 按照约定进行投资。合作开发各方应按照合同的约定进行投资。所谓投资,是指当事人以资金、设备、材料、实验条件、技术情报资料、专利权、非专利技术成果等对研究开发项目所作的投入。对以资金以外的形式投资的,应当折算成相应的金额,明确当事人在投资中所占的比例。

(2) 按照合同约定的分工参与研究开发工作。合作开发合同的各方有共同进行研究开发工作的权利和义务。合作各方可以在合同中约定各方的分工,并按分工共同或者分别承担设计、工艺、试验、试制等工作;也可以成立代表各方的组织机构,对研究开发工作中的重大问题进行决策、协调和组织研究开发工作。根据《关于技术合同的解释》第19条第2款的规定,技术开发合同当事人一方仅提供资金、设备、材料等物质条件或者承担辅助协作事项,另一方进行研究开发工作的,不是合作开发合同,属于委托开发合同。

(3) 协作配合研究开发工作。合作开发合同,各方都参与了研究开发工作,因此尤其需要合作各方的协作与配合。各方对于自己所掌握的技术资料、数据以及其他与项目相关的信息,都应及时通报,以利于合作开发工作的顺利进行。

我国《合同法》第336条规定:"合作开发合同的当事人违反约定造成研究开发工作停滞、延误或者失败的,应当承担违约责任。"

(三) 技术开发合同的风险负担

技术开发合同中的风险负担,是指在技术开发合同履行过程中,因出现无法克服的技术困难,致使研究开发失败或者部分失败的,该风险责任的负担问题。所谓无法克服的困难,应符合下列条件:一是该课题在现有技术水平下具有足够的难度;二是研究开发人做了主观努力,并且该领域专家认为研究开发失败属于合理的失败。

在技术开发合同中,无论是委托开发合同还是合作开发合同,都有可能因为不可归责于任何一方的原因而导致研究开发失败或部分失败,而这种情况在科学研究中是经常发生的。对此,双方当事人在订立技术合同时,可以在合同中约定对于此种风险由谁承担。如果双方当事人在技术合同中没有约定,根据我国《合同法》第61条的规定,可以事后协议确定;不能协议的,按照交易习惯确定;

---

① 郭明瑞、王轶:《合同法新论·分则》,中国政法大学出版社1997年版,第406~407页。

仍然不能确定的,由当事人合理分担。

当事人一方发现可能致使研究开发失败或者部分失败的情形时,应当及时通知另一方并采取适当措施减少损失。没有及时通知并采取适当措施,致使损失扩大的,应当就扩大的损失承担责任。

(四)技术开发合同的技术成果归属

1. 专利申请权的归属

在技术开发合同中,当事人可以就完成的发明创造的专利申请权的归属进行约定,如果没有约定,则应遵循以下规则:

(1)委托开发完成的发明创造,除当事人另有约定的以外,申请专利的权利属于研究开发人。研究开发人取得专利权的,委托人可以免费实施该专利。研究开发人转让专利申请权的,委托人享有以同等条件优先受让的权利。

(2)合作开发完成的发明创造,除当事人另有约定的以外,申请专利的权利属于合作开发的当事人共有。合作开发的当事人一方不同意申请专利的,另一方或者其他各方不得申请专利。当事人一方转让其共有的专利申请权的,其他各方享有以同等条件优先受让的权利。

合作开发的当事人一方声明放弃其共有的专利申请权的,可以由另一方单独申请或者由其他各方共同申请。申请人取得专利权的,放弃专利申请权的一方可以免费实施该专利。

2. 技术秘密权利归属及利益分配

委托开发或者合作开发完成的技术秘密成果的使用权、转让权以及利益的分配办法,由当事人约定。没有约定或者约定不明确,根据我国《合同法》第61条的规定,可以事后协议确定;不能协议的,按照交易习惯确定;仍不能确定的,当事人均有使用和转让的权利,但委托开发的研究开发人不得在向委托人交付研究开发成果之前,将研究开发成果转让给第三人。

根据《关于技术合同的解释》第20条的规定,所谓当事人均有使用和转让的权利,包括当事人均有不经对方同意而自己使用或者以普通使用许可的方式许可他人使用技术秘密,并独占由此所获利益的权利。当事人一方将技术秘密成果的转让权让与他人,或者以独占或者排他使用许可的方式许可他人使用技术秘密,未经对方当事人同意或者追认的,应当认定该让与或者许可行为无效。

(五)技术开发合同终止的特别事由

根据我国《合同法》第337条的规定,因作为技术开发合同标的的技术已经由他人公开,致使技术开发合同的履行没有意义的,当事人可以解除合同。

在技术开发合同订立后的履行过程中,如果作为其标的的技术已经被他人公开,则当事人双方都有权解除合同。在实践中,此种情形主要是指:一为他人已经开发出了此项技术,并已经申请专利;二为他人已经开发出此项技术,虽尚未申请专利,但人们已普遍掌握了此项技术。这两种情形下,当事人再履行技术开发合同已没有意义,故可解除合同。

三、技术转让合同

(一) 技术转让合同概述

1. 技术转让合同的概念、种类

根据我国《合同法》第 342 条的规定,技术转让合同,是指当事人就专利权转让、专利申请权转让、专利实施许可、非专利技术转让所订立的合同。即合法拥有技术的权利人,包括其他有权对外转让技术的人,将现有特定的专利、专利申请、技术秘密的相关权利让与他人,或者许可他人实施、使用所订立的合同。

此外,根据《关于技术合同的解释》第 22 条的规定,以下情形也属于技术转让合同:(1) 技术转让合同中关于让与人向受让人提供实施技术的专用设备、原材料或者提供有关的技术咨询、技术服务的约定,属于技术转让合同的组成部分。因此发生的纠纷,按照技术转让合同处理。(2) 当事人以技术入股方式订立联营合同,但技术入股人不参与联营体的经营管理,并且以保底条款形式约定联营体或者联营对方支付其技术价款或者使用费的,视为技术转让合同。

技术转让合同可以分为专利权转让合同、专利申请权转让合同、专利实施许可合同和技术秘密转让合同。这是技术转让合同的四种主要类型,但技术转让合同并不限于上述四种类型。现分述如下:

(1) 专利权转让合同,是指让与人即专利权人将其发明创造的专利权转移给受让人,受让人交付约定的价款所订立的合同。根据我国《专利法》,专利包括发明、实用新型和外观设计。因此,专利权转让合同实际包括发明专利权转让合同、实用新型专利权转让合同和外观设计专利权转让合同。

(2) 专利申请权转让合同,是指让与人将其就特定的发明创造申请专利的权利移交受让人,受让人支付约定价款所订立的合同。可见,专利申请权转让合同中的让与人必须是就特定的发明创造享有申请专利的权利的单位或个人。

(3) 专利实施许可合同,是指专利权人或其授权的人作为让与人许可受让人在约定的范围内实施专利,受让人支付约定使用费所订立的合同。专利权是专利权人实施其发明创造的排他权利。除法律另有规定外,任何人实施专利都必须与专利权人订立书面实施许可合同,向专利权人支付使用费。专利实施许可合同与专利权转让合同不同,它不是整个专利权的移交,而是许可受让人在一定范围内实施该专利。因此,它是让与人与受让人之间转让专利实施权所订立的合同。

专利实施许可合同按许可方式的不同,可分为普通实施许可合同、排他实施许可合同和独占实施许可合同。独占实施许可,是指让与人在约定许可实施专利的范围内,将该专利仅许可一个受让人实施,让与人依约定不得实施该专利。

排他实施许可,是指让与人在约定许可实施专利的范围内,将该专利仅许可一个受让人实施,但让与人依约定可以自行实施该专利。普通实施许可,是指让与人在约定许可实施专利的范围内许可他人实施该专利,并且可以自行实施该专利。当事人对专利实施许可方式没有约定或者约定不明确的,应认定为普通实施许可。专利实施许可合同约定受让人可以再许可他人实施专利的,应认定该再许可为普通实施许可,但当事人另有约定的除外。

（4）技术秘密转让合同,是指让与人将拥有的技术秘密成果提供给受让人,明确相互之间技术秘密成果的使用权、转让权,受让人支付约定使用费所订立的合同。对于技术秘密转让合同,让与人与受让人之间,第一,必须有技术秘密的转移;第二,必须就该项技术秘密成果使用权、转让权做出安排;第三,必须就所约定的技术秘密成果的权属关系明确当事人双方的保密义务。这是因为技术秘密成果的使用权、转让权只能依合同约定的保密义务维持。

2. 技术转让合同的特征

（1）技术转让合同的标的是现有的技术成果。这是技术转让合同与技术开发合同的区别所在。作为技术转让合同标的的技术成果必须是现有的、能够为某人独占或者不具有公开性,能够在生产经营中产生经济效益的技术。尚未开发出来的技术成果或者不涉及专利或非专利技术成果权属的知识、技术、经验、信息等,不是技术转让合同的标的。

（2）技术转让合同的目的是取得技术成果的使用权。技术转让合同所转移的权利性质,因其种类的不同而有所不同。但无论是转移专利权、专利申请权、专利使用权,还是转移技术秘密的专有权,都是为了取得技术成果的使用权,使用这些技术成果。

（3）技术转让合同是要式合同。根据我国《合同法》第342条的规定,技术转让合同应当采取书面形式。可见,技术转让合同和技术开发合同一样,都是要式合同。

3. 技术转让合同中的"使用范围"条款

我国《合同法》第343条规定:"技术转让合同可以约定让与人和受让人实施专利或者使用技术秘密的范围,但不得限制技术竞争和技术发展。"本条规定了技术转让合同中的"使用范围",所谓使用范围,是指技术让与人与受让人在合同中约定的对实施专利技术或使用非专利技术的合理限制,包含当事人合法使用作为合同标的物的技术的行为界限和活动领域。

一般说来,对于专利实施许可合同,让与人可以与受让人就实施专利的期限、地区、目的、方式和相互权益安排等内容约定合理范围。对于技术秘密转让合同,让与人与受让人可以在合同中约定使用技术秘密成果的地区和方式。技术秘密转让合同的一方当事人不得限制对方使用技术秘密的期限,因为,对于技术秘密成果,只要尚未进入公有领域,将始终处于受保护的状态。

另外需要注意的是,对于约定了使用期限的专利实施许可合同,专利实施许可合同只在该专利权的存续期间内有效。专利权有效期限届满或者专利权被宣布无效的,专利权人不得就该专利与他人订立专利实施许可合同。

技术转让合同可以约定让与人和受让人实施专利或者使用技术秘密的范围,但不得限制技术竞争和技术发展。

(二) 技术转让合同的一般效力

技术转让合同类别众多,在不同的技术转让合同中,让与人与受让人承担的权利义务也不尽相同,但总体说来,技术转让合同的让与人与受让人都应当承担以下义务和责任:

1. 技术转让合同中让与人的义务

根据我国《合同法》第349、353条的规定,让与人有如下义务和责任:

(1) 保证自己是所提供的技术的合法拥有者,并保证所提供的技术完整、无误、有效。这就是说,技术转让合同的让与人要保证自己是所转让的技术的合法拥有者,对于职务技术成果,作为让与人的法人或者其他组织应当保证自己是该职务技术成果的合法拥有者;对于非职务技术成果,作为让与人的个人也应当保证自己是该非职务技术成果的合法拥有者。同时,让与人也应保证所提供的技术完整、无误、有效。

更进一步,让与人还应当保证所提供的技术不受第三人的追究,如果受让人按照约定实施专利、使用技术秘密侵害他人合法权益的,由让与人承担责任,但当事人另有约定的除外。

(2) 保证所提供的技术能够达到约定的目标。受让人与让与人签订技术转让合同,其目的就是使用让与人手中的技术,达到约定的目标,满足自己的利益需求。这是受让人签订合同的动力,也是其支付价款所希望取得的对价,让与人必须保证所提供的技术能够达到约定的目标。

依我国《合同法》第351条的规定,让与人未按照约定转让技术的,应当返还部分或者全部使用费,并应当承担违约责任;实施专利或者使用技术秘密超越约定的范围的,违反约定擅自许可第三人实施该项专利或者使用该项技术秘密的,应当停止违约行为,承担违约责任;违反约定的保密义务的,应当承担违约责任。

2. 技术转让合同中受让人的义务

根据我国《合同法》第350、352条的规定,让与人有如下义务和责任:

(1) 按照约定支付费用。受让人应当依约支付使用费。受让人未按照约定支付使用费的,应当补交使用费并按照约定支付违约金;不补交使用费或者支付违约金的,应当停止实施专利或者使用技术秘密,交还技术资料,承担违约责任。

（2）不得超越约定范围实施或者使用。受让人实施专利或者使用技术秘密超越约定的范围的,未经让与人同意擅自许可第三人实施该专利或者使用该技术秘密的,应当停止违约行为,承担违约责任。

（3）保密义务。技术转让合同的受让人应当按照约定的范围和期限,对让与人提供的技术中尚未公开的秘密部分,承担保密义务。在技术转让合同中,需要保密的那部分技术,通常都是最有价值、最核心的技术。让与人为了保护自身利益,通常会在合同中约定受让人对于技术转让中的技术秘密承担保密义务。受让人违反约定的保密义务的,应当承担违约责任。

需要指出的是,在所有技术转让合同中,都有可能存在保密问题,在含有专利技术、计算机软件的转让中,此类问题更为突出。而根据我国《合同法》第92条的规定,即使在技术合同终止后,这种保密义务也是存在的。

（三）技术转让合同的特别效力

1. 专利实施许可合同的特别效力

（1）让与人的义务

根据我国《合同法》第345条的规定,专利实施许可合同的让与人负有如下义务：

第一,按照约定许可受让人实施专利。无论专利实施许可合同采用普通实施许可、排他实施许可的形式,还是采用独占实施许可的形式,让与人都必须许可受让人在合同约定的范围内实施专利。如果让与人实施专利超越约定的范围,或者违反约定擅自许可第三人实施该项专利的,应当停止违约行为,承担违约责任。

第二,交付实施专利有关的技术资料。为了受让人实施专利,让与人应当将实施专利有关的技术资料,如情报、图表、设计文件等交付受让人。

第三,提供必要的技术指导。让与人应为受让人提供必要的技术指导,如帮助受让人解决专利技术实施过程中出现的问题,为受让人培训人员,协助进行设备安装、调试等。

此外,让与人还负有在合同有效期内维持其权利的义务,包括依法缴纳专利年费和积极应对他人提出宣告专利权无效的请求,但当事人另有约定的除外。

（2）受让人的义务

根据我国《合同法》第346条的规定,专利实施许可合同的受让人应当按照约定实施专利,不得许可约定以外的第三人实施该专利。无论专利实施的方式如何,受让人都应当在合同约定的范围内实施专利,不得超过合同约定的范围。同时,受让人亦不得许可约定以外的第三人实施该专利。受让人实施专利超越约定的范围的,未经让与人同意擅自许可第三人实施该专利的,应当停止违约行为,承担违约责任。

在实践中,转让方往往要求受让方承担实施专利的义务。尤其是在合同价款采取提成支付的情况下,通过受让方履行实施专利的义务,可以使转让方获得对方实施其专利的最大利润。此时,受让方的实施义务包括:在一定时间内将专利产品投入生产;行使合同所约定的权利;在一定范围内生产专利产品并做相应的推销工作。转让方如果想让受让方承担实施义务,应当与受让方在合同中达成明确的协议。①

2. 技术秘密转让合同的特别效力

(1) 让与人的义务

根据我国《合同法》第 347 条的规定,技术秘密转让合同的让与人负有如下义务:

第一,按照约定提供技术资料,进行技术指导。技术秘密是不为公众所知悉的技术成果,为权利人所独占。因此,为了受让人能使用技术秘密,让与人必须提供相关的技术资料,并进行技术指导,让与人所提供的技术资料是与技术秘密有关的设计资料、图纸、数据、材料配方、工艺流程等。如果让与人未按照合同约定向受让人提供技术资料,或不按照合同约定向受让人提供技术指导的,除返还部分或全部费用外,还应当赔偿损失。让与人超过一定期限未提供合同约定的技术秘密的,受让人有权解除合同,转让人应当返还使用费,并赔偿损失。

第二,保证技术的实用性、可靠性。让与人除了保证自己是所转让技术的合法拥有者,还应当保证所提供的技术完整、无误、有效,保证技术的实用性和可靠性。

第三,承担保密义务。凡是知道技术秘密的人,都不得随意泄露,让与人也不例外。当然,让与人承担保密义务,不限制其申请专利,但当事人约定不得申请专利的除外。让与人违反合同约定的保密义务,泄露技术秘密,使受让人遭受损失的,受让人有权解除合同,让与人应当赔偿损失。

(2) 受让人的义务

依我国《合同法》第 348 条的规定,技术秘密转让合同的让与人应当按照约定使用技术,支付使用费,承担保密义务。让与人应当在合同约定的使用范围、期限使用该技术,并支付使用费用,承担保密义务。

(四) 技术转让合同后续技术改进成果的归属

所谓后续改进的技术成果,是指在技术转让合同的有效期限内,一方或者双方对作为合同标的的专利技术或技术秘密所作的革新和改良而取得的技术成果。在科学技术迅猛发展的今天,多数技术转让合同所包含的技术是双方都有可能进行新的改进和发展的。对于这种后续技术改进成果的归属,当事人可以

---

① 崔建远主编:《合同法》第 4 版,法律出版社 2007 年版,第 475 页。

按照互利的原则,在技术转让合同中约定其归属。没有约定或者约定不明确的,可以事后补充约定;不能达成补充协议的,依照交易习惯确定;依照交易习惯仍然不能确定的,一方后续改进的技术成果,其他各方无权分享。

四、技术咨询合同

(一)技术咨询合同概述

技术咨询合同包括就特定技术项目进行可行性论证、技术预测、专题技术调查、分析报告等合同。根据《关于技术合同的解释》第30条的规定,这里的特定技术项目,包括有关科学技术与经济社会协调发展的软科学研究项目,促进科技进步和管理现代化、提高经济效益和社会效益等运用科学知识和技术手段进行调查、分析、论证、评价、预测的专业性技术项目。

技术咨询合同具有如下特征:

1. 技术咨询合同的标的是技术性劳务成果。技术咨询合同具有自己特定的调整对象,即合同当事人就特定技术项目进行可行性论证、技术预测、专题技术调查、分析报告所形成的民事关系。其标的既不是新的技术成果,也不是现有的技术成果,而是技术性劳务成果。这使得技术咨询合同区别于技术开发合同和技术转让合同。

2. 技术咨询合同的目的是为特定的技术项目进行调查、分析、论证、评价、预测,即提供技术服务。受托人通过自己的技术知识,为委托人解答特定技术问题,提供技术决策参考意见。因此,技术咨询合同的履行结果并不是技术成果,而是供受托人决策的咨询报告。

(二)技术咨询合同的效力

1. 委托人的义务

根据我国《合同法》第357条的规定,技术咨询合同的委托人负有如下义务:

(1)按照约定阐明咨询的问题,提供技术背景材料及有关技术资料、数据。委托人的咨询问题是受托人研究、分析的对象,委托人必须说明其咨询的问题。同时,为方便受托人解答所咨询的问题,委托人应当按照约定将与咨询问题有关的技术背景资料和技术资料、数据及时提供给受托人。必要时还应当按照合同约定为受托人的现场调查、测试、分析等工作提供便利。委托人提供的技术资料、数据有明显错误和缺陷的,委托人应当补充、修改。我国《合同法》第359条规定,委托人未按照约定提供必要的资料和数据,影响工作进度和质量的,支付的报酬不得追回,未支付的报酬应当支付。

(2)接受受托人的工作成果,支付报酬。委托人接受受托人的工作成果既是委托人的一项权利,也是其一项义务。委托人应当按合同约定的期限及时接受受托人完成的工作成果,不得迟延接受或拒绝接受。委托人应当按合同约定的时间、数额、地点、方式支付报酬和有关费用。根据《关于技术合同的解释》第31条的规定,当事人对技术咨询合同受托人进行调查研究、分析论证、试验测定等所需费用的负担没有约定或者约定不明确的,由受托人承担。我国《合同法》第359条规定,委托人不接受或者逾期接受工作成果的,支付的报酬不得追回,未支付的报酬应当支付。

2. 受托人的义务

根据我国《合同法》第358条的规定,技术咨询合同的受托人负有如下义务:

(1) 按照约定的期限完成咨询报告或者解答问题。完成咨询报告或者解答问题,是受托人的工作。受托人应当按照合同约定,运用自身技术知识,对咨询的问题进行全面、科学的调查、分析、论证、评价、预测,按期完成咨询报告或者解答问题。我国《合同法》第359条规定,技术咨询合同的受托人未按期提出咨询报告,应当承担减收或者免收报酬等违约责任。

(2) 提出的咨询报告应当达到约定的要求。受托人对于自己提出的咨询报告,应当保证其质量,使咨询报告达到与委托人约定的要求。我国《合同法》第359条规定,技术咨询合同的受托人提出的咨询报告不符合约定的,应当承担减收或者免收报酬等违约责任。

(三) 技术咨询合同实施风险的负担

一般说来,当技术咨询合同中所完成的咨询报告经过验收达到合同约定的要求,技术咨询合同的履行即告终止。如果技术咨询合同的委托人采纳和实施受托人做出的符合合同约定的咨询报告和意见后出现损失,这种风险如何负担,成为一个问题。根据我国《合同法》第359条第3款的规定,技术咨询合同的委托人按照受托人符合约定要求的咨询报告和意见做出决策所造成的损失,由委托人承担,但当事人另有约定的除外。也就是说,对于技术咨询合同实施风险的负担,应遵循当事人约定优先的原则;如果当事人没有约定,委托人按照受托人符合约定要求的咨询报告和意见做出决策所造成的损失,由委托人自己承担。这是因为:

1. 技术咨询合同是受托人为委托人科学决策提出有关报告和意见。这些咨询报告和意见仅仅是作为委托人决策的建议,而不是直接付诸使用的技术性文件。

2. 技术咨询报告和意见是决策参考。受托人可以提出几种不同的方案,可以做出肯定性的结论,也可以提出倾向性意见。这些报告和意见都是为了全方位多角度的帮助委托人做出决策,但最终的决策权仍然掌握在委托人手中。对于因决策发生的损失,首先是作为决策人的委托人的责任。

3. 按照咨询报告和意见做出决策并付诸实施的情况比较复杂,影响实施结果的因素比较多。其中可能存在着决策者本身决策的问题,也可能是实施不当的问题,还有可能是客观情况发生了变化。对于这些因素,受托人并不能预见到,并且受托人也并未参与到决策和实施的过程中。如果将按照咨询报告和意见作出决策所造成的损失由受托人承担,有失公平。

(四) 技术咨询合同履行过程中新技术成果的归属

当事人在订立技术咨询合同时,可以约定合同履行过程中受托人利用委托人提供的技术资料和工作条件完成的新技术成果的归属。如果没有约定或者约定不明确的,受托人利用委托人提供的技术资料和工作条件完成的新的技术成果,属于受托人。委托人利用受托人的工作成果完成的新的技术成果,属于委托人。

五、技术服务合同

(一) 技术服务合同概述

技术服务合同是指当事人一方以技术知识为另一方解决特定技术问题所订立的合同,不包括建设工程合同和承揽合同。根据《关于技术合同的解释》第33条的规定,这里所谓的特定技术问题,包括需要运用专业技术知识、经验和信息解决的有关改进产品结构、改良工艺流程、提高产品质量、降低产品成本、节约资源能耗、保护资源环境、实现安全操作、提高经济效益和社会效益等专业技术问题。

如上所述,技术服务合同是以解决特定技术问题而订立的合同。这也是技术服务合同区别于其他技术合同的所在。对于非以解决特定技术问题而订立的合同,不是技术服务合同。一般的加工、定作等承揽合同和建设工程合同,也都不是为了解决特定的技术问题,因而这些合同也不能纳入技术服务合同的范围。

此外,根据《关于技术合同的解释》第34条的规定,当事人一方以技术转让的名义提供已进入公有领域的技术,或者在技术转让合同履行过程中合同标的技术进入公有领域,但是技术提供方进行技术指导、传授技术知识,为对方解决特定技术问题符合约定条件的,按照技术服务合同处理,约定的技术转让费可以视为提供技术服务的报酬和费用,但是法律、行政法规另有规定的除外。

技术服务合同在实践中包括技术辅助服务合同、技术中介合同和技术培训合同。[①] 其中所谓的技术辅助服务合同,是指当事人一方利用科技知识为另一方解决特定专业技术问题所订立的合同。所谓技术中介合同,是指当事人一方以知识、技术、经验和信息为另一方与第三人订立技术合同进行联系、介绍以及对履行合同提供专门服务所订立的合同。所谓技术培训合同,是指当事人一方委托另一方对指定的学员进行特定项目的专业技术训练和技术指导所订立的合

---

① 崔建远主编:《合同法》第 4 版,法律出版社 2007 年版,第 476 页。

同,不包括职业培训、文化学习和按照行业、法人或者其他组织的计划进行的职工业余教育。

(二) 技术服务合同的一般效力

1. 委托人的义务

根据我国《合同法》第 360 条的规定,技术服务合同中委托人负有如下义务:

(1) 按照约定提供工作条件,完成配合事项。委托人应当按照合同的约定,为受托人提供条件,方便受托人工作。如提供受托人工作所需要的技术资料、数据、图表等。受托人发现委托人提供的资料、数据、样品、材料、场地等工作条件不符合约定,未在合理期限内通知委托人的,视为其对委托人提供的工作条件予以认可。我国《合同法》第 362 条规定,技术服务合同的委托人不履行合同义务或者履行合同义务不符合约定,影响工作进度和质量,支付的报酬不得追回,未支付的报酬应当支付。

(2) 接受工作成果并支付报酬。我国《合同法》第 362 条规定,技术服务合同的委托人不接受或者逾期接受工作成果的,支付的报酬不得追回,未支付的报酬应当支付。

2. 受托人的义务

根据我国《合同法》第 361 条的规定,技术服务合同中委托人应当按照约定完成服务项目,解决技术问题,保证工作质量,并传授解决技术问题的知识。受托人未按照合同约定完成服务工作的,应当承担免收报酬等违约责任。

(三) 技术服务合同的特别效力

1. 技术培训合同的特别效力

在技术培训合同中,提供技术指导和专业训练的培训人为受托人,接受培训人提供的技术指导和专业训练的一方为委托人。技术培训合同中委托人的主要义务有:

(1) 保证学员质量。作为接受培训的一方,委托人应保证派出的学员具备一定的专业素质,具有接受培训的能力。技术培训合同委托人派出的学员不符合约定条件,影响培训质量的,由委托人按照约定支付报酬。

(2) 提供和管理必需的场地、设施,保证学员纪律。当事人对技术培训必需的场地、设施和试验条件等工作条件的提供和管理责任没有约定或者约定不明确的,由委托人负责提供和管理。为了确保培训的顺利进行,委托人应保证派出的学员遵守纪律,听从培训人的指导,配合培训工作的完成。

(3) 支付报酬。委托人应当按照约定如期支付报酬。

技术培训合同中作为培训人的受托人的主要义务有:

(1) 配备合格的教员。作为培训人,要为委托人配备合格的教员,提供符合委托人要求的技术培训。培训人配备的教员不符合约定条件,影响培训质量,导致不能实现约定培训目标的,应当减收或者免收报酬。

(2) 制定和实施培训计划。进行技术培训,培训人首先需要根据委托人的实际情况和具体要求制定相应的培训计划,并严格实施该培训计划。

(3) 按期完成培训计划,确保培训质量。培训人未按照计划和项目进行培训,导致不能实现约定培训目标的,应当减收或者免收报酬。

2. 技术中介合同的特别效力

技术中介合同是当事人一方为另一方与第三人订立技术合同和履行技术合同提供中介服务所订立的合同。① 在技术中介合同中,委托他人进行联系、介绍的一方为委托人;为委托人提供中介服务,联系、介绍第三人与委托人订立技术合同和履行技术合同的一方为中介人。

技术中介合同中的委托人的主要义务有:

(1) 按照合同约定提供有关背景材料。为方便中介人联系第三人,实现与第三人订立合同的目的,委托人应依约将有关背景资料提供给中介人。

(2) 承担中介人的活动经费。中介人从事中介活动的费用,是指中介人在委托人和第三人订立技术合同前,进行联系、介绍活动所支出的通信、交通和必要的调查研究等费用。当事人对中介人从事中介活动的费用负担没有约定或者约定不明确的,由中介人承担。当事人约定该费用由委托人承担但未约定具体数额或者计算方法的,由委托人支付中介人从事中介活动支出的必要费用。

(3) 支付报酬。中介人的报酬,是指中介人为委托人与第三人订立技术合同以及对履行该合同提供服务应当得到的收益。当事人对中介人的报酬数额没有约定或者约定不明确的,应当根据中介人所进行的劳务合理确定,并由委托人承担。仅在委托人与第三人订立的技术合同中约定中介条款,但未约定给付中介人报酬或者约定不明确的,应当支付的报酬由委托人和第三人平均承担。

技术中介合同中中介人的主要义务包括:

(1) 真实反映委托人与第三人的情况,促进双方订立合同。中介人作为委托人与第三人联系的纽带,应如实反映委托人与第三人的情况,促进双方在真实了解的前提下订立合同,不得进行欺诈和隐瞒。中介人隐瞒与订立技术合同有关的重要事实或者提供虚假情况,侵害委托人利益的,应当根据情况免收报酬并承担赔偿责任。

(2) 保守委托人和第三人的技术秘密和经营秘密。委托人与第三人基于对中介人的信任,将其技术秘密、经营秘密告知中介人,以方便中介人了解情况,更好的为其服务。中介人应当严格保守在进行中介活动过程中了解到的技术秘密

---

① 谢怀栻等著:《合同法原理》,法律出版社 2000 年版,第 559 页。

和经营秘密,一旦泄露,给委托人和第三人造成损失的,中介人应当承担赔偿责任。

（3）为委托人、第三人订立合同、履行合同提供约定的服务。除了为委托人和第三人订立技术合同提供约定的服务,中介人还应当为委托人和第三人履行合同提供约定的服务。这是技术中介合同与其他中介性质的合同,如居间合同的不同之处。

（四）技术服务合同履行过程中新技术成果的归属

与技术咨询合同相同,当事人在订立技术服务合同时,可以约定合同履行过程中受托人利用委托人提供的技术资料和工作条件完成的新技术成果的归属。如果没有约定或者约定不明确的,受托人利用委托人提供的技术资料和工作条件完成的新的技术成果,属于受托人。委托人利用受托人的工作成果完成的新的技术成果,属于委托人。

第二节 商标使用许可和转让合同

一、商标使用许可和转让合同概述

（一）商标使用许可和转让合同的概念、特征

商标是产品的标志,也是产品质量的标志。一个得到消费者信任和好感的商标实际上是企业的宝贵资产。企业可以凭借其已经建立了信誉的商标广招顾客,占领、巩固和扩大销售市场,击败竞争对手。同时也可以向有能力制造出同样质量产品的厂家转让商标使用权,扩大商品市场,巩固商标信誉并获取利润。另一方面,一些企业为使自己的产品有销路,也往往不惜用重金购买使用注册商标特别是名牌商标的权利。在这样的背景下,商标使用许可合同和商标转让合同应运而生。

所谓商标使用许可合同,是指商标注册人许可他人使用注册商标,被许可人支付约定的使用费所订立的合同。所谓商标转让合同,是指商标所有人将商标转让给他人所有,受让人支付约定的价款所订立的合同。商标使用许可合同和商标转让合同,作为提供智力成果的合同的两种具体表现,以商标这一智力成果作为合同的标的。二者的共同特征包括：

1. 商标使用许可和转让合同以智力成果为对象。与其他合同不同,这两类合同都围绕着智力成果展开,具体表现为商标。作为商标使用许可和转让合同的标的,必须是现存的、可以有效使用的商标。在我国,商标可分为注册商标和未注册商标。根据我国现行法律,商标使用许可合同的标的必须是注册商标,而在商标转让合同中,注册商标、未注册商标均可作为标的自由转让。但由于我国《商标法》只保护注册商标,实践中签署的商标转让合同也多为注册商标的转

让。下文中对商标转让合同的论述以注册商标的转让为核心。

2. 商标使用许可和转让合同是双务、有偿合同。在商标使用许可和转让合同中,双方当事人都拥有一定的权利,并承担相应的义务,故为双务合同。商标使用许可和转让合同的一方要享有对方的商标使用权,必须支付一定的对价,因此商标使用许可和转让合同为有偿合同。

3. 商标使用许可和转让合同受多重法律调整。商标使用许可和转让合同是商标交换和使用关系的反映。因此二者首先作为一种债权关系,受合同法的调整。与此同时,二者涉及商标的权属、使用等内容,还应受到其他与保护商标有关的法律规范的调整。

4. 商标使用许可和转让合同的主体具有特定性。商标使用许可和转让合同的主体有特定要求,即一方必须为拥有商标的自然人、法人或者其他组织。

(二) 商标使用许可合同和商标转让合同的区别联系

商标使用许可合同和商标转让合同作为两种独立的合同,既有区别,又有联系。一方面,商标使用许可和转让合同的目的都是为了取得商标的使用权。这两种合同所转移的权利性质,无论是转移商标使用权,还是转移商标所有权,都是为了取得商标的使用权,使用商标。另一方面,二者也存在着许多不同之处:

首先,标的不同。商标转让合同的标的为商标专有权。商标一旦转让,原商标人不再享有商标专有权,它随着合同的签订而脱离原商标权利人,转移到新的商标权利人。商标许可合同的标的则为商标使用权。签订商标使用许可合同后,让与人并不丧失商标权,受让人只取得使用权。

其次,报批程序不同。对于商标转让合同,让与人与受让人签订转让协议后,应共同向商标局提出申请。转让注册商标经核准、公告后,受让人才享有商标专用权。而对于商标使用许可合同,让与人只要自商标使用许可合同签订之日起三个月内将合同副本报送商标局备案即可。

再次,内容不同。商标转让合同的主要内容是让与人与受让人就商标转让进行界定,而商标使用许可合同界定的主要内容必须是让与人和受让人的权利和义务。

(三) 商标使用许可和转让合同的适用

我国《合同法》中并没有明文规定商标使用许可合同和商标转让合同,但二者仍然是当事人意思合意达成的结果,体现了契约自由的原则,属于我国《合同法》所调整的范围。作为两种具体的合同类型,根据我国《合同法》第124条的规定,对于合同法分则或者其他法律没有明文规定的合同,适用合同法总则的规定,并可以参照合同法分则或者其他法律最相类似的规定。可见,对于商标使用许可合同和商标转让合同,应适用合同法总则的规定,并可以参照合同法分则或者其他法律最相类似的规定。不难发现,商标使用许可合同和商标转让合同与合同法分则中技术转让合同最为类似,二者同属于提供智力成果的合同,故对于商标使用许可合同和商标转让合同,可参照技术合同的规定及其他相关法律的规定。

二、商标使用许可合同

(一)商标使用许可合同概述

我国《商标法》第40条第1款规定:"商标注册人可以通过签订商标使用许可合同,许可他人使用其注册商标。许可人应当监督被许可人使用其注册商标的商品质量。被许可人应当保证使用该注册商标的商品质量。"这一条款表明,商标使用许可合同是商标注册人允许第三人在其商品上使用该注册商标并进行商业活动的合法证明。换句话说,商标使用许可合同是商标注册人允许第三人使用其注册商标的合同。根据这种合同,受让人可以把让与人的商标标识在自己生产的合同规定的商品上,并在商业上予以使用。

在商标使用许可合同中,合同的让与人是商标注册人,根据我国《商标法》和国际惯例,商标注册人对其商标享有完全占有的权利,因此,他有权禁止他人未经允许在同一种商品或类似商品上使用与其注册商标相同或者近似的商标。任何未经允许,未与商标注册人签订商标使用许可合同便在自己的商品上使用他人的注册商标的行为都是侵犯注册商标专用权的侵权行为或假冒注册商标的违法行为,都将受到法律的制裁。作为合同的受让人,应是受到商标注册人充分信任,有能力生产出同样质量产品的单位或个人。受让人应当保证使用该注册商标的商品的质量。实践中,这种许可合同一般都伴同专利实施许可合同和技术秘密使用合同一起签订,否则很难保证受让人可以生产出具有同样质量的产品。

根据最高人民法院《关于审理商标民事纠纷案件适用法律若干问题的解释》第3条的规定,商标使用许可包括以下三类:

1. 独占使用许可,是指商标注册人在约定的期间、地域和以约定的方式,将该注册商标仅许可一个被许可人使用,商标注册人依约定不得使用该注册商标。

2. 排他使用许可,是指商标注册人在约定的期间、地域和以约定的方式,将该注册商标仅许可一个被许可人使用,商标注册人依约定可以使用该注册商标但不得另行许可他人使用该注册商标。

3. 普通使用许可,是指商标注册人在约定的期间、地域和以约定的方式,许可他人使用其注册商标,并可自行使用该注册商标和许可他人使用其注册商标。

在发生注册商标专用权被侵害时,独占使用许可合同的受让人可以向人民法院提起诉讼;排他使用许可合同的受让人可以和商标注册人共同起诉,也可以在商标注册人不起诉的情况下,自行提起诉讼;普通使用许可合同的受让人经商标注册人明确授权,可以提起诉讼。

（二）商标使用许可合同的订立

商标使用许可既是《商标法》的法律范畴,同时也是一种民事契约行为。因而在商标使用让与人、受让人中树立契约意识,是市场经济的基本法则之一。商标使用让与人和受让人之间签订商标使用许可合同,既保护了让与人的商标专用权,同时也保护了受让人使用商标的权利。①

商标使用让与人与受让人签订商标使用许可合同,应当遵循自愿和诚实信用的基本原则。注册商标所有人根据自愿的原则,在一定的条件下,通过与他人签订商标使用许可合同的方法,允许他人有偿或无偿地使用自己的商标。在签订合同的过程中,双方当事人都应当恪守诺言,诚实不欺,在不损害他人利益和社会利益的前提下追求自己的利益。任何单位和个人不得利用商标使用许可合同从事违法活动,损害他人利益和社会公共利益。以违法活动为内容,损害他人利益和社会公共利益的商标使用许可合同无效。

商标使用许可合同的主要内容与基本条款与专利实施许可合同的主要内容与基本条款有很多相同或相似之处,应当包括下列内容:(1)许可人和被许可人的名义、地址;(2)许可使用的商标及其注册证号;(3)许可使用的商品范围;(4)许可使用期限;(5)许可使用商标的标识提供方式;(6)许可人对被许可人使用其注册商标的商品质量进行监督的条款;(7)在使用许可人注册商标的商品上标明被许可人的名称和商品产地的条款;(8)商标使用费的数额和支付方法;(9)合同中止或解除的条件;(10)违约责任。

应当指出,受让人在依法签订商标使用许可合同后,其使用商标的权利有一定的期限。在合同期满时,这种使用权应依约还给让与人。受让人在合同有效期内依合同约定使用商标的权利受法律保护,包括商标让与人在内的任何人都不得侵犯。

商标使用许可合同一经签订即产生法律效力,除非当事人特别约定,不需要经过他人的批准或确认。我国《商标法》中规定的商标使用许可合同应当备案并非商标使用许可合同的生效要件。商标使用许可合同未经备案的,不影响该许可合同的效力,但当事人另有约定的除外。

（三）商标使用许可合同的效力

1. 让与人的义务

---

① 我国《商标法》第40条:"商标注册人可以通过签订商标使用许可合同,许可他人使用其注册商标。许可人应当监督被许可人使用其注册商标的商品质量。被许可人应当保证使用该注册商标的商品质量。经许可使用他人注册商标的,必须在使用该注册商标的商品上标明被许可人的名称和商品产地。商标使用许可合同应当报商标局备案。"《商标法实施条例》第43条:"许可他人使用其注册商标的,许可人应当自商标使用许可合同签订之日起3个月内将合同副本报送商标局备案。"上述规定,是注册商标的使用许可需要以合同方式来实现的依据。

（1）商标的权利瑕疵担保义务。商标的使用权是商标使用许可合同的标的,受让人之所以与让与人签订商标使用许可合同,其目的就是为了取得商标的使用权,使用该商标。为了保证合同的顺利履行,确保合同目的的实现,让与人负有商标的权利瑕疵担保义务。一方面,让与人应积极维持商标的合法性及有效性,保证自己是所提供的商标的合法拥有者,并保证所提供的商标的完整、有效。未经受让人允许不得放弃商标权或用自行转让注册商标以及放弃续展等方式使商标专用权失效。另一方面,让与人还应当保证所提供的商标不受第三人的追究。

（2）允许受让人在合同规定的范围内使用商标。无论商标使用许可合同采用普通使用许可、排他使用许可的形式,还是采用独占使用许可的形式,让与人都必须允许受让人在合同约定的范围内使用商标。如果让与人授权使用商标超越合同约定的范围,或者违反约定擅自许可第三人实施该商标的,应当停止违约行为,承担违约责任。

（3）给予受让人必要的技术援助,保证受让人生产出符合质量要求的商品。作为商标使用许可合同的让与人,为了维护商标的信誉,保证商品质量,应积极给予受让人必要的技术援助,并对受让人生产出的商品进行监督,保证受让人生产出符合质量要求的商品。

（4）积极配合诉讼的义务。当合同标的被第三人侵犯,或当合同标的被第三人提出异议或指控时,让与人应对第三人提出起诉,或对第三人提出的控告进行答辩。

商标让与人未按照约定许可使用商标的,应当返还部分或者全部使用费,并应当承担违约责任;授权使用商标超越约定的范围的,或违反约定擅自许可第三人实施该商标的,应当停止违约行为,承担违约责任。

2. 受让人的义务

（1）按合同规定支付使用费。受让人应当依约支付使用费。受让人未按照约定支付使用费的,应当补交使用费并按照约定支付违约金;不补交使用费或者支付违约金的,应当停止使用商标,交还相关资料,承担违约责任。

（2）不得超越约定范围使用商标。受让人使用商标超越约定的范围的,未经让与人同意擅自许可第三人实施该商标的,应当停止违约行为,承担违约责任。

（3）接受让与人的业务监督和检查,保证商品的质量,维护商标信誉。让与人允许受让人在其生产的产品上使用让与人的商标,是对受让人的信赖,受让人应积极接受让与人的业务监督,保证商品的质量,维护商标信誉。

（4）在使用该商标的商品上标明受让人的名称和商品产地。受让人在自己生产的商品上使用让与人的商标,是借用让与人的商标为自己的商品打开销路,但也极易对消费者造成困扰,为妥善解决因商品质量问题引起的纠纷,受让人应当在使用许可商标的商品上标明自己的名称和商品产地,保证消费者的知情权。

三、商标转让合同

(一) 商标转让合同概述

我国《商标法》第 39 条第 1 款规定:"转让注册商标的,转让人和受让人应当签订转让协议,并共同向商标局提出申请。受让人应当保证使用该注册商标的商品质量。"本款规定体现了当事人双方的意思表示自由,利于双方明确权利义务关系,同时也便于商标局审查转让申请时,对转让是否是基于双方真实意思表示做出认定,具有现实意义。

商标转让合同,是指让与人即商标所有人将其商标权转移给受让人,受让人交付约定的价款所订立的合同。商标转让合同只是商标转让的一种方式,在实践中,商标转让还可通过其他方式进行。

商标转让合同与商标使用许可合同不同,是让与人与受让人就商标所有权移转所达成的协议,合同履行完毕后,让与人不再享有原商标专有权,也不得再使用原商标。我国《商标法》第 39 条第 2 款规定:"转让注册商标经核准后,予以公告。受让人自公告之日起享有商标专用权。"可见,在我国,受让人对受让的注册商标享有所有权的时间,是以商标局核准转让的公告日期为准。也就是说,在商标转让合同的让与人与受让人签订合同后,受让人不能立即取得商标所有专有权,而只能在经商标局核准转让并公告以后,方能取得商标专有权。这就出现了一个问题,商标转让合同何时生效?一般情况下,依法成立的合同,自成立时生效,即当事人所订立的合同自双方合意达成时成立且生效。对于特殊情况,如附条件的合同或者法律、行政法规规定应当办理批准、登记等手续的合同,需要在条件成就时或者按照法律、行政法规规定办理批准、登记手续后方能生效。商标转让合同不属于附条件的合同,法律、行政法规也并未规定应办理批准、登记等手续,故商标转让合同应自成立时即发生效力。而对于商标专有权的转移,应理解为,商标专有权属于商标管理的内容,我国的商标管理主要是一种行政管理,故要求商标转让合同的双方当事人在转让商标时应当经商标局核准,此种核准只是针对商标专有权,并不影响当事人商标转让合同的效力。因此,应当将商标转让合同的效力与商标所有权的转移相分离。商标转让合同自成立时生效,当事人即受合同效力的约束,在合同生效后,商标专有权并非立即转移至受让人,而是需经商标局核准转让并公告以后,方能取得商标专有权。

(二) 商标转让合同的效力

1. 让与人的义务

(1) 按照合同约定的时间将商标移交给受让人。商标转让合同的标的是商标的所有权,在合同成立后受让人取得商标所有权后,受让人应停止实施该商标。但商标的转让不影响转让前已经生效的商标使用许可合同的效力,除商标使用许可合同另有约定的外。让与人没有按照约定转让商标权的,应当返还部分或者全部价款,并应当承担违约责任。

（2）让与人应当保证自己是转让的商标权的合法拥有者,并保证商标权真实、有效。如果合同成立后,商标权被宣告无效的,让与人应当返还价款。

（3）让与人应当按照合同的约定交付和转让与商标权有关的资料,并向受让人提供必要的帮助。在让与人与受让人签订商标转让合同后,需共同向商标局提出申请,由商标局核准转让,在这个过程中,让与人应按照约定向受让人交付相关资料,并应当积极配合和帮助受让人完成申请。

2. 受让人的义务

（1）按照合同约定向让与人支付约定的价款。合同成立后,受让人应当按照合同约定的时间、地点、数额及支付方式向让与人支付价款。受让人未按照约定支付价款的,应当补交价款并按照合同约定支付违约金或赔偿损失。

（2）保证使用该商标的商品质量。商标代表了产品的质量和信誉,受让人在取得商标的专用权后,应当保证使用该商标的商品质量,维护商标的信誉。

【引导案例】

案情

1999年4月,某科技研究所与某环境技术中心签订了一份关于合作开发环境保护生物工程技术的合同,双方开始派人着手成立公司及技术合作开发项目。因资金问题,公司一直未能成立,但双方一起保持合作关系。1999年5月,环境技术中心在本市建设银行开立了由双方共同掌管的账户,并注入一定的资金。1999年7月,环境技术中心租用本市某生产资料公司仓库作为双方进行实验的基地。1999年10月,科技研究所在其关于生物细菌研制及应用技术报告中涉及双方的合作关系,以及共同开发应用生物技术处理废物技术等内容。1999年11月,双方进行以废弃物为原料的生物细菌剂产品的工业化生产技术的实验,并研制出一套设备,欲向国家知识产权局专利局申请设备发明专利。1999年12月,科技研究所出资成立了生物医学研究所。2000年5月8日,科技研究所给环境技术中心去函,要求确认双方的协议早已自行终止,所有有关科技研究所的技术工程不得扩散。同日,环境技术中心给科技研究所去函,要求澄清双方分歧,解决双方停止合作后的事宜。科技研究所未予回复。同年8月,环境技术中心得知科技研究所将双方在开发实验中研制的设备的专利发明申请权转让于其他公司后,遂引起纠纷。

焦点

环境技术中心与科技研究所之间是合作开发合同关系,还是委托开发合同关系？科技研究所是否有权将专利发明申请权转让？

分析

委托开发与合作开发的法律后果完全不同。我国《合同法》第 339 条规定，委托开发完成的发明创造，除当事人另有约定的以外，申请专利的权利属于研究开发人。同时又于第 340 条规定，合作开发完成的发明创造，除当事人另有约定的以外，申请专利的权利属于合作开发的当事人共有。合作开发的当事人一方不同意申请专利的，另一方或者其他各方不得申请专利。

委托开发与合作开发的核心区别在于：委托开发合同中，委托人提供研究开发经费及各种条件，但委托人并不具体参与研究开发工作；合作开发中，合作双方共同投资，而且均须实质参与研究开发工作。可见，两者的本质区别，就在于是否双方均对技术开发结果的形成做出实质性贡献。

本案中，科技研究所与环境技术中心形成合作开发合同关系，原因有二。其一，环境技术中心于 1999 年 5 月在建设银行开立了由双方共同掌管的账户，并注入一定的资金；同年 7 月，环境技术中心又租用某生产资料公司仓库作为双方进行实验的基地。由此可以认为环境技术中心对合作开发进行了投资。其二，双方于 1999 年 11 月共同进行以废弃物为原料的生物细菌剂产品的工业化生产技术的实验，并在开发实验中，研制出一套设备。可以认为，环境技术中心也实质参与了研究开发工作，并对开发成果的形成做出了实质性贡献。因此，环境技术中心与科技研究所之间应为合作开发关系，依《合同法》第 340 条第 1 款，合作开发完成的发明创造，除当事人另有约定的以外，申请专利的权利属于合作开发的当事人共有。本案中，当事人就开发完成的发明归属，并无特别约定，因此应当认定为双方共有。又依同条第 3 款之规定，合作开发的当事人一方不同意申请专利的，另一方或者其他各方不得申请专利。因此，科技研究所在未经合作方环境技术中心同意的前提下，擅自转让专利发明申请权的行为，侵犯了环境技术中心的合法权利，应当承担损害赔偿责任。

【练习案例】

案情

甲技术开发公司与乙铁制品厂签订了"节能煤炉"技术转让合同。合同中约定：由甲技术开发公司向乙铁制品厂提供节能煤炉的全部技术图纸和样品一个，并进行技术指导；乙铁制品厂向甲技术开发公司支付转让费 2 万元。合同中还规定了违约责任和技术保密等条款。合同生效后，甲技术开发公司按约定向乙铁制品厂提供了全部技术，并进行了技术指导。乙铁制品厂向甲技术开发公司支付了使用费，顺利地掌握了该技术，投入批量生产。在履行中乙铁制品厂技术人员对"节能煤炉"进行了技术改造，把原来的单眼煤炉改为双眼煤炉，使产品更加经济实用。其后,乙铁制品厂与丙机械厂签订了"双眼节能煤炉"的技术转让合同。甲技术开发公司得知后,认为乙违反了合同,要求赔偿损失。

问题

对乙铁制品厂对甲技术开发公司提供技术的后续改进,谁享有权利?

要点提示

在后续改进技术的权利归属问题上,要考虑新技术形成的实质贡献者。

【测试题】①

1. 某大学的张、王两位教授与某技术开发公司签订了委托开发合同,合同约定:由某某公司提供试验条件和试验经费,并向两位教授支付报酬,由两位教授研制开发可溶塑料制品。某大学曾给某公司开出介绍信证明:"张某某、王某某是我校某专业教授"。技术开发成功后,某公司认为自己提供了研究资金和条件,应当有权申请专利;大学认为两位教授是学校的工作人员,其成果是职务成果,应当由学校申请专利。两位教授认为,新产品是自己二人创造性劳动形成的研究成果,应当由他们二人申请专利。以下说法正确的是:

A. 该发明是职务成果,应当由学校申请专利

B. 该发明是在某公司提供的研究资金与研究条件基础上形成的,应当由某公司申请专利

C. 该发明是两位教授的科研成果,应当由两位教授申请专利

D. 该专利应当由某公司、学校和两位教授共有

2. 1998 年,某大学的张、李、王三位教授自发组成了"木马病毒研究小组"的课题组,以张教授为负责人,以研究开发破解木马病毒的软件为目的。2000 年该研究小组申请到省自然科学基金资助,"木马病毒研究"也成为省自然科学规划项目,课题规划期间为 2000—2003 年。2002 年,某技术开发公司与课题组协商,希望课题组能够转让其中期研究成果——"木马克星一号"软件。关于课题组的主体地位问题,以下说法正确的是

A. 课题组可以成为技术转让合同的主体,但若因该合同酿成纠纷,课题组不能成为诉讼主体

B. 课题组不能成为技术转让合同的主体,但若因该合同酿成纠纷,课题组可以成为诉讼主体

C. 课题组可以成为技术转让合同的主体,若因该合同酿成纠纷,课题组也可以成为诉讼主体

D. 课题组不能成为技术转让合同的主体,若因该合同酿成纠纷,课题组也

---

① 参考答案:1. C 2. C

不能成为诉讼主体

【延伸阅读】

1. 李永军:《合同法》(第 2 版),中国人民大学出版社 2008 年版。
2. 崔建远主编:《合同法》(第 4 版),法律出版社 2007 年版。
3. 陈小君主编:《合同法学》,高等教育出版社 2003 年版。
4. 隋彭生:《合同法要义》,中国政法大学出版社 2005 年版。
5. 苏号朋:《合同法教程》,中国人民大学出版社 2008 年版。
6. 郃中林:《〈关于审理技术合同纠纷案件适用法律若干问题的解释〉的理解与适用》,载《人民司法》2005 年第 2 期。

第十五章 其他合同

【本章导学】

《合同法》规定的合同类型之外的其他合同,一方面适用合同法一般原理,另一方面可能受到特别法规制。保证合同是保证人与债权人就担保债务人履行债务成立的债权合同,是主合同的从合同。本章重点之一是其他合同与合同法一般规则之间的关系,重点之二是保证人的给付义务。

第一节 概 说

民法以私人自治为基本原则,变动债权关系的合同不存在类型强制,与物权法上存在物权法定不同。① 现代经济社会发展使得合同类型不断增加,《合同法》虽然规定了十五种典型合同,仍然远远不能概括市民社会常见合同类型。《合同法》规定的典型合同之外的其他合同往往受到专门法律规制,例如《担保法》专门规定保证合同等合同、《保险法》规定了保险合同、《海商法》规定了海上运输合同等等,《合伙企业法》也涉及合伙合同很多具体规则。当然,还有很多合同类型的成文规则主要体现在行政法规中,例如旅游合同。作为变动债权关系的合同,在适用特别法规制的同时,自应适用合同法一般理论,因此,本书对这些合同类型不做专门论述。

保证合同作为《担保法》规定的一种典型合同类型,是担保债权实现的一种重要的债权合同,故专节论述。

第二节 保证合同

一、保证合同概说

(一) 保证合同的含义

保证合同,是指保证人和债权人约定,当债务人不履行债务时保证人按照约定履行债务或者承担责任的合同(《担保法》第 6 条)。保证具有担保债权实现的功能,相对于抵押权、质权和留置权等物的担保,保证也被认为是人的担保(《物权法》第 176 条)。

---

① 《物权法》第 5 条规定:"物权的种类和内容,由法律规定。"

保证合同确定了债权人与债务人之外的第三人应当承担的法律效果,不同于日常用语中对某事承诺时所用的"保证"。权利瑕疵担保责任中"出卖人就交付的标的物,负有保证第三人不得向买受人主张任何权利的义务"(《合同法》第150条)中"保证"不是强调第三人对标的物权利瑕疵承担给付义务,而是强调由作为债务人的出卖人自己承担相应的法律效果。① 劳务输出合同中,派出单位对派出人员进行管理属于行政管理,当事人为此提供的保证,不属于民法和合同法调整范围。②

《经济合同法》第15条③在法律层面上规定了对合同债权担保的基本规则,将保证人限定为"保证单位"则体现了当时立法中自然人、法人在立法上的不同处理。④《民法通则》第89条⑤在民事基本法层面规定了保证的基本规则,并且将保证与其他担保规则规定在一起,⑥这种立法模式对《担保法》立法产生重要影响,以至于《物权法》再次规定担保物权后《担保法》主要就是保证合同的规则了。⑦ 1994年4月15日最高人民法院发布《关于审理经济合同纠纷案件有关保证的若干问题的规定》(法发〔1994〕8号),结合《民法通则》和《经济合同法》的规定以及审判经验,对保证问题作出详细规定。1995年6月30日第八届全国人民代表大会常务委员会第十四次会议通过《担保法》,2000年9月29日最高人民法院审判委员会通过《关于适用〈中华人民共和国担保法〉若干问题的解释》(法释〔2000〕44号)。这些规则及相关司法解释构成目前中国保证合同法的基本规则。

(二)保证合同的当事人

保证涉及债权人、债务人和保证人。债权人与债务人之间是被担保的主债关系,保证人与债务人之间是说明保证人为何为债务人对债权人提供保证的关

---

① 此处的保证仅在于保证标的物的权利品质不存在瑕疵,与债的履行不存在关系,自不适用《担保法》关于保证的规定。关于担保契约,参见,陈自强著《无因债权契约论》,中国政法大学出版社2002年1月第1版,第11页以下。

② 最高人民法院《关于劳务输出合同的担保纠纷人民法院是否受理问题的答复》(1990年10月9日)。

③ 1981年12月13日《经济合同法》第15条规定,"经济合同当事人一方要求保证的,可由保证单位担保。保证单位是保证当事人一方履行合同的关系人。被保证的当事人不履行合同的时候,由保证单位连带承担赔偿损失的责任。"

④ 这种立法上的不同处理表明,立法者认为从事经济合同以及保证等法律行为,自然人和法人应当有不同之处,或者,某些法律行为只能由法人而不是自然人从事。

⑤ 1986年4月12日《民法通则》第89条规定,"依照法律的规定或者按照当事人的约定,可以采用下列方式担保债务的履行:(一)保证人向债权人保证债务人履行债务,债务人不履行债务的,按照约定由保证人履行或者承担连带责任;保证人履行债务后,有权向债务人追偿。……"

⑥ 中国旧民法则严格按照法律效果将不同担保方式分别规定在法典的不同部分。

⑦ 《物权法》第178条规定,"担保法与本法的规定不一致的,适用本法。"

系,保证人与债权人之间保证关系。广义保证包括上列三种法律关系,狭义保证仅指保证人与债权人之间的关系。①

债权人是指在保证合同中享有债权的人,也称为保证债权人。在非独立保证中,保证合同中的债权人也就是主债权人,包括但不限于主合同债权人,因为被担保债权是"由民事关系产生的债权"(法释〔2000〕44号第1条)而不仅仅是由合同产生的债权。

保证人是在保证合同中负担债务的人,也称为保证债务人。主债务人之外具有代为清偿能力的法人、其他组织或者公民,可以作保证人(《担保法》第7条)。保证人应当具备代为清偿能力,既包括代为清偿金钱债务的能力,又包括代为清偿非金钱债务的能力。②《担保法》第7条关于代为清偿能力的规定不属于效力性强制性规定(法释〔2009〕5号第14条),违反该项规定并不必然引起保证合同无效(《合同法》第52条第5项)。不具有完全代偿能力者以保证人身份订立保证合同后,不能以自己没有代偿能力要求免除保证责任(法释〔2000〕44号第14条)。由于保证合同是单务、无偿合同,保证人在保证合同中负担义务但不直接享有权利,因此,保证人者应当具备完全民事行为能力,无行为能力人、限制行为能力人不得作为保证人(《民法通则》第58、47条)。具有代为清偿能力的企业法人,原则上可以作保证人。此外,依法登记领取营业执照的独资企业、合伙企业、联营企业、中外合作经营企业、经民政部门核准的社会团体以及经核准登记领取执照的乡镇、街道、村办企业均可作为保证人(法释〔2000〕44号第15条)。是否担任保证人属于企业私人自治的范畴,因此,任何单位和个人不得强令银行等金融机构或者企业为他人提供保证;银行等金融机构或者企业对强令其为他人提供保证的行为,有权拒绝(《担保法》第11条)。具备代偿能力的法人,受其目的限制者不得担任保证人,因此,除非经国务院批准为使用外国政府或者国际经济组织贷款进行转贷,国家机关不得为保证人(《担保法》第8条)、学校、幼儿园、医院等以公益为目的的事业单位、社会团体也不得为保证人(《担保法》第9条)。受目的限制的主体违反法律规定提供担保的,担保合同无效,因此给债权人造成损失的,应当根据当事人过错各自承担相应的民事责任处理(法释〔2000〕44号第3条)。至于从事经营活动的事业单位、社会团体为保证人所订保证合同不因此而无效(法释〔2000〕44号第16条)。企业法人的分支结构、职能部门不具有行为能力,原则上不得作为保证人,但是,经法人书面授权的企业法人的分支机构可以在授权范围内提供保证(《担保法》第10条)。企业法人的分支机构未经法人书面授权或者超出授权范围与债权人订立保证合同的,该合同无效或者超出授权范围的部分无效,债权人和企业法人有过错的,应当根

---

①② 参见曹士兵著:《中国担保制度与担保方法》,中国法制出版社2008年版,第114页。

据过错程度各自承担相应的民事责任;债权人无过错的,由企业法人承担民事责任(《担保法》第 29 条)。

保证人与债务人之间的关系可以基于不同法律关系产生,其一是基于委托合同,是为清偿原因,其二是基于无因管理,①其三基于赠与合同,是为赠与原因。

(三) 保证合同的法律特征

1. 保证合同是诺成合同和要式合同

保证合同经保证人和债权人意思表示一致即告成立,不需另行交付标的物,因此是诺成合同。保证人与债权人应当以书面形式订立保证合同(《担保法》第 13 条),因此是要式合同。保证合同应当包括以下内容:(1)被保证的主债权的种类、数额;(2)债务人履行债务的期限;(3)保证的方式;(4)保证担保的范围;(5)保证的期间;(6)双方认为需要约定的其他事项。不完全具备前款规定的内容的保证合同可以补正(《担保法》第 15 条)。没有书面形式,不存在保证合同。② 第三人单方以书面形式向债权人出具担保书而债权人接受且未提出异议的,以及主合同中虽然没有保证条款但保证人在主合同上以保证人的身份签字或者盖章的,保证合同成立(法释〔2000〕44 号第 22 条)。

2. 保证合同是单务合同和无偿合同

保证合同生效,保证人对债权人负担债务,但债权人对保证人并不负担债务,因此是单务合同。保证人与债权人之间通常无报酬约定,因此是无偿合同。

3. 保证合同是从合同

保证合同旨在担保债的履行,通常需有主合同存在,因此保证合同是从合同,具有从属性。除非担保合同另有约定的,保证合同是主合同的从合同(《担保法》第 5 条第 2 款)。保证合同的从属性体现在其效力、保证范围、转让和消灭等方面。(1)效力从属性。保证合同通常以主合同有效为前提,主合同无效则保证合同无效。《担保法》肯定了最高额保证,保证人与债权人可以协议在最高债权额限度内就一定期间连续发生的借款合同或者某项商品交易合同订立一个保证合同(《担保法》第 14 条),因此被保证主债权未发生时保证仍有可能生效。(2)保证范围从属性。除非另有约定,保证担保的范围包括主债权及利息、违约金、损害赔偿金和实现债权的费用,但当事人对保证合同担保的范围没有约定或者约定不明确的,保证人应当对全部债务承担责任(《担保法》第 21 条)。(3)转让从属性。保证期间,债权人依法将债权转让给第三人的,保证债权同时转让,保证人在原保证范围内继续承担保证责任,如果保证人与债权人事先约定仅对

---

① 例如,《法国民法典》第 2014 条第 1 款规定,"虽无主债务人的委托,甚至未为主债务人所知悉,亦得提供保证。"

② 《法国民法典》第 2015 条规定,"保证不得推定;保证应明示为之,并不得扩张至超过契约所定的范围。"

特定债权人承担保证责任的或者禁止债权转让的,保证人不再承担保证责任(《担保法》第 22 条、法释[2000]44 号第 28 条)。同样,保证期间内债权人许可债务人转让债务的,应取得保证人的书面同意,保证人对未经其同意转让的债务,不再承担担保责任(《担保法》第 23 条),但对未转让部分的债务承担保证责任(法释[2000]44 号第 29 条第 2 句)。债权人与债务人协议变更主合同的,应当取得保证人书面同意,未经保证人书面同意的,保证人不再承担保证责任(《担保法》第 24 条)。(4)消灭从属性。保证合同因主债权消灭而消灭。主债权因债务人违约解除而消灭时,保证人对因解除而生的债权承担保证责任,但因当事人协议解除时,不在此列。① 保证合同作为一项独立的法律事实有其构成要件和法律效果,具有相对独立性。在构成要件方面,例如主合同当事人双方串通,骗取保证人提供保证的或者主合同债权人采取欺诈、胁迫等手段,使保证人在违背真实意思的情况下提供保证的,保证人意思表示存在瑕疵,因此会影响保证合同效力,保证人不承担民事责任(《担保法》第 30 条)。在法律效果方面,例如保证的范围可以与主债的范围相同,也可以仅对部分主债提供保证,从而使保证之债的范围小于主债范围。又如,基于保证可能发生先诉抗辩权(《担保法》第 17 条),而主债关系一般不发生该抗辩权。当然,根据私人自治原则,当事人也可以约定保证合同独立于主债权,这种保证合同即属于一种独立担保。②

二、保证合同的效力

(一)保证人对于债权人的权利义务

1. 保证人的义务:保证债务

(1)保证债务的含义。保证债务,是指保证人基于保证合同对债权人应当承担的债务。我国法律及理论通常从法律责任的角度称谓保证责任。

(2)保证债务的内容。保证债务的内容是主债务人不履行债务人保证人按照约定履行债务或者承担责任(《担保法》第 6 条)。保证合同成立,保证人对债权人负担义务,因此属于负担行为。保证债务成立,主债务并不因之消灭。

(3)保证债务的形态。以保证人与主债务人之间是否存在连带责任为标准,保证债务分为一般保证债务和连带保证债务。一般保证债务,是指保证人在债务人不能履行债务时承担保证责任的保证债务。保证合同中约定债务人不能履行债务时由保证人承担保证责任的,是一般保证(担保法》第 17 条第 1 款)。一般保证债务具有补充性,保证人具有先诉抗辩权。连带保证债务,是指保证人在债务人不履行债务时与债务人对债权人负连带责任的保证债务(《担保法》第

---

① 参见黄立主编:《民法债编各论》,中国政法大学出版社 2003 年版,第 862~864 页。
② 关于独立担保,参见曹士兵著:《中国担保制度与担保方法》,中国法制出版社 2008 年版,第 35~46 页。

18 条第 1 款)。连带保证债务不具有补充性,因此保证人不享有抗辩权。根据私人自治的要求,对于保证债务的性质可以由当事人约定。对于连带债务,我国民法以法律规定或者当事人约定为前提(《民法通则》第 87 条),但保证债务则以连带保证债务为一般规则,当事人对保证债务没有约定或者约定不明确的,推定为连带保证债务(《担保法》第 19 条),没有区分民事保证与商事保证,加重了保证人责任,打击了当事人承保的积极性,能否真正实现保障债权实现的立法目的(《担保法》第 1 条),颇值怀疑。在注册资金保证中,我国司法实践以连带保证债务为原则,保证人对债务人的注册资金提供保证的,债务人的实际投资与注册资金不符,或者抽逃转移注册资金的,保证人在注册资金不足或者抽逃转移注册资金的范围内承担连带保证责任(法释〔2000〕44 号第 27 条)。[①] 应予注意者,我国司法实践认为,《担保法》生效之前订立的保证合同中对保证责任方式没有约定或者约定不明的,应当认定为一般保证;保证合同中明确约定保证人在债务人不能履行债务时始承担保证责任的,视为一般保证;保证合同中明确约定保证人在被保证人不履行债务时承担保证责任,且根据当事人订立合同的本意推定不出为一般保证责任的,视为连带责任保证。[②]

(4) 保证债务的范围。根据私人自治的基本要求,保证人与债权人可以在保证合同中约定保证债务的范围(《担保法》第 21 条第 1 款第 2 句),"保证担保的范围"是保证合同内容之一(《担保法》第 15 条)。保证合同对保证范围有特别约定时,自然应当根据保证合同确定保证范围,但因保证具有从属性,因此,保证范围超过主债务范围的部分无效,应当将其应缩减至主债务的范围。[③] 当事人对保证担保的范围没有约定或者约定不明确的,保证人应当对全部债务承担责任,包括主债权及利息、违约金、损害赔偿金和实现债权的费用(《担保法》第 21 条)。主债权既可以是金钱债权,又可以是非金钱债权。保证合同中约定保证人代为履行非金钱债务的,如果保证人不能实际代为履行,对债权人因此造成的损失,保证人对其违约行为仍然应当承担赔偿责任(法释〔2000〕44 号第 13 条)。自然之债可以作为保证对象,例如,保证人对已经超过诉讼时效期间的债务承担保证责任或者提供保证的,不得以超过诉讼时效为由主张抗辩(法释〔2000〕44 号第 35 条)。主债权的利息是指因债务人未按照合同约定履行义务

[①] 李国光等人认为,严格地讲,注册资金保证并非《担保法》中的保证,因为注册资金保证不是对具体的主合同和债权人提供的保证。参见李国光等著《〈关于适用《中华人民共和国担保法》若干问题的解释〉理解与适用》,吉林人民出版社 2000 年版,第 132 页。但是,投资人对特定注册资金的给付义务以及维持义务属于债的关系,因此,保证人对此提供保证,似乎应当属于《担保法》所规定的保证。

[②] 参见最高人民法院《关于涉及担保纠纷案件的司法解释的适用和保证责任方式认定问题的批复》(2002 年 11 月 11 日由最高人民法院审判委员会第 1256 次会议通过)。

[③] 参见我国旧民法第 742 条。

而产生的利息,包括约定利益和法定利息。因法院错判引起债权利息损失扩大的部分,不属于保证担保的范围,保证人不承担责任。① 违约金从属于主债,故在保证范围之内。损害赔偿金主要是主债务不履行所生的损害赔偿。实现债权的费用包括律师代理费、差旅费、催告费用以及诉讼费用等必要费用。同一债权既有保证又有物的担保的,保证人对物的担保以外的债权承担保证责任(《担保法》第 28 条第 1 款)。

(5) 保证债务与主债务的相互关系。一般情形,保证债务与主债务之间存在从属关系,债务人与债权人之间就主债务所发生的事项的效力原则上及于保证债务,但保证人与债权人之间就保证债务所所生的事项的效力原则上不及于主债务。例如,保证期间,债权人与债务人对主合同数量、价款、币种、利率等内容作了变动,未经保证人同意的,如果减轻了债务人的债务,保证人仍应当对变更后合同承担保证责任;如果加重债务人的债务的,保证人对加重的部分不承担保证责任(法释〔2000〕44 号第 30 条第 1 款)。

2. 保证人的权利

(1) 保证人主张主债务人权利的权利。保证合同为从合同,保证人可以主张主债务人的权利,主要包括债务人的抗辩权(《担保法》第 20 条第 1 款第 1 句)、抵销权和撤销权。债务人放弃对债务的抗辩权的,保证人仍有权抗辩(《担保法》第 20 条第 1 款第 2 句)。

(2) 保证人主张保证补充性所生的权利。一般保证具有补充性,因此,债权人只有在债务人不能履行债务时才能人对保证人主张保证债务,保证人享有先诉抗辩权,在主合同纠纷未经审判或者仲裁,并就债务人财产依法强制执行仍不能履行债务前,对债权人可以拒绝承担保证责任(《担保法》第 17 条第 2 款),但有下列情形之一的,保证人不得行使先诉抗辩权:(1) 债务人住所变更,致使债权人要求其履行债务发生重大困难的,例如债务人下落不明、移居境外且无财产可供执行者;(2) 人民法院受理债务人破产案件,中止执行程序的;(3) 保证人以书面形式放弃前款规定的权利的(《担保法》第 17 条第 3 款、法释〔2000〕44 号第 25 条)。一般保证的保证人在主债权履行期间届满后,向债权人提供了主债务人可供执行财产的真实情况的,债权人放弃或者怠于行使权利致使该财产不能被执行的,保证人可以请求人民法院在其提供可供执行财产的实际范围内免除保证责任(法释〔2000〕44 号第 24 条)。连带保证债务不具有补充性,保证人不享有抗辩权,连带保证的债务人在主合同规定的债务履行期届满没有履行债务的,债权人可以要求债务人履行债务,也可以要求保证人在其保证范围内承担保

---

① 最高人民法院《关于因法院错判导致债权利息损失扩大保证人应否承担责任问题的批复》(2000 年 7 月 20 日最高人民法院审判委员会第 1126 次会议通过,法释〔2000〕24 号)。

证责任(《担保法》第 18 条第 2 款)。

(3) 保证人主张一般债务人的权利。保证合同发生债的效力,保证人作为债务人可以主张一般债务人的权利。

(二) 保证人对于债务人的权利义务

1. 概说

保证人为债务人向债权人提供保证,主要是基于委托合同,但也有可能基于无因管理或者赠与合同。保证人和债务人之间的权利义务由其基础法律关系决定。保证人基于委托合同提供保证的,根据委托合同确定保证人和债务人之间的权利义务,主要涉及保证人的追偿权、代位权和保证责任除去请求权。保证人基与无因管理提供保证的,根据无因管理确定保证人和债务人之间的权利义务,主要涉及保证人的追偿权。保证人基于赠与合同而提供保证的,根据赠与合同确定保证人和债务人之间的权利义务,不涉及上列权利。

2. 保证人的追偿权

保证人受债务人委托提供保证的,债务人应当偿还保证人承担保证责任而垫付的必要费用及其利息(《合同法》第 398 条)。保证人向债权人提供保证构成对债务人事务的无因管理的,保证人可以要求债务人作为受益人偿付必要费用(《民法通则》第 93 条)。《担保法》明确规定,保证人承担保证责任后,有权向债务人追偿《担保法》第 31 条)。

保证人自行履行保证责任时,其实际清偿额大于主债权范围的,保证人只能在主债权范围内对债务人行使追偿权(法释[2000]44 号的 43 条)。

保证人对债务人行使追偿权的诉讼时效,自保证人向债权人承担责任之日起开始计算(法释[2000]44 号的 42 条第 2 款)。

保证人对债务人的追偿权应于承担保证责任后行使,但人民法院受理债务人破产案件后,债权人未申报债权的,保证人可以参加破产财产分配,预先行使追偿权(《担保法》第 32 条),如果是连带共同保证,各连带共同保证的保证人应当作为一个主体申报债权,预先行使追偿权(法释[2000]44 号的 46 条)。

3. 保证人的代位权

保证人向债权人承担保证责任后,承受债权人对于债务人的债权,可以对债务人行使原债权人权利的权利。

4. 保证人的免除保证责任请求权

保证人受债务人委托为债权人提供保证,往往以债务人信用为前提,因此,有立法例规定出现债务人财产显行减少等情形的,保证人可以向债务人请求免除保证责任。①

---

① 参见《德国民法典》第 775 条、中国旧民法第 750 条。

三、特殊保证合同

（一）共同保证

1. 概说

根据保证人是一人还是数人，保证可以分为单独保证与共同保证。

单独保证，是指仅有一人作为保证人的保证。因为单独保证仅有一人作为保证人，所以又称为一人保证。单独保证存在保证人与主债务人间是否为连带债务人问题。

共同保证，是指两个或者两个以上的人作为保证人为同一债务提供的保证。根据保证人之间对主债权承担连带责任还是按份责任，共同保证可分为按份共同保证和连带共同保证两种。

2. 按份共同保证

同一债务人有两个以上保证人的，保证人应当按照保证合同约定的保证份额，承担保证责任（《担保法》第12条）。保证人之间按照约定份额承担保证责任的共同保证，即按份共同保证。按份共同保证可分为按比例和按数额两种。所谓按比例，即在保证合同中约定保证人对主债权一定比例承担保证责任。所谓按数额，即在保证合同中约定保证人对主债权的一定数额承担保证责任。按份共同保证的特点在于各保证人对于主债权人所负担的保证债务乃是按份之债。按份共同保证中的份额应当由保证人与债权人约定，保证人之间的约定不产生按份共同保证的效果。

按份共同保证的保证人按照保证合同约定的份额承担保证责任后，在其履行保证责任的范围内对债务人行使追偿权（法释〔2000〕44号第21条）。

3. 连带共同保证

连带共同保证，是指保证人之间承担连带责任的共同保证。各保证人之间对于主债权人所负担的债务乃是连带之债。同一债务人有两个以上保证人的，如未约定保证份额，则保证人承担连带责任（《担保法》第12条第1句），债权人可以要求任何一个保证人承担全部保证责任，保证人都负有担保全部债权实现的义务。已经承担保证责任的保证人，有权向债务人追偿，或者要求承担连带责任的其他保证人清偿其应当承担的份额。

我国司法实践中采取了连带共同保证推定，两个以上保证人对同一债务同时或者分别提供保证时，各保证人与债权人没有约定保证份额的，应当认定为连带共同保证（法释〔2000〕44号第19条第1款）。这种处理模式加重了保证人负担，但符合《担保法》第1条保证债权实现的要求。

连带共同保证的债务人在主合同约定的债务履行期届满前没有履行债务的，债权人可以要求债务人履行债务，也可以要求任何一个保证人承担全部保证责任。连带共同保证的保证人承担保证责任后，向债务人不能追偿的部分，由各连带保证人按其内部约定的比例分担。没有约定的,平均分担(法释〔2000〕44号第20条)。因此,司法实践中认为连带共同保证各保证人与主债务人之间是连带责任保证,各保证人均不享有《担保法》第17条第2款规定的先诉抗辩权。

连带共同保证的保证人以其相互之间约定各自承担的份额对抗债权人的,人民法院不予支持(法释〔2000〕44号第19条第2款)。

(二) 最高额保证合同

最高额保证,也称为循环保证或者滚动保证,是指债权人与保证人之间就债务人在一定期间内连续发生的若干笔债务由保证人在承担保证责任的最高限额内对债务人履行债务作保证的协议。保证人与债权人可以就单个主合同分别订立保证合同,也可以协议在最高债权额限度内就一定期间连续发生的借款合同或者某项交易合同订立一个保证合同(《担保法》第14条)。

最高额保证合同的不特定债权确定后,保证人应当对在最高债权限度内就一定期间连续发生的债权余额承担保证责任(法释〔2000〕44号第23条)。

四、保证合同的消灭

(一) 一般消灭事由

保证合同的消灭,是指保证合同所生债务的消灭。保证合同所生保证债务乃是合同之债,因清偿、解除、提存、免除、混同等(《合同法》第92条)债的消灭事由而消灭。

此外,保证合同乃是从合同,主债务消灭则保证债务消灭,主债务发生变动但未经保证人书面同意者也可能使主债务消灭(《担保法》第23、24条,法释〔2000〕44号第28、29、30、39条)。

(二) 特殊消灭事由

1. 保证期间届满债权人未要求保证人承担责任

保证期间是指债权人可以要求保证人承担保证责任的期间。

保证期间可以由保证人与债权人约定,此即约定保证期间。保证人与债权人未约定保证期间的,适用法定保证期间。法定保证期间为主债务履行期届满之日起6个月(《担保法》第25条第1款、第26条第1款)。保证合同约定的保证期间早于或者等于主债务履行期限的,视为没有约定,保证期间为主债务履行期届满之日起6个月(法释〔2000〕44号第32条第1款)。保证合同约定保证人承担保证责任直至主债务本息还清时为止等类似内容的,视为约定不明,保证期间为主债务履行期届满之日起2年(法释〔2000〕44号第32条第2款)。主合同对主债务履行期限没有约定或者约定不明的,保证期间自债权人要求债务人履行义务的宽限期届满之日起计算(法释〔2000〕44号第33条)。

在约定的保证期间或者法律规定的保证期间,债权人未对债务人提起诉讼或者申请仲裁,保证人保证义务消灭(《担保法》第25条第2款、第26条第2

款)。因此,保证期间既不是诉讼时效期间,也不是一般的除斥期间,不因任何事由发生中断、中止、延长的法律后果(法释〔2000〕44号第31条)。

一般保证的债权人在保证期间届满前对债务人提起诉讼或者申请仲裁的,从判决或者仲裁裁决生效之日起,开始计算保证合同的诉讼时效(法释〔2000〕44号第34条第1款)。连带责任保证的债权人在保证期间届满前要求保证人承担保证责任的,从债权人要求保证人承担保证责任之日起,开始计算保证合同的诉讼时效(法释〔2000〕44号第34条第2款)。

最高额保证未约定保证期间者,保证人可以随时书面通知债权人终止保证合同,但保证人对于通知到债权人前所发生的债权,承担保证责任(《担保法》第27条)。最高额保证合同对保证期间没有约定或者约定不明时,如果最高额保证合同约定有保证人清偿债务期限,保证期间为清偿期限届满之日起6个月;如果没有约定债务清偿期限,保证期间自最高额保证终止之日或自债权人收到保证人终止保证合同的书面通知到达之日起6个月(法释〔2000〕44号第37条)。

2. 债权人抛弃担保物权

被担保债权可能既有物保又有人保,此种情形,债务人不履行到期债务或者发生当事人约定的实现担保物权的情形,债权人应当按照约定实现债权;没有约定或者约定不明确,债务人自己提供物的担保的,债权人应当先就该物的担保实现债权;第三人提供物的担保的,债权人可以就物的担保实现债权,也可以要求保证人承担保证责任(《物权法》第176条第1句)。由于担保物权乃是对担保财产的变价优先受偿权,属于对担保财产的直接支配,在债务人提供担保财产时,债权人抛弃担保物权无异于抛弃债权,若保证人于此种情形仍承担保证责任则违反保证债务的补充性。因此,债权人放弃物的担保,保证人在债权人放弃权利的范围内免除保证责任(《担保法》第28条第2款)。

债务人以自己的财产设定抵押权或者质权时,债权人放弃该担保物权或者抵押权顺位或者变更抵押权的,其他担保人在债权人丧失优先受偿权益的范围内免除担保责任,但其他担保人承诺仍然提供担保的除外(《物权法》第194条第2款、《物权法》第218条第2句)。

债权人在主合同履行期届满后怠于行使担保物权,致使担保物的价值减少或者毁损、灭失的,视为债权人放弃部分或者全部物的担保。保证人在债权人放弃权利的范围内减轻或者免除保证责任(法释〔2000〕44号第38条第3款)。

【引导案例】

案情

甲乙之间存在债权债务关系,2004年10月7日,丙应乙的请求,在三方均在场的情况下,向甲出具担保书一份,主要内容是:今有乙欠甲人民币4万元整,定于 2004 年 10 月 8 日全部付清，如果不能付清由担保人负责，担保人丙。乙未能还款，经多次催要未果。甲将乙丙起诉至法院请求判令二人偿还欠款。法院受理后发现乙下落不明，甲遂撤回对乙的起诉，要求并丙承担保证责任。

焦点

甲能否要求丙承担赔偿责任？

分析

1. 甲可能根据《担保法》第 21 条向丙主张承担保证责任。

2. 《担保法》第 21 条规定，"（第 1 款）保证担保的范围包括主债权及利息、违约金、损害赔偿金和实现债权的费用。保证合同另有约定的，按照约定。（第 2 款）当事人对保证担保的范围没有约定或者约定不明确的，保证人应当对全部债务承担责任。"如果甲根据《担保法》第 21 条向丙主张承担保证责任，应当符合以下构成要件：

（1）甲丙之间存在保证合同。本案中，担保书中"如果不能付清由担保人负责"表明甲乙丙就甲丙之间成立保证合同达成一致，并且采用书面形式，保证合同发生成立并且生效（法释〔2000〕44 号第 22 条第 1 款）。甲乙丙作为自然人，对于法律并不熟悉，担保书虽无"一般保证"字样，但约定了如果债务人到期不能清偿由债务人负责的内容，可以解释为当事人旨在成立一般保证。

（2）丙对甲不享有抗辩权。一般保证中，保证人享有先诉抗辩权，在主合同纠纷未经审判或者仲裁，并就债务人财产依法强制执行仍不能履行债务前，保证人对债权人可以拒绝承担保证责任（《担保法》第 17 条第 2 款）。因此，丙对甲享有先诉抗辩权。但是，债务人下落不明导致债权人要求债务人履行债务发生的重大困难的情形（法释〔2000〕44 号第 25 条），保证人不得行使先诉抗辩权（《担保法》第 17 条第 3 款）。本案中，债务人乙下落不明，致使债权人甲的债权实现发生困难，因此，并不得行使先诉抗辩权。

3. 结论：甲可以根据《担保法》第 21 条向丙主张承担保证责任。

【练习案例】

（一）欠款保证案

案情

甲银行为与乙公司签订存款协议约定，甲将资金以存款方式、将国库券以投资方式存入乙公司，期限为 1 年，年回报率为 20%。丙保险公司在该协议上加盖了本公司对外签订保险单的业务专用章，协议第 3 条约定，"丙为乙的担保人，做甲投资到期本息保险，并由乙支付丙保险手续费，即甲投资总额的 10%"。至发生纠纷时乙公司尚欠甲银行存款本金 1 000 万元和国库券 250 万元。

问题

甲能否请求丙承担保证责任？

要点提示

甲丙之间的保证合同是否有效？

(二) 不可撤销的保证案

案情

甲公司与乙公司签订协议，约定甲公司一次性给乙公司提供流动资金4 000万元，并约定了借款期限和利率等，符合借款关系的法律特征。丙公司向甲公司出具了不可撤销的担保书，并对承诺对上述借款承担连带责任但未明确保证责任期间。合同到期后，乙公司偿还了950万元，其余欠款本息未付。

问题

甲公司能否请求丙公司承担保证责任？

要点提示

根据《担保法》第26条，连带责任保证人在未约定明确保证期间时如何承担法律效果？

【测试题】①

1. 甲向乙借款5万元，乙要求甲提供担保，甲分别找到友人丙、丁、戊、己，他们各自作出以下表示，其中哪些构成保证？

A. 丙在甲向乙出具的借据上签署"保证人丙"

B. 丁向乙出具字据称"如甲到期不向乙还款，本人愿代还3万元"

C. 戊向乙出具字据称"如甲到期不向乙还款，由本人负责"

D. 己向乙出具字据称"如甲到期不向乙还款，由本人以某处私房抵债"

2. 甲企业与乙银行签订借款合同，借款金额为10万元人民币，借款期限为1年，由丙企业作为借款保证人。合同签订3个月后，甲企业因扩大生产规模急需资金，遂与乙银行协商，将贷款金额增加到15万元，甲和银行通知了丙企业，丙企业未予答复。后甲企业到期不能偿还债务。该案中的保证责任应如何承担？

A. 丙企业不再承担保证责任，因为甲与乙变更合同条款未得到丙的同意

B. 丙企业对10万元应承担保证责任，增加的5万元不承担保证责任

C. 丙企业应承担15万元的保证责任，因为丙对于甲和银行的通知未予答复，视为默认

D. 丙企业不再承担保证责任，因为保证合同因甲、乙变更了合同的数额条

---

① 参考答案：1. ABC 2. B 3.(1)ABD(2)D(3)ABC 4. AC 5. AD 6. D 7. B 8.(1)AD(2)ACD(3)AB(4)BD

款而致保证合同无效

3. 甲向乙借款20万元，借期2年。丙为该借款合同提供保证担保，担保条款约定，丙在甲不能履行债务时承担保证责任，但未约定保证期间。甲同时以自己的房屋提供抵押担保并办理了登记。请回答(1)—(3)题。

(1) 抵押期间，丁向甲表示愿意以50万元购买甲的房屋。下列选项正确的是：

A. 甲将该房屋卖给丁应得到乙的同意

B. 如甲将该房屋卖给了丁，则应将转让所得价款提前清偿债务或者提存

C. 如甲另行提供担保，则甲的转让行为无须得到乙同意

D. 如丁代为偿还20万元借款，则甲的转让行为无须得到乙同意

(2) 如果乙打算放弃对甲的抵押权，并将该情况通知了丙，丙表示反对，下列选项正确的是：

A. 乙不得放弃抵押权，因为丙不同意

B. 若乙放弃抵押权，丙仍应对全部债务承担保证责任

C. 若乙放弃抵押权，则丙对全部债务免除保证责任

D. 若乙放弃抵押权，则丙在乙放弃权利的范围内免除保证责任

(3) 关于乙的抵押权存续期间及丙的保证期间的说法，下列选项正确的是：

A. 乙应当在主债权诉讼时效期间行使抵押权

B. 乙在主债权诉讼时效结束后的两年内仍可行使抵押权

C. 丙的保证期间为主债务履行期届满之日起6个月

D. 丙的保证期间为主债务履行期届满之日起两年

4. 出现下列何种情形时，一般保证的保证人不得行使先诉抗辩权？

A. 债务人被宣告失踪，且无可供执行的财产

B. 债务人移居国外，但国内有其购买现由亲属居住的住宅

C. 债务人被宣告破产，中止执行程序的

D. 保证人曾以书面方式向主合同当事人以外的第三人表示放弃先诉抗辩权

5. 下列有关保证责任的诉讼时效的表述哪些符合法律的规定？

A. 一般保证中，主债务诉讼时效中断，保证债务诉讼时效中断

B. 一般保证中，主债务诉讼时效中断，保证债务诉讼时效不中断

C. 连带责任保证中，主债务诉讼时效中断，保证债务诉讼时效中断

D. 连带责任保证中，主债务诉讼时效中断，保证债务诉讼时效不中断

6. 甲向乙借款5万元，还款期限6个月，丙作保证人，约定丙承担保证责任直至甲向乙还清本息为止。丙的保证责任期间应如何计算？

A. 主债务履行期届满之日起6个月

B. 借款发生之日起 2 年

C. 借款发生之日起 6 个月

D. 主债务履行期届满之日起 2 年

7. 甲向乙借款 20 万元,以其价值 10 万元的房屋、5 万元的汽车作为抵押担保,以 1 万元的音响设备作质押担保,同时还由丙为其提供保证担保。其间汽车遇车祸损毁,获保险赔偿金 3 万元。如果上述担保均有效,丙应对借款本金在多大数额内承担保证责任?

A. 7 万元　　　　B. 6 万元　　　　C. 5 万元　　　　D. 4 万元

8. 甲对乙享有 60 万元债权,丙、丁分别与甲签订保证合同,但未约定保证责任的范围和方式。戊以价值 30 万元的房屋为乙向甲设定抵押并办理了登记。请回答以下(1)—(4)题。

(1) 下列关于乙、丙、丁关系的表述何者正确?

A. 丙、丁的保证都为连带责任保证

B. 丙、丁对乙的全部债务承担保证责任,但彼此之间不负连带责任

C. 若丙与丁事后约定各自担保乙的 30 万元债务,该约定未经甲的同意不能生效

D. 若丁代乙清偿了全部债务,应首先向乙追偿,若乙不能偿还再要求丙分担责任

(2) 下列关于丙、丁、戊关系的表述何者正确?

A. 若甲放弃对戊的抵押权,则丙、丁只对甲的 30 万元债权承担保证责任

B. 若甲要求丙、丁承担保证责任,丙、丁可主张先诉抗辩,要求甲先行使对戊的抵押权

C. 甲可以在丙、丁、戊中任意选择一人,要求承担担保责任

D. 若甲、戊之间的抵押被宣告无效,丙、丁应对全部债务承担保证责任

(3) 若甲对乙的债权已过诉讼时效一年,下列说法何者正确?

A. 乙若对甲进行清偿,则事后无权要求甲返还

B. 丙若对甲进行清偿,则无权对乙进行追偿

C. 甲不能对戊的房屋行使抵押权

D. 倘甲催告乙还款,乙在催款通知上签字,诉讼时效将因中断而重新起算

(4) 若乙的朋友己与乙达成协议,由其代替乙向甲还款,下列说法何者正确?

A. 该协议在通知甲后发生效力

B. 如甲同意该协议,则丙、丁不再承担保证责任

C. 甲同意该协议,戊无论同意与否均应继续承担抵押担保责任

D. 若甲、戊都同意该协议,甲对戊的抵押权不因债务转移而受影响

【延伸阅读】

1. 曹士兵:《中国担保制度与担保方法》,中国法制出版社 2008 年版,第 114~179 页。

2. 高圣平著:《担保法论》,法律出版社 2009 年版,第 83~239 页。

3. 黄立主编:《民法债编各论》,中国政法大学出版社 2003 年版,第 859~882 页。

4. Reinhard Zimmermann, *The Law of Obligations*, *Roman Foundations of the Civilian Tradition*, Oxford University Press, 1996, pp114 – 152.

郑 重 声 明

高等教育出版社依法对本书享有专有出版权。任何未经许可的复制、销售行为均违反《中华人民共和国著作权法》,其行为人将承担相应的民事责任和行政责任,构成犯罪的,将被依法追究刑事责任。为了维护市场秩序,保护读者的合法权益,避免读者误用盗版书造成不良后果,我社将配合行政执法部门和司法机关对违法犯罪的单位和个人给予严厉打击。社会各界人士如发现上述侵权行为,希望及时举报,本社将奖励举报有功人员。

反盗版举报电话:(010)58581897/58581896/58581879

反盗版举报传真:(010)82086060

E - mail:dd@hep.com.cn

通信地址:北京市西城区德外大街4号
　　　　　高等教育出版社打击盗版办公室

邮　　编:100120

购书请拨打电话:(010)58581118

策划编辑	姜　洁	责任编辑	刘柏才	封面设计	张　志
版式设计	马敬茹	责任校对	王效珍	责任印制	朱学忠